周远廉教授近照

作者简介

周远廉，1930年生，四川省资中县人，1955年毕业于四川大学历史系。中国社会科学院历史研究所研究员，1992年享受国务院"政府特殊津贴"。清史专家。出版学术专著：

《清太祖传》（独著），人民出版社，2004。

《清摄政王多尔衮全传》（与赵世瑜合著，1993年获吉林省长白山优秀图书二等奖），吉林文史出版社，1986；陕西人民出版社，2008（再版）。

《顺治帝》（独著，1993年获吉林省长白山优秀图书二等奖），吉林文史出版社，1993（初版），2004（再版）；陕西人民出版社，2008（再版）。

《康熙新传》（独著），故宫出版社，2013。

《乾隆皇帝大传》（独著，获"中南五省市优秀图书奖"和"全国畅销图书优秀奖"），河南人民出版社，1990；台湾大行出版社，1993；陕西人民出版社，2008（再版）。

《清高宗弘历》（独著），台湾万卷楼图书公司，2000。

《乾隆画像》（独著），中华书局，2005。

《清朝开国史研究》（独著），辽宁人民出版社，1981；故宫出版社收入《明清史学术文库》，2013（再版）。本书获辽宁出版局1981年优秀图书一等奖。

《清朝兴起史》（独著），吉林文史出版社，1986；广西师范大学出版社，2006（再版）。

《清代八旗王公贵族兴衰史》（与杨学琛合著，1986年获"第一届北方十五省市自治区哲学社会科学优秀图书一等奖"），辽宁人民出版社，1986；故宫出版社（收入《明清史学术文库》），2013（再版）。

《清代租佃制研究》（与谢肇华合著），辽宁人民出版社，1986。

《中国通史》（白寿彝总主编）之17卷、18卷《清》分卷（主编），上海人民出版社，1996。

《清朝通史》之《乾隆朝》分卷（独著），紫禁城出版社，2003。

《中国封建王朝兴亡史》（总主编，1998年获第十一届"中国图书奖"），广西人民出版社，1996。

《金川风云》（独著），中国电影出版社，2013。

《岳钟琪传》（独著），中国电影出版社，2013。

另出版长篇历史小说《香妃入宫》（独著，华艺出版社，1993）、《乾隆皇帝下江南》（独著，北京燕山出版社，1996）、《天下第一清官：清代廉臣张伯行》（独著，河南人民出版社，1999）、《宁远大将军岳钟琪》（独著，中国电影出版社，2013）。

周远廉◎主编

清朝兴亡史

【第三卷 | 康熙盛世】

周远廉　著

北京燕山出版社

图书在版编目（CIP）数据

清朝兴亡史/周远廉主编. — 北京：北京燕山出版社，2016.3
ISBN 978-7-5402-4103-2

Ⅰ．①清… Ⅱ．①周… Ⅲ．①中国历史－研究－清代 Ⅳ．①K249.07

中国版本图书馆CIP数据核字(2016)第056637号

清朝兴亡史

周远廉　主编

第三卷《康熙盛世》

周远廉　著

责任编辑：满　懿
封面设计：一言文化传媒
责任校对：赵　媛　扈二军
出版发行：北京燕山出版社
社　　址：北京市丰台区东铁营苇子坑路138号C座
电　　话：010-65240430
邮　　编：100054
印　　刷：成都鑫成发印务有限公司
开　　本：889mm×1194mm　1/32
字　　数：568千字（第三卷）
印　　张：18.5（第三卷）
版　　次：2016年3月第1版
印　　次：2019年11月第2次印刷
定　　价：860.00元（全套）

目 录
contents

第一编　辅政与亲政

001 一、机遇与挑战并存

006 二、辅政功过

019 三、计擒鳌拜

028 四、亲政五年　国库存银两千万
028 （一）两道策文
030 （二）免赋简表
038 （三）垦荒"十年起科"
041 （四）禁加派　革耗银
044 （五）一二·六上谕
048 （六）年收赋银四千万两

第二编　百战封疆　固若金汤

050 一、平定三藩之乱
050 （一）当时不该撤藩

062 （二）立即撤藩　依据薄弱

070 （三）"撤亦反，不撤亦反"

074 （四）平藩之战　初期失利

088 （五）八招奏效　消灭三藩

105 二、统一台湾

105 （一）驱逐荷兰　郑成功收复台湾

108 （二）郑、清议和

110 （三）一波三折　施琅挂帅

122 （四）澎湖大捷　功在千秋

129 （五）招抚成功　郑氏归清

135 三、两征雅克萨　签订尼布楚条约

147 四、三征噶尔丹　西北安定

147 （一）阿喇尼兵败乌尔会河

159 （二）乌兰布通大战

163 （三）多伦诺尔会盟

177 （四）大军进剿　准备充分

190 （五）御驾亲征　噶尔丹惨败昭莫多

213 五、驱逐准军　"三藏阿里之地俱入版图"

213 （一）哈喇乌苏　色楞全军覆没

224 （二）康熙决策　大军进藏驱逐准军

232 （三）六百川兵　收服察木多

243 （四）四千绿营兵　平定拉里

249 （五）违令进军　兵不血刃入拉萨

255 （六）册封六世达赖　三藏阿里悉入版图

第三编　文治成效显著　田多银多国富

261　一、田地、赋银简表

273　二、扶植清官　欲图"澄清吏道"
273　（一）廉官辈出
278　（二）"天下廉吏第一"于成龙
285　（三）"天下清官第一"张伯行

287　三、治理黄河
287　（一）治河八疏
299　（二）靳辅罢官
323　（三）亲理河工

333　四、博学鸿儒科
333　（一）鸿博开科
338　（二）求儒若渴　多方敦请
342　（三）鸿儒归心　遗贤易念
344　（四）纂修《明史》

354　五、议政王大臣会议与南书房
354　（一）议政王大臣会议
366　（二）南书房

379　六、朱批奏折

第四编　十大弊政

404　一、裁存留　富朝廷

404　（一）摄政王未减存留

406　（二）顺治帝裁减存留百分之三十

409　（三）辅政大臣裁减存留

410　（四）康熙减存留

413　（五）大裁存留　祸害无穷

416　（六）议论存留　巧言诡辩

418　（七）将外省钱粮尽收入户部

420　二、捐俸工　地方遭殃

420　（一）地方公共用费

424　（二）军需报效

426　（三）办理"皇差"

429　（四）孝敬京官

431　（五）直隶之例

434　（六）捐俸三害

437　三、捐纳泛滥　敛银万万

437　（一）《清史稿》论捐纳

438　（二）监贡之捐

439　（三）军需之捐

442　（四）捐例之争

447　（五）西安赈灾之捐

450　（六）山东储粮之捐

451　（七）广西积谷之捐

454　（八）广东备赈之捐

455 （九）京师开捐

458 （十）利国库　益贪官

461 （十一）圣德大损　圣欲难消

466 **四、盐课翻番**

466 （一）引课简表

470 （二）课银激增

472 （三）盐政"余银"十万两

473 （四）匦费超过正课

476 （五）地方官员的陋规

478 （六）纲商富甲天下

482 （七）盐贵、私盛、引滞、课欠

485 **五、关税倍增**

485 （一）税关的设立

486 （二）额税增加

488 （三）余银、盈余、铜斤银后患无穷

492 **六、广设皇庄　占地数百万亩**

492 （一）增置粮庄数百

498 （二）三大祸害

502 **七、内帑如山**

502 （一）祖遗内帑

504 （二）外库、内库银，皆系"朕之帑金"

505 （三）工程节省银

507 （四）草豆节省银

508 （五）铜铅节省银

512　（六）税关盈余银

519　（七）年进百万，主要来自国库

521　（八）内帑八害

525　**八、督抚规礼　"朕管不得"**

525　（一）总督规礼二十万两

528　（二）巡抚规礼

532　（三）司道规礼

536　（四）规礼的来源与支出

539　（五）规礼的性质与危害

540　（六）"外边汉官有一定规礼，朕管不得"

545　**九、火耗年征数百万　"钦定加一"**

545　（一）严禁加耗

547　（二）火耗难革之因

549　（三）"有耗银之实，无加派之名"

556　（四）耗重民苦

559　（五）"从来之积弊"——雍正帝评皇考之耗银政策

561　**十、"名粮"与"公费名粮"**

573　**结语："康熙盛世"　杰出帝君**

574　（一）六项标志

580　（二）十大弊政的出现

582　（三）盛世的基本特点：邦强国富、君富官富、小民
　　　　勉可"安生"

第一编 辅政与亲政

一、机遇与挑战并存

康熙年间（1662—1722年），外部环境并不太平。俄国正在向外急剧扩展，夺占黑龙江大片土地，筑造尼布楚、雅克萨等城，准备继续向东扩张，如果不将其挡住，将会严重影响清国东北安全；但是设若迎头痛击，打垮其远征殖民军，阻其进犯，则因其从彼得大帝到叶卡捷琳娜二世的上百年里，主要忙于欧洲的扩展，先后与瑞典、土耳其进行了几次大的征战，又三次参与瓜分波兰，腾不出更多的兵力、财力和时间，因此沙俄虽然一直对中国的东北、西北边疆虎视眈眈，时时想伺机出兵，侵占中国领土，但力不从心，因而在康雍乾三朝，没有采取大规模的军事行动，这也为清朝提供了有利时机。清王朝周边的少数民族，漠西厄鲁特蒙古准噶尔部正在蓬勃兴起，噶尔丹汗、策妄阿拉布坦汗叔侄二人先后率军南下，侵占漠北喀尔喀蒙古，进犯西藏，严重威胁了中国西北、西南安全。

国内的状况，也不太好，甚至还存在较为严重的危机。一是民心尚未"悦服"。天命、天聪崇德、顺治三朝的弊政，使得国内以汉民为主的各族人民，对清政府严重不满，并未真正悦服归顺。康熙帝玄烨的曾祖父清太祖努尔哈赤，攻占辽东以后，对汉人施行严厉、野蛮的民族压迫，制定了"抗拒者杀、俘者为奴，降者编户"的方针，多次宣称我等"豢养尼堪"，勒令汉人按照女真的发式剃发归顺，圈占汉人田地，大肆烧杀掳掠，掠民为奴。天命三年四月，取东州等城堡500余，掠人畜30万。第二年打下清河、开原、铁岭，"杀掳官兵军民数十万"。进据辽沈地区以后，努尔哈赤多次遣军剿杀反金人员。因复州民欲逃往明国，派兵2万征剿，复州城原有1.8万余男丁，除残留500丁外，其余尽数屠杀。

因辽民激烈反对金国汗、贝勒的残酷压迫，天命十年十月初三，金国汗努尔哈赤下谕，指责汉民不忠，叛逃不绝，命令八旗官将分赴各地清查，大杀反金人员，将筑城纳粮的"小人"，编隶汗、贝勒的拖克索（庄），成为农奴制庄园中的农奴。

因为金国汗、贝勒的血腥屠杀，虐待汉人，赋重役烦，又连年征战，导致汉人拼死反抗，大量逃走，致使田园荒芜，百业凋敝，粮食奇缺。《清太宗实录》卷3，第26页概述此时情形说："时国中大饥，头米价银八两，人有相食者。国中银两虽多，无处贸易，是以银贱而诸物腾贵。良马一，银三百两；牛一，银百两；蟒缎一，银百五十两；布匹一，银九两。盗贼繁兴，偷窃牛马，或行劫杀。"

玄烨的祖父清太宗皇太极继位为汗后，虽然释放了大批庄丁，编入民户，也讲了一些抚育汉人的言辞，但仍然施行严重欺凌汉人的民族压迫政策。连归顺的降金汉官，尽管可以辖领汉兵管束汉人，为官作臣，但日子也不好过，且曾在相当长时间里，"俱归并满洲大臣"，所有马匹"不得乘，而满洲官乘之"。"所有牲畜"不得用，"满洲官强与价两买之"。"凡官员病逝，其妻子皆给贝勒家为奴"，"虽有腴田，不得耕种，终岁勤劬，米谷仍不足食，甚至鬻仆典衣以自给"。

皇太极又穷兵黩武，八征明国，两征朝鲜，三征察哈尔蒙古，掠获巨量金银、人口、牲畜、绸帛，所掠明国人口数百万，迫令男女老少为奴作婢。仅仅几十年的破坏，就使得原来"田人富谷，泽人富鲜，山人富财，海人富货"，"家给人足，都鄙廪庾皆满，货贿充斥，每岁终，辇致京师，物价为之减半"，军民数百万，百业兴旺，富庶繁华的辽东地区，变成了"一望荒凉"，"荒城废堡，败瓦颓垣，沃野千里，有土无人"之地。

辽东、山西、山东、河北上千万人家破人亡的血淋淋旧仇尚未淡化，又添上了清帝入主中原的五大弊政新恨。

顺治元年四月二十二日，清奉命大将军睿亲王多尔衮统领八旗劲旅，大败大顺农民军李自成部于山海关后，幼帝福临入主中原。多尔衮一方面听从大学士范文程等汉官建议，基本上沿袭明制，承认中原旧有的土地制和租佃制，继续明国的赋役制，确定轻徭薄赋原则，"地亩钱粮，照前明会记录原额"，革除明末如"三饷"等一切加派，关税也照万历年间原额征收，又一再宣布"民复其业，官仍其职"，满汉一家，任用归顺清朝的汉官。多尔衮并于顺治元年五月二十三日谕兵部，取消五月初三日谕令各地官民"剃发归顺"的谕旨，宣布"自今以后，天下臣民照旧束发，悉从其便"。①这一切，争取到大多数汉人的支持，所以顺治元年十月初九，摄政王多尔衮派英亲王阿济格为靖远大将军攻大顺军，十五日派豫亲王多铎为定国大将军，进攻南明福王，清军进展异常顺利，仅仅用了九个多月，就占据了陕西、山西、河南、安徽、江苏、江西、浙江、湖广等省或该省的大部分州县，"一年之间，中原归顺比风还快"。然而，被胜利冲昏了头脑的多尔衮，却冒天下之大不韪，于顺治二年六月十五日，下达了在全国厉行剃发的谕旨，所有官、民、兵，"尽令剃发。遵依者为我国之民，迟疑者同逆命之寇，必置重罪"，上疏谏阻之官，"杀无赦"。"留头不留发，留发不留头"，激起汉人莫大愤怒，顿时，反清抗清烽火燃遍全国。多尔衮恼羞成怒，先后派十几位大将统军征剿，大肆杀掠，血腥镇压，一直到他死去，全国尚未完全统一，千千万万汉人家破人亡，旧恨未清，又添新仇，满汉矛盾十分尖锐。

顺治帝福临亲政以后，强调永不加赋，多次减租免税，制定《赋役全书》，严惩贪官污吏，欲图实行儒家仁政治国学说，力求"轻徭薄赋"，"吏治清明"，又倾心汉文化，重用汉官，开科取士，争取士子。在他的努力下，满汉矛盾有所缓和，但是还不能说已经得到了民心，汉人只是勉强归顺，只是不再猛烈地公开反抗而已。

人们常说，得民心者，得天下；失民心者，失天下。明王朝就是因为君臣们坏事做尽，民不聊生，天怒人怨而灭亡的。清帝虽然打下了江山，可是征战杀掠，五大弊政，"德泽素未孚洽，吏治不能剔厘"，未能赢得人心。旧仇新恨，使很多汉人满腔怒火，随时想伺机反清。所以后来康熙十二年（1673年）平西王吴三桂起兵之时，"伪檄一传，四方响应"。"各省兵民，相率背叛"，半年左右，"已失八省"。②

二是满洲隐忧。清帝之所以能入主中原，并不是民心所向，传檄而

定，而主要是靠以满洲八旗为核心的满蒙汉八旗将士的骁勇善战，拼死
厮杀，武力征服，才打下了江山。满洲八旗将士的强弱，在相当长的时
间里，直接影响清王朝的兴衰存亡。然而，到了康熙年间，满洲八旗出
现了严重危机，主要体现在两个方面。一是人丁太少。明万历四十三年
（1615年），努尔哈赤建立八旗制度时，八旗共200个牛录，每牛录
300丁，共6万丁。此后，并叶赫，征剿吉林、黑龙江瓦尔喀、虎尔哈、
渥集、索伦等"野人女真"部，到1626年努尔哈赤去世时，收编了两三
万丁。皇太极继续经营黑龙江地区，又收编了"野人女真"一二万丁。
这就是说，从1615年定八旗制度时的6万男丁，到1643年入关前夕，单
只算增加的收编女真三四万丁，就应该有10万男丁。而从1615年到
1643年，过去了29年，在这29年里，只算1615年的6万男丁，正常情况
下，也应滋生1万丁吧。因为，这6万丁，其家必然相应有未成丁的儿
子、兄弟，他们在这29年里，会出生、长大、成丁。至于增加的收编三
四万丁，也应滋生出几千丁来。所以，到1643年，八旗满洲男丁应该有
10万到12万男丁。然而，崇德八年（1643年），满洲八旗只有310个佐
领（一说309个佐领）和18个半分佐领，此时每佐领有男丁200丁，即八
旗，即八旗满洲只有6.6万丁，仅仅相当于29年前定八旗制度时的6万
男丁数字。

自崇德八年到顺治十四年（1657年），过了14年，男丁不仅没有繁
殖增加，反而减为49695丁，减少了12305丁，减少了20%。至于减少的原
因，不难知晓，那就是长年征战，战死、伤重而死。

满洲八旗男丁锐减，蒙古八旗、汉军八旗男丁也是这样。崇德八
年，蒙古八旗有117个佐领和5个半分佐领，每佐领男丁200，共有男丁
23900丁。到了顺治十四年，蒙古八旗有男丁26053丁，增加了2153丁。
崇德八年，汉军八旗有157个佐领和5个半分佐领，共有男丁31900丁，
到顺治十四年，增加了45个佐领，共40900丁。[①]

顺治十四年，满洲八旗、蒙古八旗、汉军八旗共有男丁
116648丁，即使丁皆披甲，也只有11万余名兵士。面对金国
1700余个府、厅、州、县，平均每个府、厅、州、县只有61名兵士，
哪能辖治。

---

① 一史馆：《清初编审八旗男丁满文档案选译》，载《历史档案》1988年第4期。

满洲隐忧危机体现的另一方面是，人丁既少，又军威不再。想当年，"固初开创，栉风沐雨，以百战定天下，系诸王是庸"，睿亲王多尔衮、豫亲王多铎、英亲王阿济格、饶余郡王阿巴泰、成亲王岳托、顺承郡王勒克德浑、礼亲王代善、郑亲王济尔哈朗等，皆曾南征北战，军功卓著。一大批贫穷诸申、小部酋长及其子侄，身经百战，屡败敌军，一个个成了开国元勋，荣封公、侯、伯、子、男。像贫穷诸申额亦都，"骁勇善战，挽强弓十石，能以少胜众，所向克捷"，任一等大臣、右翼固山额真，追封弘毅公，其子图尔格封一等公。苏完部部长之子费英东，智勇双全，"战必胜，攻必克"，"善射，引强弓十余石"，"佐太祖成帝业，功最高"，被努尔哈赤赞为"万人敌"，追封直义公。这些开国功臣，在顺治年间封为公爵的有9人，侯爵3人，伯爵8人，子爵22人，男爵52人。

然而，到了康熙年间，八旗王公、大臣、将领，按辈分、年代来说，从努尔哈赤、舒尔哈齐弟兄算起，基本上是第三代、第四代了，他们没有经过建国时期血雨腥风、你死我活的战火熔铸，没有受过家道贫寒出征行围之时必须自己煮饭牧马艰苦生活的磨炼，而是养尊处优，锦衣玉食，骑射生疏，缺乏朝气，太难找出当年的"万人敌"，聪睿、英勇的"巴图鲁王"、"睿亲王"了。

要想以难觅名帅、大将、贤相、能臣的四五万、五六万、七八万满洲八旗人员，来统治上亿人口且不"悦服"的汉人，来征讨反清的几十万汉兵，不说是难于上青天，也是很困难了。

所以，几百年来，中原的君臣当中，流行了一句名言，即"胡虏无百年之运"。两宋时期的辽国契丹、西夏的党项、金国的女真，虽然他们的立国先祖辽太祖阿保机、西夏世祖元昊、金太祖阿骨打及其子侄将领，皆曾身经百战、骁勇无敌，创立强国，然而几十年后，即勇猛不再，国势衰弱。就连铁骑踏遍欧亚的蒙古，出了一代天骄成吉思汗，其孙元世祖忽必烈，灭南宋，建立了"舆图之广，历古所无"的大元帝国，也未能维持多时强盛，仅仅过了八十多年，就被明太祖朱元璋遣军将元顺帝逐出中原，赶回蒙古。康熙帝、清政府，能逃脱这个厄运吗？有可能，也没有可能，有有利的条件，也有不好的因素，在这机遇与危机并存之时，就看辅政大臣与玄烨如何把握，如何执政了。

二、辅政功过

顺治十八年（1661年）正月初七，清世祖福临去世，遗诏命立佟妃所生皇三子年方八岁的玄烨为皇太子，持服二十七日，释服即帝位，"特命内大臣索尼、苏克萨哈、遏必隆、鳌拜为辅臣"，"保翊幼主，佐理政务"，开始了辅政大臣执政时期。

索尼、苏克萨哈、遏必隆、鳌拜四人，誓告于皇天上帝及大行皇帝灵位前。誓词说：

> "大行皇帝灵位前，然后受事，其词曰：兹者先皇帝不以索尼、苏克萨哈、遏必隆、鳌拜等为庸劣，遗诏寄托，保翊冲主，索尼等折协忠诚，共生死，辅佐政务，不私亲戚，不计怨仇，不听旁人，及兄弟子侄教唆之言。不求无义之富贵，不私往来诸王贝勒等府，受其馈遗，不结党羽，不受贿赂，唯以忠心，仰报先皇帝大恩，若复各为身谋，有违斯誓，上天殛罚，夺算凶诛。"①

索尼、遏必隆、鳌拜均是太宗死时坚决拥护皇子即位反对多尔衮称帝之臣，后遭多尔衮迫害，索尼被革职籍没；遏必隆革去世职，夺佐领；鳌拜革世职。苏克萨哈首告亲王多尔衮谋逆，为顺治帝亲政除敌立了大功。四人皆被世祖擢升宠信，索尼晋封至一等伯，擢内大臣；遏必隆封一等公，授领侍卫内大臣；鳌拜晋二等公，擢领侍卫内大臣；苏克萨哈晋二等子爵，授领侍卫内大臣。福临相信这四位大臣能够忠于朝廷，肩负起"保翊幼主"的重任。因此，他才宣布，特命索尼四臣"佐理政务"，创立了辅政大臣新制。

辅政大臣主政的前几年，基本上贯彻执行了先皇以儒家仁政治国精神，严惩贪官、减免租赋，欲图使"吏治清明"，"轻徭薄赋"。

辅政大臣努力整顿吏治，多次以幼帝名义下谕，讲述惩贪利民利国之事。

康熙四年（1665年）三月初六，分别谕吏部、户部：

> "谕吏部、都察院：民生之安危由于吏治之清浊，吏治之清浊，全在

---

① 《清圣祖实录》卷1，第5、6页。

督抚之表率，若督抚清正，实心爱民，则下吏孰敢不洁己秉公。近见各省督抚弹章，只将一二衰老微官塞责，岂所属地方果无贪酷害民之辈。总由姑息徇庇，莫肯直纠，吏治民生，安所恃赖。尔部院职任澄清，督抚中有不肖昭著者，即行参处，以后督抚纠劾官员，除情轻者，照例处分外，其列款贪酷者，即行解任究审，倘因循旧习，不肯实心任咎，一并治罪。"

"谕户部：设官原以养民，民足然后国裕，近闻守令贪婪者多，征收钱粮，加添火耗，或指公费科派，或向行户强取，借端肥己，献媚上官，下至户书里长等役，恣行妄派，小民困苦，无所伸告。以后着科道官，将此等情弊，不时察访纠参。至于夏秋征收钱粮，原有定期，隔年予征，小民何能完纳，以后预征着停止，照定例征收。地丁钱粮有发兵饷者，应否将何项钱粮发补，尔部详议具奏。"①

过了两个多月，六月初二，再谕吏部、兵部：

"总督巡抚提督总兵等官，系文武官员表率，管理军民钱粮刑名事务，责任重大，果能公忠体国，洁己爱民，不受贿赂，不听嘱托，严饬所属各官，各效公忠，共襄化理，则大小各官，自应悔改前非，力图修治，凡地丁钱粮，俱系额征，该管官妄行私派，及额外苛索，以致小民苦累至极，至于兵丁按月支饷，亦受侵克之累。近者水旱灾异屡见，兵民困苦，总由文武大小各官止图利其身家，而于书吏衙役之肆行侵渔，并不能严禁所致，以后务须奉公洁己，抚恤兵民，革除旧弊，以副委任之意。若仍不改前非，复蹈故辙，以致兵民不得其所，必从重治罪。"②

康熙六年闰四月初八，谕户部，痛斥税关官员扰害商民，责令改正，否则重惩：

"谕户部、工部：各省钞关之设，原期通商利民，以资国用，非欲其额外多征，扰害地方，近闻各处收税官中，希图肥己，任用积蠹地棍，通同作弊，巧立名色，另设戥秤，于定额之外，恣意多索，或指称漏税，妄拿过往商民挟诈。或将民间日用琐细之物，及衣服等类，原不

①《清圣祖实录》卷14，第19、20页。
②《清圣祖实录》卷15，第16、17页。

抽税者，亦违例收税，或商价已经报税，不令过关，故意迟延掯勒，遂其贪心乃已。此等弊端甚多，难以枚举，违背国法，扰害商民，殊为可恶。嗣后凡地方收税官员，俱着洗心涤虑，恪遵法纪，务期商贾通便，地方相安。如有前项情弊，在内着科道官，在外着该督抚严察参奏，从重治罪。如该督抚不行参奏，别经首发，即治该督抚徇从之罪，尔部即遵谕通行严饬，特谕。"①

康熙七年三月二十二日，谕吏部，斥责京官遣人前往地方，索取银物，祸害良民：

"谕吏部：近闻在京诸臣，违法遣人往各省官员处，借名问候，多索财物，又干预地方事，挟持请托，颠倒是非，甚为良民之害，有等游行间棍，讨取官员习礼，或雕刻别人图书，投见地方官员，恣行欺诈，此等情弊，深可痛恶。地方大小各官，果能持己端方，制行清直，于此等违法干请之辈，即不应所求，不给财物，何惧之有。以后地方文武各官，遇有此等游棍，应即严拿具奏，将主使之人究出，从重治罪，若畏惧徇私，不行陈奏，被旁人讦告，科道科参，将地方官一并从重治罪。尔部遇行晓谕内外王以下文武大小各官。"②

过了一个月，四月二十一日谕吏部：

"己丑，裁直隶各省大小衙门吏攒承差等役，三千八百四十九名，共存留二万六千五百八十六名。"③

六月二十一日，再谕户部，严令革除加耗私派：

"谕户部：向因地方官员，滥征私派，苦累小民，屡经严饬，而积习未改，每于正项钱粮外，加增火耗，或将易知由单，不行晓示，设立名色，恣意科敛，或入私囊，贿上官，致小民脂膏竭尽，困苦已极，朕

①《清圣祖实录》卷16，第26页。
②《清圣祖实录》卷25，第20页。
③《清圣祖实录》卷25，第25页。

甚悯之。督抚原为察吏安民而设，布政使职司钱粮，厘剔奸弊，乃其专责。道府各官，于州县尤为亲切，州县如有私派滥征，枉法婪贼情弊，督抚各官断无不知之理，乃频年以来，纠疏甚少，此皆受贿徇情，故为隐庇，即间有纠参，非已经革职，即物故之员，其见任贪恶害民者，反不行纠参，甚至已经发觉之事，又为朦混完结，此等情弊，深可痛恨，嗣后如有前弊，督抚司道等官，不行严察揭参，或经体访察出，或被科道纠参，或被百姓告发，将督抚一并严处不贷。至尔部收纳直隶各省解到钱粮，亦须随到随收，速给批迴，毋得纵容司官笔帖式书办等，勒索作弊，苦累解官。倘有违法，即行参奏，如不行严禁，察出，将堂司各官，一并从重治罪。又言官，于作弊害民者，理应察访，指名纠参，乃近日章奏，大率摭拾细故，苟且塞责，嗣后当据实陈奏，毋得挟私仇害，尔部即遵谕速行直隶各省大小官员，刊示晓谕百姓。"[1]

辅政大臣积极执行先皇制定的"轻徭薄赋"政策，多次蠲免租赋。康熙三年六月二十九，谕户部免除顺治十五年以前所欠银米药材，找给顺治十六年以后所欠兵饷：

"谕户部等衙门：各项钱粮，关系国计民生，必征输起解，历年清楚，然后国用有裨，军需不匮，小民无催科之扰，官员免参罚之累。向因直隶各省，自顺治元年，至十七年，拖欠银共二千七百万两有奇，米七百万石有奇，药材十九万斤有奇，绸带、绢、布匹等项，九万有奇，先曾有旨应作何催征，作何蠲免，着议政王贝勒大臣，九卿科道，会议具奏。今据奏，将河南、湖广等省所欠钱粮，内有议蠲免者，有仍催征者，此累年积欠钱粮，岂尽属小民之故与，前者假托催征，贪污运官吏。科派小民，侵吞入己者甚多，此皆贪污官吏，侵克那移撮借，运粮官役侵渔，解粮官役自用，盗贼劫夺，火烧水溺等项，拖欠至此，而追征之时，有将人系狱者，亦有实欠在民，虽遇恩诏，未得尽蠲免者。今将此项严催，小民无故派征，见任官空受处分，且以此拖欠钱粮，发给兵丁兵饷，缺额无益。况不肖官役，严加追比，反借端多派小民，朕甚悯之。今将自顺治元年以来，十五年以前，所欠银、米、药材、绸带、绢、布匹等项钱粮，悉予蠲免，其先经议处官员人等，不议外，见在催

①《清圣祖实录》卷26，第13页。

征监禁追比各犯之罪，俱着宽释。以后贪官奸吏，若将奉旨蠲免款项，复借端苛扰派征，加等从重治罪。至直隶各省兵丁，征剿守御效力，备极劳苦，唯需粮饷以资生计，向因新旧兼征，钱粮不完，以致兵饷亦多压欠，十五年以前，所欠兵饷，理应找给，但民欠钱粮，俱经蠲免，不必复给，自顺治十六年以来，所欠兵饷，俱着找给，以后务按期支给，俾兵丁无内顾之忧，乃副朕军民一视同仁之意。如仍前将应给兵饷，不实给发，及违禁侵克那用等弊，从重治罪。"①

康熙四年三月，又免除顺治十六、十七、十八年欠赋：

"户部题，本年三月初五日，奉恩赦内开直隶各省，顺治十六、十七、十八年，催征不得各项旧欠钱粮，着照蠲免十五年以前钱粮，一体蠲免。前侵盗库银不赦，今俱着并免。其盐课积逋，催征不得者，著察明，亦准酌量蠲免。应请敕各督抚，严行确查，备造清册送部，以凭查核，遵奉蠲免，从之。"②

康熙八年五月初八，免除西安等地赋银三万余两。

"户部议复，山西陕西总督莫洛疏言，西安、凤翔、汉中、延安四府，同安一州，有新荒民屯废藩地亩，及从前捏报民丁所征银三万七千三百九十余两，粮一千二百八十余石，俱系见在人民包赔苦累，请赐豁免，应如所请。从之。"③

据《清圣祖实录》记载的不完全统计，辅政八年中，清政府包括灾蠲、欠蠲等各项蠲免共174次，涉及16个省的七八百个府州县卫。

辅政大臣的另一德政是实行了"更名田"。明代藩王占地数十万顷，入清以来称为废藩田产，种此田者，既要按藩租交赋，又要按民田纳粮，负担很重。康熙七年十月初二，谕命清查故明藩王田房，将其

①《清圣祖实录》卷12，第13、14页。
②《清圣祖实录》卷14，第30页。
③《清圣祖实录》卷29，第2页。

"悉行变卖，照民地征粮"，以图减少双重纳赋之弊。^①康熙八年三月初八又谕："今思既以地易价，复征额赋，重为民累，着免其变价"，将此田地，"给予原种之人，令其耕种，照常征粮，以副朕爱养民生之意"。随即又定，无人耕种废藩田地，"招民开垦"，"永准为业"，"与民田一例输粮"。^②这种奉旨免交易价银两、改入民户之废藩田产，名曰"更名田"，分布在直隶（河北）、山东、山西、陕西、甘肃、河南、湖北、湖南等省，总数不下二十多万顷。这二三千万亩废藩田地之承种者（包括农民自己和占用此地招人佃耕之地主），免除了纳银领地之沉重负担，无偿地得到了田房，获益不浅。辅政大臣还大力支持官民垦荒，尤其是耕垦四川荒地，准许外省民众赴川垦种，由官府"措处盘费，县官接来按插"。官员能招民三十家入川者，记录一次；招六十家入川者，记录二次；招一百家者，"不论俸满，即准升转"。这对改变四川由于战乱多年人丁剧减的局面，起了一定作用。

辅政大臣又于顺治十八年（1661年），命平西王吴三桂率军入缅，俘虏并绞杀了永历帝朱由榔，消灭了最后一个南明政权，康熙三年又镇压了大顺军余部"夔东十三家军"，彻底完成了统一大陆的事业。对台湾郑成功、郑经父子政权，采取以抚为主、以剿为辅的方针，招降了官员将领一千余人及百姓、士卒十万余人，为以后统一台湾奠定了一定的基础。

辅政大臣还对祸国殃民的"逃人法"做了一些修改，减轻了一些对窝主的惩治。康熙四年正月初七，谕兵部督捕衙门："向为满洲籍家仆资生，若立法不严，必致尽行逃走，不得已严定窝逃之法，非欲以逃人之故，贻害于民也。"今闻各地奸棍奸党，诈财勒索，巧行吓诈，致"株连蔓引，冤及无辜，饿死道途，瘐毙监狱，实属可悯"，着议妥善之法。^③

随后奏准，原定隐匿无主逃人与有主逃人同样处罚，窝主责40板，面刺窝逃字样，连家产人口给予八旗穷兵为奴，邻佑、十家长鞭责流徙，现改为隐匿无主逃人的窝主，责40板释放，地方、十家长、两邻各责30板释放。隐匿有主逃人的窝主，停给旗下为奴，流徙尚阳堡，两

---

① 《清圣祖实录》卷27，第9页。

② 《清圣祖实录》卷28，第15页。

③ 《清圣祖实录》卷14，第2页；康熙《大清会典》卷107。

邻、十家长、地方免流徙，枷号一至二月，责40板释放。

辅政大臣果断、迅速地取消了沿袭前明弊制而设立的内十三衙门。顺治十八年二月十五日谕：

"谕吏部、刑部等大小各衙门：朕惟历代理乱不同，皆系用人之得失，大抵委任宦寺，来有不召乱者，加以奸邪附和其间，则为害尤甚。我太祖、太宗痛鉴往辙，不设宦官。先帝以宫闱使令之役，偶用斯辈，继而深悉其奸，是以遗诏有云，祖宗创业，未尝任用中官，且明朝亡国，亦因委用宦寺。朕秉承先志，厘剔弊端，因而详加体察，乃知满洲佟义内官吴良辅，阴险狡诈，巧售其奸，荧惑欺蒙，变易祖宗旧制，倡立十三衙门名色，广招党类，恣意妄行，钱粮借端滥费，以遂侵牟，权势震于中外，以窃威福，恣肆贪婪，相济为恶，假窃威权，要挟专擅，内外各衙门事务，任意把持，广兴营造，靡冒钱粮，以致民力告匮，兵饷不敷。此二人者，朋比作奸，扰乱法纪，坏本朝淳朴之风俗。变祖宗久定之典章，其情罪重大，积恶已极，通国莫不知之，虽置于法，未足蔽辜。吴良辅已经处斩，佟义若存，法亦难贷，已服冥诛，着削其世职，十三衙门，尽行革去，凡事皆遵太祖、太宗时定制行，内官俱永不用。又刘正宗，亦当仰遵遗诏，置之重典，但念其年老，姑从宽免，其党类亦皆赦宥。尔等即传布中外，刊示晓谕，咸使知悉，用昭除奸瘅恶大法。"[1]

但是，辅政大臣在先皇倾心汉化、以儒治国欲为天朝（中原）明君这一根本目的上，却是大违帝意。今日的清帝，已非偏远山区弹丸之地的建州国汗，而是大清国亿万臣民之君主。他的子民百分之九十九点几都是汉民，近亿汉民和几百万甚至上千万其他少数民族人员皆系清帝赤子，分居全国一千七百余府厅州县，仅靠区区五六万丁的满洲男丁，哪怕尽皆披甲当兵，也无法长期控制住汉民和其他民族人员，大清王朝便难长治久安。另一方面，马上固然可以得天下，却不能马上治天下。久居偏远山区的满洲，入关以后，面临领土辽阔，地形复杂，人口众多，言语不通，语言文字各异，风俗有别，民情不谙等现状，恐怕即使诸葛在世，也无法单独治理全国，必须大量吸收其他族人才，尤其是汉族的有才之人。汉族有悠久的文化，人才济济，治国有道，统军有方，不做好对汉民的工作，不争取汉族之上层人士和有才之人，不"以汉治汉"，清王朝的统治就难以持久，就不能巩固，就难以逃过"胡虏无百年之运"的厄运。所以，福临亲政以后，就重用贤能汉官，遴选英才，提高汉官职权，特别是国家大事，倚重汉军旗人大学士范文程、洪承畴和汉大学士冯铨、陈名夏、陈之遴、刘正宗、傅以渐、李蔚、金之俊、吕宫，其中傅以渐、吕宫还分别是顺治三年、四年状元。在内阁大学士员缺上，他大大增加了汉大学士名额。顺治元年到七年，内阁大学士一般是7人，其中满大学士3位，汉军旗2位，汉大学士2位。顺治九年8位大学士，其中满洲3位，汉军旗2位，汉人3位。顺治十年13位大学士，其中满洲3位，汉军旗2位，汉人8位。顺治十一年16位大学士，其中满洲3位，汉军旗3位，汉人10位。顺治十二年16位大学士，满洲5位，汉军旗2位，汉人9位。此后，大学士一般是14位至16位，汉大学士皆多于满洲、汉军旗大学士。

在清初大多数满洲臣僚不谙明例政事，不悉民情，不知汉官贤奸，甚至不通汉话汉文的情况下，顺治帝能大量擢用汉官，任以大学士、参议政务，对革除明季积弊，妥善处理满汉关系，减轻黎民痛苦，缓和民族矛盾，安定社会，恢复和发展经济，稳定政局，进行统一全国的工作，无疑起了较好的作用。

辅政大臣虽然做了不少事情，也取得一定成效，但他们皆是创立农奴制君主专权国家之金国、清国开国元勋之子侄，他们也是开国的有功之臣，本身又是掠夺众多包衣占有大量庄园的大农奴主，并且除了索尼是通晓满文、蒙文、汉文的"巴克什"（博士）外，鳌拜等三位辅政大臣皆是鲁莽武将，所以难以完全接受并继续执行先帝福临这套倾心汉化、以儒治国、施行仁政的方针，反而做出了五件反其道而行之的大错事。

第一错就是在孝庄太后审议并做了一定程度修改的世祖福临的遗诏中，公然写道："明季失国，多由偏用文臣，朕不以为戒，而委任汉官，即部院印信，间亦令汉官掌管，以致满臣无心任事，精力懈弛，是朕之罪一也。"①顺治十八年六月二十日，辅政大臣又以世祖遗诏中有"纪纲法度，用人行政，不能仰法太祖、太宗谟烈……渐习汉俗，于淳

---

① 《清世祖实录》卷144，第3页。

朴旧制，日有更张"为根据，以幼君名义，谕告户部："朕兹于一切政务，思欲率循祖制，咸复旧章，以副先帝遗命。"①辅政大臣遂借此将内阁恢复旧名，改为内三院，设内秘书院、内国史院、内弘文院，每院各设满洲大学士、汉军旗大学士、汉大学士各一员。②经此一改，推翻了先帝福临亲政后定的汉大学士多于满洲、汉军大学士的规定，从制度上削弱了汉大学士参政议政之权。

第二件大错事是兴起奏销大案，严惩以江南士绅为主的欠粮文武官员。顺治十八年六月初三，江宁巡抚朱国治奏称："苏、松、常、镇四府属并溧阳县未完钱粮文武绅衿共一万三千五百一十七名，应照例议处。衙役人等二百五十四名，应严提究拟。得旨：绅衿抗粮，殊为可恶，该部照定例严加议处。"③此案之错有三。一为小题大做。此案由江宁巡抚专疏奏劾，辅政大臣拟旨，谕令吏部"照定例严加议处"，且明确将此未完钱粮，即欠粮，定为"抗粮"，斥之为"殊为可恶"，吏部当然就遵旨严议，遂订立"新例"。从朱国治以专疏奏参，且写明未完钱粮绅衿有13000余人，可见欠粮之数必然巨大，可能有几十万两甚至几百万两之多吧！到底是多少两？朱国治未明说，辅政大臣之旨亦未写明。然而，查阅史料才知道，实情与此差之千里。江苏一省，年征田赋银368万余两，而此次朱国治所参之欠粮，圣旨所定之"抗粮"，据叶梦珠《阅世编》卷5，《门祚》载，一共只有银5万余两，仅为额定田赋银的百分之一点五，这怎能定为必须严办严惩之大案？这不明明是小题大做吗？二错是惩处太重。江苏省欠赋银才5万余两，而欠粮绅衿多达13000余人，平均每人欠银4两。当时江苏有民田670万亩，征赋银368万余两，平均每亩征赋银5分银子。照此计算，这13000万余绅衿平均每人欠80亩田的赋银，此数也太少了吧，微不足道。为欠这点赋银要将苦读十年寒窗且碰上好运才考来的进士、举人、秀才之功名，一朝黜革，所挣来的几品官员"概行降调"，何其冤哉！再看看几个具体例子。例一，江苏吴江人金之俊，当了7年工部、兵部、吏部尚书，8年大学士，这样一位位极人臣的一品大员也因欠粮而罢官，后以"自陈"蒙恩，

①《清世祖实录》卷144，第2页；《清圣祖实录》卷3，第9页。

②《清圣祖实录》卷5，第18、19页。

③《清圣祖实录》卷3，第3页。

方得"复职"。例二，徐元文，江苏昆山人，顺治十六年，25岁就考上状元。顺治帝取中徐元文后，非常高兴，回宫奏告皇太后说："今岁得一佳状元。"帝宠待徐元文，赐徐冠带蟒服，赐乘御马，眼见很快就将位列九卿入阁拜相了，不料奏销案一起，因吏胥将其名开入欠粮册中，坐谪銮仪卫经历，事白之后，授国子监祭酒，康熙亲政后相继迁任左都御史、刑部尚书、户部尚书。二十八年，拜文华殿大学士兼掌翰林院。徐元文为官清廉，当了二十多年大官，退休回家，过临清关时，"关吏大索，仅图书数千卷，光禄馈金三百而已"。①例三，叶方蔼，江苏昆山人，顺治十六年探花，因欠赋银一厘，亦被革职。叶上疏奏称，"所欠一厘，准今制钱一文也"。此事传闻甚广，时有"探花不值一文钱"之谣。②三错是不问真伪，冤狱繁兴。造报欠粮册籍时，吏胥或受人嘱咐，或粗心大意，致多谬误，"或完而误作欠，或欠少而误作多，或完在前而册上一例填名，或完在后而册上一例挂欠"，或张冠李戴，将实欠之人填在他人名下，而州县官员，不问真伪曲直，一概严惩，秦松龄之罢官，即系一例。秦松龄，江苏无锡人，顺治十二年进士，授翰林院检讨，以被诬欠赋银三分，革职。秦上书座主胡兆龙说："某久在京师，素知功令，薄田五顷，输赋独先，本籍欠粮之册，绝无贱名，祇以同族孀姑，远在邻邑，平日不相闻问，不知何人所使，诡将彼户滥注卑衔，逋赋三分，致干国宪，直俟檄提之时，方知受罪之由。"③欠赋银3分，折制钱30文，按江苏省民田平均一亩征银五分银子计算，秦松龄即使被冤枉欠银3分，也不过仅欠半亩多田的赋银，就把这位曾被皇上考试庶吉士时"拔置第一"的才子革去了官职。可见，其冤屈之甚。

奏销案之小题大做，惩治严酷，冤案繁多，伤了江南士绅之心，许多英俊有才之士，从此怨恨朝廷，绝意仕途。例如，顺治十五年进士张醉石，"以奏销议降归，优游林下十余载而卒"。进士董含及其弟举人董俞，"俱以十七年奏销诖误，家居不仕"。进士袁璹，"以奏销诖误，至今未仕"。周茂源，"少以文章动天下"，考上进士后，任至括

①《清史稿》卷250，《徐元文传》。
②《清史稿》卷266，《叶方蔼传》；王应奎：《柳南续笔》卷2，《辛丑奏销》；陈康祺：《郎潜纪闻初笔》卷4，《叶文敏公因逋赋一厘左迁》。
③陈康祺：《郎潜纪闻二笔》卷6，《秦松龄因逋粮案罢官》。

苍知府，为官七年，"有异绩"，"以顺治十七年奏销一案，议降归里，遂绝意仕途，优游林下，又数年而卒"。进士陆鸣珂，"司教广陵，施以奏销讹误，家居不仕"。进士赵瞻登，以奏销讹误，"不得授官，赍志而殁"。①

第三件大的错事是加派练饷。顺治元年清帝入主中原以后，多次下诏，痛斥明朝征收"三饷"等一切加派的亡国弊政，宣布予以革除。可是，在顺治十六年，清军下昆明，"诏以云、贵、川、广、湖五省荡平宣示中外"以后的第三年，顺治十八年八月，在军费可以大量减少、财政不会困难的条件下，辅政大臣却违背先帝意旨，下令征收练饷。《清圣祖实录》卷4载，顺治十八年八月初八，"户部遵旨议覆：查明季加增练饷，并无旧案，只有遗单一纸，每亩派征一分，直隶、山东、河南、江南、山西、浙江、江西、湖广、广东、福建、陕西、广西、四川十三省，共计五百七十七万一千余顷，每亩一分派征，计银五百万余两，请敕该抚于十八年为始，限三月征完解部。至云贵系新辟地方，无旧案可查，赖该抚于见证田地内，照数征派，汇册报部。得旨：如议速行"。②

这可是一大弊政，不只今年加征五百万余两，比原额增加了20%，此后每年都要照此加派数额征收，并且自食其言，取消了以前下达的革除明季加派弊政的多道圣旨。此例一开，什么剿饷、辽饷等名目的加派，亦将因此而兴，难道又要重蹈明朝亡国之覆辙吗？

正因为此系涉及邦国安危之大事，所以都察院左都御史魏裔介于十二月十四日上疏直谏说："今岁司农告匮，议及加派天下地亩钱粮五百万余。……近闻直隶各省百姓莫不输将恐后，解赴军前，然虽勉完此项，而穷苦之民，不可名状，伏祈敕下户部，速为筹算，每年兵饷若干，直隶各省正赋若干，如果足用，其加派钱粮，即应停止，为百姓，即所以为国家，乃培根本而长治久安之要也。"③

辅政大臣也感到此事错得太多，立即于第二天十二月十六日谕告户部停止明年加派税："前因世祖皇帝山陵大工及滇闽用兵，钱粮不足，

---

① 叶梦珠：《阅世编》卷5，《门祚》。

② 《清圣祖实录》卷4，第9页。

③ 《清圣祖实录》卷5，第18-20页。

不得已于直隶各省田亩，照明末时练饷例，每亩暂加一分，以济军需。今思各省水旱盗贼，民生未获苏息，正赋之外，复有加征，小民困苦，朕心殊为不忍，若不急停，以舒民困，必至失所。除顺治十八年已派外，康熙元年通行停止。"①

第四件大的错事是制造《明朝辑要》案文字狱。浙江湖州人朱国桢，于明天启三年（1623年）正月晋礼部尚书兼东阁大学士，七月晋文渊阁大学士，第二年十月致仕。朱国桢回家乡后，写了一部《明史》，一部分已刊行于世，其《列朝诸臣传》未刊。明亡以后，朱府家道衰落，其子孙以银千两将稿本卖与同乡富翁庄廷龙。庄廷龙是个盲人，无子，为图流名后世，请了十余名文人对稿本略加润色，并补写天启、崇祯年间史事，取名《明史辑要》，改作者名为己作。庄廷龙死后，其父庄允诚悼念亡子，请曾任南朝弘光政权侍郎的李令哲作序，将书刊行。康熙元年（1662年），原归安知县吴之荣罢官以后，企图敲诈庄家，未遂，便将此书作为逆书，呈报杭州将军松魁，既对庄家进行报复，又借此立功以图复官。松魁令浙江巡抚朱昌祚查办，朱昌祚遣督学胡尚衡处理。庄家知悉，重金打点，地方官府宣称此非逆书，反判吴之荣挟仇诬告，将吴逐出吴江。吴之荣暴怒，赶往京师，上告刑部。辅政大臣急派刑部侍郎罗多为钦差大臣来浙审查后，将此书定为逆书，定为谋逆大案，血腥镇压。庄家及为此书作序、参校、列名于书中的文人，庇护案犯之官员，刻字工匠，卖书之书贾，购书之人，皆遭严惩。庄家百余人被逮，庄允诚被逮至京，死于狱中，庄廷龙被开棺戮尸，其弟庄廷钺一家十数人连坐处死，家产籍没，妻子充边为奴。李令哲与子四人被处死。其幼子十六岁，法司令其少报一岁，则可免死充军，幼子回答说："予见父、兄死，不忍独生"，不改年岁而被斩。杭州将军以"八议"免死，革职，斩其幕客。浙抚贿审案者，委过于归安县、乌程县两位学官，二官被斩。湖州太守谭希闵，上任仅半月，与推官李焕皆被处死。浒墅关主事李尚白"以购逆书立斩"。"江楚诸名士列书中皆死"。不少文人系庄允诚慕其名而私自在书中将他们列为参校者，本人并不知晓而冤死。其中年轻有为的书生吴炎、潘柽章，精通史事，学贯百家，立志仿效太史公

①《清圣祖实录》卷5，第18—20页。

之《史记》，写一部《明史》。冤死之后，顾炎武写诗哀悼二人说：
"一代文章亡左马，千秋仁义在吴潘。"吴之荣还诬指南浔富翁朱佑明
为原书之作者，朱佑明及子侄四人被绞杀，妻女发配旗下为奴，家产籍
没。辅政大臣以吴之荣出首逆书有功，将朱佑明的家产三分之一赏与吴
之荣，并恢复其官，后还升至右佥都御使。①

　　受此冤案影响，一些无赖企图诈财升官，纷纷讦告一些知名学者之
书中有诋毁朝廷之逆词，相继发生了张奇逢《大难录》案、沈天甫逆书
案、顾炎武《忠节录》案，一代大师孙奇逢、顾炎武及众多文人被牵
连。文字狱严重伤了江南文人之心，加重了士大夫与清政府的隔阂和
对立。

　　第五件大的错事是第三次大规模圈占民地。康熙五年正月十五日，
鳌拜提出顺治初年多尔衮将镶黄旗应得之地给予多尔衮之正白旗，致镶
黄旗土地十分差劣，应予更换。索尼因一向厌恶苏克萨哈，遏必隆既软
弱惧祸，又与鳌拜同是镶黄旗人，故三人赞成更换，仅正白旗人苏克萨
哈反对，当然无效。于是，鳌拜使八旗都统以地土不堪呈请易换，大学
士管户部尚书事务苏纳海、直隶山东河南总督朱昌祚、直隶巡抚王登联
上疏谏阻，奏称"地土分拨已久"，"旗民皆不愿圈换"，且康熙三年
（1664年）"奉有民间地土不许再圈之旨"。鳌拜大怒，指使刑部议
处。刑部拟议，鞭苏纳海三人一百，除伊妾外，家产籍没。清圣祖玄烨
心知鳌拜欲将苏纳海置于死地，遂召辅臣面询，"鳌拜、索尼、遏必隆
坚奏苏纳海等应置重典"，独苏克萨哈不言，玄烨"终未允所奏"。鳌
拜三人出宫降旨，将苏纳海、朱昌祚、王登联立即绞死，家产免籍没。
于是就进行了顺治以来的第三次大圈地，田地被圈占而失业之民人多达
数十万人。

　　总的来看，辅政大臣主持朝政的八年多里，虽也采取了一些有益的
措施，但也做了五大错事，严重地迟滞了顺治帝倾心汉化、以儒治国、
施行仁政、收服人心的根本趋势，可谓有功有过，功不抵过，过大于
功。先皇的遗愿，只能由其贤孝儿子玄烨来实现了。

────────────

　　① 陈康祺：《郎潜纪闻二笔》卷8，《庄廷龙·明史祸》。

三、计擒鳌拜

鳌拜，姓瓜尔佳氏，其祖父苏完部长索尔果最早率部众500户来投，使清太祖努尔哈赤兵马骤增一倍，立下大功；其叔费英东，系清朝开国元勋，众额真、直义公、太祖之孙女婿，可以说是勋贵之家，将门之子。鳌拜很早就披甲从征，军功累累，任至领侍卫内大臣、护军统领，封二等公，赠号"巴图鲁"。

鳌拜效忠清太宗皇太极，与索尼等两黄旗八大臣誓死拥立世祖福临，之后又忠贞不减，坚决保护幼主。故福临去世时，遗诏任其为辅政大臣，名列索尼、苏克萨哈、遏必隆之后。

辅政初期，索尼年老多病，遏必隆唯唯诺诺，推诿退让，鳌拜敢作敢当，果断裁处事务，实际上成了四位辅政大臣之首领，威望日益提高，权势越来越大，他也就日益骄横，"意气凌铄"，朝中大臣"多惮之"。他因与内大臣费扬古有过节，费扬古之子侍卫倭赫等人"不敬辅臣"，鳌拜恼怒，于康熙三年四月初六将其论罪处死。《清圣祖实录》卷11，第22页载：

"辅政大臣鳌拜等，与内大臣费扬古有隙，及费扬古子侍卫倭赫与侍卫西住、折克图、觉罗塞尔弼，四人同值御前，不敬辅臣。辅臣恶之，遂以劝辜景山瀛台，擅骑上所乘马，用上弓射鹿，论斩，又以费扬古守陵怨望，并其子尼倪，已出征之萨哈连，俱坐绞。唯色黑以不知情免死，后仍发宁古塔，房产籍入鳌拜之弟穆里玛家，其折克图之父鄂莫克图，西住之兄图尔喀，塞尔弼之同祖兄塔达等，俱以明知子弟所犯重大，不即请旨治罪，分别革职，鞭责。"[1]

特别是顺治五年十二月，鳌拜不顾少君玄烨反对，矫旨绞杀反对圈换旗地的大学士苏纳海、直隶山东河南总督朱昌祚、直隶巡抚王登联三位大臣以后，权势更大，更加专横跋扈，网罗亲信，结党营私。辅国公、大学士班布尔善、户部尚书马迩塞，吏部尚书阿思哈，兵部尚书噶褚哈，吏部侍郎泰壁图，都统济世系其死党，以及鳌拜之弟都统穆里

---

[1]《清圣祖实录》卷11，第22页。

玛，子二等公领侍卫内大臣那摩福，侄侍卫塞本特、纳莫，"党比营私"，把持朝政，擢升私人，欲图"文武百官"尽出其门下。

鳌拜也不想想，他之所以能够权势赫赫，众臣畏惧，连亲王、郡王、贝勒也都让他三分，并不是因为大清江山是他打下的，立有盖世功勋，他只不过是清初几百位骁勇善战的将领之一，费英东、额亦都、扬古利、扈尔汉等人，所向披靡，比他更为英勇，功比他大。他也不是因为满腹经纶，能运筹帷幄，神机妙算，坐镇大帐，败敌于千里之外，而让众人敬佩尊崇。他的大权仅仅是来自于其主子顺治皇帝福临的授予，只要皇帝不信任他，收回赋予他的权力，他就将回复于臣仆之位，众臣大多也会与之疏远，府邸门前也就车少马稀了。

正当鳌拜沉醉于权倾朝野无比欢欣之时，八岁登基的小皇帝玄烨一天一天、一月一月、一年一年地成长了。康熙四年九月初八，周岁11岁半虚岁12岁的少年天子玄烨，举行了大婚典礼，册封首席辅政大臣一等伯索尼的孙女为皇后。照说，男子结婚，便意味着他已长大成人，可以独立生活，从政经商，而作为皇帝，便应该日理万机，裁处国政了，也就是说，要亲主朝政，无须将此大权给予他人代行天命，应该取消辅政大臣制度了。可是，玄烨虽已大婚，年龄毕竟太小，才11岁多，实难担此重任，于是，继续由辅政大臣执掌朝政。

日复一日，又过去了一年。康熙五年八月初一，刑科给事中张维赤上疏，奏请少年皇帝玄烨亲政说："伏念世祖章皇帝，于顺治八年亲政，年登一十四岁，今皇上即位六年，齿正相符，乞择吉亲政。"①

尽管张维赤只是区区一个汉给事中，官阶才七品，属于下级官员，照说应是官微言轻，不值一提，可是，此人虽然官微，其言却不轻，因为他提出了一个重大问题，将对朝政官局带来重大影响。虽然张维赤只说了顺治帝福临"十四岁亲政"一句话，未详述其亲政之后如何施政，但人们当然记得，还差18天才十三周岁的福临，于顺治八年正月十二日举行亲政大典之后，一个半月之内，就追罪握有三旗、独主朝政八年之久的"成宗义皇帝"、"皇父摄政王"多尔衮，革其封典，削爵籍没，鞭尸焚骨扬灰，罪其死党，夺回大权，真正做到乾纲独断，至尊无上。昔日先皇十三四岁能够亲政，今天的少年天子玄烨当然也能亲政治国。

①《清圣祖实录》卷19，第16页。

这个大道理，任何官员都不能说个不字，都不能反对。但是，不公开反对，并不能说就立即赞成。对于进行亲政准备工作，辅政大臣以"报闻"处理了张维赤的奏请，拖了下去。

然而，可以报闻，却不能长期拖延，于是康熙六年七月初三，玄烨下旨，宣布允准亲政。

《清圣祖实录》卷23，第2、3页载称：

"先是三月内，辅政公索尼等奏请皇上亲政，上留中未发。至是，下旨曰：朕年尚冲幼，天下事务殷繁，未能料理，欲再俟数年。辅政臣行陈奏，朕再三未允。辅政臣等奏云：世祖章皇帝亦于十四岁亲政，今主上年德相符，天下事务，总揽裕如，恳切奏请。朕乃率辅政臣往奏太皇太后。太皇太后谕以帝尚冲幼，如尔等俱谢政，天下事何能独理，缓一二年再奏。辅政臣等复奏，主上躬亲万机，臣等仍行佐理。太皇太后愈允，择吉亲政。其吉期，礼部选择以闻。"

过了三天，即七月初六举行了亲政大礼，宣诏天下：

"诏曰：朕以冲龄，嗣登大宝，辅政臣索尼、苏克萨哈、遏必隆、鳌拜谨遵皇考世祖章皇帝遗诏，辅理政务，殚心效力，七年于兹，今屡次奏请，朕承太皇太后之命，躬理万机，惟天地祖宗付托至重，海内臣庶，望治方殷，朕以凉德夙夜祗惧，天下至大，政务至繁，非朕躬所能独理。宣力分猷，仍惟辅政臣、诸王、贝勒、内外文武大小各官是赖，务各殚忠尽职，洁己爱民，任怨任劳，不得辞避，天下利弊，必以上闻，朝廷德意，期于下究，庶政举民安，早臻平治。凡我军民，宜仰体朕心，务本兴行，乐业安生，以迓休宁之庆，于戏，政在养民，敢虚天地生成之德，时当亲政，恒念祖宗爱育之心，布告天下，咸使闻知，诏内恩赦，凡一十七条。"①

综上所述，可以看出三个问题。一是索尼等四位辅政大臣以给事中张维赤所述亲政理由，奏请少主玄烨亲政。在四位辅政大臣中，索尼是

①《清圣祖实录》卷23，第4页。

真心奏请皇上亲政，十分积极，非常坚决。索尼之所以这样坚主幼帝亲政，主要是因为自己年老多病，看到鳌拜愈益骄横跋扈，网罗党羽，感到事态严重。《清史列传》卷6，《索尼传》称："鳌拜与苏克萨哈争事成隙，索尼恶之，年已老矣，且有疾。康熙六年正月，与辅臣等奏请圣祖仁皇帝亲政。"《清史稿》卷249，《索尼传》亦称："索尼故不慊苏克萨哈，顾见鳌拜势日涨，与苏克萨哈不相容，内怃"，又念年已老，多病"，遂于六年三月与苏克萨哈、遏必隆、鳌拜奏请皇上亲政。字典解释"怃"之含义是：恐惧；恐惧警惕。

二系鳌拜不愿交权，不愿取消以己为主执掌朝政的辅政大臣制度。太皇太后以玄烨冲幼为辞，希望辅臣们"缓一二年再奏"亲政时，"辅政臣等复奏，主上躬亲万机，臣等仍行佐理"。这里所述的"辅政等复奏"，此时，索尼已于一个月前病故，遏必隆眼见鳌拜势大，早已唯其马首是瞻，当然不会抢先发言，即使要三人齐奏，也会按鳌拜之意奏请。苏克萨哈眼见死期将至，也不敢争着讲话，也会附和鳌拜之意。因此，可以断定，所谓辅臣等复奏，其实就是按鳌拜的主张奏请。此覆奏之词，颇含玄机，因为，从字面上看，"主上躬亲万机"，与辅臣等"仍行佐理"，是互相矛盾的。"主上躬亲万机"，讲的是少年皇帝亲自裁处国务，军政大事、财经、政法、民族、文教，等等千万事务，皆是皇上亲自处理，乾纲独断。而辅臣等"仍行佐理"，与先皇去世之时遗诏委命辅政大臣"保翊幼主，佐理政务"，有何区别。为什么鳌拜不奏称臣等尽心辅助之类的话，而偏偏要用与遗诏相同的"佐理"一词呢，显然是阴含玄机，暗示要延续辅政大臣制度。

三是少年天子玄烨确系聪睿绝顶，机智果断，善用权术的英明君主。一则"亲政庆典颁布诏款"，玄烨不让辅政大臣草拟，而是"皇上亲拟"。再则亲政之诏，明确宣示皇上亲理万机，乾纲独断的大政方针。亲政诏书说："天下至大，政务至繁，非朕所能独理，宣力分猷，仍惟辅政臣、诸王、贝勒、内外文武大小各官是赖"，猷的含义是：计谋，打算。这一段纲领性的诏文，既点明政务皆需帝处理，但政务浩繁，只能用辅臣、王、贝勒、文武百官"宣力分猷"，且将辅政大臣与王、贝勒、"内外大小官员"并列，实即宣示辅政大臣已非昔日"代天行命"之崇高身份，而是降为与"内外大小官员"一样皆系帝之臣仆。这个含义，对照一下过去先皇世祖福临亲政的诏书，就更明白了。

顺治八年正月十二日，福临的亲政诏书说：

"日颁诏大赦天下，诏曰：朕今躬亲大政，总理万机，深思天地祖宗，付畀甚重，海内臣庶，望治方殷，自惟凉德，夙夜祗惧，天下至大，政务至繁，非朕躬所能独理，分猷宣力，内赖诸王、贝勒、大臣、内三院六部、都察院、理藩院、卿寺等衙门，外赖诸藩王、贝勒等，及各大臣，并督、抚司、道、府、州、县、卫所等衙门，提督、镇守、将领等官，一应满汉内外文武大小官员，皆有政事兵民之责，务各殚忠尽职，洁己爱人，任怨任劳，不得推避，天下利弊，必以上闻，朝廷恩意，期于下究，庶政举民安，早臻平治，凡我民人，宜仰体朕心，务本兴行，乐业安生，共享泰宁之庆，合行恩赦。"①

两相比较，可以说玄烨的亲政诏书，就是其父世祖福临亲政诏书的复本。玄烨也要在亲政之后，"万事躬亲"，乾纲独断，成为与其父皇一样的至尊无上独掌军国大权的皇帝。

骄横跋扈的粗鲁武夫、辅政大臣鳌拜，不仅没有体会出亲政诏书的深刻含义，不仅没有收敛自己的横蛮言行，反而逆风而上，兴起诛灭苏克萨哈的大狱。

康熙六年（1667年）六月索尼病故。七月初六，十四岁的玄烨亲政，大赦天下。但是，此时辅政大臣鳌拜已网罗党羽，权势日盛，继续专权。辅政大臣苏克萨哈恐被鳌拜陷害，于七月十三日奏请隐退，往守先帝陵墓。鳌拜降旨，令议政王贝勒大臣议处其罪。十七日康亲王杰书等议定苏克萨哈犯有大罪二十四条，拟议将其革职凌迟处死，其子内大臣查克旦革职凌迟处死，其子侄达器等革职立斩。玄烨知系鳌拜有意加害苏克萨哈，"坚执不允所请"。"鳌拜攘臂上前，强奏累日，竟坐苏克萨哈处绞，其子查克旦等俱如议"。②

鳌拜害死苏克萨哈，标志着军国大权归其掌握，可以说是没有加冕的皇帝，也可以说是帝外之帝，帝上之帝。从此，他就更加专横跋扈，

①《清圣祖实录》卷52，第11、12页。

②《清圣祖实录》卷23，第17、18页。

结党营私，独断专行。然而，绞杀苏克萨哈之日，也就是他走向地狱的开始。玄烨早就想亲理朝政，乾纲独断。治国平天下，岂能容帝之包衣辅政大臣鳌拜把持朝政（满洲大臣皆对帝自居奴才），苏克萨哈之死，更增加了他擒捕鳌拜的决心。

康熙七年正月十一日，建孝陵神功圣德碑叙述先皇世祖福临言行功勋，现摘录其重要碑文：

"皇考生而神灵，英异非常，六龄读书，不假师资。一目数行俱下，太宗甚钟爱焉，甲申，嗣登大宝，是时流寇肆逆。明祚已终，国亡君殉，万姓无归，爰整六师，一战而破百万之强寇，乃建都燕京，齐、晋、秦、豫传檄底定，靖寇救民，王师南下，金陵僭号者，其臣下执之以降，由是下楚、蜀、平浙、闽、两粤、滇、黔，数年之内，以次扫荡，遂成大一统之业。治本爱民，出师则严纪律，毋敢杀掠百姓，知民苦赋重，尽除明季加派，又停江浙督催织造官，免陕西皮张绒褐之贡，罢各省柑橘、鲥鱼、石榴等物之进，停止边外城工，蠲派征民间助工之饷，已临清烧砖之役，减朝鲜进贡之数，定赋役全书，修大清律令，各衙门规制事例。祗奉太祖太宗成法，治具毕张，敬天尊祖，乡祀亲虔。孝事太皇太后，晨兴问安，长跪受教。披阅章奏，每至夜分。勤学好问，择满汉词臣，充经筵日讲官，于景运门内建直房，令翰林官直宿备顾问，经书史策，手不释卷，遂知性知天，洞悉至道，兼综天文、地理、礼乐、兵、刑、赋役，古今因革利病之源，旁及诸子百家，莫不博涉，得其要领。素衣菲食，不兴土木之工。亲视太学，释奠先师，发帑金，崇其庙貌。虽太平，不弛武备。立贤无方，丁亥己亥，再举会试，间广额数，以罗人才，科场作弊者，从重治罪，视满汉如一体，遇文武无重轻，破故明人臣朋党之习，尚廉正，黜贪邪，时时甄别廷臣，以示激勤。下诏求言，虚怀纳谏，外官入觐，面谕以爱民勤职，详慎刑狱。大辟覆奏，再四驳审，命官临刑，各省冤滥者，皆得免，又停秋决一年。阉寺不使外交，立铁牌示禁。命儒臣修祖宗圣训，顺治大训，通鉴全书，孝经衍义等书，以教天下臣民。诣先坛，躬耕秸田，劝农以足民。四方水旱灾荒，频发内帑多金赈济。戒励臣工，首在勿欺。贤奸立辩，黜陟咸宜。慎刑薄赋，赈救灾荒。"①

---

① 《清圣祖实录》卷25，第5、6、8页。

此碑意义重大，表明了两个至关重要的问题。第一，碑文对顺治帝治国理政予以重新的、正确的评价和褒扬，驳斥了遗诏加在其身上不公正的、无理的、无据的、不实的挟私指责，还其清白。顺治十八年正月初七，福临去世之前，召学士王熙、原学士麻勒吉入宫，口述遗诏，命王熙"即就榻前书写"，王熙遵命撰拟，"凡三进览，三蒙钦定"。福临命麻勒吉"怀收遗诏，俟他更衣后，麻勒吉、贾卜嘉尔二人捧诏书奏知皇太后，宣示诸王贝勒大臣"。

然而，后来麻勒吉宣读的遗诏，已非福临口述原文，已被孝庄皇太后和辅政大臣做了重大修改，对福临进行了相当多不合理的指责，玄烨修建的孝陵神功圣德碑，对此逐一驳斥。一是遗诏指责福临对人才求全责备，过分苛刻，致贤人不能擢用。碑文则反驳说，福临广开途径，网罗人才，求贤若渴。二是遗诏指责先君"见贤不能举，不肖不能退"，未能远小人，近贤臣。碑文则说皇考"尚廉正，黜贪墨，时时甄别廷臣，以示激励"。三是遗诏指责福临"厚己薄人，损下益上"，"金花钱粮，尽给宫中之费"。碑文反驳说，"（先皇）素衣菲食，不兴土木"，"尽除明季加派"，免陕西皮张、各省柑橘、鲥鱼、石榴之贡，停筑避暑边城，日夜"焦心劳思，唯念军民疾苦"。四是遗诏指责福临"燕处深宫，御朝极少"，"自恃聪明"，"不能听言纳谏"，不勤政务，知过不改。碑文则反驳说，"我皇考无一日自暇逸"，"以精明理政事，以仁厚结人心"，"勤学好问"，"至圣致治"，"道法具在，虽尧舜之德，汤武之功，何以尚兹"。总之，碑文充分肯定、赞扬了先皇倾心汉化，欲为明君，以儒家仁政治国学治国理政，力求"轻徭薄赋"，"吏治清明"的政绩。

第二，碑文对先皇言行、政绩的评价和褒扬，实际上也就宣示了新君的治国、做人的理念，宣示了世祖之孝子玄烨今后要采取的治国方针和重大政策，也可以说是他的亲政宣言。

鳌拜绞杀苏克萨哈以后，更加骄横跋扈，结党营私，擅权乱政。玄烨忍无可忍，精心构思，制订了高超的智擒鳌拜的方案。

为了不使政局混乱，考虑到鳌拜党羽甚众，玄烨决定以计获胜。康熙八年（1669年）五月十六日，他利用"布库游戏"，召鳌拜入宫，命一群年轻侍卫将其擒捕。

当天，玄烨命议政王等审理鳌拜擅权乱政罪行说：

"前工部尚书员缺，鳌拜以朕素不知之济世妄称才能推补，通同结党，以欺朕躬。又奏称户部尚书缺。太宗文皇帝时，设有二员。今亦应补授二员，将马迩赛徇情补用。又鳌拜于朕前办事，不求当理，稍有拂意之处，即将部臣叱喝。又引见时，鳌拜在朕前，理宜声气和平，乃施威震众，高声喝问。又科道官员条奏，鳌拜屡请禁止。恐身干物议，闭塞言路，又凡用人行政，鳌拜欺朕专权，恣意妄为，文武各官，尽出伊门下，内外用伊奸党，大失天下之望。穆里玛、塞本得、讷莫、佛伦、舒尔马、班布尔善、阿思哈、噶褚哈、济世、马迩赛、泰壁图、迈音达、吴格塞、布达礼等，结成同党，凡事在家定议，然后施行，且将部院衙门各官，于启奏后，常带往商议，众所共知。鳌拜等，倚仗凶恶，弃毁国典，与伊等相好者荐拔之，不相好者陷害之。朕念鳌拜遗诏有名，宠眷过深，望其改恶悔罪，今乃贪聚贿赂，奸党日甚，上托君父重，下则残害生民，种种恶迹，难以枚举。遏必隆，知而缄口，将伊等过恶，未尝露奏一言，是何意见。阿南达，负朕恩宠，每进奏时，称鳌拜为圣人，着一并严拿勘审。"①

五月二十八日，康亲王杰书等遵旨勘问鳌拜罪状，奏称：

"勘问鳌拜罪状：鳌拜系国家大臣，背负先帝重托，任意横行，欺君擅权，文武各官，尽出门下，罪一。引用内外奸党，致失天下人望，罪二。与穆里玛、塞本得、讷莫、佛伦、舒尔马、班布尔善、阿思哈、噶褚哈、济世、马迩赛、泰壁图、迈音达、吴格塞、布达礼等结成奸党，一切政事，先于私家议定，然后施行，又将部院启奏官员，带往私门商酌，罪三。倚恃党恶，紊乱国政，所喜者荐举，所恶者陷害，皇上眷念旧臣，曲为优容，不思改恶，聚货养奸，罪四。上达遗诏，下虐生民，凡结党败坏之处，奉旨审问，巧饰供词，罪五。明知马迩赛、光泰、噶达浑，三族系太宗文皇帝、世祖章皇帝时，不用为侍卫之人，复擅行起用。罪六，于归政之后，即将苏克萨哈灭族，又将白尔黑图、乌尔把等，无罪枉杀，罪七。原任尚书苏纳海，总督朱昌祚，巡抚王登

---

① 《清圣祖实录》卷29，第4、5页。

联，以八旗更换地亩事，不顺其意，擅加杀害，罪八。偏护本旗，将别旗已定之地，辄行更换，罪九。皇上亲政，尊崇圣母孝康皇后，查取从前诏款，鳌拜不将配享太庙，奉先殿典礼，奏请施行，此系欺君轻慢圣母之处，罪十。贪揽事权，延挨不请辞政，罪十一。因内大臣噶布喇之女，册立皇后，心怀妒忌，敢行奏阻，罪十二。谬称济世贤能，授为尚书，罪十三。妄奏户部旧设尚书二员，以同党马迩塞补居要地，罪十四。禁止科道陈言，恐摘发情弊，阻塞言路，罪十五。熊赐履条奏之事，鳌拜以为劾己，意图倾害，罪十六。马迩赛部议赐谥，奉有有何显功，不准行之旨，鳌拜不遵，仍给予谥，罪十七。于皇上前，凡事不依理进奏，多以旧时疏稿呈览，逼勒依允，罪十八。御前呵斥部院大臣，拦截章奏，罪十九。私买外藩人为仆，罪二十。擅授败阵革职达素等原职，罪二十一。议苏克萨哈罪状时，止同班布尔善等定议，恐大学士巴泰逆意不合，不使与闻，罪二十二。因伊马匹被偷，将御马群头目，并偷马人，自批尽行处决，籍其家产入己，罪二十三。以俄讷、喇哈达、宜理布等在议政处，不肯附和，即裁止蒙古都统不使会议，罪二十四。先帝遗诏内，鳌拜名列遏必隆之后，乃不行遵奉，凡起坐班行，皆居遏必隆之右，同党噶褚哈，于列名启奏时，亦将鳌拜名前列，罪二十五。闻遏必隆因皇上传唤养鹰之人，激发怒言，有成何朝廷之说，不行举首，罪二十六。费耀色，奉旨放鹰，因其自行启奏，不先关白，辄加嗔怒，罪二十七。皇上行幸海子，令鳌拜奏明太皇太后，乃不遵旨，反云皇上自奏，罪二十八。势勒克什克之父妾，配伊家人，罪二十九。以克什克父之坟墓，有碍伊家风水，逼令迁移，罪三十。逆恶种种，所犯重大，应将鳌拜革职，立斩，其亲子兄弟，亦应斩，妻并孙为奴，家产籍没，其族人，有官职，及在护军者，均应革退，各鞭一百，披甲当差。"①

康亲王杰书等对遏必隆、班布尔善等人亦分别拟处死刑和革职、籍没。

玄烨下谕：鳌拜理应依议处死，但念效力年久，虽结党作恶，朕不忍加诛，着革职籍没拘禁。其子那摩佛亦免死革职籍没拘禁。遏必隆既未结党，着免罪，革去太师及公爵。其党羽班布尔善、吏部尚书阿思哈、兵部尚书噶褚哈、鳌拜之弟都统穆里玛、吏部侍郎泰壁图俱革职处斩，户

①《清圣祖实录》卷29，第7、8、9、10页。

部尚书马迩赛已死，不必抛尸。和硕敬谨亲王兰布诌媚鳌拜，娶其孙女为妻，倚势由郡王晋亲王，着降为镇国公。不久又将奉差外出之鳌拜党羽工部尚书济世处绞。玄烨又谕：内外文武官员，或因畏其权势而依附，或有欲图幸进而依附者，均施恩宽免。其党羽山陕总督莫洛、山西巡抚阿塔、陕西巡抚白清额，本当逮问重惩，念其赴任之后"剔除加派火耗等弊"，从宽免罪留任。苏克萨哈、苏纳海、朱昌祚、王登联等被害大臣，予以平反昭雪，复其原官原职。①

玄烨此时虽然年仅十五岁，却显示了惊人的高超的治政才干，既不动声色，一举计擒势倾朝野的帝外之君鳌拜，除其党羽，又不过分诛戮，宽宥并非死党的一般人员，连其党羽莫洛三臣亦因其为官清廉而免罪，一下子就夺回了大权，稳定了政局，为其以后乾纲独断，大展宏图，开创康乾盛世，奠定了坚实基础。

四、亲政五年　国库存银两千万

（一）两道策文

康熙八年（1669年）五月十六日，十六岁的少年天子玄烨计擒鳌拜，命议政王康亲王杰书等议处鳌拜以后，才真正完全掌握军国大权。他想当一位什么样的帝君？是沿袭入关前农奴制国家大金国汗、大清皇帝的施政方针，还是继承和发扬皇父倾心汉化欲以仁政治国的中原明君？玄烨没有专门下诏说明此事，但是，其两道策试贡士的策文，可以表明他的心愿。

第一道策文是康熙九年三月初一下达的。《清圣祖实录》卷32，第15、16页载：

"策试天下贡士，于太和殿前，制曰：朕惟帝王诞膺天命，抚御四方，莫不以安民兴贤为首务。朕缵承祖宗鸿绪，孜孜图治。民生休戚，日廑于怀，而治未臻于郅隆，其故何软，今欲家给人足，以成咸亨乐利之体，何道而可！兴贤育才，原以为民，今既崇经学以正人心，重制科

①《清圣祖实录》卷29，第10、11、12、13、14、15、16、17页；卷30，第2、3、4、5、6、16页。

以端始进，乃士风尚未近古，以致吏治不清，民生未遂，果陶淑之未善欤，抑风俗人心，习于浮伪，徒徇名而失实欤，必如何而能返械朴作人之盛，以几时雍之化也！我国家揆文奋武，礼乐之彦，韬钤之臣，兼收并重，何以简用得人，使才称其职，庙堂着亮采之功，封疆有千城之效欤！在外地方大吏，惟督抚是赖，牧民之官，守令最亲，必表正而后景直，欲使大法小廉，遵功令而修职业，以争自濯磨，将何术之从欤？漕粮数百万，取给东南，转输于黄连运两河，何以修浚得宜，而天庾借以充裕，俾国收其利，民不受其害，其必有道以处此，尔多士志学已久，当有确见于中，其各摅凤抱，详切敷陈，朕将亲览焉。"

第二道策文是康熙十二年三月二十日下达的。《清圣祖实录》卷41，第19、20页载：

"策试天下贡士韩炎等，于太和殿前。制曰：朕惟自古帝王，以仁心行仁政，无不以万物得所为己任，其时丰亨克奏，教化覃敷，人无狙诈之心，户洽敦庞之盛，驯至遐荒向化，顽梗率俾，讼狱息而兵革销，风雨时而休征应，何风之隆也。朕缵承祖宗鸿绪，抚御万方，夙兴夜寐，冀登上理，乃天时未尽调协，治道未臻纯备，尚德缓刑之令时颁，而仁让未兴，发帑蠲租之诏屡下，而休养未遂，意者审几度务，设诚制行之源，尚有未究者欤！夫治狱之吏，以刻为明，古人之所戒也，近见引律烦多，驳察诖良，时见参奏，出入轻重之间，率多未协于中，何以使民气无冤，而谳法克当欤！积贮乃天下之大命，乃常平之设，多属虚文，一遇荒歉，即需赈济，而奉行不实，致使朝廷之德意，不能遍及间阎，其何以使利兴弊革欤！古者耕九余三，即有灾祲，民无饥色，其道有可请求者欤！夫有治人，始有治法，行实政，必有实心，今欲疎禁网以以昭悖大，缓催科以裕蓄藏，务使物阜民安，政成化洽，以庶几于古帝王协和风动之治，抑何道之后也？尔多士蓄积有素，其各据所见详切敷陈，毋泛毋隐，朕将亲览焉。"

请看，在策文中，玄烨一则说，所有帝王都应"以安民兴贤为首务"，故朕"孜孜图治，民生休戚，日廑于怀"，"今欲家给人足，以咸享乐利之体"，希望改掉现在"吏治不清，民生未遂"局面。再则说，"自古帝王，以仁心行仁政，无不以万物得所为己任，其时丰克奏"，而现在，"发帑蠲租之诏屡下，而休养未遂"，今欲"缓催科以裕闾藏"，"在外地方大吏，唯督抚是赖，牧民之官守令最亲"，欲使大法小廉，遵功令而修职业，以争自濯磨，这完全是中原汉人明君施行仁政治国学说，轻徭薄赋，吏治清明，万民安居乐业的写照。可见，玄烨也想当这样的好皇帝，也想行仁政，轻徭薄赋，大法小廉，吏治清明，万民丰享。

看看十几年前先皇于顺治十五年四月初二殿试天下贡士的制策。《清世祖实录》卷116，第2页载：

> "戊辰，殿试天下贡士，制曰：朕惟唐虞三代，民风朴茂。海宇乂安，人无偏陂之心。欲跻雍熙之盛，率性而遍德，训行而近光，涵濡于道德仁义之中，驯致刑措不用，何治之隆也。朕孜孜求治，夙夜不遑，十有五年于兹矣。乃休养多方，而闾阎未宁止，训迪日久，而群黎未睹维新，表章经术之令虽殷，而博通经学者尚寡，明慎用刑之念虽切，而自干法纲者犹多，岂人心之尽不古若与，抑奉行者未得其实也。今欲使兆庶遂生乐业，咸得其所，庶几衣食足而礼义兴，人心协正，风俗还淳，敦尚经学，而修明性道，君子怀刑，小人亦耻犯法，俾隆古之上理，再见于今日，何道而可，尔诸士其各抒凤抱，详切敷陈，勿得剽袭浮泛，朕将采择焉。"

两相对比，何其相似，父子俩真似一人，的确是子承父志，玄烨欲为施行仁政的明君。

（二）免赋简表

少年天子玄烨认为，"民惟邦本，勤恤为先，政在养民，蠲租为急"，"百姓足，君孰与不足"，故非常重视蠲减租赋。现将康熙八年（1669年）五月擒鳌拜以后，到康熙十二年十二月，《清圣祖实录》所载免赋资料，摘录列表于下：

康熙五年五月至九年十二月免赋简表

康熙 年月		清圣祖 实录卷/页
八年五月	免西安，凤翔，汉中三府，兴安州新荒民屯废藩地亩及从前谎报民丁所征银 37390 余两，粮 1280 余石，因其"俱系见在人民包赔苦累"。	29/2
八年七月	免直隶束鹿县本年份水灾额赋十之三。	30/22
八年八月	免江南盐城所屯田康熙七年份水灾额赋。	31/7
八年十一月	免江南江宁等四卫本年份水灾额赋有差。免湖广黄梅县本年份旱灾额赋十之三。免直隶无极等六县、山西冷西寿张二县本年份雹灾额赋有差，免河南陈留等十三州县本年份水灾额赋有差。	31/16、19
八年十二月	免湖南平河等七县本年份旱灾额赋十之三。免江南萧县、盐城所本年份水灾额赋有差。免江南泗州、虹县等五州县从前谎报开垦地亩及见被水沉地亩共 5296 顷钱粮。免江南五河县本年份水灾额赋有差。	31/22、23、24
九年二月	江宁巡抚马祐奏，桃源县等处连年水灾，请免带征漕米。"得旨：漕粮例不蠲免，但该抚既称桃源等处屡被水灾，民生困苦，与他处不同，着确议具奏。寻议，康熙六、七两年份未完漕米 16640 石，应准其蠲免，后不为例。从之。漕运总督颜保奏：江南高邮等六州县被灾，康熙六、七、八年份未完漕米 28769 石余，请改折带征。"得旨：高邮等处灾伤与他处不同，仍令带征，"恐小民不能完纳，以致困苦"，着再议。户部议："漕粮例不因灾蠲免，但江南高邮等六州县叠被灾伤，应将康熙六、七、八年未完漕粮尽行蠲免。"从之。	32/8、13 33/10
九年闰二月	以康熙七年地震，免山东沂州、鱼台等四十州县卫及信阳等三处起存项下银二十二万七千三百有奇。	32/14

康熙 年月		清圣祖 实卷录/页
九年三月	谕户部：江南寿州卫自顺治六年大水，卫军死徒，田地荒芜，减存月粮银两，无从征收，着豁免。仍令漕臣设法招垦。	32/20
九年六月	扬属三州县丈缺田地，俱淹没，永免钱粮，淮屈三州县，见被水淹，本年停征。	33/19
九年七月	免江南丹徒，金坛二县康熙七年份水灾额赋有差。免直隶博野等二十九州县本年份水灾额赋有差。	33/23、24
九年八月	免河南安阳等九州县，直隶赞皇、元氏二县、湖广汉阳等六县并沔阳卫本年份旱灾额赋有差；免江南泗州等五州县并凤阳等三卫本年份水灾额赋有差。	33/25、26、28
九年九月	嘉湖二府水灾，本年漕粮二十二万四千余石，"每石折银一两征解"。"粮既停运，耗润米八万九千六百余石，帮贴银十万五千余两"，俱免征。免山东淮县本年份雹灾额赋，免陕西碓南县水冲地二百余顷额赋。	34/6、7、8
九年十月	免山东济阳等十四州县、齐东等七州县、阳信等八县，本年份旱灾额赋有差。山东曹县、牛市在决口，冲设全乡、鱼台、单县、城武、曹县、临清卫村庄房屋田地，非寻常水灾、旱灾可比，请破例蠲恤。户部议准：定例，"被灾九分十分者，全蠲本年额赋。被灾七分、八分者，于应蠲外，加免二分"。	34/13
九年十一月	免直隶开州、元城等二十五州县、山东商河等五县及青州左卫、河南胙城、汲县本年份旱灾额赋有差。以准扬数被水灾，特命高邮、宝应等十五州县康熙九年并带征七年八年漕粮，"概行蠲免"。免山东济宁州、江南太仓、娄县、无锡等十二州县本年份水灾额赋有差"。	34/20、22
九年十二月	免江南高邮、宝应等十二州县卫本年份水灾额赋有差。甘肃宁州，近因岁歉，民逃地荒，免其逃荒地丁。	34/24

康熙 年月		清圣祖 实卷录/页
十年二月	免直隶行唐、灵寿、平山三县水冲沙压荒地民欠银 34700 余两，"永除额赋"。"免浙江石门等十五县荒地二十八万一千余亩额赋"。"免江西新喻、新涂二县荒地3400余顷额赋"。免浙江加增屯饷银9637亩。	35/7、8
十年四月	旨："截留漕粮六万石并各仓米四万石"，赈济淮扬灾民。	35/18
十年七月	免山东馆陶县、本年份雹灾额赋十之三。免直隶霸州等二十五州县本年份旱灾额赋有差。免山东即墨县本年份雹灾额赋十之二。	34/11、12
十年九月	免山东沂水县本年份旱灾额赋十之二。谒祖陵，免山海关至奉天府所属地方康熙十年、十一年正项钱粮。免江南定远、临淮二县本年份水灾额赋有差。	36/22
十年十月	八旗屯地旱荒，赈旗人米一百六十四万零七百石。免山东海州水灾聊城等三县旱灾本年份额赋有差。浙江临海、太平、平阳、石门、乌程五县温州一卫，未完成康熙元年、二年、三年漕粮银两，部议不免。旨：免。 发偏沅积谷八万七千余石、米三万二千余石，存库银 3700 两，赈济本省各属饥民。	37/7 37/9
十年十一月	免直隶霸州等二十二州县卫所本年份水灾额赋有差。免江南凤阳等府属三十九州县本年份旱灾额赋有差。免淮扬二府所欠康熙元年至六年额赋。	37/11、12
十年十二月	免江南六安、合肥等九州县、庐州等三卫本年份旱蝗额赋有差。免江南上元等十七州县、江南海州等三十四州县卫所本年份旱蝗额赋有差。免浙江杭州等九府属州县卫所、湖广荆门、武昌等三十三州县卫所、湖南长沙等十七州县卫所，本年份旱灾额赋有差。免江南高邮等十州县、盐城一所康熙九年份水灾额赋。	37/12、13、14、15

康熙　年月		清圣祖实卷录/页
	免南高邮等十州县、盐城一所康熙九年份水灾额赋。免除湖南长沙、岳、衡、永四府，巴陵、平江等十六州县谎垦包赔地丁额赋。"除江南徐州报荒额赋"。豁河南仪封、考城二县堤压按伤地亩额赋，其祥府、阳武、兰阳、虞城四县挖伤地亩，虽拨补荒地，但收获无期，免赋三年。	
十一年正月	免上海、青浦二县、湖广茶陵卫康熙十年分旱灾额赋有差。免山东临清州康熙十年份虫灾额赋十之二。	37/15、16 38/3、8
十一年三月	以江西九江、广信、南康三府旱灾，将康熙九年存留银二万八千余两，赈济民人。以江南兴化县康熙九年水灾，额赋虽经全免，但积水未涸，"百姓尚难耕地"，谕免十年额赋。	38/18、21
十一年四月	山东东平所运丁，每丁例交丁银二钱五分，后改入民籍，又每丁纳钱一钱二分，命免。免江南清河等三县挑河挖伤田地额赋有差。免江南淮安、大河、三卫康熙十年份水淹田地额赋。	38/25
十一年五月	额免安徽临淮灵璧二县从前虚极开垦并抛荒水冲沙压田地4616顷（小民赔粮）康熙十年以前额赋。山东沂水县康熙八年地震之后，兼遭水灾，命免康熙八年起至十一年止逃亡四千四百余丁，荒地876顷一应额赋。免山东曹县、单县本年份挑河挖伤田亩额赋。豁免山东新城、邹平、青城三县百姓赔累地丁钱粮，自康熙十年起，仍令该抚招人开垦。免江南泰州、江都、山阳三州县康熙九年未完存留钱粮7500两。山东竞州府属金乡等六处田地28768顷，被黄河冲决淹没，豁免康熙十年分钱粮。免山东堂邑等三县本年份雹灾额赋有差。	39/1、2、4、5、8

康熙 年月		清圣祖 实卷录/页
十一年六月	免陕西宝鸡县本年份旱灾额赋十之三。	39/9
十一年七月	免顺天府霸州本年份水灾额赋十之三。 顺治十六年，云南以国斛作一石征赋，现免加征之斛。	39/13
十一年闰七月	免浙江太平、松阳、景宁三县康熙六年份民欠地丁银两。免湖南常宁县康熙三、四、五年分民欠地丁银两。 浙江嘉兴府白粮每正米一石，加耗米八斗糙米，湖州府每正米一石，加征耗米五斗五升糙米。现改为均加征耗米四斗五升。 免顺天府固安县本年份水灾额赋，免直隶内黄、魏县本年份旱灾额赋。	39/16、17、18
十一年七月	免山东鱼台县本年份虫灾额赋十之三。免河南汲县、新乡、昨城三县本年份旱灾额有差。免江南仪真卫康熙元年三年份军欠地丁钱粮。免陕西西安、凤翔、汉中三府属康熙四、五、六年份未完存留银米。	39/21、23
十一年八月	免江南高邮、宝应等五州县本年份水灾额赋有差。免山东武城等三县本年份蝗灾额赋有差。	39/30
十一年九月	免江南沐阳县本年份水灾额赋有差。免山东博平等五州县本年份蝗灾额赋有差。免湖广各属康熙七、八、九年份谎报垦荒钱粮。 谕：江西庐陵、吉水、上高、宁州四州县暨南昌、九江卫，"频年荒旱灾疫流行，荒芜田地五千四百余顷，命户部蠲其逋赋，仍敕该抚速行招垦。"	40/3
十一年十一月	免湖广嘉鱼等十四县、河南安阳等六县、江南亳州、怀运等十二州县、湖广监利县本年份水灾额赋有差。 免直隶清苑县等十九州县本年份旱蝗灾额赋有差。免山西岚州本年份霜灾额赋十之三。	10/13 40/13

康熙　年月		清圣祖实卷录/页
十一年十二月	以江南桃源县、兴化所、盐城所"屡被水灾"，将本年起存钱粮、漕米、漕项及带征康熙十年份漕米、漕项尽行蠲免。 免湖广江夏等八县卫、江南华亭、晏县、青浦三县本年份水灾额赋有差。免江南长州等七县本年份蝗灾额赋有差。免浙江杭嘉湖绍四府所属十六县本年份蝗灾额赋有差。 以江南兴化等五县并大河卫连年灾荒，又本年水灾十分，应征本年份地丁银及漕粮、漕项，并带征康熙十年份漕粮、漕项，一并蠲免。其邳州、沐阳等五州县，连年灾荒较兴化等县卫稍减，将本年分被灾十分、九分者，于蠲免定例外，加免二分，作五分蠲免。八分、七分者，于蠲免定例外。加免二分，作四分蠲免。	40/18、20
十二年四月	谕："江南苏、松、常、镇、淮、扬六府连年灾荒，民生困苦，与他处不同"，六府康熙十三年份地丁正项钱粮，蠲免一半。	42/3
十二年七月	免山东青州左卫本年份旱灾额赋有差。	
十二年八月	免直隶青县、盐山、庆云三县本年份旱灾，任县、隆平二县本年份水灾额赋有差。	43/8
十二年九月	谕："山东、海州荒芜地二千七百余顷、逃亡户三千余丁、累年遗赋小民力难赔补，自康熙九年以后钱粮，如数悉为豁免，仍敕该抚设法招徕劝垦。"	43/14
十二年十月	江南高宝等十八州县卫所水灾，动库银四万两赈济，至来年三月。	43/18
十二年十一月	发仓谷赈湖广江陵等十三州县，民。	44/3
十二年十一月	免直隶埂州、宝城等十二州县河间一卫、江南六安三县，赣榆县、本年份水灾额赋有差。免浙江仙居县本年份旱灾额赋有差。	44/4、5、6
十二年十二月	免湖广浏阳等三县本年份旱灾额赋有差。	44/6

上述免赋简表，表明了三个问题。一是免赋的州县很多。《清史稿》卷6，《圣祖本纪一》载，康熙九年，"免河南、湖广、江南、福建、广东、云南等省二百五十三州县卫灾赋有差"。康熙十年，"免直隶、江南、江西、浙江、山东、河南、陕西、湖广等省三百二州县卫灾赋、逋赋有差"。康熙十一年，"免直隶、江南、浙江、山东、山西、河南、湖广等省一百四十一州县卫灾赋有差"。康熙十二年，"免直隶、山东、安徽、浙江、湖广等省二十六州县卫灾赋有差"。总加起来，康熙九年至十二年的四年里，共免722个州县卫，占全国1500余个州县卫的48%，数字够大，地方够多了。可是，根据上表，在康熙九年至十二年的四年里，免赋的州县卫，不止722个。仅以康熙十二年为例，这一年，共免山东、江南、直隶、浙江、湖广等省45个州县卫灾赋，而《清史稿》只说是26个州县卫。另外，康熙十二年，还因"江南高、宝等十八州县卫水灾"，动库银四万两赈济灾民。又因"江南苏、松、常、镇、淮、扬六府连年灾荒，民生困苦，与他处不同"，免去六府康熙十三年地方正项钱粮的一半。这六府共辖39个州县。因此，康熙十二年免赋的州县共应有免赋州县卫84个，比《清史稿》所述多了三倍，另外还有18个州县卫因水灾而发银赈济。

二是免赋的名目（即理由）很多，以灾蠲而言，有水灾、旱灾、虫灾、霜灾、雹灾、风灾、蝗灾、地震，等等。另外，还有免谎报垦荒田地赋，免水冲沙压田地赋，免人丁死绝逃亡遗不荒田赋，免多年荒田赋，免几年积逋赋，免挑河挖场田地赋，免昔日加派赋。还有，"漕粮例不因灾蠲免"，但玄烨几次谕令免去受灾州县漕粮，有的地方，漕粮改征银两，将其征本色漕粮之时附带征收"耗润米"八九万石，"帮贴银10万余两，免征"。三是免赋的数量巨大。这1700余个州县卫到八九百个州县卫的免赋，总的免赋银米是数以百万计的。全国赋银赋米3200余万两（石），其中半数以上的州县卫免赋，即以免十之三计算，当免去赋银赋米500余万两（石）。有的还是全免或半免，可以说，这四年之内的免赋银米，超过600万两（石）。

至于免除谎报垦荒田赋，免除百姓包赔逃丁丁银和逃人遗下荒田的田赋，免漕粮等，十分有利于改善民生，减少百姓困苦。

简而言之，免赋简表，是以具体的实在的数据、史料，表明玄烨确实力求实行"民惟邦本"、轻徭薄赋的政策。

（三）垦荒"十年起科"

明朝末年，君昏臣贪吏酷，矿税之祸，三饷加派，敲骨吸髓，明末清初的三四十年战争频仍，兵火连天，百姓饥寒交加，刀戈相斫，饿死冻死战死，大量死亡逃移，田地荒芜。尽管从顺治元年（1644年）起，清廷就不断招民垦种，规定所垦田地，永为己业，久荒地土，垦成之后，三年起科、交纳田赋。新荒之地（原系熟地因故荒芜者）一年起科，有时还官给牛种，并以垦荒多少为州县府省官员考成，垦多者议叙晋级，富民招人垦田多者，可当官员。但是，成效不大，直到顺治九年，各省仍有荒田四百余万顷（即四亿多亩），当时官府册载征赋田地有700万顷，可见全国一半以上的田地荒芜了。

康熙七年（1668年）四月二十三日，云南道御史徐旭龄奏述垦荒成效不大的原因说：

> "国家生财之道，垦荒为要，乃行之二十余年而无效者，其患有三。一则科差太急，而富民以有田为累；一则招徕无资，而贫民以受田为苦；一则考成太宽，而有司不以垦田为职。此三患者，今日垦荒之通病也。朝廷诚讲富国之效，则向议一例三年起科者非也。田有高下不等。必新荒者三年起科，积者五年起科。极荒者永不起科，则民力宽而佃垦者众矣。向议听民自佃者非也。民有贫富不等。必流移者给以官庄，匮乏者贷以官牛，陂塘沟洫。修以官帑，则民财裕而力垦者多矣。向议停止五年垦限者非也，官有勤惰不等。必限以几年招复户口，几年修举水利，几年垦完地土，有田功者升，无田功者黜，则惩劝实而督垦者勤矣，下部确议具奏。"[①]

徐旭龄所说新荒三年起科，积荒五年起科，极荒永不起科，确是对症下药，好处方。

康熙九年二月二十四日，"山西巡抚达尔布疏言，晋省官兵，于长子等县开垦荒地，应照例三年起科，但兵之垦荒，居址、田器未能猝办，非土著人民可比，请再宽一年起科，下部议行"。[②]

---

① 《清圣祖实录》卷25，第27、28页。
② 《清圣祖实录》卷35，第11页。

康熙十年六月十六日，四川湖广总督蔡毓荣奏请减少招民限额和垦地五年起科，以便开垦四川荒地：

"四川湖广总督蔡毓荣疏言，蜀省有可耕之田，而无耕田之民，招民开垦，洵属急务。但招民限以七百名之例，所费不赀，能招徕者甚少，臣请非广其招徕之途，减其开垦之数，宽其起科之限，必不能有济，请敕部准开招民之例。如候选州同州判县丞等及举贡监生生员人等，有力招民者，授以署职之御，使之招民，不限年数，不拘蜀民流落在外，及各省愿垦荒地之人，统以三百户为率，俟三百户民尽皆开垦，取有地方甘结，方准给俸，实授本县知县。其本省现任文武各官，有能如数招民开垦者，准不论俸满即升。又蜀省随征投诚各官，俟立有军功。咨部补用者能如数招民开垦，照立功之例，即准咨部补用，其开垦地亩，准令五年起科，如此则人易为力而从事者多，残疆庶可望生聚矣，下吏户兵三部会同议行。"[1]

稍早一点，康熙十年二月二十四日，山西巡抚达尔布奏称，晋省官兵于长子等县开垦荒地，例应三年起科，"但兵之垦荒，居址、田器未能猝办，非土著人民可比，请再宽一年起科"。户部议行。[2]也就是在这一天，户部复覆议广东巡抚刘秉权奏疏。刘说，粤东屯田有荒地3500余顷，"查屯地科米每亩三斗，较之民田，殆多数倍，民畏粮重，不敢承认开垦，请照民田一例起科，则屯亩早辟，屯赋不至虚悬"。户部同意，玄烨批准其请。[3]

过了三个月，康熙十年五月初八，山东巡抚又奏请宽限一年起科。山东巡抚袁懋功奏：

"济南等府属章邱等五十六州县卫，于康熙七、八两年，报有开垦荒地，但七年报垦，三年而遇两灾，八年报垦，三年而遇一灾，况小民开垦，资本皆其自办，请照投诚官兵垦荒遇灾之例，再宽限一年起科。

①《清圣祖实录》卷36，第7、8页。
②《清圣祖实录》卷35，第11页。
③《清圣祖实录》卷35，第10页。

部议不准。得旨，新垦之田被灾，若仍照定例催征，致民苦累，着再宽一年起科。"①

六月二十九日，浙江总督也提出了宽限请求：

"户部议覆，浙江总督刘兆麒疏言，投诚官兵柯鸿等，于康熙七年以后，所拨温、卫、处三府属开垦荒田，例应于康熙十年起科，但委系老荒收薄，赡口不敷，请照山东山西二省垦荒兵丁之例，再展限一年起科，应如所请。从之。"②

在各地督抚纷纷奏请宽限起科年份的影响下，清廷在全国放宽起科年限。康熙十年规定，新垦荒地，"三年后再宽一年"，即四年起科。第二年又宽两年，改为六年起科。

玄烨看准垦荒成效是关系到国计民生的大事，决定大增起科年限，鼓励军民努力开垦荒田。他于康熙十二年十一月初五谕户部，各省开垦荒地，十年方行起科。《清圣祖实录》卷44，第3页载：

"谕户部：自古国家久安长治之谟，莫不以足民为首务，必使田野开辟，盖藏有余，而又取之不尽其力，然后民气和乐，聿成丰亨豫大之体。见行垦荒定例，俱限六年起科，朕思小民拮据开荒，物力艰难，恐催科期迫，反致失业，朕心深为轸念，嗣后各省开垦荒地，俱再加宽限，通计十年，方行起科，其所属官员原有议叙定例，如新任官自图叙，掩袭前功，纷更扰民者，各督抚严行稽察，题参治罪。"③

清政府大力推行开垦荒田的政策，一再延长起科年限，尤其是"六年起科"，"十年起科"，对士农工商，特别是农民、富民、地主，更是一大喜讯，他们自会想方设法，筹集资金、种子、农具，努力垦荒，使全国四百多万顷荒田早日开垦成熟。下述广东的垦荒情况，即系一例。

①《清圣祖实录》卷36，第2页。

②《清圣祖实录》卷36，第9页。

③康熙《大清会典》卷24，《户部八》，《赋役一》。

康熙九年六月十四日，广东巡抚刘秉权奏称：

"广东巡抚刘秉权疏报康熙八年份垦复民田，一万七百一十五顷七十四亩，安插男妇，共九万六千七百九十八名口，内随粮派丁，计三万六千三百四十二名口，又垦复屯田，三十一顷九十二亩，安插男妇，共五千三百六十一名口，其应征银米，俟三年后起科，下部核议。"[①]

（四）禁加派 革耗银

顺治帝福临力求"轻徭薄赋"，取消摄政王多尔衮为筑避暑边城而加派各省250余万两的田赋银子，并永不加派，严禁官吏征收耗银。因此，辅政大臣虽曾于顺治十八年八月一度增派"练饷"每亩白银一分，全国共增征577万余两，以修孝陵，佐国用。但两个月后，经左都御史魏裔介上疏谏阻，即谕户部，于康熙元年停止，所以文武官员知悉此意，无人敢上疏奏请增赋，奏请加派。可是，有的官员遇到兴修工程时，便想通过加派田赋来筹集银两。康熙十年四月十五日，户部复议两江总督兴修河工的经费时，就同意总督加派田赋的建议，遭帝驳斥。《清圣祖实录》卷35，第22页载：

"江南江西总督麻勒吉等疏言，吴淞江，刘河口，系苏、松、常、杭、嘉、湖六府，泄水要道，应建闸开濬，请以各府漕折银十四万两，留充河工经费，即增派六府所属之地，分年按亩征输还项，应如所请。得旨，被灾州县，复令多派还项，恐苦累小民，着免其派征。"

过了两年，即康熙十二年三月十一日，又出现这种行为，再遭玄烨驳斥，《清圣祖实录》卷41，第16页载：

"工部议覆河南巡抚佟凤彩疏言，河工派夫，贻累地方，请动支钱粮，雇夫供役，即于河南八府一州之地，每亩派加厘毫，即可补项，应如所请。得旨，按亩加派，甚属累民，着以河库钱粮，雇觅夫役，如钱粮不敷，具疏题请。"

---

①《清圣祖实录》卷33，第18页。

川陕总督莫洛、陕西巡抚白清额因系鳌拜党羽，康熙八年九月，莫洛被革职，白清额降四级，随旗行走，罢其巡抚职衔。十一月初十，甘肃巡抚刘斗、提督张勇、陕西提督柏永馥联名上疏，保留莫洛，西安百姓叩阍，乞允二官留任，帝批准其请。《清圣祖实录》卷31，第18页载：

"甘肃巡抚刘斗，提督张勇，陕西提督柏永馥，会疏保留革职总督莫洛，又西安百姓赵琏等叩阍，奏称总督莫洛、巡抚白清额，居官清正，万民爱戴，乞留原任，以慰舆情，得旨：原任山西陕西总督莫洛，陕西巡抚白清额，已经甄别处分，本当不复任用。近据甘肃巡抚刘斗等合词奏称，莫洛有益地方，兵民数千，哀求代题留任。又据百姓赵琏等奏称莫洛、白清额，实心实政，老稚感悦，保奏留任，朕思简用督抚，原欲绥辑地方，爱养百姓。今莫洛等，既为地方爱戴，特顺舆情，免其处分。莫洛、白清额，俱着复还原官留任，以后着殚心供职，以副朕宽宥任用之意。达尔布，着改为山西巡抚，马雄镇，着候缺另用。"

第二年，遇计典，吏部遵旨甄别各督抚功过，"以莫洛向曾植党营私奏闻，得旨革职"。"西安士庶闻之，相率哀呈恳留。甘肃巡抚刘斗同，提督张勇、柏永馥，总兵孙思克等奏言：莫洛莅任以来，清以待己，正以率下，如革耗羡，整驿递，息词讼，练士卒，清荒熟，教树畜，兴水利，善政难以枚举，乞留任，以慰民望。"上曰："简用督抚，原欲绥辑地方，爱养百姓，莫洛既为民爱戴，特顺民情，免其处分。仍为总督。"[①]"革耗羡"，为莫洛善政之一，百姓拥戴，皇上肯定，可见玄烨此时仍在继承父皇仁政，禁征耗银。

禁止私派、加派、耗羡，要靠官员来办理，所以玄烨也很重视整顿吏治。康熙八年六月初六，即擒拿鳌拜之后二十天，玄烨谕吏部：

"朕夙夜图治，念切民生艰难，加意抚绥。俾各安居乐业，乃成久安长治之道。迩年水旱频仍，盗贼未靖，兼以贪官污吏，肆行股削，以致百姓财尽力穷，日不聊生，朕甚悯焉。尔等部院大臣科道各官，或任要职，或有言责，着即将拯救生民疾苦。切实裨益之处，各据所见，明

①《清史列传》卷6，《莫洛传》。

白陈奏，以备采用。"①

康熙九年九月二十一日，玄烨谕吏部、兵部：

"朕唯政治雍熙，在于大小臣工，悉尚廉洁，使屏民生得遂。内外满汉文武官员，各有职守，必律己洁清，屏绝馈受，乃能恪恭职业，副朕任使。近闻在外文武官，尚有因循陋习，借名令节生辰，剥削兵民，馈送督抚提镇司道等官，督抚提镇司道等官，复苛索属员，馈送在京部院大臣科道等官。在京官员，亦交相馈遗，前屡经严禁，未见悛改，殊达违洁己奉公之义，兵民日渐困乏，职此之由。以后着痛加省改，断绝馈受，以尽厥职。如仍蹈前辙，事发之日，授受之人，一并从重治罪，绝不姑贷。"②

康熙十二年三月初三，玄烨谕讲官曰："从来民生不遂，由于吏治不清，长吏贤，则百姓自安矣。"③

京口将军李显贵，通同知府刘元辅，"侵扣兵饷"，刑部等衙门会议，以刘之父殉难，请免其死，玄烨不准其请。《清圣祖实录》卷36，第10页载：

"刑部等衙门，会审京口将军李显贵，镇江府知府刘元辅，及总督麻勒吉等一案，查将军李显贵，通同知府刘元辅，违例折给兵丁草料，浮算帑银，李显贵、刘元辅，应照例拟斩监候。刘元辅，因父刘泽溥，殉难山西，应免死，枷号鞭责。总督麻勒吉，巡抚马祜，不早行题参，应降三级调用。副都统张元勋、张所养，各降一级，革去世职。得旨：李显贵身为将军，职任封疆重寄，乃侵克兵饷，大负委任。刘元辅，虽伊父有死难之功，婪赃坏法，情罪重大，俱依律应斩着监候秋后处决。"

玄烨还针对鳌拜等辅臣强行进行第三次大规模圈占畿辅民地300多

---

① 《清圣祖实录》卷30，第2页。
② 《清圣祖实录》卷34，第6、7页。
③ 《清圣祖实录》卷41，第14页。

万亩，导致几十万民人失地困苦之事，于康熙八年六月十七日，即擒拿鳌拜之后一个月，下诏宣布，今后永远停止圈地：

> "谕户部，朕缵承祖宗丕基，乂安天下，抚育群生，满汉军民，原无异视，务俾各得其所，乃惬朕心，比年以来，复将民间房地，圈给旗下，以致民生失业，衣食无资，流离困苦，深为可悯，自后圈占民间房地，永行停止，其今年所已圈者，悉令给还民间，尔部速行晓谕，昭朕嘉惠生民至意，至于旗人，无地亦难资生，应否以古北等口边外空地，拨给耕种，其令议政王贝勒大臣，确议以闻。"①

对于佃农的生活，玄烨也有所抚恤，康熙九年九月初一日发诏：

> "户部议覆，吏科给事中荪佳疏言，遇灾蠲免田赋，惟田主沾，而租种之民，纳租如故，殊为可悯，请嗣后征租者，照蠲免分数，亦免田户之租，则率土沾恩矣，应如所请，从之。"②

（五）一二·六上谕

康熙十二年十二月初六，年方20岁的大清国皇帝玄烨，召集八旗都统、副都统及六部满尚书，做了一次长长的训谕。都统、尚书们根据上谕，商议具体办法，经帝批准。对于这件关系到满洲甲兵的地位、生计，满洲八旗的制度及军国安危的大事，《清圣祖实录》卷44，第8、9页作了如下的叙述：

> "召八旗都统、副都统，及六部满尚书等，谕曰：满洲，乃国家根本，宜加轸恤，近见满洲贫而负债者甚多，赌博虽禁犹然未止，皆由都统、副都统、佐领等不勤加教育之所致也。且满洲习于嬉戏，凡嫁娶丧祭，过于靡费，不可胜言，蒙古惑于喇嘛，磬其家赀，不知顾惜，此皆愚人偏信祸福之说，而不知其终无益也。我太祖、太宗时，亦此满洲也，是时都统、副都统、佐领诸臣，以今较之，相去何如。彼时行兵出

---

①《清圣祖实录》卷30，第8页。

②《清圣祖实录》卷34，第1页。

猎诸役，亦未尝少于今时也，然而不致负债，食用饶裕者，人能节俭故也。尔等若能各修厥职，不负委任，禁嬉戏无益之事，勤善惩恶，则自然感化矣，近见以佐领争讼者甚多，但知希图荣贵，而爱养所属之道，全然不知，又或佐领下另户之主，不令披甲，阿徇情面，令家人披甲者甚多，俱宜严行禁止。或二三佐领，或四五佐领，酌量归并，将闲散满洲，令其披甲，则满洲壮丁，各得食粮，庶可稍资生理。从来有治人，无治法，尔等其详议以闻。寻都统图海、尚书明珠等议奏，兵丁习于嬉游，凡丧祭婚嫁服用等事，实为过费，此习臣等不能统率教训所致，今敬遵谕旨，此后各当严加训试。满洲蒙古都统下，每一佐领，除留一百三十人以上，一百四十人以下外，其余丁另合为佐领，以后新买喀尔喀蒙古之人，停其充入满洲数内。从之。"

以上史料，表明了六个问题。其一，满洲甲兵，是大清国的"国家根本"。上谕虽然说的是"满洲乃国家根本"，就字改字，说的"满洲"，应是所有满人，既包括王公官员，也包括满洲士农工商，没有局限于满洲士卒，但是上谕的其他段落，足以表明，此处的"满洲"，就是专指满洲兵士。三年半以前，玄烨在谕户部、兵部时，就明确讲道"满洲甲兵，系国家根本"。满兵是国家根本，其地位之高，作用之大，影响之巨，不言而喻。

其二，古风渐逝，今不如昔。一则太祖太宗时，满兵节俭饶裕，今则习于嬉戏，奢侈挥霍，赌博负债。再则将领失职，但知希图荣华富贵，全不知晓爱养兵士，勤加教育，甚至徇私违法，令家人披甲领饷，不让另户当兵。

其三，军威不再，隐患堪忧，根本衰弱，国难巩固。清帝的入主中原，并不是因为德政远扬，民心所向，传檄归顺，而是以满兵为核心，满蒙汉八旗军为主力，辅以几十万绿营兵，南北征战几十年，才打下江山，才能端坐太和殿。如果满兵只知嬉耍赌博挥霍浪费，满洲将领忙于谋私，失职懈怠，满洲八旗军还能像过去开国创业时期那样拼死厮杀，所向无敌吗？还能"拱卫宸极，绥靖疆域"吗？根既生虫衰弱，大清江山怎能长久。上谕虽未明确地讲述此情，但勤读经史、探索治国之道、聪睿英勇的玄烨，显然已经高瞻远瞩，看到了这个危险，要采取应对的办法了。

当时国情军情的确无法令人安心，让玄烨非常忧虑的是满洲男丁太少，满兵太少。入关前夕，满洲八旗有310个佐领和18个半分佐领，每佐领有丁200名，当有60000丁，经过顺治朝的18年，到康熙十二年共30年，如果是正常情形，可以繁殖到十几万丁。但是，顺治五年，满洲八旗有312个佐领和19个半分佐领，有男丁55330丁。19个半分佐领折算为9个佐领，一共是321个佐领，平均每佐领有男丁170丁，顺治十一年有316个佐领和19个半分佐领，折算为325个佐领，有男丁49600丁，平均每佐领有150丁。顺治十四年有佐领317个和半分佐领18个，折算为326个佐领，有男丁49695丁，平均每个佐领有150丁。康熙十二年有416个佐领，按每佐领150丁计算，当有62400丁，[①]比三十年前还少。这区区男丁，即使丁皆披甲，也才6万名兵，哪能统治1700余府、厅、州县的上亿汉人。

其四，增编佐领。都统、尚书们商议后，奏帝批准，取消三十年前200丁编一个佐领的规定，改为134个丁编一佐领。这样，"将闲散满洲令其披甲，则满洲壮丁各得食粮，庶可稍资生理"。玄烨早在三年前，于康熙九年三月二十日，就谕令户部、兵部议加满兵月饷：

"谕户部，兵部：满洲甲兵，系国家根本，虽天下平定，不可不加意爱养。近闻八旗甲兵，牧养马匹，整办器械，费用繁多，除月饷外，别无生理，不足养赡妻子家口，朕甚悯焉，月饷银米，应作何增给，永着为例，尔二部会同详议以闻。寻部议，甲兵每人月增银一两，岁增米二斛。从之。"

在此之前，马兵每月饷银2两，步兵1两，现在马兵每月3两，步兵每月2两，收入相当高了。马兵一名，月饷3两，一年就是36两，还有食米，一年48斛，即24石，按正常行情，1石米价银1两。1石米为400斤，24石为9600斤，以一人一月吃米30斤计，一年300斤，9600斤米可供27个人吃一年，即可养活27个人。一名马兵，连带家属，一般也只有5个人，所谓五口之家嘛，即使多一点，也不会超过十人，还可余下17人的食米，为6120斤，相当于15石米，即15两银。这样一算，一名马

① 一史馆：《清初八旗满文档案选译》，《历史档案》1988年第4期；光绪《大清会典事例》卷1111。

兵，有饷银36两，加上剩余之米15石——为15两，一共每年有净收入51两，比百里侯、官阶正七品的知县年俸银45两，还多。清初，白银值价，米布油肉蔬菜、田地、房屋，都很便宜，畿辅上等田地，每亩价银2两。一名马兵，年饷36两，加上供养9个家属食米之后，剩下的15石米，折银15两。这51两银可买上等田地26亩，每亩可收租米5—8斗。可见，玄烨给予满兵的月饷月米，是相当多的，是够甲兵养家糊口了。

其五，编金另户之丁，为新编佐领人员。册档所载现有之男丁既不多，靠编闲散（非官非兵的正身旗人）来增编佐领的办法，当然行不通。不过上谕指责谋私失职的满洲八旗官阶正四品的佐领时，说他们不让"另户之主披甲"，"而令家人披甲者甚多"，这为增加男丁指明了方向，即主要让另户披甲。按照清朝的户籍制度规定，满洲人，满人有三类成员，一为正身，即满人中的良民，包括普通的士农工商和官、兵。一为另户，即从正户中分出另住的人。另户有"满洲正身之另户"和"开户而为另户"两种。开户，系旗人奴仆（满洲、蒙古、汉人因罪被掠、被卖沦为奴仆）通过合法途径脱离本主另立户籍的人。其中有随家主出征或被国家佥选出征而立下军功的人，因功而被官方允许开户。有被原主人收为养子身份提高而分户另住另立户口。开户的身份地位，从法律上和社会上看，不能等同于正身旗人，比正身旗人低，但又不是奴仆，比奴仆（即包衣）高。

入关之前，清军屡攻明国、蒙古、朝鲜、女真，掳掠了巨量人畜，掠取了汉人几百万。顺治五年档册载明，满洲正身男丁有55330丁，而"满洲、蒙古包衣阿哈尼堪"有216967丁。"包衣阿哈尼堪"指的是"包衣汉人"，即汉人奴仆。"包衣阿哈尼堪"之丁数为满洲正身男丁四倍。顺治十一年满洲正身男丁为49660丁，比六年前减少了5670丁，而此年的"满洲、蒙古包衣尼堪"却增为232584丁，多了105万多丁。顺治十四年满洲正身男丁是15617丁，而"满洲、蒙古包衣尼堪"是237338丁。

满洲、蒙古、汉军王公官员，各自占有大量满洲奴仆、蒙古奴仆、汉人奴仆。从这些奴仆中，挑选出征立功和效忠家主、身强体壮的精干另户，增编为新编佐领人员，将来令其披甲上阵厮杀，是解决满丁太少的主要途径。

其六，为即将发生的"平定三藩之乱"的大战，准备了相当数量的满洲八旗兵士。玄烨召集满洲都统、尚书们训谕之时，还不知道平西王吴三桂已经起兵反叛。十五天以后，十二月二十一日，前往云南的兵部郎中党务礼、户部员外部萨穆哈驰驿到京，奏报吴三桂已于十月二十一日，杀云南巡抚朱国治，兴兵叛清。玄烨立即召集文武大臣，调兵平叛。仅在康熙十三年，就增编了满洲八旗36个佐领。

（六）年收赋银四千万两

亲政五年，玄烨努力以仁政治国，力求轻徭薄赋，吏治清明，在经济恢复发展，财政收入增加上，取得了显著成效。顺治十八年（1661年）玄烨登基之时，国库如洗，入不敷出，缺巨量兵饷。到康熙六年，国库存银总算有了2488492两。仅仅经过六年，康熙十二年，田赋征银2572万余两、米麦豆610余万石，盐课银272万余两。另外，据史料记载：

"浒墅关，额税银一十四万两零。芜湖关，额税银一十二万两零。北新关，额税银九万两零。九江关，额税银九万两零。淮安关，额税银五万两零。太平桥，额税并盐利银共四万两零。扬州关，额税银三万两零。赣关桥，额税银三万两零。天津关，额税银三万两零。西新关，额税银二万两零。淮安仓，征收税银二万两零。临清关，额税银二万两零。凤阳仓，征收税银二万两零。临清仓，无征收税银，止有米折银本色米银，运厅额税银六千两零。居庸关，额税银三千两零。徐州仓，征收税银三千两零。德州仓，征收税银七百两零。"

还有通州坐粮厅、京城左翼、京城右翼、通州西仓、通州中南仓、张家口、杀虎口、宝泉局、大通桥9个税关，每年也得收税银十几万两。特别是崇文门这个税关，更是肥缺，年收税银好几万两。以上所述田地赋银赋粮、盐课、关税，加起来就有3500万两（粮一石折银一两），浒墅关等13关有税银72万两，杀虎口、崇文门等10关，可收税银20万两。全国人丁的"徭里银"是300万两，总加起来，有3900万两，还有草、茶、矿、铸钱等项收入，一年有4000万两左右。

另一方面，由于满洲只有三四百个佐领六万来丁，披甲领饷的兵士不太多，饷银相应也不太多。因为全国已经统一多年，征战少了，绿营兵饷也会减少一些，每年军费（兵饷、官俸、军装、枪炮、马骡等费用）也比十年以前减了不少，所以，从康熙七年以后，年年入多于出，国库存银自然是逐年增加。康熙十一年，国库存银已达1809万余两，十二年更增为2135万余两，一年的时间，增加了326万余两。照此速度下去，十年以后，康熙二十二年，国库存银将达到5400余万两。这是何等美好前景！可惜，由于三藩生乱，起兵叛清，八年大战，使这个美妙前景化为乌有了。

第二编 百战封疆 固若金汤

一、平定三藩之乱

（一）当时不该撤藩

这里说的"三藩"，指的是平西王吴三桂、平南王尚可喜和靖南王耿继茂，皆是早年降清的前明臣子。本来是四藩，还有一个定南王孔有德，但孔于顺治九年被困自杀，独生子又为敌军俘走杀死绝嗣，故只剩下三藩。

吴三桂原系明总兵，封平西伯，顺治元年四月开山海关降清，封平西王，随靖远大将军英亲王阿济格攻陕西、湖北、江西，后还京，赴镇锦州，五年移镇汉中，剿抚陕西、四川大顺军、大西军余部及故明"义兵"，部下将士及家眷随同移镇，与八旗军一样计丁授田。

耿继茂是袭父耿仲明之爵。耿仲明原系明参将，后叛明，于天聪七年降金，崇德元年封怀顺王，顺治六年五月改封靖南王，奉旨率旧兵二千五百名及新增兵七千五百名，与平南王尚可喜之旧兵二千三百名、新增兵七千七百名往剿广东，携家驻防。同年十一月耿仲明自尽，子耿继茂代统其军，于八年袭封。顺治十一年奉敕移镇广西，未行，十六年敕镇四川，还未出发，十七年六月移镇福建。

平南王尚可喜原系明副将，天聪八年降金，崇德元年封智顺王，顺治六年五月改封平南王，率部往剿广东，从此驻镇于此。

三藩之军皆独自管辖，既不编入八旗，又不隶属绿营，但其编制仍按八旗之制，设牛录、辖治属人，授梅勒章京、甲喇章京、牛录章京等官。初称孔、耿之军为"天佑兵"，尚可喜之兵为"天助兵"，后崇德七年汉军由四旗增为八旗，孔、耿、尚请以所部隶属，乃将孔部隶于正红旗，耿部隶于正黄旗，尚部隶于镶蓝旗，但各部皆由本王管辖。

清廷因满兵太少，八旗军不多，欲充分利用汉将汉兵，故委派三王分镇一省。当顺治六年五月敕谕定南王孔有德率部往剿广西，携家驻防，平南王尚可喜、靖南王耿仲明各率本部往剿广东，携家驻防时，帝分赐三王以敕书，基调是"军机事务，悉听王调度，其一应民事钱粮，仍归地方官照旧料理。文武各官有事见王，俱照王礼谒见"。[1]也就是说，主要利用三王之兵力，剿灭敌军，平定两广，尚还未规定今后是长镇，还是事毕即回。

顺治十一年二月二十日，福临下了两道敕谕。一道敕书是敕谕平南、定南二王，主要是讲要"平南王尚可喜专留镇守"广东，靖南王耿继茂移镇广西，二王"既专分镇"，应该"益懋前勋，慰朕倚任之意"。另一道敕书是敕谕靖南王耿继茂移镇广西后，军机由王处理，"至于官评、民事、词讼、钱粮，仍归地方官各循职掌料理"。[2]后移镇福建，职权亦同，"一应民事钱粮，仍归地方文官照旧料理"。[3]

作为权宜之计，委派汉王分镇一省，利用他们的兵力和长处，未尝不可。耿、尚二王及其将士，素善舟师，对付南明延平郡王郑成功，较诸长于驰骋短于舟行的满洲、蒙古八旗将士，能够发挥更大的作用。顺治十七年七月二十四日，世祖谕命靖南王耿继茂"停赴广西，率领全标官兵并家口，移驻福建"时，赐其敕书中便明确讲道："八闽重地，负山阻海，界连浙江、江西、广东等处，岛寇出没，山贼窥伺，正在用兵，幅员既阔，汛守最繁，且沿海逆氛未靖，抚绥弹压，务在得人。兹特命王统领大兵移驻，当宣威布德，安辑兵民，山岛二寇，加意防御，相机扑剿，无使滋害。逆贼郑成功偷息海上，飘忽靡常，须抚剿兼施，战守并用。"[4]

二王所辖人丁士卒，亦陆续增加。顺治十三年十一月初八，兵部议

①《清世祖实录》卷44，第9、10、11页。
②《清世祖实录》卷81，第10、11页。
③《清世祖实录》卷138，第15页。
④《清世祖实录》卷138，第14页。

准："平南藩下，额设十二牛录，靖南藩下，额设十一牛录，俱照八旗例，每牛录各设护军校一员、前锋一名、亲军二名、护军十一名，每前锋十名，设前锋校一员，亲军十名，设亲军校一员，俱听该藩酌量补授。"①十六年九月二十六日又"定靖南王旗下弁兵营制，共兵三千名，设左右梅勒章京二员、甲喇章京四员、护军参领四员统之"。②十七年三月初八日复"定平南、靖南二藩属下镇标绿旗官兵营制"："平藩左翼镇标统兵四千名，分为中左右前后五营，每营设游击、守备、千总各一员，把总各二员，各统兵八百名。右翼镇标统兵三千五百名，亦分中左右前后五营，每营建游击、守备、千总、把总皆如左翼员数，各统兵七百名。靖藩两翼镇标，各设中左右前后五营，每营游击、守备、千总把总，皆如平藩属下员数，各统兵七百名"。③

尚可喜、耿继茂二王确也效忠朝廷，其率军苦战，为广东、福建的平定及防御郑成功大军，起了重大的作用。但是，二王皆系草莽武夫，多数将领还曾杀人越货，横行陆海，他们仗恃开国有功，滥施杀戮，辱官虐民，横征暴敛，无所不为。二王攻下广州后，"恶其民力守，尽歼其丁壮，即城中驻兵牧马"。他们营造靖南、平南二藩府时，"工役无艺，复创设市井私税，民咸苦之"。早在顺治十年六月，受命担任广东左布政使的胡章，在赴任途中，即将闻听的二王不法行为上疏劾参。他奏称：

"臣蒙简命，司藩粤东，即星驰赴任，行至中途，闻靖南王耿继茂、平南王尚可喜属下官兵，有掳掠乡绅妇女及占住藩司公署滥委署官等事。臣思自古亲王藩封，天子使吏治其国而纳其贡税焉，不得暴彼民也。二王不过以功受封，宜仰体圣明爱民至意，安地方以安百姓，斯为不负恩命，乃所为如是，臣安敢畏威缄然，自负厥职乎。况公署被占，臣莅任无地，伏乞敕下二王，还官署以肃体统，释虏以慰孑遗，官民幸甚"。④

①《清世祖实录》卷104，第14、15页。
②《清世祖实录》卷128，第16页。
③《清世祖实录》卷133，第10页。
④《清世祖实录》卷76，第10、11页。

藩王长期驻镇一省，不仅官民遭殃，地方政出多门，易成割据分裂之势，损害了全国的统一局面，削弱了皇权，而且潜伏着起兵叛乱的因素，时机一到，就会大动干戈。

顺治帝更为欠妥的是委派吴三桂移镇云南，且授以管辖该省的政治权力。他非常重视对云贵的统辖，收到三路大军会师昆明，滇省大局已定的喜讯后，即于顺治十六年正月二十一日谕告吏部说："云贵地方初辟，节制弹压，亟须总督重臣，贵州巡抚赵廷臣久历岩疆，堪胜此任，着即升云贵总督，其贵州巡抚一职，着以山西按察使卞三元升补。"①

正可能是由于顺治帝赏识吴三桂之军政才干，予以重用，吴对平定川陕滇黔立下大功，且其非常积极地统兵攻滇，要消灭南明永历政权，可见其对前明故君已经情尽义绝，今后自会永远效忠清帝不怀二心了。因此，顺治帝才决定派吴三桂移镇云南。

顺治帝颇有疑人不用、用人不疑的作风，他一决定委吴镇滇之事后，就授以统军治政大权。顺治十六年十月二十二日，他谕吏兵二部说：

"云南远徼重地，久遭寇乱，民罹水火，朕心不忍，故特遣大军，用行吊伐。今新经平定，必文武百官同心料理，始能休养残黎，辑宁疆图，至统辖文武军民，尤不可以乏人。前已有旨，命平西王吴三桂移镇云南，今思该藩忠勤素着，练达有为，足胜此任。当兹地方初定之时，凡该省文武官贤否，甄别举劾，民间利病，因革兴除，及兵马钱粮一切事务，俱暂着该藩总管奏请施行，内外各该衙门不得掣肘，庶责任既专，事权归一，文武同心，共图策励，事无遗误，地方早享升平，称朕戡乱柔远至意。俟数年后，该省大定，仍照旧令各官管理，其应行事宜，尔等即行议奏。"②

将此谕与前述平南、靖南二王分镇广东、福建之敕书相比，显然有着重大差别。那就是平南、靖南二王之敕书，均规定地方平定之后，二王只有处理军机事务之权，而"一应民事钱粮，仍归地方文官照旧管理"，二王只有军权，没有政权、财权和用人之权。现在却不一样了，云南省文武官员的"甄别举劾"，民间利病的"因革兴除"，"及兵马

---

① 《清世祖实录》卷123，第11页。
② 《清世祖实录》卷129，第9、10页。

钱粮一切事务"，都由平西王"总管奏请施行"，平西王在云南集军政财权于一身，成为该省之"总管"了。

帝又允吴之请，"以投诚兵一万二千名分十营，每营一千二百名，以投诚官统领，营之名为忠勇、义勇，各分中前后左右五营。原明永历之淮国公马宝以右都督充忠勇中营总兵官，原公安伯李如碧以都督佥事充忠勇前营总兵官，原宜川伯高启隆以都督同知充忠勇左营总兵官，刘之复以参将管忠勇右营总兵官事，塔新策以副将管忠勇后营总兵官事，王会以右都督充义勇中营总兵官，刘偶以副将管义勇前营总兵官事，原叙国公马维兴以左都督任义勇左营总兵官，原怀仁侯吴子圣以都督佥事充义勇右营总兵官，杨威以副将管义勇后营总兵官事"。①

帝复允吴之奏，设云南援剿四镇，云南援剿四镇之设，固然为防备李定国进攻，保护滇省，以及将来进攻缅甸逼索永历帝，能起较大的支援作用，增强了滇军力量，但是此举也同时扩大了平西王的势力。他可以指挥湖广、四川的四位总兵官，他的评语对四人的升降能起很大的作用，从而为他拉拢四将提供了方便。十几年以后王辅臣就是吴三桂起兵反清时的一员大将。

帝又允吴之请，任用了一批云南省的总兵官，"以原任经略右标提督总兵官左都督张勇为镇守临元广西等处总兵官，原任湖广左路总兵官右都督张国柱为永顺总兵官，原任湖广中路总兵官署都督佥都事阎镇为大鹤丽永总兵官，云南团练火器总兵官王永祚为蒙景楚姚总兵官，原永历之德安侯今清抒诚侯狄三品为广罗总兵官，祁阳总兵官都督佥事刘文进为曲寻武霭总兵官"。②

这些援剿总兵、本省各镇总兵、副将，皆系由吴三桂自己选择后报请帝批，皆依议而行。云南省的各级文官，亦以吴之意愿为定。吴三桂还积极扩大属下佐领数额，"其藩属五丁出一甲，甲二百设一佐领"，后竟多达五十三个佐领，辖以左右都统。

从以上事实看来，吴三桂拥有藩下牛录兵约一万名、投诚兵一万二千人，可以调遣云南省已设六镇之绿旗兵约二万三四千名，还可征调援剿四镇兵约一万二千名，总兵力多达五六万人，超过任何总督、驻防八旗将军和北京八旗的一旗都统。他又拥有统辖云南文武官员大权和辖理

① 《清世祖实录》卷138，第3、4页。
② 《清世祖实录》卷141，第11页。

滇省政务的大权，这样强大的军政权力集中于一人之手，固然有利于镇压反清武装，彻底消灭南明和李定国大西军，保证滇省的平定，但是，也易出现尾大不掉、分裂割据的局面。

有识之臣对此早有忧虑，有的并上疏劾吴专擅不法。顺治十七年十一月二十一日，四川道御史杨素蕴奏劾吴三桂用人专擅说：

"臣阅邸报，见平西王恭请升补方面一疏，以副使胡允等十员，俱拟升云南各道，并奉差部曹亦在其内，臣不胜骇异。夫用人，国家之大权，惟朝廷得主之，从古至今，未有易也。即前此经略用人奉有吏兵二部不得掣肘之旨，亦唯以军前效力各官或五省中人地相宜资俸应得者，酌量具题，从未闻以别省不相干涉之处，及见任京官，公然坐缺定衔，如该藩今日者也。且该藩疏称，求于滇省，既苦索骏之无良，求于远方，又恐叱驭之不速。即如所言，湖南、蜀省，去滇稍近，犹可计日受事，若京师、山东、江南等处，距滇南万里，不知所谓远，更何在也。况该藩用人，皇上所以特假便宜者，不过欲就近调补无误地方耳，若尽天下之官，不分内外，不论远近，皆可择而取之，则何如归其权于吏部，照常矜授，尤为名正言顺也。即云贵新经开辟，料理乏人，诸臣才品，为该藩所知，亦宜先行具题，奉旨俞允，然后令吏部照缺签补，犹不失权宜之中计，乃径行拟用，无异铨曹，不亦轻名器而亵国体乎。夫古来人臣忠邪之分，其初莫不起于一念之敬肆，在该藩敬扬有年，应知大体，即从封疆起见，未必别有深心，然防微杜渐，当慎于机先，伏乞天语申饬，令该藩嗣后惟力图进取，加意绥辑，一切威福大权，俱宜禀命朝廷，则君恩臣谊，两得之也。"①

杨素蕴这一劾疏，写得非常好，可以誉之为多年罕有之佳文。此疏至少有三点非常难得。其一，论证严密，从用外省之人、京官、远人及径行拟用四个方面，彻底驳斥了吴三桂擅拟方面道员之论据，牢牢地给吴定上专擅用人大权之错误。其二，以此为据，将此错误上升到"人臣忠邪之分"的标准，且暗示吴有可能成为"别有深心"之邪臣，即有可能分裂割据，朝廷应当"防微杜渐"，降旨申饬吴之大错。十二年以后的"三藩之乱"，强有力地证明了杨素蕴之此结论，是何等的正确，真

① 《清世祖实录》卷142，第19、20页。

系超人之远见。其三，抗论强藩，胆识过人。杨素蕴不过是一位刚从七品芝麻官的知县调为同品的小小御史，而吴三桂却系握有军政大权、统兵十万、威风凛凛、杀人如麻的平西王平西大将军，其骄横跋扈，言出威随，顺彼者昌，逆彼者亡。杨竟敢对吴加以弹劾，将其当作可能是"别有深心"之"逆藩"予以批驳，确系大胆。他在撰疏之时，未必不会想起六年前郝浴遭祸的例子。

郝浴，直隶定州人，"少有志操，负气节"，顺治六年中进士，授刑部主事，八年改湖广道御史，充任四川巡按。顺治九年大西军四帅之一抚南王刘文秀统军五万入川，大败平西王吴三桂军，吴退驻锦州。郝浴在保宁监临乡试，被大西军数万士卒围困。郝浴一面拼死坚守，一面飞檄吴三桂赴援，"激以大义，谓不死于贼，必死于法"。但吴惮大西军，不敢即来，逾月乃往，大西军前往保宁。吴入四川，"寝骄横，部下多不法，惮浴严正，辄禁止沿路塘报"，郝浴上疏反对此举。大西军撤退后，清廷颁赏将士，吴三桂以冠服给予郝浴，郝浴不仅不接受，反而上疏指责吴说："剪平贼寇，平西王责耳。臣司风宪，不预军事，而以臣预赏，非党臣则忌臣也。"他并疏劾"三桂推兵观望状"。吴三桂"深衔之"。降将董显忠等以副将衔题授司道，"恣睢虐民"，郝浴上疏弹劾，将其改复原职，吴三桂唆使董显忠等人入京陈辩，郝浴被降秩罢革。顺治十一年，大学士冯铨、成克巩、吕宫等上疏保举郝浴说："浴固守保宁，出入营垒，奋不顾身，收兵措饷，转败为功，堪膺擢用。"吴三桂闻悉，立即上疏，利用郝浴所上保宁奏捷疏中有"亲冒矢石"语，"劾其欺罔冒功"。最后，郝浴被革职，"流徙盛京"。杨素蕴运气好一点，这次只是被下部议拟，不了了之。但是最后也未逃过吴三桂毒手，顺治十八年十一月十四日，被吴三桂奏准，将杨降调。杨素蕴遂罢官回家。

康熙十二年三月十二日，平南王疏请告老回辽东，随即又请以子尚之信袭王爵，玄烨允其回归辽东，但不允其子袭爵。《清圣祖实录》卷41，第17、20、21页载：平南王尚可喜疏言，臣年七十，精力已衰，愿归老辽东，有旧赐地亩房舍，乞仍赐给，臣量带两佐领甲兵，并藩下闲丁孤寡老弱，共四千三百九十四家，计男女二万四千三百七十五名口，其归途夫役口粮，请敕部拨给。得旨，王自航海归诚，效力累朝，镇守粤东，宣劳岁久，览奏年已七十，欲归辽东，情词恳切，具见恭谨，能知大体，朕心深为嘉悦。今广东已经底定，王下官兵家口，作何迁移安插，议政王大臣等，会同户兵二部，确议具奏。

辛卯，吏部议覆，平南王尚可喜疏言，臣年老且病，请以王爵令臣子尚之信承袭，查藩王见存，子无移袭之例，应毋庸议，从之。

丁酉，议政王大臣等议：平南王尚可喜，奏请复归辽东，应如所请。但该王之子尚之信，仍带领官兵，居住粤东，则是父子分离，而藩下官兵，父子兄弟宗族，亦至分离。今粤省已经底定，既议迁移，似应将该藩家属兵丁，均行议迁。唯广东左右两营绿旗官兵，仍留该省作何归并之处，交兵部另议，从之。

其实，尚可喜是想借奏请归辽东养老，向皇上陈述其子尚之信情形，欲让其子袭爵，继续留镇广东，并没有交出广东的想法。但玄烨早就认识到三藩长期分镇云南、广东、福建，是一大隐患，危及社稷，早就想撤藩，故趁机将广东之藩撤了。

三个多月后，七月初三，平西王吴三桂疏请撤藩，归老故乡辽东。议政王大臣与兵部户部会议，意见分歧，玄烨裁定允吴之请，撤藩。《清圣祖实录》卷42，第19页，卷43，第2、3页载：平西王吴三桂疏言，臣驻镇滇省，臣下官兵家口，于康熙元年迁移，至康熙三年迁完，虽家口到滇九载，而臣身在岩疆，已十六年，念臣世受。

天恩，捐糜难报，唯期尽瘁藩篱，安敢遽请息肩。今闻平南王尚可喜，有陈情之疏，已蒙恩鉴准撤全藩，仰恃鸿慈，冒干天德，请撤安插，得旨，王自归诚以来，克殚忠尽，勠力行间，功绩懋著，镇守岩疆，宣劳岁久，览奏请撤安插，恭谨可嘉，今云南已经底定，王下官兵家口，作何搬移安插，着议政王大臣等，会同户兵二部，确议具奏。

议政王大臣等会议：平西王吴三桂具题，请撤安插。应将王本身，并所属官兵家口，均行迁移，在山海关外，酌量安插，云南地方，有土司苗蛮杂处，不得稍疏防御，今既将王迁移，应暂遣满洲官兵戍守，俟戍守官兵到日，该藩起程。满洲官兵，如何派拨，及四营绿旗官兵，作何归并，该藩沿途须用钱粮人夫等项，俱听该部详议，又一议，吴三桂镇守云南以来，地方平定，总无乱萌，今若将王迁移，不得不遣兵镇守，兵丁往返，与王之迁移，沿途地方民驿苦累，且戍守之兵，系暂居住，骚扰地方，亦未可定，应仍令吴三桂镇守云南，得旨，吴三桂请撤安插，所奏情词恳切，着王率领所属官兵家口，俱行搬移前来。

吴三桂并不想交权养老，只不过因为三藩相等，平南王奏请撤藩，自己不做个表面文章，上疏请求，官场上不好交代。他又料定云南只有他能镇住，皇上必会慰留，那时既得忠臣之名，又享长镇之实，名、利、权三收，何乐而不为。不料，玄烨竟不挽留，立允撤藩，大出吴意料之外。

七月初九，靖南王耿精忠也疏请撤藩，玄烨立准其请，《清圣祖实录》卷42，第21、22页载：靖南王耿精忠疏言臣袭爵二载，心恋帝阙，只以海氛叵测，未敢遽议罢兵。近见平南王尚可喜，乞归一疏已奉谕旨，伏念臣部下官兵，南征二十余年，仰恩皇仁，撤回安插。得旨，王祖父以来，世殚忠尽勤力行间，功绩懋著，及王袭封镇守，劳著岩疆，览奏请撤安插，恭谨可嘉。今福建已经底定，王下官兵家口作何搬移安插，着议政王大臣等会同户兵二部，确议具奏。

吴三桂闻知撤藩，勃然大怒，于康熙十二年十一月十一日，杀云南巡抚朱国治，起兵叛清。十三年三月耿精忠反于福建。十五年十二月尚之信因父王尚可喜叛于广东，征战八年之久的"三藩之乱"发生了。

三藩之乱，已经过去了三百多年，康熙帝玄烨自称当时果断撤藩是正确决策。《清圣祖实录》的纂修官、总裁官，《清史列传》中《逆臣传》吴三桂等人传记的纂修翰林，清朝的文武大臣，以及《圣武记》的作者清朝著名史学家魏源，皆异口同声恭赞圣祖英明神武。几十年来，清史学者对此亦无异议。然而，笔者认为，三藩该撤，必须撤，但是不该在康熙十二年撤，当时不该撤，没有撤藩的条件。

玄烨及赞同撤藩的满洲文武大臣，犯下了既不知彼，又不知己而草率决定立即撤藩的大错。他们对吴三桂的情形，是三不知。一是此时吴无反意，没有反清言行。他只是《清史列传》之《吴三桂传》中所说："自以功高，朝廷终不夺我滇"，"如明沐英世守云南故事"，在清帝的大清国中，当一个世世代代的云南王而已，没有夺据清帝江山取而代之的野心。在《清实录》中《吴三桂传》等官方文献中，也没有发现吴三桂有蓄意谋反的言行。

二系吴早有反心。吴三桂决心死守云南永为滇王，一旦危及于此，不惜放手一搏，起兵反清，进而夺据川陕黔赣湘鄂，搞一个南北朝。吴三桂深知飞鸟尽，良弓藏，狡兔死，走狗烹，为防祸害，必须牢牢控制云南。多年以来，网罗党羽，招纳谋臣猛将，建立强大军队，万一被迫撤藩，则抗命起兵，有备不惧。因此，朝廷妄想以一纸诏书，就可逼令吴三桂交权交兵交地，那真是痴人说梦。

三是不知吴三桂有强大的军力、财力、人力。一则不知吴三桂究竟有多少将士以及军力强弱。官方册籍，只载明吴有"藩下甲兵一万"，投诚兵12000名。另有四川、湖广将士编的援剿四镇，协助云南防务。云南本省设有永顺镇等六镇，这些镇皆属绿营编制，有兵士3万人，可供吴三桂调遣，但不能说是吴三桂的藩下甲兵。与清57万绿营兵和十几万满洲、蒙古、汉军八旗军相比，就人数而言，藩下甲兵2.2万人，简直是小巫见大巫，不堪一击。可是，吴三桂实际拥有的将士，并不只有2.2万人。吴三桂是将门世家，其父吴襄也是总兵官。松锦大战后，平西伯宁远总兵吴三桂领兵四万守宁远。崇祯十七年三月，吴三桂奉崇祯帝勤王之诏，尽撤宁远附近兵民数十万人入关，途中得知明亡，遂向大顺政权投降，领兵五万前往北京，不久得知父亲被大顺军"夹打要银"，爱妾陈圆圆被刘宗敏所夺，怒而降清。此后几年，带领部下一万兵士随清军南北征战，因此他要从未经编入官方册籍的老部下中征召几万名壮丁入伍，是轻而易举的。他还可以临时招募到大量男丁入伍，还能促使援剿四镇及云南各总兵官的绿营兵归附于己。所以，他于十一月二十一日宣布反清后，能于几天之后，十二月初一，带领军队二十余万人，离开昆明，进取贵州。这些情形，清廷无人知晓。

再则，清廷也不知道吴三桂军队的士气和战斗力，也不知道吴三桂有雄厚的财力、物力、人力。官府册籍所载，云南是个穷省，顺治十八年，全国有田地549万余顷，征田赋银2157万余两、米麦豆647万余石，而云南省只有田地52115顷，相当于全国田地的1%，征赋银61748两，占全国赋银的0.35%，征赋粮123917石，占全国赋粮的2%。[1]康熙二十四年，全国田地607万余顷，征赋银2444万余两、粮433万余石，而云南才有田地64817顷，占全国田地总数的1%，征银99182两，占全国赋银的0.4%，征粮203360石，占全国赋粮的4.3%。[2]清廷以全国田地几百万顷，赋银赋粮近3000两(石)和几百万两盐课、关税，养七十多万士兵，还力不能支，岁缺兵饷几百万两。小小一个穷省云南，能供养大量兵士发动战争吗？不可能。

①②《清文献通考》卷1。

　　至于吴三桂的"藩下甲兵一万"及投诚兵忠勇营、忠义营1.2万名兵士，前者是吴三桂从辽东几万子弟中挑选出来的兵士，既能打仗，又忠于主人，投诚兵系大西军的降兵，马宝等总兵皆系身经百战的猛将，这2.2万名兵士将弁组成的军队，在当时是八旗绿营难以对抗的劲旅。

　　清廷更忽略、低估了吴三桂雄厚的财力。吴三桂拥有大量田地。顺治十七年五月十五日，吴三桂奏请故明黔国公沐氏庄田7.2万亩。吴三桂奏："移镇云南，地方荒残，米价腾贵，家口无资，疏请故明国公、沐天波庄田，给壮丁二千人，每人地六日。"部议："每丁5日，从之。"①一日为6亩，每丁5日为30亩，2000丁为6万亩，比吴三桂的请求减少了1.2万亩。吴三桂为什么要申请7.2万亩？那是因为沐国公的庄田是700顷，即7万亩，虽然朝廷只批准6万亩，但吴三桂凭借平西王权势，还是将沐府田庄700顷膏腴田土尽行占领。康熙初年，吴三桂又借鳌拜圈地机会，围占了不少州县卫所田地，从而达到"平西勋庄棋布"。②吴三桂加征田租，按照昔日屯田官田之数，"每亩科租自二斗至四五斗不等，较民赋每亩三四合至五六七八升不等者，则十数倍矣"。③吴三桂又增加盐课，顺治十七年题准，云南盐课税银146109两，比明朝万历初年增加近四倍。云南铜矿丰富，吴三桂"占据冶坊，专利入己"，铸造大量铜钱，并请名匠铸造了一座重达250吨的金殿，金殿属于昆明鸣凤山的太和宫的一部分。太和宫是云南著名的道观。太和宫及金殿初建于明万历三十年（1602），由云南巡抚陈用宾仿照湖北武当山天柱峰的太和宫及金殿样式建造，供奉北极真武大帝，周围建砖墙保护，有城楼、宫门等建筑，称太和宫。崇祯十年（1637），由巡抚张凤山将铜殿拆运至宾川鸡足山。清康熙十年（1671）平西王吴三桂选派匠人重铸金殿。金殿为方形，边长6.15米，高6.7米，所有梁柱、斗拱、门窗、瓦顶、供桌、神像、帏幔、匾额、楹联及至台基左右待亭以及旗杆、七星旗等，仿木构件全部用铜铸成或锻成。整个建筑雕刻细腻，比例匀称，造型美观，且极其精细逼真地模仿了重檐歇山式木构古典建筑。殿基边沿环绕大理石雕凭栏，台阶、御路、地坪皆大理石砌

---

　　①《清世祖实录》卷135，第6页。

　　②刘健：《庭闻录》卷4，《开藩传制》。

　　③石琳：《进呈编辑全书疏》，载《滇弁》文艺志四。

成；殿前还有明代所植紫薇二株、茶花一树。

这座金殿位于昆明城东鸣凤山密林中，因用黄铜铸成，在阳光照耀下，光芒四射，映照得翠谷幽林金光灿烂，故名金殿。

它比北京颐和园万寿山的金殿保存得更完整，也比武当山金殿规模更大，是我国现存最大最完整的纯铜铸殿，是全国重点文物保护单位。金殿集中地反映了吴三桂当时雄厚的财力。

《圣武记》卷2，《康熙戡定三藩记上》叙述其情说：吴三桂尽括沐氏旧庄七百顷为藩庄。通使达赖喇嘛，奏互市茶、马于北胜州，于是西番、蒙古之马由西藏入滇者岁千万匹。假浚渠筑城为名，广征关市，榷盐井，开矿鼓铸，潜积硝、磺诸禁物，重敛土司金币，厚自封殖。散财结士，人人得其死力。专制滇中十余年，日练士马，利器械，水陆冲要遍置私人，各省提镇多其心腹。子为额驸，朝政纤悉，旦夕飞报。诡称蒙古侵掠丽江中甸地。

吴三桂的这些行为及雄厚的财力，起兵之前，清廷皆不知晓。

玄烨既不知彼，不了解远离京城5900多里外高踞昆明五华山南明永历帝皇宫的吴三桂的情形，对自己所辖大清国的真实状况，也是一问三不知。一是不知"国家根本"的八旗军力，满以为还是兵精将勇，所向无敌。殊不知今日的八旗军，肩负安邦定国统军征战的亲王、郡王、贝勒、贝子，已是第三代第四代了，还能找出开国时期智勇双全的墨尔根王多尔衮、平定江南的豫亲王多铎、奋勇冲杀的巴图鲁王阿济格吗？不行。都统、前锋统领、护军统领，也难望当年"万人敌"的费英东、额京都、扈尔汉、扬古利等人项背，兵士"又习于嬉戏"，赌博、负债者多。因此，大战一起，怯战惧敌，动辄溃逃。

二是不知国家财力薄弱，不能供应多年大战的浩繁军需。竭力拥护皇上撤藩的户部尚书米思翰信心十足地宣称，"军需内外协济，足支十年，可无他虑"。[①]殊不知，仅仅打了四年，就使国库存银从康熙十二年的2135万余两，陡降至530万两。并且，康熙十三年收的田赋银2421万余两，米麦豆553万余石，盐课银248万余两，十四年的田赋2063万余两，米麦豆528万余石，盐课银229万余两，十五年的田赋银2021万余两，米麦豆503万余石，盐课银225万余两，十六年的田赋2112万余两、米麦豆618万余石，盐课银226万余两，还有这四年每年收丁银

---

① 《清史编》卷268，《米思翰传》。

300万两左右和关税银100万两左右。总算起来，当有银13347万余两。这1亿3000多万两银子也开支完了。如果不是玄烨采取增赋、停俸（多年官员未领俸银）、卖官收银等祸国殃民的弊政，聚敛银米，供应军需，这个仗早就打不下去了。

三是不知民心官意。清帝入主中原已有30年。玄烨自诩爱养兵民，厚待汉官，满以为会受万民拥戴，群臣效忠，不料吴三桂起兵，一年之内，云南提督张国柱，总兵杜辉、柯铎、布政使崔之瑛，提学道国昌，贵州巡抚曹申吉，提督李本深，总兵崔世禄，襄阳提督杨表嘉，广西提督马雄，四川提督郑蛟麟，陕西提督王辅臣，等等数十员，归顺吴三桂。几个月出，滇、黔、川、湘、闽、陕六省等陷，不久，尚之信据广东反，"各省兵民，相率背叛，天下骚动"，"势如鼎沸"，"滇、黔、闽、浙、楚、蜀、关、陇，两粤、豫亲之间，所在驿骚，肆骋痛毒"。[①]既不知彼，又不知己，在这样的条件之下，怎能草率决定立即撤藩！

（二）立即撤藩 依据薄弱

主张立即撤藩之人，事实依据薄弱虚浮，论断很不准确。对于吴三桂养老辽东之疏，玄烨命议政王贝勒大臣商议，大学士图海"言断不可迁移"，大多数人不赞同撤藩，力主撤藩的只有户部尚书米思翰、兵部尚书明珠、刑部尚书莫洛，以及原护军统领一等子现降为梅勒额真的鳌拜和塞克德等少数人。图海、明珠等人所言，无记述。《清史列传》卷80，逆臣传《吴三桂传》记述了吴三桂在军、政、财经等方面危害国家的行为，作为撤藩的依据，现摘录如下：

"三桂遂奉诏镇滇，其藩属五丁出一甲，甲二百设一佐领，积数十佐领，辖以左、右都统，设前、后、左、右援剿四镇、总兵、副将皆自择，分降兵万有二千为十营，以马宝等十人为总兵。凡文武职官，并擅除擢。复请敕云南督抚受节制，移驻提督于大理、总督于贵阳，踞朱由榔所居五华山故宫为藩府，增华崇丽，借沐天波庄田为藩庄。假浚渠筑城为名，广征关市榷税，盐井、金矿、铜山之利，厚自封殖。"

① 《清圣祖实录》卷51，第23页；卷58，第26页；卷64，第24页；卷70,. 第21页；《清文献通考》卷1。

"三桂益欲揽事权，构衅苗蛮，借端用兵不休；私割旧隶丽江府之中甸与番众屯牧，通商互市。迨卞三元归养，甘文焜为总督，三桂恶其不附己，诈称边寇，檄赴剿。比至，复称寇遁，檄还藩属将弁，靡饷犒百余万。近省输挽不给，征诸江南，岁二千余万。偶绌，则连章'入告'；即赢，不复请稽核。当是时，平南王尚可喜、靖南王耿精忠与三桂分镇边疆，专兵柄，称三藩，天下赋半为所耗，而三桂骄恣尤甚。"

《圣武记》卷2，《康熙戡定三藩记上》也作了类似描述：

"吴三桂王云南，尚可喜王广东，耿仲明之子继茂王福建。继茂卒，子精忠袭封，耿、尚二藩所属各十五佐领，绿旗兵各六七千，丁口各二万。三桂藩属五十三佐领，绿旗兵万有二千，丁口计数万。是为三藩并建之始。三藩中三桂功最高，兵最强，受朝廷恩楼亦最侈。破流贼，定陕，定川，定滇，取永明王于缅甸，又平水西土司安氏，四方精兵猛将多归其部下。计五丁出一甲，甲二百设一佐领，积五十佐领，辖以左右都统。设前、后、左、右援剿四镇，分十营，每营兵千有二百。以吴应麒、吴国贵、夏国相、胡国柱等为都统，以马宝、王屏藩、王绪等十人为总兵。方其入滇之始，羽书旁午，朝廷假以便宜，云、贵督抚咸受节制。用人吏、兵二部不得掣肘，用财户部不得稽迟，其所除授号曰"西选"，西选之官遍天下。

顺治十七年，部臣奏称云南省俸饷岁九百余万，除召还满兵外，议裁绿营兵五万之二。三桂谓边疆未靖，兵力难减，于是倡缅甸、水西各役以自固。加以闽、粤二藩运饷，岁需二千余万，近省挽输不给，一切仰诸江南，绌则连章入告，既赢不复请稽核，天下财赋半耗于三藩。御史郝浴、杨素蕴，庆阳知府傅弘烈先后奏劾其不法，而朝廷固怀之以德，晋封亲王，子尚公主。及康熙六年，三桂始以目疾疏辞总管，罢其除吏之权，而兵饷尚不赀；又自以功高，朝廷终不夺我滇，益固根蒂为不可拔。"

《清史列传》《圣武记》的以上所述，广为学者引用，据此分析立论。如果完全相信二书所述的事情，便会得出两个令人不寒而栗的结论。一是三王已经割据了云贵粤闽四省，且"骄恣"不法，野心勃勃。

二是"天下财赋半耗于三藩","岁需二千余万",朝廷承担不起，也不该承担。两者集中为一点，即三藩分镇，已在政治上、财政上严重危及大清帝国。这种状况，怎能容许，当然必须立即撤藩。

立即撤藩论，粗略一看，似是有根有据，理由充分，令人不得不赞同其议，然而细加剖析，特别是考证其立论的事实依据，便会得出相反的判断了。首先，就政治而论，吴三桂的确曾有"总管"云南、贵州二省的权力，朝廷颁给云贵总督、云南巡抚、贵州巡抚的委任敕书，依吴之请，加上"听王节制"四字。但是康熙二年，辅政大臣收缴了吴三桂的"平西大将军"印，康熙五年取消了吴三桂的授官"西选"之权，此后云贵用人授官，"悉归部选"。六年，辅政大臣又免去吴之"总管"两省权力，规定云南、贵州二省"大小文官，亦照各省例，陈部题授"。①康熙七年正月，九卿科道会推云南巡抚，以原任南赣巡抚林天擎拟正，通政使李天浴拟陪。"得旨，林天擎系平西王下人员，见今王住云南，林天擎不应推此缺，着李天浴为云南巡抚。"②可见，以吴三桂总管云贵的权力，来论证必须立即撤藩的政治依据，是用的老黄历，没有说服力。

其次，两书对三藩的兵士数量的叙述，是既含混不清，又谬误太多。《吴三桂传》说，吴三桂"奉诏镇滇，其藩属五丁出一甲，甲二百设一佐领"，"设前、后、左、右援剿四镇"，"分降兵万有二千为十营，以马宝等十人为总兵"。那么，吴三桂自己究竟有多少兵？是否上面所说这三部分都是"藩下之兵"，都是吴家兵，其中有没有清朝官兵的"经制官兵"绿旗兵，不清楚。《圣武记》卷2，《康熙戡定三藩记上》说："耿、尚二藩所属各十五佐领，绿旗兵各六七千"，十五佐领，是指十五佐领有多少丁，还是有多少兵？按照满洲、蒙古、汉军八旗的编制，早期，300丁编一佐领，入关前夕，200丁编一佐领。但佐领之丁并不都是兵。平常时期，满洲是三丁抽一为兵，汉军是五丁抽一为兵，所以只说耿、尚有十五佐领，吴三桂有数十佐领，还是没有说清楚三藩各有多少"藩下之兵"。

---

① 刘健：《庭闻录》卷4，《开藩传制》；孙旭：《平吴录》见《平已丛编》；《清圣祖实录》卷22，第10、11页。

② 《清圣祖实录》卷25，第3页。

还好，《清世祖实录》记述了三藩兵士情形。《清世祖实录》卷136，第22页载，顺治十七年六月十二日，户部奏："云南平西王下官甲一万员名，绿旗兵及投诚兵六万名"，可否"酌减绿旗并投诚兵"。顺治帝福临命议政王贝勒大臣会议具奏过了六天，六月十八日议政王贝勒大臣奏称"应将绿旗兵未招募者停其招募，投诚兵愿为民者，令其为民，共以三万为额"。帝谕："绿旗兵应否以三万为数"，让平西王速议速奏。①可见，《清史列传》《圣武记》所说吴三桂有数十佐领，"五十三佐领"，实即是"平西王下官甲一万员名"，即吴之"藩兵"有一万名，另外还有"绿旗兵及投诚兵"共六万名。朝廷命将这六万名兵裁减为三万绿旗兵。在此之前，吴三桂奏请"以投诚兵分十营，每一千二百名为一营，以投诚官授之"，并列拟授之投诚官马宝等十员。七月初五，帝允其奏。②吴三桂又曾奏请设云南援剿四镇，以四川右路总兵官右都督马宁，为云南援剿前镇总兵官；四川左路总兵官署都督佥事沈应时，为云南援剿左镇总兵官；湖广益阳总兵官署都督同知王辅臣，为云南援剿右镇总兵官；都督同知杨武，为云南援剿后镇总兵官。顺治帝至顺治十七年十月二十三日，帝允所奏。③

也就是在这一天，设立了云南省绿营经制官兵一共是6镇，设6位总兵：

以原任经署右標提督总兵官左都督张勇，为镇守云南临元广西等处总兵官；原任湖广左路总兵官右都督张国柱，为镇守云南永顺等处总兵官；原任湖广中路总兵官署都督佥事阎镇，为镇守云南大鹤丽永等处总兵官；云南团练火器总兵官王永祚，为镇守云南蒙景楚姚等处总兵官；抒诚侯狄三品，为镇守云南广罗等处总兵官；祁阳总兵官都督佥事刘文进为云南曲寻武霑等处总兵官。

这就清楚了，平西王吴三桂有原系藩下甲兵（从辽东带来的子弟兵）一万名，又有早年编隶藩下的绿旗兵，还有近年来投降他的大西军兵士"投诚兵"，顺治十七年六月以前，藩下的绿旗兵和"投诚兵"是6万名，六月以后，减少为3万，名义和编制是绿旗兵。"藩下甲兵"和

①《清世祖实录》卷137，第9、10页。

②《清世祖实录》卷138，第30页。

③《清世祖实录》卷141，第11页。

藩下绿旗兵共4万名。

顺治十七年三月初八，定平南王尚可喜、靖南王耿精忠"二藩属下镇标绿旗官兵营制"：

定平南靖南二藩属下镇标绿旗官兵营制，平藩左翼镇标统兵四千名，分为中左右前后五营，每营设游击守备、千总，各一员，把总各二员，各统兵八百名，右翼镇标统兵三千五百名，亦分为中左右前后五营，每营设游击守备、千把总，各如左翼之数，各统兵七百名，靖藩两翼镇标，各设中左右前后五营，每营游击守备，千把总各如平藩下员数，各统兵七百名。[1]

平南王尚可喜有藩下绿旗兵8000，还有藩下甲兵（从辽东带来的子弟兵）15佐领，每佐领有兵200名，一共是1.1万名。靖南王耿精忠有藩下绿旗兵7000名，还有藩下甲兵（从辽东带来的子弟兵）15佐领，兵3000名，合共10000名。二藩新定的"藩下镇標绿旗兵"，分别为8000名和7000名，不是《圣武记》所说"绿旗兵各五六千"。

再次，两书对财经的数字、依据，更为谬误。二本皆说，吴三桂为免朝廷减少本人所辖兵士，"故倡缅甸、水西各役以自固"，"致糜饷银，近省输挽不给，征诸江南，岁二千余万"。当时吴、尚、耿三王"分镇边疆，专兵柄，号三藩，天下赋半为所耗"。这个"天下赋半为所耗"，不知是仅指全国田赋，还是包括田赋盐课关税，两者数量都很巨大。康熙十年、十一年、十二年，田赋是银2500余万两到2600余万两，米麦豆600余万石，按米麦豆一石折银1两计，当有银3200万两左右，半数消耗于三藩，为1600万两。按田赋、盐课、关税，丁银合计，有3800万两左右，一半为1900万两，不管是"岁二千余万"，还是"天下赋半为所耗"，皆不准确，皆是虚浮夸大之词，依据有四。第一，户部于顺治十七年六月十二日奏称，云南有平西王兵7万和满兵，银900万两。户部遵谕奏述军费财经情形说："国赋不足，民生困苦，皆由兵马日增之故。"江南省、浙江省、直隶、四川增兵数万。云南平西王下官甲一万名，绿旗兵及投诚兵，共6万名，又有八旗满兵，需用粮饷甚多，以致各省挽输，困苦至极。合

①《清世祖实录》卷133，第10页。

计天下正赋，只875万两，而云南一省需银900余万两，竭天下之正赋，不足供一省之用，该省米价每石至20余两，兵民交敝，所系匪小，平西甲兵素称精锐，今或撤满兵，或酌减绿旗，竝投诚官兵，应敕兵部酌议。①

随即拟议云南绿旗兵，"共以三万为额"。顺治帝降旨：命平西王速议具奏。不久吴三桂奏准，投诚兵选12000名，分十营，以马宝等十人为总兵，又设援剿四镇。②这里明确写道，吴三桂有兵7万，还有"八旗满兵"，"云南一省需银九百余万"。八旗满兵的具体数字不详，但不会太多，也不会太少，因为，这是半年多前改攻昆明的三路大军之统帅安远靖寇大将军信郡王多尼所领未撤回北京的满兵（另一部分随多尼回京），户部本来建议将满兵撤走，议政王大臣奏准，"满洲大兵不应撤还"。可见满兵不少，对保证云南安危，具有不能撤走的力量和作用，应该是数以千计吧。不管满兵多少，但这900余万兵饷，绝对不是吴三桂军队所独领，其中必然包含有满兵的饷银和用费。这就证明了吴三桂所费之银，绝非"岁二千万"。

第二，户部所说云南省需九百余万两，并不只是用于供给平西王7万兵和八旗满兵，因为此时云南还有顺治十六年正月攻打昆明时未撤走的绿旗兵。就在户部上疏之前的十天，六月初二，浙江道监察御史季振宜奏："天下财赋，莫盛于东南，亦莫竭于东南，如云南兵饷，以千万计"。"今以滇南初服，委之平西王，令其便宜从事，该藩兵力原厚，而满洲绿旗兵丁，复屯数万，应将满兵移驻湖南"。③这里季振宜讲得很清楚，云南一省岁需兵饷银一千万两，是因为要养吴三桂之兵（7万名）和"满洲绿旗兵""数万"。吴三桂兵、满兵、绿旗兵，三种军队，共分兵饷银1000万两，900余万两，计算下来，吴三桂只能合领三五百万两或五六百万两，何来"岁二千万"之说。

第三，顺治十七年四月三十日，议政王、贝勒、大臣奏称，关于平西王奏请入缅擒明永历帝，军费兵饷方面作如下安排。"查户部拨给云南十七年八分兵饷银三百三十万两，已经催解，其已解到

①《清世祖实录》卷136，第22页。
②《清世祖实录》卷137，第10页；卷138，第3页；卷141，第11页。
③《清世祖实录》卷135，第4页。

者，听该藩给进征兵丁，其未解到者，仍严饬各督抚星夜解往，以为接济"。①

议政王、贝勒、大臣说得很具体很明白，"户部拨给云南省十七年八分兵饷银三百三十万两"。这是朝廷早就定下的，云南省顺治十七年的八分兵饷银是330万两，八分是330万两，10分，即全数，则是412.5万两。可见吴三桂也非"岁二千万"。当然由于兵士众多，所以六月十二日，户部核算后，感到需要900余万两，又拿不出这么多银子，才奏请或撤回满兵，或裁减吴三桂的6万名投诚兵、绿旗兵。

第四，如果将这"岁二千余万"，辩解为包括滇、粤、闽三藩的兵饷军费，也站不住脚，也缺乏事实的根据。顺治十七年六月，吴三桂有兵7万名，云南还有"满洲、绿旗屯留之兵数万"，一共一年才需900余万两。姑且把满洲、绿旗屯留兵算成三万名(实际上不止3万名)，加上吴三桂的7万兵，10万兵需900余万，平均1万兵需90余万。此时平南王尚可喜有"藩下甲兵"3000名，"藩下绿旗兵"8000名，靖南王耿精忠有"藩下甲兵"3000名和"藩下绿旗兵"7000名，两藩共有21000名，比照平西王满洲、绿旗兵的兵饷军费，21000名当支200万两，总起来也才1100余万两，这远非"岁二千余万"之数。

之所以出现这样大的数字差错，主要是因为《清史列传》和《圣武记》均犯了张冠李戴、前后颠倒的错误。这个"岁二千余万"，如果指的是每年都需二千余万，是绝对错误的。顺治年间，康熙元年到十二年，都没有出现过每年军费开支2000余万两银子的事情，如果是指曾经在某一年或其两年军费用银2000余万两，这是正确的，但不是用于吴三桂、云南省，也不是用于平西、平南、靖南三王，还不是用于《圣武记》所说"倡缅甸、水西各役"。这个"岁二千余万"，是《清史列传》的翰林作者和魏源错误地理解和用了顺治十八年进士、康熙二十九年大学士兼户部尚书张玉书的《记顺治间钱粮数目》一疏。现摘录疏中有关段落如下：

"方顺治八、九年间岁入额，一千四百八十五万九千有奇，而诸路兵饷岁需一千三百余万，加以各项经费二百余万，计岁出至一千五百七十三万

①《清世祖实录》卷134，第22页。

四千有奇，出浮于入者，凡八十七万五千有奇，至十三年以后又增饷至二千万，嗣又增至二千四百万，时额赋所入除存留项款外，仅一千九百六十万饷额缺至四百万，而各项经费犹不与焉，国用之匮乏，盖视前代为独甚。"①

疏中只讲了"十三年以后，又增饷至二千万，嗣又增至二千四百万"，并没有说"岁二千余万"。笔者认为，这个"嗣又增至二千四百万"，指的是顺治十五年、十六年的军费。因为，顺治十四年十二月十五日，顺治帝福临授平西王吴三桂为平西大将军，统所属官兵及四川、陕西官兵，从四川出发，进剿云贵。授固山额真赵布泰为征南将军，统军由广西进攻，授固山额真宗室洛托为宁南靖寇大将军，统兵从湖南进攻云南。十五年正月初九，授信郡王多尼为安远靖寇大将军，统领北京八旗军，为三路大军统帅。多尼与五省经略洪承畴等议定攻滇大军，兵分三路，东路是赵布泰军，西路是吴三桂军，中路是主帅多尼军，每路军各5万人，经略洪承畴统兵数万，留镇贵阳，相机接应。将近20万人的大军，从顺治十五年二月起，陆续出发，沿途攻城略地，多次交战，顺治十六年正月初一，三路大军进入昆明，南明永历帝、晋王李定国早已出走。二月、三月连续大败敌军，云南平定。张玉书所说"(顺治)十三年以后，又增饷至二千万，嗣又增至二千四百余万"，"饷额缺至四百万"，就是指的顺治十三年以后，顺治十五年、十六年的情形。但这是就全国兵饷军费开支而言，不是只指三藩，只指平西王吴三桂，《清史列传》《圣武记》却把它当作是三藩、吴三桂的开支，当然就出了差错。

顺便说说，张玉书的叙述，简要、明晰，主要情形和基本趋势，大体上还是概括得比较好。但是，也许由于是奏疏，不能太具体，太烦琐，所以，有些地方也不太准确。其一，所说八、九年间，"诸路兵饷，发需一千三百余万"，不知根据何在？《清世祖实录》卷84，第26、27页载，顺治十一年六月二十五日，户部奏述收入支出情形说："拨给各省镇兵饷银一千一百五十一万八千四百两零"，"又应找拨陕西、广东、湖广等处，兵饷银一百八十万两"。两项相加，是1331万余两，与张玉书所说"一千三百余万"，何其相同。其二，张玉书说"至十三年

---

① 《清经世文编》卷29，张玉书：《记顺治间钱粮数目》。

以后，又增饷至二千万，嗣又增至二千四百万"，"饷额缺至四百万，而各项经费犹不与焉"。这段文字，含混不清，一系"增饷至二千万"，是指的哪一年？按行文所述，应该是过了顺治十三年之后，才增为二千万，不包括十三年。二是何年饷额缺至四百万？笔者认为，顺治十三年四月以前，兵饷已经增为二千万两，此时饷额已缺至四百万两，根据的史料有二。一为郭一鄂的奏疏。顺治十三年四月二十四日，吏科都给事中郭一鄂奏："一曰开源节流，为生财之大道。现今兵饷缺额四百四十余万，诸臣数次会议，未见画一长策。"①

同年，工科给事中王命岳奏称：

"今国家所最急者，财也。岁入一千八百一十四万有奇，岁出二千二百六十一万有奇，出浮于入者四百四十七万。国用所以不足，皆由养兵。各省镇满汉官兵俸米草豆，都计千八百三十八万有奇，师行刍秣又百四十万，其在京王公百官俸薪、披甲俸饷不过二百万，是则岁费二千二百万，十分在养兵，一分在杂用也。"

王命岳既指出"出浮于入者四百四十七万"，即"饷额缺至四百四十七万"，又讲道"各省镇满汉官兵俸米草豆，都计千八百三十八万有奇，师行刍秣又百四十万"，"是则岁费二千二百万，十分在养兵，一分在杂用也"。2200万支出，饷额为2000万，这不是明明白白地肯定了，顺治十三年的饷银(实际上包括其他军费项目)是两千万两吗。至于一年用银2400万两，那是顺治十五年的数目。

但是，不管是两千万两还是2400万两，都是指的全国兵饷，不是单指平西王吴三桂的用费，也不是指吴、尚、耿三藩的费用。

(三)"撤亦反，不撤亦反"

关于撤藩之事，当时朝廷有两种意见，一是立撤，二是不撤，孰是孰非，各持己见。康熙皇帝玄烨对此有两段叙述。《清史稿》卷269，《明珠传》载：

"康熙初，南疆大定，留重兵镇之：吴三桂云南，尚可喜广东，耿

① 《清世祖实录》卷100，第13页。

精忠福建。十余年，渐跋扈，三桂尤骄纵。可喜亦忧之，疏请撤藩，归老海城。精忠、三桂继请。上召诸大臣询方略，户部尚书米思翰、刑部尚书莫洛等主撤，明珠和之。诸大臣皆默然。上曰："三桂等蓄谋久，不早除之，将养虎成患。今日撤亦反，不撤亦反，不若先发。"诏许之。三桂遂反，精忠及可喜子之信皆叛应之。时争咎建议者，索额图请诛之。上曰："此出自朕意，他人何罪？"明珠由是称上旨。十四年，调吏部尚书。十六年，授武英殿大学士，屡充《实录》《方略》《一统志》《明史》诸书总裁，累加太子太师，迨三叛既平，上谕廷臣以前议撤藩，惟明珠等能称旨，且曰："当时有请诛建议者，朕若从之，皆含冤泉壤矣！"

这段叙述表明，从议论撤藩之时，到平叛战争胜利结束，玄烨皆认为当时应该撤藩，既然"撤亦反，不撤亦反"，当然应撤，何况最后还大获全胜。

《清圣祖实录》卷154，第10页载：康熙三十一年十一月初一日，"上谕大学士等曰：朕听政以来，以三藩及河务，漕运为三大事，夙夜廑念，曾书而悬之宫中柱上，至今尚存"。

这两段叙述，充分表明，玄烨确实是名副其实的"圣祖"。圣的含义是"最崇高的"，圣人，乃系指具有最高智慧和道德的人。玄烨少年之时就能把"三藩"列为国家必须办理的"三大事"之首，并在年方20岁的青年时期，就能断定三藩"撤亦反，不撤亦反"，即必反，从而果断拒绝多数大臣谏阻，下诏立即撤藩，最后成功。揆诸中国两千年封建社会时期的历朝300位皇帝，可以说是绝无仅有的圣君，也可以说是千古一帝。

但是略加思考，不禁有些疑惑。疑惑之一，对撤藩这件头等重要的军国大事，皇上亲自两次谕告，明确评议，为什么《清圣祖实录》没有记录玄烨说"撤亦反，不撤亦反"这七个十分重要的字？为什么清朝国史馆编纂的王公大臣列传，有关三藩之事的大臣传王公传中，没有收录这两段记述？

疑惑之二，为什么距三藩之乱长达240多年的《清史稿》作者，记下了玄烨诉说"撤亦反，不撤亦反"，而距三藩之乱仅六七十年的国史馆修《明珠传》的翰林，却对这样非常重要的上谕不予记述？

　　疑惑之三，玄烨说，亲政以后，很早就将三藩等"三大事""书于宫中柱上"，此话很难使人相信。因为，吴三桂之子吴应熊，荣娶顺治帝十四女，封和硕额驸，一等子，加少傅兼太子太傅，"朝政纤悉，旦夕飞报"。玄烨将"三藩"刻于宫中柱上，能不为吴应熊侦悉吗？直到吴三桂起兵之前，辅政大臣，玄烨都极力笼络三藩，特别是重视、厚待吴三桂，非常担心引起吴三桂的误会，哪能如此笨拙地将防备三藩之事刻于宫中柱上。

　　疑惑之四，《清圣祖实录》卷99，第8、9页载，康熙二十五年十二月十四日，玄烨召议政王、大臣、大学士、学士、九卿、詹事、科道等官至乾清门，命大学士勒德洪等传谕，讲述当年商议撤藩之事情形说：

　　"顷九卿等以大憝既除，寰宇底定，奏请上朕尊号。朕思曩者平南王尚可喜，奏请回籍时，朕与阁臣面议，图海言断不可迁移，朕以三藩俱握兵柄，恐日久滋蔓驯致不测，故决意撤回，不图吴三桂背恩反叛，天下骚动，伪檄一传，四方响应，八年之间，兵民交困，今蒙天地鸿庇。祖宗福庇，逆贼荡平，倘复再延数年，百姓不几疲敝耶！忆尔时唯有莫洛、米思翰、明珠、苏拜、塞克德等，言应迁移，其余并未言迁移吴三桂，必致反叛也。议事之人，至今尚多，试问当日曾有言吴三桂必反者否，及吴逆倡叛，四方扰乱，多有退而非毁，谓因迁移所致，若彼时朕诿过于人，将会议言应撤者，尽行诛戮，则彼等含冤泉壤矣。朕素不肯诿过臣下，即今部院事有错误，朕亦自任，朕自少时以三藩势焰日炽，不可不撤，岂因吴三桂反叛，遂诿过于人耶。"

　　请看，传谕明明白白地讲道，当时议事之时，莫洛等"言应迁移，其余并未言迁移吴三桂必致反叛也。议事之人，至今尚多，试问当日曾有言吴三桂必反者否"。这就有力地表明了，当日议处撤藩之事时，没有一个人说"吴三桂必反"，连玄烨也只是"以三藩势焰日炽，不可不撤"，也没有说因吴三桂必反而撤藩。

　　《清史稿》之《明珠传》和《清圣祖实录》卷154，第10页的两段叙述，不过是为尊者颂，恭赞玄烨为千年一帝之圣祖而已，无法使人相信。

　　《清史列传》之《吴三桂传》对此事做了如下的叙述：吴三桂奏请

撤藩之疏送到北京后，"奏入，上念藩镇久握重兵，恐滋蔓生变，非治安长计。特允三桂撤归锦州"。

《圣武记》卷2，《康熙戡定三藩记上》对此亦称："上念藩镇久握重兵，势成尾大，非国家利，又三桂子、精忠诸弟皆宿卫京师，谅无能为变，特允其请"。二书所说，玄烨担心藩镇久握重兵，势成尾大，将来会滋蔓生变，故先撤藩，而不是已经断定三藩撤亦反、不撤亦反，这还是比较符合实际实情形的。

我认为，康熙十二年七月初三、初九，玄烨谕允平西王吴三桂、靖南王耿精忠撤藩之请，是草率的决定，是十分错误的。三藩该撤，必须撤，但不应该在此时撤，应该往后延，延十年，延二十年，再撤，就对了，就好了，依据有四。

其一，时间有利于清，不利于三藩。这一年吴三桂62岁，尚可喜是古稀老人，玄烨才20岁。延后10年，吴三桂72岁，还能披甲上阵亲自指挥战争吗？如果再往后延15年、20年，那时吴三桂很可能已离开人间了，其骁将马宝等人，也是花甲古稀之年。原系大西军部下被视为吴三桂的弁士，也是半百老人或望六之年，还能奋勇冲杀吗？此时号称劲旅的滇兵，彼时已是士气衰落不堪一击的弱旅了。

其二，就政治情况而言，主张立即撤藩的依据是三藩割据滇、黔、粤、闽，吴三桂还有"西选"权。可是，康熙六年，已免去吴三桂总管云贵之权，"西选"之权亦已被剥，顺吴之云贵总督，云南巡抚亦已换成忠于朝廷的甘文焜和朱国治。继续下去，云、贵、粤、闽的总督、巡抚、提督、总兵，将主要是朝廷委任的官将，吴三桂在云贵以及四川、陕西、湖广等地亲吴尊吴的官将，必会逐步被撤换，割据势力必会日益削弱。

其三，军事上，顺治十七年七八月，清廷已将吴三桂的投诚兵、降兵6万人，裁减为3万人，加上藩下官甲1万人，是4万人，尚可喜为1.1万人，耿精忠为1万人。三藩的编制兵总共为6.1万人。而清廷还有满洲、蒙古、汉军八旗兵十二三万名，绿旗兵五十六七万名，十余倍于三藩兵，何况玄烨已谕令增编满洲佑领，也就是要增加满兵。随着时间的推移，清廷的国库存银和财赋收入愈益充裕，八旗人口也在滋生，兵士的数目也会不断增加。而云贵是穷省，即使吴三桂自掏腰包招兵买马，财力终究有限，要想长期维持大量兵士，也是困难重重。

其四，财力上，双方差距更为悬殊。吴三桂所据云南省，是个穷省，顺治十八年，官府档册载称，田地52119顷，赋银61748两、粮123917石、人丁117582丁、丁银16790两。尚可喜的广东省，册载田地250839顷，赋银847961两，粮27668石，人丁1000715丁，丁银142902两。耿精忠所据福建省，册载田地103457顷，赋银750862两，米109661石，人丁1455808丁，丁银207890两。顺治十八年，全国册载田地5492568顷，赋银25724124两、粮6107558石，人丁19137652丁，丁银3008905两，扣除三藩所占云南、广东、福建三省的田地406415顷（40万顷），赋银1660571两（166万两），米粮261246石（26万石），人丁2574105丁，丁银367582两，则清政府辖区，还有册载田地5086153顷，赋银24063553两、赋粮米5846312石，人丁16563547丁，丁银2641323两。[①]（没有顺治十八年云南、福建、广东的丁银史料，只好以当年丁银总数除丁数，得出丁银平均数为每丁1钱4分2厘8丝。）两相比较，吴三桂的云南省田赋银粮丁银为202455两（石），仅为全国扣除三藩银米数后的总数32551188两（石）之1.6%。三藩加起来的银米是2289399两（石），仅为全国32551188两（石）之7%。何况，随着时间的推移，国家财政的总收入势必会陆续不断地增加，三藩所占的滇、粤、闽虽然也会增加，但数量肯定不如全国总数增得多。

所以，综上所述，玄烨于康熙十二年七月宣布撤藩，是草率的错误的决策。当然，如果三藩听命，像宋太祖杯酒释兵权，开国众位高级将官服从圣旨，平安弃权，那么倒也算是玄烨运气太好，草率撤了，不生变乱。可是，吴三桂、耿精忠，以及尚可喜之子尚之信，皆系野心勃勃，骄傲不驯，哪能遵从吴三桂所说"乳臭未脱"的小皇帝玄烨之旨，八年大战，由此发生了。

（四）平藩之战 初期失利

关于"三藩之乱"，两百多年来，评论繁多，基本上是一边倒，对年方20岁的青年皇帝玄烨的决策、安排、指挥，是全面肯定和高度赞扬。清朝著名史学家魏源的《圣武记》可以算是典型的代表作，现摘录其撤藩，平叛初期举措，军情及其最后的总评于下：

---

① 《清圣祖实录》卷5，第23页；《清文献通考》卷1，卷19。

"关于撤藩决定及初期用兵安排：时三桂冀朝廷慰留，如明沐英世守云南故事，及命下，愕然，即与其党聚谋，阴勒士马，禁遏邮传，惟许入不许出。及侍郎哲(尔）肯、学士傅达礼至滇，三桂阳拜诏，而屡迁行期。反谋益急，谅中朝诸将无足当己者。惟难于举兵之名，欲立明后以号召天下，则缅甸之役无可自解；欲行至中原据腹心始举事，复恐日久谋泄。遂于十一月二十一日发兵反，杀巡抚朱国治，执按察使以下之不屈者，移檄远近，自称天下都招讨兵马大元帅，以明年为周元年，蓄发易衣冠，旗帜皆白。贵州巡抚曹申吉、贵州提督李本深、云南提督张国柱皆从贼。云贵总督甘文焜在贵阳闻变，欲拒守，而督标兵皆不为用，疾驰至镇远，为贼党所遮，死之。有郎中党务礼、萨穆哈在黔督理移藩舟马，疾驰十二日至阙告变，湖广总督蔡毓荣亦奏至，举朝震动。大学士索额图请诛诸臣之建议撤藩者，上不许，惟驰诏止闽、粤两藩勿撤。速遣都统巴尔布等率满洲精骑三千由荆州守常德，命都统珠满以兵三千由武昌赴守岳州，命都督尼雅翰、赫业、席布、根特、穆占、修国瑶等分驰西安、汉中、安庆、兖州、郧阳、汝宁、南昌诸要地，听调遣。削吴三桂官爵，宣示中外，下其子应熊及家属于狱。命顺承郡王勒尔锦为宁南靖寇大将军，统师至荆州。又以滇、蜀接壤，命西安将军瓦尔喀率骑兵赴蜀，而大学士莫洛经略陕西军事。三桂亦遣其将王屏藩。

关于对战争用兵的总评：臣源曰：恭读《平定三逆方略》，而知其战胜于庙堂者数端：一则不蹈汉诛晁错之辙，归咎于首议撤藩之人；二则不从达赖喇嘛裂土罢兵苟且息事之请，力申天讨；三则不宽王贝勒老师养寇之罪，罚先行于亲贵；四则谕绿旗诸将等，以从古汉人叛乱，止用汉兵剿平，岂有满兵助战？故一时张勇、赵良栋、王进宝、孙思克奋于陕，蔡毓荣、徐治都、万正色奋于楚，扬捷、施琅、姚启圣、吴兴祚奋于闽，李之芳奋于浙，傅弘烈奋于粤，群策群力，敌忾同仇。又任岳乐、傅喇塔于宗室，拔图海、穆占、硕岱于满洲。一时开国宿将已尽，诸臣不必皆三桂敌，卒能剪蚩尤于涿鹿，覆豨、布于荆、吴。其时，乱起多方，所在鼎沸。"

魏源之书，行文简练明晰，史料依据也较坚实，有理有据，论断大体妥当，故为后人赞同和引用。但是金无足赤，文难全美，有些论点难以服众，一些事实、数字也有谬误。我认为，战争开始的前几个月，玄烨对战局的判断和调度，有很大的失误。

康熙十二年（1673年）十二月二十一日，奉命前往贵州备办吴三桂迁移所需人夫舟车粮食的兵部郎中党务礼、户部员外郎萨穆哈，疾驰十二日抵京，"诣兵部，下马喘息，抱柱不能言，久之始苏，上三桂反状"。①朝野大惊，大臣多言不该撤藩，大学士索额图奏请诛杀建言撤藩之人。

年轻皇帝玄烨临变不惊，镇定自若，坚拒索额图之奏，立即决策平叛，并于当天做了两项安排：其一，派硕岱兼程前往荆州。硕岱于十二月十八日出发。"召议政王大臣等面谕曰，今吴三桂已反，荆州乃咽喉要地，关系最重，着前锋统领硕岱，带每佐领前锋一名，兼程前往，保守荆州，以固军民之心，并进据常德，以遏贼势"。②

其二，命议政王大臣建议派兵征剿。议政王大臣等，派八旗满洲，蒙古每佐领，前锋各一名，护军各七名，骁骑各十名，汉军每佐领，骁骑各五名，官员酌量兵数派出，从之。③

第二天，十二月二十二日，四川湖广总督蔡毓荣呈报吴三桂反的奏疏送到，奏称：

"吴三桂反，伪称天下都招讨兵马大元帅，以明年甲寅为周王元年，贵州提督李本深叛应之，前同党务礼等，差往贵州兵部主事辛珠，与笔帖式萨尔徒，不及行，俱不屈死。云南贵州总督甘文焜闻变，仓促出贵阳府，将十余骑自随，日夕行数驿，十二月初八日，至镇远府，镇远桥守将，已应贼，率兵围之，甘文焜度不免，手刃其子，遂自刎，笔帖式亚图，华珊，亦自杀，贵州巡抚曹申吉降贼，贼兵遂逼镇远，渐入楚境，疏入，报闻。"④

---

①《清史稿》卷268，《萨穆哈传》。
②《清圣祖实录》卷44，第12、20页。
③《清圣祖实录》卷44，第13页。
④《清圣祖实录》卷44，第13页。

玄烨连下四旨，一谕兵部，停撤平南、靖南二藩，二调云南提督桑峨为湖广总督，总统协、镇兵马，鄂善（陕西总督调云南，时在湖广）暂留湖广，与蔡毓荣商酌机宜，力图剿御，以固地方。三命西安将军瓦尔喀进四川。谕曰："四川与滇省接壤，今吴三桂已反，尔可率副都统一员，悉领骑士，选拔将领，星驰赴蜀，凡自滇入川险隘之地，俱行坚守，大兵不日进剿云南，俟我师临境，贼势渐分，倘有可乘之机，尔即与提督，相机进讨，至西安等处，朕当克期遣发禁旅，前来驻防。"①

"四川、广西境临贵州，授孙延龄为抚蛮将军，以钱国安为都统，今统兵固定。"②

第三天，十二月二十三日，玄烨命顺承郡王勒尔锦为宁南靖寇大将军，统领京师八旗军出征吴三桂：

"命多罗顺承郡王勒尔锦，为宁南靖寇大将军，总统诸将。多罗贝勒察尼，都统觉罗朱满、鄂内、伯宜理布、觉罗巴尔布，护军统领伊尔度齐、额司泰，前锋统领硕岱，参赞军务、并都统范达礼、王国诏，副都统鲁西巴图鲁、托岱、穆舒浑、希福、阿晋泰、肯齐赫、苏虎济、根特、祖泽纯、宜思孝、柯彝、赵赖，同往。"

勒尔锦于康熙十三年正月初十日，离京出发。③

同日，谕多给出征兵丁银两："谕户部，前出征兵丁。各给银十两，今出兵甚速，不比往时，恐有穷困兵丁，称贷办装，除给银十两外，再各增给十两，委署章京之护军校，骁骑校以下，护军，拨什库，甲兵，弓匹以上，各给银二十两，铁匠等，亦各增给银十两。"④

也就是在这十二月二十三日，命拘禁吴三桂子吴应熊及其随从官员。

十二月二十五日，命发兵驻兖州："谕议政王大臣等，大兵进征楚蜀，若须援兵，自京发遣，难以骤至，且致士马疲劳，兖州地近江南、江西、湖广，太原地近陕西、四川，均属东西孔道，可发兵驻防，秣马

① ②《清圣祖实录》卷44，第14页。
③《清圣祖实录》卷44，第16、17页；卷45，第5页。
④《清圣祖实录》卷44，第16页。

以待，所在有警，使即时调遣，可令副都统马哈达，领兵驻兖州，扩尔坤，领兵驻太原。"①

十二月二十六日，命"各省巡抚仍管兵务，各设抚标左右二营"。②

十二月二十七日，诏削吴三桂爵。宣谕云贵文武官员军民人等：

"逆贼吴三桂，穷蹙来归，我世祖章皇帝，念其输款投诚，授之军旅，锡封王爵，盟勒山河，其所属将弁，崇阶世职，恩赉有加，开阃滇南，倾心倚任。迨及朕躬，特隆异数，晋爵亲王，重寄千城，实托心膂，殊恩优礼，振古所无。讵意吴三桂，性类穷奇，中怀狙诈，宠极生骄，阴图不轨，于本年七月内，自请搬移，朕以吴三桂出于诚心，且念其年齿衰迈，师徒远戍已久，遂允奏请，令其休息，仍敕所司安插周至，务使得所，又特遣大臣前往，宣谕朕怀，朕之待吴三桂，可谓礼隆情至，蔑以加矣。近览川湖总督蔡毓荣等疏称，吴三桂径行反叛，背累朝豢养之恩。逞一旦鸱张之势，横行凶逆，涂炭生灵，理法难容，神人共愤。今削其爵，特遣宁南靖寇大将军统领禁旅，前往扑灭，兵威所至，刻期荡平。但念地方官民人等身在贼境，或心存忠义，不能自拔，或被贼驱迫，怀疑畏罪，大兵一到，玉石莫分，朕心甚为不忍，爰颁敕旨通行晓谕，尔等各宜安分自保，无听诱胁，即或误从贼党，但能悔罪归城，悉赦已往，不复究治。至尔等父兄子弟亲族人等，见在直隶各省出仕居住者，已有谕旨，俱令各安职业，并不株连，尔等毋怀疑虑。其有能擒斩吴三桂头，献军前者，即以其爵爵之，有能诛缚其下渠魁，及以兵马城池，归命自效者，论功从优叙录，朕不食言尔等。"③

也就是二十七日，玄烨下谕二道。一谕哈占、张勇宣布遵行："谕陕西总督哈占，提督张勇，王辅臣等：逆贼吴三桂，傥有伪扎伪书，潜行煽惑，当晓谕官兵百姓，令其举首上闻，尔等皆朕擢任股肱之臣，扞御边境，绥辑军民，唯尔等是赖，其悉知朕意。"④

①《清圣祖实录》卷44，第17页。
②《清圣祖实录》卷44，第17页。
③《清圣祖实录》卷44，第18、19页。
④《清圣祖实录》卷44，第2页。

另一是调兵征剿：

"命都统赫业，为安西将军，率兵同将军瓦尔喀等，由汉中入蜀，护军统领胡礼布，为副将军，偕署前锋统领穆占，副都统颜布，同往。"①

赫业于十三年正月初十离京，前往四川。

十二月二十九日，蒙古各部王公朝圣，知悉吴三桂反，争表忠心。

《清圣祖实录》卷44，第21页载：

"察哈尔和硕亲王布尔呢，巴林多罗郡王鄂齐尔，科尔沁多罗水图郡王额济音，敖汉多罗郡王扎穆苏，扎鲁特多罗贝勒扎穆等，朝正，闻吴三桂反，争请献所携马匹助军，复有愿率所部兵，随大兵进讨者。上谕之曰，吴三桂本为流寇所迫，蹙穷来归之人，朕推置心腹，委以重任，累进亲王，子为额驸，恩养至此，尚行反叛，负国已极。今已遣大兵进剿，吴三桂虽反，亦将安往，朕与尔等，亦同一体，如有需用尔等之处，可俟春回草青时，再听调遣。"

康熙十三年正月初三，"谕陕西总督哈占，今副都统扩尔坤，领兵将往西安，俟将军赫业等至汉中，与将军瓦尔喀，同进四川，如汉中，必须守卫，尔可同扩尔坤，与西安副都统，酌议以行，又输将军瓦尔喀，朕思贼兵必犯巴蜀，尔所部官兵无多，应战应守，宜熟筹以行，尔须兼程前进，当即令将军赫业、胡礼布等，率领大兵，随后为尔应援，又谕将军赫业、胡礼布、瓦尔喀等，京城所发官兵，听赫业、胡礼布，统辖，西安官兵，听瓦尔喀统辖，两军会合时，毋得各分彼此，致有不睦，须同心协力，以副朕委任之意。"②

正月十四日，发察哈尔前锋、护军、骁骑兵往兖州，与马哈达兵协同防守。

正月十六日，湖广总督察毓荣奏疏至京，奏称吴三桂兵于十二年十二月二十九日陷沅州，楚地请援。玄烨命大将军，"于所领兵内，每佑领先出骁骑二名，以都统一员统之，继都统巴尔布之兵，速往荆州。并

①《清圣祖实录》卷44，第2页。

②《清圣祖实录》卷45，第2、3页。

令都统巴尔布，护军统领伊尔度齐、额司泰等，于所领护军内，简选肥马，以护军统领一员领之，继前锋统领硕岱之兵，并驰赴荆州。"①

正月十九日，命德州等十处驻防满兵会集于德州，以都统尼雅翰为镇南将军统领。"命德州，沧州及顺义等十处驻防满兵，会于德州，以都统尼雅翰，为镇南将军将之。尼雅翰奏请增兵，竟往武昌，俟大将军师克定湖广，臣愿率兵从广西进取。议政王大臣会议，令尼雅翰，与副都统席布，仍领德州等处驻防官兵，往兖州，会同驻防副都统马哈达，分兵为三，择马肥者尼雅翰、席布，领之，先往安庆，马瘠者，速令喂养，马哈达领之，继往安庆。其察哈尔兵亦同往。余兵，以副都统根特巴图鲁领之防守兖州。奏入，报可。尼雅翰临行，授之敕印，令马哈达、席布，同预参赞军务"。②

正月二十二日，闻巡抚弃长沙，玄烨立下四谕，一谕觉罗朱满速往武昌，"丁亥，侍卫夸塞，自荆州驰还，奏偏沅巡抚卢震，弃长沙，奔岳州，上命都统觉罗朱满，领兵速往武昌，谕之曰，闻巡抚卢震，已弃长沙奔岳州，朕念武昌重地，不可不豫为防守，尔可率兵即往，如有贼至，务期保固地方，贼势倘众，勿轻与战，或武昌军警，即于岳州以北，水路要地驻防"。③

二谕兵部加强安庆防御。"安庆为江南上游要地，令江宁将军额楚，镇海将军王之鼎，各遣副都统一员，领兵千名，由水陆分路先往安庆防守，并敕将尼雅翰，将所领之兵，及马哈达之，共选六百名速抵安庆，总统诸师"。④

三谕宁南靖寇大将军勒尔锦："比闻长沙巡抚卢震，弃城奔岳州，朕念武昌为省会要地，已令都统朱满，率兵急往防御，王可将所部护军，每佐领拨一名，速赴朱满军前，王师抵楚后，如武昌无事，可与贝勒会同，将朱满之兵酌行调用。"⑤

四谕马哈达前往江宁。"谕副都统马哈达，俟将军尼雅翰至兖州，

①《清圣祖实录》卷45，第7、8页。
②《清圣祖实录》卷45，第9、10页。
③《清圣祖实录》卷45，第12页。
④《清圣祖实录》卷45，第12页。
⑤《清圣祖实录》卷45，第12页。

选兵去后，尔将所余官兵，分领其半，随往江宁，与将军额楚同守，其余官兵，留与参领噶笃浑、沙纳哈，仍驻防兖州。"①

正月二十五日，"命都统席人臣为镇西将军，与副都统巴喀、德业立同往守卫西安，接应进川大兵"。②

正月二十四日，"前锋统领硕岱领兵到达荆州，二月初一护军统领伊尔度齐兵到荆州，初二护军统领额司泰兵到荆州，二月初六，觉罗巴尔布兵抵荆州"。③

二月十一日，谕调部分兵进常德。谕都统觉罗巴尔布，及护军统领伊尔度齐、额司泰，前锋统领硕岱等："常德为水陆冲要之区，不可不预知防守，大将军兵未至之先，宜令护军统领一员率每佐领护军一名，同硕岱率前锋兵，盘移赴常德，谨守地方。巴尔布，并所留护军统领，率兵暂驻荆州，俟大将军兵到后，即进守常德。如巴尔布至常德，其先往常德之护军统领，可即移镇长沙，与都统朱满合兵，俱听王指挥。朕遥度兵势，似宜如此，尔等身在地方，倘势有难行，仍当相机调度，不必固执，虑违朕命。"④

二月十一日，又以长沙十分重要，谕觉罗朱满不去镇守武昌、岳州，改为进驻长沙。"谕都统觉罗朱满及副都统阿晋泰肯齐赫等，前谕尔等统兵，镇守武昌、岳州。兹念长沙，乃武昌咽喉之地，又为武昌、重庆州郡水陆要途，且壤连粤西，尔等若进驻长沙，既兼防水陆之冲，更可壮粤西之势，俟大将军兵抵荆州，当即遣护军统领一员，往助尔等，协同防御。尔等启行之日，可即闻之巴尔布等，并移檄广西将军，提'抚'诸臣，言我兵已抵长沙，保图湖南，尔等当各守疆土。朕遥度兵势，似宜如此，至军中情形，或有难行，仍当相机调度，不必固执，虑违朕命。"⑤

二月十三日，闻常德失陷，玄烨即调兵往武昌、长沙。"湖广总督蔡毓荣疏报，吴三桂遣伪总兵杨宝应犯常德，其父原任广东提督杨遇明，家于常德，遂为内应，知府翁应兆从逆，常德溃。"

---

① 《清圣祖实录》卷45，第12页。

② 《清圣祖实录》卷45，第14页。

③ 《清圣祖实录》卷46，第3、4、7页。

④ 《清圣祖实录》卷46，第4、5页。

⑤ 《清圣祖实录》卷46，第5、7页。

上谕前往安庆将军尼雅翰，于所领兵内简选壮骑，并前调江宁京口副都统二员，兵二千名俱赴武昌、长沙等处，与都统朱满，会商而行。兵马各自统辖，尼雅翰，仍带将军印，余兵令副都统席布领之，仍驻安庆，以待护军到，日牧养马匹，其京口副都统所领船只，令尼雅翰酌量带往武昌，席布所领护军骁骑，亦量留与船只。①

二月十八日，蔡毓荣奏，吴兵下澧州：

"湖广总督蔡毓荣疏报，本月初八日吴三桂兵至澧州城守官兵，以城叛应贼，提督桑峨，总兵官周拜宁，自常德还至澧州城外，孤军不能迎敌，不得不退回荆州，乞大兵星驰剿御。"②

二月二十一日，谕广西将军孙延龄保固粤西。"谕广西将军孙延龄，都统钱图安，巡抚马雄镇，提督马雄等，保固粤西，实尔等是赖。今大兵已抵武昌，倘贼犯武昌，宝庆诸处，尔等率所部官兵，进剿其后，大兵迎击于前，量此逆丑，自可克期扑灭，尔等宜同心协力，谋定后举，以副朕倚任至意。"③

二月二十五日，常德失，玄烨调兵应对："宁南靖寇大将军多罗顺承郡王勒尔锦疏言，常德已陷，贼兵自蜀道直抵巴东。臣恐襄阳危急，随令都统鄂内，并每翼两副都统，率领官兵，驰赴防守。及接上谕，即令都统鄂内，速至襄阳，侦探郧阳一路情形，如郧阳无警，即令两副都统，率每佐领骁骑二名，径往荆州都统巴尔布军前，得旨襄阳总兵官杨来嘉，向自海上投诚，其才甚庸，所属官兵，率皆藐玩，将来恐有他故，可将汉军官兵，留镇襄阳，即以此意密谕之，但不必防闲遇甚，恐致泄露，以速其变。"④

二月二十七日，授刑部尚书莫洛为经略，加大学士，仍以刑部尚书管兵部尚书事，经略陕西："谕吏部、兵部，陕西边陲要地，西控番回，南通巴蜀，幅员辽阔，素号岩疆。兹逆贼吴三桂，煽乱滇黔，四川从逆，秦省地处邻封，恐有奸徒摇惑，以致人心不宁。虽有督抚提镇等官，各尽乃职，但军务繁重，必须专遣大臣，假以便宜，相机行事，方可绥靖中外，保固边疆。刑部尚书莫洛，前任总督，深得军民之心，谙

---

① 《清圣祖实录》卷46，第6页。

② 《清圣祖实录》卷46，第7页。

③ 《清圣祖实录》卷46，第9页。

④ 《清圣祖实录》卷46，第10页。

晓地方情形，兹特授为经略，率领满兵，驻西安府，会同将军总督而行，巡抚提镇以下，悉听节制，兵马粮饷，悉听调发，一切应行事宜，不从中制，文武各官，听便选用，吏兵二部，不得掣肘，邻省用兵当应援者，酌量篆应，如有军机，将军总督，领兵而行，俟湖广、四川地方底定，即命还朝，应兼职卫，及应给敕印，尔二部会同速议具奏，寻允部议，加莫洛武英殿大学士，仍以吏部尚书管兵部尚书事，兼部察院右副都御史，赐之敕印，经略陕西。"①

三月初一，命诸路设笔帖式，驰递军情。②

三月初六，命和硕额驸华善为安南将军，帅师镇守京口，副都统马思文、杨凤翔，内阁学士萨海，同往。

上谕之曰："兹以京口，地当要害，特遣尔等率兵往镇，倘附近有警，亦宜应援，师行往来，与驻防之地，约束军士，勿得扰民，闻前者兵行所过地方，甚多扰害，尔等当以为戒，否则罪有所归。"③

三月初八日，谕大将军勒尔锦，否定诸将进取云南，命令先攻长沙、常德：

"谕宁南靖寇大将军多罗顺承郡王勒尔锦等，朕览都统觉罗巴尔布，护军统领伊尔度齐、额司泰，前锋统领硕岱等奏，皆云，以八月进兵，恢复疆土。朕思云贵，尚未可轻进，必俟四川全定，方图进取，但湖南地界，南连粤西，东抵江右、安庆，近长沙副将已降贼，兵船尽为贼有，今惟当相机速取常德，以断长沙后路，使贼彼此不及应援，更以将军尼雅翰，都统朱满等，统兵进逼长沙，则长沙之贼，非来降，即弃城遁矣，如此，则贼胆自落，百姓早得归耕，于我进取云贵之师，大有裨益，若不急取，使贼势渐增，妨民稼穑，我兵深入，刍粮转运，区处倍难。朕据理揆度如此，兵在千里之外，岂能遥为一一指示，但民心业已摇动，广西音信又隔，倘江西更有贼警，势必遣发禁旅，不惟馈饷浩繁，且恐兵民之心，又生叵测。尔等前出师时，皆言进取云贵之期，不过八月，今贼犹未至，而已叛之长沙常德诸处，乃亦欲待至八月，设各

---

①《清圣祖实录》卷46，第12、13页。
②③《清圣祖实录》卷46，第16页。

处再有变者，王将分兵以讨否乎，分之则兵单，以次剿取，则马疲，今唯先取常德、长沙，以寒贼胆，方为制胜，王宜集众议以行。"①

三月初六，"授内大臣希尔根为定南将军，礼部尚书哈尔齐哈为副将军，率师往江南，四月十七日出发"。②

由于撤藩初期清廷调度情形，过去论著没有详细叙述，影响了对康熙皇帝的用兵正确与否的科学评价。故本书按时间顺序一一罗列，现在可以看清真实情形了。

康熙皇帝玄烨在事变初期三个月的调度，有对有错。正确举措之一是坚定用兵平叛，尽管朝中大臣多曾反对撤藩，畏惧吴三桂兵强马壮，并且没有一个言其必反，导致朝廷没有做防反平叛的军事、财政准备，事出意外，朝野大惊。大学士索额图更奏请斩杀建言撤藩之人，流露出畏敌、妥协心意。但玄烨临乱不惊，果断决策，发军平叛，实是英明天子。

正确举措之二是，敢做敢当，承担责任，不诿过于臣，不找替罪羊。身为至尊，必系圣明无错之帝君，千百年来的两三百位皇帝，绝大多数是自诩明君，言必妥，行必当，绝无谬误，出了差错，招致大祸，必然诿过于臣，将其严惩，以文过饰非，夸称至圣。玄烨能这样做，实属难能可贵。

正确举措之三是，战情判断，有正确之处。玄烨一闻叛讯，立即派兵，欲将吴三桂叛军阻隔在云贵湖南，不让其蔓延至川、陕、赣、浙、闽、广，且谕告将帅，逆贼必犯四川。③

既然坚决调兵平叛，战情判断又有正确之处，似乎应该旗开得胜，速奏凯歌了，然而局面却非如此。

魏源《圣武记》卷2，《康熙戡定三藩记上》概述平藩初期战情说："时三桂冀朝廷慰留，如明沐英世守云南故事，及命下，愕然，即与其党聚谋，阴勒士马，禁遏邮传，唯许入不许出。遂于十一月二十一日发兵反，杀巡抚朱国治，执按察使以下之屈者，移檄远近，自称天下都招讨兵马大元帅，以明年为周元年，蓄髪易衣冠，旗帜皆白。贵州巡

①《清圣祖实录》卷46，第17、18页。
②《清圣祖实录》卷46，第16页；卷47，第10页。
③《清圣祖实录》卷44，第14页；卷46，第8页。

抚曹申吉、贵州提督李本深、云南提督张国柱皆从贼。云贵总督甘文焜
在贵阳闻变，欲拒守，而督标兵皆不为用，疾驰至镇远，为贼党所遮，
死之。有郎中党务礼、萨穆哈在黔督理移藩舟马，疾驰十二日至阙告
变，湖广总督蔡毓荣亦奏至，举朝震动。大学士索额图请诛诸臣之建议
撤藩者，上不许，唯驰诏止闽、粤两藩勿撤。先遣都统巴尔布等率满洲
精骑三千由荆州守常德，命都统珠满以兵三千由武昌赴守岳州，命都督
尼雅翰、赫业、席布、根特、穆占、修国瑶等分驰西安、汉中、安庆、
兖州、郧阳、汝宁、南昌诸要地，听调遣。削吴三桂官爵，宣示中外，
下其子应熊及家属于狱。命顺承郡王勒尔锦为宁南靖寇大将军，统师至
荆州。又以滇、蜀接壤，命西安将军瓦尔喀率骑兵赴蜀，而大学士莫洛
经略陕西军事。三桂亦遣其将王屏藩犯四川，马宝等出贵州、湖南，除
夕陷沅州。明年正月，贼将龚应麟、夏国相、张国柱等军至湖南。提督
桑额自浓州走夷陵，巡抚卢震弃长沙奔窜，巴尔布、硕岱、珠满等兵于
二月初旬至荆州、武昌，畏贼势盛不敢进，于是常德、长沙、岳、浓、
衡二三月间先后陷贼，且散布伪札。四处诱煽襄阳总兵杨来嘉以襄阳应
贼，广西将军孙延龄、提督马雄以桂林应贼，四川巡抚罗森，提督郑蛟
麟、总兵谭弘、吴之茂以四川应贼，福建耿精忠闻之，亦同时反。数月
而六省皆陷。"

为什么吴三桂起兵后，"数月而六省皆陷"，其后两年之内，陕
西、甘肃、江西、浙江、广西大部分州县及广东、福建全省，皆为三藩
占据？

玄烨认为是大将军王勒尔锦等将帅怯战畏敌，逗留迟缓，贻误军机。
康熙十三年二月二十日，湖广总督蔡毓奏报长沙失陷，玄烨谕宁南靖寇大
将军勒尔锦："都统觉罗巴尔布、护军统领伊尔度齐、额司泰等兵抵荆
州，是时常德澧州，尚未有变，理应稍休马力，速赴常澧，以戢兵民，乃
迟久不前，以致常澧相继皆陷。今长沙亦有变，可俟都统鄂内等兵至荆
州，令其镇守荆彝诸处，即令都统巴尔布等，进兵攻取常澧又襄阳为我师
来往之冲，蜀寇必窥之地，王果前汉军都统，副都统可酌率官兵留镇襄
阳。又谕勒尔锦，近闻常德已叛，四川夔州所在贼氛甚炽，都统巴尔布兵
力虽盛，倘须两路堵剿，更宜增兵，王可于所率骁骑内拣择肥马，每佐领
拨二三名，每翼以副都统一员领之，速赴荆州巴尔布军前。"[①]

---

① 《清圣祖实录》卷46，第8页。

此次上谕，虽未使用斥责字样，但埋怨其贻误军机的意思，已很明显。

过了一年，失地更多。孙延龄、耿精忠相继反叛，战局危急，玄烨就第一次拉破脸面，斥责勒尔锦了。《清圣祖实录》卷55，第18页载：康熙十四年闰五月初四，宁南靖寇大将军多罗顺承郡王勒尔锦等疏言，逆贼两路出犯南漳均州，与我兵对垒，通来虎渡口诸处，贼船日增，闻逆贼吴三桂，身在松滋，声言渡江与我兵战，且欲决堤水淹荆州，使我岳州大兵，不得援荆。今吴三桂既犯荆州，余贼或犯他处，亦来可料，贼势甚炽，我兵力单，请添发满汉官兵，速行赴援。

"上责之曰，初闻吴三桂叛，即发大兵，遣前锋统领硕岱，都统巴尔布，护军统领伊尔度齐率前锋护军日给刍秣令其疾驰。巴尔布等，至荆州时，贼尚未至常德澧州也，所率前锋护军，每佐领下五名，兵力不为弱矣，乃不急渡江，耽延迟误，而常澧浓州遂叛。王亲率大兵至荆州，又不即渡江进取，致令吴三桂至常德等处。遂为所据，都统朱满率兵至武昌时，岳州长沙犹未叛也，又不急趋镇守，逍遥武昌，六百里之程，行逮一月，而岳州长沙又陷。巴尔布等畏懦不前，坐失险要，使逆贼从容，得据守湖南，致我兵难以攻取，且靡费粮饷倍于他处，究之寸步不能前进，因贼渠与我精兵，相持荆岳间，而广西孙延龄，福建耿精忠，遂相继变叛，贼寇蜂起，又前谕王云荆河口以内，何处宜设兵防守，王疏称贼船上下江中，俱取道荆岳，易以侦知，俟有事之时，就近调遣，可以立至，今复称吴三桂来犯荆州，余贼或从他路出，贼众我寡特请增兵，何前后舛错，一切军机忽略至此，今禁旅遣发已多。"

魏源非常拥护皇上所述，指责诸将"畏贼势盛不敢进"，"无敢渡江撄其锋者"，"王贝勒老师养寇"。[①]

后人赞同玄烨所述和魏源之议。

但是，我认为部分王贝勒大将军和一些将军、都统、统领的怯战畏敌，只是战争初期失利和用兵时间延长的一个重要因素，而不是主要的起决定性作用的因素。这些高级指战人员，不仅胆小、贪生怕死，还松懈懒散迟缓，以战争初期唯一的一位大将军王而言。

① 魏源：《圣武记》卷2，《康熙戡定三藩记上》。

康熙十二年十二月二十一日知悉吴三桂兵反，第四天，十二月二十四日，玄烨委授顺承郡王勒尔锦为宁南靖寇大将军，以贝勒察尼和七位官阶一品二品的都统、统领为参赞大臣，统领京师禁军前往荆州。在这样军情紧迫肩负重任的情形下，足足过了十六天，十三年正月初十，勒尔锦才从北京出发，何等迟缓。

在十二年十二月二十一日知悉吴三桂叛清的当天，玄烨即派前锋统领硕岱"带每佐领前锋一名，兼程前往，保守荆州，以固军民之心，并进据常德，以遏贼势"。①

前锋兵是八旗军中最精勇之兵，在兵士之中，地位最高，饷银最多，每年饷银48两，领米48斛，一斛为5斗，而官阶正七品的百里诸侯知县一年俸银才45两。统领这些号称的精兵，被皇上钦点救危的前锋统领硕岱，在受命之后第七天即二十八日才起程，足足在路上走了26天，十三年正月二十四日才来到荆州。北京到湖北荆州是2500里，平均每天才走97里。前锋兵全是马兵，玄烨在派硕岱驰援荆州之时，还专门谕告议政王大臣："若沿途住歇秣马，必至迟误。着派户部贤能司官，于每日宿处，齐备草豆应付。"②奉有皇命，由本营最高长官统领，号称骑马的精兵，还享受皇上亲自谕令备办食宿的前锋兵，平均一天只奔驰97里，如果算上接到命令的日期，则到荆州的时间是35天，那么平均一天才走72里。

按照清廷规定的驿程和程限，北京皇华驿到湖北省城武昌，距离是2690里，程限是湖广总督、湖北巡抚限十六日。平均一天跑168里，可见，前锋统领硕岱之行，耗时太多，每天奔驰的里数太少。

尽管大帅和一些将领怯战畏敌，但大将军王勒尔锦统领的军队，可是康熙十二年最多最精之"禁旅"。当时，满洲八旗有416个佐领，蒙古八旗有157个佐领，汉军八旗有207个佐领。议政王大臣议准派给勒尔锦的兵士，有满洲、蒙古，每佐领前锋1名，即573名前锋，护军每佐领7名，为4011名护军，每佐领骁骑（即马兵）10名，为5730名护军，汉军八旗每佐领派骁骑5名，为1035名骁骑。以上共11349名。③其中，满兵7645名，蒙古兵2826名，满兵、蒙古兵为10471名。

①《清圣祖实录》卷44，第12页。

②《清圣祖实录》卷44，第12、20页；卷46，第3页。

③光绪《大清会典事例》卷1111。

另外，安西将军赫业，镇南将军尼雅翰，镇西将军席卜臣，安南将军华善，定南将军希尔根，都统觉罗朱满，经略莫洛，也各从京师带领一些八旗兵士，开往前线。

总的看来，从康熙十二年十二月到十三年正月，从京城派往征剿吴三桂的八旗军，大致有2万名。

这下可以明白了，为什么清军畏敌，不敢迎战吴三桂兵了。将帅无能，指挥不力，固然对清军士气、军力带来恶劣影响，但是最主要的因素是敌兵太多，双方兵数相差太为悬殊，皇上不了解敌情，不知吴三桂到底有多少将士。

按照官方编制，吴三桂有"藩下官甲一万"和3万名绿营兵，绿营兵的军力，哪能与八旗兵比，更不能和八旗满兵比。以京师2万名八旗禁旅，加上地方上的绿营兵，人数多上几倍，军力更是强壮，所以玄烨只派了几分之一的禁旅迎敌叛军，从而犯下大错。

原来，吴三桂起兵叛清，并不是只有官方编制的那4万人马，而是多上好几倍。

康熙十二年十一月二十一日，吴三桂杀云南巡抚朱国治，起兵叛清。十二月初一，吴三桂率兵二十余万从云南出发，二十日进入贵阳，很快占据全省。随即兵分两路，西路军由王屏藩统领，前往四川。十三年正月十二日，吴三桂率东路军从贵阳出发，二月初进入湖南，连下沅州、辰州、常德、浣州、长沙、岳州、衡州。到三月，占据了湖南全省，沿途叛军不断增多。史载："三桂乃长驱陷辰、沅、常德，直走荆江，五千里无只骑拦截。"[1]

两相对比，清军两万，怎能迎敌十几倍于己的叛军！这才是清军畏敌怯战，丢失大片领地的根本原因。

（五）八招奏效　消灭三藩

前线噩讯频至，危机愈益严重，从康熙十二年（1673年）十一月二十一日吴三桂叛清，到十三年六月，吴三桂已占据云南、贵州、湖南，并分兵进入四川、江西；耿精忠占据全闽和江西大部分州县及浙江多个城市；孙延龄割据广西；四川巡抚、提督、总兵罗森等叛清降吴；陕西、甘肃提督王辅臣等绿营将领蠢蠢欲动。在社稷安危的关键时刻，玄烨审时度势，

---

[1]《平滇始末》，见《享已丛编》。

力挽狂澜，实行了新的用兵方略，采取了八大奇招，战局顿时改观。

第一招，也是最根本的起了决定性作用的奇招，即以倾国之力，生死决战，集中全国兵力、财力，征剿叛军。康熙十三年六月二十五日，玄烨授康亲王杰书为奉命大将军、贝勒董额为定西大将军，统军平叛。《清圣祖实录》卷48，第13页载：

"兵五千，进平福建，谕兵部，浙江四川两路，宜遣王贝勒贝子公等，前往剿贼，所以遣王等者，非谓诸将才能不足，念诸王贝勒，皆朕懿亲，指挥调遣，无可牵掣，守御征剿，足增威重，其授和硕康亲王杰书，为奉命大将军，同固山贝子傅喇塔，率前锋一百七十六名。每二佐领，合出护军一名，赴浙江。又前调赴荆岳蒙古兵，令各分一千名，随王至江宁时，将此兵留驻。更调驻守江宁喀喇沁土默特兵，并赴浙江。授多罗贝勒董额，为定西大将军，同固山贝子都统温齐，辅国公绰克托，率贝子准达所领骁骑之半，赴四川。其遣往王贝勒贝子公下包衣佐领多者，甲士酌量带往，包衣佐领少者以闲丁酌量披甲带往。至王贝勒所驻地方，将军在王军前，则将军印不用，如别将兵，各用其将军印。"

过了两个多月，九月十八日，授简亲王喇布为扬威大将军。"谕议政王大臣等，江南天下要地，兵力单薄，其授和硕简亲王喇布，为扬威大将军，派两佐领合出护军一名，上三旗包衣佐领兵，每旗百名，复令简亲王除伊包衣佐领全军外，将所部人众，酌选披甲，率徃江宁，统辖将军阿密达兵，及江南满洲蒙古汉军，相机调度，保固全省，将军阿密达，额楚华善，王之鼎，总督阿席熙，并同参赞。又河南地广兵少，恐奸宄乘间窃发令，每佐领出骁骑二名，授坤巴图鲁侍卫为振武将军，率赴汝宁驻防，左翼遣副都统觉罗夸代，右翼以长史阿尔瑚为署副都统偕行。又谕，简亲王到江宁时，令副都统苏朗，率蒙古兵一千，往镇安庆，其安庆都统释迦保率所部汉军，速赴南昌镇守，到日南昌署副都统硕塔，穆森兵，前往袁州，会合将军尼雅翰等兵，与总兵官赵应奎，合力剿御，若苏朗兵到安庆时，署副都统雅赖，阿喀尼，率所部兵，亦速赴南昌镇守。"[1]

---

[1]《清圣祖实录》卷49，第22页。

过了五天，九月二十四日，广东广西总督金光祖疏报，广西提督马雄，左江总兵官郭义降贼，广西全省变动。

上命"和硕安亲王岳乐，为定远平寇大将军，率每佐领护军一名，坤巴图鲁侍卫所带每佐领骁骑二名，并王所属包衣佐领护军骁骑速赴广东。令都统觉罗画特、伯郎肃、副都统吉图喀、朱喇禅皆往，以郎肃为署护军统领。兵至江西日，或由袁州进取长沙，平定广西，或径抵广西，剿灭叛逆，听大将军王与都统等，商酌以行，又每佐领出骁骑一名付坤巴图鲁侍卫随后率往汝宁，寻又命辅国将军瓦山，随大将军安亲王进讨"。①

不久，察哈尔亲王布尔尼叛清。康熙十四年三月十七日，玄烨授信郡王鄂扎为抚远大将军、大学士，都统图海为副，统军前往：初察哈尔布尔尼，乘吴逆作乱，欲谋刭其父阿布奈，兴兵造反。日与其党缮治甲兵，从嫁公主长史辛柱，阴使其弟阿济根告其谋。

上以事尚未露，不便遽加以兵，欲遣人召布尔尼兄弟，以观虚实，又恐其生疑，乃奏太皇太后，遣侍卫塞棱等，遍召巴林王鄂齐尔兄弟，翁牛特土杜楞兄弟，及布尔尼、罗不藏，俱入京师。"已而诸王皆至，惟布尔尼兄弟不来，遂于三月十七日，执侍卫塞棱，约二十五日举事，长史辛柱，亲率伊弟巴勒米特，赴京奏闻，从嫁公主诸人，俱挈妻子，奔回锦州，奉天将军倭内巴图鲁，亦以其事疏报。"

"命多罗信郡王鄂札，为抚远大将军，大学士都统图海，为副将军护统领哈克山，副都统吴丹，洪世禄，并为参赞，率师讨布尔尼，并谕奉天将军倭内巴图鲁宁古塔将军巴海等，固守盛京。"②

康熙十三年十二月初四，陕西提督王辅臣击杀大学士经略莫洛反。玄烨以定西大将军贝勒董额指挥不力，将其免革，授大学士、都统图海为抚远大将军。康熙十五年二月初十，"谕兵部大将军贝勒董额等，屯兵平凉，日久，贼寇尚未剿灭城池，尚未恢复。夫秦省不能即定，川贼尚在窥伺者，皆由王辅臣未剿灭，平凉未克取故也。其以都统大学士图海，为抚远大将军，率每佐领护军二名，亟赴陕西，总辖全省满汉大兵，断贼饷道，剿灭平固逆孽，速靖地方。大将军抵平凉时，尽

①《清圣祖实录》卷49，第25页。

②《清圣祖实录》卷53，第21、22页。

收各将军敕印，遇有分遣，酌量给付，其贝勒董额以下，悉听大将军节制"。①

二月十六日，又谕"增派每佐领骁骑一名，付大将军图海率往，抵河南日，大将军另调河南兵赴平凉，即留此所带之兵，驻守河南。后又令大将军图海，选河南抚镇标下鸟枪手二百人，并查西安出征物故人等厮役，令披甲，领赴平凉"。②

玄烨下了血本，十个月内派出五位大将军王，统领京师大部分"拱卫宸极"的八旗军禁旅，往征吴三桂，致京师空虚。康熙十四年三月察哈尔布尔尼亲王起兵叛清时，京师竟无兵可调，局面非常危险。幸好，孝庄太皇太后急中生智，叫玄烨派图海统领京城八旗包衣出征，才打败了叛军。

那么，前线究竟有多少征剿三藩叛兵的清军呢？清朝官方文献没有平叛大军总数的记载，现在只好引录一些《清圣祖实录》的史料，做些论述。

《清圣祖实录》卷81，第21、22、23页载，康熙十八年六月二十七日，"刑部侍郎宜昌阿等至湖广，傅谕诸大将军等，酌议撤兵，大将军贝勒察尼议奏，臣察见在进剿常德桃源，护军每佐领各五人有余，骁骑兵每佐领各七人有余，汉军共一千二百余人，绿旗兵二万七千余人，兵力足以前进，其在常德者，外藩蒙古兵四百余人，在澧州者，外藩蒙古兵二千三百余人，应行撤还，松滋，宜都，骁骑兵五百人，汉军一百人，绿旗兵四百余人，足以镇守疆圉。二处所有外藩蒙古兵五百人，亦应撤还。其在岳州满兵，每佐领各三人有余，汉军共三百余人，俱撤还荆州，并入荆州兵内，共成每佐领五人之数，俾之镇守，其余满兵，每佐领各二人有余，镇守荆州外藩蒙古兵二千余人，镇守岳州外藩蒙古兵六百人，亦俱应撤还。大将军简亲王喇布议奏，乌拉宁古塔之兵，宜遵旨撤还，但新宁诸处，见有贼寇，请暂留乌拉宁古塔兵一千二百余人，臣等二路之兵，合而为一，每佐领兵各十一人有余，于其中选每佐领八人，及绿旗官兵一万二千余人，率之前往，与安亲王相期，进剿新宁贼寇，俟破贼之后，乌拉宁古塔兵，即行撤还，其永州，宜拨满兵无马者，每佐领三人，绿旗兵二千人镇守，令总兵官蔡元等，率绿旗官兵三

①《清圣祖实录》卷59，第20页。

②《清圣祖实录》卷59，第22页。

千五百人，镇守全州，其两支外藩蒙古兵一千七百余人，应行撤还。大将军安亲王岳乐议奏，"臣所统护军骁骑兵，每佐领共十五人，蒙古兵一百余人，简亲王等既进取新宁，臣当率每佐领兵各十一人，绿旗官兵一万人，与简亲王相期，进剿武冈东口之贼，其衡州，宜留每佐领满兵各一人，绿旗兵一千二百人，总兵官张忠标兵二千人防守宝庆，宜留每佐领满兵各一人，绿旗兵一千人防守，岳州，宜拨每佐领满兵各二人，前往与镇守岳州绿旗官兵，协同防守，其外藩蒙古兵，应行撤还，简亲王等，倘不进取新宁，其前欲携往进剿绿旗官兵一万二千余人，及得胜等炮，祈发臣军前，以便攻剿武冈新宁东口贼寇"。

康熙十八年，满洲八旗有455个佐领，蒙古八旗有162个佐领，汉军八旗有215个佐领，合共是832个佐领。[①]

根据上述实录，安远靖寇大将军察尼，有满洲蒙古护军骁骑13569名，还有汉军1800余名，八旗军共15369名，另外，有绿旗兵27500余名，外藩蒙古兵5200余名。三项相加，察尼辖兵48000余名兵士。

扬威大将军简亲王喇布，有八旗兵9152名，绿旗兵18000名，外藩蒙古兵1700余名，乌拉宁古塔兵1200余名，一共是30000余名。

安远平寇大将军安亲王岳乐，有八旗兵12480名，绿旗兵14200名，外藩蒙古兵100余名，一共是26780名。

三位大将军王共统军105000余名，其中八旗兵士为37000余名。

宁南靖寇大将军顺承郡王勒尔锦，是最早派出的大将军王，康熙十二年十二月出发时领八旗兵11349名，因其是征剿吴三桂，阻挡叛军渡江北上的主力军，故陆续增派八旗军、外藩蒙古衣、包衣兵、乌拉宁古塔兵、绿旗军前往，应是五位大将军中统领八旗军、绿旗军最多的大将军王。

上述实录没有提及的奉命大将军康亲土杰书，统军征剿耿精忠，收复浙江大片土地，平定福建，消灭叛军十余万，所辖八旗军、绿旗军士兵，也多达数万。

第五位大将军是抚远大将军、大学士、都统图海。因原来负责进攻、安定四川、陕西、甘肃的定西大将军贝勒指挥不力，贻误军机，被帝罢免，改命图海统军征剿。康熙十八年正月十三日，图海关于进取汉中、光安的奏疏及玄烨的批旨，载叙了图海所领满兵情形。《清圣祖实录》卷65，第4页载："庚寅，抚远大将军都统大学士公图海疏言，臣

---

① 光绪《大清会典事例》卷1111。

等前调绿旗官兵，本拟于二月内，进取汉中、兴安。今将军侯张勇等咨称，宜视夏秋收获丰歉，再图进取，但汉中、兴安。山峻路险，延至彼时，适遇霖潦，贼守益坚，臣等仍欲调兵，及时进取，得旨，大兵即克赴汉中、兴安，须设重兵，重兵一设，则运饷维艰，若俟夏秋进取，又顿兵旷日，虚摩粮糗，今将军穆占，方剿吴逆，机不可失。大将军公图海等，暂停汉兴之役，留满洲蒙古兵一万，同绿旗兵，防守泰州诸隘，分兵五千，遣大臣一人，统赴荆州，到日，顺承郡王等，量留官兵，防守荆州彝陵诸处，乘穆占由岳州长沙，进取湖南之时，相机渡江破贼。"

这里清楚地说明了，图海辖有满兵15000名。

康熙十八年八月二十八日，图海奏请兵分四路，进取汉中、兴安。奏入，命檄知大将军图海。庚寅，抚远大将军、都统、大学士公图海疏言，"进取汉中兴安兵，分为四路，臣与将军佛尼勒等，由兴安进总兵官程福亮为后援，驻守旧县关诸处，将军毕力克图，提督孙思克等，由略阳进，西宁总兵官朱衣客为后援，驻守西河诸处，将军王进宝，汉中总兵费雅达等，由栈道进，延绥总兵官高孟为后援，驻守宝鸡，宁夏提督赵良栋，由嵌州之巴都山进，臣等于九月初八，四路并发"。

兵分四路，每路有兵1万名以上。以后，河西四将，一等靖远将军、甘肃提督张勇，勇略将军、宁夏提督赵良栋，奋威将军、平凉提督王进宝，凉州提督孙思克，各领绿旗兵一两万，听抚远大将军图海指挥。图海所领平叛的满汉兵士多达四五万名。

另外，福建总督姚启圣、巡抚吴兴祚，浙江总督李之芳，湖广总督蔡毓荣，江西总督董卫国，分率属下绿旗兵征剿，对平定福建、江西、浙江叛军，起了重大作用。

康熙二十年二月，定远平寇大将军贝子彰泰率湖广官兵自贵州入，平南大将军赖塔督满汉诸路军自广西入，两军会合，"满汉兵四十万"围攻昆明。九月，赵良栋统宁夏兵从四川赶到昆明，十月二十九日收复昆明，平定了三藩之乱。

没有十余万满洲、蒙古、汉军八旗兵为核心，辅以二三十万绿旗兵和几万名外藩蒙古兵、包衣兵、乌拉宁古塔兵的八年血战，几十万三藩叛兵哪能消灭。

第二招，增编八旗佐领。康熙十二年，满洲八旗有416个佐领，康熙二十年增为460个佐领，至康熙六十一年更增至673个佐领。十二年蒙古八旗有157个佐领，二十年增为163个佐领，六十一年为1203个佐领。汉军八旗十二年有207个佐领，二十年为221个佐领，六十年为260个佐领。增加佐领就是增加人丁，也就增加了披甲当兵的八旗军数量。[①]

第三招，大金包衣披甲出征。清帝和满洲王公大臣将领官员，皆有包衣，早期叫包衣阿哈，即奴仆。《八旗编审男丁册》载，顺治五年，"满洲、蒙古包衣阿哈尼堪"有216967丁，超过满洲正身男丁55330丁四倍。顺治十一年，包衣增为232584丁，顺治十四年又增为237338丁。康熙六十年，包衣男丁为241494丁。[②]

很早以来，家主就派自己的包衣从征，或牧马煮饭，或征战厮杀。鉴于满洲八旗正身男丁太少，玄烨便多次谕命王公官员的包衣披甲上阵。康熙十三年四月十五日，谕派包衣佐领兵一千，前往江宁。[③]六月二十五日，授康亲王杰书为奉命大将军，贝勒董额为定西大将，贝子傅喇塔、温齐，准达，辅国公温齐等随同出征。玄烨谕："其遣往王、贝勒、贝子、公下包衣佐领多者，甲士酌量带往，包衣佐领少者，从闲丁酌量披甲带往。"[④]

康亲王杰书是正红旗旗主，入关前，正红旗就有包衣佐领18个，每佐领200丁，应有包衣3600丁。董额是镶白旗旗主，有14个包衣佐领。这两位大将军王带往前方打仗的包衣佐领兵，也不会少。[⑤]

康熙十三年九月十八日，授简亲王喇布为扬威大将军，"上三旗包衣佐领兵，每旗百名。复令简亲王除伊包衣佐领全军外，将所部人众，酌选披甲，率往江宁"。[⑥]简亲王喇布是镶蓝旗旗主，有包衣佐领10个，每佐领200丁，共有2000丁。[⑦]

康熙十三年九月二十四日，授安亲王岳乐为定远平寇大将军，并带领"王所属包衣佐领"出征。[⑧]

---

①⑤⑦ 光绪《大清会典事例》卷1111。

② 《清初编审八旗男丁满文档案选译》载于《历史档案》1988年第4期。

③ 《清圣祖实录》卷47，第9页。

④ 《清圣祖实录》卷48，第13页。

⑥ 《清圣祖实录》卷49，第22页。

⑧ 《清圣祖实录》卷49，第25页。

康熙十五年二月十六日，谕抚远大将军图海"查西安出征物故人等厮役，令彼等披甲，领往平凉"。①

平叛期间，披甲从征的包衣兵究竟有多少，起了什么作用，《清实录》没有记述，但从图海征剿布尔尼的情形，可以有所了解。原礼亲王昭梿在《啸亭杂录》卷2，《图文襄公用兵》中，记述此战情形说："图文襄公讳海，马佳氏。辅翊世祖、圣祖二朝，功业卓然。初，公为中书舍人，负宝从世祖之南苑，上心识其人，欲重用之。恐人不服，因谓众辅臣曰：某中书举止异常，当置于法。众以无罪请。上曰：否则立置卿相，方可满其愿也。因立授内阁学士，不数年，晋至大学士。康熙初，奏茅麓山之捷，甲寅冬，吴三桂既叛，察哈尔复蠢动，事闻，圣祖忧之。孝庄文皇后曰：图海才略出众，可当其责。上立召公，授以将印。时诸禁旅皆南征，宿卫尽空，公奏请选八旗家奴之健勇者，得数万人，公令以翌日聚德胜门外。是日黎明，公已整装至教场，甫检阅毕，即趋以疾行，不许夜宿，每至州县村堡，即令众家奴略掠之，所获金帛无算。不数日至察哈尔，下令曰：前此所掠皆士庶家，不足为宝。今察哈尔承元之后，数百年之基业，珠玉货宝不可胜计，汝等如能获取之，可富贵终身也。众踊跃从事。公率众夜围其穹卢，察哈尔部长布鲁尼不及备，仓促御敌，我兵无不一当百，卒擒之，公分散财帛，奖励士卒而归。陛见时，仁皇责其掳掠宣府等郡县，以有司劾章示之。公谢罪曰：臣实无状，然以舆佁之贱，御方强之敌，若不以财帛诱之以壮其胆，何以得其死力？然上不即诛，待臣奏绩而后责之，实上之明也。仁皇大悦曰：朕亦知卿必有所为也！因命公复西征焉。"

以上所述，表明了包衣兵的三个问题。一是人数众多，"得数万人"，二是奋勇厮杀，三是作用显著，全歼叛王，解了京师之危。

第四招，征调外藩蒙古。玄烨沿袭祖、父故技，多次征调外藩蒙古将士，助剿叛藩。康熙十二年十二月二十一日，户部郎中党务礼奏报平西王吴三桂起兵叛清。外藩蒙古王公争请进献马和从征。《清圣祖实录》卷44，第21页载：察哈尔和硕亲王布尔尼，巴林多罗郡王鄂齐尔，科尔沁多罗水图郡王额济音，敖汉多罗郡王扎穆苏，扎鲁特多罗贝勒扎穆等，朝正，闻吴三桂反，争请献所携马匹助军，复有愿率所部，随大

兵进讨者。

上谕之曰："吴三桂本为流寇所迫，势穷来归之人，朕推置心腹，委以重任，累进亲王，子为额驸，恩养至此，尚行反叛，负国已极，今已遣大兵进剿，吴三桂虽反，亦将安往，朕与尔等，亦同一体，如有需用尔等之处，可俟春回草青时，再听调遣。"

康熙十三年六月十三日，谕："令八旗每佐领拨骁骑二名，并派察哈尔护军骁骑一半，又蒙古四十九旗内与京师稍近者，如科尔沁十旗，敖汉一旗，奈曼一旗，克西克腾一旗，归化城十旗，共出兵万人，以旗下兵之半，及蒙古兵六千，令固山贝子准达，率往荆州，散秩大臣多莫克图，为署都统，参赞准达军务，又以旗下兵之半，及蒙古兵四千，以多罗贝勒尚善，为安远靖寇大将军，同固山贝子章泰，镇国公兰布，率往岳州，所调蒙古兵，俱限八月初一日以前至京，择蒙古贝勒以下领之，寻理藩院以蒙古贝勒，贝子，公台吉等，列名奏请。"

"上命科尔沁辅国公图纳黑，杜尔伯特台吉温布，赴荆州，巴林贝子温春，台吉格勒尔图，赴岳州。"

康熙十三年十二月十二日，谕"调鄂尔多斯蒙古兵三千五百，归化城士默特兵七百"。[1]

康熙十四年三月二十五日，花马池、靖边卫相继失守，上命"再调四子部落等兵"。[2]七月二十日，"调科尔沁等蒙古兵三千名"，分遣驻扎河南、兖州。[3]九月十二日，"调蒙古吴喇忒、毛明安四子部落兵一千，八月十五日到太原"。

康熙十五年六月初三，"命内大臣哈岱、一等侍卫阿喇尼，往西喀喇沁，西土默特，西翁中特、敖汉、奈曼、四子部落，苏尼特等十旗，察阅兵马，量调每佐领兵听遣"。[4]

平叛期间，至少有两万名外藩蒙古兵，从征厮杀。

第五招，倚重图海，擢用赖塔、穆占等勇将，抚恤满兵。图海文武双全，深受顺治帝赏识和重用，将其从笔帖式几次起升为大学士、议政

---

①《清圣祖实录》卷51，第10页。

②《清圣祖实录》卷53，第20页。

③《清圣祖实录》卷56，第12页。

④《清圣祖实录》卷61，第9页。

大臣摄刑部尚书。康熙二年，图海被授为定西将军，作为主帅靖西将军穆里玛的副帅，统领禁军，剿灭了声势浩大的大顺军余部"夔东十三家"。在康熙十二年、十三年征剿吴三桂时的八位大学士、十二位满汉尚书中，只有他一人曾经统领禁军，远征敌军，并且高奏凯歌，本来应该被委以重任，钦授大帅，统军平叛。但是，可能因其在商议撤藩之时，力言不可撤藩，与帝意相左，所以大战打了一年多，图海还仅仅是大学士，"摄户部，理饷运"，闲着。直到康熙十四年三月，察哈尔亲王布尔尼起兵反清，京师无兵可调，局面危急之时，孝庄太皇太后才向玄烨推荐，任其为抚远大将军信郡王鄂扎的副帅，带领数万包衣兵，平定了叛乱，这才真正得到了玄烨的信任。玄烨才将指挥不力贻误军机的定西大将军贝勒董额罢革，授图海为抚远大将军，委以平定陕西、甘肃、四川重任。图海征战三年，大功告成，晋爵三等公，世袭罔替。

赖塔、穆占，皆开国功臣之子，分别任蒙古都统、梅勒额真，骁勇善战，军功累累。玄烨先后任赖塔为平南将军、平南大将军，任穆占为前锋统领、征南将军、参赞大臣。

玄烨多次谕告，"满洲甲兵，国家根本"，给以优厚饷银。康熙十二年十二月派京师禁旅出征时，谕命多给制装银两。十二月二十三日，谕户部："前出征兵丁，各给银十两，今出兵甚速，不比往时，恐有穷国兵丁称贷办装，除给银十两外，再各增给十两。委署章京，六护军校，骁骑校以下，护军、拨什库、甲兵、弓匠以上，各给银二十两。铁匠等，亦各增给银十两。"①

康熙十七年六月二十八日，谕兵部："朕御极以来，孜孜图治，欲使天下治安，兵民富庶，共事享雍熙，不意逆贼吴三桂，背恩反叛，扰乱地方，数年以来，遣兵征讨，尚未授首，以致出征将士，披坚执锐，盛暑祁寒，备极劳苦，且兴师日久，满洲蒙古汉军，或器械朽坏，或有马匹倒毙，借贷置办者，或年幼未经分给田亩，军资器用，悉称贷置办，种种疾苦，朕深为悯恻，但逆贼未灭，不得已而用兵，诸路官军，其奋勇剿除，底定疆土，凯旋之日，一切称贷，俱令该部代偿，诸处调集之兵，遣还汛地，咸令得所，朕诏谕昭如日月，将示大信于天下，断不食言。"②

<hr>

① 《清圣祖实录》卷44，第16页。

② 《清圣祖实录》卷74，第18页。

　　第六招，擢用绿营将领，激励绿营士卒。对于勇反叛军效忠朝廷的绿营官将，玄烨予以嘉奖擢升。康熙十八年十月初十，玄烨遣内阁学士禧佛、郎中倭黑、赍敕往陕西，谕将军张勇、王进宝，提督赵良栋、孙思克说："自逆贼吴三桂背恩反叛，遣发大兵，各路征剿，平定疆围，扑灭贼寇，湖南、广西、福建诸处，以次恢复。余贼逃溃，盘踞水陆险隘，冀图抗拒，此等残寇虽无烦速剿，不久自当殄灭，但朕轸念民生急于拯救，令其得所，故欲扫除余孽，以靖土宇。今贼既败遁负险，无容专恃马兵，若用绿旗步兵之力，于灭贼殊为有济，况我绿旗兵，较之贼兵甚强。尔等素受国家厚恩，勤力行间，树绩边疆甚多。殚矢忠贞，图报恩眷，朕所悉知，尔等当各率所属绿旗兵，平定汉中兴安，恢复四川，宜分几道进兵，作何调度，始能恢复，其详议具奏，如尔等尽罚报效，恢定汉中四川，朕必不拘成例，优与加恩，尔等官兵前进，则满洲大兵，亦即相继进剿，接运粮饷，不致匮乏，兹事所系，甚为重大，速详加酌定以闻。又令禧佛等，傅谕张勇等曰，自古汉人逆乱，亦唯以汉兵剿平，彼时岂有满兵助战哉，今逆贼大败，乘此逃散之际，理宜速定四川。天下绿旗兵，无如陕西强壮，而其数较各省倍众，在陕西大臣官员又皆具有才能，将灭之寇，何难剿除。"①著名的河西四将，张勇、赵良栋、王进宝、孙思克，坚决反对吴三桂，率兵奋勇冲杀，军功累累。玄烨授陕西人、甘肃提督张勇为靖逆将军，封一等靖逆侯，加少傅，兼太子太师。授宁夏人、宁夏提督赵良栋为勇略将军，擢云贵总督，加兵部尚书。授甘肃人、参将王进宝为西宁总兵，晋陕西提督，授奋威将军，封三等子。授汉军旗人、甘肃总兵孙思克为凉州提督，授一等阿达哈哈番世职。汉军旗人姚启圣，因擅开海禁，革知县，闲任。耿精忠反后，姚启圣募健儿数百投康亲王杰书，多次征剿立功，玄烨先后授其为知县、道员、布政使、福建总督。山东人浙江总督李之芳，汉军旗人湖广总督蔡毓荣，汉军旗人江西总督董卫国，分别督绿旗兵随同八旗军作战，对平定浙江、江西、福建等地叛军，做出了贡献。

　　第七招，严肃军纪，削除王爵。顺承郡王勒尔锦、简亲王喇布、贝勒董额、贝勒察尼、贝勒尚善，分别是宁南靖寇大将军、扬威大将军、定西大将军、安远靖寇大将军（尚善死后，察尼继任），简亲王喇布还是镶蓝旗旗主，董额、察尼两弟兄相继镶白旗旗主，在大清国内是一人

---

①《清圣祖实录》卷85，第7、8页。

之下，万民之上最崇高、最尊贵、最有权势的特大贵族。然而由于怯战退缩，指挥不力，贻误军机，皆被削除王爵，喇布、董额、察尼还被革除旗主。正红旗旗主奉命大将军康亲王杰书，立下大功，也有小过，被革除其军功，并罚俸一年。魏源对此，赞扬玄烨英明果断，赏罚分明，将皇上"不宽王贝勒老师养寇之罪，罚先行于亲贵"，列为平叛取胜的一个条件。

第八招，想方设法筹集军费。几十万满汉大军，征战八年，花费巨量银米，玄烨亲政五年，费尽力气，才使国家财政根本好转，入大于出，将入主中原以来二十多年内国库如洗的困难局面，转变为有了存银，并且继续增多，达到国库充裕的可喜程度。辅政大臣主政八年，到康熙六年，国库存银才有3488492两，康熙十一年国库银增为18096850两，十二年更增为2135806两。可是，大战一起，存银急减，康熙十六年，国库存银只剩下5307216两，十七年更减为3335920两。[①]仗打不下去了。

玄烨及户部尚书侍郎万分着急，拼命设法找钱，采取了许多聚敛银米具有弊政性质的措施。康熙十七年三月十一日，玄烨总括性地讲述了敛银措施和政策："谕吏部、户部、兵部：朕统御寰区，孜孜图治，期于朝野安恬，民生乐业，共享升平，乃副朕宵旰励精之意。不意逆贼吴三桂，背恩煽惑各处用兵，禁旅征剿，供应浩繁，念及百姓困苦，不忍加派科敛，因允诸臣节次条奏，如裁减驿站官俸工食，及存留各项钱粮，改折漕白二粮颜料各物，增添盐课盐丁田房税契牙行杂税，宦户田地钱粮，奏销浮冒隐漏地亩，严行定例处分，用过军需，未经报部，不准销算，以上新定各例，不无过严，但为筹划军需早灭逆贼，以安百姓之故，事平之日，自有裁酌，各省督抚提镇，大小文武等官，俱宜上体朕意，下念民生。洁己奉公，爱惜物力，务期早奏荡平，与民休息，以称朕乂安海宇至意。"[②]

谕中讲了10个项目：裁减驿站官俸工食；裁减存留各项钱粮；改折漕、白二粮；改折颜料各物；增添盐课盐丁；田房税契；牙行杂税；"宦户田地钱粮"。宦户田地钱粮，是指"在任在籍乡绅及贡、监诸生，不论已未出仕"，其名下的田地，"白粮每两加额三钱，漕粮每石

---

①《康雍乾户部银库历年存银数》，《历史档案》1984年4月。

②《清圣祖实录》卷72，第6页。

加征三斗，白粮白折亦如之。吴下粮重，约计每亩增银六七分，增米五六升"。①

限于篇幅，现在只讲5个项目，即谕中提到的裁减驿站官俸工食、裁减存留、漕白二粮改折，和未讲的开捐纳、停官俸。第一项，裁减驿站官俸工食。清朝政府非常重视驿递交通，在全国各地设了1400余驿，每驿有驿丞一员和驿夫若干名。全国共有驿夫70000余名，每日给工食银一分多至五分不等（即每月工食银5钱至1两5钱），有马牛驴44000余匹（只），每匹马每日给草料银1钱，一月为3两。顺治初到康熙十四年，全国驿站额编银为307万余两。玄烨于康熙十五年批准"驿站钱粮，各减十分之四充饷"。就这一项，裁减了驿站银123万余两，用以供应军需。②驿银减少123万余两，可是，马牛驴的草料不能少，最后只能在这7万多名驿夫身上裁减工食银了。

第二项，裁减"存留各项钱粮"。存留之事，容后专述，此处仅简略说明。摄政王多尔衮规定，每年全国各省的存留银，一共是1069万两，顺治帝减为730余万两。辅政大臣更下狠心大减，康熙七年，只剩下330余万两。鳌拜在这年还规定再减少170余万两。经过有识大臣的谏阻，玄烨降旨，"康熙七年所裁各款，自九年为始，复其存留"。③康熙九年恢复为330余万两，但康熙十五年奉旨裁减存留各项钱粮。"减掉300万两左右。这300万两又用去支撑朝廷征剿三藩的军费了。"

第三项，"漕、白二粮改折"。清沿明制，每年从江苏、浙江等省的田赋中征米400万石，运到北京，供需王、将、相、官、兵食用，名叫漕粮，有时因为需要银子，便将一部分漕粮改征银子，叫作改折。400万石漕粮中有22万石是征收江苏、浙江二省的糯米，叫作白粮，白粮也可改收银子。

由于漕粮是由江苏、浙江、安徽、山东、山西、河南、湖北、湖南八个省征收，运到北京，路程分别有900余里、1000余里、2000余里、3000余里，途中还要多次转运。官府规定每正赋漕米1石，收耗米1斗7升到4斗不等，400万石正赋漕米收的耗米多达100万石。官府还规定收"经费银漕粮380万左右的经费银为180余万两和米60余万石，白粮的经

---

① 叶梦珠：《阅世编》卷6，《赋税》。

② 光绪《大清会典事例》卷655、656、657。

③ 蒋良骐：《东华录》卷9。

费银为23万余两和米5万余石。

民户交纳漕米，遭受贪官污吏层层勒索，常常是正赋漕米1石要交纳1石左右的盘剥费。这样一来，"漕、白改折"，可为朝廷收入巨万银两。

康熙十四年十二月，湖广道监察御史郝浴奏称："京通各仓，共计新旧积贮，不下七百万石，当兹米多银少之时，可将山东、河南额征正、耗米"，折银征收。户部于十二月十三日复议从其所请，"于康熙十五年分折征充饷"。玄烨批准其议。①

顺治十八年，山东省额征漕粮395400石，河南省237441石，合计675600石。如按每石收耗米3斗计，当收耗米20万石，正米耗米共87万余石，每石折银8钱，可收银70万余两，另外还可收"经费银"30万余两。也就是说，山东、河南额征漕粮675600石，通过改折，能收白银100万两，如将400万石漕粮全部改折，则可以收银600万两。虽然目前还未找到平叛八年期间清廷"漕、白改折"了多少漕粮的史料，但相信不会少。因为，一则清政府的京师库存粮食700万石，可供两三年食用，再则未燃战火的直隶、江苏、山东、山西、湖北、河南等省每年征收的赋粮有两百万石左右，可以运往京城供用，三则清廷急需银子，漕、白改折，收银巨量，并且于国于民无害，且对纳粮之人一石折银8钱，远少于纳漕粮本色米1石需交米2石左右的费用。所以玄烨定会大量改折漕粮。

玄烨谕中未讲的敛银项目，还有开捐纳和停官俸两项。

开捐纳之事，后面还将专述，此处仅简要讲讲平叛之时的捐纳。捐纳，就是交纳银米，买官，买秀才，买顶戴。康熙十四年开捐，举人、贡生，捐银1000两、2000两，"以知县用"，笔帖式捐银200两，给八品顶戴，到十六年停止。三年开捐，收银200余万两，以捐知县者最多，为500余人。康熙十九年贵州开捐。贡生、监生未考职者，捐米544石，以知县用，再加半480石，可先选知县，又加米160石，可"分缺即用"，马上上任。

第五项是停官俸。玄烨于康熙十四年谕停官员俸银。康熙时，官阶九品以上的汉人文武官员有15600员，还有八旗武将若干员。其中，地方上总督、巡抚、司、道、知府、知州、知县、国知、通判、县丞、主簿

①《清圣祖实录》卷58，第20页。

等文职正杂官员11000余员，京师2000余京官。

京师文职官员，按品给俸银禄米，大学士、尚书，年领俸银、恩俸银360两、禄米180斛，余官递减。地方文职官员，顺治四年定，按职给俸银、薪银、蔬菜烛炭银、心红纸张银、案衣什物银、修宅什物银等。总督年领银828两，巡抚695两，知府297两，知县141两。顺治十三年，裁去心红纸张等银，只剩下俸银、薪银，总督年领300两，巡抚275两，知府177两，知县81两。①康熙十四年，玄烨谕将所有官员的俸银，薪银全部裁革。官员们实难忍受。康熙十八年，浙江道监察御史金世鉴上疏，奏请恢复官俸："浙江道监察御史加二级臣金世鉴谨奏：为请复官俸以养吏廉以安民生事。窃惟设官以安民，计职而受俸，使禄有余养，官有廉守，斯上下相安，诚古今之良法。前因滇黔告变，军需孔亟，凡内外大小臣工各裁减月俸，以佐兵饷，此臣子急公谊所应尔。故自康熙十四年正月起，将各官停俸，载在核减册内，历今已经五载，岁月颇久，恐将来不尚之官，因无俸薪养赡，安保无侵渔百姓，以救其身家之苦累者乎。孤寒之士，初邀一命之荣，异乡离井，即欲洁己自励，安保无抱釜鱼之悲者乎。至揭债重累，丧廉寡耻，安保无妄行失节者乎，此盖力有所不支情有所必至者也。则停俸之举，仅一时之权宜，非经行之长策也明矣。今奉上谕，严禁积弊，或恐不肖者借口于养廉之不足，不能洗心涤虑，痛革前非，仰体圣慎共回天意。日前吴逆溃败，蕞尔游魂指日荡平，军需已得少济。我皇上忠信重禄，所以劝士之道，无不备至，念及内外大小臣工，决不忍令其枵腹以劲供职之劳，合无叩请皇恩，赐复全俸，以养其廉耻，则官有禄养，而无仰事俯育之忧，各思节守，自不敢为不肖之事。吏不侵尅于下民，而编户残黎又得借廉耻之官，以各安其生业。若中有贪滥不肖之官，执而置之于法，虽重典之下，亦有以折服其心，即没齿而无怨，官有养廉，民无侵扰，官清民乐，亦保邦致治之一端也。"②

顺治八年三月初六，户部尚书巴哈纳奏：京师各官俸银，"共需六十万两，今大库所存，仅有二十万两"。顺治帝福临说："夫各官所以养赡者，赖有俸禄耳"，取内库银给予。③京师百官需俸银60万两，地方上督、抚、司、道、府、州、县等官员，比这还多，一年国库需发全国

① 光绪《大清会典事例》卷251。

②《皇清奏议》卷21，《全世鉴奏》。

③《清圣祖实录》卷55，第4页。

文武官员俸银100余万两。玄烨于康熙十四年将其裁停，直到康熙二十二年才恢复官俸，这八年官俸银上千万两，又用以充军饷了。

简而言之，玄烨果断决策，狠下决心，绞尽脑汁，想方设法，拼命聚敛银米，甚至不惜采取了谕中所讲除漕、白改折，颜料改折以外的弊政性措施，还卖官，卖秀才，卖顶戴，停发官俸工食银，自污欲为仁圣天子的名节，终于筹备到继续进行平叛战争的足够粮米，保证了平定三藩之乱的大功告成。

与玄烨精心策划平叛计策措施满怀信心相对照的是，自诩清朝将帅无人能胜的花甲老王吴三桂，却在战略决策上犯了大错误。当其速踞云贵立下川湖之时，士马饱腾，军有锐气，群臣中"有欲疾行渡河，全师北向者；或劝下九江，扼长(江)淮(河)，以绝南北运道；或劝踞关东、巴蜀，塞殽函以自固"。此时清廷措手不及，"京兵未出，诸道兵未集，地方处处无备"，①吴三桂不管是顺流而去夺据江南，还是挥师北上，都会大有所获。然而，他却"皆拒弗从"，使势如破竹之滇军停滞在长江南岸。原来，他考虑到清军长于骑射，北方广阔平原可以大显身手，南兵不易取胜，因此只求划江为国，割据南方，与清达成南北对峙的协议，故不杀奉旨前来撤藩的礼部侍郎折尔肯及翰林院学士兼礼部侍郎傅达礼，并修书一封，交二人带回北京，这就大大延误了军机。更为重要的是，吴三桂之起兵，既不是灭清复明，又不是诛伐无道，而是分裂割据，建立半壁江山的吴家王朝。这样一位仕明降清，绞杀故主（永历帝朱由榔），双手沾满农民军、抗清志士鲜血，遭民唾弃的无耻小人和刽子手，哪能号召广大官民同抗清军！其必然覆灭，是出师之日即已注定了。

因此，在玄烨正确的指挥下，图海、赖塔、杰书、岳乐、赵良栋、蔡毓荣等满汉将帅，统领四十余万官兵，奋勇厮杀，连败敌军，收复失地。康熙十五年（1676年）十月，耿精忠率部投降，十二月尚之信降，十七年八月，称帝半年的吴三桂忧病而死，十九年正月，除云贵外，川、陕、湘、赣、粤、桂、闽、浙已全部平定。玄烨命贝子彰泰为定远平寇大将军，统军取贵州，入云南，赖塔为征南大将军，由广西进滇，赵良栋以勇略将军兼云贵总督统川军，自蜀入滇，满汉大军四十余万，兵分三路，于康熙十九年（1680年）九月中直抵昆明城下。清军猛攻，

---

①《平逆始末》；《四王合传》之《平西王吴三桂传》。

十月二十九日克城，吴三桂发动的"三藩之乱"，至此彻底平定，结束了滇、黔、闽、粤严重割据分裂的局面。

平定"三藩之乱"，除对增强全国统一，恢复社会经济，发展生产，起了巨大作用之外，还在政治、军事等方面产生了强烈的影响。首先，它对当朝皇上玄烨的施政，给予了很大的锻炼、教育和启发。撤藩一事，本系势在必行，但究竟采取什么方法，选择什么时间，确需再三思考，若在最合适的年月，用最妥善的方式，在准备最充分的条件下进行，则十拿九稳，损失极小。反之，则胜负难定，耗费甚多。年方二十的玄烨，力排众议，断然决策，体现了他为图国家长治久安而勇于进取的大无畏精神，结果是大获全胜，这是应予充分肯定的。但由此也可看出，他毕竟还太年轻，阅历不多，过分迷信了所谓皇帝之"至高无上"权威，以为一纸谕令，就可并撤三藩，了却十来年未能了结之大局。他对防其反叛的应变工作，考虑太少，以致准备不足，变起仓促，遭受了不少损失，战局一度严重不利。经过这场历时八年的鏖战，使他得到了锻炼，政治上迅速成熟，处理军国大政时既勇敢，又谨慎，力求周密无误。后来他在康熙二十七年（1688年）训谕查看河工大臣必须详细勘查慎重从事说："朕听政二十余年，阅历世务已多，甚懔懔危惧。前者凡事视以为易，自逆贼变乱之后，觉事多难处，每遇事必慎重图维，详细商榷而后定。"①

其次，深思致乱之因，确定富民强国之策。康熙二十年（1681年）十二月，群臣以大功告成，奏请恭上帝之尊号，康熙帝坚决拒绝此奏，并下谕说：朕自御政以来，"日夜孜孜，以安民生为念"，乃逆贼吴三桂"一倡变乱，遂至涂炭八年"，起初"各省兵民，相率背叛"，"此皆德泽素未孚洽，吏治不能剔厘所致"。今乱贼虽已削平，而疮痍尚未全复，兵民困苦已极，"君臣之间，宜益加修省，恤兵养民，布宣德化，务以廉洁为本，共致太平"。②从此，他更坚决地革除弊端，轻徭薄赋，与民休息。

再次，这场战争为玄烨提高君威，抑制王权，提供了有利之机。平乱期间，身为大帅的开国诸王子孙，大都庸懦无能，怯战畏敌，贻误军机。玄烨对其严加惩治，宁南靖寇大将军顺承郡王勒尔锦、扬威大将军

①《清圣祖实录》卷135，第12页。

②《清圣祖实录》卷99，第7、10页。

简亲王喇布、定西大将军贝勒董鄂、安远靖寇大将军贝勒察尼及其继任者贝勒尚喜，皆削爵，奉命大将军杰书、定远平寇大将军安亲王岳乐罚俸一年，重重地打击了下五旗亲王、郡王、贝勒，为雍正时革除旗主奠定了基础。

最后，它对增强八旗军威，起了重大的促进作用。满洲人丁本来不多，二十多年的征战，大批将士战死沙场，致"丁口稀少"，严重地不利于"满洲根本"国策的执行。三藩之乱初期，滇、黔、川、陕、湘、粤、闽、桂八省汉将大都率部响应，更使玄烨深感必须"整饬戎兵"，扩大满洲兵源，增强满兵的威力。因此，他着重采取了四项重大措施。一是抚恤满洲将士，多次下谕讲述"满洲甲兵系国家根本"，发放银米抚恤，代还官兵借债，用银乡多达数百万两。二是增编佐领，大力吸收东北索伦等部族人员，编入八旗，称为"新满洲"，又将各佐领下余丁新编佐领，康熙朝共新编满洲佐领三百五十六个，超过入关前满洲八旗牛录总数一倍多。三系增派北京八旗官兵，驻戍重要城市。原先中原地区除畿辅外，仅江宁、西安、太原、德州、杭州五处有驻防八旗军，平定三藩以后，便陆续新增十五个驻防地点，分布在山东、山西、河南、江苏、浙江、四川、福建、广东、陕西、甘肃十一省，旗兵也由一万来名增兵四万余人，增加了三倍。四是建立木兰秋狝制度(详下)。这一切，增加了满洲人丁和八旗军的人数，大大加强了八旗军的威力。

二、统一台湾

（一）驱逐荷兰　　郑成功收复台湾

台湾自古以来就是中国的固有领土。早在《汉书·地理志》《后汉书·东夷传》等史著中，就记载了大陆人民渡海到达台湾的史实。时间是在公元前206年至公元220年之间。那时的台湾被称为"东鳀"或"夷洲"。三国时期，吴黄龙二年（203年），吴主孙权"遣将军卫温、诸葛直，将甲士万人，求夷州及亶洲"，并最终到达了目的地。[①]仅据目前所掌握的史料，这是大陆首次以官方并通过很大的规模来到了这座美丽的宝岛，与此同时，他们也将其先进的文化技术带给了当地人民，促进

---

①《三国志》卷47，《孙权传》。

了台湾的进一步开发。

在以后千年左右的时间，中原大地虽历经龙争虎斗，朝代更替，但不论是当权者，还是广大人民，或派官前往，察访民情；或渡海贸易，友好往来，海峡两岸人民共同开发台湾。南宋时期，"泉（州）有海岛，曰澎湖，隶晋江县"。①11世纪中叶以来，汉族人早已定居台湾，台湾和大陆在经济、政治、文化等方面的联系更趋密切。

元世祖忽必烈在一统中原之时，于至元年间（1264—1294年）已经认识到：要遏制日本的势力，就必须加强对澎湖和台湾的管理。至元二十九年到至元三十一年（1292—1294年），元政府在澎湖设立巡检司，专门管辖澎湖和台湾，隶属福建省泉州同安县。我国为台湾设官建制，自此开始。在此期间，元政府多次派官赴台，抚慰当地人民。忽必烈于至元二十九年派海船副万户杨祥为宣抚使，带着他的诏书，诏谕高山族同胞。福建平章政事高兴派张洁、张进等人到达台湾，考察民情等。②

明永乐年间（1403—1424年），三宝太监郑和出使西洋之时，船队曾停泊台湾，与当地各族人民均有接触，"凤山县有姜名三宝姜，相传为明初三宝太监所植，可疗百毒"。③这一事例生动地说明了台湾人对中原的先进农艺和大陆的友好使者是多么仰慕和怀念！

自16世纪中叶到17世纪中叶，由于国内外形势动荡，斗争复杂，一些汉族人及其民间武装力量相继在台湾建立政权组织，他们是林道乾、林凤、袁进、李忠、颜思齐和郑成功之父郑芝龙等人。

天启五年（1625年）郑芝龙因颜思齐病故而继任首领，其在台湾的统辖地区、军事组织、民政管理很快就初具规模。兵锋所及，屡败官军。崇祯年间，郑芝龙已富甲全闽。及至熊文灿巡抚福建时，岁值大旱，百姓饥甚，上下无策。"文灿向郑芝龙谋之。芝龙曰：'公第听某所为。'文灿曰：'嗟！'乃招饥民数万人，人给银三两，三人给牛一头，用海舶载至台湾，令其芟舍开垦荒土为田。厥田为上上，秋成所获，倍于中上。"这样，台湾的土地进一步开发，农业又有新的发展，饥民的温饱得到了解决。郑芝龙在台湾的统治虽更加巩固，但并不是台湾的全部。

---

① 赵汝适：《诸番志》卷上。

②《元史》卷21，《琉球传》《成宗本纪》。

③ 王士祯：《香祖笔记》卷2。

天启四年（1624年），明总兵俞咨皋大败侵占澎湖的荷兰军队，活捉其主将高文律等12人，其余的荷兰官兵则逃往了台南。可惜，明政府官军没有乘胜追歼，于是，这些荷兰人在台南先后建起了热兰遮城（又称台湾城）、普罗文查城堡（即赤崁楼，又称赤崁城）等。崇祯十五年（1642年），他们又战胜了台湾北部鸡笼、淡水等地西班牙殖民军。其间，荷兰殖民者强征租税，肆虐民夫，滥杀无辜。他们的卑劣行径激怒了台湾人民，各族人民多次揭竿而起，奋勇反抗，同荷兰侵略者展开了殊死搏斗。其中，郭怀一起义最为壮烈。

郑成功于顺治十六年七月江宁兵败，返回福建后，知道清军强盛，防御严密，很难取胜，只靠所占福建、厦门等"弹丸之地"，无法与幅员辽阔的清国长期对抗，于是决定攻取台湾，作为长期抗清复明的基地。

顺治十八年三月二十三日，郑成功亲率马信、周全斌、刘国轩、杨英等官兵25000余人，自金门料罗湾起航，扬帆直指台湾。这时，张煌言亲自致函，派人切责郑成功的这一行动。郑成功不为所动，挥师勇往直前。

四月初一，郑成功统大军到达了台湾鹿耳门港之外。多年以来，鹿耳门港的港口狭窄，航道迂回，只能通行小船，素有天险之称，所以，荷兰人并未专门设防。对此，何斌早有了解并已勘测成图。当日中午，鹿耳门潮水骤涨，郑军在何斌的导航下，"大小战舰衔尾而渡，纵横毕入"，郑成功率部先登。当地人民亲眼盼到了自己的军队，喜从天降，奔走相告。很快，几千名百姓使用各种运输工具，迎接郑军。在他们的全力帮助下，郑成功亲统郑军在2小时之内就全部登上了宝岛的陆地。随后，郑军大部按照部署向赤崁城进发。郑成功则接受何斌的建言，命部队夺取粮仓等重要设施之外，保护房屋和街道，以防荷兰殖民者肆意破坏。与此同时，郑军遵照郑成功的命令，一路军包围了赤崁城，这是荷兰殖民军在岛上构筑的最重要的军事要塞；另一路军由陈泽等将领率领，把守北线尾一带海域，截击荷兰援军。由于郑成功果断、正确的部署，郑军不仅控制了赤崁城与荷兰人的另一据点热兰遮（又称台湾城，今台南市安平区）之间的海域，而且，在陆地上也将两处的殖民军相互隔绝，使这帮强盗陷入了极大的困境之中。

经过长达半年的围攻，荷军冻死、战死，粮尽弹绝，守城主将揆一只好献城投降，带领残部返回荷兰。

郑成功以陈永华为军师，极力开垦田地，修建城池，通商海外，大力开发台湾，使台湾出现了内外相安，公平交易的局面，"向之惮行者，今喜为乐士矣"。①魏源在其《圣武记》卷8，《康熙勘定台湾记》中说："成功既有台湾，与所据金、厦二岛相犄角，又礼处士陈永华为谋主，辟屯垦，修战械，制法律，定职官，兴学校，起池馆，以待故明宗室遗老之来归者。以赤崁城为承天府，置天兴、万年二县，招徕漳、泉、惠、潮之民，污莱日辟。"

郑成功虽然一再拒绝清帝的招抚，"不剃头，不奉诏"，却坚定地把台湾定性为中国的土地。早在进攻台湾前，他向荷兰长官科涅特致信时，便严肃指出："台湾者，早为中国人所经营，中国之土地也。"②当热兰遮城长官揆一抵挡不住郑军的进攻，设下奸计，派使臣和郑成功谈判，声称愿暂让郑军占领台湾，但需允许普罗文查的荷兰军队自由集中到热兰遮地，以保存实力，待大量援军到达台湾时，伺机反攻。郑成功严辞拒绝，宣告来使说："这个岛（台湾），一向是属于中国的，在中国人不需要时，可以允许荷兰人暂时借住；现在中国人需要这块土地，来自远方的荷兰客人，自应把它归还原主，这是理所当然的事。"③

（二）郑、清议和

康熙元年（1662年）五月初八，郑成功病逝于台湾，享年39岁。其子郑经继位为延平郡王。初期郑经倚重陈永华，大力开垦土地，发展商业，安抚土著，"深耕种，通鱼盐，安抚土番，贸易外国"，兴文教，建孔庙，设学校，进一步开发了台湾。

清、郑之间，多次交战议和。从康熙元年到十九年，清、郑进行了12次谈判。清政府剿抚并用，以抚为主。第一次是康熙元年七月，靖南王耿继茂和福建总督李率泰遣都司王继明到厦门，谕示郑经："朝廷诚信待人，若释疑遵制，削发登岸，自当厚爵加封招抚之。"郑经提出，仿朝鲜例，不削发，只称臣纳贡。谈判不成。

---

① 阮旻锡：《海上见闻录定本》卷2。

② 汤子炳：《台湾史纲》，引《郑成功致科涅特书》。

③ C.F.S.：《被忽视的福尔摩萨》卷下。

第四次谈判中，郑经拒绝清以"八闽王及沿海各岛"的诱饵，声称"况今东宁（指台湾），远在海外，非属版图之中"，"今日东宁，版图之外，另辟乾坤"，"幅增数千里，粮食数十年，四夷效顺，百货流通，生聚教训，足以自强，又何慕于藩封，何羡于中土。倘清朝以滨海为虞，苍生为念，能以外国之礼见待，互市通好，息兵安民"，则亦可从。①在这里，郑经明确地提出，台湾不在中国版图之内，是与清国对等的独立国家，双方以国与国进行交涉，互市通好。根本不稀罕当清帝属臣的八闽王，更谈不上剃发登岸了。此后谈判，郑经皆坚持此分裂割据立场，康熙帝玄烨多次谴责郑经的野心及伎俩，宣称不能拿台湾与朝鲜相提并论，"朝鲜系从来所有之外国，郑经乃中国之人"，"台湾皆闽人，不得与琉球、高丽相比"。②

耿精忠叛清以后，郑经乘机大举侵犯福建，攻占漳州、泉州、汀州等府县。康熙十七年，清军虽大败郑经军，收复漳州、泉州所属州县，但海澄、厦门仍为郑经占据。可能因为征战多年，官、民皆困，奉命大将军康亲王杰书于康熙十八年五月派使者到厦门见郑经，许诺郑经退回台湾后，可以按照朝鲜事例，称臣纳贡，不剃发，不登岸，满足了郑经提出的条件，但是郑经又提出以海澄作为往来公所，每年要清朝付给东西洋饷银6万两。福建总督姚启圣对此无理要求断然拒绝说："寸土属上，谁敢将版图封疆，轻议作公所！"③康熙十九年八月，康亲王杰书已回北京，以平南将军赖塔主管福建军务。赖塔致书郑经，说："若能保境息兵，则从此不必登岸，不必剃发，不必易衣冠，称臣入贡可也；不称臣，不入贡亦可也。以台湾为箕子之朝鲜，为徐市之日本，于世无患，与人无争。"④赖塔此说将台湾比作朝鲜、日本，显系谬误，也与此前康熙皇帝之谕相矛盾，违背了帝旨，不知他何故发话。这样优厚的条件，郑经居然不领情，仍提出要将海澄作为互市公所，遭到姚启圣坚决阻止，反对将海澄割让与郑经。看来，台湾问题的解决，只有一战了。

---

① 秦国经：《从清宫档案看清廷招抚郑氏集团的真相》，《清史研究》2001年第1期。

② 《明清史料》丁编第3本，第272页；《清圣祖实录》卷109，第26页。

③ 江日升《台湾外纪》卷8。

④ 《圣武记》卷8，《康熙戡定台湾记》。

（三）一波三折 施琅挂帅

其实，早在康熙初年，辅政大臣就曾以剿为主，发兵攻打台湾，主将是施琅。为什么要选施琅为帅？这是由当时形势决定的。因为，征台湾，要漂洋过海，要在海上打仗。八旗军中，虽人才济济，猛将如云，但都是陆上英雄，不要说海战，连在长江黄河乘船行驶，都是头晕目眩，坐立不稳，哪能挥枪弄棒。就是苏、浙、闽、粤水师，也多在内河近海游弋，极少驶向大海，更未去过台湾。而要统军远征海中台湾的将领，必须懂水性，习海战，曾在台湾岛上居住、行军，有勇有谋，特别重要的是必须忠于清帝，对郑成功恨之入骨。否则，领船百艘，统兵上万，万一起了叛心，闽、浙、粤、苏沿海几省就不得安宁了，就有可能脱离清朝管辖。这些条件，环观现有几百将领，只有施琅一人，才全俱备。

《清史列传》卷9，《施琅传》载：施琅，福建晋江人。初为明总兵郑芝龙部下左冲锋。世祖章皇帝顺治三年十一月，大军定福建，琅随郑芝龙投诚，遂随大军征广东，剿平顺德、东莞、三水、新宁等县。郑芝龙归京师，其子成功窜居海岛，屡诱琅助己剽掠。琅不从。其父大宣、弟显及子一侄一，皆为成功戕害。十三年，琅随定远大将军世子济度击败郑成功贼众于福建，授同安副将。寻迁总兵官，仍驻同安。

皇祖仁皇帝康熙元年，擢水师提督。时郑成功已死，其子经纠众窥伺海澄。二年八月，琅遣守备汪明等剿击贼船于海门，斩贼将林维，获其船及器械。十月，靖南王耿继茂、总督李率泰等攻克厦门，贼众乘船遁。琅率所募荷兰国夹板船邀击之，毙贼千余，乘胜克浯屿、金门二岛。叙功，加右都督。

《施琅传》中谬误颇多。一开始，就误写施琅"初为明总兵郑芝龙部下左冲锋"。殊不知，施琅乃系行伍出身，因勇猛过人，被署为千夫长，后立军功，升游击将军，甲申元年（顺治元年，明崇祯十七年），南明弘光政权相继升施琅为参将、副总兵，第二年，南明隆武政权再升琅为金都督，任左冲锋。从游击起，到左冲锋，施琅，皆隶于原明总兵现隆武政权的平国公郑芝龙，哪能写琅"初为明总兵郑芝龙部下左冲锋"？

至于说郑成功窜居海岛，"屡诱琅助己剽掠，琅不从"，郑成功将施琅之父、弟、一子、一侄杀害，更是大错特错。由此可见，在施琅降清、投郑及施、郑关系这三个问题上，清史学界尚需给予明晰分析，做出肯定的科学结论。

施琅的族叔、同乡施德馨，康熙十九年举人，授建安教谕，官阶正八品，不久升福州教授，官阶正七品，福建巡抚张伯行以施德馨"文学精粹，居官清廉，于康熙四十八年调其移任台湾府儒学教授"。施德馨写了《襄壮公传》，详细叙述了施琅的生平、军功、政绩，很有参考价值。现以此传为主，结合有关文献，着重对这三个问题做些论述。先引录此传有关段落：公年未及冠，学书未成，弃而学剑。从其师习战阵击刺诸技，于兵法无不兼精，遂智勇为万人敌。

明季，有主兵者募壮士，置巨铁鼎中庭，重不下千斤，集健卒数千辈莫有举者。公熟视曰："无难耳！"奋袂一掣，行数十步徐置，容色无纤毫改。主兵者骇曰："神力也！"署为千夫长。任事未久，度其不足与大有为，因辞归，而以其弟显公代。

当是时，有武毅伯福者，公族父也，为帅府将中军。以公名扬于帅，因援以为副，委之兵柄，毫不为牵掣。会泉郡山寇四起，当事稔公能，命率师剿捕。挥戈一指，贼亡魂溃散。后先廓清山寨三百余所，活民命不胜计。观察曾公璎伟其功，殊钦礼焉。比漳寇叶绩、徐晃辈凭陵都邑，毒焰张甚，公奉檄进讨。绩素猛鸷，号莫敌。公接战，挥大刀断其颈，贼众惊溃，遂擒徐晃，除其众千余。当事上其功，拜游击将军。后复追贼入潮阳，草剃禽狝，锋锐莫敢撄。所招降桀魁数十辈，后多有致高官、领节钺者。

崇祯甲申，明祚覆于闯贼。旋值兴朝鼎革，弘光建号江以南，以公将略素著，由参戎晋副总兵。越丙戌，隆武从闽中建号，擢公金都督，任左冲锋。当是时，王师未南下，闽关以外，寇氛殊充斥。公奋力剿讨，多以功为同辈所忌，遭人陷害，历经奋斗，"集劲率，得八百人，至黄岗镇。暂憩"。郑成功"栖海上，素悉公英名，欲倚以为重。遮入海，礼遇初甚渥，凡军事必咨商。及有告以公尝梦为北斗第七星者，郑心忌之。会以粮匮议剽掠粤中，公正言以阻。有标弁得罪，恃郑氏亲昵，逃于郑所，公申军法擒斩之，复撄其怒。遂执公禁舟中，并分禁赠公及家属。公弟显，时统兵惠、潮间"，亦被执。

关于降清之事，清史列传、清史稿都说施琅于顺治三年随郑芝龙降清，但都没有顺康年间清人的文献证据，只不过是因为施琅是郑芝龙部下，帅既降清，施琅自然跟着向清帝投诚而已。其实《清世祖实录》卷34页的一段叙述，可以肯定无疑地证明这个事实："（顺治四年十月初三）庚午，初投诚武毅伯施福，同澄济伯郑芝豹，率十镇官军，持投诚平国公郑芝龙牌札，招抚白沙，至甲子等处，驱散巨寇苏成，降伪总兵林瑜等，别遣总兵施琅梁立同提督李成栋、监军戚元弼等，拔剿顺德县海寇多所斩获，会谍报贼首张家玉，陷东莞，遂遣黄廷、成升等，以舟师二千击败之，家玉走匿新安县之西乡。是时三水，新宁等县并来告急，复遣投诚都督戴忠等，率水师，抵九江追击，斩获甚多，至是以捷闻。"

这段叙述，表明了两个问题。一是施琅确已降清，这时已是总兵。但是，这个总兵的官职，还是南明隆武政权的旧衔，不是清帝授予的大清总兵，说得准确一点，应该写为投诚总兵。像他的族叔施福，曾是郑芝龙的重要将领，带领众多兵士，把守仙霞关，被隆武帝封为武毅伯，此时清帝也未正式授其为大清国的提督将军，只能写其旧有爵号，加上"投诚"二字。

二是埋下施琅叛清投郑成功的伏笔。既然降清的武毅伯施福、海澄伯郑芝豹（郑芝龙之弟）统领十镇将士同大清提督李成栋一起征剿海盗山寇，平定顺德等州县，立下功劳，当然应该论功行赏。"十镇"将士，人数不少，镇之下，还有营，即十个镇，少说也有上万弁士，说不定比李成栋提督带的兵还多，施琅又是有勇有谋的战将，自会立下大功。可是，打胜之后，上报朝廷，既不升官，又不给赏银，连几句嘉奖的空口白话都没有，只有"捷闻"二字，未免太令出征将士寒心了吧，太轻视、太怀疑投诚将士了，以后还有什么升官封侯的盼头。

所以，施琅这位曾经叱咤风云、遨游大海、壮志凌云的大英雄，自然难以忍受这种歧视、排挤、压制，而生反清之念，出走招兵，另图大事。他的族叔，大清举人、官阶正七品的儒学教授施德馨写《施琅传》时，当然不能写其是因不满朝廷而反的，只好归罪于"以多功为同辈所忌"，并阴谋暗害，致琅出走。

关于施琅与郑成功的关系，则是初系"鱼水之欢"，后则兵刃相见。《襄壮公传》说，施琅聚众800人，暂憩于黄岗镇，"栖海上"的郑成功，"素悉公英名，欲倚以为重，邀入海，礼遇初甚渥，凡军事必咨商。及有告以公尝梦为北斗第七星者，郑心忌之"。"会以粮匮，议剽掠粤中，公正言以阻。有标弁得罪，持郑氏亲昵，逃于郑所，公申军法擒斩之，复撄其怒，遂执公系舟中，并分禁赠公及家属。""公弟显，时统兵惠潮间，闻信驰归，亦被执。"

施德馨所述议掠，标弁之事，并非郑成功擒捉施琅的主要原因，最根本的原因是"郑心忌之"。如果按照人们印象中，郑成功是辖兵数十万、战将百员、兵船千艘的南明延平郡王的情形，绝对不能理解为何"国姓爷"要忌惮、顾忌、嫉妒一个降清又叛清只有部众800人的施琅。可是，只要弄清楚当时双方的处境，施琅的军功、威望及郑成功的缺点，就不难知晓真情了。

施琅比郑成功大三岁。施琅何时跟随郑芝龙，不清楚，但施琅的叔伯兄弟及晋江许多乡亲都是郑芝龙的部下，施琅的族叔施福是郑芝龙的重要将领。施琅，"少倜傥，有膂力"，年未及冠，就弃书学剑，"从其师习战阵击刺诸技，于兵法无不兼精，遂智勇为万人敌"，曾举千斤铁鼎，被征兵官署为千夫长。不久，由施福荐为帅府副中军，率兵捕寇，先后廓清山寨三百余所，刀斩号称"莫敌"的漳寇叶绩，"招降桀魁数十辈"，军功累累，授游击将军。顺治元年，南明弘光政权升施琅为副总兵，第三年（顺治三年），年仅25岁的施琅被南明隆武政权授金都督，任左冲锋。这些官衔，都是在施琅为明都督、南明政权南安伯平国公郑芝龙的部下时获得的，也可以说，实际上是郑芝龙给予施琅的。军功和官衔，有力地表明了，从十几岁就开始征战的施琅，武功之高、谋略之优，是位难得的杰出将领，自然会在郑芝龙的十几万将士中，拥有很高的威望。

相反，在施琅荣封金都督授左冲锋时，小施琅三岁的郑成功，还在南京国子监读书，还是一介书生和公侯家少爷，哪知征战为何物。顺治四年郑成功起兵反清，兵士不多，直到顺治五年与施琅相见之时，将士不过数千人，并且没有地盘，福建的多个州县已为郑芝龙旧部的若干将领分别占据。郑成功只能"栖海上"，所以郑成功当然是"素悉公（施琅）英名，欲倚以为重"，"礼遇初甚渥，凡军事必咨商"。可是，天在变，地在变，人也在变，三四年内，郑成功已是战将如云兵士千万、辖地辽阔、屡败清军的南明"延平公"，而施琅则为其臣，号左先锋，为几十位将领之一。

　　施琅官虽不大，功却不小。顺治六年十月，郑成功率军进攻云霄，清守将张国柱出城迎战，施琅之弟左先锋下副将施显奋勇进击，砍死张国柱，克城。郑成功授施显管援剿左镇。

　　顺治七年六月，郑成功统军攻碣石，不克，转攻潮州，"久攻不下，暑天，士率多病"，只好退兵。郑成功欲攻厦门。厦门是福建沿海州县中最重要的地方，明末清初由郑芝龙的族弟郑彩、郑联弟兄占据，南明隆武帝封郑彩为永胜伯，监国鲁王朱以海封郑彩为建国公，其弟郑联为定远侯，将士众多，强攻难以取胜。施琅建言克城妙计，郑成功采用，即以米千石，运送给郑联作兵饷。郑联中计。郑彩认为这是"毒药"，主张"全军出避"，郑联拒绝，放松了警备。郑联在万石岩建有生祠，于八月十五日晚上，大宴辖下诸将，二更后，郑成功率军乘船突至，"尽取其战舰兵率，其将陈俸、蓝衍，吴豪等皆归附"，夺了厦门，从此厦门成为郑军主要根据地。

　　顺治八年正月，郑成功欲遵南明永历帝勤王诏书，前往广西增援，施琅谏阻说："勤王，臣子职分，但琅昨夜一梦，似大不利，乞藩王恩之。"成功不悦，令施琅"将左先锋印并兵将委副将苏茂管辖"，夺了施琅兵权，罢了官，令其留在南粤。二月，郑成功统军乘船来到白沙湖，"飓风大作"，各船飘散，风后前进，到达惠州，攻下其城。

　　清福建巡抚张守圣、提督马得功趁郑成功主要军队离开厦门的时机，突袭厦门，守城主将私载财物逃走，厦门失陷，马得功将郑家多年积蓄、装备掠夺一空。"施琅率陈埧、郑文星百余人，登厦门港与战，得功几为所及"，连忙逃走，厦门重归因郑成功辖属。施琅立此大功，成功仅赏银200两，且不恢复其职，兵马仍由苏茂统领，施琅气极，请求削发为僧，成功谕其自行募兵，募到后，再授前锋镇。施琅更加生气，常发怨言。施琅又将逃亡亲兵曾德从成功处捉回斩杀。成功大怒，将施琅及其父达一、弟施显捕拿关押，准备斩杀。施琅用计逃走，来到业已降清的族叔施福占据的安平。郑成功听说施琅逃走后，非常懊悔，叹说："吾不幸结此祸胎，贻将来一大患。"[①]叹气之下，郑成功将施琅之父施达一、弟施显杀害。施琅之离郑投清，主要责任在郑成功。郑成功虽然为了抗清复明，曾礼贤下士，招谏谋臣猛将，但心胸不够宽广，特别是对实力较强可能成为自己威胁的公侯将帅，常生忌妒之念，甚至设

---

① 施德馨：《襄壮公传》。

法将其消灭。施琅虽未占有地盘，但智勇双全，军功累累，威望甚高，在郑军之中，无人能比，完全可以胜任郑军大帅之职。可是成功却防施妒施，仅给以左先锋，并在其触犯龙颜之时，夺其兵权，关押待斩，最后逼施逃走，投向清军，铸成大错。

顺治八年施琅投清以后，相当长时间是个闲人，清廷未给施琅任何职衔。这也难怪，施琅投清叛清又投清，怎能让清廷能够信任和重用。

施琅虽然也披甲从征，参加了清军"平定高、琼、雷、廉诸州，再克潮阳"的战争，但未得封赏，闷闷不乐，请假回到泉州家乡，"独居深念，郁郁不得志"。①

足足闲了5年，顺治十一年，顺治帝派世子济度为定远大将军，征郑成功。十三年，济度以施琅"习海上情形，命(琅)为前部，扬帆出乌龙江口，而贼屯尽解"。"闽浙总督李率泰剡公劳绩于朝，授副总兵。遂领前锋薄闽安镇、罗星塔诸城兵到处无不克者。旋移驻同安，与厦门贼垒相对，公运方略捍御，前后擒其骁将十数辈，所招降万人，贼由是气夺，而濒海稍安焉。既而朝旨命大司马苏公纳海划定边界，见公战守机宜有古大将方法，奏疏入告，特旨金都督，同安总兵"。②

对施琅非常赏识和竭力推荐的有三个人。一是黄梧。黄梧原是郑成功的海澄总兵，顺治十三年以海澄县降清，封海澄公。黄梧移牒闽浙总督李率泰，力荐施琅"智勇兼优"，必能剪除海孽，说："郑成功漂泊海岸，往来靡定。欲扑灭之，非熟悉情形者不能。敬举所知，有委署都督施琅者，仇贼甚深，知彼知己，胸有成算。其输款本朝已久，一出受事，即著微劳；且智勇兼优，忠诚素矢。宜假以事权，俾尽展所长，与梧戮力驰驱，必能剪除海孽。"③

经黄梧的力荐和李率泰、苏纳海的奏述其功，辅政大臣于康熙元年授施琅为福建水师提督，官阶从一品，委以灭海寇山贼和征郑重任。施琅此时才得以"秉钺专阃"，可以"大展骥足"了。

康熙二年，辅政大臣遣兵部司官党古军考察福建海疆形势，施琅"密陈金，厦诸岛可取状"。党古军返京奏报，"天子可其策"，遂于八月进兵。"时陆师出金沙，遇敌，失利，制府持重"，檄施琅暂时止兵。施琅已有"成策"，不听总督檄令，决定进攻，"鼓将士，乘风

---

① ② 施德馨：《襄壮公传》。

③ 《清史列传》卷9，《黄梧传》。

波，直取金、厦、铜山诸岛，连战克之。敌帅仓皇不相顾，弃巢穴，遁归台湾。其文武诸伪职领楼船接踵归诚者万八千余众"。以此功，清廷授施琅右都督。

康熙三年七月十八日，辅政大臣遣施琅统军，进攻台湾郑经，加授施琅为靖海将军，敕谕说"敕福建提督水师总兵官施琅等曰，海寇虽已荡平，逆贼郑经，尚窜台湾，兹以尔施琅，素谙海务，矢志立功，特命尔为靖海将军，以承恩伯周全斌，太子少师左都督杨富为副，以左都督林顺，何义等，为佐，统领水师，前往征剿，凡事会议酌行，毋谓自知，罔听众言，毋谓兵强，轻视寇盗，严设侦探，毋致疏虞，抗拒不顺者戮之，大兵一至，即时迎降者免死，有能擒杀贼渠投诚者，核明具奏，行间将领功罪，察记汇奏，务期殄灭逆孽，副朕倚任之意，尔等受兹重任，宜殚竭心力，以奏肤功，钦哉，特谕"。[①]

施琅十分高兴，立即紧张准备，十一月出发，但船驶至洋面，遭遇飓风，难以前进而折回。施琅抓紧整治船只，第二年三月二十二日、四月十六日，两次出发，前往台湾，皆遇飓风，被阻回师。但施琅知难再进，于康熙六年十一月二十四日呈上《边患宜靖疏》，详述台湾情形及征剿之策，力请即灭台湾。奏疏说：

"窃照郑贼负嵎海上，久阻声教，致干剿讨。遁窜台湾绝岛，恃险负固，虽戢翼敛迹，未敢突犯，而蜂虿有毒，沿边将为不宁。堂堂天朝，万国宾服，岂容此余灰以滋蔓患日……

伏思贼党盘踞台湾，沃野千里，粮食匮缺。上通日本，下达吕宋、广南等处，火药军器之需，布帛服用之物，贸易备具。兼彼处林木丛深，堪于采造舟楫，以致穷岛一隅，有烦南顾。为今之计，顺则抚之，逆则剿之。若恣其生聚教训，恐养痈为患。且此时经制船只尚堪远驾，过洋舵梢见有可选；迟之数年，船只久坏再造，则损内帑之金；舵梢拨散招募，安得惯洋之人。万一蠢动，属费驱除。以臣愚见，不如乘便进取，以杜后患。

夫兴师所难，在于招兵、措饷、制器、造船。今欲大举，所不庸计虑者，闽省水师官兵共一万有奇，经制陆师及投诚闲旷官兵为数不少，皆为防海而多设也。就水师中选拔精锐者可得六七千，海澄公臣黄梧标下惯海并壮练者可择选二千有奇，尚（有）投诚乘未拨散、内多有惯海舵

①《清圣祖实录》卷12，第26、27页。

梢及精锐者，可择选数千。此数若未敷足用，就与陆师中酌选凑共二万，便可合为劲旅。兵在精，不在多也。闽省全辖大小戈船共二百只，选拔一百七十只；小快哨一百只，选拔七十只，其余留为防汛及运载粮糈、传报往来军情之用。应再造大水船十余只以充前锋，另造渡马船二十余只便于配载。计此新造三十余只之船，为费不多。其经制大小戈船，见在题请例应大修，伏乞敕部给此应修银两，发付修葺。不用溢额增加，舟楫业已坚牢。将预备之兵粮船器，充东征之战胜攻取，无烦征召，不事荡费，戮力讨平，海甸永清，诚长便之举也。

惟是航海远征，后先抵岸，各兵凑集，非亲经训练，临时难以信恃。兵额既定，分拨八千为水，在船以接战；一万二千为陆，登岸以进取。臣将此二万之师，分为水陆，躬督操练，加之数月，将得兵心，兵知将意，方可渡海远征。至于选任将领，畴堪前矛，畴堪后劲，必其经历战攻，身先士卒，夙有成效者，乃堪委任。臣于闽中经制及投诚将领稔知有素，另俟命下之日，会议选拔定数，具册报闻……

盖澎湖为台湾四达之咽喉，外卫之藩屏，先取澎湖，胜势已居其半。是役也，当剿抚并用。舟师进发，若据澎岛以扼其喉，大兵压境，贼胆必寒。遣员先宣朝廷德意，如大憝势穷，革心归命，抑党羽离叛，望风趋附，则善为渡过安插，可不劳而定；倘执迷不悔，甘自殄绝，乃提师进发，次第攻克，端可鼓收全局矣。但远征外岛，风信靡常，当假以岁月，不可限以定期。臣整备舟师，枕戈待时，或急遽以掩袭，或慎重以制胜。奏捷尽速，虽难预定，然满腔血诚，贼一日未灭，臣一日未安，筹度时势，定当扫众氛而拯黎元，义不以贼遗君父。且数年以来，沿边江、浙、闽、粤多设水陆官兵，布置钱粮，动费倍增，皆为残孽未靖之故。如台湾一平，防兵亦可裁减，地方益广，岁赋可增，民生得宁，边疆永安，诚一时之劳、万世之逸也。

若以臣言可采，伏乞皇上敕部议覆施行。

康熙七年正月初十奉旨：渡海进剿台湾逆贼，关系重大，不便遥定。着提督施琅作速来京，面行奏明所见，以便定夺。其施琅之缺，着施琅自行择人暂令代管。兵部知道。"①

---

①施琅：《靖海纪事》。

施琅遵旨进京，辅臣召见，面询方略，施琅一一呈述，又于康熙七年四月，再上《尽陈所见疏》，长达万余字，详述必征台湾、能灭台湾。

"福建提督全省水师总兵官、右都督臣施琅谨题，为遵旨尽陈所见，缘系克取海上情形面奏难尽，谨详沥披陈，仰祈睿鉴事。

窃照郑成功倡乱二十有年，恃海岛为险，蔓延鸱张，荼毒生灵，故当时不得不从权拆地，绝其派取之路。嗣而皇上广开德意，招徕抚绥，渐散其党。郑成功疑惧，乃遁台湾以为兔窟，又幸天心厌乱，遂促其亡。康熙元年间，兵部郎中党古里往闽公干，臣备将逆岛可取之势，面悉代奏，复上疏密陈，荷蒙俞旨，仰藉天威，数岛果一鼓而平。逆孽郑经逃窜台湾，负嵎恃固。去岁朝廷遣官前往招抚，未见实意归诚。从来顺抚逆剿，大关国体，岂容顽抗而止。伏思天下一统，胡为一郑经残孽盘踞绝岛，而拆五省边海地方，画为界外，以避其患！自古帝王致治，得一土则守一土，安可以既得之封疆而复割弃？况东南膏腴田园及所产渔盐，最为财赋之薮，可资中国之润，不可以西北长城塞外风土为比。倘不讨平台湾，匪特赋税缺减，民困日蹙；即防边若永为定制，钱粮动费加倍，输外省有限之饷，年年协济兵食，何所底止？又使边防持久，万一有惧罪弁兵及冒死穷民，以为逃逋之窟，贻害叵测，似非长远之计……

查自故明时，原住澎湖百姓有五六千人，原住台湾者有二三万，俱系耕鱼为生。至顺治十八年，郑成功亲带去水陆伪官兵弁眷口共计三万有奇，为伍操戈者不满二万。又康熙三年间，郑经复带去伪官兵并眷口约有六七千，为伍操戈者不过四千。此数年，彼处不服水土病故及伤亡者五六千，历年过来窥犯被我水师擒杀亦有数千，陆续前来投诚者计有数百。今虽称三十余镇，多系新拔，俱非凤练之才；或管五六百者，或管二三百者不等。为伍贼兵，计算不满二万之众，船只大小不上二百号。分为南、北二路，垦耕而食，上下相去千有余里，郑经承父余业，智勇无备，战争匪长。其各伪镇，亦皆碌碌之流，又且不相浃洽。贼众散处，耕凿自给，失于操练，终属参差不齐。内中无家眷者十有五六，岂甘作一世鳏独，宁无故土之思？……大师进剿，先取澎湖以扼其吭，则形势可见，声息可通，其利在我。仍先遣干员往宣朝廷德意，若郑经迫之势穷向化，便可收全绩。倘顽梗不悔，俟风信调顺，即率舟师联综直抵台湾，抛泊港口，以牵制之。发轻快船只往南路打狗港口，一股往北路蛟港、海翁窟港口，或用招降，或图袭取，使其首尾不得相顾，自相疑惑。疑，则其中有变。贼若分，则力薄；合，则势感。那时用正用奇，随机调度，登岸次第攻击。臣知己知彼，料敌颇审，率节制之师，贾勇用命，可取万全之胜。倘贼踞城固守，则先清剿其村落党羽，抚辑其各社土番，窄狭孤城，仅容二千余众，用得胜之兵，而攻无援之城，使不即破，将有垓下之变，贼可计日而平矣……

兹既调用浙、粤二省船只，则臣前疏请造水船十余只、渡马船二十余只二项，俱就于二省中船只改修应用，可省新造之费。但水路行兵出海，水深利用大船进港，水浅利用小哨。今当新造小快哨一百只，以为载兵进港及差拨哨探之用。又当新造小八桨二百只，每大船各配一只，到台湾临敌登岸之时，可以盘载官兵蜂拥而上。其小快哨每只新造只用价银四十两，小八桨每只新造只用价银一十五两，二项共该用银七千两，为费不多。

若台湾一平，则边疆宁靖，防兵可减，百姓得享升平，国家获增饷税，沿边文武将吏得安心供职，可无意外罪累。臣前疏故曰'一时之劳、万世之逸'也。臣荷国厚恩。"[①]

施琅的"面询"和两道奏疏，讲清楚了必征台湾，攻台之法，取台之利，一般情况下，朝廷必会采其之议，授其征台之权。但人算不如天算，辅政大臣并未听从其言，而"以风涛莫测，难以制胜，寝其奏"，并撤销福建水师，授施琅为内大臣，留居京师。

出现这种情形，固然与"风涛莫测"有关，但更重要的原因，还是因为辅政大臣有疑汉、防汉之心，对施琅不敢相信。施琅是降清叛清又降清的汉人将领，说得难听一点，还是海盗降清叛清再降清的海盗首领，并且，统军两征台湾，皆因声称"遇上飓风"无功而返，可是船只却无大的损坏，难免使人怀疑其并未真正进军。再则，其一子一侄仍在台湾，由郑经养着，此情如何解释。所以，辅政大臣"疑其二，召入京，不复用，而水师并罢"。[②]

就这样，施琅在京一住就是十三年，闲着，不得志，生活还困难。但是，施琅雄心仍在，壮志未灭，继续关注郑经政权情形，研究气候、地形，思考用兵之策，一有机会，就宣扬征台湾的必要性和用兵之法。

---

① 施琅：《靖海纪事》。

② 全祖望：《会稽姚公（希圣）神道第二碑铭》，《清代碑传集》卷15。

也是天佑施琅，不负其心，遇到了姚启圣、李光地两位力荐其才的大臣和英明天子玄烨。

力主征台的福建总督姚启圣，花了很大力气，查清了施琅长子施齐，侄施亥谋擒郑经，而被郑经杀害的案子，于康熙十九年十二月和福建提督万正色、巡抚吴兴祚"合疏密题"，请予从优恤奖，以"阐忠魂"，解除了朝廷对施琅的怀疑。姚启圣还一再上疏，力荐施琅担任征台主将。然而，姚启圣是朝中公认的怪才怪臣，言行欠检点，口碑不佳，曾以擅开海禁革其知县官职，又以经商放贷，侵占民利，克扣兵饷，刮削民膏，遭左都御史徐元文弹劾，虽经辩解，但难使皇上信其所荐。这时，力荐施琅的李光地，发挥了重大作用。

李光地原系进士，庶吉士、编修，以坚拒叛王耿精忠的伪职，密陈破闽机宜，助平叛藩、郑军有功，深受康熙帝赏识，破例升授内阁学士，官阶正三品(雍正时改为正二品)，常被皇上召见，商议征台之事。

康熙主要问了三个问题，一是可否招安台湾，二是能否用兵，三是用谁为将。李光地的《榕村语录续集》卷11，《本朝时事》，记述了李光地和康熙帝问答情形，现摘录如下："（康熙二十年七月）上独留予及北门在殿上。问曰：海贼可招安否？予曰不能。上问何故？曰彼恃海上风涛之险，一闻招安，他便说不削发，不登岸，不称臣，不纳贡，约为兄弟之国。岂有国家如此盛大，肯与为兄弟之理。明珠当日现住在那里一年，便知其至呆至狡之状。明亦奏云：果然是如此。"

第二个问题是，能否用兵。李光地奏，能用兵，能胜。"上问曰：然则此时可用兵否？予曰：闻郑经死，其军师陈永华亦死，此其时已三世为将，道家所忌，渠已三世为贼矣。但向日满洲兵不习水战，上船便晕，却去不得，必须南兵习于舟楫，知其形势，乃可用。上曰：陈永华亦死乎？曰闻已死矣。上曰：闻澎湖渠有重兵守之，其地又无井水，可以驻军，且台湾去澎湖甚远，即得之亦无可奈何也。予对曰：是在得其人耳。井少，不能久驻兵，住几日尚可有水用。澎湖他之门户，一失必内乱来。"

第三个问题是，用谁为将？李光地思考几日后，推荐施琅。

"上问汝胸中有相识人可任为将者否？予对曰：命将大事，皇上圣明神武，臣何敢与。上曰：就汝所见，有可信任者，何妨说来。敦问再三，予对曰：此非小事，容臣思想数日后，斟酌妥即复旨。上曰：很是，汝去想后数日，上使明中堂来问余曰：都难信及，但计量起来，还是施琅。他全家被杀，是世仇其心可保也。又熟悉海上情形，亦无有过之者。又其人还有些谋略，不是一勇之夫。又海上所畏，唯此一人，用之则其气先夺矣。上遂用之。"

其实，早在四个月前，二月，在召对中，康熙就问了施齐被杀及施琅的本领。李光地记载："二月为施将军求叙其长子施齐功，言施齐在海中，欲为内应降我朝，为贼所杀。上问曰：施齐果以内附为海上杀耶？予对曰：施琅既来，琅海上所畏也，恐我朝用之，故彼用其子，以生我疑，不用其父耳，施齐后得便来降，复为海上所得，知其必不能一心，故杀之。上又问曰：施琅果有什么本事？予对曰：琅自幼在行间，经历得多，又海上路熟，海上事他亦知得详细，海贼甚忌之。上点首而已。"

李光地之所以敢对皇上推荐施琅，是因为他曾几次与施琅会晤，深入交谈，故知其才。李光地在《榕村语录续集》卷11记述交谈情形说："予初补官，渠时在京，名为内大臣，而困苦不堪。使人致意云，君来，上问将，千万为渠留意。彼时素闻其骄傲，不在意。后时常在乡先达富君鸿业家会席时相见。一日又在富家，适他客及主人俱不在前，主人往吊内城，托予陪施，因纵谈及海上顺治十六年破南京事。予云当时若海寇不围城池，扬帆直上，天下岌岌乎殆哉。渠笑云：直前是矣，请问君何往，从何处而前。予无以应。移时又促之云：从何处往前。予曰：或从江淮，或趋山东奈何。施曰：此便大坏，何言之。直前纵一路无阻，即抵京师，本朝势能乘强兵决一死斗，彼时打天下之大将尚有。兵家用所长，不用所短。海寇之陆战，其所短者，计所有不过万人，能以不习陆战之万人，而敌精于陆战之数十万乎，不过一霎时，便可无噍类矣。试看想当年唐太宗、明太祖那样谋臣猛将，亦无不顾形势而径前者也。须有一定打算，定有安身处，渐渐而去。予爽然自失曰：然则奈何。曰："不顾南京，直取荆襄，以其声威，扬帆直过，决无与敌者。彼闭城不出，吾置之不谕，彼若通款，与一空札羁縻之。遇小舡而毁之，遇大舡则带之，有领兵降者，则以我兵分配，彼兵散与各将而用之。得了荆荆襄，呼召滇粤三逆藩，与之联结，摇动江以南，以挠官军，则祸甚于今日矣。予闻之大惊。老贼如此着数，真枭雄也。盖言言着实，如先辈作文字，侃侃凿凿，结结实实，说出几句话，果然有精彩，必非寻常。施素不多言，言必有中，口亦不大利，辛辛苦苦说出一句，便有一句用处。后余力保其平海。"

经过反复思考，康熙决定进攻台湾，康熙二十年七月二十八日，他撤掉福建水师提督万正色，以施琅补任。上谕说："今诸路逆贼，俱已歼除，应以见在舟师，破灭海贼，原任右都督施琅，系海上投诚，且曾任福建水师提督，熟悉彼处地利海寇情形，可仍以右都督，充福建水师提督总兵官，加太子少保，前往福建，到日即与将军、总督、巡抚、提督商酌，克期统领舟师，进取澎湖、台湾，其万正色，改为陆路提督，诺迈还京候补。"

（四）澎湖大捷　功在千秋

康熙二十年（1681年）七月二十八日，谕命施琅为福建水师提督，进攻台湾以后，施琅立即离京，起往福建，于十月初六抵达厦门上任。施琅加紧督造战船，选任将领，训练水师，拟订用兵方案。他主张，用水师二万，陆兵一万，主攻澎湖，然而，筹划、训练过程中，遇到了不少麻烦。主要是专征、同征之争。

康熙帝玄烨七月二十八日的征台敕谕，与八年平定三藩之乱委授二十来位大将军、将军统军平叛的敕谕，显然不同。那二十来位大将军、将军的敕谕，都明确地规定了该大将军、将军，是他率领的那支军队的统帅，其他从征的都统、提督、总兵官，哪怕有的还被皇上授为参赞军务的参赞大臣，都不是那支军队的统帅，统帅只有一人，即该大将军（如康亲王杰书）、该将军（如安西将军都统赫业），最多再任置一位从征官员为副将军（如护军统领胡礼布为赫业的副将军）。可是，这次征台敕谕，只写明授施琅为福建水师提督，命其到达福建后，"即与将军、总督、巡抚、提督商酌，克期统领舟师，进取澎湖、台湾"，并未规定施琅是平台军队的统帅，所谓将军，是此时八旗驻防将军，衙署在福州。总督是福建总督姚启圣，巡抚是福建巡抚吴兴祚，提督是福建陆路提督万正色，加上水师提督施琅，于是平台军队便不是一个统帅，而是一军五帅了。

人多嘴杂，一军两帅、三帅、四五帅，意见必难画一，用兵方略必是几个版本，尤其是长期策划筹备、欲图平台建立功勋的怪才能臣姚启圣，更是一个坚持己见、决不妥协的怪人。他力主冬天北风季节进攻，兵分两路，分攻澎湖、台湾，与施琅的夏天南风季节，专攻澎湖，截然相反。

其实，康熙的真实意图，并不是一军五帅，而是三人同征。因为，八旗驻防将军肯定要坐镇福州，保证全闽安全，万正色刚因力言不可攻台而遭帝斥责，罢革水师提督，改授陆路提督，当然不会让他同为征台统帅。

康熙之所以降下要施琅与将军、总督、巡抚、提督"商酌"敕谕，不明确指定施琅为全军唯一的统帅，很可能是出于两种考虑。一是姚、吴皆在八年平叛中，调度有方，征战得力，特别是姚启圣确系能臣，屡建奇功，三人同征，胜算更大。再则此时康熙对施琅的才干、指挥尤其是对朝廷的忠诚，还未完全了解和信任。康熙还未目睹施琅大战大胜之战，对这位降清叛清又降清的海盗首领，还未完全放心，战船数万，大军数万，万一他投向郑军，那可是天大灾难，有姚、吴二人一起指挥、监督，总还是稳妥一点吧。姚启圣、吴兴祚也决心要同征台湾。

施琅深知一军二帅三帅之大弊，一再上疏请求专征。康熙二十年十月奏称："督、抚均有封疆重寄，今姚启圣、吴兴祚俱决意进兵。臣职领水师，征剿事宜，理当独往，但二臣词意恳切，非臣所能禁止，且未奉有督抚同进之旨，相应奏闻。"①

施琅在这里是耍了一点小聪明，钻了七月二十八日敕谕的空子，借口敕谕未写明"督抚同进"，故他因不能禁止二人同往，来请皇上降旨，批令二人不去。他自己是不愿意三人同征的。

这点小技巧，哪能瞒过已经亲政十二年、乾纲独断的英明天子玄烨！本来这是应该予以斥责的，但大军即将出发，不宜挫帅颜面，所以康熙于十月二十七日降旨批示："总督姚启圣统辖全省兵马，会同提督施琅进取澎湖台湾。巡抚吴兴祚有刑名钱粮诸务，不必进剿。"②

施琅可说是算尽机关太聪明，弄巧反拙了。以此旨与七月二十八日剿谕相比，当时帝意是督、抚、提（姚、吴、施）三人同帅，进攻台湾，但施琅的分量更重，是他与"将军、总督、巡抚、提督商酌，克期统领舟师，进取澎湖台湾"，虽未明确指定施为统帅，但驻防将军、总督、巡抚、陆路提督俱不谙水战，他这个水师提督，当然地位更重要，作用更大，话语权也会更大。可是，此次圣旨便使姚、施二人的地位、权力，发生了不利于施琅的变化。一是圣旨明白无误地、但也是巧妙地

①《清圣祖实录》卷98，第10、11页。

②《清圣祖实录》卷98，第11页。

否定了施琅独征的要求。二是写明总督姚启圣统辖全省兵马会同提督施琅进取澎湖台湾，姚是主，施是与姚会同，且姚是福建总督，本来就有"节制"福建水师提督、陆路提督和各位总兵官的"职权"，现在说"会同"，已经给足了施琅的面子了。这就明显地表明了征台军队的统帅是总督姚启圣，虽然是"倚重"施琅，但施琅不是统帅，而是被倚重为平台的主要将领。这样一来，施琅不仅没有拿到"专征"台湾的统帅资格和统帅之权，连一军二帅之一帅的职权也丢掉了。

施琅实不甘心，冒着有顶撞皇上的风险，于康熙二十一年三月初一，特上《密陈专征疏》，讲述乞求委己为帅专征的理由。按照行文顺序，此疏讲了五个问题。一是须在夏天南风季节之时进攻。"古者行兵，多用奇计，声东击西，兵不厌诈，非可直道而行。去冬具疏展限，请以今年三四月轻北风进兵，盖为郑逆奸细颇多，使贼知我舟师必用北风而进，然后出其不意而收之。臣在密用间谍，乱其党羽，自相猜忌。自去年逆艘纠集澎湖，欲抗我师，据险以逸待劳。设我舟师到彼，必过澎湖西屿头，然后转帆向东北而进，正值春夏之交，东北风为多，我船尽是顶风顶流，断难逆进。贼已先站立外堑内堑，接连娘妈宫，俱居我上风上流御敌，其势难以冲击取胜，故不可不虑及此也。所以前议轻北风之候，犹恐未能万全。且水道行兵，专赖风信潮水，非比陆路任意驰驱，可以计定进止。臣日夜磨心熟筹，莫如就夏至南风成信，连旬盛发，从铜山开驾，顺风坐浪，船得联综齐行，兵无晕眩之患，深有得于天时、地利、人和之全备。逆贼纵有狡谋，斯时反居下风下流，贼进不得战退不能守。"

二是先攻澎湖，专攻澎湖。"澎湖一得，更知贼势虚实，直取台湾，便可克奏肤功。倘逆孽退守台湾，死据要口，我师暂屯澎湖，扼其吭，拊其背，逼近巢穴，使其不战自溃，内谋自应。不然，俟至十月，乘小阳春时候大举进剿，立见荡平。此乃料敌制胜所当详细一一披陈者也。"

三是总督不谙海洋，"新抚未识闽情，允臣专征。然臣切有请者：督臣姚启圣调兵制器，奖励士卒，精敏整暇，咄嗟立办，捐造船只，无所不备，矢志灭贼，国尔忘身，坚图报称，非臣所能力止。惟是生长北方，虽有经纬全才，汪洋巨浪之中，恐非所长。剡抚臣吴兴祚现在升任，即有新抚臣初到视事，恐未识闽疆情形。臣之鳃鳃，谓督臣宜驻厦门，居中节制，别有调遣，臣得专统前进。行间将士知有督臣后趱粮运策应，则粮无匮乏之患，兵有争先之勇。壮志胜于数万甲兵。今若与臣偕行，征粮何以催趱，封疆何有仰赖？安内攘外，非督臣断难弹压缓急，臣故密疏入告。使督臣闻知，必以臣阻其满腔忠荩。仰冀皇上密行温谕督臣，免其躬亲偕行。"

四是请赐专征台湾敕谕。"今臣同督臣操练水陆精锐官兵充足三万，分配战舰，尽可破贼。但臣仅掌有水师提督印信，未奉有征剿台湾之敕谕。伏望迅赐颁发，以副转睫师期，俾得申严号令，用以节制调度。所有督臣题定功罪赏格，赐臣循例而行，则大小将士咸皆凛遵。"

五是说明军中诸将，皆谙海战，可以共同商酌。"至于师中参酌，见有同安总兵官臣吴英，智勇兼优，竭忠自许，可以为臣之副，尤望恩嘉奖励。又有兴化总兵官臣林承、金门总兵臣陈龙、平阳总兵官臣朱天贵、海坛总兵官臣林贤、留闽候补总兵官臣陈昌、江东副将臣詹六奇、随征左都督臣李日呈等，俱堪冲风破浪，勇敢克敌，共勤捣巢"。[①]

虽然姚启圣探知施琅密疏内容，针对施琅说自己不谙海情，上疏反驳说："臣虽生长北方，然今出海数日"，"亦安然无恙，不呕不吐，何以知臣出海竟无所长"。他明确表示，要求同征，"宁愿战死于海，而断不肯回厦门偷生"。[②]但是，施琅之疏写得太好，讲得太有理太清楚了，说服力很强，当然会被皇上采纳。

康熙二十一年十月初四，大学士、学士捧施琅奏疏请旨。康熙谕交议政王、大臣会议具奏。《康熙起居注》第905页记述了十月初六此事议论及批示情形：初六己卯。辰时，上御乾清门，听部院各衙门官员面奏政事毕，部院官员出。大学士、学士随捧折本面奏请旨：为议政王、大臣会议准提督施琅请自行进剿台湾事。上曰：尔等之意何如？大学士明珠奏曰：若以一人领兵进剿，可得行其志。两人同往，则未免彼此掣肘，不便于行事。照议政王所请，不必令姚启圣同往，着施琅一人进兵，似乎可行。上曰：然。进剿海寇，关系紧要，着该督、抚同心协力，攒运粮饷，毋致有误。前经姚启圣题定武弁功罪条例，着转交施琅遵行。上又曰：闻海寇较前衰微已甚。明珠奏曰：据姚启圣奏称，海寇愿剃发归诚，照朝鲜、安南入贡。揆此，可见郑经已死，贼无渠魁，势

① 施琅：《靖海纪事》下卷。

② 姚启圣：《忧畏轩奏疏》卷5，《惊闻奏改师期》。

必衰微。上曰：海寇固无能为，郑经在时，犹苟延抗拒。经死，首渠既除，余党彼此猜疑，各不相下，众皆离心，乘此扑灭甚易，进剿机宜不可停止。施琅相机自行进剿，极为合宜。

从十月初六起，施琅才正式成为征台水陆大军的真正统帅。

施琅深深感激皇上厚恩，加紧操练将士，细心思考用兵万全之策，选好时间，于康熙二十二年六月十四日，从铜山率水师二万一千人、大小战船五百余艘出发，十六日进攻澎湖，双方交战，天晚收兵，二十二日大败刘国轩，取澎湖。施琅奏报大捷疏说："台湾逆贼刘国轩，知臣等将乘南风进剿。倾巢而来，坚守澎湖，凡沿海之处，小船可以登岸者，盖筑短墙，安置腰铳。臣总统舟师，于六月十六日进发，署右营游击蓝理等，以鸟船首先攻敌，时值潮水正发，前锋数船，被贼围困，臣亲驾船冲入，杀退贼，兴化镇臣吴英，继后夹攻，焚杀伪将军沈诚等，大小贼目七十余员，贼兵三千余名。十八日，进取虎井、桶盘屿，二十二日，遣总兵官陈蟒、魏明等，领船五十只为奇兵，直入鸡笼屿、四角山，夹攻，又遣随征总兵官董义、康玉等，驾船五十只为疑兵，直入牛心湾牵制，又将大鸟船五十六只居中，分为八队，每队驾船七只，谷作三叠，留船八十只，为后授，臣指挥督率，直进扑剿，贼船齐出迎战，总兵官林贤、朱天贵等，继进夹击，自辰至申，我师奋不顾身，戮力杀贼，击沉大小贼船一百九十四只，焚杀伪官三百余员，贼兵一万二千有奇，刘国轩力不能支，乘快船从吼门潜遁，伪将军杨德等一百六十五员，率贼兵四千八百余名，倒戈投降，是役也，以七日夜，破数十年盘踞之贼，抵澎之后，海不扬波，进师之时，潮涨四尺，以佐成功，此皆皇上天威所致，至各将士戮力用命，督臣姚启圣亲来厦门，饷运不匮，并请议叙，又总兵官朱天贵，游击赵邦试，阵亡，亦请优恤。"①

施琅此疏，大体上讲明了六月十六日至二十二日的澎湖七天大战的基本情形，但是，有必要做四点补充。其一，十六日战况，并非疏上所说那样轻松，而是一场恶战险战。这一天，清军进攻澎湖，刘国轩"列炮架巨舰数十以待"。清军"诸将皆望而逡巡，唯提标游击蓝理、曾成、张胜，正黄旗侍卫吴启爵，同安游击赵邦试，海坛游击许英，铜山游击阮钦为七船冒险深入鏖战。海舟齐出，已围，施将军恐数船有失，

---

①《清圣祖实录》卷110，第14、15、16页。

急将座驾冲入"。①郑军望见施琅坐船旌麾，知是施琅坐船，"皆环迫钩舟接战。公（施琅）伤眼，血流被面，诸将校当前锋者，皆裹伤奋击，殊死战不可撼"。然而清军仅8只船，郑军船多，紧紧围攻，势甚危险。蓝理奋战，大吼一声："将军勿忧，蓝理在此。"即将其船逐浪冲击，炮轰敌舰，打沉两艘，并向其他敌舰投掷火药罐，击伤烧伤众多郑兵。蓝理"身被七枪"突又遭一炮击中，跌倒在船，肚破肠出，血透战袍，十分危急。郑军将领曾瑞大呼："蓝理死矣。"蓝理强忍剧痛，一跃而起，怒吼说："蓝理在此，曾瑞死矣。"命令众将"督战速进，莫因我一人而误大事"，快拿刀来。蓝理族子蓝法将刀递与蓝理，"见理腹破肠流出"，忙将肠放入蓝理腹中。蓝理之弟蓝瑗以衣相缚，蓝珠用匹练"缚其创"。蓝理奋勇再战，敌军大惊，退去，施琅始免于难。第二天，施琅召集诸将时，深有感触地说："若非蓝理，本军门岂不危哉！"重赏蓝理白银2000两。②

其二，夏季南风进军。福建总督姚启圣，总兵林贤等官将，皆主于秋冬北风季节进攻，施琅独坚持于夏天南风季节攻澎湖。战前，李光地曾与施琅有次会晤。李光地问施琅为何要于南风季节进攻。施琅说："海上风信至秋则北风作，北风夜间大，白日小，南风则白日有，夜间无。澎湖沟未可轻进，若不能遽进，白日北风小，在水上依泊，至夜万一大风作，则虽船百万，可保得一只不相见，四散漂流，纵聚得来，非一月之久不可，岂非侥幸。此时风向，午时南风微微，至晚及夜，丝毫也无。计予十四日领兵，十六日可到，不知里边虚实，且在外边游衍尝试之，夜晚无风，则舡舡相衔，与舡旋转不休，谓之抛洋。一日不可进，则抛洋一日，两日不可进，则抛洋两日，虽五六日，无不可者。至五六日，则敌情断无不得者。一入沟，则有进无退，古人尚沉船破釜，如今方顺水而进，便想到乘风而退，岂不可笑。用南风，正是要审敌，若用北风，则无可审矣。"

果然，六月十六日大战后，施琅一面等待南风，一面派人潜往澎湖岛侦察，敌情全已了解。二十二日南风起，施琅挥军猛攻，全歼敌军主力。李光地的《榕村语录续集》卷11，《本朝时事》记述此情说：至二

---

① 阮旻锡：《海上见闻录》。

② 汪昇：《台湾外纪》；陈康祺：《郎潜纪闻》三笔卷4，《破肚将军》。

十一晚进兵，刘国轩方整兵御敌，望见一点黑云从天末起，刘云：不用排兵，但排酒来作戏，曰，立见来船漂没矣。盖黑云乃起风之征也。酒筵方设，而有殷殷之声，刘顾众将曰，何声邊鸣邊息，饮酒自若。移时声复作。刘云岂雷声耶。语未毕，而轰然一声大振，盖云作必飓风起，雷作则风云立散。刘用是将筵席踢翻，长叹曰：此天也，非人也，罢罢，速具舟楫。乃自乘小船，而常所坐大船有蠹者，以别人乘之。其全军覆败，唯国轩遁逸。廿二日得澎湖，计其日果七日也。

阮旻锡的《海上见闻录》亦记述了此事：国轩闻而喜曰："谁谓施琅能军？天时地利，莫之能识，诸君但饮酒以坐观其败耳。"十八日，移至虎井。施将军乘小舟于内外堑峙间，密觇形势。于是再申军令，严明赏罚，命总兵陈蟒等领船五十号，从东畔时内船直入四角山；又令总兵董义领船五十只从西畔内堑直入牛心湾，以为疑兵，示以若欲登岸者；将军身率诸镇将，部署大鸟船五十六号居中，分为八股排入，余船以次而进，以为后援。指画既定，俟风而举。

二十二日巳刻，南风大发，南流涌起，遂下令扬帆联进。风利舟快，瞬息飞驶，居上流上风之势，压攻挤击，一可当百；又多用火器、火船，乘风纵发，烟焰弥天，海舟相沿，烧毁殆尽。国轩见势蹙难支，遂乘小舟从北面吼门逸去，而全军覆没矣。是役也，唯前锋林贤、朱天贵二船初入港澳，天贵倏中炮而死，贤被伤两箭，余诸军皆无恙。

其三，参加澎湖大战奋勇冲杀的将领：都督陈蟒、魏明、副将郑元堂、总兵董义、康玉、外委守备洪天锡、兴化镇臣吴英、平阳镇臣朱天贵、前营游击何应元、金门镇臣陈龙、参将罗士轸、署右营游击蓝理、署兵营游击曾成、署铜山镇臣陈昌、海坛镇臣林贤、厦门镇臣杨嘉瑞，首冲破敌陷阵，海坛镇臣林贤、平阳镇臣朱天贵、前营游击何应元、海坛镇标左营游击吴辉等，千总蔡琦凤、海坛镇标右营守备林正春、前营千总林鹏、海坛镇标右营游击江新匀、右股署围头营游击阵义均配水陆等官兵坐大鸟船一只，右股署平海营游击郑桂匀配水陆等官兵坐大鸟船一只，末右海坛镇标中营游击许英等官兵坐大鸟船一只，前锋次右之右臣标署中营参将罗士轸等官兵坐大鸟船一只，署后营游击曾成等官兵坐大鸟船一只，署右营游击蓝理等官兵坐大鸟船一只，中营千总林显达匀配水陆等官兵坐大鸟船一只，左营千总胡泮匀配水陆等官兵坐大鸟船一只，署后营中军守备戴名芳均配督标副将林宝等官兵坐大鸟船一只，前锋臣中股随征左都督何义等官兵坐大鸟船一只，侍卫吴启爵等官兵坐大鸟船一只，随征游击施世縣、随征外委守备李廷彪、施肇勋、施肇瓒等官兵坐大赶缯鸟船一只，随征外委游击施应元、随征外委守备陈王路、随征千总施超等官兵坐大赶缯鸟船一只，随征副将黄昌、都司黄勇、外委守备施世骠等官兵坐赶缯鸟船一只，随征参将许克济、陈远致。游击方凤、外委守备施世骧等官兵坐大赶缯鸟船一只，随征副将汤一贵（按：康熙本作"汤贵"）、参将郑云、外委守备施世忠等官兵坐大赶缯船一只，随征参将谢英、游击廖程、外委守备施世骠等官兵坐大赶缯鸟船一只，随征副将林应、外委守备施辅、李寅等官兵坐大赶缯鸟船一只，前锋左股兴化镇臣吴英、同安城守右营游击赵братск试勾配水陆等官兵坐大鸟船一只，署浯屿营游击王朝俊勾配水陆等官兵坐大鸟船一只，闽安协副将蒋懋勋，海澄城守副将林葵，烽火营游击王祚昌，江东协副将詹六奇，署平海陆营游击李全信，海澄城守左营游击桌策，铜山镇右营击阮钦为，左营游击曾春，金门镇臣陈龙，金门镇标中营游击许应麟，金门镇标左营游击曾荣，厦门镇标右营游击陈兰，厦门镇标左营游击朱明，厦门镇臣杨嘉瑞，署铜山镇臣陈昌。自辰至申，我师奋不顾身，抵死戮力击杀。贼被我师用火铳、火罐焚毁大炮船十八只，击沉大炮船八只，焚毁大鸟船三十六只，赶缯船六十七只，洋船改战船五只。又被我师火船乘风烧毁鸟船一只、赶缯船二只。逆贼并力死斗，势穷难支，用火药藏于船舱，发冲心炮，自焚炮船九只、鸟船一十三只。贼惊危势急跳水，得获鸟船二只、赶缯船八只、双帆艍船二十五只，焚者焚，杀者杀。[①]

其四，平阳总兵朱天贵、海坛总兵林贤等将弁士兵329员阵亡，带伤者1800余员名。郑军将军、先锋、总兵、副卒将、参将、游击、都司杨德等165员，带兵士4853名投降，死亡将弁士卒12000余人。[②]郑军主力全被歼灭。

（五）招抚成功 郑氏归清

康熙二十二年（1683年）六月二十二日澎湖大捷后，台湾危急，"兵民闻风俱各解体"，"群情汹汹，魂魄俱夺，唯有束手待毙而

①② 施琅：《靖海纪事》上卷。

矣"，此时清军如果进击，取台易如反掌。然而，与郑成功、郑经父子有杀父、诛弟、斩子大仇的施琅，却以兵民生命财产大局为重，竭力招抚，力求兵不血刃，和平入台。

施琅知道，台湾郑氏政权及广大兵民害怕施琅要报仇雪恨、督军猛攻、大开杀戒、烧杀掳掠，于是采取了四大措施：一是捞救落海郑军将士，优待俘虏；二是立誓不杀台湾人；三是立誓保举刘国轩；四是立誓不伤郑氏一人。李光地在《榕村语录续集》卷11，《本朝时事》中，记述了施琅的上述事情：吾船如云，而贼舰几尽，刘国轩遂遁归。于是施琅命人捞救贼之落水半死者，共得数百人，医疗，亟遣之回。曰何为用此。曰吾料刘国轩计无复之，唯有扬言于众，语吾将报杀父之仇，到台湾鸡犬不留，悚恐众人，尽力死守。吾捞起之人，问知谁为藩下人，谁为冯侍卫人，谁为刘将军人，云断不报仇，当日杀吾父者已死，与他人不相干。不特台湾人不杀，即郑家肯降，吾亦不杀，今日之事，君事也，吾敢报私怨乎。因折箭为誓，厚赏之银钱而去。又访得刘国轩亲信之人，厚结之，令与刘说，我决不与为仇，他肯降，吾必保奏，而封之公侯，前此各为共主，忠臣也，彼固无罪，吾必与之结姻亲，以其为好汉也。亦折箭立誓。刘归，果以此恐动其国，人方为固守计，而此辈归，众人闻之，遂无固志，关隘不闭，倾国款降矣。凡吾不伤郑氏一人者，亦有意。吾欲报怨，彼知必不能全首领，即不能守，亦必自尽。郑贼虽不成气候，将来史传上也要存几张纪传，至此定书，某某死之，倒使他家有忠臣孝子之名，不如使他家，全皆为奴囚妾妇于千秋，其报之也不大于诛杀乎。因大笑。且成功亦得防祸，若郑氏灭尽，万一有妒忌腾谗谤之口，谓施琅得郑家珠宝若干，美女若干，郑氏无人，将谁与辨，令郑氏全在，可以质问，为自己祸患计，亦当如是。

阮旻锡亦在其《海上见闻录》记述此事说："施将军驻师澎湖，休劳士卒，收拾船只，为进取台湾计。下令：戮一降卒，抵死。诸岛投戈者数千人，皆厚恤之，有欲归见妻者，令小船送之。降卒皆谓曰：军门内我白骨，天死难报也。归共传述之，台湾民众莫不解体归心，唯恐王师不早来也。"

施琅并于康熙二十二年闰六月初四，颁《晓谕澎湖安民示》宣布：澎湖各岛人民，"各宜安意生业，耕渔是事。本提督当念疲之余，当为蠲三年徭税差役，遂其培养"。①

南明延平郡王郑克塽遣使求降后，施琅一面上奏朝廷，一面于七月十六日颁发《安抚谕诚示》，安抚台湾官、民、兵、将："照得圣朝定鼎以来，法素从宽，恩恒惟厚，抚顺剿逆，区宇咸宁。台湾未靖，本提督奉旨专征，盖欲拯绝岛之生灵，俾海疆于奠安。兹伪延平王及武平侯等，识天意之有在，乐皇仁之无偏，见遣协理兵工二官、副使二员，赍具表章敕印前来归命，土地人民悉入版图。本提督体朝廷好生之德，念至诚求抚之心，现在题请，仰邀浩荡洪慈，安辑咸宜。合就晓谕。为此示仰台湾地方官兵士庶人等知悉：示到，各官兵立即削发，本提督克日亲临安插，军纪素严，秋毫无犯。今既革心归顺，官则不失爵秩之异，民则皆获绥辑之安，兵丁入伍归农悉听其便，各自安意乐业，无事彷徨惊心。俞旨下颁，新恩遍及；本提督言出金石，决不尔负。须至示者！康熙二十二年七月十六日。"

康熙收到七月十五日南明延平郡王郑克塽求降消息后，于七月二十六日敕谕允其降顺说："朕体上天好生之心，薄海内外，率俾安全，特颁敕旨前往开谕。尔等果能悔过投诚，倾心向化，率所属伪官军民人等，悉行登岸，将尔等从前抗违之罪，尽行赦免，仍从优叙录，加恩安插务令得所，煌煌谕旨，炳如日星，朕不食言，倘仍怀疑畏惧，犹豫迁延，大兵一至，难免锋镝之危，倾灭身家，噬脐莫及，尔等其审图顺逆，善计保全，以副朕宥罪施仁至意。"②

七月二十七日，郑克塽差冯锡范赍降本一道及延平王印一颗、册一副，辅政公郑聪印一颗，平武侯刘国轩印一颗，忠诚伯冯锡范印一颗，送到施琅军营，施琅即将印册及郑之副使刘国昌送往北京。八月十三日施琅到达台湾岛上，官、将、兵、民已于十八日剃发，郑克塽率官迎接。施琅料理受降后各种事宜，并于八月二十日颁《谕台湾安民告示》，八月二十九日颁《严禁犒师示》安抚兵民。

康熙二十三年十二月十三日，郑克塽、刘国轩、冯锡范等奉旨到京，康熙封郑克塽为海澄公，冯锡范为忠诚伯，刘国轩亦封伯爵，俱隶上三旗的汉军旗。"其余武将1600余人、文官400余人，愿受职者，由吏部察例议叙，兵4万余名，入伍归农，各听其便。"③康熙认为，刘国

① 施琅：《靖海纪事》上卷。
②《清圣祖实录》卷111，第11页。
③《清圣祖实录》卷118，第7页。

轩力促郑氏降顺有功，特授其为天津总兵，厚加赏赐。刘国轩于康熙二十三年四月初一，陛辞之时，康熙特予褒奖，并赐白银鞍马，谕曰："台湾地方，阻声教者，六十余年，尔素怀忠诚，值施琅督兵进剿，首先归命，是以特授为总兵官，以示优眷，但天津地方，近在畿辅，与别省不同。尔宜加意抚辑，使兵民相安，盗贼屏迹，且尔从闽海来归，并无亲知故旧，当尽职以副朕怀，又谕曰，朕嘉尔海外倡率归诚，且孤身远来，今当赴任，殊为可念，故于常例之外，赐尔白金二百两，表里二十匹，内厩鞍马一匹，以示异数。"①

第二年二月二十八日，又特赐刘国轩以京师房屋。他命大学士明珠，一等侍卫通图等传谕天津总兵官刘国轩说："朕抚御寰区，聿臻治理，止台湾余孽，一线尚存，虽属小岛未平，忧虑海滨弗靖，尔刘国轩身为渠党，乃能仰识天时，劝令郑克塽，纳土来归，朕心嘉悦，授尔总兵官之任，闻尔家口众多栖息无所，京城房舍，人有定业，况价值不资，尔安从得之，今特赐尔第宅，俾有宁居，以示优眷。"②

郑氏降顺，台湾去留，成为清廷热议之事。有人"议迁其人，弃其地"，连一向支持进剿台湾郑氏政权的内阁学士李光地也主张丢弃台湾，奏称"台湾隔在大洋之外，声息皆不通，小有事，则不相救使人冒不测之险"，"应弃"，"空其地，任夷人居之，而纳款通贡，即为贺兰有，亦听之"。③施琅坚决主张守台、留台，郡县其地，于康熙二十二年十二月二十二日特上《恭陈台湾弃留疏》，逐一批驳弃台说之荒谬论点，详尽阐述留台、守台的必要及任官设兵的办法："窃照台湾地方，北连吴会，南接粤峤，延袤数千里，山川峻峭，港道迂回，乃江、浙、闽、粤四省之左护；隔离澎湖一大洋，水道三更余遥。查明季设水澎标于金门所，出汛至澎湖而止，水道亦有七更余遥。台湾一地，原属化外，土番杂处，未入版图也。然其时中国之民潜至、生聚于其间者，已不下万人。郑芝龙为海寇时，以为巢穴。及崇祯元年，郑芝龙就抚，将此地税与红毛为互市之所。红毛遂联络土番，招纳内地人民，成一海外之国，渐作边患。至顺治十八年，为海逆郑成功所攻破，盘踞其地，纠集亡命，挟诱土番，荼毒海疆，窥伺南北，侵犯江浙。传及其孙克塽，

---

① 《清圣祖实录》卷115，第2页。

② 《清圣祖实录》卷119，第23、24页。

③ 李光地：《榕村语录续集》卷11，《本朝时事》。

六十余年，无时不仰廑宸衷。

"臣奉旨征讨，亲历其地，备见野沃土膏，物产利溥，耕桑并耦，鱼盐滋生，满山皆属茂树，遍处俱植修竹。硫黄、水藤、糖蔗、鹿皮，以及一切日用之需，无所不有。向之所少者布帛耳，兹则木棉盛出，经织不乏。且舟帆四达，丝缕踵至，饬禁虽严，终难杜绝。实肥饶之区，险阻之域。逆孽乃一旦凛天威，怀圣德，纳土归命；此诚天以未辟之方舆，资皇上东南之保障，永绝边海之祸患，岂人力所能致？

"夫地方既入版图，土番、人民均属赤子。善后之计，尤宜周详。此地若弃为荒陬，复置度外，则今台湾人居稠密，户口繁息，农工商贾，各遂其生；一行徙弃，安土重迁，失业流离，殊费经营，实非长策。况以有限之船，渡无限之民，非阅数年难以报竣。使渡载不尽，苟且塞责，则该地之深山穷谷，窜伏潜匿者，实繁有徒，和同土番，从而啸聚，假以内地之逃军闪民，急则走险，纠党为祟，造舟制器，剽掠滨海，此所谓借寇兵而赍盗粮，固昭然较著者。甚至此地原为红毛住处，无时不在涎贪，亦必乘隙以图。一为红毛所有，则彼性狡黠，所到之处，善能蛊惑人心。重以夹板船只，精壮坚大，从来乃海外所不敌。未有土地可以托足，尚无伎俩；若以此既得数千里之膏腴复付依泊，必合赏伙窃窥边场，迫近门庭。此乃种祸后来，沿海诸省，断难晏然无虞。至时复勤师远征，两涉大洋，波涛不测，恐未易再建成效。如仅守澎湖，而弃台湾，则澎湖孤悬汪洋之中，土地单薄，界于台湾，远隔金厦，岂不受制于彼而能一朝居哉？是守台湾则所以固澎湖。台湾、澎湖，一守兼之。沿边水师，汛防严密，各相犄角，声气关通，应援易及，可以宁息。况昔日郑逆所以得负抗逋诛者，以台湾为老巢，以澎湖为门户，四通八达，游移肆虐，任其所之。我之舟师，往来有阻。今地方既为我得，在在官兵，星罗棋布，风期顺利，片帆可至，虽有奸萌，不敢复发。以斯方拓之土，奚难设守，以为东南数省之藩篱。靖内地溢设之官兵，尽可陆续汰减，以之分防台湾、澎湖两处。台湾设总兵一员、水师副将一员、陆师参将二员，兵八千名；澎湖设水师副将一员，兵二千名。通共计兵一万名，足以固守，又无添兵增饷之费。其防守总兵、副、参、游等官，定以三年或二年转升内地，无致久任，永为成例。在我皇上优爵重禄、推心置腹，大小将弁，谁不勉励竭忠！然当此地方初辟，该地正赋、杂饷，殊宜蠲豁。见在一万之兵食，权行全给；

三年后开征，可以佐需。抑亦寓兵于农，亦能济用，可以减省，毋庸尽资内地之转输也。

"盖筹天下之形势，必求万全。台湾一地，虽属外岛，实关四省之要害。勿谓彼中耕种，尤能少资兵食，固当议留；即为不毛荒壤，必借内地挽运，亦断断乎其不可弃。唯去留之际，利害攸系，恐有知而不言。如我朝兵力，比于前代，何等强盛，当时封疆大臣，无经国远猷，矢志图贼，狃于目前苟安为计，画迁五省边地以避寇患，致贼势愈炽而民生颠沛。往事不臧，祸延及今，重遗朝廷宵旰之忧。臣仰荷洪恩天高地厚，行年六十有余，衰老浮生，频虑报称末由。熟审该地形势，而不敢不言。盖臣今日知而不言，至于后来，万或滋蔓难图，窃恐皇上责臣以缄默之罪，臣又焉所自逭！故当此地方削平，定计去留，莫敢担承，臣思弃之必酿成大祸，留之诚永固边圉。"①

此疏说服力极强，赢得了议政王大臣等人支持。《康熙起居注》第1127页载康熙二十三年正月二十一日，辰时，上御乾清门听政，部院各衙门官员面奏毕，"大学士、学士以折本请旨：福建提督施琅请于台湾设总兵官一员、副将一员、参将二员、兵八千，澎湖设副将一员、兵二千，镇守其地。议政王、贝勒、大臣，九卿、詹事、科、道会议准行。上顾汉大学士等曰：尔等之意若何？李霨、王熙奏曰：据施琅奏内称，台湾有地数千里，人民十万，则其地甚要，弃之必为外国所踞，奸宄之徒窜匿其中亦未可料，臣等以为守之便。上曰：台湾弃取所关甚大，镇守之官三年一易亦非至当之策，若徙其人民，又恐致失所，弃而不守，尤为不可。尔等可会同议政王、贝勒、大臣，九卿、詹事、科、道再行确议具奏"。

《康熙起居注》第1129页又载："明珠奏曰：前为台湾二事所降谕旨已传与议政王、大臣及九卿、詹事、科、道等官，公同详议。议政王等云，上谕极当。提臣施琅目击彼处情形，请守已得之地，则设兵守之为宜。"康熙批准其议。

根据皇上批示，随即设立台湾府及其辖属的凤山县、诸罗县、台湾县，设知府、知县等官。又设总兵一员、副将二员、兵八千，驻台湾，澎湖设副将一员、兵二千。台湾府的第一任知府由泉州府知府蒋毓英移任。

康熙重赏统一台湾的大功臣施琅及从征将士，于康熙二十二年九月

① 施琅：《靖海纪事》。

初十日，下谕授施琅为靖海将军，封靖勇侯，"谕吏部，兵部，向来海寇，窜踞台湾，出没岛屿，窥伺内地，扰害生民，虽屡剿抚，余孽犹存，沿海地方，烽烟时警，迩者滇黔，底定，逆贼削平，唯海外一隅，尚梗王化，爰以进剿方略咨询廷议。咸谓海洋险远，风涛莫测，长驱制胜，难计万全。朕念海氛不靖，则沿海兵民，弗获休息，特简施琅为福建水师提督，前往相度机宜，整兵进征。该提督忠勇性成，韬钤夙裕，兼能洞悉海外形势，力任克期可奏荡平，遂训练水师，整顿战舰，扬帆冒险，直抵澎湖，鏖战力攻，大败贼众，克取要地，立奏肤功，余众溃遁，台湾慑服兵威，乞降请命，已经纳土登岸，听候安插。自明朝以来，迩诛积寇，始克殄除，濒海远疆，自兹宁谧，此皆该提督矢心报国，大展壮猷，筹划周详，布置允当，建兹伟伐，宜沛殊恩。施琅着加授靖海将军，封为靖海侯，世袭罔替，以示酬庸。前进剿云南官员曾各加一级，兵丁赏赉一次，顷因该提督所统官兵，出海进剿，勤劳堪念，已经照云南例，加级赏赉，复思官兵远抵海疆，冒险剿寇，非滇黔陆地用兵可比，在事官员，着再各加一级，兵丁再赏一次，以示特加优渥至意"。[①]

三、两征雅克萨　签订尼布楚条约

沙皇俄国，一直企图侵占中国东北、西北领土。明末以来，侵扰中国黑龙江流域数十年。顺治年间，清固山额真明安达礼、宁古塔昂邦章京沙尔虎达及其子继任宁古塔总管的巴海，多次击败沙俄殖民军，边患稍息。但沙俄殖民军败后又卷土重来，在占据的中国领土上先后建立起尼布楚、雅克萨等一批城堡，并使尼布楚成为独立的将军辖区。到康熙二十一年，沙俄殖民军建立的军事据点已分布到黑龙江支流及其下游直到鄂霍次克海边，主要有黑龙江上游的雅克萨和尼布楚附近的一些村庄，精奇里江上的新赛斯克、塞林宾斯克堡，享滚河上的杜基顷斯科伊，固古尔河与乌第河流入鄂霍次克海地方的图古尔斯克及乌德斯克。沙俄远征殖民军，对当地的达斡尔、赫哲、菲雅克、鄂伦春、虎尔哈、鄂温克等族居民烧杀掳掠、奸淫妇女。他们攻占达斡尔人的古伊古达村，战斗中，杀死427名达斡尔人，战后又屠杀了大人、小孩661人，未

死者全部掠为俘虏，将马牛羊全部抢走。由于沙俄殖民军的侵掠，使黑龙江流域田园荒芜，富饶的黑龙江变成一片废墟，俄国人足迹所至，到处都发现被烧毁的当地人的住宅。沙俄还诱使索伦头人根特木儿叛清投俄，拒不送还。

对于沙俄远征殖民军的侵略，满洲王公大臣没有一个人主张进剿。他们都认为黑龙江太为遥远，从京师到黑龙江将军衙署所在地瑷珲城有4000余里，并且冬天零下三四十摄氏度，天寒地冻，路程遥远，人烟稀少，常是几百里之地找不到一家住户，粮草供给，运输极其艰难，故"皆以路远为难"。

但当今皇上玄烨，却与大臣们见解迥异。经历过八年平定三藩之乱大战的磨炼，玄烨已经锻炼成为能够指挥千军万马克敌制胜的英明统帅，汲取了不少宝贵的经验教训。经验之一是，该征必征，涉及国家安危，必须征战，哪怕面临天大困难，都要下定决心，进行征剿，不胜不止，三藩之乱，即系明例。教训之一是，必须了解敌情，知彼知己，方能百战百胜。平叛初期，就是因为不了解吴三桂的军力及其可能随从为乱的督、抚、提、镇，仅仅派一万多名京师禁旅前去迎战，只派了一个大将军王，致使战势迅速扩大，半年间六省皆陷。教训之二是准备不够。教训之三是主帅非人，等等。

现在，玄烨早就感到罗刹之军不可小视，"亲政之后，即留意于此，细访其土地形情、道路远近及人物性情"，以便于"酌定天时地利，运饷用兵机宜"。[1]

康熙二十一年二月十五日，玄烨率皇太子，文武官将士卒，离开北京，东巡，前往盛京，拜祭太祖、太宗陵园，并"巡视边疆，远览形胜"。三月初四到沈阳。祭陵以后，前往吉林。三月二十日至乌拉。扈从的翰林院侍讲高士奇在其《扈从东巡日录》中叙述了乌拉情形："甲戌，雨，驻跸乌拉鸡陵，又因造船于此，故曰船厂。江即松花江，满言松阿喇乌拉者是也。松花江源出长白山湖中，北流合灰扒江至海，西流合混同江入海，金史名为宋瓦江。康熙十五年春，移宁古塔将军驻镇于此，建木为城，倚江而居，所统新旧满洲兵二千名，又徙直隶各省流人数千户居此，修造战舰四十余艘，双帆楼橹与京口战船相类，又有江船

---

[1] 《清圣祖实录》卷121，第11页。

数十亦具帆樯，日习水战，以备老羌伊车。满洲居混同江之东地方二千余里，无君长统属，散居山谷间，其人勇悍善骑射，喜渔猎，耐饥寒，苦辛骑，上下崖壁如飞，每见野兽踪迹，蹑而求之，能得潜藏之所。又刳木为舟，长可丈余，形如梭子，呼为威忽施，两头桨捕鱼，江中往来如驶。皇上以德抚之，渐归王化，移家内地，被甲入伍，隶宁古塔将军及奉天将军部下，亦有入京为侍卫者。

乙亥，冒雨登舟，溯松花江顺流而下，风急浪涌，江流有声，断岸颓崖，悉生怪树，江阔不过二十丈，狭处可百余步，风涛迅发，往往惊人。晚驻跸大乌拉虞村，去船厂八十余里"。

高士奇接着又写道，"虞村居人二千余户，皆八旗壮丁，夏取珠，秋取参，冬取貂皮，以供公家及王府之用"。

乌拉，今吉林市，当时叫吉林城。明代称乌拉为船厂，在此造船，舰行于松花江、黑龙江。康熙初在乌拉设水师营。康熙十五年，宁古塔将军移驻乌拉。东巡让玄烨目睹了吉林将军所辖满洲官兵(包括乌拉兵)、乌拉人以及船厂情形，有利于以后进剿罗刹时用兵方略的制定。

康熙二十一年八月，因罗刹多次掳掠黑龙江边境，八月十五日，玄烨谕派郎谈、彭春以捕鹿名义，前往侦察。《清圣祖实录》卷104，第8、9页载："庚寅，初俄罗斯所属罗刹，时肆掠黑龙江边境，又侵入净溪里乌拉诸处，筑室盘踞。

上命大理寺卿明爱等，谕令撤回，犹迁延不去而恃雅克萨城为巢穴，于其四旁耕种渔猎，数扰索伦、赫哲、飞牙喀、奇勒尔居民，掠夺人口。

上遣副都统郎谈，公彭春等率兵往打虎儿、索伦，声言捕鹿，以觇其情形。将行，上面谕之曰：罗刹犯我黑龙江一带，侵扰虞人，戕害居民，昔发兵进讨，未获剪除，历年已久。近闻蔓延益甚，过牛满，恒滚诸处，至赫哲，飞牙喀虞人住所，杀掠不已，尔等此行，除自京遣往参领，侍卫、护军外，令毕力克图等五台吉率科尔沁兵百人，宁古塔副都统萨布素等，率乌拉宁古塔兵八十人，至打虎儿、索伦，一面遣人赴尼布楚，谕以捕鹿之故。一面详视陆路近远，沿黑龙江行围，径薄雅克萨城下，勘其居址形势，度罗刹断不敢出战。若以食物来馈，其受而量答之。万一出战，姑勿交锋，但率众引还，朕别有区划。尔等还时，须详视自黑龙江，至额苏里舟行水路，及已至额苏里，其路直通宁古塔者，更择随行之参领侍卫，同萨布素往视之。赐郎谈，彭春御衣，弓矢，随行者，亦量加赏赉"。

此时，玄烨虽未明确宣布征剿罗刹，但倾向已很明显。待郎谈等回来后，他的决心也就下了。

二十一年十二月，郎谈一行回到京师，郎谈奏报侦探情形及征罗刹方案：

"十二月疏上平罗刹之策，言：臣等谨密奏，为雅克萨可下，罗刹可破事。臣等奉旨从达湖里墨勒根诸边围猎而行，凡十六日，至罗刹雅克萨城。途间细察地形，虽无险山，而林木丛杂，冰坚沙结。自兴安至雅克萨城，大概如一。料冬雪之时，未可前进。夏月雨潦，淤泥阻路，除轻装疾行外，凡百重载，一概难行。臣等从黑龙江顺流回，凡十五日至瑷珲城。观水势从瑷珲至雅克萨，舟楫可通，无险阻之患，两岸俱可牵缆而行，从瑷珲至黑龙江、松阿里江汇合处，马行可半月程。从两江汇口至雅克萨城，马行可一月程，舟行逆流可三月程。舟行虽稍迟时日，凡军饷重器皆可至于雅克萨。昔罗刹于乌查拉作木城居时，宁古塔副都统海色击之失利。后罗刹复于呼马立河口立城，都统明安达礼往攻之未下。从此罗刹倚木城为重，以为坐待无虞。今臣等愚意，欲取雅克萨诸城，非红衣炮不可破。记奉大府有红衣炮数座，若速遣官至奉天府，得二十炮，即可济用。俟来春冰未融化之时，预运于吉林江口。臣又访得黑龙江船数，大船四十只，小船二十六只。大船逆水迟滞，可载粮饷后行。若与陆兵接应，缓急未便。今小船仅二十四只，应再造小船五十六只。除出兵事宜粮用几何，应候旨裁定外，红衣炮必趁地冻之时，预运至湖勒海河口。俟来春冰解时，水陆军克期齐发。旋奉旨：据郎谈等奏，攻取罗刹甚易，发兵三千足矣。朕意亦以为然，第兵非善事，宜暂停攻取。调乌拉、宁古塔兵一千五百，并置造船舰，发红衣炮、乌枪及演之人于黑龙江、呼马儿二处，建立木城，与之对垒，相机举行。所需军粮，取诸科尔沁十旗，及席北乌拉之官屯，约可得一万二千石，可支三年。且我兵一至，即行耕种，不致匮乏。黑龙江城，距索伦村不远，五宿可到，其间设一驿。俟我兵将至净溪里乌拉，令索伦接济牛羊，甚有裨益。如此，则罗刹不得纳我逋逃，而彼之逋逃者，且络绎来归，自不能久存矣。"①

听了郎谈奏述以后，玄烨于二十一年十二月二十七日，谕议政王大臣等曰："据郎谈等奏，攻取罗刹甚易，发兵三千足矣。朕意亦以为然。第兵非善事，宜暂停攻取，调乌拉宁古塔兵一千五百，并置造船舰，发红衣炮鸟枪，及演习之人，于黑龙江、呼马尔二处，建立木城，与之对垒，相机举行。所需军粮，取诸科尔沁十旗，及席北乌拉之官屯，约可得一万二千石，可支三年，且我兵一至，即行耕种，不致匮乏。黑龙江城，距索伦村不远，五宿可到，其间设一驿，俟我兵将至净溪里乌拉，令索伦接济牛羊，甚有裨益。如此，则罗刹不得纳我逋逃，而彼之逋逃者，且给络绎来归，自不能久存矣。其命宁古塔将军巴海，副都统萨布素，统兵往驻黑龙江，呼马尔壬寅，岁暮，祫祭。"②

玄烨的这次训谕，表明了他已决心要征剿罗刹。满洲王公大臣之所以不愿，不敢征剿罗刹，主要是因为路途太远，太难。从京师到瑷珲城已是4000余里，到罗刹占据的雅克萨城更远。郎谈一行，从雅克萨城往瑷珲城走，坐的是船，顺水而行，还走了15天。并且，天寒地冻，重达二三千斤、三四千斤的红衣大炮，都可以在冬天雪地冰冻的路上运行，其冷冻程度之厉害，可想而知。但是，身为大清国皇帝的玄烨，他可是高瞻远瞩，从国家安危根本大局考虑，罗刹侵我大清国土，残害我大清子民，岂能容忍。何况，离我大清国发祥盛地不远，焉能听之任之。尽管此时刚刚打完八年平叛大战，国家财力还很薄弱，兵民国苦尚未舒解，康熙为了国家根本大计，仍在二十一年十二月做出了征剿罗刹、驱逐侵略军、收复失地、保护东北子民的重大决定。后来他不止一次地讲述排斥众议、乾纲独断、发军征俄的原因。康熙二十四年正月二十三日，"谕议政王大臣等，兵非善事，不得已而用之。向者罗刹，无故犯边，收我逋逃，后渐越界而来，扰害索伦、赫哲、飞牙喀、奇勒尔诸地，不遑宁处，剽刬人口，抢掳村庄，攘夺貂皮，肆恶多端，是以屡遣人宣谕，复移文来使，罗刹竟不报命，反深入赫哲、飞牙喀一带，扰害益甚。爰发兵黑龙江，扼其来征之路，罗刹又窃据如故，不送还逋逃，

---

①《八旗通志初集》卷153，《郎谈传》。

②《清圣祖实录》卷106，第23、24页。

应即剪灭"。①

六月初四，他又谕恭亲王常宁等王公及文武百官："治国之道，期于久安长治，不可图便一时。当承平无事，朕每殚心筹度，即今征罗刹之役，似非甚要，而所关最巨。罗刹扰我黑龙江、松花江一带，三十余年，其所窃据，距我朝发祥之地甚近，不速加剪除，恐边徼之民，不获宁息。朕亲政之后，即留意于此，细访其土地形胜，道路远近，及人物性情，以故酌定天时地利，运饷进兵机宜，不徇众见，决意命将出师，深入挞伐。然兵贵相机而动，变化无穷，唯恐诸将不遵朕指授，致失机宜，今收复雅克萨地，得遂初心。"

王公大臣奏："征剿罗刹，众皆难之，我皇上为根本计，独断兴师，今罗刹归诚，雅克萨城收复，悉如睿算，不爽毫发，诚非臣等浅近之人，所能仰窥万一也。且前获罗刹，不加诛戮，迨大兵压境，又遣关保等，严谕将士，诚以勿杀。皇上好生之德，覆被天下，匪独罗刹载恩，海外诸邦，莫不倾向圣化，臣等合行庆贺。"

康熙又谕："朕思凡事，必周详审度，方获实效，不可轻率从事，向者尚书明安达礼轻进，至粮饷不继，将军沙尔呼达，巴海等失计，半途而归，遂致罗刹骄恣，而索伦、奇勒尔、鄂伦春等，心怀疑二，朕询其失机情由，一一详计，今始奏功。兵法云，多算胜，少算不胜，讵可忽视。"②

既要征剿罗刹，该怎么办？平定三藩之乱，因事前没有想到吴三桂必反，一点打仗的准备都没有，以致初期战事失利，半年而六省皆陷。吃一堑，长一智，这次征剿罗刹，且远在几千里以外，天寒地冻，可就不能重蹈覆辙了。特别是要弄清敌情，敌之所短所长和自己的优势，以便制定正确的进剿方案，因此继续派人前去侦探。康熙二十三年五月十九日，"阿达哈哈番马喇等疏报，臣至索伦，屡行密询罗刹情形，皆云，见在雅克萨、尼布楚，二城，各止五六百人，其得以盘踞多年者，惟赖额尔古纳口，至雅克萨十余处，雅克萨至布尔马大河口十余处，祭室散居，耕种自给，因以捕貂，尼布楚田亩不登，但取以资纳米雅尔诸姓贡赋，喀尔喀巴尔虎人，时贩牲畜等物，至尼布楚，尼布潮人亦捕貂兴之交易，得以生存。臣请敕喀尔喀车臣汗收其所部附近尼布楚者，兼禁止交易，再请敕黑龙江将军，水陆并进，作攻取雅克萨状，因取其田

①《清圣祖实录》卷119，第6、7页。
②《清圣祖实录》卷121，第11、12页。

禾，则罗刹不久自困，量遣轻骑剿灭似易”。[1]

根据马喇的侦察，康熙决定采取割取罗刹田禾的策略。"谕兵部：据马喇等奏取罗刹田禾，当不久自困。又侍卫关保来奏，将军萨布素等，亦以取罗刹田禾为然。则罗刹盘踞雅克萨尼布楚惟赖，若田禾，为我所取，诚难久存，其令萨布素等酌议或由陆路进，或水陆并进，尽刈其田禾不令收获，由陆路进，以所刈之禾，投江下流，水陆并进，以所刈之禾，船载以归"。[2]

经过充分了解双方状况后，康熙认为，罗刹之长，在于野战与火器（火枪），善骑射，流窜性强，败后又能卷土重来，但人数太少，几十人一股，两大城堡亦不过几百人，又距本国遥远，援兵不易赶来，田地不多，粮食欠缺。而清军有广阔的后方，距前线远比罗刹近。雅克萨城，在瑷珲西北一千三四百里，瑷珲城到索伦村"五宿可到"，清政府可从辽、吉、黑、蒙古、关内源源不断地调运大量将士、粮草、枪炮、银米，运往前线。因此，康熙确定了一战毙敌、永戍东北的方针，具体采取了筑城、驻兵、屯田、造船、运送充足的粮米枪炮等措施。

其一，筑建黑龙江、呼马尔、额苏里三城，驻兵永戍。玄烨于康熙二十一年十二月二十七日下谕决定征剿罗刹之时，即令于黑龙江、呼马尔"建立木城"。二十二年四月初八，又令于额苏里建立木城。官将遵旨计划安排办理。康熙二十二年九月初九，玄烨谕理藩院尚书阿喇尼：因罗刹侵略，"特遣将军统兵，驻守黑龙江、呼马尔等处，不许罗刹仍前恣意妄行，遇即擒杀"。同日又谕议政王大臣："我兵既命永戍额苏里，应派乌拉宁古塔兵五六百人，打虎儿兵四五百人，于来秋同家口发往，设将军，副都统、协领，佐领等官镇守，深为有济。至来年运席北诸地粮米于额苏里，若止用猎户，必致稽迟。萨布素等，业已支取来年六月前兵食赍行，今又停止进征，应量发萨布素等军前水手，由陆路直往席北，俟来年冰解，与猎户协运，可否如此施行，令郎谈驰驿速往萨布素处确议。"萨布素等奏，"额苏里今年七月，即经霜雪，乌拉宁古塔兵家口，若令来秋迁移，恐地寒霜早，诸谷不获，难以糊口。应于来春，就近移打虎儿兵五百人，先赴额苏里耕种，量其秋收，再迁家口，以乌拉宁古塔三千兵，分为三班，将军、副都统等，更番统领驻防。议

---

[1]《清圣祖实录》卷115，第19、20页。

[2]《清圣祖实录》卷115，第20页。

政王大臣等，议如所奏"。

上复谕曰，"果如萨布素等所奏，兵丁频事更番，必致困苦，非久长之策，其在黑龙江，建城永戍，预备炮具船舰，令设斥候于呼马尔，自黑龙江至乌拉，置十驿，驿夫五十人，遇有警急，乘蒙古马疾驰，寻常事宜，则循十驿以行。由水路陆续运粮，积贮黑龙江，此兵既往，且立二年之业，仍设将军、副都统领之"。

萨布素奏请发乌拉宁古塔兵五百人协力筑城。玄烨谕："乌拉宁古塔兵，别有调遣，毋得发往，令副都统穆泰，率盛京兵六百人，于来年三月抵彼处，筑城器具，悉备以行，余俱如前议。"[1]

其二，玄烨亲自安排和督促，运送大量粮米。康熙二十二年三月初八，康熙与大学士等官商议造船运米之事，《清圣祖实录》卷108，第3—5页载：谕大学士觉罗勒德洪等，馈运乌拉军糈，自辽河溯流，运至等色屯，随用蒙古之力，陆路运至伊屯门，自伊屯门船载，顺流运至松花江，甚善。内府佐领下，屯庄粮米充足，需用几何，即以屯丁之力，运至辽河津要，船载趣运，并备畚具椿木，若逢淤浅，束水以行，粮米，或于等色屯、伊屯门，伊屯口，或于峨河口，筑仓收贮。船在边内，我兵卫送，边外，蒙古兵卫送，宜少载粮米，多备挽夫。俾船行轻利，两河中阻陆路，酌派车载，其船准何式制造，钱粮需用若干，尔等与户工二部，理藩院，及郎谈，观图详议。至造伊屯门以北运船运至松花江，及筑仓收贮事宜，应否交与留镇乌拉副都统，其并定议以闻。勒德洪等议覆，巨流河渡口，应造船六十艘，以长三丈、宽一丈为度，每船载米百石，用水手六名，水手即派民夫操演，自起运日，每人月给银一两。运到米，于巨流河渡口等色屯，筑仓收贮，悉交与奉天将军大臣等监理。船在边内，酌派盛京官兵卫送，边外，自等色屯至伊屯门，派蒙古官兵车辆，陆续运往，所派蒙古官兵车辆，理藩院另行请旨。伊屯门诸地筑仓贮米，及造伊屯河运船，运至松花江，悉交留镇乌拉副都统议覆。

上以所议尚未周详，遂分遣内府营造司郎中佛宝，及户部侍郎宜昌阿等，以瀛台通州船，载米试之。复令盛京刑部侍郎噶尔图等，自巨流河至等色屯，验视辽河深浅，宁古塔副都统瓦礼祜等，自伊屯口，至伊屯门、伊尔门河口，验视水势。寻噶尔图奏，辽河可行三丈之船，请以

---

[1]《清圣祖实录》卷112，第6-8页。

此式，于巨流河渡口，造船六十艘。瓦礼祜奏，伊屯河可行三丈五尺之船，吉林地方，伐木造船百艘，由伊屯河，运米松花江，于伊屯门。伊屯口，筑仓收贮。从之。又谕前萨布素来奏，"明年六月前兵食，伊等赉行，余悉存留，尔时曾谕以六月后所需，运黑龙江松花江交汇处，令其迎取，令应于乌拉造大船五十艘，或以萨布素等所留蒙古席北米，或以盛京所发米，计口运tä 。乌拉宁古塔兵皆贫乏，见在出征者，半任输挽，复用余兵，恐致困苦，乌拉席特库所属八家猎户，停猎一年，令其输挽，庶兵力稍纾。黑龙江松花两江交汇处令萨布素发兵运送"。

康熙二十二年十一月初六，"吏部尚书伊桑阿等题，奉命议运粮黑龙江事宜。臣等议乌拉造船五十艘，除将军萨布素所发水手一百五十人，再派乌拉兵二百，猎户四百，候明年冰解时，即以伊屯口席北米，每船载五十石，并副都统穆泰兵三月坐粮，运至黑龙江。二十四年应运者，于前项水手，添发乌拉兵六百运送。得旨：应增船舰，并运二年食粮，二十四年，不必运送，其再行确议以闻。寻议，二年食粮，一次全运，船五十艘不足，应造三十艘，每船设运丁十五人。共需一千二百人，除萨布素处所发水手一百五十人外，再派乌拉八旗猎户六百九十，宁古塔兵三百六十，选才能协领等官，督运黑龙江。从之。复谕：所发猎户甚多，其令总管席特库，辖之前往，兵丁、猎户、水手，各给饷一月"。[1]

康熙二十二年十二月十九日，玄烨又"谕大学士觉罗勒德洪等，大兵见驻黑龙江，所需军食，虽已运送，而科尔沁之漠尔浑屯，亦宜多备造仓储积，其令户部，理藩院，同吏部尚书伊桑阿，详议以闻。寻户部等议，漠尔浑屯运米一万石存贮，其米自包衣屯庄拨给，运费于盛京户部动支，工部遣官至漠尔浑屯坚固造仓，米至，交彼处都统，副都统守护"。[2]

同时，还派兵耕田，收获粮食。军粮马料非常充足。

其三，运送红衣大炮。康熙于二十一年十二月二十七日，下谕宣布，征剿罗刹之时，即已谕令发红衣炮前往。二十三年正月十九日，黑龙江将军萨布素因罗刹抵达恒滚，奏称欲于四月进攻，派兵三百和红衣

①《清圣祖实录》卷113，第5页。
②《清圣祖实录》卷113，第22页。

炮四具前往，后来进攻雅克萨城时，"黑龙江火器甚多"。①

其四，亲询林兴珠击败罗刹火枪兵之策。林兴珠，福建人，深谙水性，被吴三桂封为水师将军，统领水军。林主动降清后向康熙呈奏破敌岳州城之计，立下大功。这次，林建议用福建藤牌兵使用藤牌、滚被片刀，对付火枪。康熙听从，谕命兵部，"征剿所需藤牌官兵，应分遣司员"，至山东、河南、山西三省福建投诚官兵内"选择五百人"，"又传令八旗汉军，察明福建等处投诚官兵内善用藤牌及滚被片刀者，勿论主仆，开列名数并器具送部"。"闻福建有双层坚存藤牌，移文提督施琅，选取四百，并所用片刀速送至京"。福建随即送来双层藤牌30、单层藤牌370，康熙看后，降谕："藤牌稍薄，双层者加旧棉一层，单层者，加旧棉二层，庶坚固可用"。"授林兴珠为参赞，统400名藤牌兵赴前线，给藤牌兵马2000匹，兵每人月饷2两，各带炮弹10枚或20枚"。②万事俱备，就等皇上委派将帅，统兵征剿了。

在任帅上，康熙非常慎重，细心考察，反复思考，但又当机立断，力求任用能够担当重任的好帅。在康熙二十二年设立黑龙江将军以前，黑龙江地区归宁古塔将军管辖。宁古塔将军巴海，系清朝开国功臣勇将沙尔虎达之子。父子俩屡败罗刹，巴海又久任宁古塔总管、宁古塔将军，论资论才，巴海本来很有希望担任统帅，但康熙认为，巴海不能善待士兵，又曾报"田禾歉收，不实"，而擢用萨布素。萨布素，满洲人，世居吉林，勇猛机智，熟悉吉林形势，自领擢升到正二品的宁古塔副都统。康熙二十一年，萨布素率领80人，陪副都统郎坦往索伦、雅克萨侦测罗刹情形及沿途水陆行军道路，随即奉旨在黑龙江(即旧瑷珲城)领兵筑城屯田，备攻具，设斥候，置驿站，运粮积贮。二十二年被皇上擢升正一品的黑龙江将军，担任进剿罗刹的统兵重任，但随即因未曾严格执行皇上令其遣兵尽刈罗刹田禾之谕旨，"坐失机会"，遭帝斥责，谕令严处。二十三年九月十一日，议政王大臣奏："将军萨布素等以失误军机上疏请罪，应即严加议处，但见领大兵，临罗刹境，姑俟事竣再议。"康熙谕："进取雅克萨机宜，关系重大，令都统、公瓦山、侍郎郭丕前往黑龙江，会同该将军，将雅克萨地方应否攻取，作何行事，方克有济，逐一详明议

---

① 《清圣祖实录》卷106，第24页；卷112，第6页；卷114，第3页；卷119，第5页。

② 《清圣祖实录》卷118，第5页；卷119，第5、6、13、20页。

奏。"①二十三年十二月十二日，议政王大臣会议奏称："黑龙江地方将士，应遣大臣一员统辖。"康熙谕："军机关系紧要，非熟练戎行者不可。公瓦山素谙行师，以之遣往，必能胜任。护军统领佟宝、佛可托，皆堪效力之人，可令公瓦山为首统辖，佟宝、佛可托为参赞。"②这两次降谕，表明康熙已改变初任萨布素为黑龙江将军时欲令其为征剿罗刹统帅的想法，而要以京师大臣为主帅。但瓦山亦非帅才，他与侍郎郭丕到黑龙江城与萨布素商议后，奏称："我兵于四月，水陆并进，抵雅克萨招抚，不行纳款，则攻其城，倘万难攻取，即遵前旨，毁其田禾以归。"议政大臣等"议如所请"。康熙严斥其非，坚持"期于必克"说："萨布素一应咨题，多属支吾，借端延滞。度四月进兵，不过刈取田禾，事必无成"。"用兵所关甚巨，宜周详筹划，期于必克，倘谋事草率，复似明安达礼等退兵，罗刹将益肆披猖。今自京城遣一贤能大臣，总统军事，俟克取雅克萨之日班师"。并传谕罗刹，示以必克，令其退兵画界之意。"若不如此周详区划，今纵克取雅克萨城，我进则彼退，我退则彼进，用兵无已，边民不安"。随即谕令都统、公彭春统兵，副都统班达尔沙偕佟宝等参赞。彭春移会雅克萨文书，用黑龙江将军印。③

彭春统领的军队有3000名士卒，其中，驻瑷珲的乌拉、宁古塔兵1500名，索伦、达斡兵500名，新调的京营八旗军五六百名，藤牌兵420名。

此时，雅克萨城的罗刹将弁士卒和妇女儿童，不足千人。二十四年五月二十三日，清军抵达雅克萨城，先交送彭春都统致雅克萨城头目咨文，谕罗刹退回雅库，以雅库为界，归还逃人，不再扰边，否则大兵进剿，"将雅克萨城尽毁杀绝"。罗刹督军托尔布津拒降。清军于二十四日晚上，燃放红衣大炮、神威将军炮轰城，"炮声震天地，毙敌百余人，托尔布津只好于二十五日投降，遵从清军规定，全部撤离雅克萨，誓不再来，清军允其携带武器、财产、人员归雅库。清军焚毁雅克萨城郭庐舍，刈其田禾后，撤回一千余里的瑷珲城，并飞奏捷音"。

康熙二十四年六月初四，收到捷报，奏称："都统公彭春等，帅师

①《清圣祖实录》卷116，第1、22、23页。

②《清圣祖实录》卷118，第6页。

③《清圣祖实录》卷119，第5—8页。

进发，五月二十二日，抵雅克萨城下，遵谕旨，将皇上不忍加诛洪恩，悉著于书致罗刹。罗刹恃巢穴坚固，不肯迁归。于是二十三日，分水陆兵为两路列营，二十四日夜，将神威将军等火器，移置于前。二十五日黎明，并进急攻，城中大惊，罗刹城守头目额里克舍等势迫，诣军前稽颡乞降。都统公彭春，黑龙江将军萨布素等，复宣上恩德，罗刹头目额里克舍，所部官兵，皆垂涕，望关稽首，于是遵皇上谕旨，将罗刹所部官兵，及妇女童稚，立即迁归，收回逃人，恢复雅克萨城。"

康熙大喜，顾阿喇尼曰："征剿罗刹，众皆以路远为难，朕独兴师致讨，令荷天眷，遂尔克之，朕心嘉悦，尔以捷音，传知诣王大臣。"[1]

同日降旨：克复雅克萨城，"深为可嘉，在事人员，从优议叙"。

六月十四日，玄烨又谕奖从事人员，安排罗刹俘虏等事："谕大学士勒德洪，学士麻尔图、图纳，俄罗斯入我边塞，扰害鄂伦春、索伦、赫哲、飞牙喀等处人民，抢掠其家口，虽屡肆凶暴，朕不忍遽兴兵革，故未即遣发大兵征讨，数遣使晓谕。俄罗斯恃其辽远，仍复抗拒，益侵犯我边鄙之人，肆虐不止，用是遣大兵直抵雅克萨城，彼因困迫已甚，而后归降，爰遵朕命，宥其困而后降之罪，释之使还，大兵迅速征行，破四十年盘踞之俄罗斯于数日之间，获雅克萨之城。克奏厥绩，萨布素向来逗留不进兵之罪，概从宽免，又雅齐纳、鄂山，本获罪发遣之人，其所互告之事仍行察议，今进剿官兵，殊属劳苦，令伊等暂回吉林乌拉地方，于盛京打虎儿之兵，酌量派往防守。至雅克萨城，虽已克取，防御决不可疏，应于何地永驻官兵弹压，此时即当定议，着大学士勒德洪，学士麻尔图、图纳同郎谈、关保，与议政王大臣等，会议具奏。"[2]

就在清政府庆贺、筑城之时，尼布楚俄军毁弃誓言，先后派兵八百余名，前往雅克萨，重修城堡，加固、存粮，安置火器。康熙二十四年底，清政府始知罗刹去而复回，康熙决定再次进剿。经过紧张准备之后，康熙派萨布素任主帅，郎谈、班尔达沙为参赞，率黑龙江驻军2000名及藤牌兵400名进攻雅克萨，二十五年五月底逼近城下。六月初进攻，放红衣大炮，从六月初四到初八，先后击毙雅克萨督军托尔布津等大量将士。因城墙坚固，未能即下，清军遂长期围困，到十二月底，原有的820名罗刹军只剩下66名，另一将官拜顿亦"已病危"。沙皇知晓雅

①《清圣祖实录》卷121，第10、11页。

②《清圣祖实录》卷121，第15、16页。

克萨城即将陷落，又值俄土战争中俄方失利，方始同意与清政府议和。经过两年多的艰苦交涉，终于在康熙二十八年七月二十四日，中俄双方使团在尼布楚签订了《中俄尼布楚条约》，规定以格尔必齐河、额尔古纳河、外兴安岭为两国分界线，按山脉、河流自然走向划分，格尔必齐河以东，外兴安岭以南，额尔古纳河以东及以南，为中国领土。格尔必齐河以西，外兴安岭以北，为俄国领土。尼布楚城属俄，雅克萨城属中。双方人员不得越界，不得收留对方逃人。中俄两国人员持有护照者，允许越界往来和贸易。

《尼布楚条约》使俄国取得了原属中国的尼布楚周围及其以西的土地，巩固了在该地几十年来的殖民统治，并打开了与中国通商的门户，所以沙皇感到满意。清政府收复了长期被俄国霸占了的领土，并以法律形式明确了中俄东段国界，东北边疆得以安定，为下一步开发、巩固东北地区提供了有利条件。康熙在签约之后，加紧东北地区的管理、建设，在瑷珲、墨尔根、齐齐哈尔等地新建和扩建城池，继续编组"新满洲"，担任驻军，大力推行屯田，对东北地区经济的发展起了积极作用。

康熙在抗击沙俄侵略、捍卫国家疆域、开发东北地区上，建树了不朽功勋。

四、三征噶尔丹　西北安定

（一）阿喇尼兵败乌尔会河

噶尔丹原是漠西厄鲁特蒙古准噶尔部之汗。厄鲁特蒙古原分绰罗斯（亦称准噶尔）、杜尔伯特、和硕特、土尔扈特四部。明末土尔扈特部远涉俄国，其旧游牧地为辉特部居住，仍为四部。

准噶尔部有二十余万户六十余万人，崇尚勇武，吃苦耐劳，骁勇善战，好掳掠，一人能劫掠数人者为壮士，受人尊崇。

准部人人皆兵，士兵上马即行，下马便止，一人数马，往来迅速，犹如云合电发，飙腾波流，所向披靡。各回城及哈萨克人，只要听到准军来袭，立即吓得魂飞魄散，四处逃窜，任其掳掠，不敢抗拒。

准噶尔汗巴图尔珲台吉及其长子僧格，从驻牧地伊犁（今新疆伊宁市），迅速扩展，辖地北及额尔斯河及鄂毕河中游，西至巴尔喀什湖以东、以南，还占据了天山北路的广大地区。

僧格之弟噶尔丹，杀死僧格的大儿子索诺木阿拉布坦，成为准噶尔汗后，率军吞并天山南部回疆，夺占哈密、吐鲁番，袭击青海和硕特部车臣汗，成为厄鲁特四部总汗，军威更盛，便想掠取外蒙古的喀尔喀三部。

喀尔喀三部亦称漠北蒙古，是元太祖后裔，分为土谢图汗部、扎萨克图汗部、车臣汗部，东界黑龙江，西界厄鲁特，北界俄罗斯，南达潮海，东西五千里，南北三千里，总面积为156万平方公里。

准噶尔部与喀尔喀三部均与清朝建立了朝贡关系。

喀尔喀三部之汗虽然同是元太祖后裔，但彼此之间常起争执。康熙初年，扎萨克图汗旺舒克为部下杀害，内乱，很多部民逃到土谢图汗部，新汗成衮袭兄汗位后，向土谢图汗索要逃民，被拒，双方关系紧张。扎萨克图汗上疏清廷，请求大皇帝帮他索还部民，康熙遣使调停。康熙二十五年八月十六日，礼部尚书阿喇尼与达赖使者主持喀尔喀三部会议，令众人"言归于好"。扎萨克图汗、土谢图汗及两部台吉、济农、寨桑60余人在佛像前，设立重誓："自今以后，当永远和协，两部互相侵占的台吉、人民，各归本主。"①两部之间关系大为缓和。

然而，远居伊犁的准噶尔汗和厄鲁特四部总汗的噶尔丹，早就想掠取喀尔喀三部，派人诱惑扎萨克图汗，拉其与己会盟，扎萨克图汗也想借助噶尔丹军力。双方合盟后，康熙二十六年四月，噶尔丹借口去年两部会议时，土谢图汗之弟哲卜尊丹巴大活佛对西藏达赖喇嘛的使者西勒图活佛不敬，阿喇尼让两位活佛平起平坐，是不尊黄教不尊达赖，致书阿喇尼和哲卜尊丹巴，予以指责，同时，噶尔丹又派人诱惑扎萨克图汗毁弃和议，与己会兵。

噶尔丹随即率军由阿尔泰向喀尔喀推进，与扎萨克汗会兵。扎萨克图汗进攻土谢图汗，噶尔丹之弟多尔济扎布领兵掠取班第戴青台吉卜图克森等的人畜。土谢图汗出兵击杀扎什克图汗和多尔济札布。

噶尔丹借此，于康熙二十七年六月，率铁骑三万，大举入侵喀尔喀。土谢图汗之子噶尔旦台吉及土谢图汗相继战败，三部大乱，哲卜尊丹巴急忙上疏大皇帝求救说："去年噶尔丹率兵三万余，分道而来，诱

---

① 《亲征平定朔漠方略》卷3，第6、19、25页。

我扎萨克图汗等叛去。我土谢图汗，领兵追而执之以归，后噶尔丹之弟多尔济扎卜等，领兵来掠右翼班第戴青台吉卜图克森、巴尔丹等人畜而去。土谢图汗追杀多尔济扎卜，收回人口，噶尔丹又领兵三路而来，土谢图汗，及西海罗卜臧滚布，领兵前至噶尔丹所驻之地，遇达赖喇嘛使者所遣人，宣示皇上谕和之旨，遂退驻楚克独斯诺尔地方，今噶尔丹自杭爱山后，掠取左右翼台吉等，至忒木尔地方。土谢图汗之子噶尔旦台吉与战，大败，仅以身免，又闻丹津温卜等，率兵来取额尔德尼沼之地，其地距我地，仅二日程，仰祈速赐救援。"①

求救疏于康熙二十七年七月初二送到北京皇上面前。同日理藩院设站侍郎文达奏报："称喀尔喀人众，屯聚于苏尼特汛界之地，内有台吉数人，率其属裔来投，守边将弁禁之。彼言我地被兵，不得已始进边汛，皇上闻之，亦必怜悯，逐之不去。泽卜尊丹巴，亦率众来至近边驻扎，距设站之地，仅半日程。"

康熙立谕领侍卫内大臣舅舅佟国维等曰："见令窘迫来奔之喀尔喀等，应否令其出我边汛，或将彼汛哨稍展，就伊等所居之地，另为设哨防守，此事关系重大，其令议政王大臣详议。"②

议政王大臣议后奏称："喀尔喀人等窘迫来奔，不便即令出边，若久留之，恐牧地残毁。姑俟一月以内，探得实音，将来奔之喀尔喀等作何措量，再行确议。"③康熙批准此议。

随后，土谢图汗、车臣汗及扎萨克图三部几十万喀尔喀蒙古来投，具体安待，待后专题叙述。

眼看噶尔丹掠取喀尔喀三部，康熙敏锐地感到，此非小事，噶尔丹恐不止志在占据喀尔喀全境，很可能将要为患西北边疆和内蒙古。因此，早在六月二十日，礼藩院尚书阿喇尼奏报："噶尔丹，率兵掠额尔德尼沼居民，直抵喀喇卓尔浑之地，距泽卜尊丹巴所居，仅一日程，泽卜尊丹巴，携土谢图汗妻与子媳，及喇嘛班第等夜遁，喀尔喀通国，各弃其庐帐器物，马驼牛羊，纷纷南窜，昼夜不绝，土谢图汗，不知存亡。"

他便立谕派兵防守苏尼特一带汛地，说："喀尔喀与厄鲁特，互相攻战，我边塞地方，宜加防守，翁牛特，巴林，克西克腾，四子部落等

①《清圣祖实录》卷136，第1、2页。

②《清圣祖实录》卷136，第2页。

③《清圣祖实录》卷136，第2、3页。

旗，共派兵二千五百名，暂驻苏尼特一带汛地防守。"[1]

过了两天，七月初四，谕安亲王岳乐，简亲王喇布各率包衣兵500名"赵苏尼特汛界驻防"。[2]

七月初六，巴林王纳木达克，台吉阿拉卜坦等奏报："喀尔喀兵，败于厄鲁特，土谢图汗、泽卜尊丹巴遁走，其属下台吉等，入内奔窜，来投者甚多。"

康熙命领侍卫内大臣津进，郎中怕海，侍读学士马拉，速赴乌朱穆泰、巴林、科尔沁，各驻汛界之地，侦探情形，又命侍卫关保，传谕侍郎文达，令其往会阿霸哈纳班第戴青陵戴青公同派发两戴青之兵，于泽卜尊丹巴所居之地，设哨防护。其谕噶尔丹敕，及海三代携来噶尔丹奏疏，俱令与泽卜尊丹巴视之，巴林王所奏，令与我边汛驻扎大臣等视之。[3]

过了八天，七月十四日，喀尔喀洪俄尔戴青台吉等，疏报噶尔丹来掠达赖台吉，至枯伦贝尔地方。康熙谕和硕裕亲王福全等曰："厄鲁特已至枯伦贝尔地方。去我汛界，仅七八日程，宜豫为备御，其令科尔沁土谢图亲王沙津，达尔汉亲王班第，派所属十旗兵一万，量委才能都统副都统、参领等管领，其盛京将军副都统等令派所部兵一千，副都统穆泰，率往科尔沁地方，于所指之地备御，尚书纪尔他布，都统巴海，护军统领佟宝等，自京城往科尔沁地方，传谕土谢图亲王沙津等王、台吉，量留数人于家，余悉令前往，又参领巴查尔，侍读学士巴拉，速会同科尔沁王等，点派出征官兵。"[4]

八月二十七日，设站侍郎文达、侍卫阿南达疏报：土谢图汗，与噶尔丹，于八月初三四等日，相遇于鄂罗会诺尔之地，鏖战三日。厄鲁特兵，夜袭善巴额尔克戴青之营，破之，喀尔喀属下诸台吉星散，土谢图汗力弱，乃越瀚海，奔至泽卜尊丹之所。

上谕领侍卫内大臣舅舅佟国维、领侍卫内大臣伯费扬古、内大臣明珠、尚书阿喇尼等曰："今喀尔喀，尼鲁特交恶作乱，境上急宜防守，

---

[1]《清圣祖实录》卷135，第25页。

[2]《清圣祖实录》卷136，第5页。

[3]《清圣祖实录》卷136，第7页。

[4]《清圣祖实录》卷136，第9页。

其令见随八旗骁骑兵丁，及下五旗护军前锋，以其半往驻张家口外形势之地，以听调遣。两苏尼特，四子部落，三旗，派兵二千，以郡王萨穆扎额驸将之，贝勒博木博等副之。喀尔喀达尔汉亲王，毛明安，三吴喇忒，五旗，派兵二千，以达尔汉亲王诺内将之，于四旗扎萨克内，选贤能善于约束者一人，又于三旗协理台吉内，每旗派出一人副之。鄂尔多斯旗分派兵二千，以贝勒松巴喇布，将之，贝勒古鲁西希布、台吉阿尔赛等副之。此所拨兵，俱令环我边汛，驻备形势之地。再令归化城两旗，备兵一千，都统阿拉纳，副都统阿第等将之，于彼两旗，拔人才雄健，善于约束之员，即令屯驻归化城内，以备紧急调遣。"[1]

康熙是从七月十六日开始出巡塞外，此时正在巴隆桑古斯台，随行的八旗军很难超过万名以上，可能只有数千名用于前驻张家口，还有内藩蒙古兵6000名，归化城蒙古兵1000名，加上七月十四日谕科尔沁十旗派蒙古兵10000名，盛京兵1000名，共调动八旗军，蒙古兵两万余名，兵数相当多。可见此时康熙对噶尔丹的入侵喀尔喀可能威胁到边疆地区，已经相当警惕了。

过了几天传来的消息，更使康熙感到不安。九月初一，哲卜尊丹巴遣使奏称："噶尔丹分兵三路，沿途劫掠，约会于我边哨爱必汗喀喇鄂博之地。"

侍部文达遣人上报。康熙立命调兵防备："谕尚书阿喇尼等曰，喀尔喀所告之言，虽未审虚实，而我边塞，不可不为之防御。应派京师八旗护军每佐领七名骁骑每佐领二名，前锋二百名，火器营兵一千，子母炮八门，限五日内起程。再令大同宣府总兵官鲍敬、蓝理，各选精兵一千，亲率而来。我军俱应在归化城驻备，此系备兵，不用将军印，每翼置都统一员，右翼，着公苏努率之，左翼着公化善率之，即以苏努为统帅，左翼副都统迈图、那泰、查木扬，杨岱右翼副都统希禅、阿尔法、牛尼有达尔泰，令一并前往。"[2]

平定三藩之乱的八年大战，使康熙深感八旗佐领，尤其是满洲佐领太少，因此极力增编佐领，佐领多了，男丁就多，旗兵就多。到康熙二十七年，满洲八旗已由顺治十八年的318个佐领增为607个佐领，蒙古八旗由顺治十八年的129个佐领增为194个佐领，汉军八旗由204个佐领增

①《清圣祖实录》卷136，第26、27页。

②《清圣祖实录》卷137，第1、2页。

为250个佐领。此时八旗共有满洲蒙古佐领736个领，加上汉军250个佐领，八旗共有986个佐领。①按谕中所说"八旗护军每佐领七名"，护军只满洲、蒙古八旗才有，则736个满洲蒙古佐领应派出护军5607名。骁骑即马兵，满、蒙、汉军八旗皆有，986个佐领，每佐领2名骁骑，应派骁骑2102名，加上前锋200名，则共派八旗护军，骁骑，前锋7909名，再加上火器营兵1000名，共8909名。另有大同宣府绿旗精兵1000名为9909名。能一次调用京师禁旗9000名，兵数够多，规模够大，够重视了，只比平定三藩之乱第一次派宁南靖寇大将军顺承郡王勒尔锦所率禁旗12000名，略少一点。何况，还有前面所说调动护驾的几千名八旗军和内藩蒙古兵17000名及盛京满兵1000名，共三万多名士兵，可见，此时康熙已经正式考虑准备迎战噶尔丹了。

噶尔丹确系善于审时度势惯用计谋的统帅，虽然他久羡天朝繁华，垂涎内地金银宝珠绫罗绸缎，早有入边侵掠野心，但此时还在进掠喀尔喀，地盘尚未占牢，还没有与清军交手并能取胜的军事力量，还得糊弄住大清皇帝，所以还对天朝毕恭毕敬，竭力示好，避免引来清军交战。这招果然把大皇帝糊弄住了。

九月初一，康熙刚下圣谕，调兵防御噶尔丹，第三天就改变了主意。九月初三，"谕兵部：前者侍郎文达奏言，噶尔丹分兵三路，追土谢图汗，将近我汛界。朕以边疆事关重大，故颁谕旨，派京师大兵以备之。今闻噶尔丹，于我朝所遣使臣，待之有加礼，殊为恭顺，且又闻其遣使，与我阿齐图、拜里等，偕来请安，应将京城大兵，暂且停其起程，仍令各为预备候旨。大同宣府总兵官之兵，亦暂停起行，令其候旨，行在所有之兵，每佐领派护军二名，前锋派二百名，火器营兵全派，令赴安亲王军前其存留官兵，拣选肥壮马匹，给发前去之兵，将青城运来之米，计口授之，此去之兵，着都统诺敏，彭春、护军统领托伦惠兰，副都统康喀拉、尚图，酌量派发章京，统率前往"。②

康熙此时虽然因为噶尔丹恭顺，停止发兵前往，但仍然注意噶尔丹动向。

噶尔丹于康熙二十九年正月，由占据了喀尔喀三部之科布多起兵，再掠喀尔喀，击败喀尔喀拖多额尔德尼台吉，四月率铁骑沿克鲁伦河而

① 光绪《大清会典事例》卷1111。
② 《清圣祖实录》卷137，第2、3页。

下，掠昆都伦博硕克图，再掠车臣汗部众。车臣汗率部逃到邻近内蒙古的古尔班哈达。

康熙二十九年正月二十九日，康熙因噶尔丹掠喀尔喀，命理藩院侍郎文达前往喀尔喀墨尔根济农处，"确觇噶尔丹情形"。

三月初八，商南多尔济赉伊拉古克三胡土克图之疏列京，疏中说，观察到十二月初五日在北齐劳图之两岸，俱有噶尔丹兵马踪迹。

康熙断定，噶尔丹有侵袭内蒙古企图，立命理藩院尚书、议政大臣阿喇尼调内藩蒙古兵三千，前往一等侍卫阿南达处，并命马喇等出征。《清圣祖实录》卷145，第4、5页载：至是，商南多尔济归奏噶尔丹情形。上谕理藩院尚书阿喇尼曰，尔等昨议遣司官二员，尚未前往，今着一员，至鄂尔多斯，发兵一千五百，以贝勒松阿喇布率之，一员至归化城，发兵五百，喀尔喀达尔汉亲王，及四子部落，共发兵一千，以达尔汉亲王诺内率之，檄侍郎文达，令预发喀尔喀喀尔喀根济农、敖巴额尔克阿海、苏泰伊尔登台吉之兵，共三千名以待，以苏泰伊尔登、施多额尔得尼率之，偕调兵司官，往文达所，斋三月粮，随文达赴土喇河，仍自京遣大臣一员，与文达、阿南达，偕统其军。尔同纪尔他布，速赴阿南达所往之地，先檄阿南达来京，再诣文达所。自屯军之地至汛界，酌派喀尔喀人等，安设驿站，命都统额赫纳、护军统领马喇、前锋统领硕鼐等，出征。上谕之曰，朕已遣侍郎文达，往调喀尔喀亲王诺内等兵，共三千，尔等至归化城，与文达即率其兵赴土喇，与阿喇尼、纪尔他布等会，尔等习于兵事机宜，无俟朕言，其就水草善地牧养马驼前进，仍各赐内厩马驼以行。

四月初三，谕遣察哈尔精兵600名，带行炮8门，往阿南达处，相机征剿噶尔丹。"甲予，谕内大臣公舅舅佟图维等曰，据阿南达奏言，厄鲁特，与拖多额尔德尼战，颇被杀伤，其袭西布推哈滩巴图尔时，两人共一骑，有斩木为兵者，且闻来侵昆都伦博硕克图，而至今未到，想已狼狈，必有退回俄侬之势。阿南达欲带行炮，并禁军前往，相机征剿，朕非不知禁军足以克敌，但路远艰于粮运，朕前率察哈尔兵行猎，见其人才壮健，皆思效力，可选精锐六百，左翼令阿要率之，右翼令博尔和代率之，马驼牛羊于八旗大场内派出，兵各携五月粮，再于汉军每旗选章京一员，领行炮八门，及炮手前往，檄阿喇尼，额赫纳知之。"①

五月二十三日，"尚书阿喇尼疏言，臣前遣蒿齐忒都统劳章等，与即中马迪，访昆都伦博硕克图所在，渡克鲁伦河，遇昆都伦博硕克图，言我于正月，自俄侬游牧，思近汛界，仗我皇上威灵，而闻厄鲁特渐近，避之至乌尔呼纳河，今厄鲁特不知其何往，我兵微不敌，两尚书驻军洮濑河，今将至军前听调遣。马迪促其前进，仍遣劳章等，赴噶尔丹，至博尔济河，有马济者，泽卜尊丹巴属下人，自厄鲁特逃归，问之，曰，噶尔丹于五月初三日，率兵渡马尔扎河，将袭昆都伦博硕克图，车臣汗及土谢图汗，其兵四营，号四万，实不过三万耳，又将请兵于俄罗斯，会攻喀尔喀"。②

康熙感到，阿喇尼兵少，立派京旗、内藩蒙古兵前往。"上曰，似此，则阿喇尼等兵尚少，宜发科尔沁十旗预备之兵二千，及禁军每佐领护军一名前往，其令议政王大臣议。寻议覆，兵宜速发，应令理藩院，遗官乘驿前往科尔沁，于前所调遣预备兵内，选发二千，及台吉，都统副都统，各二员，佐领骁骑校，各八员，赏四月粮，速赴阿喇尼军前，其统辖是军者，伏候皇上特简。其八旗满洲，蒙古，前锋二百名，每佐领护军一名，每翼副都统一员，前锋参领一员，前锋侍卫署参领一员，前锋校署侍卫二员，每旗护军参领一员，护军校署参领七员，其每翼所派副都统一员，亦伏候皇上特简。得旨，科尔沁兵，令土谢图亲王沙津率之，左翼四旗，居远难待，令沙津王，尽所有兵，率之先往，其四旗兵，随后进发。再令喀喇沁杜楞郡王扎什旗芬分，发兵五百，以扎什率之，两翁牛特旗分，发兵四百，以杜楞郡王毕礼衮远赖率之，两巴林旗分，发兵四百，以额驸阿拉布坦率之，俱赴阿喇尼军前，其禁军令副都统噶尔玛，罗满色，率之，每翼汉军兵一百名，带炮前去，满洲，蒙古，汉军各佐领，出骆驼一头运粮"。③

五月二十七日，阿喇尼奏："郎中马迪报称，乌尔扎河前逾一日程，有厄鲁特列营状。"康熙立谕："八旗兵及炮，着即择日启行，阿南达等不必待额赫纳，即载炮以往，其额赫纳，及科尔沁，巴林，翁牛特兵，俱着星驰赴阿喇尼军。伊等起程甚速，各给银十两，令其修理器

---

①《清圣祖实录》卷145，第10页。

②《清圣祖实录》卷146，第6页。

③《清圣祖实录》卷146，第7、8页。

械，给予一月钱粮。"①

六月十一日，康熙再谕增兵："谕议政王大臣等曰，顷闻厄鲁特穷困，沿克鲁伦河下流而来，其遣人谕科尔沁，巴林，翁牛特兵，速赴阿喇尼所，遣员外郎铁图，往谕两乌朱穆泰，两蒿齐忒，两阿霸垓，两苏尼特八旗，除前所发之兵外，自王以下，有愿效力者，速赴阿喇尼所，令铁图视其启行。今学士布彦图，催督前军驻汛界，不时至军前众听，我禁军及火炮，俱速令前往，再发八旗前二百名，每佐领护军二名，预备以待。"②

过了三天，六月十四日，兵部遵旨议发八旗满洲蒙古兵，请帝特简统领全军大臣。康熙命"宗室公都统苏努统领全军，镶黄旗副都统觉罗海笃领左翼，镶红旗副都统牛尼有领右翼，即日又令议政王大臣，以克鲁伦等处地名，及程途远近，询问新来喀尔喀"。③

六月十九日，尚书阿喇尼等奏报："侦探厄鲁特兵，驻扎克鲁伦之阿尔滩额墨尔地方。臣等欲待大兵而行，恐厄鲁特兵，追蹑昆都伦博硕克图，沿乌尔顺行河，至喀河地方，乌尔顺河，距喀尔喀河甚近，喀尔喀河，距汛界仅一日程。臣军若往波衣尔之地，虑反出其后，以此竟赴波衣尔之南，他奔他什海，以御之。"

康熙谕："噶尔丹踰枯伦波衣尔深入，事关紧要，理宜预备。王沙津如未起行，令率所调科尔沁兵，往前年纪尔他布等驻防之地备之，若沙津已起行，着达尔汉亲王班第，率兵往备之。其敖汉、土默特、贝勒厄尔德木图、公乌忒巴喇等，旗兵之未调者，令往备达尔脑儿前所派出每佐领禁兵二名，用速遣行，再于每佐领下，应派护军骁骑各五名，预备以待，其以阿喇尼奏，速檄额赫纳知之，着议政王大臣集议。寻议，应如敕谕，令理藩院遣官，驰驿前往。"

帝谕："蒙古兵，令携两月行粮，其敖汉奈蛮，科尔沁土默特兵，令贝勒厄尔德木图、公乌忒巴喇统之，其率科尔沁兵往纪尔往他布驻防之地，令内大臣苏尔达，率前次将校，乘驿前往，其再发之军，每佐领拨护军五名，骁骑三名，包衣佐领兵，亦照此派发，令都统宗室喇克达，彭春，护军统领苗齐纳、杨岱，副都统扎木素、海润、塞赫、康喀

①《清圣祖实录》卷146，第9、10页。

②《清圣祖实录》卷146，第12页。

③《清圣祖实录》卷146，第13页。

喇统之，其副都统迈图，署为前锋统领前去，再派出汉军都统公舅舅佟国纲，都统诸迈，凡派发火器营兵之事，令彼请旨，再派诸王从征，军行日期，交钦天监选择，令前所拨兵，轻装于初旬速行，其辎重令每翼留官校押往。寻命和硕康亲王杰书多罗属慎郡王岳希从征。"①

过了两天，六月二十一日，康熙又谕调盛京兵前往："谕兵部，前遣敖汉，奈曼各旗兵，备达尔脑儿，今不必前往，令速赴科乐沁达尔汉亲王军前。兵部选材能司官，四日驰至盛京，发兵二三千，令将军副都统领之，速赴尔汉亲王班第军前。兵部遵旨，遣即中恩不，驰至盛京，将军绰克托，副都统博定，随发盛京，及开原、兴京、东京、辽阳、广宁、锦州、易州等城兵，共三千，率之以行。"②

仅仅过了一天，康熙感到事态严重，下谕御驾亲征。六月二十二日，谕兵部："噶尔丹追喀尔喀，已进汛界，朕将亲往视师，从征诸王，出喜峰口，公苏努等所领之军，随朕行，令诸王先朕进发，先檄知尚书阿喇尼等，理藩院遣司官，星驰以往，其令议政王大臣集议。寻议，诸王军，以七月初四日起行，其从征之兵，每翼遣副都统一员。驾发日期，初六日为宜，奏入。"

上谕曰："前所拨每佐领护军二名，初一日先发，诸王率每佐领骁骑一名，于初四日继发，朕于初六日启行，方值农时，边内不必列营，海笃，牛尼有，人才素优，从诸王行，扎木素，康喀喇，同苏努行，所发骁骑署参领，与王偕行，其中著有劳绩，人才勇健者，询该都统，委为夸兰大。壬午，谕大学士等，所派汉军一千五百鸟枪兵，各赏银十两，如不遣发，免其追取。"③

尽管一个月内康熙连续下谕，增派兵马，且宣布要御驾亲征，然而太晚了，援兵来到时，噶尔丹已经大败阿喇尼于乌尔会河了。

《清圣祖实录》卷146，第23、24、25页记述了阿喇尼奏报兵败情形："时噶尔丹沿喀尔喀河而进，追及昆都伦博硕克图，昆都伦不能御，仅以身免。阿喇尼等，闻噶尔丹驻兵索约尔济河，连夜率兵往袭之，至则噶尔丹，已向乌尔会河去矣，具疏以闻。

上命阿喇尼等，仍蹑厄鲁特后，侦其所到奏报，额赫纳等军到，且

---

① 《清圣祖实录》卷146，第14—16页。
② 《清圣祖实录》卷146，第17页。
③ 《清圣祖实录》卷146，第17—18页。

勿与战，俟达尔汉亲王班第兵，盛京乌拉满洲兵齐集，同夹击之，如噶尔丹溃败，令阿喇尼等穷追，便宜行事，檄诸军粮马力疾行，齐会形胜之地，以俟禁军。戊子，谕议政王大臣等曰，康亲王杰书，恪慎郡王岳希，副都统海笃，牛尼有，率前所发骁骑，每佐领各一名，于初二日起行，出张家口，屯归化城，如大同兵可用，听王等随宜调遣其厄鲁特贸易人马匹，托言乘用，尽收之。直隶巡抚，率兵一千，驻遵化，西安将军尼雅翰，副都统巴赛，柏天郁，率满洲兵二千，汉军兵一千，屯宁夏，其宁夏绿旗兵，亦令预备。尚书阿喇尼等奏报，与厄鲁特战于乌尔会河地方，厄鲁特兵二万余，掠乌朱穆泰男女牲畜辎重，徐行，溯水上流游牧。臣等侦知之，分兵二对，乘夜往袭，二十一日昧爽，于乌尔会河地方，及其营，令所选蒙古勇士二百余攻之，令喀尔喀兵五百，驱其所掠，未及战，诸扎萨克，及喀尔喀兵，争取其子女牲畜，阵动不能止，遂退。厄鲁特分两翼，阵而立，我军次对继进，厄鲁特发鸟枪，军退前对兵，及喀尔喀兵复进，喀尔喀畏其鸟枪，先却，诸扎萨克兵，力薄，亦退，厄鲁特增兵，从山上绕出我左右，我军因火器营未至，不能进，遂敛归，驻鄂尔折伊图，以俟诸军。"

六月二十九日，收到阿喇尼之疏，康熙将其疏交议政王大臣。兵部议奏：阿喇尼、纪尔他布等遣命轻战，以致失利，俱应革职，同往官员，俱革职。

康熙降旨：阿喇尼、纪尔他布俱革去议政，降四级调用。纪尔他布仍留佐领。[①]

兵部将理藩院尚书阿喇尼、兵部尚书纪尔他布（又译写成吉勒塔布）的罪过定为"违命轻战，以致失利"，即是说此战之败是两位尚书本人之过，与皇上无关，与议处军规的议政王大臣、兵部内阁大学士无关。因为阿喇尼疏中突出了喀尔喀争抢敌方子女牲畜导致阵乱，故人们多把此战之败归之于喀尔喀的贪利。《圣武记》卷1就对此记为："（康熙二十九年五月）噶尔丹侵及乌尔会河。尚书阿尔尼以蒙古兵走之，而令喀尔喀夺还所掠牲畜。喀尔喀贪利争取，阵递乱，反为厄鲁特所败。"

笔者认为，阿喇尼、纪尔他布两位尚书固然负有判断失误，指挥不当，不能驾驭喀尔喀，以致阵乱失利的责任，但此战之败的根本责任不

---

① 《清圣祖实录》卷146，第24页。

应由他二人负。细读阿喇尼奏疏，可以清楚地看到阿喇尼把战争进行情形及失败的根本因素，讲得非常明白，但又十分巧妙。仔细观阅疏文，用心分析思考，便可看出，阿喇尼叙述的战情，失因是这样的：清军追至乌尔会河，发现小股敌军及大量子女牲畜(此乃噶尔丹诱敌入伏之计)，阿喇尼遂遣两名扎萨克蒙古勇士进攻，令五百名喀尔喀兵掠牲畜，阵乱，突然敌军伏兵从山上疾驰而下，"绕出我(清军)左右"，包围清军，双方交战，喀尔喀畏敌军鸟枪，扎萨克兵（内蒙古藩部兵士）"力薄"，即人少，"我军因火器营未至，不能进"，遂败。这就清晰地勾画出清军士卒太少，没有大炮，枪铳不及敌方鸟枪火力，以致失败。

至于兵部给两位尚书定的"违命"罪名，是不合适的，没有根据。阿喇尼本来就是皇上钦派处理噶尔丹侵扰喀尔喀三部的钦差大臣，授予他调遣藩部扎萨克蒙古（内蒙古）王公将士防御和追击噶尔丹的权力。就在议准处罚阿喇尼的前一天，六月二十八日收到阿喇尼奏疏，《清圣祖实录》卷146，第23页载录了奏疏及圣旨："时噶尔丹沿喀尔喀河而进，追及昆都伦博硕克图，昆都伦不能御，仅以身免。阿喇尼等，闻噶尔丹驻兵索约尔济河，连夜率兵往袭之，至则噶尔丹已向乌尔会河去矣，具疏以闻"。

"上命阿喇尼等，仍蹑厄鲁特后，侦其所至奏报，额赫纳等军到，且勿与战，俟达尔汉亲王班第兵，盛京乌拉满洲兵齐集，同夹击之，如噶尔丹溃败，令阿喇尼等穷追，便宜行事，檄诸军量马力疾行，齐会形胜之地，以俟禁军。"

阿喇尼奏称"闻噶尔丹驻兵索约尔济河、连夜率兵往击之"，圣旨并未予以斥责，而命其追侦，"如噶尔丹溃败，令阿喇尼等穷追，便宜行事"，意思是溃败可追击，则敌兵少，也可进攻吧。

此事姑且不必再谈，现在需要知晓阿喇尼、纪尔他布究竟有多少兵？康熙前面增派的几批兵，皆未到达，即已交战，那么两位尚书只有一个月前调集的藩部扎萨克及新收的500喀尔喀兵了，详数虽不得而知，但不会太多。七月十三日送到皇上面前的阿喇尼奏疏说："尚书阿喇尼等疏言，噶尔丹距臣军所驻西喇西巴尔台，仅一日程，又侍卫阿南达，率察哈尔兵五百，及运米土默特兵二百，已至臣所，并巴林翁牛特兵八百，共一千五百名，臣等率之，已与内大臣阿密达军会，两军止三千余耳，势力单薄，请暂驻朱尔亨布喇克等处，整兵以待禁军。"

阿密达带来700兵，巴林、翁牛特兵1500名，已经是2200名，阿喇尼率领，与内大臣阿密达军会合，"两军止三千余名"，可见原先交战之时，阿喇尼、纪尔他布两位尚书所带之兵只有三两千人，与十几倍于己的噶尔丹三万铁骑交战，简直是以卵击石。由此看来，清军兵士太少，是乌尔会河失败的根本因素。

为何阿喇尼的兵太少，追根究源，只能归之于以康熙为首的朝廷不了解敌情，不知噶尔丹带来多少将士，没有及时派遣大军前往防御，没有算到毕恭毕敬的噶尔丹敢于进攻，以致初次交战，即吃了败仗，从而大大挫伤了清军士气，严重影响到是否派军往剿厄鲁特的决策。

（二）乌兰布通大战

噶尔丹以索咯尔喀土谢图汗、哲布尊丹巴为名，不断南侵，于康熙二十九年进入清之汛界，在六月击败清理藩院尚书阿喇尼率领的6000蒙古兵，进一步深入到乌兰布通，距北京只700里。消息传来，京畿震惊，"京师戒严……城内外典廨尽闭，米价（一石）至三两余"。居民惶惶不安。

尽管噶尔丹兵强马壮，大败喀尔喀，又击败阿喇尼，来势凶猛，势不可挡，但玄烨不畏强敌，果断决定发军阻击。

康熙二十九年（1690年）七月初二，大清皇帝玄烨委授将帅："命和硕裕亲王福全，为抚远大将军，皇子允禔副之，出古北口。和硕恭亲王常宁，为安北大将军，和硕简亲王雅布，多罗信郡王鄂扎副之，出喜峰口。内大臣舅舅佟国纲、佟国维，内大臣索额图、明珠、阿密达，都统苏努、喇克达、彭春、阿席坦、诺迈，护军统领苗齐纳、杨岱，前锋统领班达尔沙、迈图，俱参赞军务，诸军前发，唯佟国维、索额图、明珠留京，俟大将军至阴山，驰往会之。"

宣布军令军纪："谕兵部，本朝自列圣以来，战必胜，攻必克，所向无敌者，皆以赏罚明，法制严，兵卒精锐，器械坚利，人思报国，殚心奋勇之所致也。今军行，其令各该都统以下，察核军实，凡甲胄弓矢诸器械，务令犀利坚好，其盔甲俱系号带，马骏尾书旗分佐领姓名。其行也，视大纛整队齐发，有零星前后错行，及醉酒者，该管官立拏惩责，其止也，各按旗，分队伍，分列屯扎，有前后错乱者，罪及该管大臣，马无印，箭无名，各罚以银，给拏获者。窃取鞍辔什物马匹者，视其多寡治罪。失火者，亦从重究惩。官兵厮役，所过百姓蒙古地方，毋骚扰，毋抢掠，毋践踏，有擅离营伍，入村落山谷，夺人财物者，军法从事，罪及本主，及该管官。军士厮役逃亡，在汛界内，立行察拏治罪，如出汛界外，该管大臣，即遣官兵穷追务获，立斩以徇，如不能获，则将往追将卒，从重治罪。其逃人之主，及该管官，一并严行察惩。既出我境，哨探斥堠，务期严密，如旷野交兵，对阵见敌，王，贝勒，贝子，公，大臣，不按次序，搀越前进，及见贼兵寡弱，不复请令，冒昧前进者，有功不叙，仍治以罪。其进也，须齐列缓辔，按对前行，如自离其对，而附人后，或自弃其伍，而入别行，或他人已入，而独留不进，身死，家没，及重责革罚，分别治罪。如整齐而进，击败贼兵，厥功维均，勿以略分先后，致生争竞。至彼不抗我军而奔溃，则选精兵良马逐之，列队蹑踪而进，如前忽遇伏，或贼兵有旁抄者，则后队接战。夫兵者，所以讨逆而安顺也，领军大臣，果能严束其下，不使良民受害，朕不靳厚赏，否则罚亦无赦。凯旋之日有以兵器私售蒙古者，本人治罪，并及该管官。马乃大军急需，须视水草善地，小心护养，起行时，则留将卒察遗失之马，视马尾所系字样，交还原主。如系疲马，则开明马色数目，交所在官司人民蒙古，善行牧养，报知兵部，如有匿而骑用，及杀之，弃之者，治以罪。其遗失疲马之人，亦开明马色，报兵部存案，恐官兵未能徧知，尔部其刊布晓谕之。"[1]

这些禁令军纪，确实归纳、总结了清太祖、太宗、世祖及平定三藩之乱的大小上百次战争的经验教训，严格贯彻执行，必将取胜。

康熙担心噶尔丹闻风逃走，难以歼其主力，留下时来侵乱之祸，遂一面整军备攻，一面遣使传谕不会用兵以羁縻之。就在七月下旬，玄烨谕裕亲王等曰："令兵渐与敌近，斥堠宜严明，噶尔丹处，应作何羁縻，以待盛京乌拉，科尔沁之兵，王等其遗之牛羊，以老其锐气，疑其士卒，商南多尔济，谙晰情形，可与商也。"

七月二十四日，裕亲王奏遣使情形："抚远大将军和硕裕亲王福全奏言，臣随遣济隆胡土克图，及噶尔丹之使，偕骁骑校克实图，原任员外郎笪赖，遗以羊百头，牛二十头，持臣及皇子书，语之曰：我与汝协护黄教，和好有年，令汝追喀尔喀，入我汛界。圣上特命我等，议论决此事，永久和好。今汝佐人，言我汗已敬遵达赖喇嘛之谕，夫，讲信修礼，所关重大，此役既就，则一切皆宜矣，今将于何地会议，以决大事，因遣书之便，以牛羊为馈赠"。①

康熙一面遣使羁縻噶尔丹，一面挥师前进。《清圣祖实录》卷148，第7、8页记述了抚远大将军于七月二十四日奏述军队调度及皇上批示情形：不可待，则量力而进耳，抚远大将军和硕裕亲王福全又疏言：苏努、阿密达等兵，俱已来会，噶尔丹声息渐近。臣等令分大军为三，首队每佐领护军五名，次队，每佐领护军二名骁骑一名，两翼每佐领护军骁骑各一名，前锋各二百名，夸兰大，及将领等员，臣等酌量分派，余前锋四百名，留臣等左右，以备策应。至三队大帅，重任也，自参赞大臣以下，副都统以上，在行间者，皆奋欲前驱，惟皇上所命。

上谕曰："火器营大帅，不必易，首队，令前锋统领迈图，护军统领杨岱，副都统札木素、塞赫、罗满色、海兰，尚书纪尔他布、阿喇尼，率之。次队，令都统杨文魁，副都统康喀喇、伊垒、色格印率之。两翼，令公苏努、彭春率之。内大臣舅舅佟国维，内大臣索额图、明珠、阿密达、与王等亲督指挥，视何处当应援，亲率兵赴之，其恭亲王军到，听大将军调用。至噶尔丹使人，速遣之。"②

抚远大将军所奏，对其统领大军的兵士数量，提供了珍贵史料。此时，满洲八旗有607个佐领，蒙古八旗有194个佐领，满洲，蒙古八旗合计有801个佐领，加上汉军八旗的250个佐领，满蒙汉八旗总共有1051个佐领。③大军分为三队，首队每佐领护军5名，护军只满洲蒙古佐领有801个，满蒙佐领有护军24005名。次队每佐领护军2名，有护军1602名。每佐领骁骑1名，骁骑即马甲，马兵，满蒙汉军佐领皆有，为骁骑1051名。次队首队还有前锋400名。合计首队，次队有护军，骁骑，前锋8910名。

第三队由大将军亲自统领，并且皇上也在其中，将士数量不会比首队、次队太少。观其有前锋400名，等于首队次队两队前锋的总和，即可想而知，如按七成计算，当有6000余名，则抚远大将军这支部队，京师八旗军有1.5万人。

---

①《清圣祖实录》卷147，第24、25页。

②《清圣祖实录》卷147，第24、25页。

③光绪《大清会典事例》卷1111。

安北大将军恭亲王常户统领的军队，兵数也不应比裕亲王福全的大军少得太多，战前已与裕亲王军会合，两支大军合共当有禁旅两三万。另外还有已经调来的绿营兵。所以在八月初一两军交战之前，清军声势浩大，军威甚壮。亲身率军参加大战的内大臣马思哈记述军情说：七月二十二日，"会合大将军裕亲王大兵同下营，凡营盘四十座，连营六十余里，阔二十余里，首尾联络，屹如山立"。①

玄烨行至博洛和屯（今河北省隆化县），七月二十二日，突然患病，"夜间身热心烦，至黎明始得成寐"。见帝突患重病，诸王大臣侍卫不胜惶惧，是夜俱集行宫前。第二日清晨，合词跪请皇上回銮养病，玄烨初尚不允，群臣长跪不起，再三恳请，玄烨始准其奏，并"叹息流涕"说："朕来此地，本欲克期剿灭噶尔丹，以清沙漠，今以朕躬抱病，实难支撑，不获亲灭此贼，甚为可恨。"随即谕令各路兵马俱听大将军福全调用。

八月初一，清军、厄鲁特军大战于乌兰布通。乌兰布通，位于今内蒙古古什克腾旗之地。是一座红色的小山，山南坡是无法攀登的峭壁，北面是可以攀登的陡坡，但易守难攻，噶尔丹军"觅山林深箐，倚险结营"，布阵于山上林内，使用从俄国购买的火枪，威力远强于清军的鸟枪。

八月初一，福全统军抵达乌兰布通。噶尔丹率领精兵二万余人早已觅好深林密箐倚险立营，并以骆驼万头缚足卧地，背加箱垛，蒙上湿毡，环列如栅，其兵于垛隙发放箭矢枪铳和使用钩距，"谓之驼城"。福全下令：隔河而阵，以火器为前列，径攻中坚。从未时（下午一至三点）开始交战，清军因地形不利，面临泥淖，隔河仰攻。准军在高岸林中深处，进攻困难，左翼国舅佟国纲等亲冒矢石，率兵前进，中敌枪阵亡，前锋统领迈图、参领格斯泰等右翼大臣军士"阵亡被创者甚众"。福全督军猛攻，炮声震天，击毙骆驼，阵断为二，八旗士卒"争先陷阵"，奋勇冲杀，至掌灯时，大败敌军。噶尔丹仓皇败遁，返回漠北，还至故里时，士卒仅剩下数千人，辎重骆驼大量丢失。以满兵为主的八旗军，一征噶尔丹，取得了重大胜利。玄烨闻悉大喜，奖赏有功官兵，并派京旗17000名兵士分赴张家口、独石口，防备敌军再犯。

<hr>

① 《内大臣马思哈出师这塞北纪程》，见魏源《圣武记》卷3附录。

（三） 多伦诺尔会盟

康熙帝玄烨料定噶尔丹必会再来侵犯，并且他已决定必须剪除噶尔丹，根绝西北边患。因此，他一面检讨乌兰布通战争，总结经验教训，一面抓紧处理喀尔喀三部问题。

康熙二十七年六月初，喀尔喀土谢图汗与噶尔丹交战，大败，哲卜尊丹巴一行逃到清朝苏尼特部蒙古汛界，喀尔喀三部大乱，几十万人相继逃入清朝边界。清派往俄罗斯谈判的索额图使团成员，目睹了喀尔喀人惊恐逃跑时的狼狈惨况。使团成员之一兵部督捕副理事官张鹏翮在其《奉使俄罗斯行程录》中写道：初八日……时方亭午，道上见喀尔喀国人挈孥载帐而去者，询知喀尔喀与额诺德（噶尔丹）战败，而部落各奔。

初九日……是日，道上见喀尔喀人奔溃数千，因询知其国王（土谢图汗）及喇嘛（哲卜尊丹巴）俱败逃无踪。其部落各鸟兽散。夫喀尔喀塞外雄藩，地大人众……遁卒踉跄，一败涂地至此。

初十日，(清)军还克勒阿际拉汉。……喀尔喀汗战败犹存，喇嘛败遁无踪。又理藩院尚书阿尔尼，发笔帖式赴京。

十一日、十二日，仍驻军。喀尔喀溃卒布满山谷，五昼夜不绝。

另一位成员钱良择在其《出塞记略》中记述说：是日(初八日)，见土人有负襁迁徙者。主帅（索额图）遣通事询之，传说噶尔噶（喀尔喀）国主与厄鲁特接战而败，其人皆逃，未得其实。

初九日，屯斋尔兔地……喀尔喀国人男妇追随驼马，络绎而南，不下数万，奔忙倥偬，若有蹑其后者。通事讯之，乃知其主徒失也兔汗(土谢图汗)提兵数十万与厄鲁忒国主战于边界，大败，全军奔溃……(哲卜尊丹巴所居土拉河地方）亦为厄鲁忒所烬……

初十日……（喀尔喀）迁徙者蚁聚蜂屯，其色惊惶……晚车臣汗使至，以败状闻于我军……是日，传闻厄鲁特兵至，三军狼狈而逃，虽严禁不能止，合营不得食者竟日。主帅（索额图）躬擐甲胄，以备不虞……

十二日，屯营不行，待佟（佟国纲）、马（马齐）二帅合兵之信。抵夜，理藩院喇员外驰至，喘息流汗云：四日之内奔走千里有奇，订二帅于前途合兵，遂束马待旦。

使国的翻译法国神甫耶稣会传教士张诚在其《鞑靼旅行记》中

写道：八日，我们在几座山丘另一边的一块大平原入口处扎营，大平原附近耸立着二十五到三十个左右的当地鞑靼人的破烂帐篷。我们遇到了他们中的几个人，他们来到这些山里扎营，并开始搭他们的帐篷。他们向北边逃难，是为了躲避大批军队开进他们国土的厄鲁特的汗。

九日，我们继续留在帐篷里，在当时厄鲁特汗正像我们所说的那样进入了喀尔喀领土，他的军队造成的恐怖使得所有鞑靼人逃离此地。不但如此，喀尔喀汗的兄弟大喇嘛他自己，被迫也逃避到中国的边界。

十三日，我们在一小块平原上搭帐篷，平原四周围着小土丘。在那儿，我们发现了喀尔喀鞑靼人的一个宿营地。这些人属于喀尔喀汗的兄弟统治。几天前他偕全家在此避难。他的营地里包括有约三十个破旧的帐篷。他周围有着大群绵羊、奶牛、马匹和骆驼。因为他是汗的儿子，不能屈尊，他必须保持他的尊严。但国舅却到他的帐篷去看他，而且接受了招待。这位王爷坦率地承认了厄鲁特汗侵入了喀尔喀领土，这迫使他这样仓促地逃走，以致他不断地共走了七八天。

十六日，我们向北偏西北方向行了四十六里，土地仍很不好，路上又遇到很多喀尔喀鞑靼人携带家眷和牲畜逃难。厄鲁特的入侵使他们非常惊慌，以致他们只知道汗和他的兄弟喇嘛已经逃走，除此就讲不出他们的情况了。[1]

喀尔喀三部几十万蒙古兵逃到清朝边境，怎么办，怎么安插，是全部接收，还是拒于门外？接收之后，驻收何处？粮米衣布草料能否供应，会否引起噶尔丹反对而侵略边疆？不容纳，于情于理，不妥，堂堂天朝大皇帝，号称是"天下共主"的大皇帝，居然不做"兴灭继绝"的大善举，居然养不了几十万人口，居然畏惧噶尔丹而不敢收留其仇敌，太损天朝大皇帝颜面了。（康熙）左右为难，实难立即决断。

因此，康熙二十七年（1688年）七月初二收到喀尔喀逃来苏尼特汛界地的消息时，议政王大会议准，"喀尔喀人窘迫来奔，不便即令出边，若久留之，恐收地残毁，姑俟一月以内，探得实音，将来奔之喀尔

①《鞑靼旅行记》，现已译为《张诚日记》，载于《清史资料》第5辑。

喀等作何措置，再行确议"。①

八月初九，一等侍卫阿南达等奏称："职等于七月二十七日，行至克鲁伦河迤北喀喇乌苏之地，探知噶尔丹，因达赖喇嘛使人至，由克鲁伦河讬尔会之地，退回疾行，又闻噶尔丹，向达赖喇嘛使人言，我若与土谢图汗和，则吾弟多尔济扎卜之命，其谁偿之，我尽力征讨五六年，必灭喀尔喀，必擒泽卜尊丹巴也。"②

过了一个月，九月初八，土谢图汗、哲卜尊丹巴率领台吉、弟子等"入汛界乞降"。《清圣祖实录》卷137，第3、4页载："丁丑，先是，巴林乌朱穆泰、蒿齐忒、克西克腾、科尔沁、阿霸哈纳、苏尼特、阿霸垓、扎鲁特、归化城、土默特之各旗蒙古王、台吉等，节次奏报，喀尔喀戴青台吉等，共二十八人，各率所属人众，入边请降，奉旨令来降之喀尔喀，准于汛界以内游牧。至是，土谢图汗，与其弟西地西里巴图尔台吉，率左右两翼台吉等，又泽卜尊丹巴胡土克图，亦率其弟子等，皆入汛界乞降，沿边一带阿霸哈纳诸台吉，皆愿从之内附，理藩院以闻，下议政王大臣集议。寻议，厄鲁特、喀尔喀，向来归化，职贡有年，今交恶相攻，喀尔喀国破，土谢图汗、泽卜尊丹巴胡土克图等，诚心请降，应受而养之，俾其得所，即令尚书阿喇尼前往汛界，面见泽卜尊丹巴胡土克图、土谢图汗等，备宣谕旨，从之"。

理藩院尚书阿喇尼奏："尚书阿喇尼等疏报，臣等于九月二十九日，至喀尔喀，问土谢图汗、泽卜尊丹巴曰，汝等入汛界而居之意何也，今又将何往。告曰，我等为厄鲁特所败，奔进汛界，永归圣主，乞救余生，作何安插，一唯上裁。又曰，我等败遁，尽弃部落牲畜而来，虽少有所携，难以自存，伏祈圣上俯赐弘恩。臣等遂令土谢图汗、泽卜尊丹巴等，将彼从降台吉等名字，及喇嘛班第部落人口数目查送，计开，见在偕来台吉三十余人，喇嘛班第六百余人，户二千，人口二万，在后未到者尚多，俟到时，另行开送。"③

康熙命议政王、贝勒、大臣集议。王公大臣议后奏称："上命议政王贝勒大臣集议，寻议，土谢图汗，泽卜尊丹巴等，累世恭顺，职贡有

①《清圣祖实录》卷136，第2、3页。

②《清圣祖实录》卷136，第19页。

③《清圣祖实录》卷137，第13页。

年，今为厄鲁特所败，其国残破，素仰天朝覆庇万邦，养育庶类，来请归命。伏惟皇上从来兴灭继绝，中外一体，宽仁恩育，宜准土谢图汗，泽卜尊丹巴之降，俾令得所，命尚书阿喇尼，侍郎文达，查明见在不能度日人等，将副都统阿毓玺，所运归化城米粮，均散赈济土谢图汗等，本宜给以名爵，但各路请降喀尔喀首领甚多，应俟到日再议。"[①]

康熙批准所议。

为什么康熙要批准收降喀尔喀三部逃来的几十万蒙古人？果真是由于他有"兴灭继绝"的宽仁恩育之心吗？未必。因为，现在形势已经明朗了。第一，几十万蒙古人回不去故乡了，必须由天朝养着，他们是"尽弃部落牲畜而来"，"难以自存"，人的粮米，牛马羊的草料，年需粮米几十万石，耗费巨大。在康熙二十八年四月，喀尔喀土谢图汗等米粮将尽，续到二万余人，不能赡给，奏请赈济。康熙命领侍卫内大臣费扬古等带银子、茶叶、布匹前往散给，四月二十八日，康熙又谕大学士等曰："朕闻喀尔喀乏食，有至饿死者，深为轸念，顷虽令内大臣费扬古等赍茶布银两，采买牲畜，赈其乏绝，但采买尚需时日，若不及发粮以拯之则死者愈多矣。泽卜尊丹巴胡土克图见有贸易骆驼百余，在张家口，并内驷厂，及太仆寺骆驼，共发一百，将张家口仓米，星速运到散给，计支一两月间，费扬古等所买牲畜，可继之矣，如此，则喀尔喀可活也。其令侍卫吴达禅，侍读学士西拉，牧厂侍卫，太仆寺堂官，户部贤能司官，各一员，前往经理。"[②]

九月初五，理藩院题，喀尔喀信顺额尔克戴青等六台吉，奏称所属牲畜尽毙，饥荒不能度日，祈赐恤养，应遣官清查。

第二，几十万喀尔喀蒙古人，一向是游牧为生，需要宽阔的牧地。如果是以农为主，拨一个府两个府就可以供他们吃住。可是，这几十万喀尔喀蒙古人，他们原来居住放牧的地方有156万平方公里，比漠南蒙古（即内蒙古）还要宽广，后者才118万平方公里，在哪里去找足够他们驻牧，生存的辽阔地方？

第三，蒙古各部由于争夺牧地、人口、牧畜、财帛，劫夺盛行，战争频繁，难以管束，弄不好，易生大乱。也就是六台吉奏称饥荒难活的九月初五，"理藩院议，苏尼特满济思哈硕色等，抢夺喀尔喀多尔济巴

①《清圣祖实录》卷137，第13、14页。

②《清圣祖实录》卷140，第31页。

尔桑之骆驼行李，又喀尔喀朱布尔哈什哈等，抢夺哨探人之马匹，应将为首者论绞，余各罚牲畜有差"。

上谕大学士等曰："满济思哈硕色、朱布尔哈什哈等，并从宽免死，照为从例完结，至求入内地之喀尔喀等，互相杀夺，若不速为安插，渐致流亡，令宜专遣大臣，收集喀尔喀散亡之众。"①

第四，噶尔丹势必生事，侵略边内。噶尔丹以誓死追杀仇人土谢图汗、哲卜尊丹巴为名，侵掠喀尔喀三部，要尽占其地，灭其部落，怎会容忍清朝收纳喀尔喀人？何况此时正是噶尔丹声势正盛之时，统辖天山南北及喀尔喀三部广达三四百万平方公里的土地，屡败敌军，所向披靡，康熙二十九年六月击败理藩院尚书阿喇尼后，噶尔丹更加骄傲，听闻清军将大举来攻，不仅不胆怯逃走，反于七月向西藏使者狂妄宣称："执鼠之尾，尚噬其手，今虽临以十万众，亦何惧之有。"②他还遣使告诉清内大臣阿容达说："圣上（康熙）君南方，我长北方。"③如果清朝收降喀尔喀，噶尔丹绝对不能容忍，必然要侵略清朝边疆腹地，大战将起，清军能够打败骁勇善战且善用计谋常施诡计的厄鲁特劲旅吗？为此又要在财力、人力、军力上付出多大代价？值与不值？

虽然面临重大困难，风险很大，代价昂贵，但康熙当机立断，决定接受喀尔喀降顺。他之所以要这样做，不仅是因为他有不惧艰险、迎难而上的大无畏英雄气概，还在于他能高瞻远瞩，胸怀壮志，有大战必胜的决心和信心。请看他的几次训谕和若干行动。

康熙二十八年十二月初一，上谕大学士等曰："朕览书籍，边外诸处各蒙古等在明代时，屡侵边境。即于伊各蒙古内，亦互相战斗，不得宁谧。太宗文皇帝统驭以来，各蒙古皆安静矣，如朕所见三十年来，各蒙古俱获安全，极其恬息，彼等欢欣称道，谓从未闻有如此太平，令我诸蒙古安然共享升平者，皆出自圣恩所赐。伊桑阿等奏曰：皇上视天下百姓，尽如赤子，故使内外之民，各得其所如此。"④

康熙说，明代蒙古各部屡侵明国，各部之间，亦互相战斗，"不得宁谧"，这是事实。太宗皇太极统驭以来，"各蒙古皆安静"，各蒙古

①《清圣祖实录》卷142，第2页。
②《清圣祖实录》卷147，第19页。
③《亲征平定朔漠方略》卷7，第34、35页。
④《清圣祖实录》卷143，第8页。

"俱获安全"，从来没有如此太平，这也是事实。但是原因何在？为何有如此截然不同的巨大变化？康熙没有明讲，只是借众蒙古之口说，"皆出自圣恩所赐"。此"圣恩"含义为何，有哪些具体措施，有哪些制度规定，未明说，但在太宗"统驭以来"这几个字，就已经给出了答案。那就是，太宗统一了漠南蒙古各部，对归顺的蒙古实行札萨克制，虽然让原来蒙古的汗、贝勒、台吉仍能各君其旗各子其民，但一则原有汗、贝勒、济农、寨桑名号悉行废除，改赐封亲王、郡王、贝勒、贝子、公。再则将原有的一二十部改编为49旗，每旗设札萨克一人，为该旗之长，此札萨克由皇上指定某王、某公担任。三则各旗一律实行清朝法例，划定各旗驻牧地区。以此漠南蒙古各部王公台吉寨桑皆是大清皇帝臣仆，蒙民皆是皇帝赤子，各部地区全部纳入大清版图，各部王公不能互相攻击，侵占地区人口牲畜，各部纠纷全听皇上裁处。原来各部贝勒都是本部之主，不听任何国王、皇帝辖束，可以自主征战，任意掳掠弱部人畜财帛，兼并弱部。强部贝勒可以兼并多部，拥有几万，十几万，二十几万人口和辽阔牧地，现在不行了，不准侵掠他部，且一分为几，一王、一公只有一旗，势力太小，再也无力发动大规模的侵略战争，如有违法度，罪过大者，会遭皇上惩处，削爵诛杀，这样一来，当然就太平了。

康熙的此次上谕，表明了他对皇祖太宗统驭漠南蒙古政策的高度肯定，并以此来证明两个月前命将喀尔喀三部编置札萨克之谕的正确。

在此之前两个月，十月初七，康熙将来降的喀尔喀"速置札萨克"。《清圣祖实录》卷142，第12—16页记述了上谕及处理情形：辛未，谕议政王大臣等，喀尔喀来降者，饥困已极，自相劫掠，应速置札萨克，遣贤能蒙古王、台吉等，晓示法度，收集离散，尔等其确议以闻。寻议，喀尔喀札萨克内，有已至者，有未至者，除左翼土谢图汗、泽卜尊丹巴、墨尔根济农、罗卜臧台吉等，分编旗队之处，暂置不议外，左翼车臣汗协理纳木扎尔额尔德尼济农、盆楚克伊尔登济农，车臣伊尔登济农，洪俄尔戴青台吉，车卜登额尔克台吉、信顺额尔克戴青所属敖巴额尔克阿海台吉，右翼白苏特察罕巴尔，车臣台吉，额尔德尼哈滩巴图尔台吉等，皆大台吉也，俱宜授为札萨克，仍存其喀尔喀名号。又陆续来降，喀尔喀沙布隆胡土克图所属阿尔达儿诺尔卜等札萨克，俱未到，各随彼所愿归旗分收附，俟札萨克到日再议。至土谢图汗所属齐巴克台吉之伙伴等，皆令并与土谢图汗，及信顺额尔克戴青，其车臣汗之信顺额尔克戴青等，俱照四十九旗，编为旗队，于阴山后各旗蒙古贤能都统、副都统、长史、参领之中，每一札萨克，选二人，与派出之蒙古王等带去，令其驻扎彼地，以来年草青时为期，指示法禁，如四十九旗一例施行。喀尔喀所居遥隔，应以车臣汗为两路，信顺额尔克戴青为一路，敖巴额尔克阿海台吉，察罕巴尔为一路，车臣台吉，额尔德尼哈滩巴图尔台吉为一路，遣行，所遣蒙古王、台吉，与理藩院大臣官员，候皇上简用。至彼处，明谕札萨克等，限来秋各将散失之人，尽行收集，若过期，即给予收养之旗分，倘仍有应授札萨克者，即会同札萨克等，授为札萨克，列名奏闻，该衙门注册，其车臣汗之信顺额尔克戴青等，向系札萨克，伊等所属后授小札萨克，如有大事，仍令禀闻完结，右翼札萨克察罕巴尔、额尔德尼哈滩巴图尔、车臣台吉等，其旧札萨克未到，伊等事件，即令伊等自行完结。得旨，车臣汗之两路，着为一路，遣土谢图亲王沙津、台吉阿喇布坦、台吉巴忒马什、侍郎文达去，信顺史额尔克戴青、敖巴额尔克阿海吉台，为一路，遣达尔汉亲王诺内、台吉毕力克图、台吉德木楚克、郎中布彦图、马迪去，察罕巴尔，车臣台吉、额尔德尼哈滩巴图尔台吉，为一路，遣台吉多尔济思希卜、台吉吴尔图纳苏图、副都统马锡、侍读学士达虎、郎中巴扎尔去。赐喀尔喀敕曰：朕统御宇内，抚育万邦，率土人民，皆我赤子，倘一夫失所，朕心恻焉，虽穷荒异域之民，亦必抚养，使之各得和乐，此朕本意也。前闻喀尔喀两翼之汗、济农、台吉等，互吞属裔，不相亲睦，恐兄弟不和，异日必致有侵陵之祸，特遣尚书阿喇尼，台吉巴忒马什等会盟，令尔兄弟誓和，后果以不和之故，与厄鲁特噶尔丹，交恶相攻，尔为所败，弃其妻子土地属裔牲畜，迫而来归。朕念尔历世诚心职贡，不忍尔之散亡，安插于汛界内外，赈其穷饥，令尔汗、济农、台吉等，安集如故，以车臣汗之子，袭其汗号，朕暂留尔等，收集散亡，俟厄鲁特事定之日，仍归故地驻牧。今见尔等并无法度，不能约束，以强凌弱，自相劫夺，倘不速行晓谕，定法督察，则汝见在人民，益至离散矣。是以将车臣汗旗下纳木扎尔额尔德尼济农、盆楚克伊尔登、车臣伊尔登济农、洪俄尔戴青台吉、车卜登额尔克台吉、信顺额尔克戴青旗下敖巴额尔克阿海台吉、右翼白苏特察罕巴尔、车臣台吉、额尔德尼哈滩巴图尔台吉等，增设札萨克，收集离散之众，分为旗队，以便督察。禁止盗贼妄行，教以法度。特令土谢图亲王沙津、达尔汉亲王诺内、台吉多尔济思希卜等，斋敕谕札萨克王等旗下都统、副都统、长史等官，每札萨克着二员驻至来年草青之时，示以规模，安插前去。尔等自令以后，果能钦遵朕旨，谨守法度，寇盗不兴，祸乱不作，尔等遗民，渐次得所，庶副朕抚育归降爱养群生至意。

康熙二十九年八月初二，清军大败噶尔丹于乌兰布通。噶尔丹怕清军乘胜追击，于十五日奏称"乞鉴宥我罪，凡有谕旨，谨遵行之"，"今往界外，驻候圣旨"。八月十八日知道噶尔丹之奏后，康熙遣使前往敕谕噶尔丹说："今尔以誓书来，请罪求和，王及大臣，体达赖喇嘛及朕好生之素心，按兵不行追杀，尔今率兵出界而居，不得擅犯我属下部落，喀尔喀一人一畜，亦不得有一人与众部落往来通使。"①

康熙之所以警告噶尔丹不得侵犯喀尔喀一人一畜，是因为喀尔喀已降于清，编置了札萨克，是大清国"属下部落"，是大清子民，当然不许外夷侵掠。

康熙谕令有关官员精心安排会盟大阅之事。康熙对这次会盟极其重视，多次下谕安排和批示，早在康熙二十九年三月初二，"谕理藩院尚书阿喇尼等，今喀尔喀汗等，率众来降，应令四十九旗，与之会同大阅，其令议正王大臣等集议。寻议覆：皇上声教远被，喀尔喀土谢图汗、车臣汗，及诸济农台吉等，皆倾心来归，应出临大阅，永使安辑，其四十九旗会阅之事令岁暂停，俟来年照例与喀尔喀会阅。得旨，着于七月举行，余如议"。②

康熙三十年三月初九，议定会阅地点及阅后喀尔喀暂时游牧："先是，理藩院题：臣等与内大臣阿尔迪等议，应于上都河、额尔屯河、两间七溪之地会阅。先期遣人调集左翼喀尔喀诸王，前至上都土尔根伊扎尔交界之地，右翼喀尔喀诸王，前至上都黑棚交界之地，以待。上命大学士，与兵部大臣集议，至是议覆：喀尔喀等，在两处会集，应遣大臣分道先往，各令所在地方蒙古，驻于会阅七溪百里以外议事。驾至之前，檄令前来，其喀尔喀等，已传谕于四月十五日，来会于期约之地。喀尔喀遇乱离散，先后来降。皇上不忍坐视伊等灭亡，安插汛界内外赈给米谷牲畜，各

---

① 《清圣祖实录》卷148，第11页。
② 《清圣祖实录》卷145，第2页。

令得所，又将车臣汗人等，编列旗队矣，应俟会阅既毕，视汛界四周，暂令游牧，至厄鲁特事定后，仍遣往土喇、俄侬等处安插。"①

会盟的地点是在上都河、额尔屯河之间的七溪。这个七溪即是蒙语音译的多伦诺尔，意译为"七水泊"或"七溪"，距北京800里。这里"清淑平旷，饶水草，而内外札萨克之来朝者，道里适中"。②先期召左翼喀尔喀王公(土谢图汗部、车臣部)到上都(今内蒙古锡林郭勒盟正蓝旗昭苏木万城)土都根河交界之地驻扎，命右翼喀尔喀王公(札萨克图汗部)来到上都、黑棚交界地方，恭候皇帝到来。漠南蒙古49旗王公台吉亦令先前期来。俱令驻于多伦诺尔(七溪)百里以外，待皇上来到以后，各部王公移营于御营50里以外。

为了化解土谢图汗、哲卜尊丹巴与札萨克图汗部的仇杀恩怨，康熙在会盟之前，遣内大臣索额图传谕土谢图汗、泽卜尊丹巴，命其就擅杀札萨克图汗、得克得黑墨尔根阿海等妄为之事，"自行具奏请罪"。二人遵旨上书请罪，并祈求宽恕。

为了"巡察边外蒙古等生计，又以喀尔喀地居极边，岁虽进贡，未尝亲身归顺，今土谢图汗等，亲率所属数十余万人来归，特往抚绥安辑"，主持会盟。康熙于四月十二离京，前往多伦诺尔，四月三十日，驻跸多伦诺尔。《清圣祖实录》卷151，第7页，记述了五月初一，兵部尚书马齐奏拟土谢图汗二人之罪及帝予宽恕情形："土谢图汗、泽卜尊丹巴胡土克图等，尽坏喀尔喀生计，致起兵端，其引罪之疏，妄称扎萨克图汗，得克得黑墨尔根阿海，背众喀尔喀，依附噶尔丹博硕图，因用兵击杀之，巧辞掩饰，殊属不合。应将土谢图汗，削去汗号，为闲散吉台；泽卜尊丹巴胡土克图，削去名号，为小喇嘛，仍令土谢图汗管辖。上曰：土谢图汗兄弟，内相构怨，托征厄鲁特起兵，遂杀札萨克图汗、使喀尔喀百姓流离，皆其所致，但伊曾遣使来奏云，我欲附天朝，唯恐不蒙容纳，然归附之意已决，今果率众来归，朕故不忍治罪。马齐等又奏言：札萨克图汗，乃喀尔喀七旗之长，累世抒诚进贡，札萨克图汗名号，似应仍令承袭。上曰：札萨克图汗在日，抒诚进贡，若其子巴朗额尔克阿海尚在，即应袭封，但今亡故，而见在之子幼稚，札萨克图汗之亲弟策妄扎卜，众皆称其贤，意欲封为亲王，明日以此意谕众喀尔

①《清圣祖实录》卷150，第21、22页。

②《汇宗寺碑文》。

喀等。至车臣汗，我朝已经袭封，可仍存其汗号。理藩院奏，遵旨酌定喀尔喀座次，应令土谢图汗、泽卜尊丹巴胡土克图，札萨克图汗弟妄扎卜、车臣汗，坐第一行，余分七行，以次序坐，从之，寻命喀尔喀七旗，与四十九旗同列"。

五月初二，举行盛大的会盟大典。开始之前，康熙命土谢图汗、泽卜尊丹巴进行幄朝见。"土谢图汗跪奏曰，蒙圣主殊恩，臣等垂死之躯，令得更生，不能缕析敷奏，唯愿仰赖圣主恩庇，自此安乐得所。泽卜尊丹巴胡土克图跪奏曰，仁德高峻，养育群生，弘施利益者谓之佛，臣等蒙圣主大沛洪恩，特加拯救，是即臣等得遇活佛也，唯祝皇上万寿无疆"。①

康熙赐二人茶，又赐土谢图汗数珠一串，随命大学士伊桑阿等，传谕喀尔喀王公大臣等，指责土谢图汗擅杀札萨克图汗及阿海之过，念其来求归附，特"责其大过"，"原恕其情"予以宽恕。传谕说："尔等七旗喀尔喀，兄弟不睦，朕特遣大臣会阅，今将互相吞噬之人民，各行给还，誓言已定。土谢图汗等，自食其言，托征厄鲁特起兵，将札萨克图汗、得克得黑墨尔根阿海，执而杀之，从此喀尔喀等，心志携贰，以致国土败亡，生计遂失，然虽穷困已极，但能思朕凤昔爱养之恩，来求归附，朕仍一体养育。今土谢图汗等，将一切大过，自行陈奏，当此大阅之时，若即惩以重罪，岂惟朕心不忍，尔等七旗，能无愧于心乎。若以轻罪处之，目今生计全失，俱赖朕惠养，何从议罚，故将伊等责其大过，复原恕其情。至札萨克图汗，抒诚进贡，业已有年，无故为土谢图汗等残害，殊为可悯，今其亲弟策妄扎卜来觐，宜即令承袭，以示优恤。"②

这样一来，既斥责了土谢图汗仇杀之过，又施恩于札萨克图汗部，封故汗之弟为亲王，平息了札萨克图汗部怨气，又未严重惩罪土谢图汗，令该汗及该部王公官员得感皇恩，从此两部人员化解了恩仇，可以和平共处，确是至公至厚恩典和裁决。因此，"喀尔喀人皆感谢龙恩，喀尔喀汗，大小众台吉，同奏曰，土谢图汗等，蒙圣主宽恕其罪，又念札萨克图汗，所属人民散失，将伊弟策妄扎卜，恩令袭封，诚为旷典，

①《清圣祖实录》卷151，第8页。
②《清圣祖实录》卷151，第9页。

臣等不胜欢忭感激，唯仰祝于天而已”。①

康熙随即御行宫黄幄，升座，喀尔喀汗台吉等行三跪九叩之礼。礼毕，就座，奏乐，大宴。并命喀尔喀车臣汗及第二班次十四济农，第三班次十三大台吉，来到御座前，帝亲赐酒。其余人员，令侍卫等分别赐酒。五月初三，康熙赐土谢图汗、泽卜尊丹巴、札萨克图汗之弟策妄扎卜，车臣汗四人各银1000两、蟒缎彩缎各15匹及银器、袍、帽、茶、布等物。复召土谢图汗、车臣汗策妄扎卜、泽卜尊丹巴及济农、台吉等三十五人赐宴。土谢图汗、车臣汗等奏：“圣主如此深仁，臣等恨归顺之晚，唯愿圣寿万年，俾臣等仰沐洪恩，长享太平之福。康熙又以策妄扎卜年幼，以皇子所服衣帽数珠赐之。”②

然后，康熙对众喀尔喀人员下达上谕。上谕包括三个部分：一是论述喀尔喀三部不和，兄弟相残，致遭厄鲁特击败，国亡家破，人民困苦，来求归附。二是大皇帝不忍坐视尔等灭亡，给地安置，屡赐牲畜粮食，以资赡养，汗台吉仍留如故，并颁示法例令，令各遵行，又编设札萨克，与四十九旗同样待遇。三是赐封汗、贝勒、台吉为汗、亲王、郡王、贝勒、贝子、公。现将第三部分赐封情形引录如下：朕既加爱养，更欲令尔等生息繁育，用是亲临训谕，大行赏赉，会同之时，见尔等倾心感戴，故将尔等与朕四十九旗，一例编设。其名号亦与四十九旗同，以示朕一体仁爱之意。土谢图汗，车臣汗名号俱着仍旧存留，札萨克图汗，无辜被杀，且所属人民，离散困苦已极，深为可悯，着将伊亲弟策妄扎卜，封为和硕亲王。其札萨克之墨尔根济农古禄西希，札萨克之昆都仑博硕克图滚卜，札萨克之信顺额尔克戴青诺颜善巴，札萨克之台吉色冷阿海，札萨克之额尔德尼济农盆楚克喇布坦，伊等原系旧札萨克，着去其济农，诺颜之名，皆封为多罗郡王。台吉噶尔旦，系土谢图汗之长子，且从枯伦白尔齐尔期会以后，屡来朝贡，着封为多罗郡王，车臣汗之叔，札萨克额尔德尼济农纳穆扎尔，虽系新札萨克，而劝车臣汗，领十万众归顺，又身为之倡，奏请照四十九旗一例，殊为可嘉，着照旧札萨克例，去其济农之名，封为多罗郡王。车臣汗之族叔，札萨克额尔克台吉车布登，当征厄鲁特之际，效力行走，侦探信息，以马匹助用，

---

① 《清圣祖实录》卷151，第9、10页。

② 《清圣祖实录》卷151，第10、11页。

于事不致有误，着授为多罗贝勒。台吉西第西里，土谢图汗之亲弟，且所属甚众，同土谢图汗归顺，著授为多罗贝勒。车臣汗之叔祖，车臣济农车卜登、达赖济农阿南达、额尔德尼济农布达扎卜、伊尔登诺颜达礼、车臣汗之叔伊尔登济农盆苏克，皆去其济农之名，授为固山贝子。白苏特之察罕巴尔诺颜博贝布扎，虽系新札萨克，当在喀尔喀地方时，曾奏喀尔喀日后必败，败时来投归天朝，后喀尔喀国败，即践前言归顺，殊为可嘉，亦着授为固山贝子。洪俄尔戴青之佐理固山事台吉汉都，归顺在众人之先，效力行间被创，着授为镇国公。土谢图汗之同族台吉苏泰伊尔登，额尔克戴青诺颜善巴之同族台吉托多额尔得尼等，诚心归顺，效力行间，此二人，亦着授为镇国公。此外在事台吉，与众台吉等，着该部一一察明具奏，各与以应得品级。自今以往，尔等体朕爱养之恩，各守法度，力行恭顺，如此，则尔等生计渐蕃，福及子孙，世世被泽，若违法妄行，则尔等生计既坏，且国法俱在，凡事必依所犯之法治罪。特谕。①

第二天，五月初四，举行大阅。《清圣祖实录》卷151，第14、15页记述了大阅情形：上出行宫，御甲胄，乘马，遍阅队伍回，下马，树侯，上亲财，发十矢，九中。次命十五善射，并硬弓侍卫等射。上御黄幄，四十九旗王、贝勒、贝子、台吉及喀尔喀土谢图汗、台吉等跪奏云。皇上御甲胄，发十矢九中，洵神武也。随大阅军容，八旗满洲官兵，汉军火器营官兵，及总兵官蔡元标下官兵，各依次列阵，鸣角，鸟枪齐发，众大呼前进，声动山谷。喀尔喀土谢图汗、台吉等，悚惧失措，有欲趋避状。上笑谕曰，此不过示尔等以军容耳，何惧之有。土谢图汗奏曰：皇上军威赫濯如此，臣等不禁彷徨失措矣。事毕，各赐茶。上回行宫。五月初五日，康熙亲阅喀尔喀营帐，察其穷困者，赏以银布，又大赏赐喀尔喀王、贝勒、贝子、公、台吉等牛羊。②

五月初六，遣原任理藩院尚书因败降四级调用的阿喇尼及侍郎布彦图、索诺和、文达、学士达虎等，往编喀尔喀旗分佐领，拨给游牧地方。③

五月初七，议处漠南蒙古乌朱穆泰亲王苏喇尼之妻顺附噶尔丹案子，《清圣祖实录》卷151，第17、18页载：壬辰，奉差议事兵部尚书

①《清圣祖实录》卷151，第12-14页。
②《清圣祖实录》卷151，第15页。
③《清圣祖实录》卷151，第17页。

马齐等疏言：阿霸垓台吉奔塔尔，首告乌朱穆秦亲王苏达尼之妻，顺附噶尔丹一案。查苏达尼之妻，及台吉车根、阿穆尔、充科、阿达里、罗雷喇扎布等，顺附噶尔丹是实，俱应即行处斩。苏达尼之妻，应革封号，撤去所属之人，苏达尼已故，应革去亲王，不准承袭。二等台吉博讬和、喇扎布、阿喇西、博罗特，及为响导绰克图等，曾送马匹牲畜，顺附噶尔丹是实。俱应即行处斩，妻子入官，拨什库阿尔塔等，为噶尔丹指路，往来问讯，送骆驼马匹皆实，俱应即绞，其妻子应作何处治，交与该部议奏。博罗特，乃应行正法之人，护卫巴扎尔、伊白葛尔，将博罗特明知故纵，使之逃走，应照律即行处绞。贝勒毕鲁瓦，将重罪之博罗特，不交付的当之人，严行看守，应罚俸一年，博罗特，应传谕四十九旗，严行查究，获日即行正法得旨。得旨：车根等，应俱依议治罪，从宽免籍没家产，及撤所属之人，唯将本身正法，苏达尼并未知情，从宽免革亲王，仍与伊子承袭。巴扎尔、伊白葛尔，俱从宽免死并籍没，着穿耳鼻示众，鞭一百。毕鲁瓦，罚俸一年，余如议。

这一天，康熙召土谢图汗、泽卜尊丹巴胡土克图等，赐食，并各赐金盘、瓷碗及御用帐房等物，又赐泽卜尊丹巴胡土克图鞍马一匹。

当天，康熙离开多伦诺尔，回京。晚上驻跸鄂尔哲图阿尔宾敖拉地方。

谕扈从诸臣曰，昔秦兴土石之工，修筑长城，我朝施恩于喀尔喀，使之防备朔方，较长城更为坚固。古北口总兵蔡元奏称，古北口一带，边墙倾塌甚多，请行修筑。五月二十一日，工部等衙门议奏，"应如所请"，康熙拒绝其议。谕大学士等曰："蔡元所奏，未谙事宜，帝王治天下，自有本原，不专恃险阻。秦筑长城以来，汉、唐、宋亦常修理，其时岂无边患。明末，我太祖统大兵，长驱直入，诸路瓦解，皆莫敢当，可见守国之道，唯在修德安民，民心悦，则邦本得，而边境自固，所谓众志成城者是也。如古北、喜峰口一带，朕皆巡阅，多损坏，今欲修之，兴工劳役，岂能无害百姓。且长城延袤数千里，养兵几何，方能分守，蔡元见未及此，其言甚，属无益，谕九卿知之。"①

综合以上所述，可以看出，求降来归的喀尔喀三部王公台吉寨桑兵民几十万人，对康熙皇帝，对清政府，无比感激，诚心诚意归顺臣服。

①《清圣祖实录》卷151，第20、21页。

其心诚忠顺的程度，远逾漠南蒙古49旗王公官员兵民。因为，一系高枕无忧。大皇帝使他们摆脱了噶尔丹厄鲁特军的追杀掳掠家破人亡灭部绝种之苦难，入边之后，生命财产牲畜得到了保护，可以安心地牧放过日，不怕准军侵掠。

二是生计有着。大皇帝给了他们足够宽广的牧放地方，生活有了保证。兵部尚书纪尔他布等疏言："臣等奉命往查汛界内苏尼特等地方，所驻喀尔喀汗、济农、台吉等，游牧之处，水草俱佳，其内地蒙古水草，亦不至匮乏，惟偷窃小盗，或时有之。"①并且，遇逢年岁不好，发生饥荒时，大皇帝又多次"赈给米谷牲畜，各令对调"。

三是"长享太平之福"。过去，无法无天，盗窃盛行，强凌弱，众暴寡，战争频繁。现在，编立札萨克，遵行大皇帝颁示的法令。一王一公，只有一旗兵士不多，难以违背法度，侵掠他旗，滋事生乱，更不可能起兵谋反，入侵内地，牧民免受兵火之灾。悖乱违法，祸国祸民，哪怕你是亲王、郡王，也将被大皇帝按律严惩，如像前述已故苏达尼亲王之妻及台吉车根、阿穆尔、充科、阿达里、罗雷喇扎布等，皆被斩绞。所以土谢图汗、车臣汗等奏称"圣主如此深仁"，臣等得以"长享太平之福"。

四是天朝"军威赫濯"，皇上神武，喀尔喀有此强大靠山，不怕噶尔丹侵掠。

五是回乡有望。圣谕明确宣示："朕暂留尔等收集散亡，俟厄鲁特事定之日，仍归故地驻牧。"②

六是汗、贝勒、台吉地位仍旧，改赐亲王、郡王、贝勒、贝子、公、台吉封号，仍可各君其旗，各子其民，并且有了大皇帝颁示的法例，有大皇帝的裁处，年老、幼小、力弱的王公台吉，不怕兵马众多王公欺凌击杀，致家破人亡部灭，得以世世传袭。

因此，喀尔喀三部王公官员兵民，无限感激皇恩，甘作忠顺臣民。

现在可以理解为什么康熙敢于面对重重困难，甘冒与噶尔丹交战，付出巨大代价的风险，接受喀尔喀三部数十万人求降的请求，并且努力做好安抚喀尔喀的事情，因为他不仅有大无畏的英雄气概，他还能高瞻远瞩，胸怀壮志一定要清除噶尔丹这个为患大清的重大祸根，并兴灭继

①《清圣祖实录》卷142，第10页。

②《清圣祖实录》卷142，第15页。

绝，救护喀尔喀三部，使喀尔喀成为清王朝"防备朔方"的长城。

这个宏伟目标，后来完全达到了。

（四）大军进剿　准备充分

噶尔丹虽然于康熙二十九年（1690年）八月初一兵败于乌兰布通之后，立即遣使求和，顶佛发誓，乞宥前罪，退出界外。康熙虽允其求和之誓于八月十八日遣使敕谕噶尔丹，既斥其入边劫掠乌朱穆奉，先行进攻，又接受其"以誓罪来请罪求和"，按兵不行追杀，且令其出边，"不得擅犯我属下部落喀尔喀一人一畜"，否则，"朕厉兵秣马"，必务穷讨。第二天，八月十九日，康熙又谕议政大臣："噶尔丹虽认罪立誓，上本请降，但人殊狡诈，难以深信，我大兵撤后，背誓妄行，亦未可见。"仍宜发兵整备。①

此后，康熙愈益认定，噶尔丹必会侵掠喀尔喀，为患边疆。康熙于二十八年十月初八谕议政王大臣："喀尔喀来降者，饥困已极，自相劫掠，应速置札萨克"，"晓谕法度，收集离散"。他还赐喀尔喀敕说："朕暂留尔等收集散亡，俟厄鲁特事定之日，仍归故地驻牧。"②

康熙三十年三月初九，大学士与兵部大臣议准会盟之事说："俟会阅既毕，视汛界四周，暂令游牧，至厄鲁特事定后，仍遣往土喇、俄侬（土喇、俄侬，即喀尔喀故土）等处安插。"③

五月初七，康熙还亲谕扈从大臣：昔秦兴土石之工，修筑长城，我朝施恩于喀尔喀，使之防备朔方，较长城更为坚固。④

康熙的判断十分正确。噶尔丹善用权术，六亲不认，言而无信。刚为准噶尔汗时，势力不强，为得汗位，杀索诺木阿拉布坦，并欲杀其弟第策妄阿拉布坦，策妄逃走，噶尔丹击青海和硕特部车臣汗之女，乘机专杀车臣汗，成为厄鲁特部总汗。乌兰布通败后，野心不死，时思报仇，屡以索取土谢图汗、哲卜尊丹巴为名，侵扰业已归降清朝的几十万喀尔喀人。康熙三十一年八月，属下图尔齐哈什哈等率兵，在哈密附近

---

①《清圣祖实录》卷142，第11、12页。

②《清圣祖实录》卷142，第16页。

③《清圣祖实录》卷150，第22页。

④《清圣祖实录》卷151，第21页。

杀害派往策妄阿喇布坦的使臣马迪，"尽劫骆驼行李而去"。①九月，噶尔丹遣使奏称，皇帝"许以哲布尊丹巴、土谢图汗"给他，请将喀尔喀人发回故土。既索要哲布尊丹巴、土谢图汗，又要几十万喀尔喀蒙古人，狼子野心暴露无遗。康熙遣使敕谕，驳其谎言，宣称从未答应执送哲卜尊丹巴、土谢图汗给予噶尔丹，此乃小人(指噶尔丹)之言，喀尔喀人既已"养之数年"，焉能给予噶尔丹。②此后几年，噶尔丹顽固耍此诡计，屡奏这一谎言，索要哲卜尊丹巴二人及喀尔喀数十万蒙古，帝皆斥其谎言而拒绝。

康熙深信，噶尔丹定会背誓作乱，必须将其铲除。但是，何时对其用兵？是整备兵马，待其逼近之时诛剿，还是直捣巢穴？捣巢之举，虽能根绝祸患，但穿越瀚海500里大沙漠，远逾三四千里行军，人困马乏，与百战巨寇决一死战，有无胜算？十万大军，一二十万马骡、粮草、枪炮等，军费巨万，能否承担和筹办？基本战略、方案怎样规划与确定，一时难以决断，只好审时度势，观察一段时间再定。不过，从现在起，就要提高警惕，及时采取应变措施，首先是要做好充分的兵力、财力准备，加强边防，及时调兵前线应战。早在康熙二十九年十月初六，他即谕大学士等："噶尔丹虽立誓而去，其人狡诈，不可深信。""着于陕西各营步兵内，选素习征战，人才壮健，善于步行，能用大刀连节棍兵二千人，戍守大同、宣府，以备明春有事时调遣。再须善用藤牌大刀福建人数百，驻于石匣，以备调用。古北口石匣之军，应设总兵官，即令与该部会同选择，此驻防之兵，张家口，亦选步兵一千名驻扎，即令宣府总兵官统之。此两处新设兵粮，应较步兵钱粮增给，议政王大臣，其集议之"。

议政王大臣随即议准："檄川陕总督，以陕西各营步兵内，素经战阵，人才壮健，善于步行，能用大刀连节棍兵二千，其副将参游以下等官，量兵派出。着总督、巡抚、提督、总兵官亲选，自延绥等处就近拨发，以一千戍守大同，一千戍守宣府。此官兵行粮，及家口坐粮，该督抚照列给发，期于十二月到汛，俟来年夏四月无事撤回。古北口、张家口，各添设善用藤牌大刀兵一千，此两处兵，皆每月给银二两，米照常

---

① 《清圣祖实录》卷156，第5、6页。
② 《清圣祖实录》卷156，第12页。

支给。"①

康熙又令京城预备大兵，每佐领枪手、护军各一名，前锋亲军、护军各十名，汉军火器营兵二千名"给予修整器械银各十两"。三十一年九月十五日，康熙又谕遣兵于大同准备征用，作为京城预备之兵："今所备禁旅之内，每佐领，拨护军七名，其前锋，则简四百名，火器营兵，则分其半，于十月，遣赴大同，饲养马匹，预备征调。"

京城预备之兵，议政王大臣议准："京城所备，见剩前锋四百名，每佐领下，拨亲军各一名，枪手护军各一名，骁骑各二名，火器营兵千名，于此再增拨每佐领下护军各二名预备。此项增拨护军人等，亦赏银十两，所备之大炮，及因炮所拨都统、副都统、官兵，包衣官兵，依旧预备。"

此时，满洲、蒙古、汉军、八旗共有1044个佐领，其中，满洲、蒙古、八旗有801个佐领。据此推算，遣往大同预备的兵，有护军5607名，前锋400名，汉军火器营兵1000名，合共7007名。京城预备的兵，有亲军、枪手、护军4005名，骁骑2088名，火器营兵1000名，前锋400名，合共7493名。

刚刚商议安排完毕，噶尔丹遣使额尔德尼绰尔济来京请安上疏，言词恭顺。康熙谕大学士等："览噶尔丹奏，词语恭顺，询诸来使，亦无他故，今备兵而无所用，似乎徒劳士卒。然噶尔丹非可信之人，如不之备，万一有事，又贻后悔。应备与否，尔等与议政诸臣会议具奏。"大学士等议覆，噶尔丹必无他故，然备兵不过略费钱粮，并无所劳苦也，倘有警报，自此出兵，不若自大同前行甚便，此军似仍预备大同为宜，至京城前所预备之兵，亦仍应预备，后增拨护军二名，应请停止。得旨，遣备大同每佐领护军七名内，减去一名，留于京城预备兵内，后增拨护军二名，着停止。②

至迟在康熙三十一年十二月，康熙已下了诛灭噶尔丹的决心，准备实行引诱噶尔丹来到内蒙古科尔沁地方，出兵击杀。《清圣祖实录》卷157，第16页载：戊辰，先是，噶尔丹于乌兰布通之地，为我军所败，内大臣苏尔达，与土谢图亲王沙津，达尔汉亲王班第等，共商遣阿喇善属下人鄂漆尔等，令往噶尔丹，于是众皆疑科尔沁，已附噶尔丹。将军

①《清圣祖实录》卷149，第7页。
②《清圣祖实录》卷156，第9、10页。

萨布素，闻郭尔罗斯吴尔图纳苏图台吉之言，亦疑科尔沁，密奏其有异心。上以科尔沁臣服已久，必无此意，全不疑之。至是乌拉佐领必立克图，往厄鲁特馆中，遇噶尔丹使人济尔哈郎格隆，语之曰，吾乃科尔沁台吉，济尔哈郎格隆问曰，尔识土谢图王否。必立克图曰，我系土谢图王亲信之人，齐尔哈郎格隆。遂延必立克图入其庐，饮之酒，使誓于佛前，出书一封授之，令致土谢图王，赠必立克图貂皮一张，猩猩毡一件。

必立克图于康熙三十一年九月二十三日，"以其事密奏。上留中"。寻遣人召沙津来京。十二月三十日，土谢图汗亲王沙津至京，康熙召沙津入，谕曰："昔乌兰布通之役，内大臣苏尔达及尔等，共商遣尔属下人鄂漆尔等于噶尔丹，众皆疑尔等已附噶尔丹矣。将军萨布素等，亦曾密奏，以为尔等有异心，今又有乌拉佐领必立克图，以噶尔丹遗尔之书密首。朕思尔科尔沁，自太祖太宗时归附，世世职贡，相为姻亲，历有年所，尔必无此意，朕略无所疑。"沙津奏曰："臣世受隆恩，断无依附噶尔丹之理，本欲引诱噶尔丹，曾遣鄂漆尔是实。"上密谕曰："噶尔丹为人极其狡猾，朕欲发大兵往征，恐彼闻风远遁，及至撤兵，彼又复来，扰尔蒙古，今必立克图获噶尔丹遗尔书内，既有乞尔遣人于彼之语，尔可借此遣人语噶尔丹云，我科尔沁十旗，俱已附尔矣，尔可前来，我等当从此地接应。以此说之，诱至近地，于时朕亲统大军，风驰电击，彼不及远遁，断可灭矣。尔可仍遣前所差鄂齐尔再往，诱噶尔丹至近地。"[1]

沙津依计而行，遣人与噶尔丹密会，噶尔丹虽然相信了沙津的话，但畏惧清军，不敢贸然前来内蒙古。

与此同时，"以西北有警"为由，康熙命户部尚书马齐、兵部尚书索诺和往勘归化城驻兵之地。康熙三十一年十二月二十八日，马齐等奏，右卫与归化城相近，宜在此造城驻兵，应拨每佐领护军3名、骁骑3名、汉军火器营兵1000名驻扎，统以将军。喀尔喀阿尔萨阑戴青等人丁，三丁合披一甲，得甲965名，莒齐忒郡王达尔玛吉里迪旗下人丁，三丁合披一甲，可得154甲，50丁编一佐领，共编22个佐领，附归化城土

①《清圣祖实录》卷157，第27页；卷168，第9页。

默特两旗，在归化城四围游牧。再发绿旗马兵，1000名步兵2000名驻扎，设总兵官统率。经过议政大臣复议，最后，康熙降旨，拨每佐领护军5名，骁骑3名，不拨绿旗，余依议。以都统希福为建咸将军统率，不久改由归化城将军伯费扬古兼任此新设的右卫将军。右卫共新设八旗护军4005名，骁骑3132名，汉军火器营兵1000名，共有兵8137名。①右卫驻防八旗的满兵、蒙古兵及加上汉军1000名，总数8137名，人数之多，超过了全国其他任何一个驻防城市的八旗兵。西安、江宁、杭州、广州、福州、太原、德州、荆州等地的驻防八旗兵，皆比右卫少，可见右卫驻防八旗在"西北边警"中地位之重要，并且后来它也的确起了很大作用。

康熙三十三年七月初五，听说噶尔丹追居于土喇之西卜退哈滩巴图尔的根特戴青台吉，遂谕领侍卫内大臣，派兵前往，相机征剿："观噶尔丹之前进情形，当是图根敦戴青而来不遇，则随其踪迹而求之，来至土喇一带地方，抢掠边境之喀尔喀亦未可定。今时会既佳，马复肥壮，可调宁夏归化城及右卫之兵，循克鲁伦河，于土喇等处往寻西卜退哈滩巴图尔，探彼情形消息，如果噶尔丹来近土喇，扰害喀尔喀，我军有可乘之机，将军等相度而行，倘我师未至之先，彼已过而前进，则从后袭之。赵良栋谙习军务，郎谈前往时，可与之偕行，令赵良栋率宁夏火器营兵二百人，宁夏兵，即携宁夏之米，归化城与右卫之兵即携湖滩河朔之米，此时机会甚便，断不可失，尔等与议政大官会议。"

议政大臣议准，遵照上谕，发大军至土喇等处，以领侍卫内大臣费扬古为将军，率军前往。此番发往的满洲兵，"已有八千"。②

康熙三十四年正月初二，谕萨布素整备兵马——谕黑龙江将军萨布素曰："近有厄鲁特蠢动声息，尔可即归，整兵预备。设有事进剿，盛京乌拉，及尔处官兵，可会于形胜之地，相机前进，科尔沁兵，亦令随行。"至是，萨布素疏言："臣遵谕查形胜之地，唯索岳尔济山，最为高大。臣拟派官兵，自盛京乌拉墨尔根三处，至索岳尔济山，一一丈量，分置程站，其无水之处，掘井以待，嗣后若索岳尔济山之东北，枯伦贝尔等处有警，则与臣驻军之地相近，臣即先进兵，乌拉盛京兵继之，若索岳尔济山之西，乌尔会等处有警，则与盛京相近，盛京兵先进，乌拉及臣处兵继之，总期会于索岳尔济山以进，

①《清圣祖实录》卷157，第23-25页。

②《清圣祖实录》卷164，第7、10页。

奏至，从之。"①

康熙三十四年七月二十五日，谕领侍卫内大臣苏尔达等："据将军伯费扬古报，所差哨探寒冷特尔，至塔米儿以内，济拉马台山，遇厄鲁特二十许人，互发枪矢而回，正与梅寨桑所称噶尔丹来至塔米儿地方之语相符。此不可以不备，着派盛京兵二千，宁古塔兵一千，以备仓促。黑龙江兵，着将军萨布素酌拨预备，盛京人员之粮，倘有兵兴之处，着以盛京仓粮计月支给。京城派出之兵，亦着预备整齐，如噶尔丹不来，只在土喇左近窃伏，或发大兵，今冬进剿，或肥秣马匹，来春往征，尔等共同详议以闻。寻议，我兵不必趋赴土喇，但俟噶尔丹前来，则一举殄灭，倘噶尔丹竟逡巡不进，只窃据土喇，应俟得实信，当作何行事，再为奏请。"②

康熙三十四年八月十七日，先是京城预备大兵派为三队，第一队，都统公宗室苏努、都统李正宗诺穆图、前锋统领硕鼐、护军统领苏曷、副都统张所知、孙徵灏、扎喇克图、那秦、喻维邦、宗室巴赛、张朝午、前锋及八旗满洲汉军鸟枪俱往，每佐领下护军一名，上三旗包衣护军六十名。第二队，都统阿席担、噶尔码、副都统莫尔浑、硕岱、护军各二名。第三队都统护巴、伊勒慎、副都统秦布、龙西库。护军各二名。

上谕内大臣明珠等曰："闻噶尔丹有顺克鲁伦而来之信，京城预备兵三队，应令作速启行。第一队，于是月二十四日启行，所派诸王及两班侍卫与俱。二三队行期，各间一日。盛京预备兵二千，宁古塔预备兵一千，着克期会于乌尔会之地。再檄黑龙江将军萨布素，令遣人远探，倘噶尔丹侵犯车臣汗地方，听酌量行事，设有前来声息，即踵尾以进。有用乌拉兵处，可率之去，不用，仍令往会盛京兵。盛京、乌拉二处，命副都统齐兰布，往谕之。科尔沁兵，分二千名，来会于乌尔会之地。土默特贝勒厄尔德木图，令速回，将其所属，并贝子喇思查普旗兵酌派，亦往与盛京兵会。遣理藩院官一员，赴敖漠、奈曼，亦将兵酌派，带至巴林台吉阿喇卜坦处。"③

康熙三十四年十月十八日，噶尔丹常来侵扰，但行踪不定，时东时西。清军往击，彼已远移，几年以来，弄来清朝不得安宁，一会儿调集

①《清圣祖实录》卷166，第2页。
②《清圣祖实录》卷167，第19、20页。
③《清圣祖实录》卷168，第5、6页。

大军，一会儿又解除警讯，康熙决定要正式进剿，谕议政大臣等："闻噶尔丹部落，不过五六千人，我大兵皆踊跃愿战，而大臣官员逡巡退缩，无意效力，近噶尔丹于巴颜乌兰屯聚彼纵不敢深入，或潜来边徼，掠我外藩亦未可定。闻警后，始遣大兵，势不能朝发夕至，我进彼退我还彼来，再三若此，凡蒙古诸部，亦大遭其蹂躏矣。尔诸王大臣，可与八旗都统、前锋、统领护军统领，副都统等，公同筹尽，作何进止，其详议之。"①

康熙决定遣派大军，主动进剿，彻底消灭噶尔丹势力是十分正确的。因为，噶尔丹野心仍在，一定要牢牢占据156万平方公里的喀尔喀三部。但现在难以正面进攻清军，进入境内侵掠，又恐被围剿，损兵折将，故采取多次侵掠喀尔喀，诱清出兵，施即撤退，使清朝疲于奔命，劳民伤财，再伺机大举进攻。噶尔丹的亲信丹巴哈什哈说："噶尔丹向来有才，亦得人心。自悔其深入乌兰布通，乃退据克鲁伦、土拉等处，思以言语煽惑喀尔喀及内地蒙古，使首尾不相自顾，彼时可图大事。满洲闻之，必然出兵，少则与之战，师众则委地而退。满兵既旋，复蹑其后，如此不数年，自然财赋耗竭，必致疲敝，是以蓄谋而来，其志本侈。"②

噶尔丹的这一战略，确系高招，一般君主难破其计。几年以来，噶尔丹占据了喀尔喀三部辽阔地区，大营主要在哲卜尊丹巴原来驻锡地（库伦）及巴颜乌兰一带，离靠近内蒙古游牧的喀尔喀部旗只有几百里地，易于突袭侵略和撤退。而清军远在两三千里以外，中间还隔着瀚海（大沙漠），行军就得一两月，途中人烟稀少，气候恶劣，狂风暴沙，几万大军缺水缺薪缺粮，艰苦异常。侥幸来到目的地，已是人困马乏，死伤过半，敌已远遁，白白丢掉几百万两银子军费。设若此情持续三五年、七八年，清朝怎能承担如此巨大代价。也就只有偃旗息鼓，放弃征剿，任凭噶尔丹长期吞并喀尔喀，横行西北了。

所以，众议之时，"大臣官员逡巡退缩，无意效力"，"此时议当征讨者，举朝不过三四人"。③

王公大臣高级将领不愿出兵，反对出兵，是有相当充足理由的。一是路遥险恶。噶尔丹有时驻牧科布多，距京6280里，有时驻牧库伦，距京2800里，特别是穿越瀚海，那真是要九死一生。康熙二十九年四月，

①《清圣祖实录》卷168，第23、24页。
②《亲征平定朔漠方略》卷24，第39、40页。
③《清圣祖实录》卷168，第23页，《亲征平定沙漠方略》卷16，第33页。

内大臣马思哈（马斯喀）奉命领500名蒙古查哈喇兵从裕亲王福全出征。马思哈领蒙古兵分行，五月初十在歪凤呼土下营，进入瀚海边界。马思哈在其《出师塞北纪程》叙述了穿越瀚海的艰苦情形：庚子，师行四十里，至歪凤呼土下营。是日入瀚海边界，地尽陷沙，深者至三四尺，浅者亦一两尺，车不能前，凡军中辎重，尽改装驼马，空车尚需三四马力始出陷中。按瀚海周千余里，杳无人迹，其地乏水，故蒙古种类亦罕至焉。辛丑，师行三十里，至西勒布勒都下营。地无水，山尽童，野无他草，唯臭蒿、野葱两种，及药中之地骨皮，点缀道旁。野葱香味亦如葱，可食，臭蒿可饲马。并有虫豸，墨色如墨，蠢蠢蠕蠕，随地而有，下营时，凡帝幕器物着处皆染，甚或丛集人马项背间。壬寅，师行六十里，至戈壁刻勒苏太下营。戈壁者，即蒙古瀚海别名。瀚海内禽兽不繁，羽族独有大雕及百灵二种，兽则唯有跳兔一种，身长五六寸，尾长四五寸许，尾末色如银鼠，前股长仅盈寸，后股长至七八寸，耳如箭筒，唇或四五寸许，又一种耳仅寸许者，腾跃如飞。稽尔雅西方有兽曰鼮，亦前足短，后中长，然走则颠踬，借蜒蛩以行，非跳兔类矣。更有小飞蝇，亦如点墨，隐约来目，随有小蛆堕入目睛，顷刻长四五分，不治目竟失明。治法：以羊肉炙热敷目上，少许，蛆尽出，复明如故。以故凡行者，必以纱障目避之。其他风物与西勒布勒都略同。癸卯，仍驻本营。甲辰，师行六十里，至哈鲁尼都下营。乙巳，师行四十里，至如乌黑里太商答下营。丙午，师行八十里，至阿里宁布搜基下营。是地所掘泉水，皆作尸肉气味，用以造饭，餐之者逾日咽中犹作呕逆，以是人马俱渴。丁未，师行七十里，以昨不得水，故迁道至朱尔归下营。地颇洼下，然沙碛深掘之四五尺始及泉，四望皆旱苇，深一两丈，地无草，马饥。竟日大风，营帐皆拔起。戊申，师行八十里，至得勒苏太下营。所掘泉水，尚复作尸肉气。己酉，师行七十里，至哈那哈代布勒下营。是数程山重水枯，大概与西勒布勒都不相远也。庚戌，仍驻本营，息驼马。辛亥，师行五十里，至伊勒呼下营。地中无水，水在石巅，凿之八九仞始见水。野骡成群，蒙古谓之"七刻贪"，色黄颇称骏，觅水者视蹄涔，掘之泉见焉，性善奔逸，射得之，重可数百斤，一驼仅能载一野骡。壬子，师行五十里，至乌兰苦布流下营。为瀚海西北边界，瀚海地至此尽。自经瀚海凡五百四十里，阅旬有二日，所见闻殊诡异。

二是难觅敌军主力。征剿噶尔丹，兵少，不行，兵多，五万大军，十万官兵厮役，艰苦跋涉数千里，在百多万平方公里的喀尔喀三部地区，寻找敌军主力，犹如大海捞针。噶尔丹是漠西厄鲁特蒙古，与喀尔喀蒙古常通往来，商旅频繁，人地并不生疏，何况已入据喀尔喀地区六七年、七八年，随处游牧，与土著无异，侦探消息，方便灵通。清军大举远来，不难侦悉，时机有利，突然进攻，形势不利，早就远驰几百里以外，那时清军粮尽柴绝，不要说高奏凯歌，恐怕连保命回乡都办不到。

三是难操胜算。为寻敌军主力，清军不能挤在一起，必将兵分几路；两三千里以外交战，将士不能太多，粮草供应无法满足，即使领五六万大军，一分为三，或一分为二，每路军队也就两三万人。噶尔丹侵掠喀尔喀时，是铁骑三万，乌兰布通大战时，人数也仅略少一点，现在他是常领骁骑二三万行走。双方兵力、人数相当，但清军远来，人困马乏，减员严重，噶尔丹是在本地游牧，以逸待劳，双方军队、将士，都骁勇善战，这场仗打起来，很难说必操胜算。何况，搂诸历史，三百年前，常胜统帅明成祖朱棣，五征鞑靼，并未能消灭鞑靼，臣服鞑靼，反而在第五次无胜之后病死于回京路上。

四是耗费巨大。大举进剿噶尔丹，消灭噶尔丹，需调集五六万兵士、六七万厮役和几十万匹马骡，还要筹备大量枪炮、兵器、帐篷，军费开支巨大。每兵一名，"给马四匹"，6万余名兵士需马23万匹。还有上千名都统、统领、总兵、副将大小将校，还有驮运枪炮军装帐篷等物的马骡，几百个驿站需马上万匹，等等。官方定的买马一匹，价银12两，仅马一项，就需银以百万两计。条例规定，官兵出征，例给俸赏，行装银两，绿营提督到把总，都要赏俸银，还可借备办行装银，提督500两，总兵400两，副将300两，参将250两，游击200两，都习150两，守备100两，4总把总50两。马兵赏银10两，借行装银10两。行装银虽系借的，战后要扣还，但一般是打了胜仗，就免还了。此次之行装银，战后就下谕免了。这得支付上百万两银子。①50000余名斯役，主要是满蒙汉王公官将的包衣（奴仆），皇上许诺立功的厮役，以及他的父

---

① 《中枢政考》卷14，《俸饷》；康熙《大清会典》卷36；光绪《大清会典事例》卷251、254、255；《清朝文献通考》卷42。

母妻子，都要开户（即不是包衣），付给其家主身价银①，这笔开支也不小。出征官、兵、厮役，都有盐菜银和口粮，兵士、厮役的盐菜银是每月9钱，整个时间另加银4钱。此次出征，单算来去路程是99天，每人应给盐菜银9两，12万名官兵厮役应为108万两。官兵、厮役每日应领口粮8合3勺，99天为8斗2升2合，在内地正常季节1斗米价银1钱，8斗2升2合为8钱2分2厘，12万人口粮折银10万两，可是远在一二千里、二三千里的缺粮地区，运1石米的茶需，多达几十两，这12万人的口粮，至少得花银一二百万两。军马得给马料。官方规定，每马1匹，冬春季节，每月支豆9斗、草30束。官价豆1石银1两，草一束银1分，99天，3万匹马需喂豆3万石，给草30万束，又得花上百万银两，至于大炮、枪铳、子弹、火药、甲胄、弓、箭、刀、帐篷等的开支，耗费也大。康熙二十七年五月，内大臣索额图等奉命前往俄国谈判的时候，有"精骑万余随行"，进入喀尔喀，路程比这次征剿噶尔丹还近，也未打仗，八月十三日回京，就"饥渴难堪，全军死者九百余，畜死者驼千余，马二万七千余，费银二百五十余万"。②两相比较，康熙的此次御驾亲征，大军五六万，官兵厮役12万，耗费白银当有几百万两。如果放在一二十年前，他根本打不起这场大战。

康熙十二年开始的平定三藩之乱的八年大战，耗费了几千万两银子，康熙十二年国库存银2135余万两，到十七年，国库存银只有333万余两。康熙二十年平乱以后，康熙竭力开源节流，国家财政收入逐年增加。康熙二十九年起，每年册载征赋田地都在590万顷以上，年征赋银2700余万两，米麦豆690余万石。康熙三十五年，田地598万余顷，征赋银2739万余两，米麦豆696万余石，盐课银269万余两，关税银100万两，人丁银300万余两。康熙三十年国库存银3184万余两，三十一年3425万余两，三十二年3760万两，三十三年4100万两，三十四年3422余万两，三十五年4262万余两。巨量的财政收入和充裕的国库存银，为征剿噶尔丹提供了强大的财力，物力坚强后盾，所以康熙才能调集10万兵役几十万匹马骡，置办必需的大量枪炮。

困难虽比天大，但是，康熙可非平庸之君。他高瞻远瞩，深知噶尔丹是必须铲除的心腹大患，必须保护喀尔喀三部夺回其辽阔的故土，并

①《清圣祖实录》卷170，第10页。

②钱择良：《出塞纪程》，见魏源《圣武记》卷3。

且他已经有了雄厚的财力，所以决定大举进剿噶尔丹。他审时度势，制定了大军主动进剿的方针。他痛斥畏难胆怯官员，果断宣布大军进剿，御驾亲征。①

康熙三十四年十一月十九日，大学士会同兵部议奏：西路进剿，右卫兵五千，京城增发兵三千四百七十，大同绿旗兵五千，合官兵厮役，共计二万四千二百六十名有奇。先经议政大臣议，京城增发兵，每名给马四匹，厮役一名，各赍赏口粮八十日外，每名月给米二仓斗，以湖滩河朔米随运，其运车，及马骡草豆，挽兵口粮等物，俱着山西巡抚备给。并遴才干道官一员，同知、知州、知县等官四员，同部院官四员，随车押运。请于特简于成龙等三大臣内，分拨一人，佐以一满洲堂官，速赴山西，会同巡抚温保，料理诸务。至中路进剿，京中每佐领兵六名，汉军火器营兵二千，及随炮兵，共计八千一百三十名，俱照西路例，每名给马四匹，厮役一名。炮手绵甲军八百八十八名，两名合一厮役，又盛京兵二千，宁古塔兵一千，黑龙江兵约二千，宣化府绿旗兵三千，合官兵厮役，共计三万二千九百七十名有零，各赍八十日口粮外，每名月给米二仓斗，以通仓米运给，其运车，及兵夫马骡，需用食物，俱着直隶山东河南三省巡抚备给，押运官员，亦着各该抚遴选，与西路同。②

十二月十一日命西安将军博霁，统满洲兵，振武将军孙恩克统绿旗兵，从西路进剿。这支从陕西一路进剿的军队，有西安满兵3000名，绿旗兵9000名，连带厮役，共22400余人，各给5月行粮。③

至于东路，十一月初四，谕派盛京兵二千，宁古塔兵一千，黑龙江兵由将军萨布素酌派，再派科尔沁兵4000名，后黑龙江兵派1500名，东路共兵8500名，加上厮役，也有2万名左右。④

以上，西路费扬古所领的京师、右卫八旗军8470名，大同绿旗兵5000名，共13470名，加上厮役，官兵厮役共24260名，陕西满兵3000名，绿旗兵9000名，共12000名，官兵厮役合共为22400余名。中路京师八旗兵8130名，炮手绵甲兵880名，盛京宁古塔黑龙江满兵5000名，宣府绿

①《清圣祖实录》卷168，第23页；《亲征平定沙漠方略》卷16，第33页。
②《清圣祖实录》卷169，第8、9页。
③《清圣祖实录》卷169，第17页。
④《清圣祖实录》卷169，第17页。

旗兵3000名，共17010名，官兵厮役为32970名。东路满兵4500名，科尔沁蒙古兵4000名，计8500名，加上厮役，约2万名。三路大军，总共有兵50980名，官兵厮役为99630名。

此后，陕西绿旗兵减2000名。①康熙三十五年正月初三，谕京城八旗，每佐领增派护军2名，（八旗共1602名）和鸟枪骁骑500名，即增派2100名。②正月十五日，抚远大将军费扬古，奏准于大同养马八旗护军内，简选200名，鸟枪护军内，简选80名，为前锋。③正月二十七日，谕兵部等衙门，大兵至巴颜乌兰，倘噶尔丹不敢迎敌，从此遁去，可预选察哈尔兵1600名，喀喇沁、翁牛特，兵1400名，再于大兵内，及新满洲诸王护卫，喀尔喀兵内，共选精兵1万，备足驼马粮粮，务将噶尔丹穷追剿灭。④

至此，征剿噶尔丹的大军，已达6万余人，连带厮役，当在12万名以上，确系名副其实的"大军"。仅此官兵厮役人数之多，已可想见康熙一定要消灭噶尔丹的决心是何等的强烈。

大军未动，粮草先行，十多万人，兵士一人例给口粮8合3勺，100天就是8斗3升，为332斤，12万人，为4亿斤，需多少车辆、马骡、役夫？仅只中路，除每名兵士随身裹带80天食粮外，康熙就命造车6000辆，每辆车需牲畜4头，每车载米6石6斗，为2640斤。6000辆车可载米1584万斤。⑤还派天津总兵官岳升龙率直隶山东马兵300名，怀庆总兵官刘国兴率河南马兵200名，护送中路粮车。⑥

康熙又命称检兵士行李，以免过量，兵士劳累。康熙三十五年正月初五，谕议政大臣等："出征马匹，所关甚要，着将兵士行李，称验勘两，毋得过重，以疲马力。尔等会议具奏，寻议原定兵士，每人所给马四匹，四人为一伍，每人厮役各一名，一伍合计军器粮粮，以及一应用

①《清圣祖实录》卷171，第19页。

②《清圣祖实录》卷170，第2页。

③《清圣祖实录》卷170，第2页。

④《清圣祖实录》卷170，第13页。

⑤《清圣祖实录》卷169，第10页；卷170，第4页；卷171，第5页；《圣武记》卷3，《直隶总督于成龙年谱》。

⑥《清圣祖实录》卷170，第3页。

物，共重九百七十五觔零。一伍马十六匹，本身与仆从骑坐八匹外，余八匹，每驮应载一百二十斤，又每伍增给骡子一匹，每驮应以一百七斤合算。"①

康熙二十九年乌兰布通大战时，火铳便利，于三十一年设火器营，朝鲜国王进鸟枪3000杆。又因大战时大炮威力巨大，作用显著，这次也携带了众多大炮前往。

康熙三十五年二月初八，先是以冲大炮三门，神威炮十门，景山制造子母炮二十四门，江南炮五十五门，发往大同，以备西路兵之用。至是，谕兵部，着于新造炮四十八门内，选八门，派每旗炮手一名，作速增解大将军费扬古军中。②

四月初三，又谕：自宣化府取来炮二十四门，需用最要，着汉军四旗火器营大臣等照看，一同带来。③

康熙十分重视信息的传递，谕命设立众多驿站。康熙三十五年正月二十六日，理藩院、兵部，遵谕议准：西路设驿，自杀虎口以外，应置驿六十处，每驿设马二十匹，两驿合设笔帖式一员，拨什库二名，蒙古官一员，兵十名，于鄂尔多斯六旗内，派马五百匹，再取直隶，河南，附近府州县，偏僻驿站中马一千匹，酌量安设，六十驿，需马一千二百匹，余马三百匹，亦令带往，自西路以至中路军前，如有设驿之处，可交大将军伯费扬古，即于此内马匹，酌量安设。④

二月初六，兵部、理藩院奏，中路设驿，自京城至独石口，设四驿，有额定驿马，不必增加外，每驿用笔帖式一员，拨什库二名。自独石口外，约设六十驿，每驿马四十匹，至中路大兵到汛界后，与西路联络处，设十五驿，每驿马二十匹，如相隔遥远，驿或不足，再酌量增设。中路大兵正站腰站，俱两驿合设笔贴式一员，拨什库二名，扎萨克蒙古官一员，兵十名。其管理正站，应拨理藩院兵部官各二员，腰站，各一员前去。得旨，此番出师诸物，朕皆全备，并无待后赉送之物，飞驰之事亦少，着每驿设马二十匹，部院官，笔帖式，拨什库，调用将

①《清圣祖实录》卷170，第2页。
②《清圣祖实录》卷171，第5页。
③《清圣祖实录》卷173，第2页。
④《清圣祖实录》卷170，第12页。

尽，今设此驿，有情愿效力废员，每一驿可用两三人，坐塘效力，并酌拨札萨克蒙古内台吉、章京、兵丁，监视马匹。如驿马失盗被劫，即依律治罪，至草青后，将蒙古之马，着该管台吉，各自本旗酌带赴驿，协助传报，以此传谕设驿地方，众札萨克。余如议行。[①]

各个方面竭力筹办军需粮米马车等等，到康熙三十五年二月以前，均已办妥，万事皆备，就等皇上委派大帅将领，选定日期出发了。

（五）御驾亲征　噶尔丹惨败昭莫多

这里说的御驾亲征，是康熙三十五年（1696年）二月二十日康熙统军离京，五月十三日清军与噶尔丹厄鲁特军交战于昭莫多，六月初九康熙回京，足足100天。

这次亲征，清军遭遇了两次重大的、致命的危机，并且特殊的是，这两次致命性质危机的制造者、发起者、进攻者，都不是敌军，不是机智狡诈的噶尔丹汗，而是自己的人，且都是出于忠心为国的文武大臣。

第一次危机发生于正月十七日。

正当亲征准备紧张进行即将完成之际，不料突起变化，汉大学士、九卿、科道等官，联名上疏，阻谏皇上亲征，改派大帅前往。

"康熙三十五年正月十七日，汉大学士、九卿、科、道等官奏称：皇上文德诞敷，武功丕显，前者三逆负恩，察哈尔作乱，赖皇上运用神谋，皆立时授首，又平台湾，以为郡县，数十年间，凡亘古声教所未及者，无不来享来王。乃噶尔丹狡焉小丑，反复靡常，皇上赫然震怒，命加天讨，机宜措置，断自宸衷，遣发诸路精锐之师，分道并进，天戈所指，诛之决矣。顾西路大兵，已特敕抚远大将军伯费扬古为帅，而将军舒恕、博霁、孙思尧等，又率三秦满汉大兵协剿，唯中路将军，未蒙简命。窃意睿谋深远，将欲亲统貔貅，扫清朔漠。臣等愚陋之见，窃以皇上为百神之所凭依，四海苍生之所倚赖，似不必以此稽诛小寇，躬临壁垒。伏冀皇上特简中路大将军一人，令统大兵，与诸路并剿，如虑道里远隔，一切进止机宜，调度为难，或驻跸近边，指授方略，则诸路大军，自可祇奉，成命，立奏肤功。"[②]

---

①《清圣祖实录》卷171，第4、5页。

②《清圣祖实录》卷170，第6、7页。

此疏所言不宜亲征的理由，相当充分，特别是它清楚地反映了汉大学士官等忠君、卫君、爱护皇上的强烈心情。兵者，凶事也，吉凶难卜。噶尔丹三万铁骑，骁勇善战，又兼号称借有俄国六万火枪兵，万一飞驰突袭，闯入御帐，贴近天子，岂不酿成惊天大祸。即使战阵之上平安，来去五六千里的长途跋涉，尤其是要两越瀚海，难免伤损龙体，既有十万大军，稳操胜算，何必惹此麻烦。

此疏分量之重，还在于它不是一人或三两人之奏疏，而是汉大学士、九卿、科、道等官的联名奏疏。此时，汉大学士是王熙、张玉书、李天馥三位。九卿是六部尚书、大理寺卿、通政使和都察院左都御史。科是吏户礼兵刑工六科掌印给事中。道，是十五道掌印监察御史。大学士、九卿、科、道等官，可以说是整个汉官的精华人员，其议可以说是整个汉官的意见，分量当然不轻。何况，此时的三位大学士，吏部尚书熊赐履，户部尚书陈廷敬，礼部尚书张英，兵部尚书杜臻，等等，都是朝野公认的贤臣能臣，他们的建议哪有谬误！

可是，这次汉大学士，九卿等官的谏止亲征，却的确系不妥。因为，一般问题，甚至是比较大的问题，有谋略有担当的大帅，可以自行定夺，但是遇到特别重大、决定军队进退、战否的问题，遇到官大爵尊军国重臣之议，与己主张相异，而欲坚持其见，强压施行之时，大帅能否顶住不妥意见压力，而果断发号施令，那就太难了。如像此次是皇上要亲征和三个月以后的进军决策，除了皇上能乾纲独断以后，任何大帅都无能为力。

然而，万一取消亲征，必然带来严重恶劣影响。状元、进士出身的大学士王熙及张玉书、李天馥、熊赐履(康熙十四年、十五年曾任大学士)和尚书陈廷敬、张英(后皆任大学士)等官，虽博学多识，满腹经纶，却对用兵之法知之不多，且从未上过战场去厮杀拼刺，他们根本不不了解士气的重要。清朝士兵穿越瀚海，跋涉数千里，和百战巨寇噶尔丹汗鏖战，胜负难卜，艰苦异常，精神上、身体上都有很大压力；在渴极乏水、暴风猛袭、雨雪多日、泥泞难行、马毙役死、必须步行、且负米粮、力不能支时抛弃米粮，致缺粮饥饿之时；在双方拼死厮杀，战阵僵持，且有败状之时；圣天子御驾亲征，统军征战，对将士是多么大的鼓励、支持，会促使他们化弱为强，去怯为勇，士气高涨，奋勇前进，拼死冲刺，定能渡过难关，大败敌军，军威远扬。后来康熙统领的中路军，顺利穿越瀚海，近敌之时，军威之盛，使噶尔丹军"望见军容，莫不丧胆"，即系典型例证。如果在大军将发之前，宣布取消原已颁示朝野的御驾亲征，必然会动摇军心，使将士们感到征途险恶，很难获胜，士气立即低落，这个仗也就不要打了，未战之前，已经败了。

所以，汉大学士、九卿、科、道等官的阻谏亲征的奏疏，不是忠君、爱护皇上、利国利军的良方，而是误君害君、祸国殃军的毒药。

尽管康熙一向倚重王熙、熊赐履等贤臣能臣，多从其议，但这次却对其疏断然拒绝，降旨宣示，必定亲征：

"朕临御以来，日以爱养兵民为念，未尝轻于用兵，远事征讨，方令宇内无事。唯厄鲁特噶尔丹，违背约誓，恣行狂逞，侵略我臣服之喀尔喀，恐渐致边民不得休息，故特遣诸路大兵，分道并进，务期剿荡，为塞外生民除患。向年乌兰布通之役，朕以策诱噶尔丹入，距京师仅七百里许，大兵已经击败，乃竟中贼计，致噶尔丹遁走，彼时因朕躬违和，未得亲至其地，失此机会，至今犹以为憾，噶尔丹窜伏巴颜乌兰地方，相距未甚辽远，以是不惮勤劳，亲临边外，相机行事，此贼既灭，则中外宁谧，可无他虞，假使及今不除，日后设防，兵民益多扰累，所奏已知之。"①

第一次可能导致清军失败的致命危机，就这样被康熙化解了。

中路大军由康熙亲统。大军兵营为24营，各营领兵皇子、王、公、将领是："皇上驻跸处为一营，八旗前锋军，列作二营，八旗护军，及骁骑，列作十六营，八旗汉军火器营兵，随炮兵炮手绵甲兵，列作四营，部院大臣官员，笔帖式等，列作一营，左翼察哈尔兵，列作二营，宣化府及古北口绿旗兵，各为一营，至守护御营官兵，及执事人员，俱交领侍卫内大臣、护军统领及内务府总管，约束督理，得旨，让镶黄旗大营内，着皇七子允祐，都统杜思噶尔，副都统达礼善，内大臣额驸尚之隆，督捕右理事官温达。镶黄旗小营内，着贝子苏尔发，副都统喀尔沁，席柱。正黄旗大营内，着皇五子允祺，都统侯巴浑德，副都统阿喀

---

① 《清圣祖实录》卷170，第7、8页。

纳，学士嵩祝，内大臣布克陶。正黄旗小营内，着宗室公普奇，都统周卜世，副都统莫尔浑。正白旗大营内，着信郡王鄂扎，都统阿席坦，副都统阿尔纳，侍读学士席尔登。正白旗小营内，着宗室公吞珠，都统石文英，副都统胡什巴。正红旗大营内，着皇四子公长泰，都统齐世，副都统法喀，原任尚书顾八代，侍读学士觉罗华显。正红旗小营内，着宗室公齐克塔哈，护军统领鄂克济哈，副都统扎喇克图。镶白旗大营内，着恪慎郡王岳希，都统噶尔玛，署护军统领桑遏，副都统那泰。镶白旗小营内，着贝子吴尔占，护军统领苏㗻。镶红旗大营内，着皇三子允祉，公福善，副都统孙渣齐，侍郎席尔达，学士三宝。镶红旗小营内，着宗室公苏努，副都统握赫。正蓝旗大营内，着显亲王丹臻，副都统禅穆布，侍郎常绶。正蓝旗小营内，着闲散宗室哈尔萨，副都统崇古礼。镶蓝旗大营内，着康亲王杰书，原任内大臣阿密达，副都统宗室鄂习。镶蓝旗小营内，着贝子鲁賔，原任都统喀岱，副都统龙西库，率领。再八旗汉军火器营，镶黄正白两旗合为一营，着都统公鄂伦岱，副都统公孙徵灏，正黄正红两旗合为一营，着都统王永举，副都统张所知，镶白正蓝两旗合为一营，着都统李正宗，副都统雷继尊，喻维邦，镶红镶蓝两旗合为一营，着都统诺穆图，副都统宗室巴赛，费扬古，赵铖，张朝午、率领。其察哈尔兵，着贝勒多尔济渣卜，散秩大臣吴巴锡统领。余如议行。命裕亲王福全，恭亲王常宁，简亲王雅布，从征，于营后行"。[①]

"康熙又谕兵部，颁行军纪军令：'谕兵部，师出以律，克奏肤功，自我太祖太宗世祖以至于今，野战必胜，攻城必克，所向无敌，虽士卒世受国恩，捐躯报效，实由我朝军纪森严，信赏必罚，兼以兵马精强，器械整齐之所致也。朕令次军行，特规酌旧制，叅以新谟，爰著为令，告我六师。一、大军出征，本都统、护军统领、副都统、叅领等，审视官兵甲胄弓矢，暨一切军中器用，务期坚利，兵之盔尾甲背及战矢之干，各记名其上，马烙以印，鬃尾处击系牌，书旗分佐领姓氏，以为记号。马不烙印，追银二两，箭不书名，追银十两，给举者之人。一、启行时，凡兵众必各给行装，按旗队以次前进，不得零星散乱，后先越走，自出国门以至旋师，当各遵守，违者鞭责示警。一、在道毋离蠢，毋酗酒，毋喧哗，毋叫呼，不遵者，该管官即行捕责。一、所过地方，

---

①《清圣祖实录》卷171，第13—15页。

不得扰害居民，及蒙古部落，如侵犯子女，掠夺马畜，蹂躏田禾，及擅离营伍，入村庄山谷，强取一物者，兵丁厮役，俱从重治罪，其该管官，及厮役之主，一并议罪。一、边境以内，凡兵役在逃，立刻缉捕，依定例治罪，出边而逃，该管大臣即发官兵，务穷追捕，以正军法，设追缉不获，往追人从重治罪，伊主并该管官，一并严处。一、下营务按旗列幕，不密不疎，如越旗乱次，前后掺杂者，将该管大臣官员，分别治罪，其兵役内，有瞽不畏法，盗马上零星诸物者，惩以鞭责，盗马匹及鞭辔者，视盗赃多寡，按律治罪。一、出哨，毋携大纛，各带本旗颜色小旗，远距大营设哨，勤加巡视，比暮则还，就近地，勿举火，勿携帐，一人一骑，其马备鞍以待，昼则近身牧放，夜则刈刍拴喂，设寇至探明，即飞报大营，若无寇妄报，与寇近不知，以致传报稽迟者，主将即将该汛坐哨官兵，立刻正法，军前示众。一、值夜巡徼官兵，必张弓，束服，袴靴，并解甲衣以备，不可怠忽，无事人，昏夜不得擅行，行者必问，如衣服器械有异，即行擒拿，苟贪睡偷安，或人数缺少，该管大臣察出，严治其罪。一、与寇相近，管兵将军大臣，酌派前锋参领，率兵往探，务详审贼情虚实，地势险易，并严饬营中，夜无燃火。一、对敌列阵时，主将必度地据险，寇或布野，或结络驼鹿角为营，我军分列行阵，指明某队旗，当击敌阵某处，战时鸣角进兵，战毕仍鸣角收兵，官兵或弃其部伍，混入他人部伍，或轶出本阵，往附他人尾后，或逡巡观望，逗留不进，照所犯轻重正法，籍没，鞭责，革职，至我军分阵进击，某旗对阵，敌坚不动，即发所备援兵助击之，又对面临阵时，王、贝勒、贝子、公、大臣官员，或不依次，諠阗搀入，或见敌寡，不请擅进，此一次功不议，仍以罪论。一、敌阵动摇，我军攻入，当严禁官兵，不得掠人畜财物，如不遵军法，贪行攫取者，重惩不贷。一、敌败北，即选兵马追之，随派队伍，接踵继进，倘追兵堕其伏中，或遇寇游兵，我后队兵与之接战，前队兵仍行追进。一、师旋日，当严行禁止，凡军器不得售卖存留与诸蒙古，违者从重治罪，该管官一并议处。一、驼马为师行要需，须择水草善地牧放，夜则加意边防，起营时，留官兵于后，收察遗失驼马，审其印烙牌记，各交原主，其疲乏者，即于就近地方官，或村庄居民，或扎萨克蒙古处，辨色登数，交与饲养，仍以其数，报明兵部，如有将遗失驼马，隐匿乘用，或因其疲乏委弃宰杀者，严治以罪，贪驼马原主，开明遗失疲乏，驼马颜色数目，亦报兵部登记。一、军粮关系甚重，凡出征官兵，须各计口按日，支领携带，倘不如额，查出即从重治罪。一、有职掌大臣官员，原各有亲随兵卒，不得复于大兵内抽取，以分兵势，如委署人员，及官之原无亲随兵卒者，许各抽一名。一、凡大兵存驻处，毋令闲惰，每日较射，靡砺器械，所颁军令，不时宣谕，令其详悉。夫兵者，所以讨逆安民，朕不得已而用。统兵大臣，能体朕意，严束属下官兵，于所过边境内外，不轻取一物，使人民安堵如故，奏凯日，自行奖赏。如纵官兵为非，扰害生事者，定加重处。凡兹军令，应通行晓谕各路官兵，如传示不到，即将传示之人，以军法从事。尔部其以朕谕，与前南苑所降之旨，一并刊颁，俾各凛遵毋忽谕议政大臣等，绿旗兵卒内，有从本阵前进，超入骆驼营、鹿角营，众人接踵齐进，杀败敌寇者，第一名优升千总，其督战之员，优升二级擢用。至绿旗将弁内，有亲身超入骆驼营、鹿角营败敌者，优陞三级擢用。著以用印空札，颁发将军提督总兵官，凡绿旗官兵，有显著劳绩者，即照所定职衔，填注给予以镶黄旗参领伯马思芳，为銮仪卫銮仪使。'"[1]

康熙三十五年二月初六，"命中路大军于二月三十日自京起程，西路大兵于二月十八日自归化城起程"。初八，命抚远大将军伯费扬古，自京起行赴归化城。上克期四月下旬，令"会中路大军于土喇，若噶尔丹从克鲁伦河而下，与中路兵近，西路兵远，则中路待西路之兵，若噶尔丹在土喇，与西路兵近，中路兵远，则西路待中路之兵"。[2]

先前，科尔沁土谢图亲王沙津，遵奉皇上前降密谕，潜遣鄂漆尔，往约噶尔丹。噶尔丹果沿克鲁伦河而下，掠喀尔喀纳木扎尔陀音，遂踞巴颜乌兰。

康熙收到沙津密奏以后，"以机不可失，不待草苗，即应往剿，遂经画粮饷，调度各路兵马"，既毕，于康熙三十五年二月三十日，率诸王、贝勒、贝子、公、文武大臣，诣堂子行礼，祭旗纛，亲领六军启行。当天，驻跸沙河。[3]

出发以后，康熙亲自过问安排掘井、起程、安营、行李等涉及将士

①《清圣祖实录》卷169，第20~24页。
②《清圣祖实录》卷171，第3~5页。
③《清圣祖实录》卷171，第22页。

生活军务。一是掘井。差副都统阿迪等往汛界视察水草，派兵部侍郎思路往口外掘井，《清圣祖实录》卷171，第23、26、27页载："（三月初一，阿迪）回奏，'冰雪凝冻，未能掘井。上以用兵之道，以速为贵，大兵刻期，断不可缓且出师时，已当春季，地脉将融，虽冰冻可以疏凿，随遣副都统阿毓玺等，往汛界外掘井。至是，大将军伯费扬古奏，阿毓玺等，于二月二十四日，至巴尔几乌兰河朔哨口，掘井数处，去冰尺许，清泉涌出，毓凿甚易，一如圣算。'三月初十，命前锋统领硕鼐料理掘井事务，第二天以侍郎思格不能回答一井供饮多少人马，斥其'为人昏愦，居官亦不端'，将其革职，充当士兵，以军效力。"

三月十一日，谕议政大臣等，凡掘井之处，须以井居中，大营，并镶黄旗两营，互相犄角，则取水饮马甚易，不致争斗。其井，着派官兵看守，无令污坏，后队兵，着接递交付。

三月初九，"谕议政大臣：出口以后，清晨启行，日中驻扎，每日一餐"。（此指皇上一日一餐）

三月十二日，谕领侍卫内大臣等："今日朕五鼓起行，见炊烟甚多，朕每日一餐，凌晨即撤营就道，乃朕于起行之后，军士尚在营中眠食，行李淹迟。着领侍卫内大臣，内务府总管，武备院总管，将乡导及骆驼头目等稽迟行李之故，察明回奏。领侍卫内大臣公舅舅佟国维等请罪，奏曰，此皆臣等庸懦不能管慑之故，乞皇上严加处分。得旨着暂停处分，效力赎罪。上自出京，常以休息士马为念，行十余日，皆以漏尽起程，而行李尚不能到，至军士人等，不得及早安营。上因是五鼓即兴，亲视驮载前发，方启行，此驻营时，日甫已刻，行李已毕至矣，于是士马大得苏息。谕领侍卫内大臣等，侍卫官员人等，前令各领行李而行，令未见有随者，嗣后着各领行李，至驻扎处，各相助安营，朕每日常于野次暂坐，若于朕前过者，俱勿下马。"

三月十五日，上驻跸滚诺尔地方，雨雪交加，上以军士未即安营，雨服露立，俟众军士结营毕，始入行宫。营中皆炊饭，然后进膳。又遣御前侍卫海青，以骆驼载帐房，及食物柴炭，赐挽车未至之人，令栖可举爨。

三月十七日，"谕议政大臣等，沙岗难行，马匹劳苦，自揆宿布喇克，至胡什木克，道达分为两程。自胡什木克，至滚诺尔，虽途近易到，但皆沙砾，仆从人等，俱着步行。兵丁有爱惜马匹者，亦听步行。仍令照常晨炊，日食两餐，过此沙岗数处，至平坦之地，不必为马虑矣"。

三月十八日，谕兵部、理藩院："朕回军时，必由此路，应将随军米粮，量留揆宿布喇克，则目前车辆即轻，而回京时取米亦易。着派章京骁骑，同蒙古官兵，谨慎看守，其蒙古官兵，不必带行粮前来，将口粮加一倍给予，从于成龙处，领取分给。"

一路行进顺利，平安穿越瀚海，康熙三十五年四月初四，驻跸哈必尔汉地方。之前，遣侍卫克什图出使噶尔丹，现克什图携噶尔丹奏章，步行而回。《清圣祖实录》卷172，第2、3页记述了议政大臣与康熙对噶尔丹情形的论述："上问议政大臣，料噶尔丹待我兵否？诸臣奏曰：前噶尔丹遣回阿必特祐等时，一面作往工噶劳图地方游牧之状，却仍驻扎如故，今觇其驻于土喇，而遣回克什图等，或不待我兵而竟遁，未可知也，使克什图等步行而回者，是正欲其迟到，虽出兵不能追及之意。上曰，朕熟计噶尔丹情形久矣，噶尔丹之心，必以为今当春令，马匹羸瘦，此路既无水草，沙碛瀚海，又甚难行，大兵势不能到，至朕亲来，彼万难料及，故夺我之马驼，令步行而回，不过欲坚彼部下蒙古之心，示以不惧耳，非欲使我兵迟延，彼得违遁也。朕先传谕大将军费扬古，与约师期，今费扬古奏，本月二十四日，可至土喇，若依期而至，两路夹攻，则噶尔丹在我掌握，安能复脱。若我兵先到，彼必连夜逃遁，费扬古兵，纵少迟缓，必至土喇地方，噶尔丹以疲敝乍到之兵，费扬古迎击，可尽行歼灭。观彼在我使者之前举动，噶尔丹早已入我许中矣。"

康熙的判断是正确的，噶尔丹没有料到大军会来，更没有想到大皇帝会御驾亲征，故而逃遁。

走了三天，四月初七，驻跸塔尔夺喇地方。之前，在此地掘井，无水，现天子驾至，"清泉忽涌，导成巨流，人马资用不竭。众皆谓皇上洪福所致，无不大悦"。[1]

既平安穿越瀚海，又获天赐甘泉，真是喜事。然而天有不测风云，人有旦夕祸福，喜庆之时，四月初十，突降危机。康熙《御驾亲征沙漠纪略》第6页，《亲征平定朔漠方略》卷22，第22页，《张诚日记》都记述了此次危机情形。侦探敌军消息的护军参领车楚克等人奏报："噶尔丹在土喇河上游（今蒙古国乌兰巴托之西）。侦探人员遇到科尔沁土谢

①《清圣祖实录》卷172，第4页。

图亲王沙津遣往噶尔丹处的俄七里等15人，获悉，噶尔丹对俄七里说：
今领俄罗斯炮手、火枪兵六万，再俟俄罗斯兵六万至，即顺克鲁伦河西
下，至科尔沁，致尔二王（沙津、斑第），着即为内应。"噶尔丹甚至扬
言："若他们打满洲人，他们将直接进军北京。若他们征服了皇朝，他
们将伙分地盘。"内大臣索额图、大学士伊桑阿等大惊，"众人入奏，
请圣驾徐还，令西路军进剿"。

《清圣祖实录》卷172，第5、6页，则将索额图等人的奏请和皇上的
圣谕记述为："四月初十，上驻跸科图地方扈，从大臣佟国维、索额图、
伊桑阿等奏，传闻噶尔丹之去已远，皇上当徐还，使西路兵前进。上召诸
臣谕曰：朕以噶尔丹侵扰喀尔喀，及外藩蒙古，故秣马厉兵，整军运
饷，分路进剿，曲尽筹划，告祭天地宗庙社稷，务期剿灭噶尔丹而还，自
兵丁以至厮役，无不思灭噶尔丹者，况尔大臣，俱系情愿效力，告请从军
之人，乃不奋勇前往，逡巡退后，朕必诛之。不知尔等视朕为何如人，
我太祖高皇帝，太宗文皇帝，亲行仗剑，以建丕基，朕不法祖行事可乎，
我师既至此地，噶尔丹可擒可灭，而肯怯懦退缩乎。且大将军伯费扬古
兵，与朕军约期夹击，令朕军失约即还，则西路之兵，不可问矣，还至
京城，何以昭告天地宗庙社稷乎。佟国维等叩首谢罪，顷之，前遣往哨
探护军参领车克楚至，言噶尔丹未尝遁去，仍在克鲁伦，众始晓悟。"

由上所述，我们可以得出三点论断。

其一，敌军人多势众，多于清军。

其二，股肱皇亲力请回京。上奏的"扈从大臣佟国维、索额图、伊
桑阿等"人，虽然不能说其有"一言九鼎"之势，但也可算是有语惊朝
野之力。佟国维，康熙帝亲生母亲孝康章皇后的幼弟，康熙之妻孝懿仁
皇后的父亲，爵封一等公，领侍卫内大臣。索额图，康熙帝爱妻孝诚仁
皇后的亲二叔，皇太子允礽的亲舅爷，助帝擒除鳌拜，立下大功，曾任
大学士，权倾朝野，一等公，现为领侍卫内大臣。伊桑阿，满洲进士，
久任礼部、户部、吏部尚书，康熙二十七年升大学士，兼吏部，深受皇
上倚重，"受知尤深"，帝之股肱大臣。这三位皇帝的股肱大臣，为护
皇上安危，奏请回京，并借口噶尔丹已畏龙威远遁，给圣上下台阶，留
面子，十之八九，皇上定会允其所请，班师回朝。

其三，大祸将降，贻害无穷。如果康熙慑于强敌，撤军返京，必定
酿成大祸。一系未战而逃，成为朝野笑谈——堂堂天朝大皇帝，跋涉三

千里，竟因听说敌军人多势强，未辨其言真伪，立即不敢交锋，率领大军狼狈逃走，真是天大奇闻。二是颜面何在，天威何存。"天下共主"，英明神武之君康熙皇帝玄烨，带着分别是24岁、19岁、18岁、17岁、16岁的五位地位尊贵超过王爷的皇子和五位亲王，两位郡王，以及大批二品以上的文武大员，统领号称所向披靡的八旗劲旅，并且是精兵之中的精兵，"京师禁旅"，告祭天地太庙，大张旗鼓，浩浩荡荡开往前线，充分显示了必战的决心和必胜的信心，亿万子民皆翘首以盼，静听诛杀元凶，荡平漠西，凯歌高奏，然而却迎来狼狈逃回的残兵败将，这样的结局，让人们情何以堪，朝廷还有颜面，皇上还有威严吗？三是，西路大军葬身沙漠。西路大军原有抚远大将军费扬古从归化城出口的八旗军8470名和绿旗兵5000名，还有陕西的八旗军3000名，绿旗兵7000名，总共是23470名，本来已经比听说的噶尔丹兵6万要少很多。何况，经过穿越瀚海，雨雾交加，道路泥泞，长途跋涉，兵士大减，到达昭莫多时，陕西7000绿旗兵只剩下2000人。并且，冻饿伤疲，马倒毙者多，绿旗兵原系一兵马三匹，现平均只剩下1匹，"且仅存皮骨"。八旗军马匹也少也弱，不能奔驰，只好下马步战。这样的一万余名疲兵弱马，怎能迎战以逸待劳的噶尔丹三四万、四五万铁骑，必将全军覆没。四是，东路9000将士，军力原就弱于中路、西路，在中路逃走两路覆灭的形势下，自然成为噶尔丹的小菜一碟，难逃必败必垮的命运。五是边患无穷。如果这次康熙御驾亲征，官兵厮役十万，兵分三路，前后夹击，都不奏效，都以失败结局，今后历朝皇帝文武大臣，谁还敢提征蒙之事，岂不重蹈明朝蒙古屡为边患覆辙，还有什么康熙盛世？清朝统治还能延长268年？

在这严重影响到国家安危社稷存亡的关键时刻，不愧为常胜统帅英明天子的康熙帝玄烨，力排众议（佟国维等之奏请，实际上代表了文武百官的意见），乾纲独断，痛斥佟国维等人的荒谬奏请，宣称臣将如若怯战退缩，"朕必诛之"，并阐明我军必胜，以及中路若撤，西路必危等道理。佟国维等官"叩首谢罪"。大军继续前进，天大危机，就这样被康熙化解了。

据此也可证明，汉大学士、九卿等官谏阻亲征之疏的谬误和危害之大。此次如果不是皇上亲征，哪一位大帅能顶住佟国维、索额图、伊桑阿奏请回师的压力？哪一位大帅敢坚持进剿，下令前行？哪一位大帅下达前进的命令能让众将听从，奋勇冲杀？难，难，难，不可能！

一波刚平，一波又起。四月二十一日，驻跸西巴尔台地方。这一天，抚远大将军费扬古奏疏送到，奏疏说："五月初三日可至土喇河，于四月初八日，至翁金口东进兵，驻扎乌兰厄尔几地方。若宁夏兵，于初九日至乌兰厄尔几地方，臣等或一路进兵，或两路进兵，会同定议具奏。若仍不至，据正月二十八日，奔来喀尔喀逃人，曾有噶尔丹今在土喇工流之语，臣等亦不便久待，即于初十日启行，进超土喇矣。其宁夏兵到时着随后进发，又向导等约略计云，初十日自乌兰厄尔几起程，行二十二宿，于次月初三日，可至土喇阿喇克山之西，克勒河朔地方。"

因费扬古之兵到土喇河地方的时间，比过去约定的时间延迟了10天，中路大军就突出了，康熙谕诸王公大臣议奏："前因大将军伯费扬古疏言四月二十四日，可到土喇，二十七日，可到巴颜乌兰，是以中路大兵，整旅安行，已来至近敌之地矣。伯费扬古，沿途耽误，许久不见奏闻，今忽奏称改期，目前我军既逼近噶尔丹，应不必待伯费扬古军，当即前行，尔等议奏。"多罗信郡王鄂扎、贝子苏尔发等议："臣等窃思噶尔丹，若果有待我军之意，则我亦可俟西路之兵矣，若不能扬我军威，欲行逃窜，则其地方宽阔，闻信预遁，必相隔辽远。今量西路兵所到之期，缓行以待，两路夹进，似为有益。领侍卫内大臣苏达、马思喀等议：臣等前因伯费扬古原奏内，有二十四日至土喇之语度，等待之期，不甚久远，故请俟伯费扬古兵至，然后进发。今伯费扬古奏，四月初三，方至土喇阿喇克山之史勒河朔。臣等询问向导，言自阿喇克山之克勒河朔，前行八宿，第九日，始至巴颜乌兰地方，噶尔丹若由巴颜乌兰北逃窜，亦有去路，如此，则等候日期太远，若我军不进，噶尔丹不战而走，一时难以追获，今我军似应前进，酌量而行。"宗室公吞珠、领侍卫内大臣公舅舅佟国维等议："中路大军前进，宜近抵克鲁伦河，前奉谕，有欲遣使往噶尔丹之语，若伯费扬古之兵可待，即往来遣使，延缓日期，以待伯费扬古之兵若有可行事宜，我军势大，可即行剿灭。噶尔丹极其狡猾，如大军不近抵克鲁伦河，而噶尔丹顺克鲁伦河下流而去，则我大军似难追及矣。"

事关重大，康熙降旨，命乾清门侍卫马武往皇长子允禔营内，侍读学士喇塔往王旗营内商议。[1]

四月二十三日，诸王大臣等回奏：统领正红旗、镶白旗、正蓝旗、镶蓝旗，及镶红旗小营兵，诸王大臣等议，臣等以为大将军伯费扬古兵，至土喇之期尚早，若中路大兵即行前进，使噶尔丹知皇上已至，旋即逃窜，便得脱矣。今视水草佳处，堪容八旗兵者，暂行屯驻，约计大将军伯费扬古兵至，然后前进。则噶尔丹之后，已为所截，因而夹击之，于事有益。纵令噶尔丹依克鲁伦河顺流而去，自有盛京、乌拉、黑龙江等处兵在彼，而我大军复抵克鲁伦河，断其归路，亦复有济，统领镶红旗兵皇三子允祉，领侍卫内大臣公福善等议，臣等以为大将军伯费扬古奏称，迟延五六日，初八日出翁金口东，今噶尔丹，见在巴颜乌兰近处，若待伯费扬古兵至，时日稍迟，恐贼或闻风逃窜，亦未可知。即以中路大兵，剿灭贼寇，未为不足，既已近抵克鲁伦河，似应一面移文，催西路之兵，一面使贼不及为备，前往击之。马武回奏，领侍卫内大臣索额图等议，应缓行以待大将军之兵。都统公鄂伦岱等议，应即行进兵。得旨，着见在此营内议政大臣等议奏，大臣仍特前议回奏。得旨：至明日驻营处定夺。[2]

经过几次商议，最后，四月二十八日王大臣一致议奏："皇上亲统大兵，特为剿灭噶尔丹而出，又思遏贼归路，调发西东二路兵俱至，正合皇上神谟，今兵力甚盛，正宜协力夹击，剿灭噶尔丹，其遣使噶尔丹，及计大将军伯费扬古等兵，近逼贼营，夹攻剿灭之处俱候皇上乾断。"[3]

康熙降谕："谕议政诸臣，朕所统大军，不劳而至，人逸马肥，以此精锐，人思敌忾。寇虽十万，朕将用策亲御以击之，一面遣使往说，倘敌人力有余，则听与我战，力不能及，则听其走。但此寇若走，恐在我有追悔之意。议政诸臣奏曰，噶尔丹若走，则吾事已毕，当遣使往说，众意合一，上遂定遣使之议。"[4]

---

① 《清圣祖实录》卷172，第12-14页。

② 《清圣祖实录》卷172，第16、17页。

③ 《清圣祖实录》卷172，第21页。

④ 《清圣祖实录》卷172，第21页。

至此，帝、王、将、臣心意一致，皆有剿灭噶尔丹的决心和信心，一面整军徐行，一面遣使晓谕噶尔丹。敕谕除了斥其侵掠喀尔喀罪过外，主要突出大军驻征的信息："朕于三月初旬起行；西路兵，于二月十八日起行，黑龙江兵，于四月初六日起行；盛京、宁古塔兵，于三月起行。今朕大军已出汛界，与尔逼近，西路兵，俱已到土喇，东路兵，俱已溯克鲁伦河而来。朕向崇礼义，顺天理而行，不恃势力，戕灭他人，朕果恃势力，则竟不遣使，统各路之兵而剿灭尔，无所不可。朕乃不忍生灵横被锋镝，是以抒诚遣使，朕与尔等靓面定议，指示地界，尔照旧贡献贸易，则尔国安生，而我边民亦安，乃协朕保列国如赤子之意，岂不休欤。"

在此前后，康熙采取了两项重要措施。五月初二，谕赐将、士银两："谕议政大臣，尔等中路、西路兵所骑四匹马内，有借库银买者，尽免还库。佐领下兵丁，各出私囊买给出征人者，官给马价。又大臣、侍卫、内务府官员等起程时，预支秋季俸银，俱免扣除。"[①]

中路、西路兵共调集42580名，兵1名，马4匹，共应有马17万匹，上谕说，"四匹马内，有借库银买者，尽免还库。佐领下兵丁，各出私囊买给出征人者，官给马价"，也就是说兵丁2人4匹马，全由国家支付了。1匹马，官买价银是12两，17万匹马，需银204万两。兵1名，4匹马，为银48两，相当于马兵16个月的饷银，这对马兵来说，是一笔相当可观的收入了。至于大臣、侍卫、官员预支秋季俸银，俱免扣除，也对他们有所资助。另外，以前对运粮兵丁、官员，也曾下谕奖赏。上谕说："谕中路督运都察院左都御史于成龙等，大军讨寇，全资兵力，内外满洲、汉军、绿旗，诸路从征兵丁，俱已各加恩赏。其外省，调集步兵，挽运军粮，载涂况瘁，尤可轸念，所有每月应支银米，本营照常支给。俾赡养家口，仍各给予行粮，以为道路之资。所运米石，如悉依期挽至，克济军需，不致亏缺迟误。俟大兵凯旋，准补入马兵营伍，用彰奖劝，有效力勤敏，才堪板擢者，尔等可记名汇奏，以俟酌用。兵丁劳苦饥寒，凡督运大臣官员，宜时加拊循慰勉，庶人争自效，踊跃赴功，西路挽运兵丁，亦照此例行，尔等可移文各该巡抚，通行传谕，示朕体恤，军士至意。"

康熙抚恤、优待将士的敕谕，对激励将士克服困难，努力前进而奋勇杀敌，起了很好作用。以运粮为例，中路大军于康熙三十五年二月三十日离京，运粮车定于三月十日出发。时间晚了20天，路遥险恶，沙漠难行，一般情况，粮车很难跟上大军步伐。可是，这次不一样，粮车保证了大军供应没有迟误。之所以出现这样的奇迹，原因有两条，一是选准了帅，以清官、能臣左都御史于成龙为押粮统帅；二是重赏、奖励运粮兵丁官员。《直隶总督于成龙年谱》记述了运粮情形：康熙三十五年，噶尔丹复骚扰蒙古，上亲率六军讨之。因挽输重大，特起于公以都察院左都御史总统督运中路大兵粮饷，凡内外文武大小官员，听其调遣，有六部不得掣肘之旨。但沙漠不毛之地，不知其几千里，而至尊亲统雄师（讨）（计）数十万，皆倚挽输为命。公首议造车六千辆为运米计。每辆需牲口四头，凡数万牲口，猝难得齐，发帑购买，须迟时日；奏请敕下，臣民急公者与之叙录，甫一月而数过焉。且人才效用齐集辇下，什物制造克期而就。奉旨带领官兵车辆，赴海子操演，分排官兵之队伍，指画车辆之营阵，共分二十七运。祭纛毕，登坛号令，官兵按队而行，车辆循阵而进，上有首领，下有护卫，行则不脱不聊，止则守望相助；行止之顷或有敌兵突犯，击左则右应，击右则左应，击中则左右皆应；先以火攻，次以弓矢，（总）（继）以长枪，奋勇剿杀，无坚不破；各将领宜相机而进，更先号令兵（子）（丁）晓谕夫卒，务使运用一心，期于无失。

二月三十日，圣驾率大军先出。三月二十日，公督领粮车次第前进。公先轻骑驰抵苏图行在，入见驾问劳，奏对毕复返。至和尔拨昂吉尔等地方，荒沙弥漫四百余里，沙陷至二三四尺，人畜难行，重车愈难越。公下令无论大小官员军民，能伐道左柳枝，用泥沙垫成车路，俾车得行，必按名奏请升赏。于是公自执佩刀先伐一柳，随运官员人等咸努力用命，数日路成，人畜车辆安行无（恙）。头运粮车达御营，计程仅五十九日。众运继武而进，尾运已抵拖领。闻西路费大将军乏粮，奉旨速拨运济师。由是西路班师，亦由中路而归，因粮足故也。时逆贼已败遁。六月二十六日，上回京，至查尔汉那罗。命公会同理藩院尚书班第，公将车米堆贮查尔汉那罗立魁苏地方。七月，奉命往喀伦散西路黑龙江将军萨克苏大兵口粮。

头运粮车，在康熙三十五年四月二十九日，即已到达御营，才用了50天，而大军却用了60天。

喀尔喀扎萨克王公台吉奏请从证，康熙允其所请，哲卜尊丹巴、土谢图汗亦请随征，康熙未允。《清圣祖实录》卷173，第8页记述了此情："（五月初五）理藩院奏言，札萨克喀尔喀诸王台吉等，皆愿从前队先进。得旨，札萨克喀尔喀王等，领其护卫，随从一二人，侍从朕侧，其余共为一队，选其能者使领之，俱在一处。侍从朕后，随所指授即令前进。哲布尊丹巴胡土克图、土谢图汗等奏曰，我等七旗喀尔喀，为噶尔丹所残虐，荷蒙皇上救我等于患难之中，俾得生全。今噶尔丹侵扰我喀尔喀等不已，又兴兵来克鲁伦地方。皇上亲统大兵征剿，臣等情愿随征效力。上谕曰，朕系万国之主，凡小国危亡，自当抚恤，况尔等自太宗文皇帝时，即来朝贡，今噶尔丹侵害尔等不已，朕率大兵，除暴安良，上天必加佑庇。且朕念自祖宗以来，抚绥小国，所向无敌，此番朕必成功，为尔二次雪怨，尔等安居，听朕捷音，不必随征。"

现在可以将康熙三十五年四月下旬至五月中旬，清军、厄鲁特军双方的战略决策和军力情形，做一简要概括和对比。

战略上康熙的决策，既正确，又高明。厄鲁特四部总汗噶尔丹，从康熙二十七年大败土谢图汗以后，就游牧于156万平方公里的喀尔喀三部辽阔地区，不再回伊犁。起初，噶尔丹的常驻地是科布多，离北京有6280里，随后为了便于进掠移居内蒙古边境的喀尔喀和漠南蒙古各部，往东迁至库伦，离北京2800里。最近半年，噶尔丹部常在土喇河、巴颜乌兰游牧，离北京又近了几百里到一千来里。康熙决定在其离京越近的地方，兵分三路，大军进剿。中路、西路夹击，东路截杀溃败散兵，千里奔驰，出其不意，突然逼近敌军，一战成功。而噶尔丹及其亲近首领和广大士兵，没有一个人相信清军会远涉三千里，穿越死亡之地瀚海，前来进攻，更未想到天下共主的大皇帝会不辞辛苦，不怕战争失败威胁，御驾亲征，所以没有一点点防御心理准备，哪还有什么大军交锋的战略决策。

军力方面，清军有官兵、厮役各五六万名，大炮众多，枪铳如林。

噶尔丹兵，常说3万铁骑，其实此时只有兵士1万余名，3万兵者，乃连其家小算上，没有大炮，枪铳也没有清军多，所以从战略决算和军力强弱看，此战噶尔丹必败。

清军此时情形，显示了四个特点。一是圈住了敌军主力。经过乌兰布通大战，康熙已经断定，大军征剿，必能取胜。路遥险恶，跋涉艰辛，敌军剽悍，供应不易，等等难题，康熙都有决心，有信心一一解决。唯一担心的是，找不到敌军主力，或者虽然料准敌军所在，但当千里迢迢，辛苦赶到之前，噶尔丹早在半月以前逃之夭夭，不知去向，千辛万苦，全都白费。现在，已经来到离噶尔丹驻地只有三五日路程之地，噶尔丹还在，还不知清大军逼近，突然看到大军，必会惊恐万状，想不出迎战的万全之策，或草率应战，或匆忙逃走。战，必败，逃，遇上西路大军，也必然大败惨败。所以康熙信心百倍，谕告领侍卫内大臣等：噶尔丹"以为我军不能即至"，"谓朕必不亲征，今我军紧要军器，俱已备至"，"噶尔丹闻朕亲来，必连夜奔逃，我军即行追杀，如向土喇退去，必遇费扬古兵"。"此次噶尔丹必然殄灭，拒则糜烂，窜则逃亡"。①

二是士气高涨，斗志昂扬。在四月初十，佟国维、索额图、伊桑阿奏请退兵之时，因听说噶尔丹有炮手、火枪兵六万，将士大惊，军心不稳。经过皇上痛斥庸臣谬议，宣称要斩杀怯战退缩官将，一下子就刹住了歪风，荡除了胆怯言行。接着，一天一天过去，事态证明，皇上料事如神，敌酋难逃灭亡之祸。瀚海已过，前进顺利，头运粮米已经运到，皇上又要重赏，兵士饱餐，战马料足，因此将士精神饱满，争欲杀敌，立功建勋，正如康熙所谕："朕所统大军，不劳而至，人逸马肥，以此精锐，人思敌忾。"②

三是声势浩大，军威无敌。大军行进，战马十几万匹，大炮几百门，枪铳无数，从五月初二起，大军行进，就按照皇上规定的次序排列前进：绿旗兵，着列于鹿角中间，绿旗兵之次，将两翼八旗之汉军炮位鸟枪排列，汉军火器之次，将八旗满兵马上所载之炮位，分翼排列，鹿

①《清圣祖实录》卷172，第18、19页。

②《清圣祖实录》卷173，第21页。

角后之头队兵，令各按旗分，排列鸟枪护军，次列护军，又次列鸟枪骁骑，凡八旗俱照此排列。二队兵，着于头队后排列，旁队兵，既无炮位，将汉军子母炮，每旗给予两位，此炮位，着满洲鸟枪手骁骑，兼管看护，阵势着分张排列。①

五月初七，侦知噶尔丹所在，康熙亲率前锋兵在前，"诸军鳞次，翼张而进，兵威之盛，弥山遍野，不见涯际，整齐严密，肃然无声"。②"盔甲烜赫，士卒奋勇，旌旗辉耀，掩映山川"。③

四是黄幄布城纲城。天子行营由于逼近噶尔丹，数天以来，停进扎营之时，按照亲征行营时规定，安排御营及各兵种驻扎巡警建"领侍卫内大臣侍卫翼御营于正中，前锋军过御营前，分列东西二营，斥堠，八旗护军及骁骑张左右翼，分列十六营，火器军、炮军、棉甲军列为四营，外藩军附左翼列为一营，绿旗军各自为营，皆环御营为响。御营内张帐殿黄幄，周以黄幔为城，南设旌门，列黄龙大纛于门外左右，环城巡警二十有一处，领侍卫内大臣侍卫率亲军周巡宿卫，幔城外设纲城，东西南旌为三门，环城设巡警八处，护军统领各率其属及护军等，森严守卫，禁语哗，稽出入。纲城外布幕为重营，东西南北各为一门，护军、参领、侍卫、銮仪卫官及护军执事人，每重扈跸，阁部院寺从征各官列幕于重营之外。大军分翼牧马，前军牧于路左，留路右以待后军牧放，禁毋越次，驾驻行营，声炮三，诸军悉止，从官奏事如常仪，夜漏初下，严更鼓，禁断行人，内外禁旅，各番巡警，五漏次"。④

五月初六，一等侍卫喀尔喀瓦达等奏述敌军情形及给敕之事说："臣等五月初五日，到克鲁伦河，不见敌人踪迹。初六日黎明，有厄鲁特丹济拉，率千许人来，截取马群，遂令侍读学士殷扎纳，带厄鲁特名俄齐尔者前去。殷扎纳与言，我等系圣朝使臣，不得无礼，又厄鲁特俄齐尔，告以圣上亲来，将军费扬古，亦下俄尔洪土喇而来，丹济拉大骇失声，遂领敕书，收兵急去。"⑤

五月初七，康熙亲率前锋兵追击，大军跟行。初八日到达克鲁伦

①《清圣祖实录》卷173，第3、4页。

②《清圣祖实录》卷173，第8、9页。

③康熙：《御制亲征朔漠纪略》第25页。

④光绪《大清会典事例》卷580。

⑤《清圣祖实录》卷173，第9页。

河，康熙谕各队领军大臣曰："噶尔丹若据克鲁伦河，我兵夺河交战，犹稍费力，今观其不于此据战，而竟逃窜，是自开门户以与我也，除此地外，他处断不能拒我军，审其情形，必连夜逃遁矣，当轻骑急追之。"①

五月初八，驻跸额尔德尼拖洛海地方克鲁伦布隆。这一天，前锋统领硕鼐，擒厄鲁特至，言噶尔丹得释回厄鲁特，问及黄幄布城纲城进止，方信圣驾亲来。今日亲至北方孟纳尔山，遥望大兵队伍行列规模，大惊曰，是兵从天而降耶。遂传令众人，尽弃其庐帐器械逃去。②

五月初九，"上亲率前锋兵，穷追噶尔丹，噶尔丹仓皇遁走，是后数日，沿途大获所遗器械、帐房、食用等物。是日，距克鲁伦布隆十八里地方驻跸，谕领侍卫内大臣等，今日据厄鲁特降人言，闻朕亲率大兵，四路并进，噶尔丹即行逃窜。朕若率绿旗步兵前进，则牵纵迟误。今可拣选绿旗马兵，会合大将军费扬古，向巴颜乌兰，追剿噶尔丹。其绿旗步兵，应留大臣管辖。着随后缓行前来。满洲兵，每旗留二十名，应派章京，护军校管辖，宣化府取来炮二十四门，亦着留下。汉军炮十六门，能带则尽带往，若不能带，着留炮一二门。所留之兵，应派大臣一员统辖。克鲁伦之克勒河朔地方，去此一百三十里。朕作二日程，前行到彼，所留兵丁，着作四日程，前行到彼，抬鹿角兵，有不能到者，着汉军大臣等，酌量调拨，带往前去"。③

五月初十，中书阿必达奏："臣等到克勒河朔，见厄鲁特下营处，尽毁其庐帐，弃其什物而走。"④

至此，人皆尽知，噶尔丹已经真的逃走了。五月十一日，康熙派领侍卫内大臣马思喀为平北大将军，领精兵轻装疾追噶尔丹，曰："谕议政大臣等，噶尔丹遁状甚急，今我选兵急追，将重炮留于此站，着阿密达，率兵驻扎克勒河朔。噶尔丹亡命奔逃，量已至巴颜乌兰矣。若我全军追赶，似不能及。应选兵轻骑追逐，除喀瓦尔达所领前锋二百外，其余前锋，尽以派出满洲火器营兵，及亲随护军，亦尽派出。着追至巴颜乌兰，遇巴颜乌兰以北，不必前往。诸王等所属之人，若自有二十日口粮，不用官粮者，亦令同往其同回之兵，但留其至拖陵所需五日之粮。

①②《清圣祖实录》卷173，第12页。

③《清圣祖实录》卷173，第13、14页。

④《清圣祖实录》卷173，第16页。

将余粮，着各旗大臣，亲验给予前进兵丁。命领侍卫内大臣马思喀为平北大将军，领兵追剿。都统巴浑德齐世、护军统领鄂克济哈为参谋，都统杜思噶尔、石文英、王永誉、噶尔玛、李正宗、护军统领苏丹、苏丹桑遏、副都统达利、善莫尔浑、齐兰布孙征灏、扎喇克图、雷继尊、孙渣齐费仰古、禅穆布、喻维拜，巴赛闲散宗室哈尔萨、副都统张所知等俱随征。"①

噶尔丹身经百战，屡获大捷，为什么在克鲁伦河不战而逃？噶尔丹的亲信丹巴哈什哈，曾三次作为使臣前往北京，降清以后，供称："噶尔丹蓄谋而来，其志本侈。今不意皇上统如许大兵，渡人所难行之瀚海，俄顷而至。而厄鲁特之众，望见军容，莫不丧胆，于初七日早溃遁，自此抛弃诸物，连夜循去。噶尔丹原欲拒战于拖诺山，而不能止众暂立；又欲于额黑穆布尔哈苏台，在林中卧骆驼接战，闻西路兵声息，噶尔丹乃传令曰：中路军甚猛烈，不当与战，可击西路兵，俘掠之，遂向土喇行。"②

俞益谟《孙思克行述》亦写道："时圣驾已抵克鲁伦河矣。噶尔丹不信皇上亲临，云：'康熙汗不在中国安居逸乐，过此无水瀚海之地，宁能飞渡乎？'乃亲登北孟纳尔山瞭望，一见天兵队伍规模，云：'此兵不似乌兰布通时，甚是精炼，难于脱身。'于是传示其众，令皆弃帐房器械，连夜逃遁。上命大将军马、总戎岳等追之。予亦尾随师末，见沿途帐房釜鬵一切器物尽皆抛弃，狡彝溃遁之状实不堪观。"

正因为噶尔丹惊恐逃窜，欲逃到库伦以东，前往离京更远，清军无法追赶的地方，万余兵士拖家带口拼命逃跑，人困马乏，才给千里赶来的西路大军提供了灭敌良机。

西路军的陕西部队，原定满兵3000名，绿旗兵7000名，不料出发以后，"穿越瀚海，风雨交加，冻馁病毙。戈壁者，无茎草，无滴水，沙石碱碛之乡也。有竟二三日者，或五七日者，人则载水以行，而马匹则不堪复问矣。自出边之日，奔走二千三四百里，其间风寒雨雪固不待言，然犹以为常也。迨至三月二十、二十一日，飙风两昼夜，二十二日大雨一昼夜，寒威凛冽，俨若隆冬，马匹既馁且冻，倒毙甚多，自此疲弱不行，沿途日见丢弃。行至郭夺利地方，每兵骑驮之三马，有剩二匹

①《清圣祖实录》卷173，第17、18页。
②《亲征平定朔漠方略》卷24，第39、40页。

一匹者，甚且并无一匹者，合而计之，一兵不足一马，且仅存皮骨，尪羸殆甚。有马驮盔甲粮米，兵则徒步牵行者，有兵负盔甲粮米，马则推前却后者，至问其裹带，皆因人马交惫，不能负驮，率抛弃者多，约计兵食所剩不足一月之需矣。"万不得已，只有挑选精卒，绿旗兵减为2000名，西安八旗兵减去1000名。费扬古所统满兵8000余兵、绿旗兵5000兵也减员不少，赶到昭莫多时，合共剩下不到2万人，且疲惫不堪，马皆骨立，不能奔驰，只好下马步战。昭莫多，蒙古语音译，意为"有林木处"，在今蒙古国乌兰布托（原名库伦）东南，双方于此大战。

"宁夏总兵官殷化行在其《西征纪略》中叙述了大战情形：（五月十三日）戊辰晓发食时，已哨得贼，满、汉兵皆严阵以待。久之，贼不至，大将军遂令整阵前行。可二十里过淖至昭莫多，华言有林木处也。其北大山千仞，矗立如屏，不见所尽处。大山之下，平川广数里，林木森立，有河流其间，曲折环绕。其南出差多于北，渐坦而下，有小山似马鞍横焉，战地也。小山右连南山，可二十仞，自西折三崖如阶，乃至巅。其东复一崖乃坦下。其左右崖如削，山根水绕之，即土腊河也。

时前锋遇贼于特勒尔济口，佯北以致之，贼乘胜转斗而前。余兵因隔小山，未知贼所在，会副都统阿公领前锋兵横过而南，问之，扬鞭指谓曰：此山过即贼矣，盍登视之。余急登，遇孙将军兵方至。余言：宜急据此山。大将军曰：日将暮矣，需来日战耳，贼甚近，山下难以夜守。余曰：战即来日，此山宜据。若贼据其上，我军营其下，则危矣。若虑夜难守，何不移山下全阵列此以守之？大将军曰：日且暮，移营非宜，纵贼据山，明日用炮击之。余曰：从来用兵，高处不宜让敌。大将军曰：既如此，君即移兵上守之。余即驰回山下，以鞭挥兵上山。方至岭，而贼亦登半山矣。贼见我师先据山巅宜，遂止东崖下，以崖为蔽，而举铳上击。时大将军以余言麾全军上山布阵，令河西绿旗兵居中，而京师、右卫、西安三股满洲兵分左右两翼。及战，又令余领宁夏兵千三百人居左，威宁卫唐总兵领凉、肃兵千人居右，皆据山为阵。其大同镇兵之后至者皆在山下，沿岭绕西向北，以防林中伏贼。而蒙古札萨克诸部兵，又分张列满兵之左右。会贼争小山，冲中坚，故河西兵迎其锋。时日已将（中）（申），贼氛甚炽，遂令士卒皆下马，以一兵并牵五马，余兵皆出步战，发上颁皇炮及自制子母炮叠击之。而噶尔丹及其妻阿努娘子等，亦皆冒炮矢舍骑而斗，锋甚锐，不可败。击伤相当，胜负未决。余因天晚事急，使告大将军曰：河边兵宜令其依柳林而左出冲其胁，贼必乱。又望贼阵后，人马甚盛，而不前助战，必其驼畜妇女也。宜遣一军绕南右出以击之，贼必返顾扰动，然后山上军迎面奋击，败之易耳。大将军皆从之。余望见两军将薄贼，遂麾兵大呼而进，上下夹击，声震天地。贼遂披靡，其颠堕崖下者，河沟皆满，所弃仗如蓬麻。余乘胜逐北，遇所弃驼马、辎重、甲械，概禁勿取，且射且逐，戴星月追三十余里，贼皆鸟兽散。回视追兵仅三数百人耳，知不可独进，而大将军方遣舒将军殿后，传令收军，乃整旅回营，已凌晨矣。次日，大将军会众斩俘祭毕，出酒劳诸帅，大奖余曰：昨日之战，赖君策以济大事。自是遂蒙大将军加礼，而大将军见上及对人，每以为言。

五月十五日，平北大将军马思喀奏报昭莫多大胜情形说：臣等十四日，至巴颜乌兰南十五里，遇往哨之喀瓦尔达携厄鲁特降人奔第来，言噶尔丹于特勒尔济地方，遇大将军费扬古兵交战，噶尔丹败回，复列阵拒敌，我军步战而前，对垒之际，见噶尔丹散乱奔窜之状，我遂逃出来降。臣等率兵次于额格木尔地方，次日倍道前进，谨将投降奔第，解送。得旨，着作速檄知京城。"①

康熙阅过马思喀奏疏，立即降旨："作速檄知京城！第二天又下谕给大将军伯费扬古：尔于十三日击败厄鲁特噶尔丹之事，据厄鲁特降人奔第来告，朕甚慰悦。"②

五月十八日，大将军奏捷疏至。抚远大将军伯费扬古遣副都统阿南达奏捷疏说："破噶尔丹。"诸臣皆惊服以为如神。抚远大将军伯费扬古遣副都统阿南达奏捷，疏言："五月十三日，臣军正向昭莫多，前遣躧探之布达等，至特勒尔济口，见厄鲁特踪迹，遣人来报。臣等即令署前锋统领硕代，副都统阿南达、阿迪等，率前锋挑之。因厄鲁特势众，硕代等且射且却，诱至大军，将及昭莫多。臣等令将军孙恩克，率绿旗官兵居中，京城、西安，满洲汉军官兵，察哈尔诸札萨克蒙古，就东方山之高处，右卫满洲、汉军官兵，大同总兵官康调元，绿旗官兵，喀尔喀札萨克，就西方沿河布阵，谨遵圣上预授之策，令官兵皆步行。噶尔丹率贼万许，向前逆战，官兵奋勇，自未至酉，击噶尔丹而大败之，分

---

①②《清圣祖实录》卷173，第24页。

行追逐，至特勒尔济口，剿杀三十余里，斩首二千余级，生擒百余人，俘获子女、驼马、牛羊、兵器、什物无算。"

康熙问阿南达交战情形，阿南达奏："伯费扬古恐涉夸张，故于疏内皆约略言之。其实交战处，斩贼三千余级，其余被创逃窜，死于山谷中者，尸骸枕藉，生获数百人，杀噶尔丹之妻阿奴，及贼之渠首甚众。唯噶尔丹引数骑逃出，其零星逃散之贼，投降大将军马思喀者千余人。据降人言，噶尔丹遁时，部众多出怨言。噶尔丹云，我初不欲来克鲁伦地方，为达赖喇嘛煽惑而来，是达赖喇嘛陷我，我又陷尔众人矣。"[1]

康熙非常高兴，立即对身边各大臣说："师行绝域，即奏朕功，皆上天眷佑，应先行叩谢。"于行宫外，设香案，亲率各位皇子、王公、大臣、官员、兵丁及外藩王公行礼。

大学士伊桑阿、张玉书恭捧王、公、大臣、文武官员庆贺表进入行宫奏贺。

康熙欢欣谕言："朕为中外生民之主，绥辑海宇，爱养元元，唯以率土必安为念。厄鲁特噶尔丹，扰乱边塞，必怀狡谋，逆天虐民，不容不行剿灭。朕亲率大军，远出塞外，声讨有罪，噶尔丹闻风遁走，希图幸脱，适与西路大兵相遇。大将军伯费扬古等，奋勇力战，大败贼众，擒斩无算，尽获其人口牲畜，从此边境宁谧，不烦远事征讨，四海苍生，可共享升平之福，朕心深切喜悦。"[2]于是诸皇子，在幔城内，诸王，及文武大小官员，外藩王、台吉，在幔城外，行庆贺礼。

五月二十一日，康熙一行回到内蒙古王公汛界，留牧汛地蒙古王公向天子行庆贺礼。康熙降谕说："尔等意中，曾料朕此行，可直抵克鲁伦立奏大功而还，如是之速乎？朕尊为天子，富有四海，此番出征，朕日食一餐，夙兴夜寐，栉风沐雨，每至一处，朕皆步行，及闻噶尔丹确信，朕亲率前锋穷追，凡此特欲速灭凶寇，使尔等咸得安生故耳。令噶尔丹已灭，不但尔等永无侵扰之虞，得享升平之乐，朕亦不复为尔忧劳矣。尔等于引路、探信、牧马、掘井诸事甚为效力，诚属可嘉，朕必重加赏赉，朕昔以汛界之内，视为一家，令土喇、克鲁伦以内，皆为一家矣。"[3]

康熙此谕，除了赞扬大将军大败噶尔丹功勋和天下太平外，其中

①《清圣祖实录》卷173，第26、27页。

②《清圣祖实录》卷173，第28页。

③《清圣祖实录》卷173，第32页。

"朕昔以汛界之内，视为一家，今土喇、克鲁伦以内，皆为一家矣"，十分重要。土喇，指的是土喇河，是喀尔喀三部的土谢图汗部的地区，在今乌兰布托西南，"汛界之内"指的是漠南蒙古各部，即内蒙古。康熙此谕的含义是，过去汛界之内，视为一家，是大清国的版图是大清国的国土，现在喀尔喀三部也是大清版图之内的国土了。

玄烨为彻底根除危害喀尔喀蒙古和西北安宁的祸患，于康熙三十六年（1697年）二月初六离京，第三次亲征噶尔丹，三月二十六日至宁夏。抚远大将军费扬古、昭武将军马思哈分率官兵进剿。噶尔丹连遭惨败，精锐丧亡，牲畜皆尽，部众离散，回部、青海、哈联克相继叛去，故里伊犁又被侄子策妄阿拉布坦夺占，现被清军追捕，四处奔逃，进退无路，"自知人畔天亡，且夕必被俘"，遂于闰三月十三日"引药自尽"，部下以其尸及其女来降。玄烨闻悉，下谕班师，诏告天下，嘉奖有功人员，晋费扬古为一等公，免三次出征兵丁所借官库银两，八旗军雄威再现，为安定西北地区做出了重大贡献。

喀尔喀三部在清军大败噶尔丹后，回归漠北旧地，从此效忠朝廷，永为清帝臣民。

喀尔喀三部数十万人感谢大清国皇帝接纳和优厚照顾之恩，编写了归附天朝之歌，高兴欢唱：

"生于宗喀巴佛法弘扬之时代，各国咸俱时附文殊师利阿穆呼郎汗，赋诗作歌，赞美扬传。此喀尔喀部众从杭爱罕地方移营，来至仁兹一切之皇帝处，身穿彩缎，足享安闲。

此喀尔喀部众为厄鲁特驱逐，来至仁慈之皇帝处，身穿华丽蟒缎，安家乐业。

此喀尔喀部众从库伦伯尔齐移营，来至可爱之阿穆呼郎皇帝处，功名俱得，心满意足。

此喀尔喀部众为噶尔丹博硕克图驱逐，来至神奇之阿穆呼郎皇帝处，美酒佳肴，愈享安闲。

此喀尔喀部众为公敌驱逐，来至天赋圣主处，头戴红缨帽，安居乐业。

此喀尔喀部众遭受蛮敌之掳掠，来至文殊师利之呼毕勒罕皇帝处，身穿蟒妆缎，永世安居。

此喀尔喀部众从北方移营，来至恩主之处，受金银之赏，俱得生路。

此喀尔喀部众从察罕河移营，来至贤明无穷之皇帝处，遵守法律，世代安熙。

此喀尔喀部众从阿尔泰罕地方移营，来依靠纯清之文殊师利之呼毕勒罕君主，受赏金缎，永为安居乐业。

此喀尔喀部众从呼惠地方移营来，来依靠威武强大之汗主，隆恩重赏，心满意足。

此喀尔喀部众渡图拉河而来，依靠阿穆呼郎皇帝，身穿缎衣，嬉乐逸安。

我呼毕勒罕名扬四海，闻名天下，兹有老者，赋诗作词，颂唱流传。"①

五、驱逐准军 "三藏阿里之地俱入版图"

（一）哈喇乌苏 色楞全军覆没

康熙五十五年（1716年）十月，准噶尔汗兼厄鲁特四部总汗策妄阿拉布坦，遣堂弟大策凌敦多布率精锐骑兵六千，离开伊犁，侵袭西藏。

西藏，自古以来就是中国的固有领地，是中华民族的固有领土。汉唐时为吐蕃。元朝政府统一了西藏，辖于宣政院。明为乌斯藏，其地分为三部：一为康，亦称喀木，相当于后来民国年间的西康，也就是今天的四川雅安地区、凉山彝族自治州、甘孜藏族自治州和西藏的昌都地区，面积为45万平方公里；二为卫，即今天西藏的前藏；三为藏，即后藏。还有阿里，面积为30余万平方公里。今天的西藏，包括前藏、后藏、阿里和昌都地区，总面积123万平方公里。明清时期，称西藏人和藏区为土伯特人或唐古特人。

准噶尔部，是漠西厄鲁特蒙古四部之一。另外三部是和硕特部、土尔扈特部、杜尔伯特部。

明末清初，厄鲁特四部之中，和硕特部最强。其首领固始汗为四部总汗，率其部众离开牧地乌鲁木齐，袭据青海，又统兵入藏，灭藏巴

---

① 中国第一历史档案馆编：《康熙朝满文朱批奏折全译》，第1723页，中国社会科学出版社1986年版。以下简写为《康熙全译》。

汗，扶助黄教领袖五世达赖为佛教最高领袖，自己为藏王，掌控西藏军政大权，死后由其长子及子孙世袭藏王。固始汗有十个儿子，以青海地域宽广，令其余八个儿子分别游牧其地（九子早死，无嗣）。以喀木粮多，令喀木向自己纳赋、服役。将卫给予达赖，藏给予班禅，为二人的香火地，令卫、藏供奉达赖、班禅。固始汗的子孙，一代不如一代，尤其是其曾孙拉藏汗继位为藏王后，杀了代表西藏贵族利益、实际掌握西藏行政权力的第巴桑结嘉措，废黜其拥立的六世达赖仓央嘉措，并将他押解北京，途中死于青海，激起西藏僧俗官民极大的愤怒，坚决要推翻和硕特蒙古王拉藏汗的暴政统治。

准噶尔部则正在兴起，迅速发展。

准噶尔部有二十余万户六十余万人，崇尚勇武，吃苦耐劳，骁勇善战。他们好掳掠，一人能劫掠数人者为壮士，受人尊崇。

准部人人皆兵，士兵上马即行，下马便止，一人数马，往来迅速，犹如云合电发，飙腾波流，所向披靡。各回城及哈萨克人，只要听到准军来袭，立即吓得魂飞魄散，四处逃窜，任其掳掠，不敢抗拒。

准噶尔汗巴图尔珲台吉及其长子僧格，从驻牧地伊犁（今新疆伊宁市），迅速扩展，辖地北及额尔斯河及鄂毕河中游，西至巴尔喀什湖以东、以南，还占据了天山北路的广大地区。

僧格之弟噶尔丹，杀死僧格的大儿子索诺木阿拉布坦，成为准噶尔汗后，率军吞并天山南部回疆，夺占哈密、吐鲁番，袭击青海和硕特部车臣汗，成为厄鲁特四部总汗，军威更盛。康熙二十七年，噶尔丹又亲率大军三万，越过杭爱山，进攻漠北蒙古喀尔喀部，侵占了156万平方公里的外蒙古广阔地区，辖地广达三四百万平方公里。

噶尔丹野心太大，忘乎所以，又率军三万侵入内蒙古汛地。

康熙帝决心征准，调集大军，三征噶尔丹，大败准军于昭莫多，逼得噶尔丹逃往大草滩，仅有残兵败将数百名，服药自尽。喀尔喀蒙古人重返故里，归顺大清。

二十九年前，噶尔丹意图杀害的亲侄策妄阿拉布坦（简称策妄），幼小的策妄在其父僧格的七位旧臣保护下，率领部众5000人，逃往博罗塔拉，以此为根据地，逐步扩展。

策妄机警聪睿，有勇有谋，诡计多端，也和其叔噶尔丹一样，为达目的不择手段，六亲不认。为求吞并厄鲁特四部，先娶土尔扈特部阿玉奇汗的女儿，又离间阿玉奇的儿子，使其父阿玉奇汗率领大部分属人远赴俄罗斯。策妄又乘噶尔丹迁驻喀尔喀之机，进攻伊犁，拥有了准噶尔大部分领地，待噶尔丹死后，占据阿尔泰山以西，成为四部总汗。策妄又征服回疆，进攻哈萨克，势力伸展到锡尔河下游（哈萨克斯坦境内），辖地辽阔。策妄欲夺取青海，于康熙五十四年（1715年）三月，遣兵2000名，袭击已经归顺大清国的哈密，乘胜进兵青海，被清军驻防哈密的游击潘至善率绿旗兵200名，会同哈密额敏伯克的回兵击退。康熙帝玄烨知悉后，立即调兵前往支援，并在准军撤退回伊犁后，调遣大军3万，分驻巴尔库尔、阿尔泰两大军营，伺机进攻伊犁。策妄见青海难以侵占，就把目光转向西藏，意图夺取西藏，挟持达赖，进一步控制信奉黄教的青海、蒙古以及川、陕、甘、宁的广大蒙、藏人员。策妄一方面遣使入藏，与反对蒙古汗王的三大寺及藏区僧俗官员秘密交往，一方面又花言巧语骗娶拉藏汗的姐姐，并宣称自己的女儿如何的美似天仙，使得拉藏汗的大儿子丹忠心神不定，一心要娶策妄的女儿为妻。策妄要丹忠入赘伊犁。拉藏汗起初不愿意，但丹忠迷了心窍，以死相胁，坚决要到伊犁娶妻，拉藏汗不得不同意，并给予一笔钱财和800名士兵。

策妄了解了藏区情形，决定夺取西藏，于康熙五十五年十月，派堂弟大策零敦多布为帅，统领6000精兵，从伊犁出发。伊犁距西藏拉萨约有6000里，路途遥远，且有多处雪山、沙漠，天寒地冻，不少地区瘴疠甚重，崎岖难行。同时为了掩人耳目，不让清军和拉藏汗发现，有些时候还是昼伏夜行，十分艰险。史称其"徒步绕戈壁，逾和阗大雪山，涉险冒瘴，昼伏夜行"。①

康熙五十六年八月，准军大败藏兵于达木，前往拉萨。

拉萨，四面环山，北面的念青唐古拉大雪山，山顶最高处海拔7117米。西面是根培乌孜山。东面的米拉山，海拔5013米。城中有拉萨河。拉藏汗在拉萨和布达拉宫周围修了带有壕沟的碉堡、栅栏及其他防御工事，易守难攻。

策妄于十一月二十一日包围了拉萨，多次强攻，部分守军头领叛变。准军于十二月初三攻破布达拉宫，斩杀了拉藏汗，侵占了西藏。

策妄阿拉布坦远袭西藏的消息，清朝中央政府于康熙五十六年八月才知道。拉藏汗败死之前，曾两次遣派使者奏报战情，但都在拉萨失陷

---

① 魏源：《圣武记》卷5，《国朝抚绥西藏记》。

以后才送到北京，第一次奏疏是在康熙五十七年正月下旬，第二次是在二月上旬。①二月十一日，议政大臣议准："查拉藏汗系固实汗后裔，维护黄教，今恳救援，应令西宁、松潘、打箭炉、噶斯等处，预备兵马，并土司杨如松属下兵丁，一同前往，令青海（蒙古）王、台吉派兵六千。但非有满洲兵丁不可，应令侍卫色楞在西宁选满兵二百名，绿旗兵二百名及土司兵，共一千名，带至青海，会同青海王、台吉等商酌行事。"②

但为时已晚，拉藏汗早在六十多天前已命丧黄泉了。

康熙五十七年三月十五日，湖广总督、署西安将军额伦特奏请进藏征剿准军说："前经议政大臣议准，以色楞所统满洲、绿旗、土司兵及自西宁调往之兵，只有2400名，兵数少力弱，令臣添派绿旗兵2000名前往进藏剿准。臣查，西宁进藏，能行之路有库库塞和拜尔，应令色楞为一路，臣率现在西宁绿旗兵两千及绰克来那木查尔等所派唐古特兵一万，从另一路前行。"③

就在朝廷尚未正式派遣大军进藏征剿的时候，一等侍卫色楞已先斩后奏，统兵入藏。色楞进军以后，遣人携带密折，向朝廷奏报进军的事情。密折讲了六个问题。一是五月十三日已到穆鲁斯乌苏。二是兵士数量，现有西安满兵六百，川陕总督标兵四百，西宁总兵官标兵四百四十，凉州总兵官康海之兵五百，土司杨如松等士兵六百余名。"兵强马壮粮足"。三是准军情形，准兵虽有四千，但分散驻在各处，"且无法纪"，除凭借深夜骚扰偷马以外，"无他本领"。四是穆鲁斯乌苏等处，无柴，靠烧牛粪，现在正是雨季，雨水连绵，没法烧，兵士以炒面加水食用，如果每天都吃加水的炒面，日子难过。原欲七月底到达（拉萨），故只带了五个月的米粮，若在此等候额伦特，则米粮用尽。五是藏人渴望大军早来，"如望云霓"。六是士气高涨，不要错过时机，故不等额伦特，决定进军。④

六月十七日，议政大臣会议色楞之疏后，奏称：观此所奏，甚是。

① 《清圣祖实录》卷277，第15、23页。
② 《清圣祖实录》卷277，第23、24页。
③ 《清圣祖实录》卷278，第11页。
④ 《清圣祖实录》卷279，第4页。

应令色楞沿途小心，相机行事。再行文额伦特等，亦做速进兵策应。帝允此议。[①]

额伦特原本奏请率绿营兵2000名，唐古特兵（藏兵）1万名入藏，但得到议政大臣催促进兵的公文后，只好带领标兵2000名，仓促出发，去接应色楞。

从色楞的奏请，进兵，议政大臣的议从其奏，帝之批准，以及额伦特匆仓出发，可以看出四个问题。其一，低估准军实力。准噶尔士兵骁勇善战，统帅大策零敦多布智勇双全，曾领兵1万，大败持有锋利火枪凶狠歹毒的6000名沙俄殖民远征军，威震西北。色楞却称其没有什么本领，不过是小偷之流，只会夜袭敌营，偷盗马匹而已。其二，高估天朝威力，以为藏人会像久旱之时盼望甘露一样喜迎清军。须知此时藏人尚未识破准军宣传护教、救藏，推翻拉藏汗暴政的骗局，还在听从准汗的调遣，对抗清军。其三，痴心妄想，不自量力。色楞只有士兵2600名、额伦特兵2000名，区区四千余名普通士卒，就想消灭准部精兵6000名和藏兵6万名，征服123万平方公里的西藏，真是白日做梦。其四，孤军深入，兵家大忌。从北京经西宁到拉萨，按后来设立的驿站计算是8189里。从西宁到拉萨是3560里，色楞、额伦特区区四千余兵，还分作两拨各自前行，沿途还需留兵防御后面，走得越远，兵力越少。不留兵，少留兵，要被准军截断后路，粮、草、器械、弹药、箭会被准军断绝，又不能运输接应，日子一长，清军自会弹尽粮绝，全军覆没。形势便是这样发展的。

西安将军额伦特于五十七年六月下旬，向皇帝奏称：“六月十八日自穆鲁斯乌苏起程，于三日内到七义河，寻找色楞，没有发现色楞兵马渡河踪迹。六月二十四日自七义河向库库塞进兵，沿途整肃行伍，远设哨探，若与敌兵相遇，则奋力剿灭，若前至博克沙瓦，遇见色楞的兵，则会合前进。”[②]

过了二十多天，额伦特奏：“七月十六日到齐诺郭尔安营。十七日晚上四更，敌兵冲逼营盘，遣游击王汝载等领兵交战，敌兵大败。敌军又自东自南齐进，臣亲统将士与敌对战，枪炮并发，从寅时到巳时（夜

①《清圣祖实录》卷279，第4页。

②《清圣祖实录》卷280，第5页。

里四时到第二天十点左右），敌军败下山坡。臣等追击十余里，见敌兵多，而官兵少，四面山沟俱有可通之路，怕有埋伏，便未再穷追。讯问所俘的一名敌兵，供称敌首领托布齐、杜喀儿两人，率兵四千，自哈喇乌苏河西小路而来。臣即咨告公策旺诺尔布统兵速来接应。臣仍相度机宜，渡过哈喇乌苏河，前往狼腊岭，若与色楞相遇，则会合前进，如碰不上，则见机行事。"康熙于闰八月初一阅疏后，降旨嘉奖说："据奏，大败厄鲁特兵，杀伤甚多。额伦特领兵颇少，直抵从未到之绝城，奋勇直前，建立肤功，殊非寻常军功可比，现先赏赐军前将士家属，事定之后，再从优议叙。"[①]

也就在这一天，色楞侍卫的奏疏也送到了皇宫。色楞说："唐古特人，原系达赖喇嘛所属之人，自去年被厄鲁特贼众夺其牲畜，掳其妇女，扰害难堪，是以昼夜悬望大兵救援，'一闻大军前至，莫不欢跃投诚'。为首台吉卓里克图之子博音马松台吉、丹津绰音达克等率众来降。今已得到额伦特音信，臣在哈喇乌苏候彼到来，合兵一处，前进达穆地方。"第二天，五十七年闰八月初二，色楞的奏疏又送到皇宫。色楞奏："七月二十日，臣等统兵至哈喇乌苏安营。二十一日，新降台吉博音马松等报告：厄鲁特贼人在伊地方勒索口粮，图谋来袭我军。臣即率兵，分列三队，前往截杀，贼众抵抗，我师分道夹击，连连败贼，夺其三处山梁。贼兵窜走，臣随统兵追杀二十里，斩杀贼兵二百余人，伤者甚众。"康熙帝降旨：该部从优议叙。[②]

按照额伦特、色楞的上述奏疏，清军进展是十分顺利的。一则连败敌军，杀伤厄鲁特兵多人。再则，七月二十日，色楞已到哈喇乌苏，准备前往达穆。哈喇乌苏，即黑河，后来设立黑河县。黑河地区系以境内主要河流哈喇乌苏河（黑河）为名，1960年改为那曲地区，那曲县。黑河县总面积有16000平方公里，县城离拉萨640华里。达穆，又写为达木，即今天的当雄县，总面积有1万平方公里，县城离拉萨有340华里。

读过额伦特、色楞的奏疏，不禁使人产生一系列的疑问。其一，西宁到哈喇乌苏，按照后来康熙的上谕，称其途程有4000里，且山高路险，怎么色楞仅有官兵2600人，就能顺利到达，是色楞智勇双全、力敌

---

① 《清圣祖实录》卷281，第2页。

② 《清圣祖实录》卷281，第1-3页。

万夫、久经沙场、百战百胜吗？但又不像。色楞在其奏述不待批准即自行前进的密折中说道，自己是"世代蒙恩"，"自幼为侍卫"，"无他才干，未经历军务"。这分明是一个凭借祖先光泽才荣任官将的纨绔子弟，行军之快，与他的个人才干无关。

其二，色楞说全军只带了五个月的粮饷，那么，从三月离开西宁，至七月二十日到达哈喇乌苏时，已有五个月，还有粮米吗？后方是否运来粮米？粮米还能撑多久？藏人供给粮食吗？色楞没有说，议政大臣、皇上都没有就此提问，或就此采取措施。

其三，额伦特、色楞都没有奏明准军有多少兵马，官兵有无损伤，后方有无援军到来。准兵骁勇善战，大策零敦多布久战沙场，难道区区4000名清军，在经过数千里行军，疲惫不堪的条件下，还能继续孤军深入，消灭敌军，占据幅员百万里的西藏吗？议政大臣、皇上，都没有提出任何疑问，都没有采取措施，如增派援兵，调运粮米弹药。这样一来，色楞、额伦特只有堕入万劫不复的深渊了。

《清圣祖实录》卷281，第13页载：康熙五十七年九月二十九日，"先是，总督额伦特同侍卫色楞，俱统兵至哈喇乌苏地方，与贼众遇，屡败贼众，相持月余，至是，复率兵进击，射死敌人甚众。矢尽。额伦特犹力战，殁于阵。"

前面额伦特、色楞的奏疏皆称进展迅速，多次击杀敌兵，为什么突然又说额伦特战死，且是"矢尽"而死？并且，另一统帅色楞下落如何？全军有多少伤亡？这些疑问，《实录》俱未叙述清楚。

过了五个多月，康熙五十八年二月初八，《清圣祖实录》卷283，第19页载称："帝谕议政大臣等，四川总督年羹尧奏，据西藏第巴大克咱报称，大策零敦多布将被俘获的500名清军，尔喀木一路送来。"又过了五十多天，五月初四，《清圣祖实录》卷284，第10页又载："送回之兵，已有370人陆续到达里塘，还有数十人未到，已将满兵归入荆州满兵内，汉兵归入四川总督的督标兵丁内。"

第一次清军入藏驱准的大事，就这样被《清圣祖实录》稀里糊涂地了结了。撰写《清圣祖实录》的翰林们、审定《清圣祖实录》的总裁大学士，固然可以按照皇上旨意，舞文弄墨、精心取舍、尽力编造，把这样一件军国大事，三言两语就敷衍过去。可是读过《清圣祖实录》的人，不禁要问：这次驱准之战，是胜利，还是失败？官阶从一品的总督、官阶正一品的西安将军额伦特的阵亡，是因为计谋欠妥、调度无方而败死，还是由于朝廷决策有误而亡？那位先斩后奏，欲以区区两千多兵，就要剿灭名将统率的准噶尔精兵六千人，踏平西藏的官阶正三品的一等侍卫色楞，又在何处？是英勇战死，还是蒙羞被俘？此次战役，出现那么多的反常行为，如色楞的擅自进兵，且成了指挥总督、将军的实际上的全军统帅；从三月出发到十月败死，长达七八个月之久，为什么后方的川陕总督没有增派援兵，没有赶运粮草、兵器，弄得将军矢尽而亡？至高无上的大清皇帝玄烨，20岁就指挥了满汉大军四十余万的八年平定三藩之乱的大战，随后又两征雅克萨俄军，统一台湾，三征噶尔丹，可以说是一位战无不胜的英明统帅，为什么这次却如此糊涂？归根到底，这次驱准之战，是怎样失败的？为什么会失败？主要责任该由谁负？

　　其实，虽然《实录》的叙述是糊里糊涂的，可是皇上的心里却是一清二楚的，因为他知道的信息，比起《实录》那几条简而又简、少而又少的记述，多了上百倍。康熙五十八年正月十四，康熙降下满文圣旨约2000字，抚远大将军王胤祯于康熙五十八年五月十二日写的两道满文密折，长达5000字，[①]叙述了战争进行的情形，现从中摘录一些重要材料。

　　其一，清军系于康熙五十七年九月二十九日在哈喇乌苏惨败，总督、将军额伦特阵亡，色楞被俘。

　　其二，额伦特、色楞二人，"均自称为首，互不相让，导致不睦"，"表面甚好，暗地不睦"。

　　其三，"自闰八月二十日以来，我军之畜已尽，断了糇饣"。

　　其四，七月十六日，准军夜袭清军，抢走马匹百余。八月初五交战，清军"糇饣驮子大半被夺"，参将舒明奉将军之令，夺回部分。闰八月初一，准军将额伦特部于营外十余里处牧放的马匹及跟役全部抢走，"自此我等兵畜完竭，糇饣均不济"。九月二十八日，额伦特、色楞"因饥饿不能守，自营地出"，欲撤退迎米，第二日中午，大败。

　　其五，班禅使者埋怨色楞说："尔等为何不齐来，因逐渐而至，致受准噶尔人伤害。"

　　其六，伤亡情形。康熙在圣旨中说："我军交战，每人负伤，无不受浮伤，阵亡者五百余，瘴气致肿亡故者，乃二倍。"

---

①《康熙全译》，第1355、1391-1394页。

其七，班禅遣使，劝准军停攻，清军放弃抵抗，由准部、班禅资助，剩余官兵离开西藏。

其八，失败原因。康熙在圣旨中总结性地指出，此战之败，乃系不晓"天时地利"的缘故。"春季青草萌发，夏秋草变黄，马畜渐瘦。送粮路山梁被雪阻截，且冬季瘴气愈烈，人不得食，始冻，全身肿胀即亡。此特为不晓天时地利所致。"

笔者认为，根据胤祯的两道满文密折、康熙的圣旨，结合有关材料，可以对色楞、额伦特领军入藏驱准之战，做出以下五点结论。

其一，全军覆没。这是清帝入主中原以来的第一次大败、惨败。康熙在圣旨中说，官兵阵亡五百余人，瘴气致肿亡故者，两倍，即1000人。这样说来，清军的失败最多只能算是中等程度，因为，全军官兵是4600余人，死亡1500人，只占全军总数的三分之一。但是，康熙所说的死亡人数，与实情相差得大为悬殊，一则，大将军王规定，从征病故的八旗文武官，三四品者赐银50两，五六品官赐银40两，七品以下30两，经营游击40两，把总20两，骑兵10两，步兵5两。据此，"因阵亡、病故、受伤及迷途之人抚养家口，共赏银107555两"。按照骑兵一人10两，步兵一人5两计算，这10.7万两银子，可以赐予17550名骑兵，或21510名步兵，即使扣除数十名总兵、副将、参将、游击，以及一二百名都司、守备、千总、把总，他们的赐银是20两至50两，要多一些，剩下的八九万两银子，也可以赐予几千名兵丁了。可见此战死亡的兵士，不止是1500名。

更重要、更能说明这次战争中清军是全军覆没的证据是，密折所述，九月二十九日额伦特等战死以后，班禅遣使劝大策零敦多布停攻，劝仍在兵营未死、未降的清军停止抵抗，让大策零敦多布给予粮食、牲畜，放他们回西宁。双方同意，于是除色楞等极少数人被准军扣下以外，其余500多官兵（包括参将舒明等将官），全部安全离开西藏。既然色楞、额伦特原来领兵入藏的士卒是4600余名，此时只剩下500余名，那么，绝对可以肯定，这支部队死亡了4000名士卒。一支4600名兵士的部队，死了4000名，死亡率高达百分之九十几，并且，两位统帅中，一位战死，一位被俘，这不是全军覆没，又是什么？

其二，英勇奋战。这次清军的士兵组成、地位和质量都不高，

4600余名兵士中，只有西安满兵600名，绿营兵3400名，士兵600名。清政府的军事支柱是满洲、蒙古、汉军八旗军20万，尤以满洲八旗军的10万满兵为支柱的核心，绿营60余万名兵士只起辅助作用和配合作用。旗兵待遇优厚，马兵每月饷银3两，一年领米24石（每石400斤，合共是9600斤）。而绿营马兵却是月饷2两，一年领米36斗（每斗40斤，合共是1440斤）。步兵月饷1两5钱，守兵月饷1两，皆一年给米36斗。绿营的马兵少，步兵、守兵多，大体上是马二步八，比旗兵的饷银、食米少了百分之八十，当然影响其战斗力。但是，这次入藏驱准，这支4600余名兵士的军队，却在极其恶劣的条件下英勇奋战，尤其是八月、闰八月、九月三个月的战斗，尽管筋疲力尽，冻、饿、累交加，却顽强抗敌，拼死厮杀，直到班禅出面调停，剩下的500余名士兵才停止战斗，遣回西宁，其余4000官兵全部战死。所以，康熙盛赞这支军队的官兵是"不惜生命，整百日余昼夜交战，古来无有"。

其三，错误百出。色楞、额伦特带领入藏征准的军队，人数不多，区区4000余人；时间不长，从出发到结束，不过七个月，比起八年的平定三藩之乱和前后持续七八年的三征噶尔丹，简直是不值一提的小战，照说应该是很好统领、很好指挥、很易进行，不会出什么乱子，犯什么错误了。可是，出乎人们意料的是，在这短短的七个月里，却是怪事多多，乱象丛生，差错频繁。一是区区一个官阶正三品的一等侍卫，却可以不通报将军、总督，不先奏准，而擅自领兵入藏征准。连大策零敦多布都斥责被俘的色楞说："大国之主阿穆呼朗汗，令尔率兵驻穆鲁斯乌苏而已，并未令你率兵征伐我等，尔违背谕旨，轻视我等，率少数兵深入者何意？今被我等俘获，尔又有何言以对？"[①]

二是以往征战，朝廷总要任命统帅，任命参赞大臣，如果是兵士众多，分路前往，每路也会指定一人为该路统帅。可是这次进藏，打了七个月，兵分两路，各有领军之人，却未指定谁是此战的全军统帅，也未讲明色楞军与额伦特军是什么样的关系，是平行的互不隶属的独立做主，还是谁为主、谁配合？没有明确的指示，以致出现将士们所说的额伦特、色楞二人"均自称为首，互不相让"、"暗地不睦"的乱象。

①《康熙全译》第1993页。

三是长途行军征战4000里，没有见到增派兵马、输送粮饷的行为。负有保障征战后勤任务的陕甘总督，具体议处军机事务的议政大臣，有过什么指示？采取过什么措施？难道只顾端坐高位，只知享受精美供食，不顾前方官兵冻饿死亡？混过七个月了事，并且也未看到朝廷对这些有责之臣予以惩罚。这对一向军纪严明，曾经将几位铁帽子王的大将军革职削爵的康熙皇帝来说，也是一个例外，何故？

四是后果严重。征途遥远，山高路险，粮饷难运，瘴疬严重，准兵凶悍，全军覆没，严重地打击了百官的锐气，震慑住了青海蒙古王公台吉。满洲文武大臣不敢再次出兵征准，驱逐大策零敦多布军队。青海和硕特部察罕丹津亲王等固始汗的子孙"八台吉"，当准军刚占藏区时，他们要赶走准军，继承已故拉藏汗的藏王位子，吵吵嚷嚷，要求清廷出军，他们率部从征。但听到清军惨败的消息后，便吓破了胆，不再强烈要求征剿准军了。他们甚至以新的胡毕勒罕格桑嘉措的名义上奏朝廷，声称"各处俱有禅床，皆可安设，若为我兴兵，实关系众生"，不需要为了他在拉萨坐床安禅，成为新达赖，而派大军入藏驱准。此时的新胡毕勒罕格桑嘉措（仓央嘉措的转世灵童），才十一岁，哪能对军政大事做出正确判断，显然是青海蒙古王公"畏惧策妄阿拉布坦，密嘱新胡毕勒罕"上奏。[1]

五是责在帝君。康熙在圣旨中，把清军失败的原因，归之于"不晓天时地利"所致，这个结论是错误的，是站不住脚的，是在为他的失误做辩解。西藏瘴疬确实厉害，但是为什么准兵没有因为瘴疬而失败。夏季和秋季草要变黄，马就渐瘦，此说亦属谬误。一则夏季青草仍多，马牛有草吃，秋季虽渐枯黄，但也是深秋至冬天的事，八月、闰八月的时候，马羊仍有草吃。运粮的路，山梁被雪阻截运不过去，可是，根本没有后方运送粮草弹药的事，在八月初一以后，还没有下雪的时候，清军就是"兵畜完竭，糗饩均不济了"。既然色楞军队只带了五个月粮米，从三月出发，到七月底会用完，这点道理，色楞、额伦特不知道吗？不会提前遣人催促后方运粮吗？川陕总督、议政大臣们不应该提前赶运吗？可是，没有这些运送粮草的记载，活活让4000多入藏征准的将士饿死、冻死。康熙打了四次大战，特别是三征噶尔丹，他深知粮饷的重

---

[1]《清圣祖实录》卷286，第19页。

要，关系到战争的胜负和将士的生命，特别重视粮米的运送，专门委任能臣都御史于成龙率领大批人员负责运送，保证了将士、马匹的供给。

因此，清军的惨败，根本原因不是"不晓天时地利"，而是要从最高决策者康熙皇帝身上去找。两员统兵之将色楞、额伦特，是康熙听从议政大臣的议奏批准任命的。只带4600名兵士，就能消灭6000名准噶尔精兵，也是康熙批准的。没有指定统帅，没有规定色楞、额伦特之间的明确关系，没有及时赶运充足粮米，增派援兵等等，皆与康熙有关。归根结底，康熙的失误，是导致清军惨败的根本原因。

康熙的判断和决策主要在四个方面犯了严重错误。一是不知晓准军的实力；二是不了解西藏问题的复杂性，不能简单地只以军事行为来解决；三是对西藏的山高路险、气候恶劣、瘴疠严重的情形，认识不足，重视不够；四是毫不了解色楞其人，没有对其恶劣行为及时制裁和采取补救措施，对额伦特只看到其廉洁忠诚，未认识到其缺乏卓越的统帅才干。总而言之，既不知彼，又不知己，还不晓天时地利，因而犯下了严重轻敌的错误，一再宣称，准噶尔汗策妄阿拉布坦之人，"皆乌合之众，其心不一，我大兵一到，即或降或散"，[1]征剿侵占西藏的准军，"兵亦不用多，二百余人便可破之矣"。[2]所以，这次战争才出现了那样多的怪事，才犯了那样多的错误。

（二）康熙决策 大军进藏驱逐准军

西安将军额伦特于康熙五十七年九月二十九日在哈喇乌苏阵亡，全军覆没。从哈喇乌苏到西宁3000余里，西宁到北京是4600余里。按照后来兵部规定的驿站期限，西宁镇总兵官的奏章，限在24天内送到京师。哈喇乌苏到西宁有3000余里，照此类推，其到北京的期限当为40天。但是驿站的期限，是平常时期一般奏本的期限，大体上是一天要跑200里。至于紧急公文，标明400里加急、600里加急的公文，则必须一天跑400里、600里。这次额伦特阵亡的奏折，可能仅仅用了10天左右就送到京师了。因为，在十月十二日，康熙皇帝已下圣旨，授"皇十四子固山贝子

---

①《清圣祖实录》卷273，第9页。

②《清圣祖实录》卷275，第16页。

允禵为抚远大将军"，统率兵马，入藏驱准，离额伦特阵亡之日，仅仅过了12天。如果算上皇帝思考对策，召集大臣商议的时间，恐怕这一噩讯，十天之内就从哈喇乌苏送到京城了，传递之快实在惊人。

康熙知悉全军覆没的消息后，召集议政大臣及九卿等开会商议，"议政大臣及九卿等""满汉大臣"，"俱称藏地遥远，路途险恶，且有瘴气，不能遽至，宜固守边疆"，"不必进兵"。①

根据以上记载，结合有关材料，可以看出三个问题。其一，中央官阶二品以上的满蒙汉大臣全体反对遣军入藏征准。此时的议政大臣成员有满洲都统、蒙古都统及满洲、蒙古尚书和内大臣。满洲、蒙古都统各8位，共16位。九卿，是吏、户、礼、兵、刑、工六部尚书及都察院左都御史、通政使司通政使和大理寺卿，俱是满汉各一，共18位。内大臣6位，皆满官。除大理寺卿、通政使是官阶正三品外，此时六部尚书、左都御史为正二品（雍正八年改为从一品），内大臣、都统为从一品。总计议政大臣有40位，仅4位满汉大理寺卿、通政使官阶正三品。此时的大学士有5位，官阶二品（雍正八年改为正一品），汉都统8位，共是中央53位满蒙汉大臣，俱反对出兵入藏征准。这也是此前从未有过的局面。就连三征噶尔丹时，即使满洲王公大臣绝大多数不赞成出征，但还有一位三等伯、抚远大将军费扬古，是坚决拥护和赞成皇上用兵的。

其二，反对用兵的理由是路远、险要、有瘴气，不能迅速到达。这种说法是有相当根据的。到拉萨，确实太远。当时到拉萨有三条路，一是经过西宁到拉萨，按当时驿站的路程计算，有8189里，其中，自北京到西宁是4629里，由西宁到拉萨是3560里。这条路，比从北京经过成都近2700里，但路更险恶。由北京经成都到拉萨是10920里，其中，成都到拉萨是6170里。还有一条路是经云南去拉萨，但路极难行。

路既遥远，又山高岭峻、峡深，崎岖难行，沿途要翻过折多山等14座海拔在4000米以上的险峻高山。从成都到雅安，前往康定，要经过二郎山，山高万丈，人称入藏第一险。出康定，即要翻越海拔4298米的折多山，由此往前，一直是4000米左右的高原，走到世界高城理塘，海拔4014米。理塘往前，是巴塘，也是高原山区，全区平均在海拔3300米以上，其中的最高峰党结曾然峰海拔为6060米，其余诸峰多在海拔

---

① 《清圣祖实录》卷286，第5页；卷289，第17页。

5000米左右。巴塘往前，是南北纵向横断山脉的三山三江地带，有长达一千余里"漕沟状地质破碎地带"，尤其是夏天雨季时，泥石流及山体滑坡，使得整个大地成为"蠕动状"，威力之大，使人惊心动魄。往前还有海拔5500米的雀儿山等高山，终年积雪，冰峰、雪岭，还有很多。魏源在《圣武记》卷5，记载雪岭之险时写道："凡藏中，雪岭不一，四时冰凌，其凹处深辄数仞（一仞，为七尺或八尺），人畜失足（掉入其中），杳无踪迹。其巅积雪如城，不时随风飘洒，甚于天降。行人舍骑而步，以手代足（即爬行），羸牲蹭坠，白骨载途，寒冽噤人，飞走皆绝。唯夏秋之际可行，然遇风雪涣泮，势如倾缶，纵水横潦，仆痛马瘏，兼以瘴疠不毛，番夷剽夺，风日惨淡，有冬无春，行役之艰，于此为极。康熙五十九年，滇兵三百，营于瓦河一柱峰下，中夜风雪，人马悉僵，吁可畏也。"

这样艰难危险的道路，人难行走，马难驮骑，大军数万及马、驼、骡、羊，怎能行进到拉萨，粮饷、兵器、枪炮、弹矢怎能保证供应，不致重蹈额伦特粮尽矢绝、全军覆没的悲剧！

其三，百官畏难，胆怯惧战。满汉大臣以路遥、险恶、瘴气为理由，反对进藏驱准，其理由是不充分的，是站不住脚的，只不过是掩饰其胆小、苟安、贪生怕死、不顾大局的真心想法的借口而已。不错，路程是远，山是高，雨雪是多，冬天是冷，夏天经常塌方，有泥石流，还有瘴气，行走确实十分艰难，非常危险，但并不是无法越过的天险，还是能走过去的。自古以来，川、滇、青、甘等地，就有商人前往西藏经商。唐朝文成公主及其庞大的随行人员队伍，早在唐贞观十五年（641年），就长途跋涉到了拉萨，和松赞干布成亲。元朝的西藏，直隶中央，蒙汉官员常到西藏执行公务。就在康熙年间，至少也有三次中央政府派的钦差大臣，前往西藏处理重大问题。一次是康熙三十五年，康熙帝以当时西藏执政的第巴桑结嘉措多次纵容、唆使噶尔丹作乱，携带缴获的一把噶尔丹的佩刀及其妻阿奴的一尊佛像，进入拉萨，痛斥其过，令其悔改，否则，将遣云南、四川、陕西大军"见汝城下"。①另一次是康熙四十五年，帝遣护军统领席柱、学士舒兰为使臣，前往拉萨，封拉藏汗为"翊法恭顺汗"。令其拘押达赖（即六世达赖仓央嘉

①《清圣祖实录》卷174，第41页；卷175，第12页；魏源：《圣武记》卷5。

措）赴京。①再一次是康熙四十七年，青海蒙古和硕特部众台吉一再奏称，拉藏汗所立新达赖耶喜嘉措是假的。康熙命内阁学士拉都浑率青海众台吉入西藏查验，拉都浑到西藏后，相继询问了拉藏汗和班禅，皆云耶喜嘉措是真的五世达赖的转世灵童。拉都浑回京后奏报朝廷。康熙四十八年正月，议政大臣等奏称，此灵童为真，但年幼，几年后再给封号。"今青海众台吉等与拉藏汗不睦，西藏事务不便令拉藏汗独理，应遣官一员，前往西藏，协同拉藏汗，办理事务"。帝从其议，令派侍郎赫寿前去。侍郎赫寿随即奉旨，率领随员前往拉萨。可见进入西藏，前往拉萨，并不是绝对不可能的。

正是在满朝文武大臣全部借口路远、险恶、有瘴气，而反对进藏驱准的情形上，才显示出康熙的确是不畏强敌、不惧艰险、高瞻远瞩的英明君主和杰出统帅。他力排众议，坚持征准。

康熙谕告必须征准的理由说："自西宁至四川、云南，内外土番杂居一处，西藏之人，皆系土番，伊等俱是一类，倘藏地被大策零敦多布占据，则藏兵即是彼之兵丁，而边疆土番，岂能保全。"②他又说："准噶尔人等，见今占取藏地，骚扰土伯特、唐古特人民。再吐鲁番之人，皆近云南、四川一带边境居住，若将吐鲁番侵取，又鼓动土伯特、唐古特人众侵犯青海，彼时既难于应援，亦且不能取藏。"故"朕决意独断"，遣军入藏征准。③

这两段话，字不多，但一语中的，抓住了问题的要害，点出了症结之所在，即征准与否，关系到国家安全这一根本问题。第一，准军占据西藏，则四川、云南难保，青海亦将非清所有。第二，丢掉川、滇、青，邻近的陕西、甘肃、贵州随时都有被侵的危险，内蒙古、外蒙亦被准军隔绝在外，断了清军的援助，也难以存活，这样一来，大清国土就将丧失过半，国将不国。第三，西藏的达赖、班禅，是几百万平方公里的蒙、藏人员奉若神明的精神领袖，策妄挟持了达赖，就可号令蒙、青、藏及内地的蒙、藏僧俗。

①《清圣祖实录》卷227，第14页。
②《清圣祖实录》卷286，第19页。
③《清圣祖实录》卷289，第17页。

康熙五十六年十一月，康熙又着重斥责路远难至故不能入藏驱准的谬论说：策妄派兵侵占西藏，"道路甚远，又无接应"，走了八九个月，"过三层冰山，噶斯等处，实为难行"，"然彼既可以到藏，我兵即可以到彼处"。①他又说：大策零敦多布领兵侵占西藏，他认为我兵相隔很远，不能前往救援。"朕思，伊等兵步行一年有余，忍饥带馁，尚能到藏，我兵顾不能至乎"。

后来，他又谕告议政大臣们，重申必须征准说："朕意，此时不进兵安藏，贼寇无所忌惮，或煽惑沿边诸番部，将作何处置耶！故特谕尔等，安藏大兵，决宜前进。"并严厉斥责满洲"领兵大臣官员等，只为保身之计，不以国事为重"。②

为了震慑怯战、畏难苟安阻碍进军的官员，他将上疏反对进兵的贵州巡抚刘荫枢、甘肃提督师懿德革职，交刑部等衙门议罪。刑部等衙门会议后，奏称，应将二人拟绞，立即执行。康熙念刘是清官，师是武将，予以宽大，谕命暂停治罪，将刘遣往阿尔泰种地。③

康熙帝能这样坚决地决策遣军入藏驱走准噶尔兵士，实在是难能可贵。因为，入藏打仗，与横行大西北、占地三百万平方公里的劲旅准噶尔骑兵交战，并无绝对的获胜把握。万里之遥，山高岭峻，路险瘴重，清军到达那里，已是伤亡惨重，筋疲力尽。准军却是据险防守，以逸待劳，形势之不利，显而易见。路程遥远，崇山峻岭，粮草、军装、兵器、枪炮、弹药等的运输、补给，需要几十万匹马、骡、牛、驼和上百万的役夫，军费的开支，必然也是数百万两。额伦特、色楞四千多兵士的全军覆没，前车之鉴，严重地打击了清军的锐气，将弁畏难怯战、士无斗志，乃兵家大忌。何况此时最高统帅早已年过花甲，年老体弱，身患重病。康熙年轻和中年之时，身体很好，自称曾猎杀虎、豹、熊、野猪数百。④但从康熙四十七年起，各位皇子钩心斗角，内讧严重，致一废太子，不久复立，又再次废黜，嗣位久虚，争斗愈烈，无力遏止，气得康熙痛哭流涕，昏倒在地，大病一场，从此元气大伤，身体恶化。就在处理西藏用兵之时，康熙五十六年十一月二十一日，64岁的康熙皇帝，在乾清

①《清圣祖实录》卷275，第17页。

②《清圣祖实录》卷287，第4、5页。

③《清圣祖实录》卷277，第25页。

④《清圣祖实录》卷285，第10页。

宫东暖阁，召集各位皇子、满汉大学士、学士、九卿、詹事、科道等官，下了一道遗诏性质的长篇上谕。其中讲道，现在"心神忧瘁，头晕频发"，"近日多病，心神恍惚，身体虚惫，动转非人扶掖，步履难行"，"今朕躬抱病，怔忡健忘"，"每觉精神日逐于外，心血时耗于内"。①

过了十多天，十二日初五，康熙命诸皇子传谕各位大臣说："朕数日足疾更剧。兼之，遍身沉重，中心烦躁，不能成寐，三更时稍寝即醒，醒时头晕，随又起坐，至五更始寝片刻。""昨日朕足背浮肿，不能转移"。②

然而，就在这样衰老病重的身体条件下，康熙却能以国家安全为重，不怕艰难，敢冒风险，力排众议，斥责满汉大臣畏难怯战，苟安保身，果断决策，派遣大军进藏驱准，并且亲自制定了用兵方针、策略，对进军做了周密的规划。

一方面，在得悉额伦特阵亡消息之后的第12天，康熙五十七年十月十二日，他谕命皇十四子固山贝子允禵为抚远大将军，统率征准大军，决策十分迅速。另一方面，他又拒绝因兵败耻辱急欲复仇，马上进军西藏的急躁轻率的错误意见。他在委命允禵为抚远大将军之后的70天，于十二月二十七日，下旨传谕诚亲王允祉及领侍卫内大臣海金、鄂伦岱、马尔赛，大学士马齐、嵩祝、肖永藻等20位满洲、蒙古、汉军大臣说："议政王、大臣等，务于来年齐备力量，报此怨恨之心，朕意非如此。兵书内云：知彼知己，方能百战百胜。我国养育官兵报效，无敌之势并无庸议，此即俱知敌我也。兵书内云：不可不知天时地利。地高远，瘴气恶，粮饷难于运送之处，皆弃之不顾，唯为黄教，以刚勇之意而行，此又可称易乎？此显系事急而致，今不可急蹙，务应详慎尽心。"③

康熙认真深刻地吸取了额伦特之败的教训，运用了三征噶尔丹之大胜的经验，既确定了必须派军入藏驱准的战略方针，又制定了此战必胜的六项基本策略。其一，遣派大批将士。经过多次计议，最后确定，进藏大军兵分北路南路，北路有满洲、蒙古、汉军、八旗兵士及绿营官兵

①《清圣祖实录》卷275，第10页。

②《清圣祖实录》卷276，第5页。

③《康熙全译》第1350页。

共12000名，青海和硕特部蒙古王公台吉之兵10000名，由平逆将军延信统领，从青海入藏。南路兵10000名，其中，川兵7000名，滇兵3000名，由定西将军噶尔弼统领，自四川入藏。抚远大将军王允禵坐镇穆鲁乌斯苏，统一调度和保证供应。靖逆将军富宁安从其巴尔库尔军营的17000名兵士中，抽选10000名，在大军进藏征准之时，率领袭击准部乌鲁木齐、吐鲁番。征西将军祁里德、振武将军傅尔丹从阿尔泰军营20000名兵士中，抽选15000名，分别率领7000、8000名袭击准部辖地，策应入藏征准大军。入藏大军22000名，四倍于大策零敦多布的军队，加上巴尔库尔、阿尔泰军营的策应军25000名，一共是47000名，九倍于大策零敦多布军，可以说在军队兵士上，对敌军占有绝对优势。

其二，筹备马、驼、牛、羊数十万匹（头、只），粮米10万石。除调拨官兵现有马匹及御用牧场外，还谕令地方捐输。直隶总督赵弘灿就捐马骡7500匹，用银15万两。河南巡抚李锡捐马3000匹，用银9万两。浙江巡抚徐元梦捐银8万两。河南巡抚李树德及其属下藩、臬司府捐银4万两。户部尚书赵申乔从各官捐银中，动用10万两买马。内蒙古各部王公捐献马、牛、羊，保证了军需粮草、马骡的需要。[①]

其三，宣扬护教、护卫达赖、救护僧民的进军宗旨，痛斥准军毁坏佛法、危害达赖、奴役僧民的罪行。康熙专门发布圣谕一道，谕告西藏班禅、喇嘛、寺庙、僧俗官员说："我圣主，乃天下之共主。""叛逆策妄阿拉布坦谎称为了宗教，暗地遣兵，杀拉藏汗，取招地，勾结第巴头目等，将黄教之纳木扎喇桑等数寺庙、红教之寺庙俱毁之。杀害德尔敦、多尔济喇克、敏都玲等大喇嘛及地位如同博克达班禅之多尔泽·泽木巴、古济里木布车二位胡毕勒罕，称五世达赖毁红教。毁达赖喇嘛金塔，焚烧达赖喇嘛苏木布木经书，称博克达班禅不体面，毁佛教。我圣主真正为佛教大施主，不忍闻此情。""我大军剿灭准噶尔军，依照五世达赖喇嘛经教法度，展拓黄教。"[②]

康熙又因拉藏汗拥立的五世达赖之化身胡毕勒罕耶喜嘉措，被西藏三大寺及青海大喇嘛、众蒙古王公台吉称为假化身，坚主西宁的格桑嘉

---

① 中国第一历史档案馆：《康熙朝汉文朱批奏折汇编》，中国档案出版社1984年版，册6，第384页；册8，第271页，以下简称《康熙汇编》；《康熙全译》第1352、1514页。

②《康熙全译》第1330页。

措才是达赖的真正胡毕勒罕（即转世灵童），下谕宣布，将格桑嘉措认定为真的、新的胡毕勒罕，封为达赖喇嘛，给予金册金印，由北路大军护送入藏，在拉萨坐床，登上达赖喇嘛宝座。这一重大措施，受到西藏三大寺、广大僧民及青海、蒙古喇嘛的热烈欢迎和坚决拥护。

大策零敦多布率领的准噶尔军，在西藏抢掠达赖及僧俗官、民财物，杀害喇嘛，滥征税赋，烧毁寺庙。在西藏住了六年的青海喇嘛罗卜藏囵鼐，于康熙五十八年二月从拉萨出来，告诉清朝官员说：六年前到西藏时，"布雷绷庙有喇嘛六千余，现唯有二千余。色喇庙有喇嘛三千余，现唯有一千余"。"土伯特部众因准噶尔兵征官赋甚重，生计极为困难，相互埋怨"。青海贝子巴勒朱尔阿喇坦的部众策零敦朱克于康熙五十七年八月被准兵掠入招地，眼见"准噶尔人向唐古特人征赋繁重，且见姣好女子，光天化日即拉去，骚扰甚重，唐古特人恨死之"。[1]

准军在西藏的暴行，康熙帝对大策零敦多布的护教、护佛、护藏人的谎言之彻底揭露，以及宣扬进军招地的护教、护达赖、救护藏人的宗旨，使准噶尔侵藏军队成了过街老鼠，人人喊打，在藏区被彻底孤立了。这为大军驱准，提供了极好的条件。

其四，充分调动青海和硕特部各位王公、台吉的积极性。西藏本是青海和硕特蒙古"八台吉"之先祖固始汗的地盘，固始汗及其长子达延汗那一房，世为藏王，掌控西藏军政大权。如今，拉藏汗父子被杀，准噶尔汗侵占了西藏，八台吉当然希望赶走准军，重登藏王宝座。足智多谋的康熙帝深知此情，采取了很多措施，尽量争取青海八台吉出兵、出马、出粮草，护送新胡毕勒罕入藏坐床，甚至宣示，入藏赶走准军以后，"自尔等内立汗"。[2]所以，八台吉各率部众从征。在大将军王允禵统率的北路大军中，满汉官兵是12000名，青海蒙古王公率领的从征蒙古兵有10000名，足见康熙帝这一策略是十分成功的。

其五，封锁准部，断绝其与外蒙古、内蒙古、青海、西藏的贸易，既不买其牲畜、土特产，又禁止卖给他们十分需要的盐、茶、布帛。尤其是对准军侵占的西藏，更是严格"固守通往西地之所有路口，严加禁

①《康熙全译》第1420、1421页。
②《康熙全译》第1523页。

止茶、布一应商品运出售卖"。①

其六，选准进军西藏时间。从康熙五十七年十月十二日宣布委命皇十四子为抚远大将军，统率征准军队起，调集人马，赶运粮草，半年时间，即已大致就绪，可以随时出发。但是，康熙迟迟不动，一直等到完全弄清楚了准军的暴行，已经招致绝大多数藏人刻骨痛恨和大多数青海王公台吉愿领兵从征的时候，才于康熙五十九年春天下旨，令北路、南路出兵，巴尔库尔、阿尔泰两处出兵策应。这时，可以说是已经到了水到渠成的时候了，所以入藏驱准，进展十分顺利。

（三）六百川兵　收服察木多

经过一年多的充分准备以后，康熙皇帝认为万事俱备了，遂下旨，谕令于康熙五十九年（1720年）四月，南路、北路两路大军，兵发西藏，驱走准噶尔军。

按照两路大军的兵士组成、将帅身份和承担任务来看，南路军有兵士10000名，其中，云南满兵1000名、绿旗兵2000名，丽江土知府木兴的土兵500名，满兵由都统武格、副都统吴纳哈统领，绿旗兵令总兵赵坤、马会伯带领。②四川兵7000名，主要是绿旗兵，满兵有500名。北路大军，起初在康熙五十八年九月二十六日，帝谕：送新胡毕勒罕（格桑嘉措）到藏地，"着大臣带满洲兵一千名、蒙古兵一千名、土番兵二千名、绿旗马兵一千名、步兵一千名前去"，再带四川满洲兵一千名、绿营兵一千名，土番兵若干名。青海蒙古王公、贝勒、台吉，带领属下兵士，或一万名，或五六千名从征。③过了两个多月，十二月二十三日，议政大臣、军前召至京师大臣、九卿等认为，八千兵，太少，奏准增派蒙古兵九百、满兵三千一百名，共一万二千名。④青海蒙古王公自带属兵万名从征。

从兵士数量上看，北路军有满蒙汉兵12000名和青海蒙古兵10000名，两倍于南路10000名，且北路满兵多达4000余名，几倍于南

①《康熙全译》第1351页。

②《清圣祖实录》卷286，第24页；卷287，第16页。

③《清圣祖实录》卷285，第16页。

④《清圣祖实录》卷286，第23页。

路满兵人数。从统帅身份看，南路统帅是由官阶正二品的护军统领噶尔弼担任的定西将军，而北路统帅是皇上的亲叔叔肃亲王豪格之孙、宗室都统延信担任的平逆将军，即使不算宗室这一高贵的身份，仅就官品而言，都统是从一品，也比护军统领高。从将领来看，南路军除统帅定西将军噶尔弼之外，高级将领有满洲都统武格、副都统吴纳哈，绿营有总兵赵坤、马会伯等。而北路将领，人多官高。康熙五十九年五月二十一日，在大将军王领衔的请安折上署名的有：平郡王纳尔苏，亲王、郡王之子前锋统领弘曙、弘智、弘曦，公嫩托欢、奎惠，平逆将军延信，喀尔喀土谢图亲王和硕额驸敦布多尔济、厄鲁特贝勒和硕额驸阿宝、公策旺诺尔布，都统楚宗、海山、普奇、穆森、汪古利，西安将军宗扎布，散秩大臣钦拜、拉忻，护军统领五十八，副都统阿林保、赫世亨、伊里布、长龄、萨尔禅、包色、壮图、乌里布、徐国贵，兵部侍郎渣克丹、陕西巡抚噶什图、固原提督马见伯、山东总兵李林，也远远高于南路军的将领。[①]再就任务而言，北路大军肩负护送新达赖入藏坐床安禅这一特别重大的任务。因此，显而易见，北路是主力，南路是策应、配合主力的副军。

照说，既是主力，北路军当然应该消灭敌军主力，赶走准军，率先攻下拉萨，平定西藏，这是皇上交给他们的光荣而艰巨的任务。然而，人算不如天算，主观上认定的、客观上安排的主力北路大军，却没有能够完成这一任务，反而仅起到牵制准军的作用，有利于南路军进取大半个西藏，进入拉萨，促成准军逃回伊犁。北路军从主力军转化成牵制军，促成这一巨大变化出现的决定性人物，不是官阶一品的统帅定西将军和都统、提督的一品大员，而是一位区区从二品的34岁永宁协副将岳钟琪。

岳钟琪是岳飞二十一世孙，将门虎子。康熙二十五年（1686年）出生于甘肃景泰县永登堡，后随父入籍四川成都。祖父岳镇邦，移居河西，平定三藩之乱时，屡立军功，历任守备、都司、副将、总兵。父亲岳升龙，初系生员，吴三桂反叛时，投笔从戎，为永泰营千总，军功累累，多次升迁，任至四川提督，前后共当了13年四川提督，甚受康熙帝赏识。康熙三十五年，亲征噶尔丹，时任天津总兵的岳升龙，奉谕率领

①《康熙全译》第1456页。

300名骑兵，护运粮米。帝授予岳升龙和另外两位护粮总兵马进良、白斌惩罚违令怯战将官的大权，副将以下，违令退却者，先斩后奏。岳升龙等护粮有功，战后，授岳升龙托沙喇哈悉世职（乾隆元年改为云骑尉），官品为正五品，并于第二年升为四川提督。

上任之前，在乾清门觐见皇上时，皇上口谕："四川地方，遭张献忠蹂躏，人民十去八九，营伍甚是废弛，兵丁粮饷不足，尔到任后，好生料理。"岳升龙到任以后，牢记圣谕，力求"足兵足饷"，凡遇营官到省领取兵饷，"俱按季亲身验明"，并移饬各镇、各协、各营将官，必须足数，点名兵士，散发给予，"务期力除积弊，永绝贪风"。①

也就是在岳升龙上任这一年，九月初二，他接阅邸抄，看见邸抄上写道：岳升龙恭贺歼噶尔丹的奏疏，"奉旨：岳升龙随朕出师塞外，故于噶尔丹始末，知之甚详，武职未有如岳升龙明晰噶尔丹情形者。这本内事情，着议奏。该部知道，钦此"。②

岳镇邦、岳升龙是凭借军功，敢于冲杀，而由低级武官，分别逐步升至官阶正二品的总兵和从一品的提督，尤其是岳升龙，更是智能双全的将领。随从康熙帝三征噶尔丹的武将，多如牛毛，但是能被皇上亲书圣旨，赞其知悉"噶尔丹始末""甚详"，武将中"有如岳升龙明晰噶尔丹情形者"，则少之又少，这不是最有力地证明了岳升龙之智之才，确实过人吗？

生在这样的将领家庭的有志男儿，长期受其父、其祖勇于冲杀兼有智谋的身教言传影响，对其长大成人，对其从军以后的所作所为，自会产生重大的良好影响，至少应不辱先人吧。

史称岳钟琪，身材魁伟，匀称，目光炯炯，四射有神，勇武有力，"所用二铜锤，重百余斤"。③

康熙五十年，25岁的生员岳钟琪，捐纳同知，请改武职，遂授松潘镇中军游击，五十七年升四川永宁协副将。永宁协驻扎叙永府，有标兵左营、右营1000名，另辖叙马营、建武营、大坝营、赤水营、普安营、马边营、安阜营，这七个营有绿营官兵2710名，加上标兵，一

---

①②《康熙汇编》册1，第23、24页。

③范泰恒：《岳威信公钟琪家传》，载于《清代碑传全集》卷116。

共是3710兵，有游击、参将、都司、守备20余员。

按照《清圣祖实录》和《清史列传》中《岳钟琪传》的记述，在康熙五十八年、五十九年军队入藏驱准的过程中，岳钟琪并没有什么突出的军功，没有做什么事。也就是说，南路、北路军的作用之主从易位，与岳钟琪没有什么关系。

《清圣祖实录》载称：康熙五十七年四月，处理四川军务的满洲都统法喇奏称：打箭炉（今四川康定）之外，地名理塘，向属拉藏所辖，而理塘之外的巴塘，近闻大策零敦多布，暗通密信与理塘营官、喇嘛，诱伊归藏。臣等恐被其谣惑，是以行咨员外郎巴特麻等，速往宣布圣主威德，今已缉服。续据理塘之喇嘛格隆阿旺拉木喀云，准噶尔五百人已至察木多地方，现今理塘有察罕丹津所遣之寨桑居住，与准噶尔暗自通谋。又据护军统领温普密信云，窥探堪布之心，尚在未定，理应准备。

法喇叙述这些情形后，也奏报了自己采取的措施。法喇说：已飞咨温普在打箭炉挑选满兵一百名，今前锋参领伍林帕等带领，再选绿旗马兵一百名，鸟枪兵三百名，令化林协副将赵弘基等率领，一同前往理塘弹压，相机擒剿。"又闻自理塘以外，直至西藏，敬信胡毕勒罕，有如神明。今胡毕勒罕生长理塘，其父见在西宁之宗喀巴庙，应传谕其父，令伊遣人转谕营官、喇嘛，及居民人等，使知驻兵理塘，乃圣主保护胡毕勒罕之本乡，不便贼人惊扰，并无他故，则理塘、巴塘，便为川省边隘。"

五月二十四日，议政大臣们对法喇的奏疏会议后，奏准，同意法喇的处置，派伍林帕等"看守理塘，侦探信息"，若准噶尔兵前来，即便酌量行事。[1]

过了一个月，六月二十一日，兵部议覆：四川巡抚年羹尧奏称，理塘地方，今因拉藏汗被害，无所统属，已飞咨护军统领温普等"速选满汉官兵，前赴理塘驻防。为使军机讯息迅速传递，应自打箭炉至理塘添设十站，每个驿站设马六匹。朝廷允奏"。[2]

从都统法喇、巡抚年羹尧所奏，以及议政大臣、兵部的议覆，本来可以说明，理塘已归属清朝，清已派兵到理塘弹压、擒剿，并留兵驻防，还安设了驿站，已经平安无事了。但从八个月以后，还是这位都统

---

① 《清圣祖实录》卷279，第7、8页。

② 《清圣祖实录》卷279，第15页。

法喇的奏疏看，理塘并未隶属于清。

《清圣祖实录》卷283，第18页载：五十八年二月，都统法喇奏："理塘地方，与打箭炉其近，若遣官招抚，自当归顺。巴塘民心，亦与理塘相似。遣官一员，先至理塘宣示威德，彼若倾心向化，即令开造地方户口清册，继至巴塘，亦照此行。若有观望不前者，于青草发时，以兵临之，必不敢相抗。"应挑选成都满兵五百名，令协领等带领，绿旗提标兵一千名，化林、永宁兵五百名，令永宁副将等带领，"一同深入，虽巴塘以外，亦可传檄而定"。若察木多地方，亦来归顺，则离藏甚近，"其会兵取藏之处，一面知会西宁、云南领兵大臣，仍一面星夜请旨"。议政大臣于二月二十八日议准：允其所奏，并令法喇从打箭炉领兵前进，"攻取理塘、巴塘，即驻扎巴塘"。派护军统领噶尔弼，迅速赶往四川，与巡抚一同办理军务。①

虽然《实录》没有写明派岳钟琪去，但此时的永宁副将正是岳钟琪，可能因其官职不高，修《实录》的翰林们没有把他的名字写出来。过了一些日子，《清圣祖实录》卷284，第19页载称：（五十八年六月十五日）"议政大臣等议覆都统法喇等疏言：臣等遵旨，将绿旗兵令副将岳钟琪带领先行，臣亲领满洲兵至打箭炉。据副将岳钟琪等称：一到理塘，即将达哇拉木渣木巴、第巴色布腾阿住等，传齐安抚，伊等出言抗拒，不给人口数目，因擒拿达哇拉木渣木巴、第巴色布腾阿住并跟随之人。臣等随讯问伊等领兵前来，窃视我兵形势情由，俱各承认，理应奏请正法，但伊所调之蛮人众多，迟则恐生事端，故将达哇拉木渣木巴等七人俱已正法。随安慰理塘所属地方，并宣谕巴尔喀木等处。又令副将岳钟琪领绿旗兵一千名，进取巴塘"。此后，直到五十九年十月，记述定西将军噶尔弼奏称，于八月二十三日进入拉萨，没有一个字提到岳钟琪。

清政府翰林院下属国史馆撰修的《岳钟琪传》，对入藏驱准过程中岳钟琪的事迹，比《清圣祖实录》的记述略多一些。《清史列传》卷17，《岳钟琪传》载："五十八年，准噶尔扰西藏，都统法喇督兵出打箭炉，招抚理塘、巴塘番众，以通藏路。钟琪奉檄前驱至理塘，达哇拉木渣木巴、第巴色布腾阿住不受抚，诛之。巴塘喀木布第巴惧，献户

---

① 《清圣祖实录》卷283，第18页。

籍，乍丫、察木多、察哇番人均乞降。五十九年，随定西将军噶尔弼，由拉里进藏，准噶尔败遁。"《岳钟琪传》讲了岳钟琪斩理塘番酋，抚定理塘到察木多的功绩，比《清圣祖实录》客观一些，公正一些，但也仅此而已，并未说其在入藏下拉萨的过程中，还有什么贡献，还立下什么大的军功，更说不上在南北二路军的主从易位中起什么决定性作用了。事实真是这样的吗？不是，绝对不是。不要说下面将叙述的那些事实，可以足够有力地证明《清圣祖实录》《岳钟琪传》是故意抹杀岳钟琪的功劳，就连《岳钟琪传》的作者自己后来的两句话，也可以戳穿他们自己编造的谎言。《岳钟琪传》接着写道："六十年二月，师还，议叙，功加十等，授左都督。五月，擢四川提督。"据此，在所有参加入藏驱准的战争中，副将以上的几十位将领，甚至包括南路军统帅噶尔弼，都没有因为立下特大军功而能"功加十等"，授左都督，更没有一个副将，能从仅只辖领三五千兵丁、驻守几个县或十来个县的军官，一下子就连升两个大级，成为辖兵三四万的一省之提督。如果岳钟琪没有立下超过所有副将、副都统、总兵、都统的特大军功，他能这样被破格高升吗？还是大家所说的那句话，"事实胜于雄辩"，真相就是真相，哪怕写传的翰林才华横溢、妙笔生花，最后也是掩盖不了历史真相的。

并且，我们还需对都统法喇的安排，加以分析。议政大臣的议准，是同意法喇所奏，"遣官一员"，先至理塘招抚。在招抚官员之后，法喇领满兵500名、绿旗兵1500名，前去"攻取理塘、巴塘"，成功后，法喇在巴塘驻扎。但是，法喇却对议政大臣的议准，做了不同的安排，他不是带领满汉官兵2000名，"一同深入"，"攻取理塘、巴塘"，而是命令永宁副将领兵600名前往，另外的满兵500名、绿旗兵900名，则跟他一起驻扎打箭炉，原地不动。西藏有藏兵6.6万名，理塘是重要的地方，藏兵起码有好几千名。并且，大半年前法喇就向朝廷奏报，大策零敦多布已遣人与理塘辖领藏兵的营官以及喇嘛"暗通密信"，邀约他们归顺，准噶尔兵500名已至察木多。永宁副将仅带600名绿旗兵前去，敌众我寡，岂不是羊入虎口、登门送死吗？法喇的安排，太草率、太轻敌，也太偏心了，自己和满将满兵原地不动，在打箭炉坐享清福，听凭那位永宁副将及其率领的600名绿旗兵自生自灭，其心可诛。

　　然而，人算不如天算。法喇是机关算尽，认为有汉官效劳，自己既可以不受进入藏区天寒地冻、瘴疠袭人的劳累之苦和疾病之痛，又可避免刀枪无眼、战阵厮杀不死则伤之灾，还可安坐大帐，围炉饮酒，品茶享乐，永宁副将万一建下功劳，也有我这位统兵大帅之功，真是稳赚不赔，巧逾诸葛了。

　　可是，令法喇万万没有想到的是，他这个损人误国的安排，却让自己失去了建树殊勋、晋官封侯的大好机会，并让一个名不见经传的年仅34岁的区区副将，获得了大显身手、展现雄威的舞台，造就了一位智勇双全的杰出将帅。这就是刚由游击升为永宁协副将的岳钟琪。

　　都统法喇令岳钟琪前往招抚理塘。这个差使，本来是个苦差，是个险差。从打箭炉到理塘有670里，路不算远，但不好走。一出打箭炉，向西走，就要翻越海拔4298米的高山折多山。折多山是传统的藏汉分界线，山以东，汉族为主，山以西，是藏族地区。沿途山高岭峻，夏季多雨，常常发生泥石流，冲垮道路，淹埋人畜，冬季多雪，难以行走。理塘地势很高，全县平均海拔高达4133米，最高地段更高达6200米，大多数地区分布在3600米至4600米之间，理塘县城所在地是4014米。海拔高，多雨多雪，汉族兵民行走理塘，身体很难适应，极易生病和出事故，所以说，这是一个苦差。

　　它还是一个险差。清兵要遭遇几倍于己的藏兵对峙，人生路不熟，山高路险，行走艰难，怎能和登高山如履平地的藏兵交战，胜负似早就预见了。到那时，伤亡惨重，甚至可能全军覆没。因此，这个差事，是个险差。

　　它还是一个很少有建立大功，得到超级升官机会的平凡差事。按照都统法喇的奏报和议政大臣的议准，只是派一位官员到理塘招抚，都统法喇才是统兵2000名，"攻取理塘、巴塘"的统帅。理塘不过是人少、贫穷的藏番之地，即使招抚成功，也算不上什么军功，更谈不上大功，招抚官员当然也就不可能连提三级、四级、五级，一下就平步青云，当上督抚提镇之类的高级军政官员了。

　　但是，这些想法，这些分析，只是平庸官将之议，而对于岳钟琪这位将门虎子、智勇双全的杰出将官，他的见解和行为，可就大大地出乎人们的意料了。

岳钟琪除面临山高、峰峻、路险、瘴疠严重等地理、气候、水土不服等困难和敌众我寡的不利条件外，还碰到两个极其棘手的大难题。一是多年以来就存在的绿营积弊。早在顺治十六年，户部侍郎林起龙就奏上《更定绿旗兵制疏》，痛斥绿营兵丁无实（虚兵空粮）、马匹无实、器械无实、训练无实四大弊端，致军力极弱，一遇征战，即调满兵，60万绿营士卒，"实不足当数万之用"，奏请裁汰40万，只留20万，分给饷银。顺治皇帝称赞其奏"深切时弊"。

康熙皇帝也多次下谕，斥责绿营官贪婪刻薄，克扣兵饷，多吃"空粮"。康熙二十七年十月二十八日御门听政时，康熙谕告大学士等官："朕闻绿旗兵饷，兵丁照数得者甚少，皆由不肖武弁扣克，夤缘馈送兵部"，"官兵所恃者粮饷，若果全得，兵丁自然精健。今在外武官，将饷银侵欺入己，又馈送兵部，是以兵丁无以聊生，以致鼓噪"。[①]又过了22年，康熙四十九年，南阳总兵杨铸陛见时，帝谕："天下提督、总兵，吃空粮很多。"[②]五十五年九月二十四日，康熙又谕："各省提督、总兵官以下，千、把总以上，皆有空粮。"

"空粮"多，就是实际的兵士减少。结果是兵士饥饿、体弱多病，战马饿成皮包骨，"马皆骨立"，这样的兵，顶什么用？绿营军队的战斗力，还有多少？

岳钟琪面临的第二个大难题是，士气不振，兵士厌战、怯战，心存怨恨，不好管理，甚至发生鼓噪兵变。康熙年间，多次发生由于将弁克扣兵饷、苛待士卒，而引起兵变。湖广总督督标马兵夏包子领导的兵变，就是一个典型例子。

此次岳钟琪带领的兵士是600名。当时在打箭炉驻扎的绿营官兵一共是1500名，其中，提标兵1000名，化林协和永宁协的兵是500名。虽然岳钟琪所领的兵，不知是上述1500名兵中的哪些兵，但一般来说，一省之中，提标兵比各营兵，比各镇的镇标兵，各协的协标兵，总应该精壮一些，因此，岳钟琪的600名士兵，应以提标兵为主。但是四川提督的标兵，刚在一年半以前出过"鼓噪"之事。那时，提督是康泰，因克扣兵饷，引起士兵的愤恨。康熙五十六年，康泰调派提标兵1200名，以及四镇三协的一些兵士，前往松潘驻扎，到八月，应该撤回原地。按照

①《康熙起居注》第1809页。

②《康熙汇编》册4，第144页。

出兵、驻防惯例，兵士出兵前可以预领几个月粮饷，还可以预借银钱。出兵完毕，或驻防完毕，朝廷常常施恩，免去预领饷银和预借的银钱，或半免，或延期扣还。这次各镇的总兵、各协副将，可能是照例预借了银钱给兵士，所以，八月初二，他们都已离开松潘回到各自的营地，但提标的1200名兵士仍未撤回。八月初九晚上二更，提标兵1200名"鼓噪，鸣炮放枪，箭上弦，刀出鞘"，砍开提督子营布墙，打伤中营汪守备家丁两名，然后上山躲避。松潘总兵路振扬闻报，赶快前往安抚，走到虹桥关时，提标兵蜂拥而来，向路总兵"呼号"，声言"我们出兵，预借马兵六两，步兵三两饷银，每兵只实得银二钱，这几个月磨水吃也不够，饥饿难忍，只是散了"，不想回营。路总兵再三劝解，众兵不听，坚决要逃散，不回营。路总兵赶忙筹借银米，提督康泰亦遣人送来银钱，最后决定发给兵士盘缠，马兵一人三两，步兵二两，供给饭菜，又给米50石分给各兵，还宰牛羊100只，犒赏众兵。直到十三日，才把这1200名兵士带回成都。①事情平息之后，康熙将提督康泰革职，发往军前，后战死于哈喇乌苏。

岳钟琪仅仅带领600名被皇上蔑视为疲弱不驯、畏难易乱的绿营兵士，而且还有一年半前刚刚发生过"鼓噪"的提标兵士，怎样管辖，怎样带领他们踏上山高、岭峻、路险、瘴疠的藏区的征程，怎样面对数倍于己的藏兵和骁悍的准兵，去完成招抚理塘、巴塘的任务？难，难，难，太难了。但是，人们万万没有想到，那个偏心的、不顾绿营官兵死活的满洲都统法喇也万万没有想到，奇迹出现了，岳钟琪不仅完成了招抚理塘的任务，而且还招抚了巴塘、乍丫、察木多等地，深入藏区2450里，拓地14万平方公里，相当于四川全省的四分之一。

康熙五十八年五月，岳钟琪带领亲自操练三个月的600名四川绿旗官兵，从打箭炉出发，前往670里外的理塘。

理塘，是藏语汉译，藏语中的"理"，意为"铜"；"塘"，意为"坝子"，即广阔的坝子如同铜镜，是藏族土司地方，辖区很广，面积多达14000余平方公里。有藏兵数千，第巴色布腾阿住及营官、喇嘛、土司、土舍达哇拉木渣木巴等七人，一向与准噶尔人勾结，反对清军入藏。

岳钟琪领兵来到理塘，第巴色布腾阿住、达哇拉木渣木巴等，率领

①《清圣祖实录》卷274，第6、15、19页；《康熙汇编》册7，第1136页。

藏兵数千来见。岳钟琪宣扬朝廷驱准安藏旨意，进行招抚。达哇拉木渣木巴等七人"出言抗拒，不给人口数目"。岳钟琪设下巧计，一举擒获达哇拉木渣木巴等七人，"杀散助逆番兵三千余众"，并当场斩杀首恶达哇拉木渣木巴等七人，一下子就大树军威。岳钟琪趁势"安慰理塘所属地方"，外"部落皆纳款请降"，收服了理塘全境。①

岳钟琪随即领兵向470里外的巴塘前进，并禀报驻扎在打箭炉的满洲都统法喇。法喇向朝廷奏述岳钟琪收复理塘的情形，并说，已令岳钟琪去取巴塘。康熙五十八年六月十六日，议政大臣对法喇的奏疏会议后，奏准令法喇在理塘招抚后，即前往巴塘驻扎，并令护军统领噶尔弼、四川总督年羹尧将现在打箭炉的满洲兵、绿旗兵，派遣一部分士兵，前往法喇处，将成都的满洲派一部分前往打箭炉驻扎，又令云南都统武格、松潘副都统宁古礼，分别酌量领兵援应。②

岳钟琪禀帖从理塘送到打箭炉都统法喇驻地是670里，需要4天，法喇奏折送到北京，路程是5670里，需要29天，一共是33天，议政大臣议准的公文回送到法喇手中，又需要29天，来去共需62天。就在这运转公文的六十多天里，令法喇，令议政大臣们，也令康熙皇帝想象不到的第二个奇迹出现了，这位仅领兵600名、只被赋予招抚理塘任务的永宁协副将岳钟琪，竟在公文运送期间，相继收服了巴塘、竹巴笼、古树、江卜、阿足、洛加宗、乍丫、巴贡、察木多、嚓哇等广阔地区，又深入藏区1780里，加上理塘，共拓地14万余平方公里。

原来，岳钟琪虽然只被法喇命令去招抚理塘，但皇上调兵遣将，运送粮饷，遣派大军入藏驱准的旨意和安排，全军将领均已知晓，岳钟琪深深地领会到皇上旨意，所以见机行事。收服理塘后，一面禀报法喇，一面不待法喇新的命令，即趁热打铁，领兵"进取巴塘、乍丫、察木多等处，所至群蛮震慑，因招抚之"。③

岳钟琪只领川兵600名，就收服了从理塘到察木多的辽阔地区，对清政府的入藏驱准，做出了很大的贡献，提供了非常有利的条件。第一，拓地14万平方公里，使大策零敦多布侵占的西藏减少了十分之一以上的辖地。理塘有一万四千余平方公里，巴塘有八千余平方公里。察木

---

① 《清圣祖实录》卷284，第19页；范泰恒：《岳威信公钟琪家传》；岳炳：《岳襄勒公行略》。
② 《清圣祖实录》卷284，第19、20页。
③ 《清圣祖实录》卷284，第19、20、22页；卷285，第12、14页；卷286，第8页。

多是今天的昌都市昌都地区，下辖昌都县、察雅（乍丫）、江达、类乌齐、八宿等11个县，总面积为11万平方公里。

第二，将清政府的前沿阵地，推进了2450里。原来清政府的边区是打箭炉，现在从理塘、巴塘到察木多都隶属清朝，察木多就成了清军入藏征准的前沿阵地。此前，打箭炉到拉萨是5600里，现在，清军可以从理塘、巴塘直达察木多驻扎，以察木多为前沿，大军从察木多出发前征拉萨，而察木多到拉萨只有2750里，足足给清军减少了2450里的路程，其军事上的作用是何等的大！

第三，保证了粮草、弹药、箭矢的供应。一年以前，西安将军额伦特四千余人之所以在哈喇乌苏全军覆没，其中十分重要的原因就是离后方西宁太远，3000多里，粮草等供应不上。没有岳钟琪收服理塘至察木多，入藏清军就得从2450里以外的打箭炉运送粮食器械，而打箭炉地瘠民贫，产粮不多，本地兵民尚且供不应求，要从920里以外的成都调运粮米。兼之道路崎岖，山高岭峻，运输困难，一石米的运费需四五石米，再从打箭炉运到2450里外的察木多，路更远，运输更难，脚价银更要多好几倍，且时间太长，极易耽误军粮的供应。现在好了，理塘至察木多有14万平方公里，虽然非常贫穷，但地方广阔，相当于四川的四分之一，比号称天堂所在地的江苏省、浙江省（皆只有10万平方公里）还大3万多平方公里，并且，其中的一些宗（即后来的县），物产资源还是比较丰富的。像巴塘，是藏语音译，意为"绵羊声坝"。巴塘盛产羊，牧场宽广，在绿野中的一片草地，牧放牛羊，到处都可以听到一片"咩咩"的叫声，藏语"咩"，即为"巴"音，因而人们就以声音定地区，取名"巴塘"。尤其是察木多，即今天的昌都市昌都地区，包含今天的察雅（乍丫）、江达、类乌齐、八宿、昌都等11个县，面积辽阔，多达11万平方公里，占西藏总面积的8.9%，其中，牧草地占51%以上，耕地有几十万亩。昌都地区有复杂的地貌结构和不同的地形、气候类型及植物生长层次，既有一望无边、水草肥美的辽阔牧场，又有麦浪起伏的千顷良地，还有眺望无际的翠峰林海。特别是昌都县，地处横断山脉和金沙江、澜沧江、怒江三江流域，东与四川相望，东南面与云南接壤，西南与西藏林芝地区毗邻，西北与西藏那曲地区相连，北与青海交界，素有"藏东明珠""藏东门户"之美称，是四川入藏必经之地，也是最为适中之地，处在商贸往来的枢纽地位。清军既可以事先从成都运来大量粮米，屯聚于此，又可在本地区采购到相当数量的米、麦、青稞和大量牛、羊、马、骡，牛羊可食用，马匹虽然矮小，不宜选为战马，但可以驮载货物。藏人也可以充当夫役，从而保证了粮草的供应。

第四，昌都的藏传佛教兴盛，有很多著名的大寺庙，出了很多高僧。像强巴林寺，是藏传佛教的格鲁派在拉萨建立三大寺后，在康区发展的第一座格鲁派的寺院。宗喀巴大师16岁在赴藏学经途中，在昌都住过一夜，预言此地风水绝佳，适于建寺弘法。后来他的大弟子贾曹杰就委派向生西绕桑布于1437年在昌都建了强巴林寺，并担任堪布（住持，方丈）。强巴林寺出了帕巴拉、西瓦拉、甲纳朱古、嘉热朱古和贡多朱古五大活佛系统，其中六世帕巴拉于康熙五十八年（1719年）被康熙帝封为"阐讲黄教额尔德尼诺门汗"，赐予印信，成为康区四大呼图克图之一。更要着重指出的是，理塘是即将被康熙帝送往拉萨坐床安禅的六世达赖格桑嘉措出生的地方。清政府收复了理塘、察木多，既可以了解到更多的西藏情形，也可以通过这里的活佛、堪布、第巴，对藏西、藏南、藏北施加影响，有利于入藏驱准。

正因为察木多如此重要，故清政府陆续增兵前往驻扎，一共有4000名绿旗兵，由岳钟琪统领。①

（四）四千绿营兵 平定拉里

康熙五十九年（1720年）四月，永宁协副将岳钟琪率领4000名川省绿营官兵，作为南路大军先行部队，从察木多（昌都）出发，开始了正式进军拉萨，驱逐侵占西藏的准噶尔兵的战争。

这时，进军的形势非常好，局面非常有利。这一大好局面的出现，与康熙皇帝玄烨的英明决策和采取的三大原则性的正确措施，有着密不可分的关系。哈喇乌苏全军覆没之后，在满汉大臣全部反对再次用兵的关键时刻，康熙力排众议，为了保障四川、云南、青海、西北的安全，保护广大蒙、藏、汉人，他果断决策，必须入藏驱逐准噶尔兵。

经过深思熟虑，征询议政大臣、军前大臣的意见，详细了解了准部情形、藏区情形，康熙做出了三大英明决断。第一，选好将帅，大军征

---

① 范泰恒：《岳威信公钟琪家传》；岳炳：《岳襄勒公行略》。

准。兵分两路，北路清军12000名，青海蒙古王公兵士10000名，南路10000名，同时巴尔库尔、阿尔泰两大军营分别派遣1万余名进攻准噶尔汗国的吐鲁番和乌鲁木齐，牵制住准汗策妄阿拉布坦，使其无力也不敢派军增援西藏大策零敦多布，在兵士数量上显示了四倍于侵藏准军的压倒优势。同时，选兵不如选将。康熙委授皇十四子允禵为抚远大将军王，既含有亲生皇子代年老父皇亲征准军的意味，又显示了皇上必逐准军的决心，也表明了天朝大皇帝对此战有必胜、能胜的信心。而大将军王允禵也确有军事才干，起了很大作用。康熙任命的北路统帅都统延信为平逆将军，南路统帅护军统领噶尔弼为定西将军，也是用对了人，起到了统军征战、招抚、逐准安藏的作用。

第二，高举卫教、护法、救藏大旗，册封新胡毕勒罕（六世达赖仓央嘉措的转世灵童）格桑嘉措为六世达赖（实为七世达赖），派遣大军护送其进藏坐床安禅。大策零敦多布之所以能以远行6000里的疲惫兵士，打败拥有6万多藏兵和数千和硕特部蒙古兵，顺利侵占西藏，主要是充分地利用了拉藏汗的暴政失去了人心这一因素。尤其是他不经三大寺和大多数黄教寺庙大喇嘛们同意，就擅自废除了僧民拥护的六世达赖仓央嘉措，且将其押送北京，途中死于青海，又杀死拉藏汗、第巴桑结嘉措。他自己拥立的新达赖耶喜嘉措，又得不到三大寺、众寺庙和青海蒙古王公、喇嘛的承认，他们一致指责这位新达赖不是六世达赖的转世灵童。三大寺和青海王公、喇嘛认为生于理塘的格桑嘉措才是真正的转世灵童胡毕勒罕，奏请清朝大皇帝认可。大策零敦多布就大肆宣称，领兵进藏是为了护卫法度，护卫佛教，拯救藏人，革除拉藏汗暴政，从而欺骗了藏区僧民，顺利侵占了西藏。但是，侵占藏区后，大策零敦多布及属下准噶尔官将士兵，征收重赋，大派差役，掠抢财物，奸淫妇女，焚烧寺庙，斩杀喇嘛，毁坏佛宝法器经卷，草菅人命，横行霸道，无恶不作，还轻慢达赖、班禅，搞得藏区僧、俗、官、民怨声载道，天怒人怨。五世班禅罗桑耶歇向康熙帝奏称："近几年因准噶尔兵来之后，毁坏寺庙，杀戮大喇嘛等，解散众僧，践踏法度。"①

喇嘛达木巴噶隆、扎尔固齐佛保奏称：大策零敦多布到拉萨后，"杀戮大喇嘛三十余人，解退喇嘛三千人，驱散喇嘛数千人，毁坏红教寺庙五

①《康熙全译》第1525页。

百二十座，黄教之纳木扎、德耶玲、什达、扎克布里等四扎仓（扎仓，系藏语"学院"）之诸喇嘛，俱皆驱散。摘取罗奇舒瓦里佛之珍珠、东珠五条。将达赖喇嘛世代所集之仓库物品皆取之，商上牧群亦尽取无遗。班禅商上牲口亦取之。杀害班禅弟子多尔赞泽木巴顾吉里木布奇，尽掠其财物。捉拿班禅近身通事格尔干钟内，尽掠其家业财帛。将在招地之富殷喇嘛、平民、商人及附近之巴勒布等人之财物俱皆掠取。达赖喇嘛之商上已空空如也，俾土伯特人困迫已极，妻离子散，横遭劫掠，诚属事实。故土伯特部喇嘛怨声载道，皆言：准噶尔所称为法度者纯系谎言，其乃真正法度之顽敌，我等何时脱身，唯拯救我等者，非文殊师利博克达皇帝莫属。"[①]

青海古木布木庙喇嘛罗卜藏囧鼐于康熙五十二年前往拉萨，住了六年后回来，向清军将官禀报说，当初到达拉萨时"布雷绷庙驻有喇嘛六千余，现唯有二千余。色喇庙有喇嘛三千余，现唯有一千余。噶尔丹庙驻喇嘛先前不晓多少，现有喇嘛九百余"。[②]

康熙皇帝严厉谴责准噶尔汗祸害佛教、法度、喇嘛的罪行说："达赖喇嘛、博克达班禅，自朕祖辈起历经数代百余年即为施主祀神。作为我众佛法施主祭祀之所。众人所献布施杂物，俱贮于达赖喇嘛库内，以养赡各寺庙上万喇嘛，尔却将库物悉数掳去，成为践踏法纪、背弃誓言之大罪人，是我佛法各施主（阿里）、喀木、卫、藏、唐古特之公敌也。"[③]康熙以自理塘以外，直至西藏，敬信胡毕勒罕格桑嘉措"有如神明"，册封格桑嘉措为六世达赖，遣派大军护送入藏，坐床安禅，护卫佛法，护佛教，救助藏人。

第三，选准用兵时机。康熙五十七年九月，总督、将军额伦特战死哈喇乌苏之后，康熙帝力排众议，果断决策征准，一些大臣急于报仇雪恨，想要立即出兵，但被他拒绝，认为时机未到。第二年十二月十八日，他谕告议政大臣、军前召至大臣、九卿等，明确宣布，将新胡毕勒罕送往西藏，"安设禅床，广施法教，令土伯特之众，诚心归向，则大策零敦多布自畏势逃遁"。[④]这就是说，康熙决定，在藏区民不聊生、极其痛恨准军之时，就是进军西藏的最佳时机。现在这个时机已经到了。

①③《康熙全译》第1525页。

②《康熙全译》第1420页。

④《清圣祖实录》卷286，第19页。

除了上面所说的准军毁坏寺庙、不敬达赖班禅、欺凌喇嘛等罪行之外，藏人也遭到了准军的野蛮压迫、残酷剥削。因"商上之财物俱用尽，无供给准噶尔兵之廪饩"，派遣藏兵300名、准噶尔兵18名、商上之蒙古人10人，向"卫地之居民，三次敛取官赋，商上属众，一户收银一两，五十户收一骡"。①

青海有喀尔喀血统的汉人策零敦朱克，被准兵掳入招地，康熙五十八年六月逃出，向清军将官禀称："因准噶尔人向唐古特人征税繁重，且见姣好女子，光天化日，即携拉去，骚扰甚重，唐古特人恨死之。"②

噶尔丹的堂侄喇嘛纳木坚赞，21岁时当喇嘛，在拉萨布雷绷庙住了8年，后住青海，康熙五十六年随准军来到西藏，住在拉萨之南有四天路程的鄂喀。五十八年二月，由贡布（公布）逃出，告诉清军将官说："准噶尔人占领招地，自唐古特人摊派财货、牲畜、廪饩等项繁重，且至各处割草喂马……顷又自唐古特人摊派马、牛、羊，散给军士，并无法纪，抢占唐古特妇女。因诸般苛酷，众唐古特人心生怨恨，互相议论，准噶尔人称为黄教而来，且驱散喇嘛，毁坏寺庙，敲骨吸髓，苦难何时完结？唯圣主大皇帝之天兵何时前来，拯救我等安生。"③

土尔扈特人萨木坦，随大策零敦多布来到西藏，因"甚劳苦"，且又被军官"疑防"，故于康熙五十八年八月从达木逃出，在噶斯遇见清军。萨木坦说："唯因下属唐古特人征官赋甚重，众唐古特无不怒愤。"④

藏人不只是"心生怨愤"，"恨死"准噶尔人，还有实际行动。在天朝文殊师利博克达皇帝宣布派遣大军进藏征准、护送新达赖入藏坐床安禅的强大政治、军事攻势的影响下，藏区一些军政要员，纷纷起兵响应。噶伦兼阿里总管的康济鼐及头人颇罗鼐领兵反准。阿里是西藏的西部，地区辽阔，多达三十余万平方公里，相当于全藏的三分之一。西藏东部重要地区贡布，是噶伦兼代本阿尔布巴的属地和故乡。阿尔布巴伪称病故，于康熙五十九年五月逃出拉萨，携带随员七十余人，秘密前往

① 《康熙全译》第1409页。

② 《康熙全译》第1421页。

③ 《康熙全译》第1434页。

④ 《康熙全译》第1414页。

穆鲁乌斯苏北路大军军营，向平逆将军延信投诚。

再看准噶尔侵占军的情形。大策零敦多布带领侵藏的兵士有6000人，此后，策妄阿拉布坦没有派遣大量兵士前来换防或增援。他也不可能派，因为清政府在西路巴尔库尔和北路阿尔泰两大军营驻有四万大军，随时准备出兵袭击准噶尔汗国辖地乌鲁木齐和吐鲁番，甚至有直捣伊犁准部都城的可能。

驻藏的6000名兵士，抢光了达赖、班禅仓库的粮食，藏区地瘠民贫，刮不出多少财物米谷，供应困难。萨木坦说："除准噶尔为首之人外，兵丁均穷苦，每人二十天，给面二碟，七个银钱。一个银钱重一钱五分，共才一两五分银，竟不足购买一应物件，以至生计甚难。"[①]

准兵又不适应藏区的气候，水土不服，伤病死亡多，有的说只剩下三千多人，有的说四千多人。策零敦朱克说："今招地之准噶尔兵有四千，因不服水土，头部下颏肿胀而亡者甚多。"[②]拉藏汗所属的喇嘛敦多布加木措从拉萨逃出后说："今准噶尔兵有三千五百余名，兵丁内有病，生恶疮，受伤未愈者甚众。"[③]

在供应困难、穷苦病多、遭到藏人厌恶、仇恨的形势下，曾经剽悍好战以勇为荣的准噶尔兵士，现在变得士气低落，害怕清军来攻，急想早日回归故里，逃回家乡。萨木坦从招地逃出，"投奔圣主大皇帝"后，说：因供应差，穷苦，准军士兵们，"众心唯企盼，大皇帝多来兵力，即败出，或唤策妄阿拉布坦来，方得退却。今春突然惊云：大皇帝之子大将军王率三十万大军，分数路而来。倘欲逃出，马畜瘦弱，欲以抵御，力量不足，今将死矣，各自惊慌逃窜。后因无消息，方稍安定"。[④]青海蒙古头等台吉阿拉布坦之父纳木喀坚赞于康熙五十八年春从西藏出来，说："大策零敦多布等驻于招地。准噶尔兵亦少，因水土不服，病、亡者甚多。又准噶尔民众相互议论：阿穆呼朗汗之子大将军率大军同青海军同来征我等，我等如何能抵敌，我等返回而已。若来唤我等兵，毋庸议，返回；若不来唤我等兵，亦要返归。"[⑤]（按，此言系说，清军来攻，即败回伊犁。策妄来召，亦回，不来召，也回去）这样

①④《康熙全译》第1414页。

②《康熙全译》第1421页。

③《康熙全译》第1429页。

⑤《康熙全译》第1410页。

的准噶尔军队，怎能打仗，怎能抵抗清军？

总的来说，在康熙五十九年夏季，雪域本来会有一次大规模的战争。清军入藏的南、北两路，有清军22000名，青海和硕特部蒙古兵10000名，还有做策应的巴尔库尔、阿尔泰两大军营的2万余名兵士，共5万余名。大策零敦多布方面，有准兵6000名，还有占据了藏地的藏兵6万余人。双方可能参加战斗的兵士，多达12万。应该说是一场大战了。然而，由于康熙皇帝玄烨决策英明，调度有方，认清了、认准了战情和藏区情形，采取了大军进剿，高举护法、卫教、救藏大旗，严厉地谴责准军罪行，藏区广大僧、俗、官民痛恨准军暴政，同仇敌忾，拥护清军，准军士气低落，从而基本上采用、实行了"不战而屈人之兵"的最高、最好的兵法，仅仅只是几次小小的冲突，没有多大伤亡，特别是南路大军，更是兵不血刃，传檄而定，就结束了战争。这在中国古代多达几百次的大战里，是唯一的、绝佳的英明指挥。

这样的形势，在清军将帅中，只有岳钟琪一人基本上认识到了。所以，他敢于以招抚为主，间用猛攻，智取为上，仅领兵600名，就敢深入藏区2450里，收服了理塘至察木多，拓地13万余平方公里。接下来，他又敢于仅仅率领4000名绿旗官兵，就从察木多出发，向1750里拉的拉里前进。

康熙皇帝于五十九年正月三十，谕命抚远大将军允禵移驻穆鲁乌斯河（通天河），管理进藏军务粮饷。授都统延信为平逆将军，率北路大军，护送新胡毕勒罕格桑嘉措，入藏坐床安禅，以公策旺诺尔布、副都统阿林宝、额驸阿宝、随印侍读学士常授、提督马见伯、总兵李林参赞军务。二月十六日，授护军统领噶尔弼为定西将军，率领南路大军（四川、云南兵）入藏，随往将领有管理云南满兵一千的都统武格和云南绿旗兵两千的总兵赵坤、马会伯，还有川兵七千。①两路大军于四月出发。

噶尔弼此时仍在从西宁前往四川的途中。噶尔弼令永宁协副将岳钟琪做前锋，统领驻扎在理塘、察木多的四川绿旗兵，伺机入藏。

康熙五十九年四月，哨兵擒获从610里远的准军辖属洛隆宗逃出的蒙古拉藏汗。拉藏汗报告，落龙宗（洛隆宗）现有大策零敦多布遣来的寨桑托托里，正"行调各处番兵，欲守饶耶三巴桥"，欲调拉萨2000名准噶

---

① 《清圣祖实录》卷286，第23页；卷287，第8、19页。

尔兵来守，以阻止清军进攻。

洛隆宗是今天西藏的洛隆县，饶耶三巴桥，又叫三巴桥，现在叫嘉玉桥。

三巴桥是架在怒江之上的一座大桥，东距察木多500里，西距洛隆宗120里。洛隆宗到拉萨是2190里。

怒江发源于青海唐古拉山麓，因其江水又深又黑，我国最早的地理著作《禹贡》，称怒江为黑水河。怒江是中国西南地区的大河之一，流经洛隆宗。洛隆宗东距察木多610里，是去往拉萨的必经之地。如果三巴桥被准军把守，就断了去拉萨的路。而怒江水深险恶，三巴桥两边陡峭壁立，被称为"入藏第一险"。如若准军断桥守隘，则势难飞越。

情况紧急，必须赶在托托里从拉萨调来准军之前，擒斩托托里，夺过三巴桥，派军牢牢把守，保证进藏大军畅通无阻。

岳钟琪认为托托里远调2000里以外的拉萨准兵，最快也需要一个月才能到达，现在采取行动，"乘（其）未集，捣其心腹，散其党羽，可以先发制（人）"。遂"遣素通番语之马兵高雄、冶大雄三十人，易番服，持檄往。昼夜驰九日，抵落龙宗"，出檄，给予第巴三图鼐，"令协击"。三图鼐遵令，"夜于其处，生擒托托里、金嘏五人，杀六人"。众人皆"莫测我兵何以至"，"诸番闻之，惊以为神兵自天而降，相与匍伏降"。岳钟琪"趁机招抚朔般多、打龙宗、龙布结、树边果结、三打、奔公诸处数万户，直抵拉里，无或梗道者"。[①]

在此之前，有个名叫"黑喇嘛"的汉人，勇猛凶悍，称雄诸部，帮助准军抗清，祸害地方。钟琪设下巧计，将其擒拿。

拉里，现为嘉黎县。拉里地处那曲地区东南部，东连昌都（察木多）地区边坝县和林芝地区波密县，南临当雄县（达木）、林周县、墨竹工卡县，面积一万三千余平方公里，以牧业为主，主要饲养牦牛、绵羊、山羊、马、骡，粮食有青稞、小麦、马铃薯等。

拉里地处交通要道，离拉萨只有1040里。至此，岳钟琪只领四川绿旗兵4000名，就从打箭炉清朝边境，深入藏区4210里，收服了小半个西藏。

（五）违令进军 兵不血刃入拉萨

岳钟琪率领绿营官兵4000名，收服拉里后，南路大军主帅定西将军

---

① 范泰恒：《岳威信公钟琪家传》；袁枚：《威信公岳大将军传》。

噶尔弼领四川兵3000名、云南兵3000名来到拉里，全军会合。

大军休整了一段时间，准备乘胜前进，兵发拉萨。可是，突然接到抚远大将军王急令：因"青海蒙古兵不能如期集合，檄诸将各就所到处，屯兵待之，毋轻动"。[①]

抚远大将军王的急令，是有根据的。因为他所统率的北路大军，从康熙五十九年四月二十二日自西宁出发，走了一个多月，五月二十七日才到索洛木。此时，青海和硕特部一些蒙古王公不守信用，未按照以前与清军的约定，带兵前来。大将军王只好留下北路军统帅平逆将军延信，在索洛木等候。六月初一，大将军王领北路军清军出发，走了20天，六月二十日抵达穆鲁斯乌苏。一直等到七月初九，延信才带着部分蒙古王公及其属下兵士赶来。七月十四日，北路清军和青海部分蒙古王公兵士及辎重、口粮渡过穆鲁斯乌苏河（通天河），这时，还有一些蒙古王公未到。原先北路、南路大军曾约定七月底八月初在拉萨会师，现在看来，北路大军是赶不上了，原先定的两路大军分路齐进歼灭准军的计划，是没办法实现了。抚远大将军王怕南路军一军前进，孤军深入，会重蹈两年前将军、总督额伦特冒险前进，遭受准军诱敌深入，设伏全歼覆辄，故遣将持檄，飞速奔驰，急令"诸将各就所到处，屯兵待之，毋轻动"。

南路大军休整一些日子后，正欲进军，突接到停止前进急令，"定西将军暨诸统领，俱相持，不敢发"。[②]众将之所以不敢违令，不敢出发，不敢乘胜前进，应当说是有充分根据的，不是畏敌怯战，而是谨慎从事，稳妥处理。因为，一则军人以服从为天职；二则此令非一般上司所发，它乃是大将军王的命令，大将军王是皇子代父皇亲征的大帅，有先斩后奏之权，违其令，与违帝旨相等，谁敢违抗；三则两年前哈喇乌苏之全军覆没，记忆犹新，骁勇善战、屡败敌军的大策零敦多布，威震西北，准噶尔骑兵所向披靡，四十多天来的长驱深入藏区四千余里，未见大的反抗，焉知不是敌酋设的请君入瓮的计策，还是稳妥从事，遵令止军吧。四则还有一个特殊情况，这就是南路军的统帅定西将军噶尔弼，既非皇亲国戚，又非开国元勋之后袭封公爵侯爵，荣任（驻防）将军、都统、领侍卫内大臣等高贵机要重任的亲信大臣，先祖仅是普通的满洲旗人，父亲额尔德赫才当上王府长史，从征有功，顺治晚年升任署

①②范泰恒：《岳威信公钟琪家传》；袁枚：《威信公岳大将军传》。

扩军统领、署镇海将军。噶尔弼曾从参将多次升迁，任至镶红旗护军统领，但因故、因过革职。康熙五十七年决定派遣大军入藏驱准时，皇上才于十一月下谕，让噶尔弼复官，任护军统领，后委其为定西将军。这样一个有过之身，刚复官职的统帅，能违抗大将军王的军令吗？

但是，如果待在藏区腹地原地不动，既会坐失乘胜前进的良机，日子一久，粮米断绝，后方远在四千余里以外，一旦遭受几千准军、几万藏兵围攻，就很难逃脱战败被俘的危险。前进，有违军令，轻则革职问罪，重则斩杀籍没。等候，又恐坐以待毙。在南路大军处于进等两难、恐遭大祸的生死关头，岳钟琪秘密进见噶尔弼，说："我军自察木多，裹两月粮，今已四十余日，现粮只支半月。若俟大将军会齐并进，则军粮一尽，进退维谷矣。况贡布于西藏部落中，称强胜，及此兵威，先行招抚，即调各处番兵进剿，据其右臂，则胜算可先得。"

岳钟琪此番言论，讲了三个问题。一是必须前进，必须进攻拉萨，不能待在原地等待大将军王进军军令，否则坐吃山空，过了半个月、二十多天，就会粮尽，饥饿待毙。二是"及此兵威"，可以利用招抚贡布归顺。三是利用此"兵威"，可以调动各处藏兵跟随大军作战，断了准军右臂，即能稳操胜券。

此论确实有理，有根据，有说服力，特别是岳钟琪所讲的能进、能胜的主要根据是"及此兵威"，讲得太好、太中肯了。岳钟琪所说的"及此兵威"，固然是首先指南路一万大军之"兵威"，但并不仅限于此。因为，一则40天来，没有打过什么大仗，没有取得能"震惊群蛮"的惊天胜利。再则，一万士兵，比起策零敦多布的五六千准兵及其现在还可调动的三五万藏兵来说，在兵士数量上的对比，岳钟琪一路军队，还处于劣势，还谈不上有慑服贡布归顺和调动各藏兵随军征战的"兵威"。我之所以说岳钟琪之"及此兵威"讲得太好了，主要是他说的兵威，实际上指的是康熙皇帝大军进剿，高举护法、护教、救藏大旗，护送新达赖入藏坐床，从而使藏人心向大军，准军士气低落而言。藏官、喇嘛、藏兵迫切地渴望大军到来，争相归顺，在这样的条件下，贡布第巴、土司、喇嘛才可能接受招抚，各处藏兵方可听从大军调动从征。岳钟琪就是看清楚了、看准了这个大局、这个趋势，才敢于提出违反军令、立即进军，并且必能取胜的方案。

当时的形势，当时的一些事例，证明了岳钟琪的见解和决策是十分正确的。贡布之所以能听招抚而来归顺，其中一个重要的原因，就是阿尔布巴已经归顺了天朝文殊师利博克达皇帝。阿尔布巴是原来拉藏汗的噶伦（当时的西藏政府噶伦，有三四个成员，都叫噶伦）和代本（戴绷，军务负责人），贡布是他的属地和故乡。准噶尔军侵占西藏以后，阿尔布巴拥兵自保，并于康熙五十九年五月，伪装"病故"，秘密逃出拉萨，带领属员70人，走了很多天，于六月初六来到北路大军，向抚远大将军王投降，并详细报告了藏区、准军的情形。大将军王立即于第二天六月初七，写了满文密折，奏称："本月初六日，总管唐古特兵之代本、达赖喇嘛之父索诺木达尔札之甥阿尔布巴来投，将唐古特众倾心归诚及贼情问明后，另折具奏外。第巴阿尔布巴又告称：伊出后闻得，大策零敦多布疑唐古特众，将驻招地大军，均率移至招地与布雷绷之间尼噶桑森林处，支帐以驻。""嗣后仰赖皇父威福，唐古特人必渐有来投者"。①

阿尔布巴的归顺，对整个战局，特别是对南路军前进，起了很大的促进作用，是清军能够顺利招抚全藏和驱走准军的重大的良好因素。一是他使皇上、大将军王、议政大臣们第一次彻底清楚地了解了藏区情形，特别是知道了准军的暴行，搞得藏区民不聊生，天怒人怨，僧、俗、官、民、兵无不"心生怨恨"，"恨死"准军，唯盼"圣主大皇帝之天兵何时前来，拯救我等众生"。正如阿尔布巴所说"唐古特众倾心归诚"的情形。

二是知道了准军情况，尤其是大策零敦多布已经不相信唐古特人，不敢驻扎拉萨，而将大部分准兵移驻森林，准备迎战清军。这样一来，南路军的前进路上，就没有多少准兵，甚至是没有准兵抵抗或阻挡，为南路军敞开了进入拉萨的大门。

三是此时大策零敦多布名义上还辖有相当多的西藏地区，还应该有三四万、四五万藏兵，可是，"总管唐古特兵之代本"阿尔布巴，已经归顺天朝，听从大将军王的驱使。藏兵没有了统帅，完完全全地成了乌合之众，他们哪里还能去奋勇冲杀，抵抗清军！一个一个地或想逃回家，或想向清军投降。

尽管这些具体事件，岳钟琪、噶尔弼并不知晓，但现实情形就是如此。这样的大背景、大趋势，被岳钟琪敏锐地察觉到了，认清了、认准了，这就是他所说的"及此兵威"，可以招抚贡布的条件。噶尔弼此时应

---

① 《康熙全译》第1457页。

该是对此有所觉察，也认为时机已到，可以这样办。于是，他接受了前锋、副将岳钟琪的建议，"令千总赵儒"及"效力谍巴(第巴)吉果儿诸人持檄往"，招抚贡布。贡布官、僧、兵、民早就心向大军，一见军檄，立即前来归顺，"贡布大头目三人、兵二千人来输成(诚)效力"。①至此，清军离拉萨只有600里了。

岳钟琪趁热打铁，向将军噶尔弼建议："贡布番兵，一调即至，人心向顺可知。若乘机昼夜行，十日可抵西藏(指拉萨)，倘再迟延，是自困也。"

噶尔弼认同岳钟琪的建议，但碍于大将军王停止前进的军令，不敢违抗，"犹豫未决"，"欲集众议"。

岳钟琪的二十一世祖岳飞，曾针对当时北宋末南宋初，文官贪婪，武将怕死，致皇帝被俘国破家亡的悲惨教训，痛言只有"文官不爱钱，武官不惜死"，天下才能太平，所以，他拼死冲杀，重惩金兵，"尽忠报国"。岳钟琪继承了先祖"武将不惜死"的崇高精神，不只是作战之时身先士卒，就是在这关系到驱准胜负的关键时刻，也不顾违反停兵军令将要斩首抄家的危险，毅然以死相争，说："势在必行，何议之有。令大将军今在此，某犹力争也。某唯有一腔热血，仰报朝廷，请以旦日行。"他的忠肝义胆、豪气冲天，感动了将军。噶尔弼遂下令，全军开拔，进取拉萨。②

大策零敦多布侵占藏地后，委令达克杂任全藏的第巴(人们称藏王为第巴)，处理西藏政务，兼可调动军队。达克杂带领藏兵两三千名，欲图迎战南路大军，但一出拉萨，藏兵纷纷逃走，跑得一干二净，达克杂见势不妙，逃回老家萨木业庙。

噶尔弼又遣赵儒、吉果儿持檄前往招降，达克杂即来军营投降，并遵照将军命令，将原来从拉萨、达木调集粮草供应大策零敦多布的军队，予以断绝，又派人秘密到北边策动跟随准军作战的藏兵放弃抵抗，偷偷逃散，并传令民间，聚集船只，载运南路大军渡过拉萨河。

南路军于八月十七日抵达噶尔濯木鲁，岳钟琪率领部分兵士，首先渡过拉萨河，招降大量藏兵。十九日进入拉萨，生擒在各寺庙充当准军内应的四百多名准噶尔喇嘛，"降助逆番兵七千余众"。定西将军噶尔弼率领大军于八月二十三日进入拉萨。③

①②③范泰恒：《岳威信公钟琪家传》；岳炳：《岳襄勒公行略》。

康熙五十九年十月十七日，京师收到噶尔弼报捷奏疏。噶尔弼奏："臣等领兵至拉里地方，探知吹穆品尔寨桑带领贼兵二千六百人，由章米尔戎路，来拒我师，臣等议趁其不备，先取墨朱工喀地方。于八月初四日，臣率满汉官兵自拉里前进，王师所至，望风响应，随有朱贡之胡土克图献地来降。次日，进取墨朱工喀，赏赉第巴、头目，安辑民人。臣遣千总赵儒等，往谕第巴达克杂来降，又喇嘛钟科尔头目亦陆续来降。臣等随令第巴达克杂，聚集民船，于八月二十二日渡河，复令侍卫纳泰等，率领官兵，分为三队，二十三日五鼓时分起程，进取西藏（按，此西藏，即指拉萨）。传西藏之大小第巴头目，并各寺喇嘛，聚集一处，宣示圣主拯救西藏民人之意。随将达赖喇嘛仓库尽行封闭，西藏附近重地，扎立营寨，拨兵固守，截准噶尔之往来行人及运粮要地。"又将各庙所有的准噶尔喇嘛全部擒获，斩为首的五个喇嘛，其余喇嘛尽行监禁。[①]

康熙帝阅疏后，十分高兴，立即于当日降旨说："噶尔弼等，遵朕指授，率领官兵，历从古用兵未到之绝域，各加奋励，克取藏地，将准噶尔人等信用之逆恶番僧五人正法，抚绥唐古特、土伯特人民，甚属可嘉。在事将军以下，兵丁以上，俱着从优议叙。"[②]

同日，又谕兵部，官兵建功，"应大沛恩泽"，四川、云南满汉官兵从前所（预）领俸饷，俱免扣还，并赏给官兵每人银10两。[③]

南路军进入拉萨，第巴达克杂又断绝了准军的粮草供应，动摇了准军士气，大策零敦多布三次夜袭清军，无功而返，得知拉萨失陷的消息，藏兵纷纷逃走。大策零敦多布怕被清军截断退路，匆忙带领准兵逃回伊犁，沿途路远，险恶难行，又怕清军追袭，伤亡惨重，只有残兵数百人回到了伊犁。

十月二十二日，即噶尔弼奏疏到后的第五天，北路军报功疏送到皇宫。抚远大将军王允禵奏：平逆将军延信等，率领大兵，于八月十五日，驻扎卜克河地方，是夜大策零敦多布等率众来犯，"击败之，夺其马匹器械"。十九日，自卜克河起程，二十日驻扎齐嫩郭尔地方，"三更时，有贼兵二千余人，来袭我师，我师严整备御，贼众久持，不能抵敌，遂奔北。二十一日，自齐嫩郭尔起程，二十二日驻扎绰马喇地方，

①《清圣祖实录》卷289，第14页。

②③《清圣祖实录》卷289，第15页。

是夜三更，又有贼兵三千劫营，因营中四面哨兵枪炮矢石齐发，贼兵被伤身死者甚多，余贼皆望风而遁"。延信等率满汉官兵于九月初八，自达木地方起程，送新封达赖进藏（即进入拉萨）。康熙阅后，降旨嘉奖。[1]

过了六天，十月二十八日，大将军王奏疏又送到京师，奏称，大策零敦多布已自克里野一路遁去。即前往伊犁。[2]

准军败逃，西藏平定了。

（六）册封六世达赖 三藏阿里悉入版图

康熙五十九年（1720年）八月十九日，岳钟琪率领部分士兵进入拉萨，二十三日定西将军噶尔弼带领南路军入城，九月十四日，平逆将军延信率领北路军4000名护送新达赖来到拉萨，其余一万多兵士留驻达木，以减少大军供应粮草的压力，直到六十年二月班师，拉萨的护卫主要由岳钟琪担任，他也尽心尽力，带领士兵，做得很好，保证了管理西藏的各项工作安全地进行。

清军进入拉萨以后，主要任务是贯彻执行皇上辖治西藏的根本方针。

进军之前，关于西藏地区的安排，议政大臣们在康熙五十八年十一月议定的意见是"惟行看守"。[3]虽然《清圣祖实录》未记述他们此议的根据，为什么花了那样大的力量，派兵进藏，然后只是"惟行看守"，但联系此前的一系列议论，可以推测出来，议政大臣们是因为山高岭峻、路遥地险、人口稀少、地瘠民贫，是所谓得其地无利，获其人无益的"蛮荒之区"，每年还要运送大量粮草、银钱供给驻兵，得不偿失。对于这样鼠目寸光的误国之议，康熙毅然拒绝，痛斥其非说："今若依众大臣，惟行看守，自西宁至四川、云南，皆系土番，伊等俱是一类，倘藏地被策零敦多布占据，则藏兵即是彼之兵丁，而边疆土番，岂能保全。尔等惟行看守之议，不合。着另行周详具奏。"[4]

否定了"惟行看守""暂行看守"后，众大臣如何商议的，不得而

---

① ②《清圣祖实录》卷289，第16-20页。

③《清圣祖实录》卷286，第19页。

④《清圣祖实录》卷289，第19页。

知。应采取哪种方案，《清圣祖实录》没有记述，但从后来康熙的一段话中，可以清楚地看出，康熙是要将西藏纳入大清国版图。五十九年十一月十八日，康熙谕大学士、九卿等官："今大兵得藏边外，诸番悉心归化，三藏阿里之地，俱入版图。"①

既然不是"暂行看守"，而是要纳入版图，就要对西藏原有的体制来个改变了。

康熙深知，收服藏地民心，根本前提是收服、争取达赖、班禅，以及三大寺庙的上层喇嘛，故派遣敕使，持谕问候、慰问达赖、班禅，将班禅从后藏日喀则扎什伦布寺，请到拉萨。

平逆将军延信、定西将军噶尔弼，率领满汉将领大臣，召集三大寺庙诸活佛、堪布（寺庙住持）、大喇嘛，以及喇嘛、藏人，于五十九年九月十五日，在拉萨布达拉宫举行了隆重的六世达赖坐床安禅典礼，文殊师利博克达皇帝钦封新达赖格桑嘉措为"弘法觉众第六世达赖喇嘛"。也就是在这一天，格桑嘉措拜五世班禅为师，受沙弥戒，被五世班禅取名为"罗桑嘉措"，简称格桑嘉措。

平逆将军延信、定西将军噶尔弼，又带领满蒙汉将领大臣向达赖、班禅"进丹舒克"（礼品），赠达赖喇嘛银一万两、班禅五千两，以及"金奶、蟒缎等物"，"给甘丹、色拉、哲蚌等大寺（各两千两）"。②又在各寺"熬茶"。熬茶，即是布施，僧、俗、官、兵，尤其是清军将、帅、军官、大臣，各向寺庙布施银、米、财帛。

当时，拉萨僧民遭受准军抢掠、重赋，财物损失严重，生活困难，达赖、班禅仓库、商上也被准军抢掠、偷盗。康熙帝赐银，对改善达赖、班禅以及大寺的经济状况，起了很大作用。帝谕赐达赖银10000两，班禅5000两，这在当地是很大的一笔收入。前面曾经提到过的理塘、巴塘，分别是面积广达一万四千余平方公里和八千余平方公里的辽阔地区，寺院林立，达赖每年向这两个地区的寺院征收"鞍租"，每年税银才300余两，当时当地的茶叶，一斤是白银一钱二分，即可买2500斤茶。现在赐达赖1万两，相当于向22000余平方公里的理塘、巴塘征收330年"鞍租"，赐班禅的5000两，相当于166年的"鞍租"。如果按每斤茶价银一钱二分计算，赐达赖的10000两，可以买8万余斤茶叶，班禅的

①《清圣祖实录》卷290，第4页。

②《康熙全译》第1525页；王森：《西藏佛教发展史略》，中国社会科学出版社1987年版。

5000两，可买4万余斤茶叶。可见，这对达赖、对班禅经济条件的改善，起到很大的作用。

康熙帝赐"甘丹、色拉、哲蚌等大寺"，各得银2000两。每座大寺领银2000两，可买茶叶16600余斤。当时这三座大寺，每年才从打箭炉运入茶叶5000斤，而他们这三大寺领银6000两，就可买茶叶50000斤，相当于10年的茶叶数量。藏区人们是以茶维生的，可见，每座大寺赐银2000两，对寺院的财政收入来说，是很大的支持。

至于各寺"熬茶"，又可给各寺带来很多银米、财帛。

所以，达赖、班禅、各大寺，以及僧、民皆对天朝大皇帝万分感激。

清军入藏，赶走了祸害藏地的准噶尔侵占军，又尊重、照顾达赖、班禅，护卫黄教，救护藏人，赢得了僧、俗、官、民的人心。班禅原来"郁悒至极，发白齿落"，"奄奄一息"，见到大皇帝前来慰问的敕使，[①]"不禁心酸，泪流而下"，衷心感谢文殊师利博克达皇帝。清军在拉萨"各寺庙熬茶，无一人偷抢，乃至兵丁等皆各视所得熬茶，彼此和睦相处。土伯特人视我武臣兵丁如同胞亲，感恩祈祷，日夜欢悦唱戏"。平逆将军延信护送达赖进藏时，"经过雷多喷多等处，居住喇嘛人等，感激圣主再造弘恩，罔不踊跃欢欣，男女老幼，襁负来迎，见我大兵，群拥环绕，鼓奏各种乐器。合掌跪云：自准噶尔贼兵占据土伯特地方以来，父子分散，夫妇离别，掳掠诸物，以致冻馁，种种扰害，难以尽述，以为此生不能再见天日。今圣主遣师，击败贼兵，拯救土伯特人众，我等得脱患难，仍前永享升平乐业之福，似此再造弘恩，何以报答"。[②]

延信、噶尔弼等高级将领大臣，根据皇上将西藏纳入大清国版图的旨意，采取了三大措施。第一，废除第巴藏王制度，设立噶伦。前几十年第巴藏王桑结嘉措隐匿五世达赖圆寂的消息，专权乱政，唆使噶尔丹侵占喀尔喀，与清为敌，又与拉藏汗争权夺利，扰乱藏区。策零敦多布侵藏以后，所任命的第巴藏王，亦助纣为虐。为除后患，不能再让一人专权的弊制延续下去，故设立噶伦制，任用几个有才干、有实力，忠于达赖、效忠大皇帝的有功藏官担任噶伦，各个噶伦之间，虽然爵位有高低，但彼此无隶属关系，身份平等，共同议处军政大事，各自也分担一

①《康熙全译》第1525页。

②《清圣祖实录》卷291，第4页。

定的职务。刚开始，任用三位噶伦。有西藏西部噶尔达的总管康济鼐、贡布地区长官阿尔布巴、第巴隆布鼐，稍后又增加了后藏的颇罗鼐和扎尔鼐。"于大昭寺内设立公所，五人会办西藏大小事务"。各位噶伦都有自己的管辖范围，康济鼐管理后藏以西北一带地方，阿尔布巴管理贡布以东一带，第巴隆布鼐管理西藏东北，颇罗鼐管后藏扎什伦布一带地方，扎尔鼐管理藏内附近地方。噶伦就成了西藏的地方政府。但是，在噶伦之上，还有"率军总理西藏、事务大臣"定西将军、公策旺诺尔布，以及参赞军务大臣额驸阿宝、都统武格的最高权力机构，必要时可以左右、改变噶伦的决定，策旺诺尔布又是皇上授予"管理军务"大权的将军。[1]四位或五位噶伦，在清军首领的监督下管理西藏地方行政事务。

　　第二，不再任用汗王。从明末固始汗率和硕特部蒙古兵入藏，自称汗王藏王掌管藏地军政大权起，其长子达赖汗及其子孙达延汗、拉藏汗，即世袭汗王藏王，统辖军队，与第巴争夺行政大权。准军入侵，消灭了长房达赖汗系统的蒙古汗王。固始汗的其他儿子的后代，即青海"八台吉"，希望延续固始汗在西藏的统治权，成为西藏汗王。尤其是固始汗的第十个儿子达什巴图尔之子罗卜藏丹津，因八台吉最早觐见大皇帝时，固始汗的儿子中，只有达什巴图尔尚在，故被朝廷封为亲王，其他房的子孙只封贝勒、贝子、公。罗卜藏丹津又是率部从征的八台吉中唯一的亲王，他更想要延续祖父汗王，"复先人霸业，总长诸部"。为了调动青海蒙古王公从征入藏驱准，康熙一度曾允诺，驱准以后，在"八台吉"之内立汗，但在入藏过程中，青海王公迟迟未率部下从征，耽误了七月底八月初南、北两路大军在拉萨会师的约定，并且在从征途中也没有起到什么作用。为了将西藏纳入清国版图，清廷不只要革除第巴这样藏人的藏王，也不允许有蒙古汗王掌控军政大权。所以，延信、噶尔弼两位将军在确定西藏军政体制时，没有让青海和硕特部蒙古王公成为汗王，而是设立了噶伦新制。

　　第三，驻军防守。抚远大将军王允禵奏称："西藏虽已平定，驻防尤属紧要，见今留驻彼处者，扎萨克蒙古兵五百名，额驸阿宝兵五百名，察哈尔兵五百名，云南兵三百名，四川兵一千二百名，以公策旺诺

---

① 《康熙全译》第36、330页。

尔布总统管辖。"①策旺诺尔布以下，还有额驸阿宝，都统武格，副都统常凌、吴纳哈，厄鲁特公沙必多尔济，原任侍郎色尔图，布政使塔林，员外郎马尔汗等官。②

革第巴，不再任命蒙古汗王，设立噶伦新制，驻军防守，从而使123万平方公里的西藏，正式纳入大清国版图。康熙帝玄烨，平逆将军延信，定西将军噶尔弼，永宁协副将岳钟琪，以及广大将士，为中国的统一、巩固和扩大，建立了不朽功勋。

大军进藏，驱走大策零敦多布，使其狼狈败回伊犁，士卒伤亡过半，报了哈喇乌苏清军败亡之仇。册封达赖，革第巴，设噶伦，不立蒙古汗王，驻军藏地，"边外诸番，悉心归化，三藏阿里之地，俱入版图"，一位年近古稀的病皇帝，能做出这样伟大的事业，古今罕有。康熙非常高兴。他厚赏官兵，晋封有功官将。

如果按照《清圣祖实录》《岳钟琪传》的记述，岳钟琪无甚大功可言，但是，前面所述岳钟琪的所作所为及其所起的作用，却又是功盖诸将。这些情况，定西将军、抚远大将军王的奏疏，一般是不会详细记述的，这样一来，岳钟琪就很难为帝所知，受帝重赏了。不过，古人常说，吉人自有天相，岳钟琪忠君报国之心没有被埋没，为了驱准安藏，他不畏艰险、不惜生命、英勇冲杀、以死相争，种种事迹，远在万里之外的英明皇上，也已知晓，并且多次夸奖他。这在三年以后雍正皇帝的朱批上，显示得十分清楚。雍正帝在四川提督岳钟琪的请安奏折上，朱笔批道："朕安。尔乃干城名器，国家梁栋，皇考当日，不时嘉之。朕虽未曾见你，深知你忠诚为国之心，惟勉尔莫移初心四字。"③所以，对岳钟琪的提升比任何将领都提得高，将他由一个从二品、只管辖三千多名兵士的副将，跳过官阶正二品、辖兵七八千名的总兵，一下子就提为统兵四万名，辖地六十多万平方公里的从一品的四川提督。

康熙六十年五月十三日，帝升永宁协副将岳钟琪为四川提督，二十五日，升四川总督年羹尧为四川、陕西总督。六月初六，他又谕宗人府，封宗室延信为辅国公说："平逆将军延信，朕亲伯之孙，朕之侄也。此番统领满洲蒙古绿旗兵丁，过自古未到之烟瘴恶水无人居住之绝域，歼灭丑类，平定藏地，允称不辱宗支，克展勇略，深属可嘉，着封为辅国公。"①定西将军噶尔弼从官阶正二品的扩军统领升为从一品的都统。

蒙古王、贝勒、贝子、公、台吉及土伯特（西藏）酋长等奏称："西藏平定，请于招地建立丰碑，以纪盛烈，昭垂万世。"康熙欣然应允，亲写碑文，在拉萨立碑纪念。碑文说："太宗文皇帝之崇德七年，班禅额尔德尼、达赖喇嘛、固始汗，谓东土有圣人出，特遣使自人迹不至之区，经仇敌之国，阅数年始达盛京。今八十载，同行善事，俱为施主，颇极安宁。后达赖喇嘛之殁，第巴隐匿不奏者十有六年，任意妄行。拉藏灭之，复兴其法，因而允从拉藏、青海群众公同之请。中间策妄阿拉布坦妄生事端，动准噶尔之众，肆行奸诈，灭坏达赖喇嘛，并废第五辈达赖喇嘛之塔，辱蔑班禅，毁坏寺庙，杀戮喇嘛，名为兴法而实则灭之，且欲窃据土伯特国。朕以其所为非法，爰命皇子为大将军，又遣朕子孙等，调发满洲蒙古绿旗兵数万，历烟瘴之地，士马安然而至。贼众三次，乘夜盗营，我兵奋力击杀，贼皆丧胆远遁，一矢不发，平定西藏。振兴法教，赐今胡毕勒罕册印，封为第六辈达赖喇嘛，安置禅榻，抚绥土伯特僧俗人众，各复生业……爰纪斯文，立石西藏，俾中外知达赖喇嘛等三朝恭顺之诚，诸部落累世崇奉法教之至意，朕之此举，所以除逆抚顺，绥众兴教云尔。"②

①《清圣祖实录》卷292，第20页；卷293，第4页；《清史列传》卷17，《岳钟琪传》。
②《清圣祖实录》卷294，第21、22页。

第三编 文治成效显著 田多银多国富

一、田地、赋银简表

顺治	田地	赋银	米豆麦	粮银合计	亩征银	清圣祖实录卷/页
十八年	526 万 5028 顷	2572 万 4124 两	610 万 7558 石	31831682 两	5 分 9 厘 9 毫 3 丝	5 / 23
康熙元年	531 万 1358 顷	2576 万 9387 两	612 万 1613 石	31919978 两	6 分 009 丝	7 / 25
二年	534 万 9675 顷	2579 万 8365 两	614 万 2338 石	31940783 两	5 分 9 厘 7 毫	10 / 19
三年	535 万 8593 顷	2580 万 7629 两	614 万 4857 石	31952486 两	5 分 9 厘 6 毫 2 丝	13 / 23
四年	538 万 1437 顷	2581 万 6985 两	615 万 6765 石	31973750 两	5 分 9 厘 4 毫 1 丝	17 / 17

五年	539 万 5262 顷	2583 万 842 两	616 万 1327 石	31992169 两	5分9厘2毫9丝	20 / 21
六年	541 万 1473 顷	2584 万 981 两	615 万 4845 石	31995826 两	5分9厘1毫2丝	24 / 31
七年	541 万 350 顷	2583 万 8962 两	615 万 3167 石	31992129 两	5分9厘1毫3丝	27 / 25
八年	543 万 2463 顷	2587 万 5871 两	620 万 3620 石	32079491 两	5分9厘0毫5丝	31 / 25
九年	545 万 5056 顷	2589 万 7092 两	621 万 1340 石	32028432 两	5分8厘7毫1丝	34 / 25
十年	545 万 9170 顷	2590 万 8792 两	621 万 4910 石	32123702 两	5分8厘8毫4丝	37 / 18
十一年	549 万 1356 顷	2605 万 2343 两	629 万 1121 石	32343864 两	5分8厘8毫9丝	40 / 23
十二年	541 万 5627 顷	2506 万 4215 两	624 万 3308 石	31307523 两	5分7厘8毫	44 / 22
十三年	530 万 8756 顷	2421 万 653 两	553 万 2532 石	29743185 两	5分6厘0毫2丝	51 / 23
十四年	507 万 3458 顷	2063 万 527 两	528 万 3452 石	2591979 两	5分1厘0毫7丝	58 / 26
十五年	486 万 4233 顷	2021 万 2838 两	503 万 6308 石	25249146 两	5分1厘9毫	64 / 24

十六年	498万3462顷	2112万6436两	618万8764石	27315200两	5分4厘8毫1丝	70/21
十七年	506万4792顷	2195万3054两	620万9345石	28162399两	5分5厘6毫	78/23
十八年	513万6353顷	2213万4068两	623万1461石	28365529两	5分5厘2毫2丝	87/21
十九年	522万7666顷	2215万5607两	625万345石	28405952两	5分4厘3毫3丝	93/21
二十年	531万5372顷	2218万3760两	627万1208石	28454968两	5分3厘5毫5丝	99/27
二十一年	552万3568顷	2633万1658两	634万1394石	32673052两	5分9厘1毫5丝	106/25
二十二年	561万5837顷	2639万843两	635万2172石	32743015两	5分8厘3毫	113/25
二十三年	589万1623顷	2721万643两	691万2213石	34122856两	5分7厘9毫1丝	118/14
二十四年	589万1623顷	2721万649两	691万2213石	34122862两	5分7厘9毫1丝	123/24
二十五年	590万3438顷	2724万189两	691万2293石	34152482两	5分7厘8毫5丝	125/24
二十六年	590万4184顷	2726万2375两	690万1042石	34163417两	5分7厘8毫6丝	132/24

二十七年	590万4184顷	2726万2375两	691万653石	34173028两	5分7厘8毫7丝	138/21
二十八年	593万1813顷	2737万1327两	695万281石	34321608两	5分7厘8毫6丝	143/22
二十九年	593万2684顷	2737万5289两	695万281石	34325570两	5分7厘8毫5丝	149/30
三十年	593万2684顷	2737万5164两	695万281石	34325445两	5分7厘8毫5丝	153/30
三十一年	597万3456顷	2738万5631两	695万8364石	34343995两	5分7厘4毫9丝	157/28
三十二年	597万3456顷	2738万5631两	695万8364石	34343995两	5分7厘4毫9丝	161/20
三十三年	597万5268顷	2739万562两	696万5032石	34355594两	5分7厘4毫9丝	165/24
三十四年	597万5268顷	2739万184两	696万4758石	34354942两	5分7厘4毫9丝	169/32
三十五年	598万6450顷	2739万7420两	696万8132石	34365562两	5分7厘4毫	178/28
三十六年	598万6068顷	2739万2638两	696万8452石	34366090两	5分7厘4毫1丝	186/19
三十七年	598万6775顷	2739万8538两	696万8472石	34367010两	5分7厘4毫	191/28

康熙	田地	赋银	赋粮	粮银合计	亩征银	卷/页
三十八年	598万6885顷	2739万9558两	696万8563石	34368121两	5分7厘4毫	196/24
三十九年	598万6985顷	2739万568两	696万8569石	34359137两	5分7厘3毫8丝	202/27
四十年	598万6985顷	2739万665两	696万8669石	34359334两	5分7厘3毫9丝	208/28
四十一年	598万6993顷	2739万669两	696万8673石	34359342两	5分7厘3毫8丝	210/24
四十二年	598万6905顷	2689万769两	696万8792石	33859561两	5分6厘5毫5丝	214/23
四十三年	598万7196顷	2741万668两	697万1122石	34381790两	5分7厘4毫2丝	218/19
四十四年	598万8903顷	2741万668两	697万1123石	34381791两	5分7厘4毫	223/18
四十五年	598万8953顷	2741万688两	697万1353石	34382041两	5分7厘4毫	227/31
四十六年	598万9203顷	2742万568两	697万3023石	34393591两	5分7厘4毫2丝	231/27
四十七年	621万1321顷	2780万4553两	653万1352石	34335910两	5分5厘2毫7丝	235/33

四十八年	631 万 1344 顷	2820 万 4552 两	652 万 1687 石	34732239 两	5分5厘0毫3丝	240／23
四十九年	663 万 1132 顷	2920 万 2542 两	691 万 2254 石	36114796 两	5分4厘4毫4丝	244／24
五十年	693 万 344 顷	2990 万 4652 两	691 万 2254 石	36816906 两	5分3厘1毫2丝	248／32
五十一年	693 万 444 顷	2950 万 8353 两	691 万 3675 石	36422028 两	5分2厘5毫5丝	252／22
五十二年	693 万 8890 顷	2108 万 9658 两	692 万 5775 石	28015433 两	4分0厘4毫2丝	257／20
五十三年	695 万 764 顷	2989 万 3262 两	683 万 1066 石	36724328 两	5分2厘8毫3丝	261／24
五十四年	695 万 764 顷	2979 万 5390 两	695 万 2000 石	36387390 两	5分2厘3毫5丝	266／25
五十五年	725 万 654 顷	2999 万 4562 两	689 万 3066 石	36887628 两	5分0厘8毫7丝	270／31
五十六年	725 万 754 顷	2972 万 3562 两	685 万 3055 石	36576707 两	5分0厘4毫4丝	276／22
五十七年	725 万 911 顷	2999 万 4562 两	689 万 3055 石	36887617 两	5分0厘8毫7丝	282／24
五十八年	726 万 7822 顷	2815 万 4552 两	690 万 2235 石	35056787 两	4分8厘2毫3丝	286／28

五十九年	726万8122顷	2983万1892两	690万2353石	36734245两	5分0厘5毫4丝	90/19
六十年	735万6450顷	2879万752两	690万2353石	35693105两	4分8厘5毫1丝	295/24
六十一年	851万992顷	2947万6628两	466万8833石	34145461两		

田地康熙六十年—顺治十八年＝209万1422顷

赋粮银＝306万1423两　亩征银＝1分1厘3毫9丝

依据此表，结合有关史料，可以看出五个问题。其一，征赋田地大量增加。明末万历、天启、崇祯三朝昏君奸臣治政与顺治年间五大弊政的盘剥摧残，和明末清初几十年战火的破坏，全国人口死亡过半，田地大多抛荒。直到顺治八年（1651年），官方册载清政府辖区的田地，只有290万余顷，比73年前的明万历六年（1578年）的全国征赋田地701万顷，减少了411万余顷。顺治帝努力推行垦荒，以及全国的统一，到顺治十八年全国册载征赋田地达到526万余顷，仍比明万历六年少了175万余顷。

康熙帝亲政以后，继承和发扬了父皇大力推行的垦荒政策。"无主荒田"，继续允许民人"开垦耕种以后"，"永准为业"，成为该田的所有者。他还放宽起科年限。顺治年间，一般是欠荒者，"三年起科"，新荒田地，"一年起科"。康熙七年四月二十二日，云南道御史徐旭龄奏请放宽起科年限说："云南道御史徐旭龄疏言国家生财之道。垦荒为要乃行之二十余年而无效者，其患有三。一则科差太急，而富民以有田为累。一则招徕无资，而贫民以受田为苦。一则考成太宽，而有司不以垦田为职。此三患者今日垦荒之通病也。朝廷诚讲富国之效，则向议一例三年起科者非也。田有高下不等，必新荒者三年起科，积荒者五年起科，极荒者永不起科。则民力宽而佃垦者众矣。向议听民自佃者非也。民有贫富不等。必流移者给以官庄，匮乏者贷以官牛，陂塘沟洫，止五年垦限者非也。官有勤惰不等，必限以几年招复户口，几年修举水利，几年垦完土地。有田功者升，无田功者黜，则惩劝实而督垦者勤矣。"

辅政大臣阅后批示："下部确议具奏。"此后无有下文，即辅政大臣没有采纳徐旭龄的意见。

过了两年多，康熙十年三月初八，山东巡抚袁懋功奏请垦荒改为四年起科："山东巡抚袁懋功疏言济南等府属章邱等五十六州县卫，于康熙七八两年，报有开垦荒地。但七年报垦，三年而遇两灾。八年报垦，三年而遇一灾。况小民开垦，资本皆其自办，请照投诚官兵垦荒遇灾之例，再宽限一年起科。"①部议不准。

康熙降旨："新垦之田被灾，若仍照定例催征，致民苦累，着再宽一年起科。"②即四年起科。

康熙十二年十一月初五，康熙谕户部，将垦荒起科年限放宽为十年起科："自古国家久安长治之谟，莫不以足民为首务，必使田野开辟，盖藏有余，而又取之不尽其力，然后民气和乐，聿成丰亨豫大之休。见行垦荒定例，俱限六年科。朕思小民拮据，开荒物力艰难，恐催科期迫，反致失业。朕心深为轸念，嗣后各省开垦荒地，俱再加宽限，通计十年，方行起科。其所司官员原有议叙定例，如新任官自图纪叙，掩袭前功，纷更扰民者，各督抚严行稽查，题恭治罪。"③

虽因平西王吴三桂起兵叛清，三藩之乱闹了八年，这个十年起科的圣旨未能很好地贯彻执行，康熙十八年，改为"六年起科"。④这对无地、少地农民，以及地主、富农、商贾、官员来说，都是有利可图的机会。姑以"六年起科"来说，一般是垦荒者两年即可垦熟，收获粮食。江苏、浙江、安徽、江西、湖北、广东的多数州县，中等土壤，亩产稻谷1.5石到2石，折米7斗5升到1石，垦种20亩田，可收米15石到20石，5年就是100石（第一年，无收）。扣除1家5口的简单食用，剩五六十石米，以后的日子就好过了。所以平定三藩之乱以后，大量荒田开垦成熟，官府册载的征赋田地不断增加。康熙元年是531万余顷，三藩之乱前夕，康熙十一年为549万余顷，此后逐年减少，康熙十五年只剩下486万余顷，到康熙二十年，才增为531万余顷，白白耽误了九年，从此才开始

①②《清圣祖实录》卷36，第2页。

③《清圣祖实录》卷44，第3页。

④康熙《大清会典》卷24，《户部八》《赋税一》。

增长。到康熙六十年，增为735万余顷，比明万历六年的701万余顷多了34万余顷。

其二，永不加派田赋。明末辽饷、剿饷、练饷的三饷加派，逼得民不聊生，天怒人怨，最后崇祯帝煤山自缢，朱明王朝覆灭。前车之鉴，使清君入主中原，立即宣布废除三饷以及各种加派。虽然皇父摄政王多尔衮为了享乐，下旨加派赋银250余万两，用于修筑边外避暑凉城，但是顺治八年少年天子福临亲政之时，立即宣布废除修城的加派田赋，此后永不加赋。这是一大德政。

康熙继续执行父皇永不加派田赋的德政，虽然他没有明确下旨降谕，宣称永不加派，但从田地、赋银简表中可以清楚地、有力地说明了康熙是像父皇那样做的。表中所列每亩田地征银数字，康熙元年是6分零9丝银，此后一直少于此数，哪怕在平定三藩之乱的十二年到二十年的九年里，尽管国家财政极其困难，连官员的俸银和书吏的工食银都发不出来，都不发了，每亩征的赋银也少于康熙元年之数。永不加赋，给人们吃了定心丸，对于田地的业主（地少农民、地主、商贾、官员）和无地想要田地的穷人，都是福音，自会促进人们去垦种荒地和经营耕种好已经占有的田地。

其三，赋率不高。表中所列从康熙二年到六十年的59里，大体上是一半年岁每亩征赋银5分7厘左右，另一半年岁是每亩征赋银5分3厘左右。这个赋率是不高的，有地10亩20亩的农民，如果没有天灾人祸，还是可以安然度日的。特别是康熙四十七年以后，赋率日益减少，四十九年亩纳赋银5分4厘，五十年是5分3厘，五十一年5分2厘，五十二年4分零4毫，五十三、五十年5分2厘，五十五、五十、五十七年、五十九年5分零8毫（或4毫），五十八年和十年，每亩只征赋银4分8厘。这样低的赋率，在历代王朝中，还是少见的。

其四，漏赋田地不少。康熙一向不太看重清查漏赋田地，特别是康熙中年以后，国家财政相当充裕，康熙更有意无意地听任漏赋田地存在现象。康熙五十二年十月初二，因原偏沅巡抚（后之湖南巡抚）疏清湖南垦荒田地，康熙下谕说："凡督抚条陈地方事务应据实陈奏。潘宗洛奏湖南荒田五百余顷。今天下户口甚繁，地无弃土，湖南安得有如许未垦之田。着差户部司官一员，会同湖广总督额伦特，就潘宗洛奏疏内，所有州县查勘详明具奏。又谕曰，湖广、陕西，人多地少，故百姓皆往

四川开垦。闻陕西入川之人，各自耕种，安分营生。湖广入川之人，每
每与四川人争讼，所以四川人，深怨湖广之人。或有将田地开垦，至三
年后，躲避纳粮，而又他往者。今四川之荒田，开垦甚多，果按田起
课，则四川省一年内，可得钱粮三十余万。朕意国用已足。不事加征。
且先年人少田多，一亩之田，其值银不过数钱。今因人多价贵，一亩之
值，竟至数两不等。即如京师近地，民舍市廛，日以增多，略无空隙。
今岁不特田禾大收，即芝麻、棉花，皆得收获。如此丰年，而米粟尚
贵，皆由人多地少故耳。朕巡幸时，见直隶自苑家口以下，向年永定河
冲决之处，今百姓皆筑舍居住，斥卤变为膏腴，不下数十百顷，皆来尝
令起税也。又江南黄河堤岸，至所隔遥堤，有二三里者，亦有六七十丈
者，其空地先皆植柳，以备河工取用。今彼处百姓，尽行耕种，亦并未
令起课。昔黄河泛涨时，水常灌入遥堤，不得耕种，自清水畅流以来，
河底刷深，水必长至二丈，方能及岸。遥堤以内，皆成沃壤矣。"[①]

　　此谕所言，要点有三。一系总论全国农业发展，几十年来的垦荒，
成效很大，从顺治九年全国有荒田四百余万顷，到今天已是"地无弃
土"。二是总述全国田价，"先年"（指顺治到康熙初年）"人少田
多"，一亩田仅值银数钱，今竟涨至"数两不等"。三是明知未交国赋
的地区和田地，地区普遍，田地甚多，仅四川省如严行清查，漏赋田地
可多至1700余万亩。四川省亩征赋银2分，谕中所说漏赋田地之赋银多
达三十余万两计算，则漏赋田地为1700万亩。

　　其五，广蠲田赋。康熙也像其父皇顺治帝福临一样，成了倾心汉化、
尊孔崇儒、施行仁政、欲成中原明君的大清国皇帝。他依据儒学经典，联
系国情民俗官风，认识到吴三桂起兵后"散布伪檄，煽惑人心，各省兵
民，相率背叛"，是因为"德泽素未孚洽，吏治不能剔厘所致"，即民心
尚未悦服，故记取前明亡国教训，着重从得民心者得天下出发。蠲免钱
粮，是康熙帝玄烨推行轻徭薄赋政策的主要措施。他曾着重讲道："蠲租
乃古今第一仁政，下至穷谷荒郊，皆沾实惠。"他在位61年里，包括辅政
大臣执政时期，先后在全国蠲免税粮、丁银、逋赋540余次，主要分为灾
荒蠲免、逋欠蠲免和普蠲三大类。地方遭水、旱、风、虫、火、雹、地震
等灾害，除赈济外，分等蠲免田赋，或免十分之三，或十分之四五六，特重

---

　　①《清圣祖实录》卷256，第14、15页。

者全免。逋蠲乃免多年积欠之赋，自顺治元年至十七年，各省共拖欠银2700余万两、米700万石，超过康熙初年全年额赋，康熙四年下谕尽蠲其欠。康熙二十四年，玄烨一巡江南时了解到民间疾苦，"深为轸念"，决定大免钱粮，当年四月免直隶去年未完地丁钱粮60万两及当年额赋三分之一约50万两，十一月蠲河南、湖北二十四年未完赋及二十五应征地丁之半。二十五年免直隶、四川、贵州二十五年欠银及二十六年全部银粮，免湖南、福建二十五年未完钱粮及二十六年下半年二十七年上半年钱粮。二十六年，蠲江苏、陕西二十六年欠赋及二十七年应征钱粮600万两，二十八年又免江南积欠220万余两。三十二年八月免广西、四川、贵州、云南边地四省三十三年应征银米。康熙四十五年又两批蠲免全国各省四十三年以年旧欠，共银380余万两和米11余万石。据康熙四十八年十一月户部统计，自康熙元年以来，所免钱粮已共达1亿两。①

康熙四十九年（1710年），玄烨思前想后，决定普免天下钱粮。十月初三，他特下蠲免全国钱粮之谕说："方朕八龄践祚之初，太皇太后问朕何欲？朕对：臣无他欲，唯愿天下治安，生民乐业，共享太平之福而已。迄今五十年矣，惓惓此心，未尝一日少释。每思民为邦本，勤恤为先，政在养民，蠲租为急……前后蠲除之数，据户部奏称，共计已逾万万，朕一无所顾惜，百姓足，君孰与不足，朝廷恩泽，不施及于百姓，将安施乎！……明年为康熙五十年，思再沛大恩，以及吾民，将天下钱粮……自明年始，于三年以内通免一周，俾远近均沾德泽。直隶、奉天、浙江、福建、广东、广西、四川、云南、贵州所属，除漕项钱粮外，康熙五十年应征地亩银共七百二十二万六千一百两有奇，应征人丁银共一百一十五万一千两有奇，俱着察明全免，并历年旧欠共一百一十八万五千四百两有奇，亦俱着免征。"②

其余各省在五康熙十一年、五十二年内亦照此例蠲免，三年内免天下地丁粮赋及旧欠钱粮共3800余万两，超过全国一年的总收入。此前，又于三十年谕令依次尽蠲八省漕粮。

康熙朝蠲免钱粮总数达1.4亿多两，数量之大，空前未有，作用也很显著，它为缔建"康熙盛世"提供了重要条件。

---

① 《清圣祖实录》卷240，第12页。

② 《清圣祖实录》卷244，第2—4页。

　　简表虽未直接提到免赋，但大免田赋，使田地成为无地少地农民能够通过垦荒，解决自己的衣食田地，地主、商人、官员能够得到发财机会，这都有利于垦田的发展，增加在州征赋田地的数量。

　　另外，康熙还宣布实行滋生人丁永不加赋政策。康熙五十一年二月二十九日，他下了一道十分重要的上谕：“谕大学士九卿等：朕览各省督抚奏编审人丁数目，并未将加增之数，尽行开报。今海宇承平已久，户口日繁，若按见在人丁加征钱粮，实有不可。人丁虽增，地亩并未加广，应令直省督抚将见今钱粮册内，有名丁数，勿增勿减，永为定额。其自后所生人丁，不必征收钱粮。编审时，止将增出实数查明，另造清册题报。朕凡巡幸地方所至，询问一户或有五六丁，止一人交纳钱粮，或有九丁十丁，亦止二三人交纳钱粮。诘以余丁何事，咸云，蒙皇上弘恩，并无差徭，共享安乐，优游闲居而已。此朕之访闻甚晰者，前云南、贵州、广西、四川等省，遭叛逆之变，地方残坏，田亩抛荒，不堪见闻。自平定以来，人民渐增，开垦无遗。或沙石堆积，难于耕种者，亦间有之。而山谷崎岖之地，已无弃土，尽皆耕种矣。由此观之，民之生齿实繁。朕故欲知人丁之实数，不在加征钱粮也。今国币充裕屡岁蠲免，辄至千万，而国用所需并无贻误不足之虞，故将直隶各省见今征收钱粮册内，有名人丁，永为定数。嗣后所生人丁，免其加增钱粮。但将实数，另造清册具，岂特有益于民，亦一盛事也。直隶各省督抚，及有司官，编审人丁时，不将所生实数，开明具报者，特恐加征钱粮，是以隐匿不据实奏闻。岂知朕并不为加赋，止欲知共实数耳。嗣后督抚等，倘不奏明实数，朕于就近直隶地方，遣人逐户挨查，即可得实。此时伊等亦复何词耶。此事毋庸速议，俟典试诸臣出闱后，尔等会同详加确议具奏。”[①]

　　清朝的赋税制度，沿袭明朝，男子16岁以上至60岁为丁。人丁、田地分别载入官府档册。田地有赋粮，丁有差役，明朝万历年间推行“一条鞭”的赋役法，将田赋和丁的力役改为征银，此后一般就叫田赋丁银。

　　由于明末清初，连年征战，人口大量死、伤、饥病和迁徙逃亡，豪强绅衿规避赋役，奸猾吏役上下其手，赋役制度出现了五大问题。

　　一是官府册载的丁原额仍在，而实际上人丁已大量死亡逃走。

①《清圣祖实录》卷249，第15、16页。

二是实在人丁虽然大量减少，但官府仍按册载原额征收丁银，致现存之丁要被迫包赔死亡逃走之丁的丁银。

三是官府为了填补逃走死亡的丁之丁银，遂提高每丁的丁银数量。

四是丁银负担极不公平，豪强绅衿勾结吏胥，狼狈为奸，不仅将自己应交的银，分摊给无权无势小民，还包揽大量人丁的丁银，收入己囊，以致小民多纳丁银。很多州县出现了"田连阡陌而载丁者甚少"，"家无尺土而丁额倍多"，"每丁每岁有费至三两者，有费至四两者"，"只身赤贫而岁纳七八两不止"。

五是穷民大量逃后，丁银难以征收。

康熙宣布实行滋生人丁永不加赋政策，既为十几年后的"摊丁入地"提供了条件，又大大减少了此后百姓丁银负担。

顺治十八年（1661年），全国册载丁数为19137652丁，丁银是3008905两，平均每丁纳丁银1钱5分7厘2毫。此时人口是1亿，每丁有4名家小。乾隆六十年（1795年）册载人口是296908968口，如按1丁为5口计，此时当有593817936丁，即5938余万丁，按顺治十八年1丁征丁银1钱5分7厘2毫计算，当征丁银933余万两。道光十四年（1834年），册载人口为4亿零176万，除5，当为丁8035余万丁，余万丁，乘丁银1钱5分7厘2毫，应征丁银1263万余两。但是，康熙五十一年宣布滋生人丁永不加赋，雍正二年（1724年）摊丁入地时，丁银是329余万两，此后就不再单独征收丁银，丁银已摊入田地，和田赋一起计算征收，田赋、丁银改称地丁银。这就是说，从雍正二年将丁银329余万两摊入田赋征收后就没有丁银。因此，乾隆六十年册载的人口29600余万人应交的丁银933余万两，实际上只征收了摊入田地的329余万两，少征了604余万两，道光十四年更少交了934余万两。所以，完全可以说，康熙宣布的滋生人丁永不加赋政策，是应该肯定的、真正的一大德政。

二、扶植清官　欲图"澄清吏道"

（一）廉官辈出

玄烨十分重视吏治问题，深知吏治之好坏，是国家盛衰治乱的关键。早在亲政前夕，他便谕吏部等衙门说："民为邦本，必使家给人足，安生乐业方可称太平之治。近闻直隶各省，民多失所，疾苦颠连，深可悯念，或系官吏贪酷，朘削穷黎，抑或法制未便，致民失业。①着内外官员陈奏民生利病。侍读熊赐履奏称，小民苦于私派杂捐，乞甄别督抚之贪廉贤劣。"

康熙八年（1669年）六月初六日，即擒鳌拜之后20天，他再谕吏部，重述黎民苦于贪官之敝说："朕夙夜图治，念切民生艰难，加意抚绥，俾各安居乐业，乃成久安长治之道。迩年水旱频仍，盗贼未靖，兼以贪官污吏肆行朘削，以致百姓财尽力穷，日不聊生，朕甚悯焉。"②

有一御史奏称："民生安危视吏治，吏治贪廉视督抚"，而几年以来，未见总督参巡抚和巡抚纠劾总督，如此互相庇护，焉能"澄清吏道，拯救生民"，请议定革除督抚互庇之条例。部议予以否决，帝命严饬各省督抚遵行。③

康熙十八年（1679年）七月三十日，玄烨以京师大地震，传集满汉大学士以下、副都御史以上官员于左翼门，谕告诸臣说："顷者地震示警，实因一切政事，不协天心，故招此灾变，在朕固宜受谴，尔诸臣亦无所辞责。"玄烨思招灾之因有六，其一是："民生困苦已极，大臣长吏之家日益富饶"，小民因家无衣食，"将子女入京贱鬻者，不可胜数"。"此皆地方官吏谄媚上官，苛派百姓，总督、巡抚、司道又转而馈送在京大臣，以天生有限之物力、民间易尽之脂膏，尽归贪吏私囊"，小民愁怨，致招水旱日食星变地震之异。④玄烨因此特别重视"察吏安民"。他一方面实行"京察""大计"等考察制度，重开风闻言事之例，惩处贪官，先后将湖广巡抚张汧、大学士明珠、余国柱、两江总督噶礼等分别革职及处死外，同时又特别致力于扶植清官。

康熙九年（1670年）九月二十一日，他谕吏部、兵部说："朕唯致治雍熙，在于大小臣工悉尚廉洁，使民生得遂。"⑤康熙二十年（1681年）十二月十三日，他在总结吴三桂叛乱之初，"各省兵民相率

①《清圣祖实录》卷22，第5页。

②《清圣祖实录》卷30，第2页《令诸臣条奏利民之法》。

③《清圣祖实录》卷30，第17页。

④《清圣祖实录》卷82，第19页。

⑤《清圣祖实录》卷34，第6页。

背叛"的原因时，着重指出是由于朝廷恩泽不足、吏治不整、德泽素未孚洽、吏治不能剔厘所致。他强调从现在起，群臣之间，宜益加修省，恤兵养民，布宣德化，务以廉洁为本，共致太平。"若大小臣工，人人廉洁，俾生民得所，风俗淳厚，教化振兴，天下共享太平之福"，[①]则比仅上尊号，更有益处。

浙江平湖人陆陇其，康熙九年（1670年）进士，十四年授嘉定知县，洁己爱民，去官之日，唯图书数卷及其妻织机一具，"万民遮道攀辕。既去之后，家家遥祝，比于父母"。后任灵寿知县七年，为巡抚推荐为"清廉官"，旋行取入京，授四川道监察御史，以坚持捐纳人员必须有人保举，并不得先于正途任用，与九卿持异议，户部奏请夺陇其之官，发放奉天。帝借口其系言官，可以宽贷，适顺天府尹卫既齐巡视畿辅完毕回奏："民心惶惶，恐陇其远谪"，[②]于是陇其得以免罚。若非玄烨维护，这一与成龙同样清操爱民之廉吏，就要遭受流放之苦了。

福建莆田人彭鹏，康熙二十三年（1684年）任直隶三河知县，惩豪横，抚弱民，不畏强暴，政绩卓著。康熙二十七年十月，玄烨巡视畿辅，赐彭鹏帑银300两，嘉谕其说："尔为官清正，不受民钱，特赉银三百两，以养尔廉，胜视民间数万两矣。"此后，彭鹏虽数遭大臣挟私劾奏加罪，帝皆宽宥，尽力保全，并不断擢用，任至广西巡抚、广东巡抚。三十九年，河南巡抚徐潮将上任时，帝谕徐说："尔能如张鹏翮、李光地、郭琇、彭鹏所行，则不但为当今名臣，即后世亦可取矣。"[③]

广东海康人陈瑸，康熙三十三年进士，授福建古田知县。"古田多山，赋役不均，民多逋逃，瑸为均平，民得苏息。瑸服御俭素，自奉惟草具粗粝，居止皆于厅事，昧爽治事，夜分始休"，"清介公慎，杜绝苞苴"，"在官应得公使钱，悉屏不取"。巡抚张伯行力荐陈瑸"廉能著称，舆情说服"，超擢偏沅巡抚。五十四年入觐，奏称"官吏妄取一钱，即与百千万金无异"，臣初任知县，"不取一钱，亦自足用"。退

①《清圣祖实录》卷99，第10页。

②陈康琪：《朗潜纪闻初笔》卷1；《陆清献·巡抚寿礼》；龚炜：《巢林笑谈续编》卷上《君臣契合》，卷下《陆清献息讼示》。

③《清圣祖实录》卷201，第1677、1794、1840、1905页；萧奭：《永宪录》卷2下，第141页；《清圣祖实录》卷201，第21页；卷203，第23页；卷206，第12、26页；陈康琪：《朗潜纪闻初笔》卷3，《冯山公撰恨不见彭公叙》。

后，玄烨目视其身说："此苦行老僧也。"过了几天，帝谕廷臣：朕昨召陈瑸入见，细察其举动言语，"实系清官"，以海滨务农之人，非世家大族，又无门生故旧，"而天下之人莫不知其清"，"国家得此等人，实为祥瑞，宜加优异，以厉清操"。调任福建巡抚，兼摄闽浙总督，五十七年卒，遗疏奏请以应得公费13000余两解充西师之用。帝谕大学士："陈瑸居官甚优，操守极清，朕所罕见，即从古清臣亦未必有如彼者。"前在台湾道任内，所应得银3万两，悉用于公事，署总督时，应得银两亦未分毫入己，"诚清廉中之卓绝者"，似此不加表扬赐恤，何以示劝，着追授礼部尚书，"以示朕优礼清廉大臣之意"。①

满洲直隶巡抚格尔古德，"清介，布衣蔬食，却馈遣，纤毫不以自污"，严惩为害百姓的八旗王公大臣，"没后人犹思慕称颂"。汉军直隶巡抚金世德，奏准免去唐县等三十七州县1600余顷不能耕种的河流沙滩虚粮银两万余两。浙江巡抚赵士麟，以驻防旗兵放"印子钱"，取息大重，逼得债民卖妻子田地房舍，还不清则控官追讨，移会驻防将军，"掣缴契约，损资代偿"。将军下令，"减子归母，母复减十之六"，百姓称颂。赵士麟又督役疏浚省城多年淤塞河道，半年竣工，"禁革规费，积弊一清"。满洲两江总督傅腊塔，"清弊政，斥贪墨"，平反多起冤案，革除累民厘税和荒田钱粮。康熙谕赞傅腊塔说："傅腊塔和而不流，不畏权势，爱惜军民。两江总督居官善者，于成龙而后，惟傅腊塔。"②汉军浙江布政使石琳，"裁革陋规，禁加耗尤严。尝曰：革一分火耗，可增一分正供"。③"河南火耗最重，州县多亏欠"，徐潮就任河南巡抚后，"令火耗无过一分，州县私派，悉皆禁革"。归德府属永城、虞城、夏邑三县受灾田地多达1.7万余顷，徐潮出卖常平仓、义仓、社仓粮谷，"借给灾民，牛种，全活者众"。汉军靖海侯施琅之子施世纶，以荫生授江南泰州知州，"廉惠勤民，州大治"。康熙二十七年，淮安遭水灾，帝遣钦差大臣督修堤工，从者数十辈，"驿骚扰民"，施世纶惩治不法之人，湖北兵变，官兵来援，"世纶具刍粮，而使吏人执

①《清圣祖实录》卷266，第14、15页；《康熙起居注》第2230、2233、2234页；《康熙全译》第1030、1333、1344页；萧奭：《永宪录》卷3，第201页；《清史列传》卷11，《陈瑸传》。

②《清史稿》卷275，《傅腊塔传》。

③《清史稿》卷276，《石琳传》。

梃列而待，兵有扰民，立捕治，兵皆敛予去"。二十八年以承修京口沙船迟误，部议降调。总督傅腊塔上疏保救，称施世纶"清廉公直"，帝允其奏，命施留任，并升任扬州知府，三十二年移任江宁知府。父卒，离任守孝。四十年，湖南官阶正三品的按察使员缺，九卿举施世纶升任。康熙谕大学士伊昌阿："朕深知世纶廉，但遇事偏执，民与诸生讼，彼必祖民；诸生与缙绅讼，彼必祖诸生。处事惟求得中，岂可偏执。如世纶者委以钱谷之事，则相宜耳。"遂授湖南布政使，官阶从二品。湖南田赋丁银有徭费，漕米有京费，施世纶上任，尽革徭费，减京费四之一，"民立石颂之"。后升漕运总督。施世纶当官"聪强果决，摧抑毫猾，禁戢胥吏，祈至有惠政，民号青天"。在江宁，以丁忧归，"民乞留者逾万。既不得请，人出一钱，建两亭府署前，号一文亭"。①浙江西安县，三藩之乱，户口流亡，豪强趁机霸占田土，进士陈鹏年就任知县后，"履亩按验"，使数千户民人收回己业。烈妇徐氏冤死十年，陈鹏年查清案情，将罪犯绳之以法。并禁止溺死女孩，"民感之，女谷弃复育者，皆以陈为姓"。山东大灾，饥民众多，皇上发谷赈灾，陈鹏年经理衮州赈灾，"全活数万人"。升任江宁知府后，总督阿山令增派田地火耗银，以修皇上巡幸时所住行宫，陈鹏年坚决拒绝。总督痛恨陈鹏年，使用奸计，命陈鹏年办理龙潭行宫服侍皇上事务，太监索要贿赂，陈鹏年毫不应承。奸人"中以蜚语"，诬陷陈鹏年，帝信其词陈鹏年将遭大祸。幸好，致仕大学士张英谒见皇上。康熙问，江南廉吏为谁，张英举陈鹏年。康熙又问有何事迹。张英说："吏畏威而不怨，民怀德而不玩，士式教而不欺，廉其末也。"即言其善于治理江宁，吏、民，生皆颂其好，清廉乃其众善之中之末善。"上意乃释"，才未信谤其之诬词。后阿山又诬告陈鹏年，帝派钦差大臣与阿山会审，革陈鹏年知府，关押狱中，"江宁民吁号罢市，诸生千余建幡"，将告御状。钦差大臣拟议，斩杀陈鹏年。康熙与大学士李光地评论阿山之为官。李光地说："阿山任事廉干，独劾陈鹏年犯清议。"康熙点头赞同，始将陈鹏年罢官免死，召入武英殿修书，以保全陈鹏年。不久又任其为苏州知府，康熙六十一年，命陈鹏年署河道总督。雍正继位，实署河道总督。为堵塞黄河武陟县马营口的大决口，陈鹏年亲督工役抢修，吃住皆在河坝，"寝食俱废"，病死于工地。雍正闻悉，谕赞"鹏年积劳成疾，没于工所，闻其家有八旬老母，室如悬罄。此真鞠恭尽瘁

---

① 《清史稿》卷277，《施世纶传》。

死而后已之臣"，赐白银2000两，赐其母封诰，谥恪勤，祀河南江宁名臣。①

《清史稿》在为于成龙、施世纶、陈鹏年等清官能臣立传之后，总评说："康熙中叶后，天下乂安，封疆大吏多尚廉能，奉职循理"。"康熙间吏治清明，廉吏接踵起，圣祖所以保全诸臣，其效大矣。"②

（二）"天下廉吏第一"于成龙

玄烨对清廉官员，极力扶植、嘉奖、擢用、培养和保护。山西永宁人于成龙，系明崇祯年间副榜贡生，顺治十八年授广西罗城知县，时战乱刚止，遍地荒芜，县中居民仅有六家，无城郭廨舍。于成龙呈请上司宽徭役，疏行盐引，又建学宫，创设养济院，居官七年，与民相爱如家人父子，"县大治"。

后来于成龙写了《治罗自纪并贻友人荆雪涛》一文，详细叙述了当时的艰辛、危险、治理及内心忧虑和想法，现引录于下：

"广西柳州之罗城，偏处山隅，东北界连湖南道通一带，西北界连贵州清平一带，其余土司环绕，山如剑排，水如汤沸，蛮烟瘴雨，北人居此，生还者什不一二。土民有瑶僮狫狼之种，带刀携枪，其性好杀，父子兄弟反目操戈，恬不知怪。顺治十六年冬，初入版籍。成龙于十八年到任。掣签后，亲者不以为亲，友者不以为友。行李萧条，自觉面目可憎。赊脚钱，寄口食，行至清源，敝同年王讳吉人，初为萧山尹，继转苏丞，时读礼家居，慷慨仗义，反复开明，粤西非吉祥之地，素知成龙家食尚可自给，力劝勿任，以缴凭为高见。成龙时年四十五，英气有余，私心自揣，读书一场，曾知见利勿趋，见害勿避，古人义不辞难之说何为也，俯首不答。王兄默知其意，亦不复阻，洒泪而别。

五月初三日至家，别继母妻儿，资斧艰难，典田卖屋，设法止有百金。携苍头五人，勇壮可伴。临行散族相钱欢饮，至夜扶醉就枕，而天已明矣。古云壮士非无泪，不洒别离间，此不情语也。天明，举家拜别，大儿廷翼入庠已久，犹如处子。将祖遗田产文券开明交付外，止云：我做官，不管你，你治家，莫想我二语，甫出户庭，而哭声已达外

① 《清史稿》卷277《陈鹏年传》。

② 《清史稿》卷276、277。

矣。拜别祠堂，不觉肠断，门里门外，相聚而泣，不复回顾，搅辔登程，此时之壮气，真可吞瑶僮，餐烟瘴，而不为之少屈。

迫行至湖南冷水滩，一病颠连，未免英雄气短。勉强扶病陆行，至桂林，谒见上台，皆知羸体伶仃，询及病状，咋舌惊讶，惟劝以延医调治，勿亟赴任。抱病之人至是胆落，往日豪气从何得来。病几危，以苦孽未尽，不速死。扶病至柳州，稍愈，尚不知罗城在何方也。罗城与融县沙巩连界，行至沙巩，遇许乡老，仔细盘问，方知对山即为罗境。登山一望，蒿草弥目，无人行径，周山遍似营阵，哀哉此何地也，胡为乎来哉，悔无及矣。从此想敝同年之忠告不置也。痴人作梦，以为边境如此，渐入腹里，或不然。可怜黄茅，直抵城下。

八月二十日入县中，一如郭外，居民六家，茅草数椽，寄居关夫子庙，安床于周仓背后，夜不瞑目，痛如刀割。黎明上任，无大门，无仪门，两椑茅草，一如荒郊，中堂草屋三间，东边隔为宾馆，西边隔为书办房，中间开一门，入为内宅，茅屋三间，四围俱无墙壁，哀哉此一活地狱也，胡为乎来哉。

郁从中来病，不自持，一卧月余，从仆环响而泣，无一生气。张目一视，各不相顾，无如罪孽未尽，死而不死，乞归无路。扶病理事，立意修善，以回天意，凡有陋弊，清查详革。可憾己命己殒，祸及从仆，黄瘦似壁昼阴鬼，相对而泣，莫能相救。无何而一仆丧命，余仆惊惶，不知所以。

至康熙元年正月，群谋为归计。成龙自忖一官落魄复何憾，诸仆无罪，何苦累之？叮咛各自逃生。中有一仆苏朝卿，仗义大言曰："若今生当死于此，回去亦不得活。弃主人流落他乡，要他们何用哉！"哀哉！幸有此也！其余掉头不顾。当时通详：边荒久反之地，一官一仆，难以理事，乞赐生归。当事者一哂而已。本年逃仆归家，大儿悲念天涯万里，一主一仆，何以安身？续觅四仆来任。而三仆皆登鬼录，止存一仆，在衙昼夜号跳，一如风魔。事处两难，一人难以远行，欲将存仆伴归，只身更苦。无如存仆亦有思归之念，听其浩然长往万里。惟余一身，生死莫能自主。

夜枕刀一口，床头贮枪二杆，为护身符。然思为民兴利除害，囊无一物，瑶僮虽顽，想无可取之货，亦无可杀之仇。帖然相安。

事到万不得已之时，只得勉强做来。申明保甲，不许带刀携枪，咸遵无违。间有截路伤命，无踪盗情，务期跟寻缉获。隐昧事情，尽心推敲，必得真实，立刻诛戮，悬首郊野。渐次心服，地方宁静。而上台采访真确，于是有"大事杀了解省，小事即行处决"之通行也。

境内虽平，憾与柳城西乡为邻，此地祖孙父子长于为贼，扰害无已。申明当事，皆以盗案为艰，置之高阁。成龙思渐不可长，身为父母而可使子弟遭殃乎？约会乡民练兵，亲督剿杀，以对命为主，杀牛盟誓，齐心攻击。先发牌修路，克日进剿。此未奉上命而专征，自揣功成亦在不赦之条，但奋不顾身，为民而死，胜于瘅病而死也！主意已定，决不可回。而渠魁俯首，乞恩讲和，抢掳男女牛只，尽行退回，仍约每年十月犒赏牛只花酒一次。取各地方甘结存案，敢有侵我境界者，不报上司，竟行剿灭。第僮人不怕杀，号令一以剥皮为主，而邻盗渐息。至是上台采访更确，反厌各州县之请兵不已、报盗不休之为多事也。

嗣后官民亲睦，或三日或六日，环集问安，如家人父子。言及家信杳绝，悲痛如切己肤。

土谣'武阳冈三年必反乱一场'，任至三年，寝食为之不安，赖人心既和，谣言不足信也。又云'三年一小剿，五年一大剿'，及至五年，又当愁苦，赖官民相爱，谣言不足凭也。

时法令太严，有犯必杀；情谊为重，婚娶丧祭民间之礼，一行无不达之隐。罗城之治，如斯而已。

康熙二年，藩宪金公特取入帘。诸官杠从盛饰，成龙止带皮套一件，共相惊讶，留意相难。时藩宪峻厉异常，辄欲诟詈属官。成龙心不平，居闱中屡以抗直，不少挫辱。从此见重，朝夕必求坐谈，盛典不可悉数。嗣升本省巡抚，即以条对下询，尽心敷陈民间利病，俱系入告重事。纳言如流，事事题疏，而主文者词不达意，旨允者十之七八。

康熙六年，成龙以边俸逾期，八月升四川合州。时报未到，金抚台面谕两司，如不举罗城令，本院当特疏荐举矣！两司唯唯从命，而以卓异闻。抚台又恐地方委用不得人，反滋扰害，专疏新旧交代。

哀哉！数年一举一动，原非为功名富贵计，止欲生归故里。日食二餐或日食一餐，读书堂上，坐睡堂上，毛头赤脚，无复官长体统。夜晚饮酒一壶，值钱四文，并无小菜，亦不用箸。快读唐诗，写俚语，痛哭流涕，并不知杯内之为酒为泪也。间尝祝告城隍，谓我无亏心事一点，当令我及早还乡。幸得保全性命，回想同寅诸公死亡，无一得脱，鬼神无爽，能不寒心！

赴蜀之日，别金抚台，蒙谕云：'我荐举一场，指望行取。知道你穷苦，我为你凑下盘费。谁知你先升了，此亦是你的命。但两司因认不得你，不肯荐举你。本院发怒，方才举来。谁想督台将你考语淡薄自甘四字圈了，立意粤西只举荐你一个，亦是公道难泯处。今你往四川，又是苦了，照罗城县做去，万不可坏我名声。我与书两封，一与总督，一与抚台。'"

因此益励前操，至死不变。此数年之大概也。

于成龙的以上罗城自书，写得很好，可以说是罕见佳文。

康熙六年，于成龙迁四川合州知州，大乱之后，州中仅遗百姓百余人，正赋才15两，而供役却十分繁重。于成龙力革积弊，招民垦田，贷以牛种，仅只一月，户增至一千。后历任黄州府同知等职，十七年迁福建按察使，时以通南明延平王郑经事株连数千无辜之人，已定死罪即斩，于成龙告禀奉命大将军亲王杰书，"言所连引多平民"，宜释放，杰书"素重成龙，悉从其请"。军中掠良民子女，没为奴婢，于成龙集资赎归。十八年九月，巡抚吴兴祚疏荐于成龙屡申冤抑，"不轻差一役"，"性甘淡泊，吏畏民怀，为闽省廉能第一"。帝甚喜，批示："于成龙清介自持，才能素著，允称卓异。"立迁布政使。

康熙十九年，升直隶巡抚。上任伊始，于成龙即两颁二檄，严禁火耗和馈送上司。其严禁火耗檄说：

严禁火耗谕

"朝廷则壤以定赋，百姓按则以输粮，原有一定之规。在州县各官身为民牧，亦当上体朝廷德意，下念百姓困苦，按则征收，更不可意为轻重，故火耗之禁，功令首严，所以励官方惜民力甚切也。乃有司视为弁髦，全不凛遵，指授柜书，高下其手，有加二者，有加三者，有明虽加一而暗实加三者，种种窃脂之行，无异窃盗，相沿成风，恬不为怪。本院自历任以来，此中情弊知之最悉。今特膺简命，抚莅兹土，首以察吏安民为事。凡各州县卫务须洗心涤虑，痛除积习，毋额外以横征，毋恣意以腹削，爱功名而爱百姓，既可以不愧衾影，复可以无惭职守，明有循良之誉，幽有阴骘之报，即本院亦乐与诸有司共觊厥，成特疏荐扬。傥有不肖有司狃于故习，甘蹈陋规，不恤民怨，不顾鬼谴，或快意于轻裘肥马，或肆志于田宅妻妾，或近为耳目之娱，或远为子孙之贻，当民穷财尽之日，饥馑洊臻之时，稍有良心，莫不拊膺长叹，即多方轸恤，尤苦国赋难完，民力难支，又安忍于正供正数之外，敲鸠形鹄面之骨，吸卖儿鬻女之髓，以遂一身一家之欲。忍心害理，祸必不远，天道好报，决不爽期，总以为幽渺难凭，且顾目前，然国法俱在，本院决不敢徇纵以玩功令。除通行各属严饬外，合行出示晓谕。"①

其严禁馈送檄：

严禁馈送檄

"礼有交际，原因分谊相近，互为献酬，用将诚敬，至名分悬隔，体统攸关，自合杜绝馈遗，凛遵功令，孰敢陨越，以滋罪戾。虽其间用下敬上，礼顺人情，然既不可疏，尤不可越。本院与各州县共事一土，休戚固自相关，名分实属悬隔，若复交际，何异朋侪，是敬上乃所以犯上，顺情适成其悖礼，因循成习，不独有干宪典，亦且亵渎等威。如大名县知县公然开具手本，呈送中秋节礼，越分犯上，本应题参，姑念初犯，暂从宽宥，合行严饬。为此票仰该道，照票事理，即便转行各属申饬嗣。后凡遇重阳、冬至、元宵等节，并过路送礼，各衙门概行禁止，如有私相馈献，查出并行题参，决不姑宽，各宜一体恪遵施行。"

于成龙还奏准豁免水冲沙压地1800顷钱粮，劾罢多收火耗银的知县赵履谦。二十年正月，于成龙入觐，玄烨嘉谕说："尔为今时清官第一，殊属难得。"帝并谕大臣："于成龙起家外吏，即以廉明著闻。荐陟巡抚，益励清操。凡有亲戚交游相请托者，概行峻拒。所属人员并戚友，间有馈遗，一介不取，朕甚嘉之。知其家计凉薄，特赐内帑银一千两，朕亲乘良马一匹，以示鼓励。"第二，擢任江南江西总督。于成龙依据历任知县、知州、知府、按察使、布政使、巡抚所知民情、吏治、官场及治政经验，相继颁《兴利除弊条约》《严禁抽丰谕》《禁送节礼谕》等谕示，整顿吏治，兴利除弊，为民谋利。

兴利除弊条约

"照得州县各官历民积弊，处处皆然，而江南尤甚。本部院下车以来，

①② 于成龙：《于清端政书》卷5。

即访有等不肖有司，悖违严旨，剥削小民，而莫之恤，因循陋规而莫之除。本部院恤民念切，本拟将此等积弊，据实入告，仍开劣员，以昭贪墨阘冗之戒。但初经莅任，正望各属悔罪维新之候，姑从宽典，除已往不究外，自今伊始，尔等各官务将后开积弊，尽行痛革，所有应禁和款胪列于左：

一、严禁火耗。征收钱粮，照部颁法马，令花户自封投柜，不许暗加火耗，久奉禁例，况经功令创惩，州县各官自宜洗心革面。乃访闻江南下江州县，征收钱粮，仍有火耗，上江较为尤甚，而江西州县火耗，竟有每两加一二钱不等。哀此小民剜肉医疮，吞声饮泣，而不肖有司方且肥家润橐，坐致富饶，恬不知耻。本部院念火耗之弊，害民最众，而累民最甚，务必痛除尽革，以纾民困。如有不遵，访出定行参究。该管道府不行揭报。均难辞咎。

一、禁止私派。小民终岁勤苦，竭胼胝之力，难完输将之供，而不肖州县往往巧立名色，借端私派。如条银则有倾销解费之派，漕粮则有修厫监兑之派，由单编审则有刊刻纸张之派，种种名色弊难枚举。甚至江西地方，有湖差、芦差、门差、灶差，横征苛敛更可骇异。本部院颇有所闻，俟廉访得实，旦暮具疏纠参。如各官能及早猛省，痛自澌涤，本部院姑开面网，准与自新。若怙终不悛，阳奉阴违，或经访闻，或被告发，立行参处，断不姑息，以贻一路之哭也。

一、严禁馈送。从来寡所用斯廉所取，未有用之极繁多，而取之能廉洁者也。本部院访得两江官员专事弥缝，惟尚交际，司道府厅州县生辰令节，到任署任卸事，自下而上，无不递相馈送，视地方大小，区别等差，盈千累百，目为旧规。于是官评之贤否，吏治之勤拙，俱不可问。且此等馈送，不出于钱粮之加征火耗，则出于词讼之婪取赃私，以小民之膏血，供多官之结纳，民生何以得遂，物力何以得阜也。本部院下车清介自持，誓不受属员一毫馈送，尔司道府厅州县，务期共相砥砺，痛绝馈送，庶几悬鱼瘗鹿之风，远逮古人，而饮水茹蘗之操，更重今日。倘视具文，亵玩不遵，本部院访闻得实，白简具在，断无宽贷。

一、访拿衙蠹，澄叙官方，必先剔除衙蠹。盖此辈浸润，蛊惑于本官，不曰某项旧规可取，则曰某事前官曾行，且曰上司交际，平日费用，势不得不取资于此。大佞似忠，本官一堕其术，遂招摇兜揽，颠倒是非，播弄威福，本官利其暮夜之金，甘受捉弄，蠹役凭城依社，小民侧目含，冤毋论刑名钱粮，大小衙门，在在皆然，缘积蠹久居衙门，或父子兄弟，出入朋充，或已役满，而仍前干预，尽法处治。"①

严禁抽丰谕

"江南财赋重地，连岁灾荒，十室九空，凋瘝已极。司牧各官身在地方，自宜轸念艰难，多方体恤，以培养元气，巩固邦本。乃有等不肖，竭尽民力，滥结亲知，而往来过客，络绎如云，或挟势需索，辗转请托，或冒称瓜葛，盘踞招摇，包揽词讼，颠倒是非。凡民间借盗勾逃，诈财假命，以及户婚田土细事，无不说合线引，暮夜分肥。出入衙署，拴通地虎废绅恶棍，起灭风波，网罗局骗，威逼听断，无厌贪婪，把握官柄，屈抑下情，交游馈送金钱，悉是小民破家脂血，抽丰作耗，竟成通病。本部院深悉此弊，合亟严禁，为此示仰督属文武官员绅士军民人等知悉，嗣后此等大胆游棍，务要各自敛迹，不得仍前周流出没，见利忘命。地方官先洁己自守，毋得曲徇情面，交结此辈，吮吸我民。通饬僧道寺院歇家各处，不许潜留顿宿，如有前项情弊，一经告发访实，定置以法。地方官并从重参处，断不姑宽一线也。凛遵毋忽。"②

禁送节礼谕

"交际之道，古今不废，而名分所在，体统宜清。本部院督制两省，与各州县各官势位悬殊，举劾攸关，若逢时馈献，希冀通达，本部院安肯收受敲骨吸髓之赃物，而平分男盗女娼之报应也。除檄行藩臬，转行饬禁外，合行出示晓谕。为此示仰督属文武官员人等知悉，一体遵照毋违。"③

江西总督于成龙，疏荐汉军旗人通州知州于成龙等清廉贤官，"革加派，剔积弊，治事尝至达旦"。于成龙好微服私访，察知民间疾苦和属官贤劣。"自奉简陋，日唯以粗粝蔬食自给"，民众崇敬地、亲切地称于成龙为"于青菜""于豆腐"。他的影响也是立见。江南原本习俗侈丽，至是，"相率易布衣，士大夫家为减舆从、毁丹垩，婚嫁不用音乐，豪猾家远避。居数月，政化大行"。豪家惧其不利于己，捏造流言蜚语，诬其宠用劣员。明珠秉政，更与于成龙相忤。二十二年，副都御史马世济劾于

①②③ 于成龙：《于清端政书》卷6。

成龙年衰昏庸,为中军副将田万侯蒙蔽,"人多怨言"。帝命于成龙回奏,于成龙引咎乞谴,部议革田之职,令于成龙休致。帝命于成龙留任,后命其兼摄江苏巡抚、安徽巡抚。二十三年四月,于成龙病故,享年68岁。于成龙历官不携家属,卒时江宁将军、都统及僚吏入视,"唯笥中绨袍一袭、床头盐豉数器而已。民罢市聚哭,家绘像祀之"。帝谕赐祭葬,谥清端。七月,内阁学士锡住勘海疆返京,帝问其于成龙居官情形,锡住奏称,于成龙居官甚清,但因轻信,或为属员欺罔。帝批驳其言说:"于成龙在直隶为官甚善,故朕特简任总督,有人言其在江南变更素行,病故后,知其始终廉洁,甚为百姓所称。殆因素性耿直,与之不合者,挟仇谗害,造作'属下欺罔'等语,是为不肖之徒所嫉耳!居官如成龙者有几。"年底,玄烨又谕大学士:"原任江南江西总督于成龙操守端严,始终如一。朕巡幸江南,延访吏治,博采舆评,咸称居官清正,实天下廉吏第一,应从优褒恤,为大小臣工劝。"帝并御制诗以赞,其诗有:"服官敦廉隅,抗志贵孤洁。""江上见甘棠,遗爱与人说。"随即加其太子太保,荫一子入监。[①]

(三)"天下清官第一"张伯行

玄烨对清廉官极力维护保全,这在张伯行一案上表现得十分清楚。

张伯行,河南仪封人,康熙二十四年(1685年)进士,家道殷实,四十二年授山东济宁道,值岁饥,"即家运钱米,并制棉衣,拯民饥寒"。奉命赈汶上、阳谷二县,发仓谷2万余石,布政使劾其专擅,伯行据理力争,得免罪,帝闻,赐予"布泽安流"榜。四十六年三月,玄烨南巡,时命所在督抚举荐贤能官,无人荐张伯行。

玄烨谕随从大臣说:"朕访知张伯行居官甚清,最不易得。"及见到张伯行,帝面谕:"朕久识汝,朕自举之,他日居官而善,天下以朕为知人。"遂擢福建巡抚,赐"廉惠宣猷"榜,四十八年调江苏巡抚。五十年十月,因江南乡试副考官赵晋交通关节,贿卖举人,士论哗然,

---

① 《清史列传》卷8,《于成龙传》;《清史稿》卷277,《于成龙传》;《清朝先正事略》卷7,第5、6页;《康熙起居注》第660、664、668、1257、1258、1480页;叶梦珠:《阅世编》卷4,第95—97页;余金:《熙朝新语》卷4,第22、23页;钱泳:《履园丛话》卷4,《人心习亏》;王士禛:《池北偶谈》卷3,《于成龙、陆陇其》;《郎潜纪闻三笔》卷7,《于清端深得罗城民心》。

数百人抬财神入学宫。张伯行疏参其事，帝命尚书张鹏翮、侍郎赫寿按治。张伯行与江南江西总督噶礼会审时，获悉举人吴泌与副考官赵晋通贿情形，噶礼不许再审，遂于五十一年奏劾噶礼，并言其有索银50万两之事。噶礼亦劾张伯行不能清理案件，诬害良民张元隆等七罪。帝命俱解任，听审。张鹏翮、赫寿查后奏称，噶礼无交通关节得银之事，张伯行应革职拟徙准赎，噶礼降一级留任。帝切责二臣，命户部尚书穆和伦、工部尚书张廷枢前往严审。九月，穆和伦二臣题奏，噶礼无罪，张伯行诬陷张元隆通盗，不审不结，拖毙多人，又诬奏督臣，应革职。吏部复议赞同，九卿詹事科道议如吏部所拟。眼看张伯行就要革职了。

钦差大臣、吏部、九卿皆以噶礼为是，噶礼何许人也，有如此能耐和势力！原来噶礼大有来头，他的曾祖父乃太祖之长女固伦公主之额驸何和礼，开国元勋，追封三等公。他的祖父和硕图，娶太祖孙女，号和硕额驸，封三等公。噶礼的堂兄彭春，袭封一等公，以都统领兵击败俄国占据雅克萨城军队，立下军功。噶礼又因大清官赵申乔之子知府赵凤诏向帝面奏"噶礼为山西第一清官"，帝听信其言，被帝擢任江南江西总督，故权势赫赫，交际广泛。而张伯行一再蒙帝嘉奖，又"苛刻富民"，难免不受官僚妒忌和小人诬陷。故钦差大臣、九卿、詹事、科道做出了这样的结论。

其实，噶礼是一个大贪官，早在山西巡抚任内八年之中，就"贪婪无厌，虐吏害民，计赃数十万两"。南城御史袁桥、御史刘若鼎等先后奏劾其多收火耗银两、勒民捐银等罪，均被其巧辩（包括行贿等手段）得免，言官反被惩处。擢任两江总督后，更是贪酷专横、无恶不作。张伯行以一江苏巡抚，竟敢弹劾势焰熏天的顶头上司大总督，真是太岁头上动土，自然难逃大祸。

然而，万岁爷玄烨说话了。他于十月初五、初六两日连下两道长谕，赞扬张伯行之清廉，痛斥钦差大臣等拟议之颠倒是非。他谕告大学士、九卿等官说："张伯行居官清正，天下之人无不尽知，允称廉吏。"噶礼"未闻有清正之名"，"其操守，朕不能信。若无张伯行，则江南地方必受其朘削一半矣"。"噶礼屡次具折参张伯行，朕以张伯行操守为天下清官第一，断不可参，手批不准，谕旨见在噶礼处"，"此所议，是非颠倒"，着再秉公据实议奏。"清官不累民，朕为天下主，自幼学问研究性理等书，如此等清官，朕不为保全，则读书数十年何益！"此案初次遣官往审，"为噶礼所制，不能审出，及再遣大臣往审，与前无异。尔等诸臣皆能体朕保全清官之意，使为正人者无所疑惧，则人俱欣悦，海宇长享升平之福矣"。尽管皇上态度如此鲜明，强调必须保全清官，然吏部等衙门会议后仍然奏称：噶礼、张伯行俱系封疆大臣，不思和衷协恭，互相讦参，殊玷大臣之礼，应俱革职。"但地方必得清正之员，方不贻累百姓，张伯行应否革职留任，伏候圣裁"。玄烨批示：噶礼着革职，张伯行革职留任。五十三年四月，噶礼之母叩阍，告发噶礼与其弟、子令厨役下毒药欲将母毒死，且"噶礼家巨富"，携资财与妻子亲信住河西务，"不知何意"。玄烨大怒，下谕以噶礼不忠不孝、任意贪婪，着令其自尽，妻亦处死，弟、子斩监候，家产籍没。

玄烨扶植、保全、鼓励清官，对整顿吏治起了相当大的作用，当时涌现了一批洁己爱民、政绩卓著的清廉官员，对改善所在地区人民生活、发展生产，产生了强烈的影响。①

三、治理黄河

（一）治河八疏

黄河，是我国第二大河，全长5464公里，流域面积752443平方公里，自青海流经四川、甘肃、宁夏、内蒙古、陕西、山西、河南、山东，最后流入渤海。清代曾流经江苏、安徽两省。过去黄河下游曾决口泛滥1500余次，较大的改道有20余次。

黄河中段流经黄土高原区，土质疏松，水土流失严重，含沙量多，平均每年生产16亿吨泥沙，其中，12亿吨流入大海，4亿吨长年留在黄河下游，使河道淤积狭窄，河床逐年升高。最大的年沙量更高达39亿吨。因此，历史上黄河下游多次发生大水灾，人们也不得不在几千年里不断修治黄河。

---

① 《康熙起居注》第1975、2080页；《清圣祖实录》卷251，第15、16页；卷256，第8页；卷261，第17页；《康熙汇编》册7、册8，第768、769、770、1105页；《康熙全译》，第1267页；陈康琪：《朗潜纪闻》，第337、789、867、868页；金埴：《不下带编》第2页；《清史列传》卷12，《张伯行传》。

康熙六年（1667年），河水冲决桃源烟墩、菁县石将军庙，第二年又冲决桃源黄家嘴，"沿河州县悉受水患，清河冲决尤甚"。"高邮水高几两丈，城门堵塞，乡民溺毙数万"。八年、九年又决清河、曹县、单县。工科给事中李宗孔上疏奏述水患情形说："水之合从诸决口以注于湖也，江都、高、宝无岁防堤增堤，与水俱高。以数千里奔悍之水，攻一线孤高之堤，值西风鼓浪，一泻万顷，而江、高、宝、泰以东无田地，兴化以北无城郭室庐。他如渌阳、平望诸湖，浅狭不能受水。各河港疏浚不时，范公堤下诸闸久废，入海港口尽塞。虽经大臣会阅，严饬开闸出水，而年深工大，所费不赀，兼为傍海奸灶所格，竟不果行。水迂回至东北庙湾口入海，七邑田舍沉没，动经岁时。比宿水方消，而新岁横流又已踵至矣。"①

康熙十年、十一年、十二年、十三年、十四年、十五年，黄河连年决口，河道长期未曾好好治理，归仁堤、王家营、邢家口、古沟、翟坝等处，先后溃溢，高家堰决三十余处，淮水全部流入运河，黄河水逆流上至清水潭，"浸淫四出，砀山以东两岸决口数十处，下河七州县淹为为泽，清口涸为陆地"。②

从康熙五年起，先后换了杨茂勋、罗多、王光裕三位河道总督，皆以贻误河工革职。康熙决定大修费工，以图一劳永逸，康熙十六年二月二十四日，升安徽巡抚靳辅为河道总督。

靳辅，汉军，顺治九年以官学生考授国史馆编修，改内阁中书，官阶正七品，迁兵部员外郎。康熙初，自郎中四次升迁，任内阁学士，官阶正五品，兼礼部侍郎者正三品，雍正时改为从二品。康熙十年授安徽巡抚。

靳辅勤奋好学，精研细究，见解超人，从一个普普通通的官学生，考授国史馆编修，十来年间便以才智学识五次升迁至内阁学士，再升巡抚。而安徽又是常受黄河水灾的老灾区，所以他便精心研究河务，并"遍历河干，广谘博询"，又访求得治河奇才陈潢相辅。

靳辅求得陈潢入幕，确系值得大书特书的逸事。佘金的《熙朝新语》卷四叙述靳、陈之遇说：靳文襄公过邯郸吕祖祠。见壁有题诗云：富贵荣华五十秋，纵然一梦也风流。而今落拓邯郸道，要与先生借枕

---

① 《清史稿》卷126，《河渠一》。

② 《清史稿》卷279，《靳辅传》。

头。墨迹未干，踪迹其人，乃秀水陈天裔也，一见遂为知己。天裔名潢，明钩戈之法，复精奇门步算，凡河防得失变态，并有先见，一时治河诸员以师事之。康熙二十三年五月，上南巡问靳曰："尔必有通今博古之人辅尔。"靳以陈潢对："即蒙召见，特赐参议衔。"以幕友邀恩，遽膺四品冠服，可谓奇人有奇遇也。

因此，几年之内，靳辅形成了自己的治河方针、方法。他认为，明代治河名臣潘季驯的"筑堤束水，以水攻沙"的理论最好最务实。在此基础上，他研究出了一系列的治河措施。他在《河道敝坏已极疏》中，批驳了只知保证运河畅通而不注重治理黄河的做法，提出统筹全局，"合河道运道为一体，彻首尾而合治之"的指导方针。他说："治河当审全局，必合河道、运道为一体，而后治可无弊。河道之变迁，总由议治河者多尽力于漕艘经行之处，其他决口，则以为无关运道而缓视之，以致河道日坏，运道因之日梗。河水裹沙而行，全赖各处清水并力助刷，始能奔趋归海。今河身所以日浅，皆由从前归仁堤等决口不即堵塞之所致。查自清江浦至海口，约长三百里，向日河面在清江浦石工之下，今则石工与地平矣。向日河身深二三四丈不等，今则深者不过八九尺，浅者仅二三尺矣。河淤运亦淤，今淮安城堞卑于河底矣。运淤，清江与烂泥浅尽淤，今洪泽湖底渐成平陆矣。河身既垫高若此，而黄流裹沙之水自西北来，昼夜不息，一至徐、邳、宿、桃，即缓弱散漫。臣目见河沙无日不积，河身无日不加高，若不大修治，不特洪泽湖渐成陆地，将南而运河，东而清江浦以下，淤沙日甚，行见三面壅遏，而河无去路，势必冲突内溃，河南、山东俱有沦胥沉溺之忧，彼时虽费千万金钱，亦难克期补救。"[1]

靳辅于康熙十六年七月十九日上《河防八疏》，每疏一事，《清圣祖实录》卷68，第6页摘要记述了疏的要目及帝之批示："河道总督靳辅疏言，河道敝坏已极，修治刻不容缓，谨条列八疏以奏。一、挑清江浦以下，历云梯关至海口一带河身之土，以筑两岸之堤。一、挑洪泽湖下流高家堰以西，至清口引水河一道。一、加高帮阔七里墩、武家墩、高家堰、高良涧，至周桥闸残缺单薄堤工。一、筑古沟、翟家坝、一带堤工、并堵塞黄淮各处决口。一、闭通济闸坝，深挑运河，堵塞清水潭等处决口，以通漕艘。一、钱粮浩繁，须预为筹划，以济工需。一、请

---

[1]《清史稿》卷279，《靳辅传》。

裁并河工冗员，以调贤员，赴工襄事。一、请设巡河官兵。疏入，命议政王、大臣、九卿、詹事、科道、掌印不掌印各官，会同详确议奏。寻议，黄河关系运道民生，固应急为修理。但目今需饷维殷，且挑浚役夫，每日需十二万有余，若招募山东、河南等处，不唯贫民远役，途食无资，抑恐不肖官役，借端扰民。应先将紧要之处，酌量修筑，俟事平之日，再照该督所题，大为修治。旨，河道关系重大，应否缓修，并会议各本内事情。着总河靳辅，再行确议具奏。"

以上共议修五项工程，每日需夫12万。设立河标及各河营，共兵5860名，掌河工调遣、督护、守汛和防险。配置浚船296只，以经常维修保护堤坝。经费初步估算是214万余两，后增为250万余两。工期三年。

康熙十七年正月十三日，靳辅遵旨上疏，具体补充前疏所述诸事："河道总督靳辅遵旨覆奏，臣前将河工事宜，分疏条奏。蒙皇上以河道关系重大，应否缓修，命臣再议。臣谨逐一再议题覆。一、用驴驮土，可以节费。前拟每日用夫十二万有奇，今改用夫三万余名，驴三万余头。前限二百日完工者，今改限四百日完工。再于两岸遥堤内，筑缕堤以束水，筑格堤以防决，庶可不致溃决矣。一、洪泽湖下流高家堰西北一带，即烂泥浅等处，臣前疏因正河浅阻，请于河身两旁，各挑引河一道，今因正河全淤，臣已兴工，挑浚通流。今止须挑引河一道，庶伏秋水涨，淮行有路，可无他虞。一、运河既议挑深，若不束淮入河济运，而仍容黄流内灌，则不久复淤。臣见于高家堰临湖一带决口，上紧筑塞，而堤工单薄之处，惟帮修坦坡一法，为久远卫堤之计，若不及早帮修，伏秋水涨，势必冲溃，祈敕部照前估费即行兴工。一、运河以西临湖一带，自武家墩至周家闸，大小决口三十四处。自周家闸至翟家坝，其中成河九道之处，若不乘时并行堵塞，则清水潭万难修治。不特高宝等七州县，常被水患，即重运经过决口，亦危险非常，急宜堵筑，断难议缓。一、挑浚运河，并堵清水潭等决口，于立春后兴工，限一百日完工。请将康熙十七年漕运过淮之期，略为宽限，俟挑河完工，开坝放船。一、开捐纳事例，以助河帑，愿捐银者照例款上纳，愿筑堤者，自行认地修筑，完工日，咨部注册，统俟大工完日停止。一、中河分司，向驻宿迁。今缺裁归并淮徐道，应令该道驻扎宿迁，以统辖漕运咽喉。又山盱同知，已归并山清同知，应改名山清盱眙同知，以兼职掌。至一切工程，凡用监理官一员，必用分管佐杂官六员，查江南佐贰杂职闲员甚少，臣请于东豫二省内，择其职闲者调用。一、前疏请设兵丁，驻堤防守，今思不若设立兵丁。协同筑堤，每兵一名，管堤四十五丈，保固三年，从优拔补。且令每兵自募帮丁四名，将黄河两岸，近堤荒地，令帮丁耕种，或有纳粮之田，即令业主为帮丁，庶人力益众，而防护更密。"①

帝命下议政之大臣议拟，王大臣等议如靳辅所请。康熙降旨："治河大事，当动正项钱粮，捐纳事例，候旨行。其所称沿河地亩。拨给兵丁，又令地主作为帮丁，是否相合，着再议。余如议。"②

十七年二月，批准靳辅所需的清河工银250余万两。

靳辅奏准大修黄河，领银200余万两以后，立即筹调官员夫役，兴工修筑，他的主要助手是陈潢。陈潢，浙江钱塘县人，"负才久不遇，过邯郸吕祖祠，题诗壁间，语豪迈"。靳辅见其题诗，跟踪追及，恭请陈潢为幕客，非常倚重，所有奏疏建议，多由陈潢所提。

十七年十月二十四日，靳辅又上奏疏："黄河自徐州而下，南北两岸堤，并清河县南岸，白洋河以下两岸各堤，见在酌量修修，委官设兵防守。当此伏秋大水，幸皆保固无虞。惟是徐州以下，虽在大修，而上流漫冲，以致宿徐等州县处处被灾，秋成失望。臣拟建减水大坝一十三座，则水不涌涨，其原估堤工，亦可量减，且告成之后，不特无夺河阻运之虞，而沿堤田亩水灾，亦可永止。下部议行。靳辅又疏言，淮扬运河出口之处，是为清口。离淮黄交会之处甚近，黄涨，即灌进运河，以致河底垫高，岁须挑浅。今臣往来相度，必须将清口闭断，从文华寺挑新河至七里闸，以七里闸为运口，由武家墩、烂泥浅，转入黄河。如此，则运口与黄淮，交会之处隔远。运河不为黄水所灌，自无垫高之患矣。下部议行。"③

靳辅、陈潢精心规划，严格督促，强调施工质量，堤岸务求坚固。三年之内，河工成效显著。

导黄入海工程。于河身两旁各疏引河一道，以所挑之土，筑两岸之堤。南岸自白洋河至云梯关约长三百三十里，北岸自清河县至云梯关约长二百里，以每里一百八十丈科之，共长九万五千四百丈。又自云梯关

---

①《清圣祖实录》卷71，第7-9页。

②《清圣祖实录》卷71，第9页。

③《清圣祖实录》卷77，第21页。

以至海口尚有百里，陈近海二十里潮大土湿无法动工外，其余两岸共堤一百六十里，计长二万八千八百丈，虽堤坝略小，然亦与关内同样挑筑。①这项工程从康熙十七年动工，使淤塞十年的海口开始通流，为其他各项治河工程的进行创造了有利条件。但是在三年限期之内并未最后完成。靳辅于二十年三月上疏自责，请求处分。康熙将其革职，但仍"令戴罪督修"。②至次年五月，大见成效，据靳辅上疏说："海口大辟，下流疏通，腹心之害已除。"③

清口工程。明初南来漕船至清江浦天妃闸以入黄河。万历年间，河臣潘秀驯移运口于新庄闸（亦名天妃），以纳清而避黄，称清口。然其口距黄淮交汇之处不过二百丈，黄水仍复内灌。靳辅于十七年十月上疏建议："必须将清口封闭，从文华寺挑新河至七里闸，以七里闸为运口（即南运口，也称清口），由武家墩、烂泥浅转入黄河。如此则运口与黄淮交汇之处隔远，运河不为黄水所灌，自无垫高之患矣"。④此疏经批准后，靳辅自新庄闸之西南挑河一道，至太平坝；又自文华寺永济河头起，挑河一道，引而南经七里闸，复转而西南，亦接之太平坝，俱达烂泥浅之引河内。则两渠并行，互为月河，以舒急流而备不虞，外则河渠离黄水交汇之处不下四五里，又有裴家场、帅家庄二（引河）水，乘高迅注以为之外捍，而烂泥浅一河分其十之二以济运，仍挟其十之八以射黄。这一工程于年底完成之后，效果很好。据靳辅说："运艘之出清口，譬若从咽喉而直吐，即伏秋暴涨，黄水不特不能内灌运河，并难抵运口"，"迩年以来，重运过淮，扬帆直上，如历坦途；运河永无淤垫之虞，淮民岁省挑浚之苦"。⑤

高家堰工程。高家堰是洪泽湖与高邮、宝应诸湖之间的堤堰。它的最大功能是挽湖束水、捍淮敌黄，使淮水经洪泽湖沛然而出清口；同时也是运河的屏障。康熙十五年大水，高家堰溃决多处，冲决漕堤，下河七州县大部被淹。靳辅将诸决口尽塞，自清口至周桥九十里旧堤悉增筑高厚，并将周桥至翟坝三十里旧无堤并已成河九道之处亦创建新堤。仍

①《治河方略》卷6，第8—10页《经理河工第一疏》。

②《清圣祖实录》卷96，第1页。

③《清史稿》卷279，《靳辅传》。

④《清圣祖实录》卷77，第21页。

⑤《治河方略》卷2，第6—8页《治纪中·南运口》。

留减水坝六处，以备旱时蓄水济运；涝时泄水保堤。靳辅并于堤外帮筑坦坡，坡长为堤高的八倍，在其上种草植树，不时维修，效果极佳。[①]这项工程从十七年动工，到次年七月初二始接靳辅奏报，全部竣工。靳辅奏称："淮河东岸，自翟家坝至周桥闸，乃淮扬运河上游门户，山监等七州县民生关键也。当黄河循禹故道之时，淮流安澜直下，此地未闻水患。迨黄流南徙夺淮，流不能畅注，于是壅遏四漫。山阳、宝应、高邮、江都四州县，河西低洼之区，尽成泽国者，六百余年矣。明万历初，河道废坏，虽不若今日之甚，而清口淤，高堰决，与今日情形相似。彼时河臣潘季驯，筑堤堵决，治效班班可考。然此处不宜加高，盖明代祖陵在西，故停河东之障以泄水。殊不知如虑淮涨西侵，何难两岸并筑，而顾留患门庭，历年既久，遂致成河九道，使淮扬叠受水灾。臣不能不憾潘委驯以善治河称，而亦有此失着也。

皇上轸念运道民生，在发帑金，命臣遍为修治。今翟家坝成河九道之处，计共宽一千三百二十三丈二尺，今已尽合龙门。臣更查山阳、宝应、高邮、江都四州县，河西诸湖。今亦逐渐涸出。臣拟设法招垦，庶几增赋足民。下部知之。"[②]

清水潭屡塞工程。清水潭逼近高邮湖，地势卑洼，受害尤重，最难修治。大决口南北三百余丈，水深至七八丈，东西与湖水相连，汪洋无际，漕运受阻。历经杨茂勋、罗多、王光裕三位河道总督经营堵塞十余年，费帑金五十余万，随筑随圮，终难底绩。靳辅经调查研究，综合治理，决定先堵塞高家堰各处决口，令淮水尽出清口，刹其上流水势；并挑山阳、清河、高邮、宝应、江都五州县运河，塞决口三十二，疏其下流水路，然后专力以图清水潭。他吸取前人在决口下雪埽填土，"随下随溜"的教训，采用"避深就浅，于决口上下退离五六十丈为偃月形，抱决口两端而筑之"的方法，"筑成西堤一道长九百二十一丈五尺，东堤一道长六百零五丈，更挑绕西越河一道长八百四十丈"。[③]靳辅亲率河官六十余员，"身宿工次"，从十七年九月兴工，至次年三月，凡一百八十五日而工竣。仅费银九万余两，省帑金四十八万余两。十八年四月十七日，靳辅奏称："清水潭屡冲，山阳、高邮等七州县田地被水淹

---

①《治河方略》卷2，第2、3页《治红中·高家堰》。

②《清圣祖实录》卷82，第2页。

③《治河方略》卷2，第5页《治红中·永安河》。

没十余年来，每岁损课数十万两。臣亲率河官六十余员，于康熙十七年九月兴工，筑东西长堤二道，于十八年三月工竣。七州县田亩尽行涸出，运艘民船，永可安澜矣。"①

康熙知后，非常高兴，特予嘉奖，"名河曰永安，新河堤曰永安堤"。②

归仁堤工程。归仁堤原以障睢水，并永堌、邸家、白鹿诸湖之水，不使侵淮，且令由小河口、白洋河二处入黄河，助黄刷沙。清初，许多河臣认为归仁堤与运道无关，致多年失修，经常决溢。靳辅认为归仁堤失修是造成河患的原因之一，于康熙十八年（1679年）春命动工修复。首先把旧堤加高培厚，其次挑引河一条，并用其土贡大坝一道，此外又筑滚水坝一座，不使黄水倒灌。修复后的归仁堤，成为捍淮敌黄的屏障。③

皂河工程。康熙初年，漕船入黄河，西北行抵宿迁，由董口北达。后董口淤塞，遂取道骆马湖，西北行四十里始得沟河，又二十余里至窑湾口而接洳河。"湖浅水面阔，纤缆无所施，舟泥泞不得前，挑掘异送，宿邑骚然"。④靳辅发现宿迁西北四十里皂河集沟渠断续，有旧淤河一道，因而上疏要求，并于十八年（1679年）十月议准，用节省河工钱粮，挑新浚旧，另开皂河四十里于骆马湖之旁，上接洳河，下达黄河，行驶安全，便于挽运。⑤又自皂河迤东，历龙冈、岔路口至张家庄二十里，挑新河三千余丈，并移运口于张家庄，以防河水倒灌。自十九年初开工，历时三载始告成功。

《清史稿》卷126，《河渠一》称赞靳辅三年之内的治河成效说："各工并事。大挑清口、烂泥浅引河四，及清口至云梯关河道，创筑关外束水堤万八千余丈，塞于家冈、武家墩大决口十六，又筑兰阳、中牟、仪封、商丘月堤及虞城周家堤。明年，创建王家营、张家庄减水坝二，筑周桥翟坝堤二十五里，加培高家堰长堤，山、清、安三县黄河两岸及湖堰，大小决口尽塞。优诏褒美。十八年，建南岸砀山毛城铺、北岸大谷山减水石坝各一，以杀上流水势。二十年，塞杨家庄，盖决五年矣。是岁增建高邮南经滚水坝八，徐州长樊大坝外月堤千六百八十

---

① 《清圣祖实录》卷80，第24页。

② 《清史稿》册13，第3773页。

③ 李鸿彬：《康熙治河》，《人民黄河》1980年第6期。

④ 《清史稿》册13，第3773页。

⑤ 《清圣祖实录》卷85，第22页。

九丈。

康熙二十年五月初一，靳辅以三年工限已到，水还未归故道，疏请下训议处：河道总督靳辅疏言，臣前请大修黄河，限三年水归故道。今限满而水犹未归，一应大工细册，尚未清造，请下部议处。得旨："靳辅着革职，令戴罪督修。"[①]

康熙此旨，颇为奇怪。既命革靳辅之职，又叫其戴罪督修，靳辅既已被革职，怎么又能督修河工？一个没有官职，没有河道总督官职之人，就是平民了，他有什么资格，有什么权力去督责那些河工上的官阶四品、五品、六品、七品、八品的道员、同知、通判、州同、州同等官员？他怎么能调动、管辖河标（河道总督的直辖军队）及运河营、黄河营、淮河营等等绿营官兵？如果是既叫革职，又叫戴罪督修，显然是官场上惯用的"革职留任"了。查看《清实录》，从康熙二十年五月初一起，以后几年的《清圣祖实录》都和过去一样，仍写为"河道总督靳辅"。例如，六月二十二日是，"工部议覆河道总督靳辅疏言，请于徐州长乐大坝之后，创筑月堤，长1689丈"。六月二十二日，经工部复议批准。[②]所以此旨实际上是将靳辅给以"革职留任"的处分。

靳辅贯彻康熙帝一劳永逸、全面治理的方针，虽然取得显著成绩，但也遇到很大困难。主要是十九年、二十年又遇到两次大水，河道一再决口。先是杨家庄决口，至二十年年底刚刚闭合龙门，次年正月，再度溃决，经奋力抢修一个多月，始得重新筑塞。不料宿迁徐家湾险工又漫决百丈有余。他即刻督夫抢修，于三月中旬堵塞。这时，他一面勘查各工，督令缮修；一面成疏请查视河工。其疏刚刚奏入，又有肖家渡民堤坐陷，决口九十余丈。这些都是前进中的困难，本来不足为怪，却有人借机全盘否定治河成就。早在康熙十八年十月议处靳辅奏请开运河于骆马湖旁边的时候，左都御史魏象枢就讥讽地质问靳辅昔日以一劳永逸之允诺，动用银子二百余万，今"河臣所为一劳永逸者安在"？[③]二十一年五月初八，康熙派大学士伊桑阿等前往江南，勘阅河工。钦差大臣还未出发，候补布政使崔维雅就呈上《河防刍议》《两河治略》二书，共24条款，对靳辅几年治河工作全盘否定。帝命其随伊桑阿前往。

---

① 《清圣祖实录》卷96，第1页。

② 《清圣祖实录》卷96，第18页。

③ 《清圣祖实录》卷77，第17页。

康熙二十一年十月十二日，伊桑阿等奏勘阅河工情形及崔维雅与靳辅的辩论，帝命九卿等会议具奏。《清圣祖实录》卷105，第6、7、8页载："勘阅河工户部尚书伊桑阿等题，臣等奉命，前往至黄河，将两岸堤工，逐段丈量，所筑堤工及减水坝等处，有不坚固，不合式者，俱一一注明册内，听工部查核外。查河道关系运道民生，当军需浩繁之际，该督题请大修河道，一劳永逸，皇上特允所请给银二百五十一万余两，令其修治，一切事宜，俱照该督所题准行。今限期已逾，钱粮俱已用过，见在萧家渡决口九十余丈，宿迁、沭阳等，田地淹没，黄河不归故道，本年粮艘，虽已北上，将来运道，尚属可虞。至所修工程，多有不坚固，不合式之处，与一劳永逸之言，大不相符。应将该督，并监修各官，交与该部，从重治罪。其不坚固，不合式等处，责令赔修。得旨：九卿、詹事、科道会议具奏。伊桑阿等又奏，臣等带领崔维雅，将黄河两岸堤工。并归仁堤、高家堰、运河、皂河等处，看毕回至徐州，会同河道总督靳辅公议，将崔维雅条陈二十四款，随问靳辅，靳辅逐款登答，两人各执己见。靳辅系专管治河之人，限期已满，迄无成效，其言难以再信。若照崔维雅所议，另行修筑，亦难保其必能成功。河道关系重大，两人所议悬绝。臣等难以定议，因将崔维雅、靳辅所议之处，逐款对写，缮疏具题。得旨：九卿、詹事、科道会议具奏。"

十月十二日，靳辅上疏，叙述河工全局已完十之八九，河道腹心之患已除，痛斥崔维雅之谬误："河道总督靳辅疏言江南河道，在康熙十六年以前，敝坏至极，蒙皇上俯念运道关系民生当军兴需饷之候，特奋乾断，不惜正帑，命臣大为修治。臣钦遵竭蹶，于今五年，原估续估工，俱次第告竣。不意又有萧家渡民堤坐陷一事，以致黄流旁泄者，十居其七，仍未归还故道。此皆臣无识无才，绸缪不善，悔恨靡宁者也。但河道全局已成十之八九，止有杨家庄以下，一百四十五里河身，未经大通。萧家渡新决口，未经堵塞，见在一面缮疏估计，一面设法兴举。据臣之愚，必可无误。乃候补布政使崔维雅，将臣数年来，请旨建筑如许工程纷纷议拆议毁。臣惊骇恐惧，万难缄默，除将崔维雅条议二十四款，登答明白，移送钦差大臣科道，听其复旨外，伏念萧家渡虽有决口，而海口大辟，下流疏通，河道腹心之患已除，堵塞此口，其事实易，断不宜有所更张，以隳成功，而酿后患。"①

---

① 《清圣祖实录》卷105，第9页。

《清圣祖实录》卷106，第4、5页载录了十一月初三，靳辅面奏河工情形及帝与靳辅之问答：河道总督靳辅面奏："萧家渡工程，至来岁正月，必可告竣，其余堤工，需银一百二十万，可以全完。"

上曰："尔从前所筑决口，杨家庄报完，复有徐家沟。徐家沟报完，复有萧家渡。河道冲决，尔总不能预料。今萧家渡既筑之后，他处尔能保其不决乎。前此既不足凭，将来岂复可信。河工事理重大，乃民生运道所关，自当始终酌算，备收成效，不可恃一己之见。"靳辅奏云："总之人事未尽，若人事尽，则天意抑或可回。"

上曰："前崔维雅条奏等事，亦有可行都否。"靳辅奏云："所奏起夫挑浚，每日用夫四十万，自各省远来，尤为不便，必不可行。"又称"河堤以十二丈为率，亦不便行。河堤须因地势高下，有应十五丈者，有应七八丈者，岂能一概定其丈尺"。

上曰："崔维雅所奏，无可行者。"靳辅退。

上谕大学士等曰："靳辅胸无成算，仅以口辩取给，执一己之见，所见甚小，其何能底绩。"大学士勒德洪等奏云："诚如圣谕。"

上曰："海运可行与否，再着九卿科道议。"

此时虽然康熙批评了靳辅以口辩取给，但实际上是认可了靳辅所述河工之成效及崔维雅之奏无可取处。

十一月十七日大学士和伊桑阿覆奏海运之事，认为不宜海运：伊桑阿奏曰："黄河运道，非独有济漕粮。即商贾百货，皆赖此通行，实国家急务，在所必治。至海运先需造船，所需钱粮不赀，而胶莱诸河，停运年久，谅已淤塞，若从事海运，又当兴工开浚，其费益大。据臣等之意，似属难行。"得旨，是。[1]

同一天，九卿等官会议河工情形及否定崔维雅所奏："查册开不坚固，不合式堤工，共一万五千余丈，漏水堤工四千余丈，及减水坝二座不坚固之处。应将河道总督靳辅，即行从重治罪。但康熙二十年四月内，已将靳辅革职，戴罪督修，且该督疏称萧家渡虽被冲决，海口大辟，下流疏通，北口堵塞亦易，应暂停处分。将监修各官，俱行革职，戴罪赔修。若仍践前辙，将该督并监修各官，加倍从重治罪，不得滥派民间，限六个月修竣。得旨：靳辅仍着革职，戴罪督修。修筑各官，俱

---

[1] 《清圣祖实录》卷105，第9页。

着革职，戴罪监修，勒限将萧家渡决口堵塞。但河工关系重大，所需钱粮浩繁，若责令赔修，恐致贻误。仍准动用钱粮，勿得借端科派，扰累小民。九卿等又议，崔维雅所议修筑，需用钱粮甚多，而河道难保其必能疏浚，应将崔维雅条奏二十四款，毋庸议。"①

九卿等所议及帝之批示，基本上肯定了靳辅主持河工的成效，而将堤工不合格之过，加在监修官身上，并否定崔维雅的治河方式，还是比较符合实情的。《清圣祖实录》卷111，第17页载：康熙二十二年七月三十日，工部议覆，总河靳辅，大修清水潭、萧家渡等口，并岁修工程，共二十八本奏销钱粮。

上曰，河道关系国计民生，最为紧要。前见靳辅为人，似乎轻躁，恐其难以成功。今闻河流得归故道，深为可喜，以后宜加严慎，勿致疏防，方为尽善。其各本俱依议。

康熙的批旨，肯定了靳辅治河有功。"河归故道"，照说从此以后，靳辅可以放手治河，再立新功，前程似锦了。可是，天有不测风云，人有旦夕祸福，伴君如伴虎，帝意难定。

第二天，十月十九日，康熙临阅黄河北岸各险工。谕靳辅："朕向来留心河务，每在宫中，细览河防诸书。及尔屡年所进河图，与险工决口诸地名，时加探讨。虽知险工修筑之难，未曾身历河工，其河势之汹涌澴漫，堤岸之远近高下不能了然。今详勘地势，相度情形，如萧家渡、九里冈、崔家镇、徐升坝、七里沟、黄家嘴、新庄一带，皆吃紧迎溜之处，甚为危险。所筑长堤，与逼水坝，须时加防护。大略运道之患在黄河御河全凭堤岸，必南北两堤修筑坚固，可免决啮。则河水不致四溃。水不四溃，则浚涤淤垫，沙去河深，堤岸益可无虞。今诸处堤防，虽经整理，还宜培薄增卑，随时修筑，以防未然，不可忽也。又如宿迁、桃源、清河上下，旧设减水诸坝，盖欲分泄涨溢。一使堤岸免于冲决，可以束水归槽；一使下流疏泄，可无淮弱黄强，清河喷沙之虑。近来凡有决工处所，皆仿其意，不过暂济目前之急，虽受其益，亦有少损。倘遇河水泛溢，来势横流，安保今日减水坝，不为他年之决口乎。且水流浸灌，多坏民田，朕心不忍。尔当筹划精详，措置得当，使黄河之水，顺势东下，水行沙刷，永无壅决，则减水诸坝，皆可不用，运道既免梗塞之患，民生亦无垫溺之忧，庶

几一劳永逸，河工可告成也。上目击堤夫作苦，驻辇久之，亲加慰劳。复谕河道总督靳辅曰，堤上夫役，风雨昼夜，露宿草栖，劳苦倍常，所领工食，为数无几，恐有不肖官役，从中侵蚀。必使人人得沾实惠，始无负朕轸恤至意。"①

十一月十四日，康熙召河道总督靳辅入行宫："谕之曰，尔数年以来，修治河工，卓有成效，黾勉尽力，朕已悉知。此后当益加勉励，早告成功，使百姓各安旧业，庶不负朕委任至意。因以御书阅河堤诗赐之。"②

阅河堤诗

防河纡旰食，六御出深宫。
缓辔求民隐，临流叹俗穷。
何年乐稼穑，此日是流通。
已着勤劳意，安澜早奏功。③

《阅河堤诗》是十一月十三日康熙所作，让扈从大臣看，并谕："朕南巡，亲睹河工夫役劳苦，闾阎贫困，念此方百姓，何日俾尽安亩，河工何时告成，偶成一诗，聊写朕怀，不在词藻之工也。"④

靳辅能得到皇上如此嘉奖，皇上如此肯定"修治河工，卓有成效"，此后理应平安无事，可以继续治理河工，为国出力，为君效劳，创业立功了吧！不料，此次皇上亲视河工，既给靳辅带来福音，却也埋下了祸根。原因就在于疏浚高邮、宗应等地湖水出海口上。

（二）靳辅罢官

康熙二十三年（1684年）十月十九日，康熙坐着御舟，过了清河县、淮安府。第二天，二十日"谕总督王新命曰，朕巡视直隶、山东、江南诸处，唯高邮等地方百姓甚为可悯。今虽水涸，民择高阜栖息。但庐舍田畴，仍被水淹，未复生业。朕心深为不忍。尔系地方大臣，作何

①《清圣祖实录》卷117，第6页。
②《清圣祖实录》卷117，第23页。
③《圣祖御制诗文一集》卷40，第11页。
④《清圣祖实录》卷117，第22页。

筹划，浚水通流，拯此一方民命，以副朕轸恤黎元至意"。①

十月二十二日，康熙乘御舟过高邮湖，"见民田庐多在水中，恻然念之。因登岸，题行堤畔十余里，召耆老详问致灾之故。复谕王新命曰，朕此行，原欲访问民间疾苦，凡有地方利弊，必设法兴除，使之各得其所。昔尧忧一夫之不获，况目睹此方被水情形，岂可不为拯济耶。御舟过扬州。泊仪真江干。"②

回到御舟，康熙心情久久不能平静，夜不能寐，提笔赋五言古诗一首：

> 淮扬惧水灾，流波常浩浩。
> 龙舰偶经过，一望类洲岛。
> 田亩尽沉沦，舍庐半倾倒。
> 茕茕赤子民，栖栖卧深潦。
> 对之心恻然，无策施襁褓。
> 夹岸罗黔黎，跽陈进耆老。
> 谘诹不厌频，利弊细探讨。
> 饥寒或有由，良惭奉苍颢。
> 古人念一夫，何况睹枯槁。
> 凛凛夜不寐，忧勤愁如捣。
> 亟图浚治功，拯救须及早。
> 会当复故业，咸令乐怀保。③

此诗表露了康熙对灾民的同情和挂念，以及他要济危扶困救民于水火的意愿。

十一月初，康熙从江宁回銮。初六，御舟泊江都邵伯镇，命吏部尚书伊桑阿、工部尚书萨穆哈往视海口："谕曰，朕车驾南巡，省民疾苦，路经高邮、宝应等处，见民间庐舍田畴，被水淹没，朕心甚为轸念。询问其故，具悉梗概，高宝等处，湖水下流，原有海口，以年久沙淤，遂至壅塞。今将入海故道，浚治疏通，可免水患。自是往还，每念

---

① ②《清圣祖实录》卷117，第9页。

③《圣祖御制文一集》卷40，第10页。

及此，不忍于怀。此一方生灵，必图拯济安全，咸使得所，始称朕意。尔等可往被水灾州县，逐一详勘，于旬日内覆奏，务期济民除患。纵有经费，在所不惜。尔等体朕至意速行。"①

十二月初九，"九卿等议覆尚书伊桑阿等勘阅海口一疏，请敕下河臣，亲往车路串场等河，并白驹、丁溪、草堰等口，逐一确勘，作何挑浚深澜，使高邮等州县，减水坝一带，运河水口，引流入海。其所用钱粮细数，题估到日，工部确议具覆。若兴工之时，见任官员不足，应听该督题请委用。庶协力分办，底绩可期"。②

九卿等议覆的意见，符合程序、传统，合情合理。既然是要处理黄河、运河、湖水灾害，当然应交河道总督办理。可是，显然此时康熙已经察觉靳辅对此颇有异议，而他刚刚特别赏识、破格嘉奖、越级提拔的清官能臣汉军旗人于成龙，却很有可能体会君意，坚决执行帝旨，因此不赞同九卿拟议，降旨说："靳辅见在督理黄河堤岸，又令兼海口，必致二误。且黄河、海口，系在两处，应另差官督理，着再确议具奏。"③

九卿等官，一向就善于揣摩帝意，当然体会到了皇上要用于成龙办这个差事的心思。于是在康熙二十三年十二月十七日，九卿等遵旨议奏："海口及下河事务应差官专任，安徽按察使于成龙，才守堪委，请给发关防敕书，差往经理。但黄河、海口，虽在两处，必彼此协同，方能有济。总河靳辅，治河年久，水势地形，其所熟悉，应将一切事宜，均申详靳辅具题。若工告成，该部将靳辅，一并议叙。如无成效，将靳辅一并议处。其余俱照前议。从之。"④

虽然这个处理有点损伤了靳辅颜面，但靳辅仍然全身心地投入治河工程。康熙二十四年十月，靳辅上疏，奏请施行三大工程："高宝等七州县下河，应筑堤高过海潮，于沿海口地方挑河，白驹场等处建闸，诸工需银二百七十八万余两。请允发银一半攒工。俟涸出额余官田，取佃价偿还。又高家堰道加密排椿、丁头小埽，再于堤里挑小河，筑束水堤。共需银五十三万余两，请先拨银三十万两。又黄河两岸筑堤工银，

①《清圣祖实录》卷117，第20页。

②③《清圣祖实录》卷118，第5页。

④《清圣祖实录》卷118，第10页。

一百五十八万余两，请先拨银五十万两。"

十二月二十二日，九卿议覆其疏，奏请"均应准行"。

康熙就此，谕大学士等："靳辅题请治下河之法，在筑堤束水以注海，其工费，将涸出田亩所佃价偿还等虞，九卿会议准行。朕思田亩涸出，便当与民垦种纳粮，若取佃价偿还，恐致累民。九卿等特不敢自为主张，故议准行耳。至高家堰帮筑工程实为紧要，朕旧岁南巡，量度水势，见前人创筑高家堰，以捍洪泽诸湖，颇有深意。今此堰若或溃决，则黄河亦难保固，至黄河两岸堤工，似在可缓。况三工兼举，需费钱粮甚多，倘他处或有水旱灾荒，恐国用不敷，难供赈济之用。此事关系最巨，尔等当详议具奏。"①

康熙二十四年十一月二十日起，疏浚海口之议，进入了紧张的争辩阶段。河道总督靳辅反对疏浚海口，主张修长堤大堤促水出海抵挡海潮，钦命疏浚海口下河工程的安徽按察使于龙成力主疏浚海口。二人坚持己见，针锋相对，互不相让。十一月二十日，"大学士等奏，河道总督靳辅，按察使于成龙来京。臣等遵旨问河工事宜。靳辅议开大河，建长堤高一丈五尺，束水一丈，以敌海潮。于成龙议开浚海口故道。两人各执己见，议不划一。臣等与九卿俱从靳辅议，通政使司参议成其范，科道王义旦、钱珏等从于成龙议"。②

康熙阅过大学士奏疏后说："朕闻自宋以来，河道不甚为害。明隆庆间，诸口故道，始至淤塞。近自康熙七年，桃源堤溃决，遂为七邑之患。今两人各持一说，亦俱有理，似皆可以建功，但不知其孰于民有益无害。尔等可传问高、宝、兴、盐、山、江、泰、七州县见任京官，此两说孰是。伊等系本地人，所见必确。若因产业有碍，或徇私不以实对，虽掩饰一时，将来朕必知之，务令直言无隐。"③

第二天，十一月二十一日，康熙召大学士、学士、起居注等官至懋勤殿，问学士徐干学及高邮、宝应等七州县被淹田地的京官乔莱河工事情。

乔莱奏："从于成龙议，则工易成，百姓有利无害。若从靳辅议，则工难成，百姓田庐坟墓，伤损必多。且堤高一丈五尺，束水一丈，比

---

① 《清圣祖实录》卷122，第23、24页。

② 《清圣祖实录》卷123，第10、11页。

③ 《清圣祖实录》卷123，第11页。

民间屋檐更高。伏秋时，一旦溃决，为害不浅矣。"①

康熙谕大学士等："朕虽未历下河，而上河情形曾目击之，高家堰之水，减入高邮宝应诸湖，由湖而至运河，河堤决，始入民田。今两人建议，皆系泄水以注海，虽功皆可成，毕竟于成龙之议便民。且开浚下河，朕欲拯救生民耳，实非万不可已之工也。若有害于民，如何可行。于成龙所请，钱粮不多，又不害百姓，姑从其议，着往兴工。如工不成，再议未迟。"②

就此谕看，康熙是赞同了于成龙主张，谕命开始兴建疏浚海口工程了。

第二天，十一月二十二日，大学士等以翰林院侍读乔莱等公议折子呈上，此折是主疏浚海口。康熙阅后，改变了主意，谕遣官前往淮安等处，询问地方父老意见，再做决定。康熙谕："乡绅之议如此，但未知百姓如何，浚河原以救民。靳辅所请，既与于成龙不同，或有累百姓，亦未可知。宜遣满汉大臣有识见者，往询土人，详阅形势，必期允洽民情，有利无害，方可举行。遂命工部尚书萨穆哈、学士穆称额，速往淮安、高邮等处，会同徐旭龄、汤斌，详问地方父老，期于两旬内回奏。"③

工部尚书萨穆哈、学士穆称额遵旨，前往淮安、高邮等地，会同两江总督王新命、江苏巡抚汤斌，亲历河干，询问百姓，并与汤斌详细交谈商议后，奏请暂停开浚海口。九卿等议覆，"应如所请"。奉旨海口不行开浚，则泛溢之水无归，浚之使水泄高邮等处淹浸田亩，可以涸出。令于成龙、萨穆哈、穆称额，同九卿集议之。④

康熙二十五年二月初七，九卿等奏："奉差大臣及该督抚亲历河干，问河滨百姓，佥谓挑浚海口无益，应行停止。"⑤

康熙阅疏后，问大学士等："于成龙云何？"大学士等奏："于成龙言：欲开浚海口，必修治串场河，其费百余万。臣等议，以此工果有裨益，即费至千万，亦所不惜，今此百万帑金，尝试于未必可成之工，

①《清圣祖实录》卷123，第12页。

②《清圣祖实录》卷123，第12、13页。

③《清圣祖实录》卷123，第13页。

④⑤《清圣祖实录》卷124，第10、11页。

不若留此，以备各处救济"。①

九卿、大学士、河滨百姓，皆以为疏浚海口无益，见此形势，康熙只好谕令暂停说："海口关系民生，自应开浚。今九卿，及于成龙等金议停止，且视今岁水势如何，再酌之。"②

此次海口工程之争，虽如上述，是勘查河工的钦差大臣，亲临当地，询问巡抚汤斌、河滨百姓后，奏请停止，九卿、大学士等赞同其奏，而被帝谕示暂停的，但实际上是靳辅从忠君爱国出发，冒着反对帝旨触犯龙颜之祸的危险，力争所致。

开浚海口，是皇上之意。皇上为解除宝应等七州县田房被淹百姓困苦，而谕令依照昔年水流入海的已淤河道，开浚海口，导水入海。这样一项惠民钦定工程，臣仆只能遵旨办理，哪能反对！可是，已经殚心竭力劳累经营了七年治河工程的河道总督靳辅知道，宝应等七州县地势低洼，出海之地，比海水低达5尺，一旦开挖海口，海水必定倒灌，淹没田房，造成生命财产极大损失，所以才冒险力争。大学士、九卿等一二十位一品二品大员，以及几十位科道言官，因为不懂治河，而又看到靳辅治河已有成效，得到皇上肯定和赞扬。至于主张开浚海口的于成龙，从未办过河工，哪能创造奇迹，一浚海口，为民造福，不过是奉承皇上疏浚海口的旨意而已。两相比较，当然愿意赞同靳辅之见。人们所说，大学士、九卿因为明珠庇护靳辅，畏惧明珠之势，而附和靳辅主张，这个说法是不符合实际的。

就在皇上批准暂停海口开浚工程的四个月之后，康熙二十五年六月初六，康熙又谕命开工修建海口工程，先发内帑20万两，命侍郎孙在丰前往督修，功若可成，再动用国家正项钱粮。③

靳辅的这次冒险力争，虽然侥幸过了关，但祸根未消，两三年后，终于酿成大祸。

靳辅对此可能也有所察觉，但重任在身，他继续全身心地投入治河，抓紧进行四项大工程。一是开挖中河。一年以前，皇上第一次南巡查看河工之时，曾谕："拦马河减水坝所出之水，如何方不致淹没民田。"靳辅、陈潢精心思考后，认为，现行运道，从宿迁至清河，借用黄河，风涛险恶，常出事故，船翻人亡。于是，二人决定修条中河，从

①②《清圣祖实录》卷124，第10、11页。

③《清圣祖实录》卷126，第23、24页。

宿迁开挖，沿黄河岸，于遥堤、缕堤之间开渠，经桃源到清河仲家庄出口，取名叫中河。这样，从清口北上之船，行数里后，即入中河，不航行于黄河，避开了黄河180里的险恶航道。这是一项大工程，全长180里，按当时施工标准，一里为180丈，180里为32400丈。中河宽八九丈至十余丈，深五六尺至一丈四五尺。靳辅于康熙二十五年奏准开工，至二十七年三月竣工。①

第二项工程是加固高家堰堤。靳辅奏称："高家堰一带临湖堤工，长一万五千六百余丈，必密钉排桩，加工压埽，以御风浪。再堤内离堤七八十丈，必另挑运料小河，即取所挑之土，筑水堤一道，约长一万一千五百丈，束大堤积水，以便运料运土，抢救工程。又上自武家墩，下至杨家庙旧有河形，自今淤浅，应挑深复旧，约长四千丈。挑起之土，即帮两岸堤工。又自杨家庙，至宝应湖边一带平滩计长四千丈，应挑河一道，以引上流减泄之水，直达大湖，且为运料之路。以上四工，共计银二十二万四千余两。请先借拨库银，容臣飞星疏浚。其余工程，俟收下河屯垦官田，籽粒佃价等项，陆续兴举。"

第三项工程是修筑黄河南北两岸束水堤。靳辅奏称："黄河南北两岸，应筑束水堤，长三十万丈，顶宽二丈，底宽六丈，高八尺，需费一百五十八万四千两。查各州县被水淹废湖滩，筑堤束水之后，可以涸出开垦，计得四万余顷。令民佃种纳粮，则挑河筑堤之费，可以稍补。乞准借拨库银五十万两，先为兴工，其余不敷，俟陆续分收籽粒，并佃价银两，逐渐接济，定限六年告竣。工完之后，不特向来蠲除灾荒额赋，可以尽复，而每岁更可加增新赋十余万矣。"

康熙二十五年四月初九，工部等衙门遵旨议覆这两项工程时，议准"下工部等衙门议行"。②

第四项工程是在高家堤再筑一堤，此即人们所说重堤。康熙二十六年七月，诏询下河田畴，何策可疏水患。此时直隶巡抚于成龙等已于二十五年奏准开浚海口，以排泄高邮等州县被淹田地，正在兴工挖浚。当时靳辅坚决反对浚海口，力主修长堤，束高邮、宝应诸湖之水流入大海，被帝否定，而采用于成龙的方案。尽管圣意已定别提方案，将有冒

① 《清圣祖实录》卷136，第22页；《清史稿》卷279，《靳辅传》。

② 《清圣祖实录》卷122，第23、24页；卷125，第16、17页。

犯龙颜之险。可是靳辅、陈潢深知海口地区低于大海五尺，一旦开挖海口，不仅州县积水排泄不出去，入不了大海，海水反会倒灌，海潮冲来，近海州县将会沦为泽国，遭受大祸。同时，为了减少新方案通过的压力，靳辅不提及对开挖海口的意见，而是另筹新策，筑堤逼水入海，且费用不能太多。于成龙说，浚海口需经费百余万两，靳辅便只提筑堤银七八十万两。二十六年七月，诏询下河田畴，何策可纾田畴，何策可纾水患。辅疏言：宋、元以前，高邮、宝应诸湖原皆田畴。臣前堵筑清水潭，深挑两堤中间河底，有宋、元旧钱及砖井石街，其为民居可证。盖黄河在宋、元时虽南侵，而尚未全徙。至明代始绝北流，南夺淮渠以入海，致淮水壅不得下，清河县之洪泽村漫淹而为洪泽湖，又从高家堰、翟家坝旁流，东注为高邮、宝应诸湖。自此永不复田畴之旧，且为患于下河矣。臣屡经测验运河堤顶，卑于高家堰堤顶一丈有奇。故减水坝之建，在堰堤可泄水一千方，在运堤则便可泄水一千二百方。所以历七年之久，三遭大涨而运堤安然无恙。运堤所泄之水，以下河为壑，下河之东即大海，浚海口似可纾水患。然自清江浦南行三百余里，至江都县之茱萸湾，折而东百余里至泰州，又百余里至海安镇，折而北即范公堤。沿堤而行，历安丰、东台、河垛、丁溪、白驹、刘庄等场，计二百余里，而抵盐城县，北行百余里而至庙湾场，折而西百余里为苏家嘴，又百余里仍回清江浦，计程千里有奇。唯庙湾、天妃、石达三口向系泄水入海之处，必登舟过渡，余皆可以驰马之路。其卑处于周围马路中者，南北三百余里、东西二百余里，形如釜底，止就釜底挑挖，陡增釜底之深。当淮流盛涨，高堰泄水汹涌而来，仍不能救民田之淹没。臣与幕友陈潢反复曲筹，杜患于流，不若杜患于源。高家堰之堤外，直东为下河，东北为清口，当自翟家坝起，历唐埂、古沟、周桥闸、高良涧、高家堰筑重堤一道，约高一丈七八尺至一丈不等，长一万六千丈，需费七十九万五千两。此工一成，束堰堤减下之水，使北出清口，则洪泽湖之水不复东潴下河，其下河十余万顷之地，可变成沃产；而高宝诸湖俱可涸出田亩数千顷，招人屯垦，可以裕河库。且高堰原为最险之工，增此堤则长年保护。洪泽湖广阔非常，一遇风起，多覆舟沉溺，行此堤内之河，则避湖险而就安流，有便于商民者甚大。至臣幕友陈潢前逢圣驾阅工，臣以姓名上达宸聪，其间兴工之委曲，及将来竣工，非陈潢协力区画不可。念臣垂老多病，万一即填沟壑，或病卧不能驰驱，则继臣司河者，仍必得陈潢在幕佐之，庶不歧误。此臣十年以来之诚，欲吐而未敢者。今据实陈明，非仅居功蔽贤之念不忍萌，即引嫌避忌之私亦不敢计。疏下廷议，如所请，并赐陈潢金事道衔。①

然而，就在重堤正在进行中河工程即将竣工之时，康熙二十七年正月二十七日，康熙正在乾清门听政之时，江南道御史郭琇上疏，参劾靳辅治河无功，祸国殃民。

《康熙起居注》册3，第17、18、19页记载了郭琇参劾，帝、九卿商议此事的情形。御史郭琇参奏：靳辅治河多年，迄无成效。皇上爱民，开浚下河，欲拯淮、扬七州、县百姓，而靳辅听信幕客陈潢，百计阻挠，宜加惩处。上曰：“此事九卿即来启奏，尔其俟之。遂令九卿启奏河务，户部尚书王日藻奏曰：“臣等公议得，屯田一事有累于民，应停止。至河工筑堤，应如靳辅所请。”上曰：“河道必亲历其地，然后可议其事，尔九卿等俱未亲历，徒然悬揣，洵属难事。”九卿等奏曰：“诚如圣谕。”上令郭琇跪御前，随顾九卿曰：“朕南巡时，亲勘河道，高家堰以南一百八十里，高家堰以北亦一百八十里，朕皆亲往相视，河上情形颇深悉之。今欲筑重堤，使水由清口入海，若果有裨益，则当日何以不早筑耶？高邮七州、县百姓苦累非常，此朕所目击而心伤者。今于堤外又筑一堤，是重困小民矣！至于屯田有利于廷臣，而害民实甚。陈潢本一介小人，通国皆知，其屯田之说，江南人尤莫不嗟怨，尔等宁不闻耶？”兵部尚书梁清标奏曰：“屯田实有害于百姓，断不宜行。”上又曰：“凡事必须当理，议事贵乎得中，若偏执己见，立异好胜，以及内怀贪欲，外饰清高，此二者皆朕所不取也。”上又问郭琇曰：“尔本章内言之详悉否？”郭琇奏曰：“臣本内大略俱有。”上曰：“廷臣中有掣肘河务者，尔于本内曾言及否？”郭琇曰：“无之。”上顾九卿等曰：“此参本尔等一并会同议奏。督、抚中如两于成龙及范承勋，诚良吏也。”

《清史列传》卷8，《靳辅传》引录了郭琇的劾疏，内容较多，御史郭琇疏言：“海宇升平，万邦底定，宵旰殷忧，时切如伤之念者，止一线黄河与淮、扬等州县昏垫之黎民耳。皇上委任河臣靳辅，靳辅则听命于幕客陈潢。如果洪水归洋，狂澜永息，犹得有辞。乃今日议筑堤，明日议挑浚，靡费帑金数百万，终无底止之期。今日题河道，明日题河

①《清史列传》卷8，《靳辅传》。

厅，以朝廷爵位为私恩，从未闻有得人之效。又复攘夺民田，妄称屯垦，取米麦越境货卖。皇上以下河为必可开，而靳辅百计阻挠，欲令功垂成而终止。且屯田一事，皇上洞知其累民，会勘诸臣亦知其累民，则靳辅、陈潢之罪，了如指掌矣。陈潢为靳辅营一家之谋，于国计民生全无裨益。忌功之念重，图利之心坚，真国之蠹而民之仇也。监司、佥事何等尊贵，岂容一介小人冒滥名器，以快靳辅酬报私情？宜即斥革，敕部严加处分，另简大臣之清廉敏练者，整理河务，庶成功可奏，生灵永利矣。"

以上叙述，表明了百官称颂的公正无私、深谙民情官风、洞察秋毫的当今皇上，此时犯下了胸藏私心、偏见颇重的毛病。康熙做了三件错事。一是明知九卿等官是揣摩圣旨而发言附和，故常常采取"朕意且勿发明"，以免九卿等"承望风旨而言"。①可是这次郭琇的劾疏，康熙既批示九卿会议启奏，却又立即对屯田、陈潢、重堤定了性，谕称陈潢乃小人，"通国皆知"。屯田害民，江南人莫不嗟怨，（靳辅力主修建的）重堤，"是重困小民"，明显地将矛头指向靳辅，九卿哪能违犯圣意，秉公议处。二是当广东巡抚朱弘祚，江西巡抚陛辞时，竟对二臣谕告："督、抚中如两于成龙及范承勋，诚良吏也。"姑且不说汉军旗人直隶巡抚的小于成龙，难望刚刚逝去的汉人两江总督老于成龙的项背，即使小于成龙真的好得不得了，也不应在此时明示。众所周知，于成龙是专与靳辅作对的大将，把他抬上云霄，岂不是告诉百官，皇上是讨厌靳辅，将对其下手吗？三是竟然谕问郭琇："廷臣中有掣肘河务者，尔本内曾言及否？"这不就是明显暗示郭琇要参劾首席大学士明珠吗？因为，河工是皇上非常关注的国家大事，皇上肯定了靳辅的治河才干和成效，皇上也知道百官之中，没有一个人能替代靳辅，所以廷臣之中，六部尚书，大理寺卿，通政使，没有一个敢阻挠靳辅的河工奏请。此时的五位大学士中，明珠是首席大学士，其次是靳德洪、王熙、余国柱、李之芳，除王熙外，余国柱等三人皆系朝中公认的明珠党羽。明珠赞赏靳辅治河才干，予以大力支持，余、李、靳三人，以及吏部尚书科尔坤、户部尚书佛伦等皆附和明珠之意，此乃朝中众所周知。因此，皇上一问"廷臣中有掣肘河务者"，立即会让头脑清醒，善观风向的官员体会到，皇上已厌恶明珠，欲罢其官了。

---

① 《清圣祖实录》卷134，第6页。

　　郭琇当然立即体会了圣意，但因事关权相，还需反复斟酌，看准风向，侦悉信息，所以直到二月初六，才上疏参劾明珠。二十七年二月，御史郭琇疏劾明珠与大学士余国柱背公营私诸款："一、凡阁中票拟，俱由明珠指麾，轻重任意；余国柱承其风旨，即有舛错，同官莫敢驳正。圣明时有诘责，漫无省改。即如陈紫芝参劾张汧疏内并请议处保举之员，上面谕九卿应一体严处，票拟竟不之及。一、明珠凡奉谕旨，或称其贤，则向彼云'由我力荐'。或称其不善，则向彼云：'上意不喜，吾当从容挽救。'且任意增添，以示恩立威，因而要结群心，挟取货贿。至每日奏毕，出中左门，满、汉部院诸臣及其腹心拱立以待，皆密语移时，上意无不宣露。部院衙门稍有关系之事，必请命而行。一、明珠联结党羽，满洲则佛伦、格斯特及其族侄富拉塔、锡珠等；汉人之总揽者则余国柱，结为死党，寄以腹心。凡会议会推，皆佛伦、格斯特等把持，而国柱更为之囊橐，唯命是听。一、督、抚、藩、臬缺出，余国柱等无不辗转贩鬻，必索满欲而后止。是以督抚等官恣事剥削，小民重困。今天下遭遇圣主爱民如子，而民间犹有未给足者，皆贪官搜索，以奉私门之所致也。一、康熙二十三年学道报满之后，应升学道之人，率往论价。九卿选择时公然承其风旨，缺皆预定。由是学道皆多端取贿，士风文教因之大坏。一、靳辅与明珠、余国柱交相固结，每年靡费河银大半分肥。所题用河官多出指授，是以极力庇护。当下河初议开时，彼以为必委任靳辅，欣然欲行，九卿亦无异词。及上欲另委人，则以于成龙方沐圣眷，举出必当上旨，而成龙官止臬司，可以统摄的。于是议题议奏仍属靳辅，此时未有阻挠意也。及靳辅张大其事，与成龙议不合，始一力阻挠，皆由倚托大臣，故敢如此。一、科道官有内升出差者，明珠、余国柱率皆居功要索。至于考选科道，既与之订约，凡有本章必须先行请问。由是言官多受其牵制。一、明珠自知罪戾，见人辄用柔颜甘语，百计款由而阴行鸷害，意毒谋险。最忌者言官，恐发其奸状。当佛伦为总宪时，见御史李兴谦屡奏称旨，御史吴震方颇有参劾，即令借事排陷，闻者骇惧。以上各款，但约略指参。总之明珠一人，其智术足以弥缝罪恶，又有余国柱奸谋附和。负恩之罪，罄竹难书。伏祈霆威立，加严谴，天下人情，无不欣畅。"[1]

　　康熙批示："明珠革去大学士，交与领侍卫内大臣任用，大学士李

---

①《清史列传》卷8，《明珠传》。

之芳，致仕回籍，余国柱革职，吏部尚书科尔坤以原品解任。户部尚书佛伦、熊一潇等解任，于河工案内完结。

自郭琇于康熙二十七年正月二十三日参劾靳辅起，特别是二月初六参劾明珠以后，朝臣纷纷奏劾靳辅。兵部尚书梁清标说，"屯田实有害于民"。户部尚书王日藻等称，"屯田一事累民"。漕运总督慕天颜说，"屯官大占民田，百姓苦累"。直隶巡抚于成龙说，"靳辅开中河，无所裨益，甚为累民，河道已为靳辅大坏"。监修海口下河工程侍郎孙在丰也劾靳辅。①

谤书盈匣，四面围攻，帝意明示，败局已定，罪责难逃，在这样乌云压城城欲摧的险恶形势下，靳辅没有屈服。为了河工，为了真相，为了自己的清白，也为了呕心沥血、忠于王事、拼死效力的治河奇才陈潢，靳辅上疏，畅述治河之功，痛斥群臣阴谋陷害，破坏河工大局。康熙二十七年二月，靳辅奏请入觐，并于二十七日上疏论劾于成龙、慕天颜、孙在丰阴谋陷害，辩明是非曲直，奏疏说："受命治河之日，正当两河坏极之时。自砀山以抵海口，南北两岸决口七八十处，高家堰决口三十四处，翟家坝成河九道，清水潭久溃，下河七州县一望汪洋，清口运河变为陆地。臣昼夜奔驰，先堵高家堰，淮水方出清口，旋堵清水潭，挑挖运河，改移运口，迄今永远深通。其向来行运之骆马湖淤浅，不能行舟，臣创开皂河，漕艘无阻，久蒙圣鉴。至浚筑经费，方臣未任之初，曾特遣部臣勘估，计六百万两。臣任事后，苦心节省，自徐州起直抵海口，两岸堤工，并高家堰、清水潭及前所未估之新开皂河，堵塞杨家庄，修筑归仁堤，改移运口，止用帑二百五十一万两。又萧家渡冲决时，蒙赐帑一百二十万两，今一概加修竣工，统计所用，仅及前此部臣估计之半。而台臣郭琇则曰'靡费帑金数百万，营一家之计'，不知何所见而诬臣至此极也？其曰'题道厅未闻得人'，则河员原因慎重河务，必由河臣保题，定例已久，非自臣始。其曰'夺田屯垦'，则臣绝不以纳粮之民田，分厘入屯。其曰'越境卖麦'，则臣原以变价还部题明。其曰'陈潢小人，冒滥名器'，则陈潢之蒙恩，实出鼓励人才之特典，以言冒滥，臣不知何所指？且诋之为小人，则因于成龙久与结拜弟兄慕天颜频与宴好殷勤，孙在丰亦与亲密异常者也。自康熙二十二年两河归故，运道通行，而郭琇必以洪水狂澜罪臣。科臣刘楷曰'唯见每岁

①《清圣祖实录》卷133，第11、12、16、21、22页；卷135，第7页。

报冲决'，台臣陆祖修曰'逆水之性'，又谓'清丈隐占非额外多余地亩'。盖郭琇与孙在丰为庚戌科同年，陆祖修为诸生时，拜慕天颜为师，又系孙在丰教习门生，刘楷、陆祖修己未科同年，并江南人，与隐占田亩者，无非桑梓亲威年谊之契，故彼呼此应，协力陷臣。慕天颜与孙在丰结婚姻，因于成龙倡开海口之议，故必欲附成龙以攻臣而助在丰，兼夺臣任。夫河臣之职，与督抚不同。督抚统摄地方诸务，稍一兴利除弊，易以见德。河臣频年奔走河滨，以挑筑为务，上费帑金，下役民力，最易招尤致谤；而臣之负谤，更因屯田之清丈隐占。隐占田亩，唯山阳最多，有京田、时田之分。时田一亩纳一亩之粮，系小民之业；京田四亩纳一亩之粮，皆势豪之业。臣清丈沭阳、海州、宿迁、桃源、清河五属，得三百万亩，至山阳则终不能丈，以山阳乡绅多也。臣不顾众怒，致仇谤沸腾，使中伤臣者，更得以借口。然臣任事十余年，凡雇夫挑筑，买办物料，皆给发现银，虽淮、扬各属隐占田亩诸人怨臣至深者，亦不能指摘也。伏念河工一事，成之甚难，坏之甚易。自康熙六年两河溃决，历经数河臣，治之十余年，终无一效。臣受任之初，群议蜂起，百计阻挠，赖皇上不惜帑金，兼授方略，两河得以复故。正须绸缪善后，而诸臣合计交攻，必欲陷臣杀臣而后已，全不顾运道民生大计。当此众口铄金之际，即皇上欲终始保全，无如诸臣朋谋陷网之密布。倘蒙圣驾再巡，亲阅堤工，更命重臣清丈隐占地亩，则臣与诸臣之是非、功罪立分。臣身负重劾，万死一生，幸得入觐，恐天威咫尺，不得尽吐所欲陈，谨缮疏密奏。"[1]

此疏根据坚实确凿，论述明晰，将一切谤语驳斥得体无完肤，真相已明，是非已定。康熙阅后，谕大学士："近因靳辅被劾，议论其过者甚多。靳辅若不陈辩朕前，复何所控告耶？靳辅为总河有年，挑河筑堤，漕运并未迟误，谓之毫无效力亦属不可。但其贸易粮米及屯田、下河之事，虽百喙亦难逃罪。即欲将靳辅置之重刑，亦须留七八年，俟继用之人河工告成之人，始可议罪。"[2]

这段谕文，说明康熙对靳辅之案有三点认识。一系肯定靳辅治河有效。二是仍然认为靳辅在屯田、下河、卖粮上有罪。三是河工难治，需待继任者治河成功之后，才能议定靳辅之罪。

①《清史列传》卷8，《靳辅传》；《清圣祖实录》卷133，第30页。
②《康熙起居注》册3，第1733页；《清史列传》卷8，《靳辅传》。

　　康熙之所以这样讲，是因为他虽然很早就重视治河，看了很多治河书籍，对治河之法有了一些了解，但毕竟是书本上的见识，一巡河务，看得也不够仔细。所以，他还未形成正确的治河方针，还未能完全认识到靳辅方案的正确及其成效之大，还未能知道开浚海工之错误，还不能认识屯田并非罪大恶极。

　　三月初八，康熙御乾清门，召大学士、九卿、科、道及两江总督董讷、总河靳辅，直隶巡抚于成龙，原户部尚书佛伦等人，议论河工事务。董讷奏：“屯田之事，（当时）臣等会议，凡丈出民之余田入湖塘、滩地，俱应交州县，给予百姓耕种。”“靳辅原止取民余田而为屯田，并无取民额田以为屯田之处。”董讷此奏，驳斥了此前郭琇、于成龙笼统地说靳辅取民田地为屯田之指控。接着，靳辅果敢无畏地与于成龙等人辩论，斥其阴谋陷害，混淆是非。《康熙起居注》册3，第1740、1741、1742页详细记录了辩论及帝之询问情形：靳辅奏曰：“人皆诬臣阻挠下河工程，臣实无此意。臣曾云，开治下河虽不能泄大水，亦可以泄行潦之水。伊曾有咨文向臣商议，臣有回答之咨甚明，何云阻挠？止缘慕天颜、孙在丰朋谋排挤，此二人原系亲家，乃董讷所知。”董讷奏曰：“臣等前与慕天颜议下河事时，慕天颜曰，此系我亲家事，不便置喙。臣折以国家公事，岂避私嫌？故知二人原属亲家。”上问于成龙曰：“尔曾云上河放水，信有之乎？”于成龙奏曰：“总督王新命向臣言，每年因上河放水，故下河地方田禾皆致淹没。”靳辅奏曰：“于成龙并不谙晓上河，听人妄传而言。总之，雨后河内方有水，若不下雨，则水从何来？何得谓臣放水？臣从无放水之事。”于成龙奏曰：“纵非靳辅亲自放水，系伊属官所为，靳辅不行约束，所以江南百姓欲食伊之肉。”上问于成龙曰：“尔曾至高加堰否？”于成龙奏曰：“臣未至高加堰。”靳辅奏曰：“臣为朝廷效力，将富豪隐占之地察出甚多，所以豪强怀恨，与百姓何干？”于成龙奏曰：“靳辅立屯田名色，坏民坟墓，害民生业，亦不为少。”靳辅奏曰：“今田亩现在，皇上若遣人量勘，果无余出之田，臣愿服罪。”上问于成龙曰：“上河放水究系何人？又属何处？水可以欲放即放，欲止即止乎？”于成龙奏曰：“臣实不知，但得之传闻耳。”上又问董讷曰：“尔知之否？”董讷奏曰：“臣亦得之传闻。”靳辅奏曰：“于成龙与臣幕客陈潢结为兄弟，私通书札，岂正人所为？”于成龙奏曰：“臣为公事，不得不求靳辅，求之无益,不得不求陈潢。所通书札俱用官函露封,有何私处?"靳辅奏曰:"于成龙前在泰州妄自尊大,讹传伊升兵部侍郎,信以为真。后知不确,疑为臣所阻抑。今圣主在上,如欲加成龙部衔,谁敢阻抑?泰州士民曾有:兵部侍郎冒不得,八人轿坐不得,司道官管不得之歌。因羞成怒,恨臣刺骨。"于成龙奏曰:"彼时臣何敢坐八人轿耶?兵部侍郎之说闻系高成美捏造。靳辅事事贪黩。"

三月初九,帝再御乾清门,召大学士、九卿、科、道等官,及两江总督董讷、总河靳辅、直隶巡抚于成龙、原户部尚书佛伦等人,议论河工事务,靳辅又继续据理力争,直言重堤宜筑,挑浚海口不妥,驳斥于成龙所言河道为靳辅所坏等等谤言,辩论非常激烈。《康熙起居注》册3,第1743、1744、1745、1746页载称:上问靳辅曰:"开浚下河,则水有所泄,七州、县民田自无水患矣。"靳辅奏曰:"开下河止可泄些小之水,无所裨益,且恐有海水倒灌之患。"上曰:"尔今日所奏,异日便有对据,终难掩饰。如尔之言,将谓下河成功,竟不能泄上河之水耶?"靳辅奏曰:"正二三月间,雨水稀少,犹可泄几分,若至六七月以后,水发时,仍然淹没,不能泄也。"于成龙奏曰:"今下河开处,现在流通,岂不能泄水?靳辅若果将河工钱粮尽数用在河上,则堤岸坚固,何患冲决?今见其各属夺人妻子,占人房屋,怨声载道,现有被参者矣。"董讷奏曰:"臣所参丁理曾有此事。"上顾九卿曰:"靳辅举行屯田之事,因取民余田,故小民实皆嗟怨,此在靳辅,当亦无可置辩耳。"九卿奏曰:"圣见极当。"靳辅奏曰:"向者河道大坏,处处冲决,民田已尽被水淊。自臣任总河,将决口堵闭,两旁筑堤,仰赖皇上福庇,比年以来,河流故道,无地有冲决之患。是以数年水没之民田,尽皆涸出。臣意将民间原纳租税之额田给予本主,而以余出之田作为屯田,抵补河工上所用钱粮。因属吏奉行不善,民怨是实,此处臣无可置辩,惟候皇上处分。至丁理虽经参劾,而虚实未定,亦还待质审。"上问靳辅曰:"重堤已筑几何?"靳辅奏曰:"有四分矣。"上曰:"重堤如果有裨益,则尔治河已久,何为不早筑耶!"靳辅奏曰:"臣向者亦未得此策。自去岁入京时,蒙皇上谕云,上下河本属相关,下河之水皆从上河流去,必须探求原本。臣仰见皇上洞悉溯流穷源之意,遂中心识之,思维不已,得此筑重堤之策,因以奏闻。"上问九卿曰:"海口淤塞,起自何年?"王日藻等奏曰:"想从明时淤塞至今,臣等未能明晓。"上复以问靳辅。靳辅奏曰："臣亦不知，但据土人云，从明季隆庆年淤塞至今。每海潮来一次，即增一叶厚之沙，故渐致壅塞。"上曰："尔云海潮每至一次，即增一叶厚之沙，此言甚属虚妄。凡河内遇海潮来时，水壅逆流，及潮退则壅积之水其流甚疾，即微有停蓄之物，亦顺流刷去，尚何沙之存积耶？大抵所开河道久历年所，两岸堤土为雨水倾塌，则河底渐淤，此势所必至。即如近水地亩，或以倾塌成河，河内或以沙滩成地，此岂因海潮灌注而然耶？"上复问靳辅曰："据尔言开浚海口，海水必将倒入。将来海口一开，便有成验，朕记尔今日之言，留为后日之据。"靳辅奏曰："若开海口，则海水必然倒灌。海水甚碱，易坏田亩。"上顾九卿曰："海水必无倒注之理，但潮来则河水退入耳，究之退入亦不甚远，潮去则河水亦去。如天津卫亦有海口，曾无碱水倒入。即庙湾海口甚宽，几见有海水为患耶？海水倒灌之说，只可以惑愚人，明理者断不为所惑也。"九卿奏曰："诚如圣谕。"于成龙奏曰："靳辅即派柳枝一事，实属累民。"靳辅奏曰："臣初任总河时，未有栽种杨柳，而堵塞各口需柳甚多，故山东、河南给发价值，派取柳枝。今河上两岸植柳，皆已长成，并无派取之处。"上问于成龙曰："河上两岸所有柳枝尔见之乎？尔当日曾至何处？"于成龙奏曰："臣见宿迁一带稍有柳枝。山东等省派取者甚多，而所用甚少。"靳辅奏曰："柳枝不用于河上，将用于何地？所用柳枝皆在皇上洞鉴中也。"上复问于董讷。董讷沉思良久奏曰："臣见宿迁、安东俱有小柳，然亦不多。"上顾九卿曰："伊等俱未细阅，不过依傍人言。朕南巡时，亲见黄河南北两岸，皆有柳枝。"大学士伊桑阿及九卿等奏："难逃圣鉴。"上问于成龙曰："减水坝可塞乎？塞减水坝以开海口，河堤可不冲决乎？"于成龙奏曰："不能保其不决。臣于上河实未明晓，焉敢妄对？若靳辅治河，诚如圣谕，早已成功。今数年以来，河道尽为靳辅所坏矣。"上问于成龙曰："河道所坏何处？"于成龙奏曰："靳辅自任总河，偏听陈潢之言，山东、河南省分科派柳枝，至数年以后，始给价值，累民实甚，谁不知之？"靳辅奏曰："于成龙全然不谙河务，妄行议论，唯候皇上睿鉴。"上又问曰："上河之水安能放入下河？朕熟思再三，除是建闸，将黄水先畜而后可放耳。"于成龙奏曰："靳辅自有诡计放水，臣不能知。若其计为人所觉，则不得放矣。"上曰："如此大要处，不能明悉，安可妄议耶？"上又问于成龙曰："尔曾言崔维雅治河之论可行，果可行乎？"于成龙奏曰："臣曾言其可行。"上复问："何者可行？"于成龙奏曰："崔维雅之论可行，但闻人言如此，臣实未甚明晓。"上复问："汉九卿云何？"工部尚书李天馥奏曰："崔维雅有治河一书，臣实未看。"兵部尚书张玉书奏曰："臣虽看过，不甚明晰。"吏部尚书陈廷敬等奏曰："臣等俱未深知。"上曰："朕于河务留心甚久，崔维雅治河书亦皆细阅，其势必不能行。即彼所云，自萧家渡直开至清口，日用夫七万，期于五旬告成。朕思夫役安得如许之多？即夫役可得，而饮食之类从何运济？凡立说贵乎持平，要在当理。于成龙谓崔维雅治河之说可行，则于理难通，朕未之信也。"于成龙免冠叩首，奏曰："是臣愚昧处。"上复问郭琇曰："尔意云何？"郭琇奏曰："自古治河无善策。靳辅听信陈潢，靡费钱粮，治河无效，今应遣贤能大臣亲历其地，访问土著之民。"上曰："土著之言亦不足为据。如泗州与扬州接壤，其土人往往潜掘水岸，互相放水。是便于此，即不便于彼。若访问土民，伊等不过就其便己者言之，岂肯言不便之事？尔云访问，将问此乎？抑问彼乎？即直隶霸州地界相连处，民间往往争讼。凡议论期于合理，若于理未合，则能言而不能行，终无补也。"九卿等奏曰："圣见极当。"上曰："继靳辅而治河者，须不用减水坝，不保题官员，不派民夫，而河道又较胜于今日。如此则朕方心许矣。"因命董讷等出。赵吉士复自怀中出疏稿面奏。兵部尚书阿兰泰等奏曰："赵吉士已经有罪革职，何得渎奏？"上曰："姑听其所奏。"赵吉士奏曰："当日董讷、慕天颜、田雯等会题，皆云重堤宜筑，海口宜停。九卿会议，亦照督、抚题覆。至成龙始云重堤不可筑，下河必当开。皇上命臣等看河，会议时，董讷等并无异说，今忽改议。臣原云，重堤束水未尝不是，若塞滚水坝，关系非小。佛伦主筑月堤，似属可行。但臣尚有未尽之言，列于疏内。至海口淤塞，由串场河未浚之故耳。"上命都御史马齐收疏，令赵吉士出。上谓九卿曰："屯田害民，朕已洞悉。各省民田，未有不溢于纳粮之额数。若以余田作屯，按亩定额，岂不大扰民乎？屯田断无行理，无可复议。至下河作何开浚？重堤应否停筑？尔等必须公同详酌，确议来奏。"九卿等出。上顾大学士等曰："于成龙亦未洞悉河务，朕以其为直隶巡抚颇优，故未深难耳。总之，有治人，无治法，只在实心以任事，若徒以口舌争辩，亦何济乎？"

　　根据以上所引大量史料，现在可以对靳辅治河之案，得出六点结论。其一，郭琇、于成龙参劾靳辅败坏河道之罪，没有根据，不能成立，连皇上都断定，运道未塞，漕船通畅，沿河堤岸并未冲坏，派民种柳树，已有成效。

　　其二，靡费钱粮之过，亦不能成立。靳辅说得很清楚，原来户部估算需银600万两，几年下来，才用银251万两，即已修好开皂河等7项工程。

　　其三，屯田之争，也已查明，并非郭琇、于成龙所说取民之地为屯田，而是取余田，即扣除原有业户纳粮之地后所涸出的余地。这样做，本身是完全合法的。康熙所说各省民田皆溢于册载纳赋之数，而未清丈，因此不应清丈涸出田地，此说显系强词夺理。各省民田实际数目溢于纳赋额田，这是事实，也是康熙的惠民德政，但是，千万业户中，每户溢额田地的数量不会多，除少数豪强可能隐占成千上万亩外，绝大多数业户的溢额田地也就只有三四亩，这种局面下，当然不宜大规模地丈量土地，扰害民间。而靳辅此次丈量涸出田地，仅海州五县，就有300万亩，山阳县"隐占田亩最多"，"终不能丈，以山阳县乡绅多也"。就以丈出的300万亩来说，按江苏省平均每亩纳银6分计算，可收田赋银18000两。如果按这300万田中有一半是无主之田，用以招民屯种，屯田的租银每亩按最低价1钱计算，150万亩屯田可收租银15万两。所以靳辅奏称"高家堰等处筑堤，以为屯田，可获百余万钱粮"。[①]即使不作屯田，新涸出的几百万亩、上千万亩田的赋银数量也不少，对国家财政收入也有裨益。至于屯官清丈扰民，那是次要问题，可以严令禁止。因此，涸出之田，予以清丈，免被豪强势要侵占吞并不能定为大罪。

　　其四，阻挠海口疏浚下河工程之罪。靳辅只是力言疏浚海口无益，可能引起海水倒灌，他只管上河，下河海口工程，有专官、专款，他怎能具体阻挠下河工程！这明明是欲加之罪，何患无辞。

　　其五，郭琇所劾"靳辅与明珠、余国柱交相勾结，每年靡费河银，大半分肥"，现在，第一，河银没有靡费，第二，分肥没有证据，此罪自然不能成立。

　　其六，皇上已经看清和认定，靳辅治河有效，大学士、九卿、于成龙皆不谙河务，朝中没有一位大臣可以接替靳辅。

────────────

[①]《清圣祖实录》卷131，第15页。

尽管事情已经查明，真相已经知晓，靳辅治河，有功无罪，最多只是有失察屯官、属下扰民之过，但是仍然逃不了定罪严惩之祸。康熙二十七年三月二十四日，九卿会议河工事务，"将总河靳辅革职，枷号两月，鞭一百，不准折赎"。"陈潢应革去职衔，责四十板，流徙三千里"。尚书佛伦等官，俱应革职。《康熙起居注》册3，第1753、1754页记录了九卿拟议及帝之谕告和裁决：大学士伊桑阿、王熙、梁清标、学士凯音布、赵山、石文桂、拜礼、阿喇密、王封溁、朱都纳、蕯木哈、彭孙遹以折本请旨：九卿会议河工事，将总河靳辅革职，枷号两月，鞭一百，不准折赎。尚书佛伦、熊一潇，给事中达奇纳，侍郎孙在丰，两江总督董讷，总督慕天颜俱应革职。陈潢应革去职衔，责四十板，流徙三千里。给事中赵吉士缘另案已经革职，应无容议。上顾学士等问曰："此议尔等之意若何？"赵山、阿剌密等奏曰："靳辅等身为大臣，不将此事从公据理而言，皆怀私意，各偏执己见。不合。如此处分，亦不为重。"上顾问大学士等。伊桑阿奏曰："九卿之议似觉允当。"王熙奏曰："靳辅欲开屯田，其说甚非。慕天颜、董讷等公议此事，既已画题，后又云原非本意，殊失大臣之体。今九卿所议各官处分，似觉咸当。"上曰："南方之地有大亩，有小亩，有二亩算一亩者。靳辅启奏欲将丈出余田为屯田，甚不当。靳辅任河工年久，人皆云河道甚坏于靳辅之手，以至河底上淤。如果河底上淤，则堤岸即洼下矣，堤岸何能犹存？粮艘又何通运行而无误乎？朕则不信。今若不俟继用之人治河，即将靳辅置之重典，倘继用之人修理河道，仍不甚善，犹然如旧，则靳辅不心服矣。今若有人顺靳辅而言，又恐议为靳辅之党，谁复敢言？朕则不然，唯求合理而已。俟继用之人治六七年后，再定之。"伊桑阿奏曰："皇上圣谕诚然。若继用之人果能治河，而无水患，靳辅夫复何辞！"上曰："凡为臣者怀挟私意，互相陷害，自古有之。不但汉官蹈此习俗，为陷害之事，虽满洲大臣亦行此陷害之事。凡为臣者应竭诚秉公，变此习俗。"伊桑阿奏曰："谕旨诚是。"上曰："此案着将靳辅革职。至佛伦任工部时极其勤劳，凡奉差遣亦能胜任，但此事所议无甚佳处。赵山、阿喇密尔等曾为佛伦司官，尔等看来如何？"赵山奏曰："佛伦在部勤劳，臣等奴仆行事，安能逃于圣鉴？"阿喇密奏曰："佛伦曾为臣上司，为皇上尽心办理，如此等人亦少。"上曰："然。佛伦仍算勤慎中人，何以此事遂舛错至此？"又顾大学士等曰："佛伦着留佐领，以原品随旗行走。董讷、孙在丰在翰林院时颇优，从宽免革职，降五级，仍以翰林官用。熊一潇极其庸劣，慕天颜居官不善，俱着依议革职。达奇纳着降五级，随旗行走。赵吉士极其鄙陋之人，着依议。陈潢着革去职衔，解京监候。"余依议。

《清圣祖实录》卷134，第14页对此事记述为："丁酉，九卿等议覆河工一案。将总河靳辅，拟革职。其奉差阅河之尚书佛伦、熊一潇，给事中达奇纳、赵吉士，督理下河之侍郎孙在丰，会勘河工之总督董讷，总漕慕天颜，俱拟革职。幕宾陈潢，革去职衔，拟杖流。上谕大学士等曰，凡为臣者，怀挟私意互相陷害，自古有之。不但汉官蹈此习俗。虽满洲亦然。尔等宜竭诚秉公，变此习俗，以尽臣职。此案着将靳辅革职佛伦任工部时，极其勤劳凡，奉关遣，亦能胜任，但议此事，舛错殊甚，着留其佐领，以原品随旗行走。董讷、孙在丰在翰林时颇优，从宽免革职，降五级，仍以翰林官用。熊一潇极其庸劣，慕天颜居官不善，俱着革职。赵吉士行止不端，亦着革职。达奇纳着降五级，随旗地走。陈潢着革去职衔，解京监候。"

《实录》《起居注》对靳辅案的判决，有三个疑点和一个结论。疑点之一是，为什么未叙述靳辅所犯何罪？疑点之二是，为什么对靳辅陈潢惩处如此之重？大学士明珠、余国柱、李之芳，或革职，或致仕，或降为内大臣，而靳辅不仅革职，还要枷号两月，鞭一百，不准折赎。枷号两月，鞭一百，这已经是大罪之人才会如此惩处，而不准折赎更是破例地格外重惩。因为，旗人、旗官，被判枷号、鞭责时，一般是折赎，不会枷号，不会鞭责的。九卿为何要对靳辅拟以如此非常的、破例的重惩？至于陈潢，既然皇上已肯定靳辅治河有效，而靳辅也着重奏明，一切规划、奏疏皆系潢办理，并推荐陈潢为继任之人，为何九卿还要拟处仅比死刑低一等的流徒三千里，杖四十大板的重刑？疑点之三是，从皇上谕大学士的那几段话看，康熙知道靳辅治河有效，不应现在就"置之重典"。从以前的几次会议，他也知道，朝中大臣无人谙晓河务，于成龙既不知晓治河之法，又文过饰非，坚持错误，现在找不到担此重任的河道总督，可是为什么最后他要命令革靳辅之职？

一个结论就是，靳辅革职，逼死陈潢这个案子，是康熙判定的错案、冤案，严重危害了河道的治理。说它是错案、冤案，因为定案之时，案情已经清楚，靳辅、陈潢有功无罪，而皇上偏要重判靳辅，逼死陈潢，宣判之时，错案、冤案的结论就已经定上了。

皇上定的结论，从来就永远都是正确的，世世代代都不能否定，都不能推翻，都不准修改。可是，靳辅之案，却是这样千百个错案、冤案中的极少的例外，仅仅过了一年，靳辅这个错案就被推翻了，这个冤案被平反了，而且是被它的制造者、判决者康熙皇帝自己主动地亲自否定和平反的。

就在宣判靳辅革职以后的26天，即康熙二十七年四月十八日，奉旨查开中河的内阁学士凯音布、侍卫马武等回京，绘图进呈，奏述中河情形。康熙召大学士、学士、九卿、詹事、科、道等官进入行宫，谕称："前于成龙奏云，靳辅开中河，无所裨益，甚为累民，河道已为靳辅大坏矣。今凯音布等，往勘中河，奏云，中河内，商贾船行不绝，若塞支河之口，则骆马湖之水汇流中河。水势既大，漕艘可通。今数年以来，河道未尝冲决，漕艘亦未至有误。若谓靳辅治河，全无裨益，微独靳辅不服，朕亦不惬于心矣。于成龙在直隶，爱民缉盗，居官颇优，但怀挟私仇，阻挠河务，殊为不合。朕非欲起用靳辅，只以河务所关甚大耳。今九卿已将靳辅议罪，皆言其治河无益。若王新命闻之，亦顺从于成龙之说，以靳辅所治不善，大坏河道，将原修之处，尽行更改，是伊等各怀私忿，遂致贻误工，可予否！且黄河自宿迁以下，冲决犹可修治，若宿迁而上，或致泛滥，则为害甚大。前旨令马齐往俄罗斯，今河工紧要，停其前往，着即同张玉书、图纳往阅河工，务将毛城铺、高家堰等地方遍阅，就靳辅所修之处，其甚善而断不可改者，有几，不善而应更改者，有几，详悉商酌。其汉军汉人官员，尚应添遣，着开列具奏。又凯音布等，奏称中河所行漕艘，慕天颜勒令退回，支河之口，不许闭塞，慕天颜如此阻挠，深属可恶。尔等速回京，将慕天颜提拿夹讯，问谁为唆使，则实情毕露。此等之人，不重加惩治，不可也。朕素不食言，亦不为异日无验之语，向者岳州洞庭湖进剿兵船，众议谓宜撤回，朕独以为不可，卒致成功。靳辅以丈出民间余地，作为屯田，及阻抑开浚下河，其罪诚不可逭，至有言黄河沙底渐高，此断不可信。"[1]

过了12天，五月初一，《清圣祖实录》卷135，第12、13页载："兵部尚书张玉书、刑部尚书图纳、左都御史马齐、兵部侍郎成其范、工部侍郎徐廷尔，以奉差看河奏请训旨。"

---

[1]《清圣祖实录》卷135，第7—9页。

上曰："尔等至彼处，从公详看，是曰是，非曰非，据实具奏。顾张玉书曰，凡是非可否，尔当秉公陈奏，不可如熊一潇，托疾推诿。"又谕图纳等曰："朕听政二十余年，阅历世务已多，甚慄慄危惧，前者，凡事视以为易，自逆贼变乱之后，觉事多难处，每遇事必慎重图维，详细商榷而后定。凡所行事，起居注官，无不记注。历年所奏河道变迁图形，朕俱留内，时时看阅。朕素知河道最难料理，从古治河之法，朕自十四岁，即反复详考。人皆云，河道坏于靳辅放水，淹没民田。朕意不然，靳辅果能收放河水，则其人亦非平常，必能成功，何云河道自彼而坏耶！宿迁高家堰等处运河，朕所深知，他处未经亲到，未能明晰。"

九卿等覆奏："臣等遵旨，勘问慕天颜阻挠河工之处，据慕天颜供称，于成龙曾寄伊书，言河工之事，不应顺靳辅而言，故将靳辅另行参奏。以此问于成龙，亦云寄书是实。至挑浚中河无益，得之传闻，并无指实，自甘妄奏之罪。"

上曰："于成龙巡抚直隶，居官甚优，仍着赴任。慕天颜居官不善，素行乖戾，仍着羁禁。俟看河大臣回时定夺。"

张玉书等官前往查看河道情形后，于八月十五日上疏说："钦奏上谕，勘阅黄河水势，两岸出水颇高，河身渐次刷深。数年以来，虽遇大水，未经出岸。河身淤垫之说，甚属虚妄。其海口两岸，宽二三里，黄闸坝，见在虽不过水，但从前俱酌量形势建立，以防异涨，俱毋庸更易。北岸朱家堂等减水坝，前河臣靳辅，因修中河，有拆毁者，亦有闭塞者，应毋庸议。其王家营西减水坝，向未过水，且在仲家闸下流，相应仍留。朱家堂等坝，既经闭塞，应将北岸之大谷山减水闸坝，并镇口闸，照旧仍留。至于中河，宽八九丈至十余丈不等，深五六尺至一丈四五尺不等，若从中河安流以济舟楫，免黄河一百八十里之险事属甚便。但中河逼近黄河，不便挑宽，而里运河及骆马湖之水俱入此河，河窄难以容纳。勘阅萧家渡、杨家庄、新庄口三处，有黄河冲决入海旧河形，应交与河臣，量建减水坝三座，水小之时，勿致漫流，水大之时，即行减泄。其河形稍有浅窄之处，亦别行酌量挑浚，至骆马湖进黄河之口。应照靳辅原议，建减水坝二座。今年水势甚大，俟水落之时，令河臣验明建造。支河口，亦应照靳辅原议闭塞，于邻近处建板闸一座，令随时启闭。"①

康熙二十八年正月起，康熙第二次南巡，阅视河工，命靳辅随行。正月二十三日，率扈从部院大臣、两江总督傅拉搭、河南总督王新命、漕运总督马世济等，以及靳辅，阅视中河。看后，康熙谕："此中河开浚后，小民商贾无不称便者，盖由免行黄河一百八十里之险耳。"又问靳辅，"当日如何筹划中河，今又云何？"靳辅奏："皇上前东巡时，曾谕云：拦马河减水坝所出之水，如何方不致淹没民田。臣意开浚此河，可以束水入海，及浚毕观之，漕艘亦属可行，与其令漕艘行黄河一百八十里之行，不若行此河之为便也。今将遥堤加增加筑，以保固黄河堤岸，当不至有患。"②

康熙二十八年三月初二，康熙谕扈人诸臣："朕前阅中河，初疑狭隘，今行经丹阳，阅视河道，亦复狭隘。又闻众官民俱言中河挑浚有益，所关甚大，尔等会同总河、总漕以闻。"③

三月初八，"尚书张玉书、图纳、苏赫，左都御侍郎赛弼汉、席尔达、张英、徐廷玺，河道总督王新命等，会议中河事奏言，从前挑浚中河原避黄河一百八十里之险，且束散漫之水，使不致淹没民田，止因黄河逼近，不便挑宽，应将中河毋庸另议"。④

三月二十一日，康熙谕大学士，靳辅治河有功，商民赞颂，恢复靳辅原有官品："朕巡行南省，阅视河道，江南淮安诸地方，自民人船夫，皆称誉前任河道总督靳辅，思念不忘。且见靳辅浚治河道，上河堤岸，修筑坚固，其于河务，既克有济，实心任事，劳绩昭然，着复其原品。"⑤

于成龙、郭琇精心策划、阴谋陷害、制造的靳辅冤案，至此被皇上彻底戳穿了，平反了，纠正了。

康熙三十一年二月，河道总督王新命以勒取库银被革职，吏部议以漕运总督董讷署理。康熙否定其议，谕授靳辅为河道总督说："朕听政以来，以三藩及河务、漕运为三大事，夙夜厪念，曾书而悬之宫中柱

① 《清圣祖实录》卷136，第22、23页。
② 《清圣祖实录》卷139，第12页。
③ 《清圣祖实录》卷140，第2页。
④ 《清圣祖实录》卷104，第6页。
⑤ 《清圣祖实录》卷140，第12页。

上，至今尚存，倘河务不得其人，一时漕运有误，关系非轻。董讷为人性刻，恐其偾事。靳辅熟练河务，及其未甚老迈，用之管理，亦得抒数载之虑。靳辅着为河道总督。"①

靳辅以衰病请辞，未准，带病上任，治理河务。但他劳累辛苦十几年，又舌战笔战于成龙、郭琇一伙，还被冤枉革职，其挚友，得力辅佐的陈潢押解至京，未入狱即"病死"等一系列的伤心、愤怒，使他57岁即身染重病，衰老体弱，上任仅仅八个月，即已病危。十月，写下两道遗疏，一系建言修筑黄河堤工之法，二是恳请为陈潢平反，给以恩典。十一月，死于任上，享年60岁。康熙降旨："靳辅简督河务，经理年久，黄、淮两河修筑得宜，运道民生俱有裨益"，下部议恤，赐祭葬如例，谥文襄。②

康熙四十六年，康熙六下江南，第五次巡视河工，盛赞靳辅治河之功。五月二十七日，"谕九卿等曰，今年朕南巡阅河，沿河百姓，无不称颂靳辅所修工程，极其坚固。自明末流贼李自成，决坏黄河之后，一经靳辅修筑，至今河堤略不动摇，皆其功也。且开中河，而粮船免行一百八十里之险，此可以寻常目之乎。前后总河，皆不能及，地方军民，俱有为靳辅立碑之意，但畏张鹏翮耳。靳辅殁已十余年，无有为之举奏者，然功不可泯也。"③

同日，谕吏部，再赞靳辅，命加赠靳辅为太子太保，给以世职："谕吏部，朕厪念河防，屡行亲阅，凡自昔河道之源流，及历来治河之得失，按图考迹，靡不周知粤从明季寇氛，决黄灌汴，而洪流横溢，岁久不治。迄于本朝，在河诸臣，皆未能殚心修筑，以致康熙十四五年间黄淮交敝，海口渐淤，河事几于大坏。朕乃特命靳辅，为河道总督。靳辅自受事以后，斟酌时宜，相度形势，兴建堤坝，广疏引河，排众议而不挠，竭精勤以自效。于是淮黄故道，次第修复，而漕运大通，其一切经理之法具在。虽嗣后河臣，互有损益，而规模措置，不能易也。至于创开中河，以避黄河一百八十里波涛之险，因而漕挽安流，商民利济，其有功于运道民生，至远且大朕每莅河干。遍加谘访，沿淮一路军民，感颂靳辅治绩者，众口如一人，久而不衰。夫人臣有大建树于国家者，奖励酬庸，宣从优渥，贲以殊恩。靳辅着加赠太子太保，仍给世职拜他

①《清圣祖实录》卷154，第10页。

②《清史列传》卷8，《靳辅传》。

③《清圣祖实录》卷229，第30页。

喇布斩哈番，用彰朝廷追美，劳臣之典，为矢忠宣力者功。" ①

雍正五年（1727年），雍正帝谕大学士，嘉奖靳辅之功，命追赠工部尚书。《清史列传》卷8，《靳辅传》载：五年，谕阁臣曰："朕览《治河方略》：见原任河道总督靳辅昔年修理河工，劳绩茂著，欲加恩泽，以奖勋庸。据吏部查奏，康熙四十六已赠宫保与世职，今再追工部尚书予祭一次，以示朕笃念前劳至意。"七年，命江苏巡抚尹继善择地建祠，祀辅及河道总督齐苏勒，有司春秋致祭。八年，诏建贤良祠于京师，以辅靳入祀。

（三）亲理河工

从康熙二十七年（1688年）三月靳辅革职以后，河道总督相继由两江总督王新命、漕运总督董讷、左都御史于成龙、两江总督张鹏翮担任。王、董、于既不谙河务，又对皇上指示阳奉阴违，河工问题严重。康熙帝玄烨非常重视河工，查阅治河书籍奏疏，询问臣僚，五次巡视河务，认真总结靳辅治河经验教训，康熙二十八年第二次巡视河工，有了一些治河见解，此后又逐渐补充、丰富、修改，到三十八年形成了自己新的治河思想和方法。他和靳辅一样，主张筑堤束水攻沙，但是他又强调"上河既理，是下游自治"，强调："深浚河底"，改曲使直，减少弯道。

康熙在新思想完全形成之前，先重重训斥于成龙等官诋毁、诬告靳辅之过，以使河工基本上遵循靳辅治河措施。《清圣祖实录》卷162，第3-5页载，康熙三十三年正月十八日：九卿议覆，河道总督于成龙条奏，修筑黄运两河，应增设河道官员豁免民夫等事，俱不准行。于成龙明知难行之事，故为条奏，非大臣实心任事之义，应革职。

上谕大学士等曰："凡为臣者须行实事，不当沽取虚名。于成龙奏称豁免民夫，夫河道工程浩繁，能不用民夫，而可以集事乎。且河道增设一官，则民间多一事。见在所设官员，历年以来，料理工程，并无违误之处，总之河工经理，唯在得人，不在增设官员也。随召于成龙问曰，尔向日议河工事，曾面奏减水坝宜塞不宜开。汝今观减水坝果可塞乎？"于成龙奏曰："臣在彼时妄言减水坝宜塞，于今观之，果不可塞。"

①《清圣祖实录》卷229，第22、23页。

上曰："尔前言靳辅糜费钱粮，并未尽心修筑河工，尔今观之何如。"于成龙奏曰："臣今亦照靳辅所修而行，如果修筑不善，去年大水，安能不至溃坏。臣见去年大水，不胜畏惧，故请增修。"

上曰，既如此，则尔所奏之非，靳辅所行之是，何以不明白陈奏。尔排陷他人则易，身任总河，此非明验耶。于成龙任直隶巡抚时，居官好，亦曾效力，但为人胆大，凡事必欲取胜。其所奏之事，止徇人情面，欲令人感彼私恩。夫擢用人才，乃朝廷之大权，非为臣者市恩沽名，所可擅行之事也。至于成龙条奏内，修理通州、天津一带河道，及培修高家堰堤，亦有当酌议处。高堰保准敌黄，甚为紧要，此处稍有疏虞，则淮安一带州县居民田庐，皆受水害。此本再详议具奏，户部议覆。"又谕大学士等曰："于成龙曾奏河道两岸，未见靳辅栽有柳树。朕巡历南方，指河干之柳问之，无辞以对。又奏靳辅放水以淹民田，百姓苦累。朕问从何处放水，所淹者何处之田。奏曰，臣未曾亲见。原任侍郎凯音布管理下河工程时，曾题参闸官开高邮州南减水闸，放水冲淹民间麦田。朕后至其地观之，开闸泄水，断不至淹害麦田。及问凯音布，所开何闸，致淹麦田，亦无辞以对。"

康熙三十八年二月到五月，康熙第三次下江南，着重阅视河工。出巡之前三个月内，康熙作了两次重要讲话。一是训斥于成龙、孙在丰等挑浚海口下河工程毫无成效。他谕大学士等："开浚下河民生，仅系朕为闾阎疾苦，深切轸念，曾命开音布、孙在丰、于成龙、王新命等，专司关浚。伊等俱奏工程告竣，民生大蒙利益，载在册籍，存部可考，人亦具在，可以质询也。由今观之，止是虚縻国帑，水势并未消减，田亩并未涸出。所谓有益民生者，果何在耶。"①

二是着重讲了治理上河、下河之间的关系，提出"上流既理，则下流自治"。康熙三十七年十一月二十七日，谕大学士，着于成龙补授河道总督，并谕曰："修治下河，必将上流会赴下流宣泄，遍加详悉勘明，始可酌定。如果应行修治，来年仲春举行，亦来迟误，照修永定河。多派京师官员分委，同时兴工，庶可速竣。"②

十二月初一，河道总督于成龙陛辞，康熙谕："闻淮扬河水泛涨，

①《清圣祖实录》卷191，第3、4页。

②《清圣祖实录》卷191，第12页。

清江浦百姓所居之地，皆已被水。夫洪泽湖，实黄河之。障洪水强盛，力可敌黄，则黄水不得灌入运河。今淮水势弱，不能制黄，全注运河，黄水又复灌入，且两河相距甚近，清江浦地处其中，其一带地方，受泛滥之水，势所必然。唯淮水三分入运，七分归黄，运道始安。复顾大学士等谕曰，朕昔年巡视河工，曾至大墩堤，步行十五里，详加阅看，今寰宇升平，海内宁谧，唯河工关系运道民生。朕数十年来，夙夜萦怀，留心研究，故河道情形，熟悉已久。总之上流既理，则下流自治矣。"①

康熙三十八年二月起，康熙第三次下江南，着重阅视河工。《清圣祖实录》卷192，第7、12页载："（二月初三日）癸卯，上南巡，阅视河工，奉皇太后启行。命皇长子多罗直郡王允禔，皇三子多罗诚郡王允祉，皇五子多罗贝勒允祺，皇七子多罗贝勒允佑，皇八子多罗贝勒允禩，皇十三子允祥，皇十四子允禵随驾。自大通桥登舟。"

（二月二十一日）谕领侍卫内大臣等："朕阅视河工，巡幸南方，奉侍皇太后而来。自此前行，俱是顺流，并无留滞。或明日晚，后日早，朕当分行，只乘所御一舟，减少扈从，昼夜前进，往阅黄河以南，高家堰归仁堤等处堤防。回至清口，候皇太后船至，朕亲奉渡河之后，相视下河以北堤防，则日期与程途，庶不相误矣。"

在二月到五月巡视河工期间，康熙提出了深浚河底、曲弯改直、加固堤岸、引水归江、撤除障碍等五项指针，据此兴修相应工程。

三月初一，康熙阅视高家堰、归仁堤等河工。"谕大学士等：朕留心河务，体访已久。此来沿途坐于船外，审视黄河之水，见河身渐高。登堤用水平测量，见河较高于田，行视清口、高家堰，则洪泽湖水低，黄河水高，以致河水逆流入湖，湖水无从出，泛滥于兴化、盐城等七州县，此灾所由生也。治河上策，唯以深浚河身为要。诸臣并无言及此者。诚能深浚河底，则洪泽湖水，直达黄河，七州县无泛滥之患。民间田产，自然涸出，不治其源，徒治下流，终无益也。今朕亲阅下河通海之口，及射阳湖一带填淤之处，于成龙所带效力人员甚多，可作速分委，并力开浚，蓄积之水，倘能稍泄，庶几有益。至于黄淮二河交会之口，过于径直，所以黄水常逆流而入。今宜将黄河南岸近淮之堤，更迤东长二三里，筑令坚固。淮水近河之堤，亦迤东湾曲拓筑，使之斜行会

①《清圣祖实录》卷191，第14页。

流，则黄河之水，不致倒灌入淮矣。再河流不迅急，无以刷去河底之沙。朕详加谘访，河直则溜自急，溜急则沙自刷而河自深，宜于清口西，数曲湾处，试行浚直。如直浚有益，渐将上流曲处，岁加直浚，庶几黄河之险自除，而河底渐深，洪泽湖之水渐出，七州县之水患可渐自矣。清口应修之处，着于成龙等，绘图呈览。谕漕运总督桑额、河道总督于成龙、协理河务徐廷玺等：朕念河道，国计民生攸关，亲行巡幸，由运河一带，以至徐州迤南，细加看阅，见黄河底高湾多，以致各处受险。至归仁堤、高家堰、运口等处，见各堤岸愈高而水愈大，此非水大之故，皆因黄河淤垫甚高，以致节年漫溢。若治河仅筑堤防，不将黄河刷深，终属无益。且运口太直，黄河倒灌，兼之湖口淤垫，以致清水不能畅漾，各河与洪泽湖之水，如何能敌黄水。若将清河至惠济祠埽湾，由北岸挑引，从惠济祠后入河，而运河再向东斜流，入惠济祠交汇，黄水自然不倒灌。朕欲将黄河各险工，顶溜湾处开直，使水直行刷沙，若黄河刷深一尺，则各河之水浅一尺，深一丈，则各河之水浅一丈。如此刷去，则水由地中而行，各坝亦可不用，不但运河无漫溢之处，而下河淹没之患，似可永除矣。且搁黄坝湾曲，马家港窄狭，虽将时家马头之口堵筑，而淮水不能畅流，山阳南岸韩家庄等处险工，甚属可虑。今应将清口之西坝台，添挑水坝，比东坝台加长，包裹清口在内，择江泽湖水深之处，开直成河，使湖水流出。黄河弯曲之处，直挑引河，使各险处不得受冲。其搁黄坝应行拆毁，时家马头决口，俟黄水流定，汰黄堤筑成之日，再行堵塞。至归仁堤之建，专为毛城铺等处，水涨冲决，于此搁回，仍归黄河之意，此堤亦应酌量修筑。尔等系河臣，河务是尔等专责，务必将各州县水灾尽除，方不负朕南巡救民之至意。若挑挖引河，原有工程，仍照旧令各官作速修防，不可怠忽。下河见有积水，不可不引出归海。俟引河工竣，黄水归入故道后，再将下河、串场河、射阳湖、虾须沙沟一带挑通，引积水流出归海，庶河道永无冲决之患矣。"[1]

康熙在这里第一次论述了"治河上策，唯以深浚河身为要，诸臣并无言及此者"；"河直则溜自急，溜急则沙自刷而河自深"，"将顶溜湾处开直，使水直行刷沙"；"疏浚清口"。

三月初六，御舟泊高邮州。谕河道总督于成龙：朕昨驻跸界首，用水

---

[1]《清圣祖实录》卷192，第14—17页。

平测量，河水比湖水高四尺八寸，湖水似不能越此堤而入运河。但当湖石堤，被水冲坏，工程甚属紧要，着差贤能官员，作速查验修筑。"①

第二天，再谕河道总督于成龙："朕在清水潭九里地方，用水平测量，河水高湖水二尺三寸九分。此一带当湖之石堤，甚为紧要，可速行修造。至高邮州地方，见河水向湖内流，河水似高一尺有余，趁黄河水未深之时，急宜修理。"②

三月十一日，谕河道总督于成龙："朕自淮南一路，详阅河道，测算高邮以上河水比湖水高四尺八寸，自高邮至邵伯河水湖水始见平等。应将高邮以上当湖堤岸，高邮以下河之东堤，俱修筑坚固。有月堤处，照旧存留。有应修堤岸，仍照旧堤坚筑。至于邵伯地方，因无当湖堤岸，河湖合而为一，不必修筑堤岸，听其流行。高邮东岸之滚水坝、涵洞俱不必用。将湖水河水俱由芒稻河、人字河引出归江。入江之河口，如有浅处，责令挑深。如此修治，则湖水河水俱归大江，各河之水既不归下河，下河自可不必挑浚矣。"③此即谕命引水归江。

四月二十二日、二十四日，谕河道总督于成龙，堤坝需帮筑加固："运河东岸，石工残缺者，仍令照旧补修。其土工堤内积水之处，下埽帮筑，减水坝，俱堵塞坚固，用心防护。越坝之属紧要，亦着加帮防护。淮安府泾涧两河，必须挑浚深通，毋任淤垫。至于人字河，若有窄狭处，亦当相机挑挖。凡有泄水旧口，修砌涵洞，令民灌田。堤岸单薄处，亦酌量加帮河身戗堤，务行修筑。朕业已指示，止高五尺，底宽二丈，顶宽七八尺，以遇水势，足矣。至河员不留心防范者，须严加惩处。运河东岸，宜再加高宽，其涵洞与金湾水坝旧有河身，民间用水灌田，仍照例开放。减水坝，着堵塞坚固，用心防守为要。至新加堤岸，可选尔带来官员，或五十丈，或六十丈，责令加意防守。西堤土石各工，及高家堰工，俱速行修理。下河田地，不过一二年，可以涸出矣。"④

四月二十七日，康熙渡黄河，乘小舟，阅视新埽，再改湾取直，谕河道总督于成龙曰："黄河湾曲之处，俱应挑挖引河，乘势取直。高邮等处运河越堤湾曲，亦着取直。"⑤

---

①②《清圣祖实录》卷192，第19页。

③《清圣祖实录》卷192，第20页。

④《清圣祖实录》卷193，第7、8页。

⑤《清圣祖实录》卷193，第8页。

四月二十七日、二十八日，康熙再谕挑浚清口："召郎中朱成格等谕曰：此南岸若不修挑水坝，新挑引河，必不能畅流。当从朕所钉桩处，修挑水坝二三十丈，挑出水头大溜向北，俾引河流畅。尾堤在陈家庄旱地，筑高五尺，水长时，从陈家庄南任其流去无碍。此事关系紧要，尔等即遵谕行。"

谕河道总督于成龙等曰："清口速宜挑浚，徐廷玺，着往扬州去，查看永安各石工，并东西岸各工，与堵塞减水坝工程。令各官用心防守，毋得疏虞。"①

康熙虽然对治理黄河、运道、淮河做出了正确的治河方针和一些具体规划，但他在南巡期间，已经察觉出地方官员、河工官员不认真办事，于五月十七日回京以后，第二天，即谕大学士伊桑阿等："朕兹南巡，见地方官员诚心为民者甚寡，一切务虚名而无实效，甚无取焉。朕观河工，亦非难事，任事者，果皆竭诚效力，加意奉公，何难告厥成功耶。若刷河底极深，径趋入海，诸水仍出清口归海，则高邮等处，不可水灾，而下河亦可无虑矣。"②

九月十三日，康熙又谕大学士等官，强调挑浚清口工程。《清圣祖实录》卷195，第4、5页载："上以于成龙所绘河图，示大学士等，谕曰：今四海太平，最重者治河一事。朕前巡视，知水之不治，由洪泽湖水势甚大，既不能泄，又加黄运两河合并，势愈浩瀚，以致泛溢。昔时原有归仁堤，遥为捍御，此法最善，今已淹没不可考。靳辅则筑减水坝，名为减水而四处奔泻漂决甚多。彼但顾上河而不顾下河，水何以治。朕意唯有导河稍北，使彼不得侵入清水，而疏泄洪泽湖，使之下流，全用清水以刷沙淤，如此则水自无不治矣。今岁南巡，见黄河逼近清口，黄水倒灌，以致淤垫，洪泽湖水不出，自高家堰减水坝，流入高宝诸湖，自高宝诸湖，流入运河，以致下河田地，尽被淹没。淮扬所属钱粮，虽频年蠲免赈济，动帑修理堤岸，群黎尚在水中，朕深为轸念。遂谕于成龙将洪泽湖出水堤岸，令速完工。近差工部官员往看，清口仍然淤垫，洪泽湖水仍未出口，堤岸尚未告竣。清口甚为紧要，如不将清口挑浚，湖水不出，高家堰并运河堤式，虽加高厚，均属无益。尔等会同九卿詹事科道，详阅河图，速议具奏。"

---

①《清圣祖实录》卷193，第8、9页。

②《清圣祖实录》卷193，第14页。

后大学士等奏曰："圣谕河工事宜，已极周详。应遵旨移文河道总督于成龙令速行修浚。"

上曰："靳辅、董安国、于成龙，但知筑堤御水，至于改河身使北，俾清水通流，并未言及。若不令清水通流，虽修筑堤岸，黄水终致倒灌，焉有御之。"

尽管康熙多次谕示治河指针、措施、兴修工程，但河道总督于成龙阳奉阴违，松懈马虎，还假报工效。康熙三十九年三月初五，康熙痛斥工部及河工官员说："淮扬一带百姓，久罹水患，亟宜拯救。此系尔等专责，宜各尽力。今观河工诸臣，一有冲决，但思获利，迟至数年，徒费钱粮，河上毫无裨益。此弊之根，皆在尔部。即今河工，凡有启奏，唯恐尔部不准行，随即遣人营求，尔部鲜不受其请托者。若此弊不除。河工何由奏绩。" [①]

同一天，康熙谕大学士等官，斥责于成龙耽误河工，并嘉赞靳辅说：前者，于成龙，虽屡陈河务，及问自河上来者，皆云，邵伯决口，尚未堵塞。朕所指芒稻河，人字河等处，亦总未修。于成龙人尚可用，亦有劳绩，但比年以来，徇情为人，大有错谬。朕去年南巡时，遣侍卫海青，召于成龙至江天寺，谆谆训谕，以留心河工为要务。讵意彼竟不言及如何治河如何救民，唯以捐纳执奏。朕以此知于成龙之不能有成于河工也。靳辅任总河时，河务常治，虽下河之人，不无微怨，然不可谓于运河无益。朕三幸江南，初次，河道尚未废坏，去年至彼，见水势较前更险，闻今岁愈加涌涨，直至高邮矣。先是桑额疏奏，清口之水，已向外流。朕曾批谕云，黄水不久倒灌矣。今询来人，果如朕言。去冬朕巡永定河，命修挑水坝，彼等遵旨修筑，水得通流。于成龙不遵指示，故迄今尚未告成。尔等将朕所谕修筑之处，工程完否，查明具奏。"

三月，于成龙病逝。三月初十，康熙谕大学士："河工钱粮甚不清楚"，两江总督张鹏翮"操守好"，着调补河道总督。

张鹏翮，四川遂宁人，康熙九年进士，历任郎中、知府、运使、大理寺少卿、浙江巡抚、兵部侍郎、左都御史、刑部尚书，三十七年授两江总督，曾被康熙帝赞为"一介不取，天下廉吏无出其右"。张鹏翮对治河之法，不甚了解，但是他有一个很大的优点，那就是坚决贯彻执行

①《清圣祖实录》卷188，第8页。

帝旨，遵循圣谕办理河工。上任之后的头两年，张鹏翮认真办差，很有成效。

三月十四日，张鹏翮陛辞，请帝训旨，并请撤回河工效力人员，保请原任河道总督王新命同往。康熙不允说："靳辅治河时，河道甚好。自任王新命后，仅守靳辅成绩，并无别行效力处。于成龙初任总河，已将靳辅所修之处，改治一二次。及至董安国，则事尽废坏不堪矣。王新命于河务不甚谙练。"①

康熙谕张鹏翮："古人治河之法，与今时势不同。其最紧要者，黄河何以使之深，清水何以使之出，尔宜详加筹划。"过了两天，三月十七日，又谕："引湖水使人字河、芒稻河入江，朕所见最真，尔必须力行，不可忽也。黄河曲处挑挖使直，则水流通畅泥沙不淤，尔宜留心，'必毁拦黄坝'。"②

张鹏翮遵循帝旨，上任之后，视察河道形势，思考之后，于康熙三十九年五月连上三道奏院，工部等衙门于五月初十日会议议覆。第一道奏疏是讲拆毁拦黄坝。黄河东南流到清口时，转向东北，经云梯关入海。早在康熙三十三年正月二十一日，康熙就谕大学士等官："于成龙面奏云梯关以下至海口，因为水势散漫，以致沙渐淤长。朕思海口，为黄河入海之路，海口水势迅急，方能刷沙，河水乃得顺流，此为紧要。"③

然而河道总督董安国竟在康熙三十五年于云梯关附近筑拦黄大坝，挡住黄河河水，另挑马家港引河，导黄河水由小河口入海，以致水流不畅，上流河道堵塞。张鹏翮奏请拆毁拦黄坝的奏疏说："臣过云梯关，阅拦黄坝，巍然如山。中间一线，涓涓细流，下流不畅，无怪乎上流之溃决也。于拦黄坝上流相度，计黄河水面，宽八十三丈余，则拦黄坝亦应照丈尺拆挑，一律宽深，方足宣泄。查未拆之坝，尚有三十七丈三尺，应尽拆去，挑挖深通，悉与黄河八十三丈之水面相符。亟堵马家港，于月内合龙，使水势不致旁泄，尽由正河而行。俟黄水大涨时，将新挑之河，始行开放，资其畅流之势，冲刷淤垫。则黄水入海，自能畅达。"

第二道奏疏是讲皇上所说引湖水入江之事："人字河自金湾闸至孔家渡，见今窄狭，宜开广阔。芒稻河两岸亦狭，又有土岭二处，前河臣

① 《清圣祖实录》卷198，第4页
② 《圣祖御制文三集》卷1，第3、4、5页；《汉名臣传》卷22，《张鹏翮传》
③ 《清圣祖实录》卷162，第2页

尚未挖完。目今湖水方盛，宜尽行挖去。水口下，又有芒稻闸，年久塌坏，宜更修，因时启闭。又凤凰桥引河，从桥口至胡家楼，宜加浚深通，引水入运盐河，汇入芒稻河。又双桥、湾头、二河底，亦有浅处，应俟冬时挑浚深通。其湾头闸座，鹰翅塌陷，宜及时修砌。唯高邮自档军楼起，至东海湾止，因高家堰、洪泽湖之水，滔滔东下，西堤淹没，浸入运河东堤，一望汪洋。当伏秋水涨，恐东堤单薄难以捍御，宜将见闭三坝，相机酌开，以保城池堤。"

第三道奏疏是讲皇上所说使清口的淤水排泄之事："清口为淮黄交会之处，目今粮艘北上，最为紧要。河身淤垫，竟成平陆，独有黄水入运河。臣相度形势，博采舆论，金谓黄河比裴家场引河身高，烂泥浅系流沙，裴家场与帅家庄相隔不远，即开浚深通。当黄水大长之时，清水不能相敌，应于张福口，挑引河一道，身长一千五十丈，面宽十丈，深一丈余，或八九尺不等，引清水于黄河口相近处，入运河，使之畅达，庶可敌黄。并建闸一座，以时启闭。"

工部等衙门均议覆"应如所请"，康熙均皆批准。[①]

张鹏翮立即安排人夫，施行上述三大工程。

拦黄坝工程于康熙三十九年四月二十一日动工，尽拆拦黄坝，至五月初九日完工。张鹏翮奏称："臣遵旨看视海口，将拦黄坝尽行拆去，河身开浚深通，于四月二十一日动工。至五月初九日完工开放。水势畅流，冲刷淤沙，旬日之间，深至三丈，宽及百丈有余滔滔入海，沛然莫御。且自动工以来，海潮不兴，风涛不作，得以施工。工程甫竣，即长水二尺，以资开放，畅达入海，此皆我皇上留心国计，轸念民生，至诚上孚天心，海神效灵之所致。应将拦黄坝之名，改称大通口。伏乞皇上钦定，以垂永久。建海神庙，以答神庥。"

康熙阅后，十分高兴，批准赐名大通口，建造庙宇，并于六月初三日，欢欣谕告大学士等官："前张鹏翮赴任时，朕即指示以必毁拦黄坝，挑浚芒稻河、人字河，大抵河工事务，非身履其地，详察形势，无由悉知。初张鹏翮奏请欲按书上之言，试行修筑。朕谕云：尔身至其地，亲加详阅，则应修之处，便可知矣。今毁去拦黄坝，而清水遂出，浚通海口，而河势亦稍减，观此则河工大可望也。" [②]

---

①《清圣祖实录》卷199，第2-4页。

②《清圣祖实录》卷199，第12页。

张鹏翮还遵循帝旨，深挖河底，加固堤岸，曲湾改直。到康熙四十年十二月，改修清口，引湖水入江等工程陆续竣工。十二月十八日，张鹏翮奏称：“治河事宜，蒙皇上指授，疏通海口，水有归路，黄河刷深。坚筑高家堰，广辟清口，乃得引淮畅流。筑归仁堤，导泗州上源之水入于河，疏人字、芒稻等河，引运河之水注之江。筑挑水坝，疏陶庄引河，通黄水而畅清流，使永无倒灌之虞。挑虾须等河，引下河积水入于海。其余各处工程，指授周悉。但河工甫就，保固为要，恭请圣驾，于来春二月桃汛未发之前，亲临河工指授。”①

康熙阅后，颇为高兴，但因河身刷深的深度不够，有些担心，谕大学士等官：“高家堰等处堤工虽竣，然未遇大水，俟来年经遇水汛之后，方可验其成功。若烂泥浅一带水出不畅，则高家堰究属可忧，向意欲从武家墩出水，此事尚须斟酌。前日问张玉书，奏称淮水尚大，高家堰旧堤，俱为湖水所浸。据此，则泗州、盱眙，安得不被水灾。河身之浅深，以洪泽湖水之高下为验。湖水低得一尺，河身方深得一尺。今洪泽湖之水，比甲子年高有数尺，可见河身未曾刷深。高家堰之堤，恐过此以往，尚未可知也。”②

康熙四十一年九月，张鹏翮奏报秋水情形。九月十九日，康熙谕：“览奏挑水坝筑成，逼黄河大溜，直趋陶庄引河，循北岸而行，黄水从大通口畅出，海口极其深通。淮水从清口畅流敌黄，绝无黄水倒灌之患。高家堰堤工完固，加紧防守。经伏秋大涨，俱获无虞。运河水由泾河、涧河、人字、芒稻等河分泄。各处工程，亦皆保固。观此，河工大有望矣。又谕曰：今所开陶庄引河，甚善。朕前巡视南河时，曾令员外郎赫硕滋将引河之桩，加意深筑，其疏浚人字、芒稻二河亦佳，得此二河，运河甚为有益。”③

康熙四十二年正月，以河工告成，康熙再下江南巡视南河。三月初二，阅高家堰堤工。初三，遍阅高家堰、翟家坝等处堤工。三月初四，乘舟，历黄河南岸，观龙窝烟墩等堤，渡黄河，阅九里冈等堤。

三月十五日，康熙谕大学士、九卿等官：“朕此番南巡，遍阅河工，大约已成功矣。曩者河道总督于成龙，未曾遵朕指授修筑，故未能

①《清圣祖实录》卷206，第22页。
②《清圣祖实录》卷206，第23页。
③《清圣祖实录》卷109，第20页。

底绩。今张鹏翮一一遵谕而行，向来黄河水高六尺，淮河水低六尺，不能敌黄，所以常患淤垫。今将六坝堵闭，洪泽湖水高，力能敌黄，则运河不致有倒灌之患，此河工所以能告成也。"①

河工大见成效，康熙非常高兴，写下《览黄告成》诗："使清引浊须勤慎，分势开疏在不荒。虽奏安澜宽盱食，诚前善后奠金汤。"②

康熙四十六年正月十三日，康熙谕吏部、户部、兵部、工部："朕念淮、黄两河工程，为东南要务，屡次躬临河上，相度指示，一切修防疏浚，业已次第奏功。"③

康熙以黄河、运河，关系国计民生，五次看阅河工，"屡次简任廷臣，修筑堤岸，每岁不惜数百万帑金"，前后二十余年，终见成效。④

四、博学鸿儒科

（一）鸿博开科

清朝的一些笔记，常常提到"鸿博"二字，如余全《熙朝新语》卷3写道：朱彝尊，"年五十，由布衣孝举鸿博"；冯勖，"由布衣荐举鸿博"。此处所说的鸿博，有其特殊含义，来源于康熙十八年（1679年）康熙皇帝玄烨举办的"博学鸿儒科"，又称"博学鸿词科"，是科举制度的一种。有的笔记将其简写为"鸿博科"，或写为"鸿博"。

中国古代的科举制度是荐举与考试相结合，以考试为主，三年一考，分别是县的童生考取生员，俗称秀才，省的乡试，从生员中考取举人，国家级的会试，殿试，由各省举人中考取进士。

除了经过县、府、省、国家考试的制度外，还有"制科"。制科从两汉开始，延续于清，皆由朝廷亲试，不经过地方考试。西汉的制科有贤良方正科、直言敢谏科、文学异笔科等，由丞相、列侯、州郡推荐、皇帝亲试。唐朝设的制科最多，科名逾百，有未仕面举者，有既仕而举

①《清圣祖实录》卷211，第21页。

②《康熙诗选》第174页。

③《清圣祖实录》卷228，第2页。

④《清圣祖实录》卷205，第3页。

者，或取其忠言嘉谟，足以令其策对，或取其操守、品格，考其德行。所取之人很少，每科或二三人，五六人，有的科只取一人。如唐高宗之词殚文律科的崔融，玄宗天宝时辞藻弘丽科的杨绾。有的人连中数科，如陆元方连中八科，裴守中连中六科，李怀远连中四科。这些科，名为别科，实即荐贤。多至一二十人的贤良方正直言极谏科，才识兼茂明于体用科等科，颇多名臣文苑，如柳公绰、裴度、杜牧、张九龄、颜真卿、白居易等。宋朝延续制科，但科名不多。

康熙记取前朝经顾验，举办"博学鸿儒科"。康熙十七年正月二十三日谕曰："乙未，谕吏部，自古一代之兴，必有博学余鸿儒，振起文运，阐发经史，润色辞章，以备顾问著作之选。朕万几余暇，游心文翰，思得博学之士，用资典学。我朝定鼎以来，崇儒重道，培养人才，四海之广，岂无奇才硕彦，学问渊通，文藻瑰丽，可以追踪前喆者。凡有学行，兼优文辞卓越之人，不论已仕未仕，令在京三品以上，及科道官员，在外督抚布按，各举所知，朕将亲试录用。其余内外各官，果有真知灼见，在内开送吏部，在外开报督抚，代为题荐。务令虚公延访，期得真才，以副朕求贤右文之意。两部即通行传谕。"①

大学士李霨等立即推荐原任副使曹溶等七十余人。随即各省陆续推荐。

同年十一月初一，康熙又降旨："各大臣官员题举才学诸人，俟全到之日考试，其中恐有贫寒难支者，交与户部酌量给予衣食，从副朕求贤重文之意。钦此。"户部议酌给俸廪并柴炭银两，从十一月起，每人给俸银3两，米3斗，直到考试完为止。

康熙举办博学鸿儒科的主要原因和目的，是要网罗隐居山林的前朝遗贤和未曾入仕的"奇才大儒"。清国入主中原30余年，虽然有大量儒士应试中考，博取功名，做官为臣，效力朝廷，但一些前朝遗贤、奇人异士、经史大家、文坛明星，仍然隐居山林田野，不与清廷合作，不为新君卖命。像当时人们推崇的"容城夏峰（孙奇逢）、二曲（李颙）、余姚梨洲（黄宗羲）、昆山亭林（顾炎武）"等"海内遗硕"，以及宁都大儒魏禧、秀水朱彝尊、富平李因笃、无锡严绳孙、吴江潘耒"四布衣"、阳曲傅山、史学大家万斯同等。另外，一些两榜出身，曾任官员，或因故革职赋闲或丁忧家居，如进士、道员汤斌，检讨秦松龄，等等。因此，康熙特办博学鸿儒科，以期聘前朝遗贤，网罗国内奇才。

①《清圣祖实录》卷71，第11页。

关于考试情形，余金《熙朝新语》卷2载，康熙十八年三月初一："平明，荐举人员齐集太和门以鱼贯入。上御太和殿，鸿胪唱行三跪九叩首礼毕，命赴体仕阁下。大学士捧题出，题二道，璇玑玉衡赋省耕诗，俱坐地作文。已刻，大学士传旨赐宴，凡会试殿试馆试状元庶吉士俱不赐宴，此乃皇上十分隆重之意。宣讫，命赴体仁阁，设高桌五十张，每张设四高椅。光禄寺设馔十二色，皆大碗高攒，赐茶二通，时果四色。后用馒首卷子红绫饼粉汤各二套，白米各一大盂，又赐茶讫。复就试，陪宴者大学士、掌院学士满汉各二员，皆南北向坐，谓之主席。以宾席皆东西向也，余官皆不与。"

王应奎的《抑南随笔》卷4亦记述了考试情形：次年三月初一日，上御体仁阁，临轩命题，学士捧黄纸唱给，首题"璇玑玉衡赋"，有序，用四六，次题"省耕诗"，五言二十韵。散讫，命就座，撤护军，俾吟咏自适。日中，鸿胪引出，跪听上谕云："诸士皆读书博古，当世贤人，朕隆重有加，宿命光禄授餐，使知敬礼至意。"引上阁设席赐椅，四人一席，肃衣捧茶陈馈，十二簋加四饭，丰腆芯芬，缉御恭肃，诏二品三人陪宴。既毕，叩头谢恩，从容握管，文完者先出，未完者命给烛，至二下始罢。吏部收卷，翰林院总封，进呈御览。读卷者相国李蔚、杜立德、冯溥，掌院学士叶方蔼。取中一等二十名，二等三十名，皆授翰林职，令入馆纂修《明史》。其有举到在京老病不能入试，及入试而不与选者，年近七十以上，加中书、正字等衔以宠之。此一代人才盛典，故备记之如右。

康熙十八年五月初五，授博学鸿儒邵吴远、王顼龄、汤斌、秦松龄、朱彝尊、彭孙遹、尤侗、施润章、潘耒、毛奇龄等五十人为侍读、侍讲、编修、检讨等官。

"庚戌。授荐举博学鸿词邵吴远，为侍读。汤斌、李来泰、施闰章、吴元龙，为侍讲。彭孙遹、张烈、汪霦、高咏、王顼龄、陆葇、钱中谐、袁佑、汪琬、沈珩、米汉雯、黄与坚、李铠、沈筠、周庆曾、方象瑛、金甫、曹禾，为编修。倪粲、李因笃、秦松龄、周清原、陈维崧、徐嘉炎、冯勗、汪楫、朱彝尊、邱象隋、潘耒、徐釚、尤侗、范必英、崔如岳、张鸿烈、李澄中、庞垲、毛奇龄、吴任臣、陈鸿绩、曹宜溥、毛升芳、黎骞、高咏、龙燮、严绳孙，为检讨。"①

---

① 《清圣祖实录》卷81，第5页。

关于被推荐的博学鸿儒人数，来考、未考、未取等情形，进士、编修、云贵总督吴振棫的《养吉斋丛录》卷10作了比较详细的叙述，现引录于下：康熙十七年，诏内外大臣为举博学鸿词。十八年，试于体仁阁下。取列高等授职者五十人。一时名儒秀彦多与其选。按：己未词科，王阮亭池北偶谈、方渭仕松窗笔乘，皆云荐者一百八十六人。史垣牍略云，荐举一百八十六员，赴部验到一百三十一员。愚山年谱云，同试者一百七十五人。藤阴杂记，应考者一百三十三人。竹垞年谱云，同征一百九余人。柳南随笔：与荐者一百七十四人。据己未词科录所考证，除取用一等二十人、二等三十人、姓名俱载馆选录外，特赐同博学鸿儒科二人，高士奇、励杜讷。在南书房赋诗一首特授内阁中书年老者七人，邱钟仁、王方毂、申维翰、王嗣槐、邓汉仪、王昊、孙枝蔚。特授内阁中书，临试告病者二人，傅山、杜越。丁忧，未与试者十四人，曹溶、汪懋麟、黄虞稷、王谷韦、陈学夔、戴王纶、林以畏、陆陇其、惠周惕、张贞、钱芳标、彭桂、柯崇朴、柯维桢。未试病故者三人，叶舒崇、郁植、陈九胜。未试致仕者一人，祝宏坊。患病行催不到者十四人，应为谦、张新标、范鄗鼎、王追骐、嵇宗孟、察方炳、陆舜、李容、黄宗义、张九徵、魏禧、顾景星、顾豹文、章贞。中余苦病不与到京称疾不与试者二人，幻炅、王宏撰。与试未用者九十五人，阎若璩、田雯、嵇永福、吴雯、杨还吉、冯云骧、冀振姬、顾鼎铨、叶封、陈玉璂、陈僖、孙榮、李念慈、吴农祥、张瑞徵、许先甲、赵进美、陆元辅、王念真、任辰旦、陆次云、许自俊、魏学渠、储方庆、周之道、邓林梓、李良年、江闿、白梦鼐、林尧英、叶灼棠、叶奕苞、田茂遇、冯行贤、王祚兴、徐林鸿、罗坤、杨毓兰、黄始、荣维蕃、金居敬、王岱、施清、高层云、张英、宋实颖、谭吉璁、王孙蔚、毛际可、王紫绶、上官鉴、法若真、王廷璧、李大春、徐咸清、傅宸、侯七乘、张霍、成其愿、宋昱、徐懋昭、陶元淐、王钺、董俞、李芳广、潘飏言、徐之凯、徐孺芳、赵廷锡、潘沈大、张含辉、郎载瓒、李瑞徵、陈筴、叶方蔚、许荪荃、程大吕、程必昇、赵骊洲、陈宏、陈怀真、高向台、宋涵、马骏、朱培、程易、朱士曾、刘瑞远、戴茂隆、李开泰、邵允彝、林鹏、张能麟、周起莘、赵廷飏。辞不就者十二人，顾炎武、王揆、徐夜、闻性道、万斯同、王曾武、李清、仲治、胡周鼎、冯京、崔华、费密。后期未试者二人，夏骃、方象璜。举不及期者一人，姜宸英。补遗二人，辞存不就周容、钱肃润。丙辰词科共存举二百七。

福格的《听雨丛谈》卷4，《博学鸿词科》也记述了此科举情形：

康熙八年，既复八比之文，天子念编纂《明史》，必需绩学能文之士，乃诏啓博学鸿词之科，以罗博洽之彦。无论京外现任及已仕、未仕、布衣、罢退之士，均准荐举。内由三品以上大员科道御史、外由布按两司以上，各举所知，惟翰林不预焉。十（六）[七]年诏下，次年己未三月初一日，试于体仁阁下。直隶省荐举十五人，江南六十七人，浙江四十九人，山东十三人，山西十二人，河南五人，湖广六人，陕西九人，江西三人，福建三人，贵州一人，其余用兵省份未荐，共得一百八十三人，取海鹽彭（通孙）[孙通]等五十人。

福格还将被推荐参与博学鸿词科的183位鸿儒的题名记录下来，现举傅山等15人的题名，引录于下：

"叶封湖广黄陂人，己亥进士。原西城兵马司正指挥，今候补主事。与试未中。

王岱湖广湘潭人，己卯举人。现任京卫武学教授。与试未中。

傅山山西太原人，布衣。临试告病。

冯行贤江南常熟人，布衣。与试未中。

林尧英福建莆田人，辛丑进士。现任户部江西司主事。与试未中。

郁植未试病故。

陈僖直隶清苑人，拔贡生。与试未中。

徐釚江南吴（县）[江]人，监生。取二等八名，用检讨。

罗坤浙江会稽人，监生。与试未中。

彭孙遹浙江海监人，己亥进士。候选主事。取中一等第一名，用编修。

陆元辅江南嘉定人，布衣。与试未中。

毕振姬山西高平人，丙戌进士。休致湖（南）[广]布政使。与试未中。

冯云骧山西代州人，乙未进士。现任刑部四川司郎中。与试未中。

白梦鼐江南江宁人，庚辰进士。现任大理寺左评事。与试未中。

方象璜后期未试。"

（二）求儒若渴　多方敦请

康熙皇帝玄烨下诏谕令内外官员荐举的人士，不是一般的普通文人，而是"学行兼优，文辞卓越之人"，是"奇才硕彦，学问渊通，文藻瑰丽，可以前喆（哲）（相比）之人"。从各地荐举的180余人来看，特别是从极力敦请的黄宗羲等人来看，从已取中的50位鸿儒来看，的确多系"奇才硕彦"的鸿儒大家。

群英恭赞的顾亭林、黄宗羲、王夫之"三大家"，除王夫之居住衡阳，时为吴三桂占据地方，无法荐举外，清廷极力敦请顾、黄出山，应试鸿博。

三大家之一的顾炎武，江苏昆山人，字亭林。史称：顾炎武，明朝生员，生而双瞳，中白边黑。读书目十行下。见明季多故，讲求经世之学。明南都亡，奉嗣母王氏避兵常熟。崑山令杨永言起义师，炎武及归庄从之。鲁王授为兵部司务，事不克，幸而得脱，母遂不食卒，诫炎武弗事二姓。唐王以兵部职方郎召，母丧未赴，遂去家不返。炎武自负用世之略，不得一遂，所至辄小试之。耕田于山东长白山下，畜牧于山西雁门之北、五台之东，累致千金，遍历关塞，四谒孝陵，六谒思陵，始卜居陕之华阴。谓秦人慕经学，重处士，持清议，实他邦所少；而华阴绾毂关河之口，虽足不出户，亦能见天下之人、闻天下之事。一旦有警，入山守险，不过十里之遥；若有志四方，则一出关门，亦有建瓴之便。乃定居焉。

生平精力绝人，自少至老，无一刻离书。所至之地，以二囊二马载书，过边塞亭障，呼老兵卒询曲折，有与平日所闻不合，即发书对勘；或平原大野，则于鞍上默诵诸经注疏。

炎武之学，大抵主于敛华就实。凡国家典制、郡邑掌故、天文义象、河漕兵农之属，莫不穷原究委，考证得失，撰天下郡国利病书百二十卷；别有《肇域志》一编，则考索之余，合图经而成者。精韵学，撰《音论三卷》。又《诗本音》十卷。又易音三卷，即周易以求古音，考证精确。又《唐韵正》二十卷，古《音表》二卷，《韵补正》一卷，皆能追复三代以来之音，分部正帙而知其变。又撰《金石文字记》《求古录》，与经史相证。而《日知录》三十卷，尤为精诣之书，盖积三十余年而后成。其论治综覈名实，于礼教尤兢兢。谓风俗衰，廉耻之防溃，由无礼以权之，常欲以古制率天下。炎武又以杜预《左传集解》时有阙失，作《杜解补正》三卷。其他著作，有《二十一史年表》《历代帝王宅京记》《营平二州地名记》《昌平山水记》《山东考古录》《京东考古录》《谲觚》《菰中随笔》《亭林文集》《诗集》等书，并有补于学术世道。清初称学有根底者，以炎武为最，学者称为亭林先生。

康熙十七年，诏举博学鸿儒科，又修《明史》，大臣争荐之，以死自誓。二十一年，卒，年七十。无子，吴江潘耒叙其遗书行世。宣统元年，从祀文庙。

三大家之一黄宗羲，福格《听雨丛谈》将其列入举荐题名183人中，写为"患病不到"。

宗义之学，出于蕺山，阐诚意慎独之说，缜密平实。尝谓明人讲学，袭语录之糟粕，不以《六经》为根柢，束书而从事于游谈。故问学者必先究经，经术所以经世。不为迂儒，必兼读史。读史不多，无以证理之变化；多而不求于心，则为俗学。故上下古今，穿穴群言，自天官、地志、九流百家之教，无不精研。所著《易学象数论》六卷，《授书随笔》一卷，《律吕新义》二卷，《孟子师说》二卷。文集则有《南雷文案》《诗案》。今共存《南雷文定》十一卷，《文约》四卷。又著《明儒学案》六十二卷，叙述明代讲学诸儒流派分合得失颇详，《明文海》四百八十二卷，阅明人文集两千余家，自言与《十朝国史》相首尾。又《深衣考》一卷，《今水经》一卷，《四明山志》九卷，《历代甲子考》一卷，《二程学案》二卷，辑明史案二百四十四卷，又《明夷待访录》一卷，皆经世大政。顾炎武见而叹曰：三代之治可复也，天文则有《大统法辨》四卷，《时宪书法解新推》交食法一卷，《园解》一卷，《割园八线解》一卷，《授时法假如》一卷，《西洋法假如》一卷，《回回法假如》一卷。

晚年又辑《宋元学案》。宣统元年，从祀文庙。

山西奇人傅山，读书过目成诵，甲申年明亡后，"改黄冠装，衣朱衣，居土舍"。诏举鸿博，给事中李宗孔荐举，傅山坚决推辞。"有司强迫，至令役夫舁其床以行，至京师二十里"，傅山"誓死不入"，大学士冯溥首过之，公卿毕至，山卧床不具迎送礼。魏象枢以老病上闻，诏免试，加内阁中书以宠之。冯溥强其入谢，使人抬以入，望见大清门，泪涔涔下，仆于地。魏象枢进曰：止，止，是即谢矣！翼日归，溥以下皆出城送之。至家，大吏咸造庐请谒。山冬夏着一布衣，自称曰民。或曰：君非舍人乎？不应也。卒，以朱衣、黄冠敛。

山工书画，谓：书宁拙毋巧，宁丑毋媚，宁支离毋轻滑，宁真率毋安排。人谓此言非止言书也。诗文初学韩昌黎，倔强自喜，后信笔抒为，俳调俗语，皆入笔端，不顾以此名家矣。著有《霜红龛集》十二卷。[①]

直隶容城县贡生、大儒杜越，也和傅山一样，被地方官员强行抬到北京，仍然不执试笔，不参加鸿博御试。康熙亦以其年老为辞，授以内阁中书。

50位博学鸿儒中的一等第一名彭孙遹，浙江海盐人，顺治十六年进士，"素工辞章，与王士祯齐名，号曰彭王"。

施闰章，安徽宣城人，"博综群籍，善诗古文辞"，顺治六年进士，授刑部主事，擢山东学政，"崇雅黜浮，有冰鉴之誉"。迁江西参议，分守湖西道，"属郡残破多盗，编历山学抚循之，人呼为施佛子"。施闰章，"历山谷间，悉穷民状，作《弹子岭》《大坑叹》《竹源坑》诸篇，以献上官，时比之元结《春陵行》"。康熙初，裁缺，百姓"倾城送江上"。又送至湖。"鸿博试，授翰林院侍讲，纂修明史，典试河南"。"为文意扑而气静，诗与宋琬齐名"。著有《学余堂集》《矩斋杂记》等，共80余卷。施闰章与同居好友高咏，"皆工诗，主东南坛坫数十年，时号宣城体"。大诗人王士祯称赞施润章之诗说："康熙以来诗人，无出南施北宋之右，宣城施闰章愚山、襄阳宋琬荔裳也。昔人论古诗十九首以为惊心动魄，一字千金。施五言云：'秋风一夕起，庭园叶皆飞。孤宦百忧集，故见千里归。岳云寒不散，江雁去还稀。迟暮兼离别，愁君雪满衣。'此虽近体，岂愧十九首耶！"[②]

在福格《听雨丛谈》题名的183人中，生员有61名，取中15名。比如尤侗，此为当时著名文学家，编有不少好戏，每一篇出，"传诵遍人口"，顺治对其十分赞赏，称其为"真才子"，康熙亦赞其为"老名士"。毛奇龄，四岁时，母亲口授大学，即能背诵，总角之岁（八九岁至十三四岁）即被大才子陈子龙推官视为神童，十分看重，将其补为生

①《清史稿》卷501，《傅山传》。

②《清史稿》卷484，《施闰章传》；王士祯：《池北偶谈》卷11。

员。明朝灭亡，奇龄在学宫大哭三日。顺治三年，南明保定伯毛有伦率宁波兵到西陵，奇龄投入其军，此时南明福王政权被马士英、方国安掌控。奇龄谏毛有伦："方、马国贼也。明公为东南建义旗，何可与二贼共事？"方国安大怒，欲杀毛奇龄，奇龄逃走，亡命浪游，后入清国学。康熙十八年博学鸿儒考试，取中二等，授检讨，奇龄"淹贯群书"，著作等身，自负经学大师，兼晓音律。门人蒋枢编其论著，计有经学之书余50种，文集包括诗、赋、序、记及杂录共234卷，仅《四库全书》收录奇龄所著书目就多达四十余部。

康熙十八年三月初一考试鸿博时，对经学大儒、史学大师、前明遗贤，十分优待，从宽录取。陈康祺《郎潜纪闻二笔》卷16，《康熙朝试鸿博之宽》说：康熙朝鸿博科，读卷诸臣，照前代制科分等第，进士科分甲乙例，判作四等。折卷日，上问："有不完卷者，何以列在中卷？"盖严绳孙仅作一诗也。众对曰："以其文辞可取也。"上又问："上二卷内，有验于天者不必验于人语，无碍否？"盖彭孙遹卷也。众对曰："虽意园语滞，无碍。"上又问："赋首有或问于予曰，中有唯唯否否语，岂以或问指朕，予自指耶？"盖汪琬卷也。众对曰："赋体本子虚亡是之称，大抵皆语言，似不必有实指也。"（原注：以上见《制科杂录》）上问："诗中有云'杏花红似火，菖叶小于钗'菖叶安得似钗？"盖朱彝尊卷也。众对曰："此句不甚佳。"上曰："斯人固老名士，姑略之。"（原注：以上见《词科摭言》）上又曰："诗赋韵亦学问中要事，赋韵且不论，即诗韵在取中卷者，亦多出入，有以冬韵出宫字者，（原注：潘耒卷）有以东韵出逢浓字者，（原注：李来泰卷）有以支韵之旗误作微韵之旂者（原注：施闰章卷）。此何说也？"众曰："此缘功令久废，诗赋非家弦户诵，所以有此，然亦大醇之一也，今但取其大焉者耳。"上是之。（原注：以上见《杂录》）可见当时法律之宽，圣心爱贤之意。

以上引文所举之严绳孙等人，皆系名士。仅作一首诗的严绳孙，无锡人。六岁能作擘窠大书。考试之日，目疾发作，只赋一诗。《郎潜纪闻二笔》卷15称，严绳孙的《秋水集》诗文，与竹垞、次耕辈埒名。书法亦入晋唐之室，善绘山水、仙佛、花木、虫鱼，靡不曲肖。尤精画凤，翔舞竦峙观者叹美，以为古画家所无。明皇帝亲自出了两道题，严绳孙不仅未按试题答卷，也未写明未答试题的原因来认错和致歉，仅只写诗一首，按会试、殿试规则，必然是判为废卷，甚至还可处以藐视皇上的大不敬罪。但是康熙久知其人，称其与朱彝尊、美宸英为"海内三布衣"。读卷官当然对皇上心意早已了解，所以将其列入取中之卷，并对皇上奏称，"以其文辞可取也"。

康熙问："上二卷内，有验于天者不必验于人语，无碍否？"此句话，若加以引申曲解，完全可以得出此乃别有用心暗含影躬讥讽当今之意，但此卷的作者是大诗人彭孙遹，其父彭期生任南明唐王太仆卿，在赣州死于清兵刀下。彭孙遹考中顺治十六年进士，授内阁中书，"素工辞章，与王士祯齐名，号曰彭王"，故众读卷官对帝奏称："虽意圆话滞，无碍。"取中。

康熙又问，"赋首有或问于子曰，中有唯唯否否语，岂以反指朕，予白指也！"此文确有明显的影射之意，但此卷作者乃是古文大家汪琬，所以也并没有因文获罪。

（三）鸿儒归心 遗贤易念

取中的50位鸿儒，均从史馆纂修明史，立下功劳。一些鸿儒为官作臣，政绩卓著。朱彝尊，50岁由布衣荐举鸿博，召试一等，授检讨，旋充日讲官，出典江南省试。"拜命之日，即不见客。将渡江，誓于神。试毕入京，无所携，惟藏书两簏而已。盗劫其居，得钱二千，白金不及一镒"。此次典试，"称得士"。①

汪楫，字舟次，江都人，性伉直，意气伟然。始以岁贡生署赣榆训导。应鸿博，授检讨，入史馆。言于总裁，先仿宋李焘长编，汇集诏谕、奏议、邸报之属，由是史材皆备。琉球国王请封爵，旧典用给事中、行人各一员往。上重其选。特命廷臣会推可使者以闻。入朝人多俛首畏缩，楫独鹤立班中。大臣遂以楫对。充正使，赐一品服，至琉球国。王讌楫，手自弹琴以悦宾。楫故善音乐，纵谈琴理，王大悦。乞楫书殿榜，纵笔为擘窠书。王大惊以为神。濒行，不受例馈，国人建却金亭志之。归撰《使琉球录》，载礼仪山川景物。又因谕祭故王，入其庙，默识所立主，兼得《琉球民缵图》，参之明代事实，诠次为《中山沿革志》。出知河南府，置学田，嵩阳书院聘詹事耿介主讲席。治行为中州最，擢福建按察使，迁布政使。楫少工诗，与三原孙枝蔚、泰州吴

---

① 余金：《熙朝新语》卷3；《清史稿》卷484，《朱彝尊传》。

嘉纪齐名。有《悔齐集》《观海集》。①

汤斌，河南睢州人，顺治九年进士，历任国史院检讨、潼关道副使、江西岭北道，以病乞休，丁父忧，赋闲。应试鸿博，取入一等，授侍讲，充日讲起注官，浙江乡试正考官、明史总裁官、内阁学士、江宁巡抚、礼部尚书，管詹事府事，辅导太子。清朝著名清官，著有《洛学编》《潜庵语录》。当汤斌由巡抚晋升礼部尚书，入京陛见时，康熙嘉赞汤斌说：“天下官，有才者不少，操守清谨者不多见。尔前陛辞时，自言平日不敢自欺，今在江苏，洁己率属，实心任事，克践前言，朕用嘉悦，故行超擢，尔其勉之。”后来道光三年，从祀文庙。

就连前朝遗贤，也大都改变了反清立场，而与清友好，甚至是合作、助力。遗贤之泰斗黄宗羲、顾炎武即系典型例子。宗羲虽然拒绝进京考试，不进入明史馆，但非常关注《明史》的编修，同意清朝官员取走他的著作，将亡父黄尊素的《大事记》《三史钞》等重要史料送给明史馆作参考，“史局大议必咨之”，宗羲皆悉心指教，凡有所见，必移书史馆。所以有人说他是以在野的明朝遗老遥执史局。他还让监修总裁徐元文礼聘其子黄百家进入史馆修史。黄宗羲还让弟子万斯同参加明史的编修工作。

顾炎武在康熙十八年（1689年），以“若必相逼，则以身殉之”的严词，再度拒绝入明史馆的延聘之后，便携嗣子顾衍生离开京城，迁居山西、陕西一带，康熙二十一年（1682年）正月，客死异乡，做到了终生不仕“夷狄”。然而，顾炎武的思想感情却在他的垂暮之年发生了变化。他在阐述不能入局佐修明史的原因时是这样说的：“鄙人情事与他人不同，先妣以三吴奇节蒙恩旌表，一闻国难，不食而终，临没叮咛，有无仕异朝之训”，“故人人可出，而炎武必不可出矣。记曰：‘将贻父母令名必果，将贻父母羞辱必不果。’”他所强调的只是尚须遵循母训的“苦衷”而已。因而，对于弟子潘耒入仕清廷，他虽然不以为然，却亦未深加责难，以后，仍然是“师门之谊甚笃”。②而且，这一时期，他的三个外甥徐乾学、徐秉义、徐元文业已显贵，屡屡致书趋其南归，顾炎武虽说均予回绝，但是对于他们在诸方面的求教，却总是诲而

①余金：《熙朝新语》卷3；《清史稿》卷484，《汪楫传》。

②《清史稿》卷484，《潘耒传》。

不倦地一一指授。所以地方志中有"发凡起例，引累朝事实，以炎武酌定者为多"的记载。①顾炎武还常以他的经世致用思想影响着徐氏兄弟。康熙十八年前后，随着他的视野由总结明亡的历史教训逐渐转移到关注当世的社会民生，在给徐氏兄弟的书信中也更多谈到了现实问题。比如，他在给徐元文的信中谈道："关辅荒凉非复十年以前风景"，而"飞刍挽粟，岂顾民生"。于是有"阖门而聚哭投河，并村而张旗抗令。此一方之隐忧，而庙堂之上或未之深悉也"。自己以望七之龄，"是以忘其出位，贡此狂言"。②在这里，他不仅承认了自己是"忘其出位"，而且已视清朝统治者为"庙堂之上"，并希望对方能对自己所贡之"狂言"予以重视。康熙二十年（1681年）顾炎武已是疾病缠身，朝夕不保。十月，病势稍缓，他又向"蓟门当事"直接提出了如何"治世"的建议。他说"今日者拯斯人于涂炭，为万世开太平，此吾辈之任也……今有一言而可以活千百万人之命，而尤莫切于秦陇者，苟能行之，则阴德万万于公矣。请举秦民之夏麦秋米及草豆，一切征其本色，贮之官仓，至来年青黄不接之时而卖之，则司农之金固在也，而民间省倍蓰之出，且一岁计之不足，十岁计之有余，始行于秦中，继可推之天下"，"特建此说，以待高明者筹之"。

（四）纂修《明史》

《明史》共322卷，加上目录4卷，共326卷，在二十四史中，卷数之多，仅次于《宋史》。史学界公认，在二十四史中，《明史》是一部很好的史书。清乾隆二十六年榜眼、著名史学家赵翼更是对它推崇备至。他在《廿二史札记》的《明史》条中写道："近代诸史，自欧阳公五代史外，《辽史》简略，《宋史》繁芜，《元史》草率，唯《金史》行文雅洁，叙事简括，稍为可观，然未有如《明史》之完善者矣。"

这样一部比较好的史书《明史》，于乾隆四年（1739年）刊行。中华书局于1974年将《明史》标点校对出版。对《明史》的编修人，写为清张廷玉等编，并附上乾隆四年七月二十五日张廷玉、徐元梦、留保三人奏上的《明史表》及《奉旨开列在事诸臣职名》。这份职名，列举了

---

① 《昆新两县续修合志》卷28，第8页。
② 《亭林文集》卷6，《答徐甥公来书》。

《明史》总裁、监理、纂修、收掌、誊录等人职务姓名。现将监理、总裁、纂修、官人名引录于下：

乾隆四年七月二十五日奉旨开列在事诸臣职名

监理

议政大臣办理理藩院尚书事务兼总管内务府和硕庄亲王　　　臣允禄

总裁

经筵日讲官太保兼太子太保保和殿大学士兼管吏部尚书翰林院掌院学士事世袭三等伯　　　臣张廷玉

原任太子太傅文华殿大学士兼吏部尚书加五级　　　臣朱轼

原任经筵讲官太子太傅文华殿大学士兼理户部尚书事务加七级
臣蒋廷锡

太子少保食尚书俸　　　臣徐元梦

原任议政大臣户部尚书管理三库兼步军统领教习庶吉士　　　臣鄂尔奇

原任经筵讲官礼部尚书　　　臣吴襄

户部右侍郎加五级　　　臣留保

原任兵部左侍郎教习庶吉士　　　臣胡煦

原任经筵讲官通政使司通政使　　　臣觉罗逢泰

纂修

太子少保兵部尚书兼都察院右副都御史总督直隶等处地方紫荆密云等关隘提督军务兼理粮饷加一级　　　臣孙嘉淦

原任刑部右侍郎　　　臣乔世臣

翰林院侍讲学士　　　臣汪由敦

原任翰林院侍讲学士　　　臣杨椿

翰林院侍读　　　臣郑江

原任右春坊右赞善兼翰林院检讨　　　臣彭廷训

原任国子监司业　　　臣胡宗绪

原任翰林院编修　　臣陶贞一

原任翰林院编修　　臣蒋继轼

原任翰林院编修　　臣陆奎勳

光禄寺少卿　　臣梅毂成

原任吏科都给事中　　臣杨尔德

原任给事中　　臣闫圻

原任监察御史　　臣姚之駰

原任监察御史　　臣吴启昆

原任翰林院庶吉士改授内阁中书　　臣韩孝基

原任翰林院庶吉士改授内阁中书　　臣冯汝轼

内阁中书舍人　　臣吴麟

原任盛京户部员外郎　　臣蓝千秋

原任湖北按察使司按察使　　臣唐继祖

湖北分守武昌道按察使司副使　　臣吴龙應

原任湖南粮储道布政使司参议　　臣五叶滋

山东兗州府宁陽县知县　　臣姚焜

原任翰林院庶吉士改授知县　　臣金门诏

候选知县　　臣万邦荣

　　有监修，有总裁，有纂修官，有收掌，有誊录，一应俱全，还是皇上钦定的史馆编修《明史》人员，并且其中如总裁张廷玉、徐元梦、朱轼、蒋廷锡，纂修官孙嘉淦、汪由敦、梅毂成、唐继祖等，皆是学富五车、才华横溢的大家，当然能纂修、编辑《明史》，粗略看去似乎322卷的《明史》真是他们纂修的了。然而，实情却非如此。准确地说，《明史》基本上是康熙年间以博学鸿儒为主的史官编修的，乾隆四年奉旨钦定的史官们，只不过是对康熙时修的《明史稿》，做了一些增删、润色的工作而已。赵翼在《廿二史札语》《明史》条，简要地讲了《明史》修纂过程及其成功的因素：

　　近代诸史，自欧阳公《五代史》外，《辽史》简略，《宋史》繁芜，《元史》草率，唯《金史》行文雅洁，叙事简括，稍为可观，然未有如《明史》之完善者。盖自康熙十七年，用博学鸿词诸臣分纂《明史》，叶方蔼、张玉书总裁其事，继又汤斌、徐乾学、王鸿绪、陈廷敬、张英先后为总裁官，而诸纂修皆毕博学能文，论古有识。后玉书任志书，廷敬任本纪，鸿绪任列传。至五十三年，鸿绪传稿成，表上之，而本纪、志、表尚未就，鸿绪又加纂辑，雍正元年再表上。世宗宪皇帝命张廷玉等为总裁，即鸿绪本，选词臣再加订正，乾隆初始进呈，盖阅六十年而后讫事，古来修史未有如此之日久而功深者也。唯其修于康熙时，去前朝未远，见闻尚接，故事迹原委多得其真，非同《后汉书》之修于宋，《晋书》之修于唐，徒据旧人记载而整齐其文也。又经数十年参考订正，或增或删，或离或合，故事益详而文益简。且是非久而后定，执笔者无所徇隐于其间，益可徵信，非如元末之修《宋》《辽》《金》三史，明初之修《元史》，时日迫促，不暇致详，而潦草完事也。

赵翼的叙述，过于简单，现将其编修情形，详述于后。

顺治二年（1645年），摄政王多尔衮谕设史馆，编修《明史》。五月初二，《明史》总裁官内三院大学士冯铨等七位大学士奏准添设副总裁官、纂修官、收掌官等官员。《清世祖实录》卷16，第2、3页载："内三院大学士冯铨、洪承畴、李建春、范文程、刚林、祁克格等奏言，臣等钦奉圣谕，总裁明史，查旧例设有副总裁，应用学士、侍读学士等官。今请以学士詹霸、赖衮、伊图、宁完我、蒋赫德、刘清泰、李若琳、胡世安，廷佐圆海、罗宪汶、刘肇国、胡统虞、成克巩、张端、高珩、李爽棠为纂修官，石图等七员为收掌官，古禄等十员为满字眷录官，吴邦豸等三十六员为汉字眷录，以及收发草本等事宜。从之。"

但是由于征战频仍，战火纷飞，修史工作难以进行，无果而终。康熙四年（1665年），辅政大臣又诏修《明史》，亦因故中止。康熙十八年五月初五，康熙授新中博学鸿儒邵吴起等50位鸿儒为翰林、编修《明史》。[①]

康熙十七年，内阁奉上谕，求海内博学鸿词之儒，以备顾问著作。时阁部以下，内外荐举者一百八十六人。十八年三月朔，御试体仁阁下，《璇玑玉衡赋》《省耕二十韵诗》。中选者彭孙遹等五十人。有旨

---

① 王士祯：《池北偶谈》卷2，《明史开局》。

俱以翰林用，开局编修《明史》。候补少卿一人邵吴远改侍讲；监司汤斌、李来泰、施闰章三人，郎中吴元龙一人改侍讲；进士彭孙遹、中书舍人袁佐等授编修；贡、举、监生、生员、布衣倪粲等，授检讨；以原任翰林院掌学士徐元文为监修官，翰林院掌院学士叶方蔼、右春坊庶子兼侍讲张玉书为总裁官，开局于东华门外。

康熙二十一年六月初八，翰林院请补纂修明史总裁叶方蔼员缺。得旨此缺，着补用陈廷敬纂修明史。事关紧要，更极繁难，若监修总裁人少，恐或偏执私见，不符公论。可将满汉大学士以下，编修检讨以上职名，添列具奏。①

五月十九日，谕以大学士勒德洪、明珠、李蔚、王熙为纂修明史总裁官，内阁学士阿兰泰、王国安、翰林院掌院学士牛纽，侍读学士常书，侍讲学士孙在丰侍读汤斌、侍讲加侍读学士至鸿绪为总裁官。②

此后，总裁、副总裁、纂修官多次增减，更换，补充。

康熙非常重视《明史》的纂修。经常过问，下谕指导。康熙四十三年十一月二十六日，他谕大学士等官，强调明史关系极大，必须撰写得当并为《明史》的正确编修亲写一文。③又谕曰："明史关系极大，必使后人心服乃佳。《宋史》成于元，《元史》成于明，其中是非失实者多，是以至今人心不服。有明二百余年，其流风善政诚不可枚举。今之史官或执己见者有之，或据传闻者亦有之，或用稗史者亦有之，任意妄作，此书何能尽善。孔子圣人也，犹言知我者其惟春秋乎，罪我者其惟春秋乎。孟子又言，尽信书则不如无书。当今之世，用人行政，规模法度之是非，朕当自任无容他诿。若明史之中，稍有一不当，后人将归责于朕。不可轻忽也。是以朕为明史作文一篇，尔等可晓谕卿大臣。"

御制文曰："朕四十余年，孜孜求治，凡一事不妥，即归罪于朕，未尝一时不自责也。清夜自问，移风易俗，未能也，躬行实践未能也，知人安民、未能也，家给人足、未能也，柔远能迩、未能也，治臻上理，未能也，言行相顾，未能也。自觉愧汗，何暇论明史之是非乎。况有明以来，二百余年，流风善政，岂能枚举，其中史官舞文杜撰，颠倒是非者，概难凭信。元人修宋史，明人修元史，至今人心不服，议论多

---

① 《清圣祖实录》卷103，第3页。

② 《清圣祖实录》卷103，第7页。

③ 《清圣祖实录》卷218，第11、12页。

歧者，非前鉴耶。朕实无学，每读朱子之书，见相古先民，学以为己，今也不然，为人而已之句，罔不心悦诚服。又读孟子尽信书，则不如无书，益见史官，上古不免讹传，况今人乎。班马异同，左国浮华，古以为定论。孔子至圣，作春秋，有知我罪我之叹，后世万倍不及者。轻浮浅陋、妄自笔削、自以为是。朕观凡天下读书者、皆能分辨古人之是非。至问以时事人品，不能一字相答，非曰从来不与人往来，即曰不能深知。夫目前之事，做官之道，尚茫然不知，而于千百年前，无不洞悉。何得昧于当世，而明于论古，岂非远者明而近者闇乎。所以责人重者责己轻，君子不取也。明史不可不成，公论不可不采，是非不可不明，人心不可不服，关系甚巨。条目甚繁，朕日理万机，精神有限，不能逐一细览，即敢轻定是非，后有公论者，必归罪于朕躬。不畏当时而畏后人，不重文章而重良心者此也、卿等皆老学素望、名重一时。明史之是非、自有灼见。卿等众意为是即是也。刊而行之。偶有斟酌，公同再议。朕无一字可定，亦无识见，所以坚辞以示不能也。"

经过多次增删修改，到康熙六十一年，编修成310卷的《明史》全稿。

康熙五十三年，原户部尚书，《明史》总裁官王鸿绪奏称："臣旧居馆职，奉命为《明史》总裁官，与汤斌、徐乾学、叶方蔼互相参订，仅成数卷。及臣回籍多年，恩召重领史局，而前此纂辑诸臣，罕有存者。惟大学士张玉书为监修，尚书陈廷敬为总裁，各专一类：玉书任志，廷敬任本纪，臣任列传。因臣原衔食俸，比二臣得有余暇，删繁就简，正谬订伪。如是数年，群分成帙，而大学士熊赐履续奉监修之命，檄取传稿以进，玉书、廷敬暨臣皆未参阅。臣恐传稿尚多舛误，自蒙恩归田，欲图报称，因重理旧编，搜残补缺，复经五载，成列传二百八卷。其间是非邪正，悉据公论，不敢稍逞私论。但年代久远，传闻异辞，未敢自信为是。谨缮写全稿，赍呈御览，请宣付史馆，以备参考。"帝允其请。[①]

到雍正元年（1723年）为止，先后完成了四部《明史》的稿本。一种是万斯同审定的三百十三卷本，另一种是他审定的四百十六卷本，两种稿本都被称作万氏《明史稿》。此外，还有王鸿绪于康熙五十三年（1714年）进呈的《明史（列传部分）》二百零五卷本，这实际上是在

①《清史稿》卷271，《王鸿绪传》。

万氏《明史稿》基础上删削而成的。到雍正元年（1723年）六月，王鸿绪又一次进呈《明史稿》，包括纪、志、表、传、共计三百十卷，这便是王氏《明史稿》，即后来刊刻的所谓《横云山人明史稿》。

雍正元年（1723年），清廷重开明史馆，以隆科多、王顼龄为监修，礼部尚书张廷玉等为总裁，在王鸿绪《明史稿》基础之上删写成书，乾隆四年（1739年）刊行。

《明史》的编修，康熙年间的博学鸿儒做了大量工作，贡献很大。一等十八名博学鸿儒汤斌，在顺治年间议修明史时，就应诏上疏，奏请褒奖明朝抗清忠臣：

方议修《明史》，斌应诏言：《宋史》修于元至正年间，而不讳文天祥、谢枋得之忠；《元史》修于明洪武年间，而亦著丁好礼、巴颜布哈之义。顺治元、二年间，前明诸臣有抗拒不屈、临危致命者，不可概以叛书。宜命纂修诸臣勿事瞻顾。下所司，大学士冯铨、金之俊谓斌奖逆，拟旨申饬，世祖特召对南苑慰谕之。[①]

康熙二十一年汤斌为《明史》编修的总裁官。他认真工作，不仅写了《五行志》和《历志》《天文志》，《明史》中本纪、志、列传不少篇也出自他的笔下。《明史》列传中，抵挡清军进据辽东，剿灭南明诸王政权的大臣、将帅、遗民袁崇焕、史可法、阎应元、陈子龙、夏允彝等，皆有传记。

布衣鸿儒朱彝尊，充纂修官时，特上总裁七书，谈修史必须注意之事。陈康祺《郎潜纪初笔》卷12，《朱竹垞上纂修明史总裁书》载称：

竹垞检讨充《明史》纂修官时，有上总裁七书。弟一书请定体例。谓班书无世家，范书无表志，已与前史不同。史迁封禅，魏齐符瑞，此志之不同。人表、宰相、世系，此表之不同。滑稽、日者、家人、义儿、伶官、道学，此传之不同。明三百年如革除、靖难、夺门、跻庙，事多刱见，漕运、御倭、厂卫、廷杖，制亦异前，先宜审量。第二书请聚书籍。谓一代之史，不宜止据实录，宜搜葺奏议、文集、图经、碑志之属，以借采择。第三书请宽期限，专责成。以《晋书》长编之分授为法，以《元史》之速成为戒。第四书谓革除年事，多不足信。燕王来朝，建文出亡，皆非实。第五书谓道学不必别立传。第六书谓东林不必皆君子，异乎东林不必皆小人，不宜以门户分邪正。第七书谓崇祯无实

---

① 《清史稿》卷265，《汤斌传》。

录，未可专据邸报，宜取史馆四方所上之书，一一联缀，并分年书死事诸臣。其言辩而核，后多从之。

一等一名博学鸿儒彭孙遹，历官吏部侍郎，充经筵讲官，因"明史久未成"，康熙特命其为总裁，赐予专敕。

博学鸿儒陈维崧，"修明史，在馆四年病卒"。

博学鸿儒倪灿，撰《艺文志序》，与布衣纂修官姜宸英（后为探花）所修《刑法志》"并推杰构"。

鸿儒吴仕臣，"精天官，乐律"，承修《明史》历志。

鸿儒陆莱，分修明志，写《选举志》。

举人鸿儒庞垲，分修明史。前明魏忠贤阉党某都御史之孙，私送黄金与庞垲，求庞在《阉党传》中勿写其祖"谄附魏宗贤"之事。庞垲"力拒之"。

鸿儒黄与坚，"分修明史及一统志"。

生员黄虞稷，被荐举应试鸿博，"遭母丧，不与试。后为总裁徐元文荐修明史，又修一统志"，黄写好艺文志。

鸿儒严绳孙，撰《明史》的《隐逸传》。

布衣鸿儒潘耒，生而奇慧，读书十行并下，自经、史、音韵、算数及宗乘之学，无不贯通，人称"海内四布衣"之一。以布衣试鸿博，授检讨，纂修明史。"上书总裁，言要义八端；宜搜采博而考证精，职任分而义例一，秉笔真而持论平，岁月宽而卷帙简"。总裁善其说，令撰食货志，兼其他纪传。潘耒撰的六卷《食货志》，水平较高。

尤其需要大书特书，高度赞扬纂修《明史》的功臣万斯同。

万斯同，字季野，鄞县人。父泰，生八子，斯同其季也。兄斯大，《儒林》有传。性缰记，八岁，客坐中能背诵《扬子法言》。后从黄宗义游，得闻蕺山刘氏学说，以慎独为宗。以读书励名节与同志相劘切，月有会讲。博通诸史，尤熟明代掌故。康熙十七年，荐鸿博，辞不就。康熙十八年《明史》开馆，命五十位鸿儒俱为翰林，与右庶子（官阶正五品）卢君琦等十六人同为纂修官。"斯同尝病唐以后史设局分修之失，以谓专家之书，才虽不逮，犹未至如官修者之杂乱，故辞不膺选"。

康熙三十二年，帝命王鸿绪、陈廷敬、张玉书为《明史》总裁。万斯同奉师黄宗羲命，应王鸿绪之聘，于其家编修《明史》。陈廷敬负责本纪，张玉书负责志，王鸿绪负责列传。

《清史稿》卷484《文苑一》；卷485《文苑二》；卷486《文苑三》，为清朝文人、史家349人列了主传、附传。笔者认为，从万斯同的一生言行举止看，在文苑立传人中，万斯同具有三个显著的特点，也就是突出的优点。其一，治学严谨，勤奋，务实求真。陈康祺《郎潜纪闻初笔》卷12，《万秀野少未知名》称："季野先生为万氏八龙之殿，少未知名，父以为痴，闭之空室中。窥架上书，有杂缀明代事者，题曰明史料，凡数十大册，先抽读之，数日而毕。伯兄斯年察知之，惊曰：'名士近在吾家耶？'遂白诸父，为易衣履，使从余姚黄太冲学，遂成名儒。"《清史稿》《万斯同传》称："斯同尝书抵友人，自言：'少馆某所，其家有列朝实录，吾默识暗诵，未敢有一言一事之遗也。长游四方，辄就故家耆老求遗书，考问往事。旁及郡志、邑乘、私家撰述，靡不搜讨，而要以实录为指归。盖实录者，直载其事与言，而无可增饰者也。因其世以考其事，敷其言而平心察之，则其人本末可八九得矣。然言之发或有所由，事之端或有所起，而其流或有所激，则非他书不能具也。凡实录之难详者，吾以他书证之。他书之诬且滥者，吾以所得于实录者裁之。虽不敢具谓可信，而是非之枉于人者盖鲜矣。昔人于《宋史》已病其繁芜，而吾所述将倍焉。非不知简之为贵也，吾恐后之人务博而不知所裁，故先为之极，使知吾所取者有所捐，而所不取，必非其事与言之真，而不可溢也。又以马、班史皆有表，而后汉、三国以下无之。刘知几谓得之不为益，失之不为损。不知史之有表，所以通纪、传之穷者。有其人已入纪、传而表之者，有未入纪，传而牵连以表之者。表立而后纪，传之文可省，故表不可废。读史而不读表，非深于史者也。尝作明开国讫唐、桂功臣将相年表，以备采择。"[①]

其二，万斯同对《明史》的纂修，付出最多，贡献最大。《清史稿》卷284，《万斯同传》称：其后《明史》至乾隆初大学士张廷玉等奉诏刊定，即取鸿绪史稿为本而增损之。鸿绪稿，大半出斯同手也。陈康祺亦称："《明史稿》本实出吾乡万季野先生，而华亭王氏攘之，承学之士，无不知其源委矣。"[②]

其三，品德高尚，操行奇卓。《清史稿》《万斯同传》称：万斯同。平生淡于荣利，脩脯所入，轧以以周宗党。故人冯京死列义，其子

①《清史稿》卷484，《万斯同传》。

②陈康祺：《郎潜纪闻初笔》卷12，《万秀野父子之狷介》。

没入不得归，为醵钱赎之。尤喜奖掖后进。自王公以至下士，无不呼曰万先生。李光地品藻人伦，以谓顾宁人、阎百诗及万季野，此数子者，真足备石渠顾问之选。而斯同与人往迁，其自署则曰布衣万某，未尝有他称也。卒，年六十。著《历代史表》，创为《宦者侯表》《大事年表》二例。又著儒林宗派。

陈康祺更对万斯同推崇备至，赞其"操行奇卓"，在其《郎潜纪闻初笔》卷12中，专写《万季野父子之狷介》一条：

《明史稿》本实出吾乡季野先生，而华亭王氏攘之，承学之士，无不知其原委矣。先生在史局时，周旋诸贵人间，不肯稍自贬抑。其题刺则曰万斯同布衣，其会坐则摄衣登首席，岸然以宾师自居。故督师之姻人，方居要津，请先生少宽假，先生噤不答。有运饷官遇贼，走死山谷，其孙怀白金请附忠义传后，先生曰：将陈寿我乎？斥去之。后先生兄子言，与修明史，独成崇祯长编。故国辅相家子弟，多以贿入京，求减其先人之罪，言峻拒曰：若知吾季父事乎？其父子狷介如此。万氏一门，经学史才，冠绝当代，其操行之奇卓，亦复不愧古人。此则蕺山、南雷道学之绪余，不仅以文章藻耀振起门第者也。

万斯同淡泊明志，视荣华富贵虚名如尘土，不仰权贵鼻息，不为权势所屈服，不被金银所诱惑，秉笔直书，以事实为依据，以真相为准则，不曲笔示好。聚会之时，自称布衣，端居首席，俨为宾师，充分体现了布衣大师清高自尊的节操。尤其可贵的是，虽然他是《明史稿》的主要编纂者，实为总裁，可是他却拒绝进入明史馆，不署名，不食俸，不到处吹嘘《明史》为其所撰。相比之下，那些仅凭大学士、尚书官衔，或被皇上特意栽培使显名的总裁，以及滥竽充数的纂修官，夜深人静之时，扪心自问，能不愧怍吗？

中华书局1974年出版标校的《明史》时写了"出版说明"，其中写道：《明史》332卷，清张廷玉等撰。《明史》记载了明朝自建国到灭亡将近三百年的历史。

清朝在1645年（顺治二年）设立明史馆，1679年（康熙十八年）开始修史。1735年（雍正十三年）《明史》定稿，1739年（乾隆四年）刊行。

《明史》先后由张玉书、王鸿绪、张廷玉等任总裁，最后由张廷玉等定稿。先后参加具体编撰工作的人数不少，其中以万斯同用力最多，但是他没有担任明史馆的联名。王鸿绪就万斯同已成的《明史稿》加以修订，张廷玉等又在王鸿绪稿本的项目改编成为《明史》。

就以此作为《明史》纂修的结束语罢。

五、议政王大臣会议与南书房

（一）议政王大臣会议

议政王大臣会议，在清初又称为议政王贝勒大臣会议，是清初皇帝控制之下的最高权力机构。

议政王大臣会议的历史渊源，可以追溯到天命六年以前的汗、贝勒治国和天命七年宣布的八和硕贝勒共治国政制。此后清太宗皇太极为了提高君权，压抑王权，逐步采取议政王大臣会议。但是，从汗、贝勒治国、八和硕贝勒共治国政制，到演变为议政王大臣会议，其基础都没有发生根本性变化，都是八旗制的旗主制，只不过旗主的权力有时大些强些，有时弱点小点。

天命年间（1616—1626年），已有议政王大臣会议的萌芽状态。《满文老档·太祖朝》卷4载："每五日集诸贝勒大臣入衙门一次，协议诸事，公断是非，着为常例。"《啸亭杂录》卷2，《五大臣》载："国初太祖时，以瓜尔佳信勇公费英东、钮祜禄宏毅公额亦都、董鄂温顺公何和理、佟忠烈公扈尔汉、觉罗公安费扬古为五大臣，凡军国重务皆命赞决焉。"参与议政的还有努尔哈赤的子、侄代善、阿敏、莽古尔泰，皇太极四大贝勒，以及济尔哈朗、德格类、阿巴泰、杜度、岳托、硕扎等贝勒。

天命十一年九月，四贝勒皇太极继承汗位，与诸贝勒议定，设八大臣，议处国政。《清太宗实录》卷1，第11页载：

"以经理国务，与诸贝勒定议，设八大臣。正黄旗以纳穆泰，镶黄旗以额驸达尔哈，正红旗以额驸和硕图，镶红旗以侍卫博尔晋，镶蓝旗以顾三台，正蓝旗以拖博辉，镶白旗以车尔格，正白旗以喀克笃礼，为八固山额真，总理一切事务，凡议政处，与诸贝勒偕坐，共议之。出猎行师，各领本旗兵行，凡事皆听稽查。又设十六大臣，正黄旗以拜尹图、楞额礼，镶黄旗以伊孙、达朱户，正红旗以布尔吉、叶克书，镶红旗以吴善、绰和诺，镶蓝旗以舒赛、康喀赖，正蓝旗以屯布禄、萨壁输，白旗以吴拜、萨穆什喀，正白旗以孟阿图、阿山，为之，佐理国政，审断狱讼，不令出兵驻防。"

崇德元年（1636年），皇太极改汗称帝，分封弟兄子侄诸贝勒为亲王、郡王、贝勒、贝子公。第二年四月二十八日，命贝子尼堪等三人与议国政，每旗各设议政大臣三员。宽温仁圣皇帝皇太极谕告王、贝勒、贝子、固山额真及新设议政大臣，设立新议政大臣的原因及其职责：

"丁酉。命固山贝子尼堪、罗托、博洛等，与议国政每旗各设议政大臣三员，以巩阿岱、图赖锡翰、谭布、巴哈、阿喇善、阿尔海、达哈塔、硕翁科罗巴图鲁劳萨、布赛、谆退、巴布赖、韩岱、阿尔津拜、吴拜、雅赖、扬善俄罗塞臣、哈宁噶、英俄尔岱、郎球、额驸多尔济、萨穆什喀、超哈尔席翰、沙尔虎达、德尔得赫等，充之。谕之曰：向来议政大臣或出兵，或在家有事谙商，人员甚少，倘遇各处差遣，则朕之左右，及王贝勒之前，竟无议事之人矣。议政虽云乏人，而朕不轻令妄与会议者，以卑微之人，参议国家大政，势必逢迎取悦，夫谄佞之辈，最误国事，岂可轻用。令特加选择，以尔等为贤，置于议事之列，殚心事主，乃见忠诚，为国宣劳，方称职业。尔等大要有三，启迪主心，办理事务，当以民生休戚为念，遇贫乏穷迫之人，有怀必使上达，及各国新顺之人，应加抚养。此三者，尔等在王贝勒前议事，皆当各为其主言之。朕时切轸念者，亦唯此三事耳，尔等凡有欲奏之事，不可越尔固山额真，如某事应施行，甘事应入告，当先与固山额真公议，然后奏闻。披无知之辈，往往以进言者谓之谗人，夫善则曰善，恶则曰恶，何所忌讳而不言，使有明知其人，以恶意误其主而不入告者，岂人臣乎，若私结当援，反欲倾害善人，指以为恶妄行入奏，所谓谗人，乃此类也。"

从此才开始了正式的"议政王大臣会议"或"议政王贝勒大臣会

议"。

崇德年间，由于已经设立吏、户、礼、兵、刑、工六部及都察院、理藩院，各部又有王、贝勒统摄，中小事务各部院可以自行处理，重要大事，王、贝勒奏报皇帝裁决。只有皇帝认为需要议政王贝勒大臣集议之事，才谕令召开议政王大臣会议。所以议政王大臣会议开的时候不多。

入关以后，顺治元年到七年十一月摄政时期，多尔衮独揽大权，重大事件由其独自裁处，只是在惩罚肃亲王豪格、郑亲王济尔哈朗及两黄旗不顺从于己的大臣，才谕令议政王大臣会议，议处诸人。除此以外，这七年多时间，议政王大臣会议基本上名存实亡了。

顺治八年少年天子福临亲政以后，到康熙二十年平定三藩之乱的三十来年里，议政王大臣会议的成员、规模都在扩大，议事范围很广。

顺治八年十月初五，命和硕承泽亲王硕塞、多罗谦郡王瓦克达为议政王。九年十月二十日，命世子济度（后袭父郑亲王济尔哈朗爵，改号简亲王）、多罗信郡王多尼、安郡王岳乐、多罗敏郡王勒都、多罗贝勒尚善、杜尔祜议政。九年，又命显亲王富绶为议政王。①加上原有的议政王郑亲王济尔哈朗、巽亲王满达海、端重亲王博洛、承泽亲王硕塞、康郡王杰书（顺治十六年袭祖父礼亲王代善的亲王爵，改号康亲王）。在此之前，顺治七年五月初九，摄政王命和硕亲王多尼、顺承郡王勒克德浑、固山贝子吴达海、锡翰、镇国公韩岱议政。这样一来，宗室王、贝勒、贝子、公参与议政的人员已近20人。

至于议政大臣，满洲八旗各有议政大臣3员，满洲八旗固山额真、蒙古八旗固山额真、六部满洲蒙古尚书全是议政大臣。此外，顺治八年正月二十九，以巴图鲁詹、杜尔玛为议政大臣。九年三月二十二日，以公遏必隆、额尔克戴青、赵布泰、赖塔库、索洪为议政大臣。九年十月十六日以内院大学士希福、范文程、额色黑为议政大臣。十一年二月初十，命大学士宁完我预满洲议政大臣之例。②议政大臣人数多达五十余人，除范文程一人是汉军旗人外，其余全是满洲、蒙古人员，满洲最多。

议政王大臣会议及成员的职责，按清太宗皇太极所谕，是"与议国

---

① 《清世祖实录》卷61，第2页；卷69，第13页；《清史列传》卷2，《豪格传》。
② 《清世祖实录》卷52，第23页；卷63，第13页；卷69，第11页；卷81，第6页。

政""参议国家大政"。①国政，国家大政，范围太大，无所不包，难以捉摸和执行。总观顺康时期议政王大臣议处的千百件事中，可以归纳出，其主要职责是议处军机和特大钦案，其次是处治亲王郡王贝勒及议处钦办各事。

征战剿抚，将帅任免，用兵方略，是"议政王大臣会议""议政王贝勒大臣会议"的第一要务。以关系到清朝兴衰存亡的三藩之事为例，康熙十一年三月十一日，平南王尚可喜以年老奏请带领两佐领甲兵及藩下闲十老幼男妇二万余人，"归老辽东"。七月初三，平西王吴三桂疏请撤藩，七月初九，靖南王耿忠也疏请撤藩。虽然清朝早已没有内阁、六部，但三王的奏疏，朝廷的答复都是："得旨"，"着议政王大臣等会同户兵二部确议具奏"。②议政王大臣会议分别于二十七日议请"应如（尚王）所请"，七月二十八议请"应将（耿）王本身并标下十五佐领官兵家品，均行迁移"，八月初二议请"应将（平西）王本身并所属官兵家口均行迁移"。皇上的批示都是"从之"。③

人们常将"议政王大臣会议"定性为清初"最高权力机构"，但笔者不这么看。笔者对它的定性是"清帝控制之下的最高权力机构"。一是议政王、议政大臣皆由皇帝钦定钦授，不是必然如此，哪怕是固山额真，尚书必然是议政大臣，但这个"必然是"的规定，也是由皇帝钦定的。皇帝可以规定固山额真、尚书都是议政大臣，也可以取消这个规定。乾隆五十六年废除议政大臣这个职衔后，尚书就只能是尚书，固山额真也就只能是固山额真，不再是议政大臣了。

再则，更为重要的、决定性的是，议政王大臣会议，议定的意见，只是建议的性质，不是必须实行，具有法律权威，不是圣旨，不是法令，只有经过皇帝批准以后，才以圣旨下达，或称"题准"。从这次三王疏请撤藩之事来看，三王申请，帝谕议政王大臣会议商议，议出处理意见后，奏报皇上，皇上同意，则批准"从之"。不同意或谕令再议，或直接谕令如何处理。并且，"议政王大臣会议"的意见，既非必须一致赞同，也不是少数服从多数，一事有两种或三种处理意见，均只供皇上参考，没有迫使皇上必须同意和批准的权力。平西王撤藩与否的商

① 《清太宗实录》卷34，第23、24页。

② 《清圣祖实录》卷41，第17页；卷42，第19、22页。

③ 《清圣祖实录》卷42，第21、26页；卷43，第2页。

议，就是反对者占绝大多数，只有三几位议政大臣主张允其所请，撤藩，最后皇上决策，撤藩，然后"议政王大臣会议"提出，议如吴王所请撤藩，皇上"从之"。

用兵之时，将帅的功过，是议政王大臣会议议处军机的重要内容。平定三藩之乱期间，一些将帅因贻误军机，遭受严惩。比如宁南靖寇大将军顺承郡王勒尔锦，安远靖寇大将军贝勒尚善及继任其职的宁远靖寇大将军贝勒察尼，扬威大将军简亲王喇布，皆以贻误军机，被康熙皇帝谕令议政王大臣议处其罪，呈报皇上，谕令革除四位亲王，贝勒爵位。

康熙十九年八月，以平南王尚之信先前起兵叛清，后因失利投降，最后又欲谋叛，康熙谕议政王大臣集议。八月二十八日，议政王大臣等议覆："尚之信当依谋反律，母、弟凡同谋者，俱弃市，家产籍没。"得旨："尚可喜之妻舒氏、胡氏从宽免死，并免籍没；尚之信，赐死。"闰八月十二日，议政王大臣等议准，将尚之信标下十五佐领官兵，分入上三旗。[1]

议政王大臣会议的主要职责之二是，议处特大钦案。顺治八年二月少年天子福临亲政以后，谕议政王大臣会议议处，已故成宗义皇帝、皇父摄政王、睿亲王多尔衮谋逆大案。八年十二月十六日，苏克萨哈、詹岱、穆济伦首告多尔衮谋逆大罪：

"睿王薨于出猎之所，侍女吴尔库尼，将殉葬时，呼罗什、博尔惠、舒拜、詹岱、穆济伦五人至，嘱之曰，王曾不令人知，备有八补黄袍，大东珠素珠，黑褂，今可潜置棺内。及回家殡殓时，罗什舒克萨哈、詹岱、穆济伦，将八补黄袍，大东珠素珠，黑狐褂，潜置棺内。又王欲于永平府圈房，偕两旗移驻，与何洛会、罗什、博尔惠、吴拜、舒拜等，密谋定议，将圈房之人，已经遣出，会因出猎稽时未往等语，事闻。"

帝命诸王大臣质讯。王大臣审实，睿王亲信曾任定西大将军、靖远大将军的固山额真犯有辅助其主睿王谋逆大罪，议应凌迟处死，籍没，帝降旨依议。[2]

过了五天，二月二十一日，追论睿王多尔衮罪状，诏示天下：

①《清圣祖实录》卷91，第20、26页。

②《清世祖实录》卷53，第18、19页。

"诏曰：郑亲王，巽亲王，端重亲王，敬谨亲王，同内大臣等，合词奏言。（下列各种罪状）讫，以此思之，多尔衮，愿有悖逆之心，臣等从前俱畏威吞声，不敢出言，是以此等情形，未曾入告。今谨早到死奏闻，伏愿皇上速加乾断，列其罪状，宣示中外，并将臣等重加处分等语。朕随命在朝天臣，详细会议，众论佥同。谓宜追治多尔衮罪，而伊属下舒克萨哈、詹岱、诸王大臣，详鞫皆实。除将何洛会正法外，多尔衮逆谋果真，神人共愤，谨告天地、太庙、社稷，将伊母子，并妻，所得封典，悉行追压，布告天下，咸使闻知。"①

顺治帝深恨两黄旗大臣拜尹图、巩阿岱、锡翰等大臣，背叛主子，投向睿王为虎作伥，陷害皇兄豪格，于顺治九年三月二十二日，谕议政王大臣议处其罪。《清世祖实录》卷63，第15—23页载：

"益朕躬，余着明白指陈，癸巳，诸王大臣等奉上谕：朕初即位，睿王摄政之时，拜尹图、巩阿岱、锡翰、席讷布库、冷僧机五人，背朕迎合睿王，以乱国政。其所行事绩，朕虽明知，犹望伊等自知己罪，幡然改过，尽心竭力以事朕，是以姑量不发。岂意伊等不改前辙，轻藐朕躬，扰乱国政，朕实不能再为宽宥。今将伊等罪款，一并发出，尝观古籍，历代帝王，俱以除奸恶，用忠良为要务。似此奸恶之罪，若不剪除，天下何以治平，着按类审具奏。于是诸王大臣会审。一款，令两黄旗众臣议养显亲王时，巩阿岱曾云，这种苗裔，不全除灭养之何用。所谓苗裔，系指何人。一款，初时保护皇上，六大臣一心尽忠，不惜身家，誓同生死。巩岱、锡翰，心归睿王，向鳌拜、索尼云，向者我等一心为主，生死与共之誓，俱不足凭。遂逼鳌拜等悔弃前誓，尔等因封贝勒贝子，得享富贵。鳌拜、索尼，俱问罪降革，又充发索尼于盛京，并拆毁图赖享堂。一款，锡翰、冷僧机、席讷内库，散遣皇上侍卫大臣等，经送圣躬至睿王处，又无故问鳌拜大罪。奏入，得旨朕思拜尹图，原系庸懦无能之人，其罪多被诸弟牵连，年已衰迈，姑免死，禁锢狱中。巩阿岱、锡翰、席讷布库、冷僧机等，俱着正法，家产籍没。拜尹

①《清世祖实录》卷53，第21、22、23、24页。

图弟男子侄，皆免死，革去宗室为民。库讷布库子侄，亦革退侍卫为民。巴颜官职，并牛录，俱着革去，其母革去和硕格格，原领内库财物追还。着刑部刊刻告示，布之天下，咸使闻知。"

康熙八年五月发生了捕治辅政大臣、一等公鳌拜及其党羽的特大钦案。《清圣祖实录》卷29，第3-16页载：

"（五月十六日）命议政王等，挈问辅臣公鳌拜等，谕曰：前工部尚书员缺，鳌拜以朕素不知之济世，妄称才能推补，通同结党，以欺朕躬，又奏称户部尚书缺。太宗文皇帝时，设有二员，今亦应补授二员，将马迩赛鬼蜮情补用，又鳌拜于朕前办事，不求当理，稍有指意之处，即将部臣叱喝。又引见时，鳌拜在朕前，理宜声气和平，乃施威震众，高声喝问。又科道官员条奏，鳌拜屡请禁止，恐身干物议，闭塞言路，又凡用人行政，鳌拜欺朕专权，恣意妄为，文武各官，尽出伊门下，内外用伊奸党，大失天下之望。穆里玛、塞本得、讷莫、指论、舒尔马、班布尔善、阿思哈、噶褚哈、济世、马迩赛、泰壁图、迈音达、吴格塞、布达礼等，结成同党，凡事在家定议，然后施行。且将部院衙门各官，于启奏后，常带往商议，众所共知。鳌拜等，倚仗凶恶，弃毁国典，与伊等相好者荐拔之，不相好者陷害之。朕念鳌拜旧臣，遗诏有名，宠眷过深，望其改恶悔罪，今乃贪聚贿赂，奸党日甚，上违父重托，下则残害生民，种种恶迹，难以枚举。遏必隆，知而缄口，将伊等过恶，未当露奏一言，是何意见。阿南达，负朕恩宠，每进奏时，称赞鳌拜为圣人，着一并严击勘审。"

五月二十八日，康亲王杰书等遵旨勘问鳌拜罪款，鳌拜共犯下三十大罪，应革职立斩。其党羽宗室辅国公班布尔善犯下罪状二十一款，吏部尚书阿思哈、户部尚书马尔赛、兵部尚书噶褚哈、尚书济世、吏部侍郎秦壁图、都统穆里玛，均应革职立斩。镇国公兰布娶鳌拜孙女为妻，倚势晋封亲王，应革亲王，降为镇国公。辅政大臣、一等公犯下十二条罪状，应革职立绞。鳌拜之兄赵布大子那摩福，侄塞本得、讷莫，均应立斩：

"得旨，鳌拜理应依议处死，但念效力年久，虽结党作恶，朕不忍加诛，着革职，籍没拘禁，赵布大、那摩福，亦应依议处死，着革职，籍没，免死，俱行拘禁。遏必隆，既无结党之处，着免罪，革去太师，及公爵，其原有一等公爵，仍留与伊子。其族人，有为内大臣、侍卫、护军参领者，俱着革去。其有世职者，着随旗上朝。具在骁骑营及部院卫门者，仍留原任。阿南达，理应依议处死，着免死，宽其籍没。赖虎、插器、佛伦布达礼、刘光、阿林、布福等，从宽免死，各鞭一百。插器布达礼、佛伦，着免籍没。刘之源、额尔德黑、郭尔浑等，亦从宽免死。硕伐，桑俄，那木塔尔，舒尔虎纳克，罗多等，俱系微末之人，一时苟圈进用，俱从宽免罪，照旧留任。班布尔善着革职，即行处绞。塞本得，着革职，理应依议凌迟处死，着改即行处斩。阿思哈、噶褚哈、穆里玛、泰壁图、讷莫，俱着革职，即行处斩。马迩赛，既经身死，不必抛尸。济世、迈音达、吴格塞等俟到日再行究审具奏。兰布，着革去亲王，授为镇国公。移舒席哈纳、卓灵阿、那木代等，着免籍没，余俱依议。"

议政王大臣会议的次要职责是奉旨议处王公和皇上钦派的各种要事。

顺治八年八月十七日，少年天子擒拿一等公、吏部尚书谭泰，谕王大臣议处其罪。《清世祖实录》卷59，第14页载：

"执固山额真吏部尚书谭泰，付部臣议罪，谕曰谭泰昔在部中，尚有忠君为国之意，及观迩来，但知为己营私，凡部中一切事务朦胧奏请，或经朕察出谕以事当如此。伊即属色争胜，内任己意，外则违旨而行。因佟图赖为伊妹夫，明知固山额真金厉，驻防杭州，妄称缺出，遂越旗而用佟图赖。夫墨尔根侍卫李国翰、刘之源，与金厉，同时驻防，彼二人何当出缺，岂非谭泰恣行己意乎。且谭泰所任者，吏部也，乃于六部之事，无不把持。凡此狂悖之行，诸王内外大臣，或不知朕意，误以为谭泰有所奏请，朕则听从，遂惧其威权，群起而附和之。朕虑迁延日久，则干连之人，朕俱不罪，其谭泰兄弟，亦不必连坐。诸王，议政大臣，可即遵旨勘问，取谭泰口供以闻。于是会讯谭泰，俱服。于是诸王大臣，议谭泰，并伊子伊孙，应俱论死，籍没家产。希思汉兄之世职，应革退。奏入得旨。谭泰，着即正法，籍没家产，其子孙从宽免死。"

康熙二十二年三月八日，帝谕议政王大臣议处原大学士索额图及其侄一等公洪保、一等伯心裕。《清圣祖实录》卷108，第6页载：

"谕议政王大臣等，心裕，素行懒惰，屡次空班。朕交与伊亲兄索额图议处，乃止议罚俸一年。又法保，系懒惰革职，随旗行走之人，并不思效力赎罪，在外校射为乐，索额图亦不教训。且索额图巨富，通国莫及。朕以其骄纵，时加戒饬，并不悛改，在朝诸大臣，无不惧之者。索额图、心裕、法保、科尔琨，着严加议处具奏。议政王大臣等议覆，索额图，应革去议政大臣、太子太傅、内大臣、佐领。心裕，应革去銮仪使、佐领。其所袭伯爵，与应袭之人承袭。法保，应革去太子太保、公爵，不准承袭。科尔琨，应鞭一百，不准折赎。得旨。索额图，着仍留佐领。心裕，着留伯爵，罚俸一年。余依议。"

议政王大臣会议还奉旨议处各种事务，如王公大臣爵职的承袭，西藏五世达赖的册封、赏赐，修改逃人法、圈地，委任重要官员，对大学士图海的定罪及处治，惩治渎职官员，修改典章制度，等等。

综上所述，可以看出，顺治八年到康熙二十年的三十余年里，在皇帝控制下，由宗室亲王、郡王、贝勒为主，辅以几十位满洲、蒙古军政要员（大多封有公、侯、伯等爵位的异姓贵族），组成的"议政王大臣会议"，是这段时期清国的最高权力机构，对尊帝抑王削弱王权提高君权，对保证洲贵族集团统治，对贯彻执行中央政权的方针、政策、法例、军律，对平定三藩之乱，促进全国的统一和巩固，都起了相当大的作用。

然而，斗转星移，岁月流逝，形势在变，君权王权此消彼长，满汉关系有了变化，议政王大臣会议的职权，必然需要相应调整，影响力必须削弱，造成这种局面的根本因素有二。一是王权阻碍了君权的绝对权威，二是不利于满汉一家政策的执行。虽然在此之前，议政王大臣会议也曾议处过亲王、郡王、贝勒过错，议请将他们分别削爵革职处罚，削弱了王权，提高了君权。但议政王大臣会议，是渊源于早年汗贝勒治国、八和硕贝勒共治国政制，而有所演变，其基础是八旗旗主制。此时，正黄、镶黄、正白三旗是万岁自主，玄烨既是大清国皇帝，又是上三旗旗主。下五旗的正红旗，旗主是始主礼亲王代善之孙杰书，改封康亲王，镶红旗旗主是克勤郡王岳托之孙罗科铎，改封平郡王，康熙二十一年卒，相继由其子纳尔图、纳尔苏袭爵。镶蓝旗旗主是郑亲王济尔哈朗之孙喇布，改封简亲王，二十一年削爵，其弟雅布袭。镶白旗旗主是多铎之孙鄂札，因多尔衮犯罪，降为郡王，改封信郡王。正蓝旗无旗主。

议政王大臣会议，例由一位亲王主持，至迟从康熙八年起，议政王大臣会议就是由正红旗旗主康亲王杰书主持，直到康熙三十六年去世。

议政大臣虽然有四五十位或五六十位，但是他们多半是下五旗人员，他们有义务唯其旗主马首是瞻。所以议政王大臣会议，虽然名义上是议政王、议政贝勒与议政大臣会议，实际上大都是被议政王议政贝勒左右。

议政王大臣会议开会之时，非常威严。《啸亭杂录》卷4，《议政大臣》条载："每朝期，坐中左门外会议，如坐朝仪"，即如像皇帝升殿问政的仪式。

会议之时，主持会议的议政王高坐堂上，议政大臣，以及被召见到议政处回答军政问题的非议政官员，哪怕是官阶正一品百官之首的大学士，都要向议政王下跪，跪着奏报和回奏。历任总督、兵部尚书、吏部尚书、大学士的汉官李之芳，在议政处跪着奏对时间较久，年老不支，竟至晕倒。此后帝才谕令免跪。

议政王、议政贝勒，议处军政要务时，常有因私误公毛病，尤其是涉及王、贝勒、公的权势、利益时，涉及削弱王权和危害王权时，并不秉公议处，而是袒护、维护王公利益，议拟欠妥。康熙十九年十月议处宁南靖寇大将军顺承郡王勒尔锦、安远靖寇大将军贝勒察尼（此时镶白旗主信郡王鄂札的亲叔父）、安远靖寇大将军贝勒尚善（镶蓝旗老旗主济尔哈朗的侄孙），征讨三藩时贻误军机大罪，从轻议拟，即系典型例证。《清圣祖实录》卷92，第26页载：

"亲亥，议政王大臣等议奏，多罗顺承郡王勒尔锦，多罗贝勒察尼，出师湖广罪案，上谕大学士等曰：勒尔锦、察尼，统领大兵，不能竭力，底定地方，但敛取督抚司道等官财物，希图肥家，贻误国事，疲弊兵马，困苦民生，失机之罪，最为重大。前屡旨申饬，竟置不问，安坐军中，致失大计，一切罪犯，孰有重于此者乎。朕当拔度事务，幸因修造战船图困岳州，贼势穷蹙，为我兵所败，故地方以次戡定，否则不知作何景象矣。我太祖，太宗时，军令机严，令议政王大臣等，因事已平定不复，经意。所议之罪，不协事情，概从轻典，可乎。王、贝勒等，辄言从前未经战阵，凡行间皆与众人商榷，自此以后，岂遂无用兵之事耶，若皆以未经领军为言，则谁当领军者，王与贝勒，俱朕至亲，朕本欲宽释，但贻误国家大事，罪实难赦。其余尚可从宽，王、贝勒，决不容姑贷也。尔等可传谕议政王大臣等知。"

康熙此谕，分量很重，对国中非常高贵威严的议政王、贝勒，可以说是狠狠痛骂，严厉斥责，丝毫不留情面，并且含有严重警告意思，告诉王、贝勒们要小心，否则勒尔锦、察尼就是你们的前车之鉴。

具体说来，第一，勒尔锦、察尼但知苛敛银财，困苦民生，肥家误国，罪莫大焉。第二，若非皇上英明指挥，才能败敌平乱，否则江山社稷危殆。第三，议政王大臣袒护犯罪王、贝勒，"所议之罪，不协事情，概从轻典"，欲图从轻发落，大事化小。第四，犯罪的王、贝勒，辩称未经战阵，没有领过兵，打过仗，以图减轻罪责，议政王大臣居然也据此上奏。这为今后的王、贝勒，统军出征，怯战退缩贻害军机时，可以减罪免罪，提供了理由、借口和先例。第五，王、贝勒妄图以系皇上至亲而可轻罚，甚至是超出法外，无罪了结，遭帝严厉斥责，宣布必定按律重惩，不会从宽。

这样一来，心存袒护罪犯希望今后自己可超脱国法免罪免惩的议政王、郡王、贝勒们，一个个被弄得灰头土脸，颜面尽失，只好遵循圣谕，认真审拟议罪。十一月初六，议政王大臣上疏奏报议拟意见，康熙降旨批覆。《清圣祖实录》卷93，第3、4、5页载：

> "辛酉，议政王大臣等议复多罗顺承郡王勒尔锦，贝勒察尼，帅师讨贼，不速扼要害，乃退缩不前，老师縻饷坐失事机，几至误国，应革去王、贝勒，并议政，及宗人府之职，籍其家属财产，仍行拘禁。贝勒尚善公兰布，不速剿贼寇，恢复疆土，退缩贻误，俱宜从重议处，但既卒于前应革其多罗贝勒，镇国公。都统朱满，不速据岳州，前驱破贼，退缩不前，几至误国，应革去都统，拜他喇布勒哈番，佐领，及所加之级，立绞，籍其家，其妻与未分家之子，并交内务府。疏入上谕，勒尔锦，不渡江剿贼，平定疆国，迁延瞻顾，贻误国家大事，情罪重大，削去郡王，并议政，宗人府之职，仍令羁禁。察尼，应如议处分，但既克岳州，且从前有效力之请，着从宽免羁禁籍没，革丢贝勒，并议政，宗人府之职，为间散宗室。尚善，革去贝勒。兰布，革去镇国公。朱满，从宽免死，着革职，鞭一百，不许折赎，籍没其家。"

促使议政王大臣会议衰落的另一个重要因素是，满汉一家国策。入主中原以后，摄政王多尔衮、顺治帝福临制定了"首崇满洲"（或叫"满洲根本"）、满蒙联盟和满汉一家三项基本国策，以统治以一亿（后来是两亿、三亿、四亿）汉族为主体的千百万平方公里的大清国。所以，中央六部皆设复职，满官汉官，人数对等，内阁大学士，地方省府州县督抚藩臬满汉兼用。现在来了一个在皇帝控制下的议政王大臣会议这个最高权力机构，偏偏不要汉人参加，广大汉官情何以堪，那还叫"满汉一家"吗！当然不利于汉官为朝廷效忠。

此后，康熙继续设法压抑王权，减少议政王大臣，特别是王、贝勒人数，缩小其议处范围。康熙二十四年，罢免安亲王岳乐议政，二十九年免裕亲王福全、恭亲王常宁议政，三十六年康亲王杰书去世。从此很少见到王贝勒议政。

雍正设立军机处。乾隆五十六年谕令取消议政大臣职衔。

曾经显赫一时的"议政王大臣会议"进入历史博物馆了。

（二）南书房

在利用议政王大臣会议来贯彻帝旨的同时，顺治帝福临、康熙帝玄烨，也在组织自己的参谋班子，来抵消王大臣会议不利君权的行为。

早在顺治十年，顺治帝福临即命内三院学士各一人"入内直"。谈迁《北游录》《纪闻》（下）《学士内值》条载："癸巳冬，命国史、弘文、秘书三院学士各一人内直。""学士预阅章奏呈旨，仍下内院，书红学士代。"

顺治帝以入直学士太少，于十七年（1660年）六月初二谕增翰林入直人数，并建入直房舍。《清世祖实录》卷136，第2页载：

"乙酉。谕翰林院，翰林各官原系文学侍从之臣，分班直宿，以备顾问。往代原有成例，今欲于景连门内，建造直房，令翰林官直宿，朕不时召见顾问，兼以观其学术才品。应几班每班，酌用几员，即开列职名具奏。"

过了7天，六月初九，《清世祖实录》卷136，第15、16页载录了入直翰林职名：

"掌翰林院事学士折库讷王熙疏言臣等遵谕，分翰林官为三班，直宿景连门，以备顾问，侍读学士左敬祖、侍请学士曹尔堪、侍读熊伯龙、侍请綦汝楫、编修富鸿业、张贞生、检讨庄朝生、崔蔚林，八员为一班。侍读学士曹本荣、侍请学士杨永宁、侍读田逢吉、侍请田种玉、编修马晋允、检讨范廷魁、邹度琳、熊赐履，八员为一班，侍读学士张士甄、侍请学士刘芳躅、侍读冯源济、侍请党以让、编修萧惟豫、检讨宋之绳、谭篆、熊赐珙，八员为一班。以上三班，依次直宿，周而复始。又臣等二员，原与各官职掌相同，应否分日直宿，统候睿裁。得旨是，折库讷、王熙，着直宿。"

谈迁在《北游录》《纪闻》（下）《御试词臣》条，叙述了入直翰林工作及影响情形：

"先是，秘书、弘文、国史三院学士各一人，直内院预票拟。而内翰林弘文院学士麻勒吉，满洲人，壬辰进士第一，性敏辩，通经史大义，善国书，日侍愿问，促膝造对，最被眷注。礼部右侍郎兼内秘书院学士胡兆龙故善之，又同教习庶吉士，益相欢，遂日入禁中，同议机密，虽内院不如也。"

谈迁所述，不太完备，其实掌翰林院事学士的汉官王熙也受到皇上宠信。王熙，顺天苑平人，父王崇简，明崇祯十六年进士，顺治三年补选庶吉士，检讨，升国史院学士，累迁礼部尚书。王熙20岁就考中顺治四年进士，改庶吉士，"习满书，拔前列。世祖召见宏文院，命以满语奏对，大加褒赏，寻升国子监司业"。"召直南苑，译大学衍义，充日讲官，进讲称旨，累擢弘文院学士，时崇简方任国史院学士，上曰：父子同官，古今所罕。以尔诚恪，特加此恩，十五年，擢礼部侍郎，兼翰林院掌院学士，考满，加尚书衔。时崇简为尚书，父子复同官。十八年正月，上大渐，召熙至养心殿撰遗诏。熙伏地饮泣，笔不能下。上谕勉抑哀痛，即御榻前先草第一条以进，寻奏移乾清门撰拟，进呈者三，皆报可。是夕上崩，圣祖嗣位，熙改兼弘文院学士"。

王熙奉旨草誊顺治帝遗诏，这可是有清一代（包括天命以降）三百年中一件天大奇闻。一系此时有内阁，内阁有大学士，官阶正二品，有学士，官阶正五品，兼礼部侍郎，官阶则为正三品。还有侍读学士，官阶从四品。另有从入关前的内三院分出的翰林院，有掌院学士，官阶正三品，还有侍读学士、侍讲学士、侍读、侍讲、修撰、编修、检讨等官。

内阁是从入关前的内三院改名而来。天聪十年（1636年）三月初六，改文馆为内三院：

"辛亥，改文馆为内三院，一名内国史院，一名内秘书院，一名内弘文院，分任职掌。内国史院职掌，记注皇上起居诏令，收藏御制文字，凡皇上用兵行政事宜，编纂史书，撰拟郊天告庙祝文及升殿宣读庆贺表文，纂修历代祖宗实录，撰拟矿志文，编纂一切机密文移，及各官章奏，掌记官员升降文册，撰拟功臣母妻诰命，印文追赠诸贝勒册文，凡六部所办事宜，可入史册者，选择记载，一应邻国远方往来书札，俱编为史册。内秘书院职掌，撰拟外国往来书札，掌录各衙门奏疏，及辩冤词状。皇上敕谕，文武各官敕书，谕告祭文庙，谕祭文武各官文。内弘文院职掌，注释历代行事善恶，进请御前，侍请皇子，并教诸亲王，颁行制度。" ①

清太宗，以满洲刚林为内国史院大学士，汉军范文程为内秘书院大学士，满洲希福为内弘文院大学士，汉军鲍承先为内秘书院大学士。崇德年间（1636－1643年）是这四大学士，顺治元年起，内三院大学士人数增加，多少不一。

顺治十五年七月二十三日，改内三院为内阁，大学士分别改加保和殿、和殿、武英殿、文化殿、文海阁等殿阁衔大学士，将内三院下的翰林院分离出来，单设翰林院，其原设的掌院学士，侍读学士等官，仍照旧存在。

因此，顺治十八年正月初三王熙奉旨草誊遗诏时，如果按照衙署、官员职责，翰林院是不能越俎代庖，不能抢内阁的职责，掌翰林院事学士的王熙，是不能抢内阁大学士的职责，越分妄为的。

二是具备草拟诏稿才干的文官，有的是，顺治十七年十二月的内阁大学士，有洪承畴、雅泰、额色黑、成克巩、金之俊、蒋赫德、傅以渐、车克、巴哈钠、胡世安、卫国祚、李蔚、冯铨，共13位。这些大学士，多系两榜出身，傅以渐还是顺治三年状元。他们久任尚书、大学士，不少人还是《明史》《太祖实录》《太宗实录》总裁、副总裁，难道还不能草誊遗诏吗？

三是此次草誊的遗诏，不是一般的、粉饰性质的、不痛不痒的官样文章，而是要总论顺治帝十年施政的文治武功和得失利弊，规定新帝的大政方针，非常非常的重要，必须是顺治帝特别相信、绝对忠于皇上的忠直官员，才能肩此重任。王熙能草誊遗诏，可见他是皇上所选中的人才，并且他也不负帝望，草誊的遗诏让皇上非常满意。

①《清太宗实录》卷28，第2、3页。

可见，顺治帝在利用议政王大臣会议的同时，也对其有所防范，从而组织了可以巩固君权、提高君权、忠于皇上、抵消和削弱议政王大臣会议影响的参谋班子。

顺治十八年正月初七日顺治帝去世。其建立的翰林官入直制度取消。

过了16年，康熙十六年（1677年）十月二十日，康熙谕选二员翰林入直：

> "癸亥，谕大学士等曰：朕不时观书写字，近侍内并无博学善书者，以致请论不能应对，今欲于翰林内，选择二员，常侍左右，请究文义，但伊等各供厥职，且住外城，不时宣召，虽以即至，着于城内拨给间房，停其升转，在内侍从数年之后，酌量优用，再如高士奇等能书者，亦着选择一二人，同伊等入直，尔衙门满汉大臣，会议具奏。"①

十一月十六日，选张英、高士奇二人入直。《清圣祖实录》卷70，第6页载：

> "辛卯，大学士等，遵旨选择翰林内廷侍直，列名请旨，命侍请学士张英，加食正四品俸，供奉内廷，其书写之事，一人已足，止令高士奇在内供奉，加内阁中书衔，食正六品俸，伊等居住房屋，交内务府拨给，又令大学士傅谕张英、高士奇，选伊等在内供奉，当谨慎勤劳，后必优用，勿得干预外事，其恪遵朕谕。"

余金《熙朝新语》卷2亦载称：

> "康熙癸丑春，天子御请筵后容谓学士欲得文学之臣朝夕置左右，惟职经史请诵，给内庐以居之，不令与外事，其慎择醇谨通达者以闻，时举编修桐城张英名入对，上心职之，自是再四咨询，对者无异词，遂有内廷供奉上之命。赐邸舍于瀛壹之西，辰而入，终戌而退。上旧所御

---

① 《清圣祖实录》卷69，第25页。

读书处曰南书房，在乾清宫之西南隅。命处其中饮膳给予大官，执书使中涓，纸笔之属出自御府，珍果之属撤自御馔者，日数至焉。上御乾清门听政后，则召至懋勤殿，辰已前讲经书，午后讲史，率以为常，此南书房供奉之始。"

康熙三十三年，谕增翰林入直人数，四十七年停止，五十五年又谕增人。光绪《大清会典事例》卷1048，《翰林院》《入直侍班》载：

"三十三年谕：翰林乃近侍之臣，向因日讲，时时进见，是以犹知其言语举止，近时进见稀少，请官侍班，不过顷刻，难以悉其贤否。着翰林詹事官，每日以四人进南书房侍直，令学习文章字书，亦可以知其人之高下，以备擢用，着即定议具奏，钦此。遵旨议定，本院请学士以下，编检以上，与詹事府詹事以下，中赞以上，每日四人一班，进南书房侍直。五十三年谕，翰林官员，朕多不诚其学问之高下，亦不能悉知，嗣后朕驻跸畅春园时，着四人一班，与南书房翰林一处行走，五日一更代。"

康熙二十七年，高士奇奏称入直官员姓名说："从前入直诸臣，如熊赐履、叶方蔼、张玉书、孙在丰、王士祯、朱彝尊等，近今同事诸臣，如陈廷敬、徐乾学、王鸿绪、张英、励杜讷等。"[1]

另外，沈荃、韩菼也曾入直南书房。据此，康熙十六年至三十三年的18年里，先后入直南书房的文官，一共有14位。从这些文官和这段时间南书房的运作情形看，可以归纳出五点意见。

其一，群英荟萃，入直者皆系学富五车、才华出众的才子学者。14位南书房文官中，韩菼是状元，孙在丰、王鸿绪是榜眼，叶方蔼、沈荃、徐乾学是探花，朱彝尊是海内知名布衣、大师，励杜讷、高士奇是生员，张玉书等5位是两榜出身的进士。韩菼被康熙帝赞为"韩菼天下才，美风度"，"学问优长，文章大雅，前代所仅有"。乾隆帝更赞其"雅学绩文，湛深经术，所撰制艺，清真雅正，开风气之先，为艺林楷则"。王士祯，幼慧，18岁中举人，不久中进士，康熙帝问大学士李

---

[1]《清史列传》卷10，《高士奇传》。

蔚："今世博学善诗文者孰最？"李蔚答："王士祯"。大学士冯溥、翰林院掌院学士陈廷敬、翰林院学士兼礼部侍郎张英皆举王士祯。时人称赞王士祯为第一大诗人，"主持风雅数十年"。探花叶方蔼，为博学鸿儒科阅卷官、《明史》总裁。张玉书，"精春秋三传，尤邃于史"，"文春容典雅"，擅"盛世之音"。陈廷敬，康熙赞其"学问淹洽，文采优长"，担任《三朝圣训》《政治典训》《平定三逆方略》《皇舆表》《一统志》《明史》总裁官。布衣朱彝尊，史称"当时王士祯工诗，汪琬工文，毛奇龄工考据，独彝尊兼有众长"。著有《经义考》《日下旧闻》《曝亭书集》。①

其二，阁臣九卿摇篮。群英入直南书房，充任日讲起居注官、经筵讲官，近侍皇上，讲经论史，诗词唱和，撰修文稿，与皇上接触的时间太多太久，皇上容易知其言行举止学识才干，因而被皇上赏识、嘉赞、培育、擢升的机会也最多。于是从南书房走出一批大学士、尚书、侍郎。张英、张玉书、陈廷敬任至大学士。王士祯任左都御史、刑部尚书。徐乾守任左都御史、刑部尚书，王鸿绪历任左都御史、工部尚书、户部尚书。韩昉任掌院学士、礼部尚书，叶方蔼、沈荃、励杜讷等任至侍郎或食侍郎衔。

其三，贤臣居多。入直者除徐乾学、王鸿绪、高士奇三人涉嫌贪婪外，其余11位，均系政绩卓著，操守优良。探花、侍郎叶方蔼，为官廉谨。"其卒，以板扉为卧榻，支以四瓮，布帐多补缀，无以为敛，见者以为难能"。探花、国子监祭酒、詹事（官阶正三品）、食礼部侍郎衔的沈荃，当改定法例，加重对流徙罪人处罚时，原先，处流罪者，分为流2000里、2500里、3000里三等，酌发各省荒芜地方及濒海州县，新例改定为"罪人当流者，徙乌拉"下廷臣议。沈荃竭力谏阻说：

"乌拉去蒙古三四千里，地极寒，人畜多冻死。今罪不至死者，乃遣流，而更驱之死地，宜如旧例便。疏上中，有旨令书一，荃持前议益坚，且曰：此议行，三日不雨者，甘服欺罔罪。上改容纳之。越二日，天意雨，例得罢。"

康熙二十三年，沈荃去世。"上以荃贫，赐白金五百"。

大学士张玉书，"谨慎廉洁，居政地二十年，远避权势，门无杂宾"，"自奉俭约，饮食服御，略如寒素"。余金《熙朝新语》卷1赞其：文春容典雅，沨沨乎盛世之音，其《拖诺仙》《狼居胥山》二碑。叙述圣武神功，尤为详赡，足以昭示万世，纪平定江南事。纪成闽献二贼事。纪三路进师下云南事，皆端绪详明足，以彰开国之鸿烈，纪顺治间乐章及钱粮户口二篇，皆资掌故，纪陕西殉难官事一篇，足与史傅相参，他若游玉泉山记，游化育满苑后苑记，游喀喇河屯后苑记。游热河后苑记，皆足揄扬太平恺乐之象。其余碑志亦多。

翰林院掌院学士陈廷敬，屡上奏疏，建言国计民生事宜。他力言督抚职责重要，督抚保荐官员，必须开列其官事迹，以无加派火耗等弊为第一要务。奏疏说：

"夫督抚之职在安民者，非谓民既犯法，非明于系断之为能尽其职也。必先严禁令，谨科条使民迁善远罪，至于刑清政简之为能尽其职也……孔子不云乎：'上教之不行，罪不在民也。'故欲使民不犯法而刑辟衰止，莫先于行上之教；欲行上之教，紧唯督抚是问。督抚曰：'是将在群吏。'夫吏果廉能，无敢有加派火耗，毋敢黩货于词讼，毋敢盈余削夫富民，然后一意上之教而民不罹于刑。今吏或不能，诚有罪焉；然非尽吏之罪也，上官廉则吏自不敢为贪，上官贪则吏虽欲为廉而不可得。凡所为加派火耗、黩货胺削，日以曲事上官之不暇，而又何有于行上之教，使民不罹于刑？虽吏勉强行之，而民习见吏之所为多不法也，曰：'是恶能教我，谁其从之？'是教之不行，刑之不止，吏为之也。吏之为之者，督抚使之然也。方今要务在于督抚得人。为督抚者不以利欲动其心，然后能正身以董吏；吏不以曲事上官为心，然后能加意于民。民可徐得其养，养立而后教可行。成代以来，有请读律令之法，皆周礼之遗意，为教民之要务。我皇上圣谕十六条颁行已久，而乡村山谷之民，至今尚有未知者。宜通饬督抚，凡保荐府、州、县官，必确察其无加派火耗，无黩货词讼，无朘削富民，每月吉集众请解上谕，实心奉行者，为开具事迹所最先。如保荐不实，加严处分，俾知功令之重在此。而皇上之考察督抚，则以廉己教吏，吏得一心养民、教民为称职。使贤者知勉，而否者知耻，洗涤旧染，以机刑轻政简，仰副圣主求治之心。"

帝下吏部议覆。吏部奏准：

"通饬督抚，嗣后保举开列实迹，以无加派火耗等事为第一条，实心奉行上谕每月吉聚众请解为第二条。如保举不实，督抚降二级调用，司道府降三级调用，定为例。"

陈廷敬还一再举荐贤臣，推荐大诗人王士桢、大家汪琬，力言"知县陆陇其、邵嗣尧皆清官，虽治状不同，其廉则一也"。帝升二人为御史。[①]

致仕大学士张英，力保清官江宁知府陈鹏年。《清史稿》卷267，《张英传》载："总督阿山欲加钱粮耗银供南巡费，江宁知府陈鹏年持不可，阿山怒鹏年，欲将不测。及英入见，上问江南廉吏，首举鹏年，阿山意为沮，鹏年以是受知于上为名臣。"

入直南书房的生员、州同励杜讷，授编修，充日讲起居注官，后历任侍讲、太仆寺卿、左副都御史，奏请严格督察督、抚、藩臬。《清史列传》卷9，《励杜讷传》载：

三十九年，升左副都御史。疏言："督抚大吏，朝廷给以百余城吏治、数千里民生，责任至重；若旗词镇静，渐成悠忽，不过以期会簿书忝封疆之寄。请敕各督抚年终汇奏若何察吏安民、兴利除弊，以备清览；不实，则治以欺罔之罪：庶时时警勉，不敢优游草率，贻误地方。藩司专掌钱谷，臬司专掌刑名，州县之钱粮有无亏空，定案之爰书有无驳审，翔实并列，则藩臬之优劣亦无遁情。"议如所请。又言："提镇保送将弁，时有骑射甚劣并年老之员，经特旨甄别。典戎要务，首在考察将弁，请敕部将各提镇所属引见不称职之员，汇册呈览，并定处

---

① 《清史列传》卷9，《陈廷敬传》。

分。"下诏所司饬行。四十二年，擢刑部侍郎。

其四，助帝升华。康熙胸怀富国强兵国泰民安壮志，勤奋研读经史，渴求大儒名臣讲解辅导，精通儒学，探索治国之道。康熙年过半百之时，回顾求学经历说："朕初读书，内监授以四子本经。作诗文得士奇，始知学问门经。初见士奇得古人诗文，一览即知其时代，心以为异，未几，朕亦能之。士奇无战阵功，而朕待之厚，以其裨朕学问者大也。"①康熙自称，"朕自五龄即知读书"。②康熙九年十一月开始日讲，十年二月起，春秋二次举行经筵讲，康熙二十五年闰四月停止日讲，自学、和日讲、经筵讲之时，讲解，辅导，讨论，解答，康熙十六年以后，主要系南书房翰林们负责，书籍是孔孟儒学的经史典籍，如《易经》《尚书》《诗经》《礼》《春秋》《论语》《大学》《中庸》《孟子》，以及《资治通鉴》等书，使康熙的学问迅速提高。比如，康熙十九年四月三日，《清圣祖实录》卷89，第16页载：

"上御懋勤殿，讲官进讲毕。上曰，观《尚书》内古来君臣，无不交相勤勉，如此，何忧天下不治。叶方蔼奏曰：皇上念及此，真四海苍生之福。"

《清圣祖实录》卷89，第18页载：

"四月初九日，上御懋勤殿，讲官进讲毕，上曰：律与例不容偏废，律有正条，自应从律，若无正条，非比例何以定罪。总之用律用例，俱在得人。己巳四月初十日上御懋勤殿，讲官进讲毕，上曰：尧舜禹汤以来，心法治法，具在尚书，尔等每日悉心讲解，朕孜孜典学，虽不能媲古帝王，而此心朝夕懋勉，未尝稍懈也。库勒纳奏曰：书经应讲者已毕，自明日始，当以易经进讲。上曰：朕思经史，俱关治理，自宜进讲。尔等可进讲易经，将通鉴讲章，陆续送入，令张英在内，每晚进讲通鉴。"

---

① 《清史稿》卷27，《高士奇传》。

② 《清圣祖实录》卷87，第6页。

正因为康熙受益良多，感谢南书房翰林们，故于康熙十九年四月初八日谕吏部，擢升翰林们官职：

"丁卯谕吏部，朕万机之讲暇，留心经史，虽逊志时敏，夙夜孜孜，而研究阐发良资讲幄之功，日讲在注各官，俱以学行优长，简备顾问，请解明晰，奉职勤劳，所纂讲义，典确精详，深裨治理。侍读学士张英，供奉内廷，日侍左右，恭匪懈，勤慎可嘉。高士奇，杜讷，学问淹通，居职勤慎，供奉有年，应授为翰林官。尔部一并从优议叙具奏以后着益殚心职业，佐助典学，以副朕崇儒重道，稽古右文至意。"

五月初四，吏部奏准升迁各官。《清圣祖实录》卷90，第2、3页载：

"吏部遵谕，议叙日讲官起居注官。得旨：翰林院掌院学士叶方蔼，加礼部尚书衔，詹事府詹事沈荃，加礼部侍郎衔。侍读学士蒋弘道，侍请学士崔蔚林、严我斯，加詹事府詹事衔，侍讲董绪，王鸿绪，加侍读学士衔，侍读学士张英，授为翰林院学士兼礼部侍郎，内阁中书高士奇，授为翰林院侍讲，食原品州同体杜讷，授为翰林院编修，左春坊左庶子张玉书，加詹事府詹事衔翰林院学士库勒纳，詹事府詹事格尔古德，侍讲学士牛纽，常书，侍讲学士朱马泰，侍读阿哈达，俱于见任内各加一级。"

经过日复一日，月复一月，年复一年的十几年勤读苦研、讲官讲解、辅导、议论，康熙对儒家治国之道、驭臣之术，"养民"之法，理解之透彻，运用之精通，成效之显著，超过以往各朝任何一位君主，对创建康熙盛世起了很大的积极作用。

其五，得力参谋。南书房的设立，入直翰林们的辛勤工作，影响很大。康熙称赞张英"学问淹通"，"素性淳朴"，"久侍讲帷，简任机密"。史称"上日御乾清门听政后，即幸懋勤殿，与儒臣谈论经文。英率辰入暮出，退或复宣召，辍食趋宫门，慎密属勤，上益器之。幸南苑及巡行四方，必以英从。一时制诏，多出其手"。又载，"纶思之地，昼日三接，夕涌不休，造膝之谋，伏蒲之语，外庭不知。推贤与能，庆流朝著；横经讲义，泽及民生；弥历岁月。延登受策"。①张英"在讲筵，民生利病，四方水旱，知无不言"。张玉书，"三藩平，有请行封禅者，玉书建议殿之，事遂寝"。帝二征噶尔丹，"玉书扈行，预参帷幄"，"居政地二十年"，"从容密切，为圣祖新亲任"。康熙对入直南书房的状元韩菼非常赏识，盛赞其为帝所撰之文说："菼学问优长，文章大雅，前代所仅有。所撰拟能道朕意中事。"

南书房翰林中，最为人们熟知且被人议论最多的，是监生高士奇。高士奇，字澹人，"幼好学能文，贫，以监生就顺夫乡试，充书写序班"，工书法投靠权相明珠，明珠荐其入内廷供奉，受帝赏识，从詹事府录事升内阁中书，"食六品俸，赐居，西安门内"。康熙十七年，帝"以士奇书写密谕及纂辑讲章、诗文，供奉有年，特赐表里十匹，银五百。十九年复谕吏部优叙，授为额外翰林院侍讲"，官阶正六品，不久补侍读。康熙二十七年九月，左都御史郭琇上疏，参劾高士奇揽权贪婪说：

"九月，左都御史郭琇疏劾之曰：皇上宵旰勤劳，励精图治，用人行政，皆出睿裁，未尝丝毫假手左右。乃有植党营私、招摇撞骗，如原任少詹事高士奇、原任左都御史王鸿绪等，表裹为奸，恣肆于光天化日之下，罪有可诛，罄竹难悉，试约略陈之：高士奇出身微贱，其始也徒步来京，觅馆为生，皇上因其字学颇工，不拘资格，擢补翰林，令入南书房供奉，不过使之考订文章，原未假之与闻政事。为士奇者，即当竭力奉公，以报君恩于万一，计不出此，而日思结纳谄附大臣，揽事招摇，以图分肥。凡内外大小臣工，无不知有士奇之名。夫办事南书房者，先后岂止一人，而他人之名，总未著闻，何士奇一入办事，而声名赫奕，乃至如此？是其罪之可诛者，一也。久之羽翼既多，遂自立门户，结王鸿绪为死党，科臣何楷为义兄弟，翰林陈元龙为叔侄，鸿绪胞兄王顼龄为子女姻亲，俱寄以腹心，在外招揽。凡督、抚、藩、臬、

①《清史列传》卷9，《张英传》；《清史稿》卷267，《张英传》；陈廷敬：《午亭文编》卷37，《存诚堂集序》。

道、府、厅、县，以及在内之大小卿员，皆王鸿绪、何楷等为之居停哄骗，而夤缘照管者，馈至成千累万，即不属党护者，亦有常例，名之曰'平安钱'。然而人之肯为贿赂者，盖士奇供奉日久，势威日张，人皆谓之曰'门路真'，而士奇遂自忘乎其为撞骗，亦居之不疑，曰'我之门路真'，是士奇等之奸贪坏法，全无顾忌，其罪之可诛者，二也。光棍俞子易在京肆横有年，唯恐事发，潜迤直隶天津、山东洛口地方，有虎坊桥瓦房六十余间，价值八千金，馈送士奇，求托照拂。此外顺城门外斜街，并各处房屋，总令心腹出名置买，何楷代为收租。士奇之亲家陈元帅、伙计陈季芳开张绝大号，寄顿各处贿银，赀本约至四十余万，又于本乡平湖县置田产千顷，大兴土木，修整花园杭州西溪，广置田宅舒、松、淮场。王鸿绪等与之合伙生理，又不下百余万。窃思以觅馆糊口之穷儒，而今忽为数百万之富翁，试问金从何来？无非取给予各官。果官从何来？非侵国帑即剥民膏。夫以国帑民膏而填无厌之鸡鹜，是士奇等真国之蠹而民之贼也，其罪之可诛者，三也。皇上圣明洞悉其罪，止因各馆史书编纂未完，着解任。"

左副都御史许三礼亦参劾高士奇、徐乾学招摇纳贿说："乾学、士奇为子女姻亲，其招摇纳贿，相为表里，有'五方宝物归东海，万国金珠贡澹人。'"①

赵翼《詹曝杂记》卷2，《高士奇》载：

"高江村士奇，康熙中直南书房，最受圣祖知眷。时尚未有军机处，凡撰述谕旨，多属南书房诸臣，非特供奉书画、赓和诗句而已，地既亲切，权势日益崇。相传江村初入都，自肩仆被进彰义门，后为明相国家司阍者课子。一日相国急欲作书数函，仓促无人。司阍以江村对，即呼入，援笔立就。相国大喜，遂属掌书记。后入翰林，直南书房，皆明公力也。江村才本绝人。既居势要，家日富，则结近侍探上起居，报一事，酬以金豆一颗。每入直，金豆满荷囊，日暮率倾囊而出，以是宫廷事皆得闻，或觇知上方阅某书，即抽某书翻阅，偶天语垂问，辄能对大意。以是圣祖益爱赏……初因明公进，至是明公转须向江村访消息。

---

① 《清史列传》卷10，《高士奇传》。

每归第，则九卿肩舆伺其巷皆满，明公亦在焉。江村直入门，若为弗知也者。客皆使僳从侦探：盥面矣，晚饭矣。少顷，则传呼延明相国入，必语良久始出。其余大臣或延一、二入，晤不能遍，则令家奴出告曰：日暮不能见，请俟异日也。诸肩舆始散。明日伺于巷者复然。以是声势赫奕，忌者亦益多。江村率以五鼓入朝，至薄暮始出，盖一刻不敢离左右矣。或有谮之者，谓：士奇肩仆被入都，今但问其家赀若干，即可得其招权纳贿状。圣祖一日问之，江村以实对，谓：督抚诸臣以臣蒙主眷，故有馈遗，丝毫皆恩遇中来也。圣祖笑颔颔之。后以忌者众，令致仕归，以全始终。犹令携书编纂，以荣其行，可谓极文人之遭际矣。"

大学士李光地在其《榕村语录续集》卷14，《本朝时事》中，记述了大学士明珠、余国柱被郭琇参劾罢官时高士奇起的作用：

"丁卯年冬，上谒陵。于成龙在路上便对上发政府之私，说官已被明珠、余国柱卖完。上曰：'有何证佐？'曰：'但遣亲信大臣盘各省布政库银，若有不亏空者，便是臣诳言。'是时，高士奇、徐乾学尚为明、余所掩。上归，值太皇太后丧，不入宫，时访问于高，高亦尽言其状。上曰：'何无人参？'曰：'谁不怕死？'上曰：'有我，若等势重于四辅臣乎？我欲去则竟去之，有何怕？'曰：'皇上做主，有何不可者。'高谋之徐，徐遂草疏，令郭华野上之。刘楷、陈世安亦有疏，三稿皆先呈皇上，请皇上改定。上曰：'即此便好'。次日遂上。"

丁卯年，是康熙二十六年。根据这些史料，似乎可以说明南书房是康熙帝为自己设立的一个新的决策中心，享有参与决策的权力，是康熙朝一个非制度化的决策机构。然而，细加推敲，联系历史事例，便会得出相反的看法。第一，南书房翰林都是汉官，都是文官，没有一人带过大军，打过大仗，何况关于八旗兵丁情形，尤其是满洲男丁档册，他们更没有资格查调。军机要务，没有他们插手的条件，他们没有发言权，皇上也不会征询他们的意见。三藩的撤藩及用兵方略，噶尔丹的是否征讨，皆是皇上谕命议政王大臣集议。第二，南书房的大量工作，主要是讲解经文，辅导皇上研讨经史，增长学识，精谙儒家治国学说，起到参谋作用，很少具体涉及重要制度法例和大臣的任免。第三，只有少数南书房翰林如张英、高士奇，才能经常"草写密谕"，"撰述谕旨"，议论民生利病，秘密奏对。第四，即从李光地所述明珠罢官之例而言，也并非高士奇主动参劾，而是被帝问询后，才行奏报，而康熙早已厌恶明珠的权势，有去其之心。高士奇之擅长，不过是以金豆结交皇上贴身太监、打探消息，而以信息之多之真，招摇纳贿而已。正如后来乾隆帝评论高士奇、王鸿绪诸人权势影响时所谕："即以诸人事而论，虽有交结纳贿之私，亦止于暗为关照，不至势焰熏灼，生杀擅专，如前明严嵩辈之肆奸蠹国，陷害正人。"①第五，南书房能起到参谋班子作用的时间并不太长，不过十来年而已。康熙二十七年，巡抚张汧行贿案涉及高士奇，被帝谕命解任，不当南书房翰林和少詹士，仅领修书事务。二十八年郭琇专疏参劾高士奇，被帝谕令休致回籍后，南书房影响显著降低，康熙三十三年，帝谕增加翰林入直人数，"每日以四人进南书房侍直，令学习文章字书，亦可以知其人之高下，以备擢用"。从此，南书房基本上就成为比较纯粹的文学侍从机构了。当然，因为南书房曾经风光一时，故昭梿《啸亭续录》卷1，《南书房》写道：一时卿相如张文和（张英）、蒋文肃（蒋廷锡）、厉尚书廷仪、魏尚书廷珍等，皆出其间，当代荣之。

六、朱批奏折

这里讲的朱批奏折，指的是清朝皇帝用朱笔批示过的奏折。

奏折，又称折子、奏贴或折奏。奏折与题本一样，是清朝高级官员向皇帝奏事进言的上行官文书。奏折有汉文奏折和满文奏折。清朝的奏折，按其内容，可以分为奏事折、请安折、谢恩折和贺折四类。

目前存世的朱批奏折大约有72万余件，主要保存在北京的中国第一历史档案馆和台湾省台北市的故宫博物院。

1984年，一史馆编辑的《康熙朝汉文朱批奏折汇编》（简称《康熙汇编》），由档案出版社出版，收录奏折3119件。其中有一史馆收藏的1000余件和台北故宫的2000余件。1986年，一史馆编译的《康熙朝满文朱批奏折全译》（简称《康熙会译》），由中国社会科学出版社出版，

---

① 《清史列传》卷10，《王鸿绪传》。

收录满文朱批奏折4297件，以大陆藏折为主，台北故宫有700余件。1991年，一史馆编辑的《雍正朝汉文朱批奏折汇编》（简称《雍正汇编》），由江苏古籍出版社出版，收录汉文朱批奏折35000余件。1998年，一史馆编译的《雍正朝满文朱批奏折全译》（简称《雍正会译》），由黄山书社出版，收录满文奏折5434件。

《康熙朝汉文朱批汇编》收录的第一件朱批奏折是康熙二十八年二月二十八日大学士伊桑阿、王熙、梁清标，学士拜礼、迈图、索诺和、彭孙迹、郭琇上奏的《为恭谢天恩事》奏折。《康熙朝满文朱批奏折全译》收录的第一件奏折，是安亲王岳乐等，于康熙三年六月奏述拘禁贝勒诺尼及母亲福晋事。

奏折具有秘密奏述的性质，当时叫"密咨"或"密折"。最初是皇帝谕令某些大臣或皇上亲信臣仆可以上密折性质的奏折。按照康熙帝玄烨的规定，奏折必须由奏报人亲笔书写，只能让皇帝知道。康熙在苏州织造内务府包衣旗人李煦康熙三十二年七月的奏折上批道："凡有奏贴，万不可与人知道。"康熙在工部尚书王鸿绪四十四年的奏折上批道："京中有可闻之事，卿密书奏折与请安封内奏闻，不可令人知道，倘有泄漏，甚有关系。小心。"后来能用密折奏事的官员逐渐增多。

已经出版的康熙雍正两朝47800余件汉文满文朱批奏折，具有极高的史料价值，是研究康雍时期历史、撰写论著的学者绝对不能不阅读，研究和运用的。现姑举五例，略加证明。

例一，苏麻喇姑。电视连续剧《康熙王朝》中的苏麻喇姑，美貌聪明，乖巧多智，心善重情，深受观众喜爱。人们也很关注此人的生平，究竟历史上有无其人，是否也真的这样的美貌机智，多才多艺，心地善良，重情重义。然而，迄今为止，查看史书、笔记、文集、方志，只有原礼亲王昭梿的《啸亭续录》卷4对此有简明扼要的记述：

"苏麻喇姑，孝庄文皇后侍女也。性巧黠，国初衣冠饰样，皆其手制。仁皇帝幼时，赖其训迪，手教国书，故宫中甚为高品。至康熙壬年始逝，葬以嫔礼，瘗于昭西陵侧，以示宠也。姑性好佛法，暮年持素。终岁不沐浴，唯除夕日量为洗濯，将其秽水自饮，以为惭愧云。"

昭梿的记述，虽很珍贵，但略显简略抽象，比如高品、示宠，体现在哪些方面，有何具体事例，能否更详细些，实为读者渴望。幸好，《康熙朝满文朱批奏折全译》收录了五件关于苏麻喇姑的奏折，弥补了这个缺陷。

这五件奏折，非常珍贵，可以说明很多问题。仅就苏麻喇姑之事而言，至少可以了解四个方面。其一，苏麻喇姑本人情形。其实苏麻喇姑的名字，不是苏麻喇姑，而是苏麻拉。昭梿等人之所以将苏麻拉的名字误写为苏麻喇姑，是因为他们不知道也不理解贵为皇三子后又君临天下的皇帝玄烨，和苏麻拉之间，有一种不是亲姑胜似亲姑的感情。玄烨出生之后，就被从母亲身边抱走，交与奶娘照护，父皇又宠爱董鄂妃，很少与玄烨亲近。虽然皇祖母孝庄非常喜欢孙子，但相处的时间毕竟有限。在玄烨的童年和少年阶段，孝庄的亲信侍女苏麻拉对玄烨无限深情地、亲切地服侍、看护和启迪培养，自然在天真无邪的玄烨心中产生了亲人的感情，把苏麻拉当作亲姑姑，所以也亲热地尊称苏麻拉为苏麻喇姑。这样一来，他的皇子们就相应地把苏麻喇姑当作祖母一样的长辈，故而在奏折上写了苏麻拉祖母如何如何。

康熙四十四年八月末，年老的苏麻拉大病发作。八月二十九日，苏麻拉"召"允祉等说："我今便血，腹痛难忍，尔等若以邸报急奏，则皇上必赐治病良方，尔等代奏我此言。"允祉等问十二阿哥及太监李进超等人祖母病情。李进超等说，八月二十七日以前还正常，自二十七日开始，"腹内攻疼便血，不思饮食，是以病倒。"允祉等劝祖母请大夫看，而苏麻拉祖母执意不肯。允祉问大夫，大夫说："闻此病势，为年老之人，如此便血，腹内坠疼，系脾虚内火盛之症，""病似重大"。允祉等立即给苏麻拉祖母"挂止血石"，并即于八月三十日上折奏报。此后，苏麻拉病情日益严重，一日或泻十余次，或五六次，"不思饮食，或时少饮稀饭炒面"，加之她又不吃药，终于在九月初七日病逝。

其二，"高品"之一。昭梿说，苏麻拉在"宫中，甚为高品"。"高品"之含义为何，昭梿未明说，按字面理解，可解释为地位很高。联系清朝官制，官有品之分别，从内阁大学士正一品、六部尚书从一品，依次而下，到知县正七品、县丞正八品、主簿正九品，州里的吏目从九品，而封爵的公爵，为超品，是否昭梿所说之高品，是在一品二品大员之上，难以肯定。昭梿又说，苏麻拉去世后，葬于昭西陵，"葬以嫔礼"，"以示宠也"。苏麻拉是孝庄太皇的侍女，侍女者，宫女而已，又未封授她的各种名分，如妃、嫔等，就是宫中的奴婢。现以嫔礼相葬，按清制，康熙时定制，宫中有皇后一、皇贵妃一、贵妃二、妃四、嫔六、贵人、常在、答应无定数。据此而言嫔的地位也比较高，六位嫔在宫中是居于后妃八位之下。但也就是比较高而已，谈不上在宫中可以排在妃之前面，谈不上是宫中甚为高品。可是，从五件奏折所述情形，苏麻拉又的确是"宫中"之"高品"，其地位之高，至少在妃之上，甚至有些皇贵妃也难以与其相匹。苏麻拉在宫中甚为高品所体现之一，就是皇帝对她的宠信、敬佩、亲切和无微不至的关心。

康熙收到允祉等八月三十日的奏折后，批示：一是不许以祖母病势重大，而将其送去养病所，着即留其住所，若已送去，则出示谕旨，必接回。二是谕令询问大夫，若用西白噶瓜那，"则朕赐祖母一种草根，用以熬鸡汤，给祖母饮"，西洋大夫若饮用山葫芦，则向赫世享取而用之。三是着十二阿哥昼夜守护。四是令墨尔根绰济诵经。

当康熙收到四十四年九月初四允祉奏述西洋大夫、中国大夫、喇嘛不主张用西白噶瓜那与山葫芦的奏折后，又朱笔批示："若不给服西白噶瓜那，则像看之耽误似的。无论如何，尔等在家，留心才是。"

允祉九月初七奏述祖母病情加重又不肯服用皇上赐予的草根药折子，估计是九月九日送到行在的，这一天，康熙已从巡幸塞外回到了宣化府。康熙感到事情不妙，立于奏折上朱笔批示："祖母若出事，则过七日后再入殓。其暂停尸之地，着尔等与内务府总管等急定。"

允祉等于九月九日奏述祖母死后情形，此折估计于十一日抵达行在。康熙立即朱笔批示："前曾有旨，祖母宫后再定。"康熙随即于九月十五日赶回北京。对一个侍女这样关心、爱护，问病情，赐药，责令皇子们认真主持治病，命喇嘛诵经，且必须赶在苏麻拉送殡之前回到北京，亲自吊唁，然后才发殡，这是当时任何一位妃嫔都没有享受到的恩宠和亲切，就此而言，苏麻拉确在宫中甚为高品。这也是决定苏麻拉能在宫中成为"高品"的关键性、决定性因素。

"高品"所体现之二，是诸皇子们对苏麻拉的尊敬、亲切、爱护和尽心尽力地医治护理。众皇子都尊敬地、亲热地恭称苏麻拉为苏麻拉祖母，问询病情，劝进汤药，与大夫、喇嘛商议医治，奏禀病势，传递谕旨，细心护理。祖母逝世之时，皇子们俱往，送殡时，因"太后祖母处无人，未令五阿哥、十阿哥送，十四阿哥因住宫内，留与紫禁城内"，"除此，皆送殡"。年满13岁以上的皇子，有13位，其中皇太子、皇长子、皇十三子、皇十五子四位正随驾巡幸塞外，五阿哥、十阿哥陪侍太后祖母，十四阿哥留于紫禁城内，除此以外的六位阿哥，俱皆送殡。这六位阿哥可不是年幼无爵无职不谙事体唯知闲耍的小皇子，他们是三、四、七、八、九、十二六位阿哥。康熙三十五年，康熙率领满汉蒙大军亲征噶尔丹时，大军依次排列，御营居中，八旗主力护军、骁骑分列为八大营与八小营，维护御营。其中镶黄旗大营、正黄旗大营、正红旗大营、镶红旗大营，分别由皇七子允祐、皇五子允祺、皇四子胤禛、皇三子允祉统领。允祉于三十七年封诚郡王，四十八年晋诚亲王。皇四子胤禛于三十七年与允祐、允禩同封贝勒，四十八年又与允祉、允祺同晋亲王。皇七子允祐于四十八年晋郡王。皇九子允禟于四十八年封贝子。皇十子允䄉于四十八年封郡王。皇十二子允祹于四十八年封贝子。这六位分别是或四年后是亲王、郡王、贝勒、贝子且有三位还曾经是分别统领一旗大营的尊贵皇子，全部在苏麻拉祖母送殡之时恭敬陪送，这也是几十年来宫中妃嫔送殡之时从未有过的隆重高贵和送殡礼仪，可见苏麻拉在宫中的确是"甚为高品"。

"高品"所体现之三，是十二阿哥对苏麻拉祖母的热爱、崇敬、感激和孝顺。十二阿哥允祹之母是万琉哈氏，封定嫔。此时允祹20岁，四年后封贝子。允祹深受苏麻拉祖母抚育爱护，很有感情，把她当作亲祖母。自祖母患病始，允祹昼夜在祖母处，其福晋亦昼夜在祖母处服侍。祖母病逝后，允祹向主持事务的三阿哥郡王允祉等请求说："姑妈（姑婆之误）将我自幼养育，我并未能报答即如此矣，我愿守住数日，百日内供饭，三七诵经。"允祉问内务府总管，总管称，查例，并无供饭诵经之例。允祉便向父皇奏称："阿哥既愿如此诵经、供饭及亲自住守数日，则作何办理之处，请旨。"康熙朱笔批示："十二阿哥之言甚是，着依其所请。"尊贵皇子甘愿为一侍女，为他视为不是亲祖母胜似亲祖母的"侍女"而破例昼夜服侍、供饭、诵经，实系宫中罕见，而且皇帝亦破例准其所请，足见苏麻拉在宫中之"高品"。

人们常说，帝王之家，自古无情。是的，为争帝位王位，帝王们对于政敌是难有父子兄弟之情，但帝王也是人，人是有感情的动物，有些帝王对于不影响到他的威权之人，有时也会有真情，也会显示其有亲情的。康熙对于苏麻喇姑，允祹对于苏麻拉祖母，确实也有亲姑、祖母之感情，而且真实地表现出来。此亦系难能可贵了。

例二，曹寅之"清"。曹寅，是文学巨著《红楼梦》的作者曹雪芹的祖父。在几十年的红学研究和讨论中，虽然各位红学家对《红楼梦》

的主题、性质、人物评价，存在不同见解，但有一点是英雄所见略同，即曹寅在世之时，曹家是"富贵繁华"，钱多得不得了。

这一下，问题就来了。一是曹家是否极其富贵？二是曹寅主要是入仕为官，这样巨量的银子从何而来？三是曹寅只是个官阶五品年俸百余两的中级官员，能有如此之多的银子，想必是个大贪官？四是钱的去向如何？

这些问题，尚无专文论述，笔者想对此有所探索。

曹寅，生于顺治十五年（1658年），16岁时当上侍卫，做过康熙帝玄烨的伴读。康熙二十九年以内务府郎中出任苏州织造，三年后移任江宁织造，直到五十一年七月卒于任上。其间，曾于四十三年奉旨与苏州织造李煦兼轮管两淮运司盐务十年。曹寅先后于四十三、四十五、四十七、四十九四年次兼任巡视两淮盐课监察御史，一般称为两淮盐政。

曹寅的父亲、祖父，并未给他遗留下多少财产。曹寅的父亲曹玺，于康熙二年以内务府郎中出任江宁织造，直到二十三年卒于任上。曹玺很可能没有攒下多少金银。因为，这时战争频仍，清朝财政十分困难，织造衙门经费紧缺，捞不着多少油水。而其官俸又不多。康熙十七年七月十二日，安徽巡抚徐国相奏述支放江宁织造官员钱粮说："织造官一员曹玺，每年应支俸银一百三十两，除奉捐银六十五两不支外，实支俸银六十五两。又，全年心红纸张银一百八两，俱经议裁不支，理合登明。月支白米五斗。"[1]在此之前的十六年十月的奏折中，曹玺的官衔仍是"管理江宁织造、郎中"。[2]一些史料说曹玺被追赠尚书，但徐国相所奏曹玺年俸为130两，又支心红纸张银108两。按当时俸禄制的规定，尚书官阶正二品，侍郎正三品，二品俸银155两，三品俸银130两。曹玺如按郎中算，郎中官阶五品，俸银应为80两，现在是130两，相当于三品，即侍郎的俸银。本来在顺治年间，京官三品者，还有柴薪银124两，外官三品的按察使还有薪银、心红纸张等银400两，现在，官俸130两被捐一半，薪银等银也裁减了。曹玺要靠这65两年俸银养家糊口，尚且不足，哪还能发大财，当然不能给儿子曹寅留下万贯遗产。

曹寅从康熙二十九年当织造起，到五十一年，当了23年织造。三十七年五月二十二日，安徽巡抚陈汝器奏报支放三十六年江宁织造官员俸银说："织造一员曹寅，每年应支俸银一百五两外，全年心红纸张银一百八两，奉裁不支，理合登明。月支白米五斗。"[3]郎中，康熙九年定为正五

①②《关于江宁织造曹家档案史料》第2、4页。

③《关于江宁织造曹家档案史料》第12页。

品。五品的俸银为一年80两，而105两的年俸是正从四品的俸银，不知曹寅为何支了四品的年俸。但即使是年俸105两，曹寅的家眷仆婢一百余人，这点俸银哪够开支。

曹寅后来又被授通政使之衔。一些史料说是曹寅蒙皇上以其勤劳尽职而赏给此衔，但朱批奏折则对此有不同的但是明白的正确记载。内务府等衙门于四十四年闰四月初五奏：

"康熙四十四闰四月初三日，乾清门侍卫马武、御前侍卫五十，传谕大学士、内务府总管、吏部；前经降旨，命盐商修建宝塔湾之塔，后立即建成，而并未降旨命建朕住宫室，亦在宝塔西边建成宫室，此皆盐商自身出银建造者。着问曹寅，彼等出银若干，议奏给以虚衔顶戴。况且我们在口外建房之人及捐助银两者，也已议叙，给官加级。曹寅、李煦、李灿，即皆捐助银两，着议给彼等职衔。"当经臣等会议得：曹寅等在宝塔湾修建驿宫，勤劳监修，且捐助银两。查曹寅、李煦各捐银二万两，李数见不鲜捐银一万两，彼等皆能尽心公务，各自勤劳，甚为可嘉，理应斟酌捐银数止，议叙加级。唯以捐银数目过多，不便加级，因此请给彼等以京堂兼衔，给曹寅以通政使司通政使衔，给李煦以大理寺卿衔……

大学士马齐、张玉书、陈廷敬，署内务府总管、郎中海章，吏部郎中章佑、员外郎舍伦，交与奏事治仪正存柱、蓝翎来保转奏。本日奉旨：依议。钦此。"[①]

可见，曹寅当了23年的织造，每年官俸只有105两。织造衙门的人员也不多。按照安徽巡抚陈汝器奏述江宁织造衙门官役、家品、马匹支放俸银、米豆草束情形，除织造郎中曹寅应支俸银105两外，还有物林达（即司库）一员，年俸45两、物林人二员、无品笔帖式一员，各领廪银四两。跟役、家品62名，无银，只月支仓米二斗五升，马25匹，每匹春季冬季每日支豆二升、草二束，夏季秋季每日支豆二升、草二束。合共支俸银354两，以及折色豆草银270两和本色米豆150余石。就这么一

---

①《关于江宁织造曹家档案史料》第30、31页。

些人和银米，织造官即使想贪污，想敲诈，也搞不出多少钱财。

至于江宁织造衙门，承担御用缎、绸、纱及线罗、制帛、诰命等项，当然应有额定经费，由户部拨给，但是每年有多少经费，查遍会典、通考以及《清史稿》，皆无记述。幸好，朱批奏折中有曹寅、李煦呈请以两淮运司的余银开支江宁织造、苏州织造额定经费的三道奏折，解答了这个问题。一是四十七年六月联名奏请将江宁、苏州两处织造需支付养匠等银两，用两淮运司"于巡盐多得银内动支"。两人奏称："伏思江苏两局织造钱粮，既于巡盐多得银内动支，而巡盐银两尚有余剩"，故请将养匠等项用费共15620两，"自戊子纲为始，总于所得余银内支用"。①戊子，是康熙四十七年，此折说明，在此之前，曹、李二人已奏准以巡盐所得余银支付两个织造衙门的额定钱粮（即经费）。但此额定钱粮是多少银子，还不清楚。

二是五十二年十一月十二日李煦的奏折。李煦奏："窃我万岁如天如地之仁，轸念曹寅身后钱粮，特命臣代理盐差一年，将所得余银尽归曹寅之子曹颙，清完所欠钱粮。（现）臣眼同两淮商人亲交曹颙，而计所得之银共五十八万六千两零，内解江苏二织造钱粮二十一万两。"②

此折表明，江宁织造、苏州织造一年的钱粮一共是21万两，但未说清楚，哪一个织造是多少两。

第三折是李煦于六十一年三月初八的折子。李煦奏："窃奴才前蒙主子恩赏两淮盐差，随经奏请于正额钱粮之外，将多得银两解江宁、苏州两处织造钱粮，停其藩库支领，每年每处用银十万五千两。"③

这下彻底弄清楚了，江宁织造和苏州织造衙门每年的额定钱粮各是105000两。

105000两额定钱粮，数量是相当多了。当时，康熙二十四年，四川省有民田17000顷，田赋银才32000两，贵州省有民田9000余顷，一年征田赋银53000两，云南省有民田64000顷，年征田赋银99000两。江宁织造一年的额定钱粮比云南省一年的田赋银还多，为贵州省的一倍，四川省的三倍。照说，油水不会少。可是，实际情况却没有这样简单。因为，织造衙门的织造任务相当繁重。按规定，太常寺祭祀所用的祭帛，一共

①《康熙汇编》册2，第96页。

②《康熙汇编》册5，第259页。

③《康熙汇编》册8，第877页。

七种：郊祀制帛，是青色，奉先制帛，白色，礼神制帛，是青赤黄白黑五色，展亲帛帛，报功制帛，皆白色。各种制帛之名，皆织清文、汉文于帛端，"岁由江宁织造入贡输（礼）部"。

皇帝的大驾卤簿、法驾卤簿、銮驾卤簿、骑卤簿，皇太后、皇后的大仪舆、凤舆、轻舆，皇贵妃的翟舆，贵妃的曲盖车舆，妃嫔的彩仗翟舆，皇太子的仪仗，这些卤簿、仪舆、仪仗所用的"采金绮"，"均绘图行江苏织造依式制成解部"。

封赐文武百官及宗室公等的诰命之轴及敕命之轴，俱"行文江宁织造办解"。"诰曰奉天诰命，敕曰奉天敕命，皆织清汉文于轴端，绕以龙文。诰命，四品以上，用五色，五品以下，三色。敕命用白绫"。[①]

织造的御用、官用的绸缎数量很大。五十一年初，江宁织造解京的"上用满地风云龙缎、蟒缎、宫绸、宁绸、沙等"多达945匹，还有"官用大立蟒缎"等2815匹。苏州织造解京的"上用满地云龙缎"等334匹，"官用大立蟒缎"等2451匹。杭州织造解京的绫子、春绸等6050匹。[②]

织造衙门每年有必需的各种开支。比如，为了织造祭祀的神帛机房，早在顺治二年就设立了官诰机房和神帛机房，并定了给予机房匠人的工价额银。两个机房的匠人为370名。当时定的"工价甚寡，较之缎匹、倭缎，仅十之二三"。按现在计算，岁需银2700两。此银历年皆系机户贴补。四十七年六月，曹寅、李煦奏准，将两处织造每年必须开支"诰、帛、线罗、养匠""买办银""修理机房银""船只银"共15620两，于巡盐之"多得余银内支用"。[③]这就是说，在四十七年六月以前，这笔必需的用费，是江宁织造、苏州织造必须自行筹措的。其中，尤以江宁织造需备之银为主，多达12500两。

织造所织之物，所报的价格，常由内务府、工部勒令减少。康熙十六年，拟给校尉制2000件缎制衣服。杭州织造的缎衣一件是六两九钱八分，江宁织造的缎衣一件为七两八分，内务府估算的价钱是上好红缎衣一件为四两余，次好为三两六钱余。后遂令两处织造略减原料，每件衣定为三两五钱四分。这2000件校尉缎衣，又会令织造赔不少银子。

① 康熙《大清会典》卷75；光绪《大清会典》卷60。

②《关于江宁织造曹家档案史料》第93、94页。

③《关于江宁织造曹家档案史料》第54页。

织造衙门还需为皇上报效银物。内务府总管灵普、赫奕、和硕色于四十五年四月十三日奏称：

"查车库现有朱沿元青车四十辆。内廷主子出入畅春园，或给排在同天，有时用五六十辆，有时用七八十辆，由于车辆不敷，调拨使用时，往返取送，以致麻菇钉脱落，各处松动。查此项车辆，既皆系主子乘用，倘若行至中途损坏，关系甚重。因此，请增制朱沿元青车六十辆。此项增加车辆，既有现成之南省制藤、油漆巧匠，请交三处织造官员，由彼等报效，每处三十辆。"

奉旨：不必交给杭州。着交曹寅、李煦制造。南省所造车轮不好，着在此地制造，只令他们制造车沿车顶可也。钦此。[1]

织造衙门是内务府辖属机构，织造又由内务府的司官（即郎中、员外郎）担任，一般来说，地方的总督、巡抚、布政使、按察使、道员、知府是不会向其勒索财物的，何况织造官还有密折奏报之权，奉有监视地方官员、察访民情官俗之旨意，地方官是对其畏惧三分的。所以，织造官不需向督抚司道献银送物。但是，皇差之繁重尤其是圣驾南巡，并且要驻于织造衙署，这笔开支就大得惊人了。

曹寅之母孙氏，当过玄烨的乳母。陈康琪《郎潜纪闻三笔》卷1，《圣祖赐曹寅母御书匾额》载："康熙己卯夏四月，上南巡回驭，驻跸于江宁织造曹寅之署。曹世受国恩，与亲臣、世臣之列，爰奉母孙氏朝谒。上见之色喜，且劳之曰：此吾家老人也，赍甚渥。会庭中谖花盛开，遂御书'宣瑞堂'三字以赐。考史：大臣母，高年召见者，或给扶，或赐币，或称老福，从无亲洒翰墨之事。曹氏母子，洵昌黎所云，上祥下瑞，无休期也。"

己卯，是康熙三十八年。前述钱粮亏空时，江苏布政使宜思恭亏空四五十万两案子，康熙否定钦差审案大臣拟定重罪之奏请，钦定此银为地方供应南巡而造成的亏空，命令免罪。地方官员为皇上南巡都付出了几十万两银子，曹寅身为皇上之包衣、亲信，母亲又受到皇上如此厚爱，当然要不惜一切，侍奉好皇上，于是花钱就像水一样地流淌。他那点俸银，他那几万两织造的额定钱粮，哪禁得起花！所以，曹寅最后亏

---

[1]《关于江宁织造曹家档案史料》第38页。

欠了织造衙门九万多两银子。很可能曹寅是为了筹措银两，支付必要的开销，他这位喜欢结交名人雅士，诗词唱和，热爱戏曲与收藏的诗人、词人，才会不惜浪费宝贵时间，奏请经营红铜的采办，足足当了八年的兼职铜商。虽然会有些收入，但赚的也不多。幸好，这时，皇上给他一个美差，命他和李煦兼管十年两淮盐务，轮当"兼巡视两淮盐课监察御史"，即两淮盐政。

当时，盐差、税差，是满汉官员渴望的美差，尤其是盐差，特别是两淮盐政，更是官员们热衷的肥缺。两淮运司是全国最重要的产盐区，年行额盐170万左右，加上私盐，一年有350万引10亿多斤盐。按市场价一斤盐为十文即一分钱计算，可卖1000万两白银。朝廷的盐税，五十一年兼两淮盐政李煦奏称，两淮运司衙门征收钱粮240余万两。其余七八百万两就由盐官、地方官吏、巡盐将弁、纲商、省府州县盐商、摊贩以及盐场灶户分取。其中，两淮盐政攫取的银子很多。据李煦奏称，他和曹寅，每年有"应得余银"11万两。每年还有"余银"55万两，供盐政支配，除解送两处织造额定经费21万两及养匠等银15620两外，自四十五年至四十七年代补商欠70万两，每年为23万余两。也就是说，从这每年55万多两余银中，李煦或曹寅（轮值盐政时），又可得到七八万两银子。据江苏无锡"能诗、工书""见闻较广"、长期作幕客的才子钱泳之《履园丛话》卷1，《田价》的记载："至本朝顺治初，良田一亩不过二三两。康熙年间，长至四五两不等。"曹寅于四十三年、四十五年、四十七年、四十九年四次兼任两淮盐政。五十一年七月病卒之后，李煦又奏准，将五十一年曹寅应得商人之银11万两，给予曹寅之子曹颙，这五次，曹寅应得之银为55万两。如照钱泳所记无锡良田每亩价银"四五两不等"计算，这55万两曹寅应得之银，可买良田十几万亩。加上每年"余银"55万两中没有开支的几万两、十几万两银子，又可买良田几万亩。

曹寅虽然有皇上认可的"应得之银"七八十万两，可是他完全用于解交织造银两，代还商欠课银，捐银买米赈灾，造办宫中主子用车，四十四年、四十六年又两次供应南巡等为朝廷办的差事，用了大量银两，特别是，他还秘密地向皇上献银巨万。康熙四十七年九月二十三日，八贝勒允禩、内务府总管赫奕、署内务府总管尚之杰、郎中海章奏述向曹寅、李煦取用银两情形说：

> "据询问曹寅之家人黑子，回称：四十四年，由我主人曹寅那里，取银二万两，四十六年，取银二万两，皆交给灵普了。听说去南省时，取了银一万两，不知交给了谁。又，每月给戏子、工匠等银两，自四十四年三月起，至四十七年九月止，共银二千九百零四两，都交给他们本人了。由曹寅那里，取银共五万二千九百零四两。"

例三，索额图之死。索额图，乃开国功臣、辅政大臣之首、一等公索尼之次子，也是玄烨第一位皇后孝诚仁皇后之亲叔叔，是玄烨的亲叔丈人。当鳌拜专权之时，索额图任一等侍卫，康熙七年授吏部侍郎，八年五月，索额图"自请解任，效力左右"，复为一等侍卫。五月十六日，索额图率领一群少年侍卫及拜唐阿，擒拿了鳌拜，因功于八月被授为国史院大学士，十一月改为保和殿大学士。随后，权势日盛，与康熙另一宠信大臣、大学士明珠"同柄朝政，互植私党，贪侈倾朝右"。十八年七月，京师大地震，左都御史魏象枢面奏索额图"祜权贪纵状，请严谴"。次日，康熙召索额图及诸大臣入，训斥说："兹迩地震，朕反躬自省。尔等亦宜洗涤肺肠，公忠自矢。自任用后，诸臣家计颇皆饶裕，乃朋比徇私，益加贪黩。若事情发觉，国法俱在，决不尔贷。"[1]第二年九月，索额图以病，乞解任。康熙降旨，奖其"勤敏练达，用兵以来，赞画机宜"，免大学士，改授内大臣、议政大臣、太子太傅，后因过罢革。二十五年，授领侍卫大臣。二十九年，奉旨为钦差大臣，与俄罗斯国谈判，签订《尼布楚条约》。二十九年、三十五年，率八旗前锋、察哈尔四旗兵，从征噶尔丹，四十年九月，"以老乞休"，其弟心裕代任领侍卫内大臣。

四十二年五月十九日，康熙命御前侍卫海青，乾清门侍卫武格、马武传谕索额图："尔家人告尔之事，留内三年。朕有宽尔之意，尔并无退悔之意，背后仍怨尤，议论国事，结党妄行。尔背后怨尤之言，不可宣说，尔心内甚明。举国俱系受朕深恩之人，若受恩者半，不受恩者半，即俱从尔矣。去年皇太子在德州住时，尔乘马至皇太子中门方下，

即此是尔应死处……尔任大学士时，因贪恶革退，后朕复起用，尔并不思念朕恩……朕若不先发，尔必先之，朕亦熟思之矣。朕将尔行事，指出一端，就可在此正法，尚念尔原系大臣，朕心不忍，着交宗人府，与根度一处拘禁，不可疏放。"①

同日，又谕领侍卫内大臣等："将索额图之子，并家内紧要人，俱交与心裕、发保，加意拘禁候旨。若其间别生事端，即将心裕、发保等族诛。"②

此前一日，五月十八日，领侍卫内大臣尚之隆等传谕："观索额图并无退悔之意，背后怨尤。伊之党类，朕皆访知，阿米达、麻尔图、额库礼、温特、邹甘、佟宝，伊等结党，议论国事，威吓众人。且索额图施威恐吓，举国之人尽俱索额图乎，亦有不惧者，即今索额图家人，已将伊告发，索额图能杀害乎！……至索额图之党，汉官亦多，朕若尽指出，俱至灭族。……索额图之党阿米达、额库礼、温待、麻尔图、佟宝、邵甘之同祖子孙，在部院者，俱查明革退。副都统佟宝不在家，俟到时，再传谕此旨。着晓谕门上大人与众侍卫等，尔等若在索额图外行走，必被索额图连累致死。"③

虽然康熙没有直指索额图犯下何罪，但一则是背后怨尤，二是议论国事，三是结党妄行，四是"朕若不发，尔必先之"，五系索额图乃死罪，其同党将灭族，六乃严禁门上大人与众侍卫在索额图处行走。回想八年五月索额图率领小侍卫及拜唐阿擒拿鳌拜之事，这一切，不就是说索额图犯有图谋篡位弑君之罪吗？

这并不是妄加推测。五年以后，四十七年九月，康熙宣谕皇太子允礽之罪时，明确说道："从前索额图助伊潜谋大事，朕悉知其情。将索额图处死。"④

对于这个大案，笔者认为康熙犯有四大过错。一是并未举出确凿无疑的证据，而就钦定为谋逆。二系既是十恶不赦的大罪，为何不交三法司或议政王大臣公开审理，并按律定罪。三为既系"疑似"，便应援

①《清圣祖实录》卷212，第15、16页。

②《清圣祖实录》卷212，第16页。

③《清圣祖实录》卷212，第13、14页。

④《清圣祖实录》卷234，第5页。

"八议"（议亲、议政、议功、议贤、议能、议勤、议贵、议宾），予以轻减，何况索额图之父索尼是清朝的开国功臣，特别是对拥立六龄幼童福临为帝建树了特大功勋。崇德八年八月，清太宗皇太极逝世，八旗王公大臣议立新君，如没有以索尼为首的两黄旗大臣誓死反对立多尔衮，坚决拥立太宗的皇子，那么正白旗旗主睿亲王多尔衮便当了皇帝，这样一来，玄烨自然不能坐上天子的宝座。并且，索额图在除鳌拜上也立下大功，据此而论，即使索额图有怨言，议论国事，也可轻减其罪，况且，他又不是想篡位为君，而只是希望太子继位，并且没有行动。四系更不应该是言而无信，既当众宣布念系大臣，"朕心不忍"，着交宗人府拘禁。所谓"朕心不忍"，联系上"应可在此正法"和交宗人府拘禁，此系明示，不忍将其处死。可是，此谕之后不久，康熙就自食其言，设法将索额图弄死。

《清实录》未记索额图的拘禁情形及其是如何死的。《清史稿》卷269，《索额图传》则记为谕拘禁之后，"寻索额图死于幽所"，未言因何而死。朱批奏折却叙述了拘禁情形。康熙四十二年七月初六，玄烨离京，出巡塞外。七月十八日，皇三子诚郡王允祉、皇四子贝勒胤禛向在塞外的父皇奏称：

"为遵旨事。臣等钦遵本月十五日赍回密旨，即于是夜三更时，亲至宗人府北门，见已上锁。我等遣侍卫往召宗人府王、当月章京，遂开府门，我等即纵人，执开门章京、皂隶及其兵，继之冲入索额图牢房，观之。索额图、根度同禁一房，索额图、根席脖手铁锁及脚绊，并皆一层。问当月章京郎中吴喜，吴喜言：初自畅春园执之送来时，即皆一层，我衙门王、贝勒等皆知。等语。臣等看锁，封之，正合臣等之意。臣等对索额图曰：皇上以尔为能干人，凡人无不谄媚于尔者，故执尔也。虽已羁押，人犹惧尔，何故。等语。索额图跪泣曰：奴才无言以对，皇上即诛奴才，亦不足塞己罪。但奴才现已老，倘蒙皇上矜悯，免奴才一死。等语。臣等对伊等曰：索额图尔颇有本领，时至今日，犹有人商议救尔出。再根度乃宗室，且谄媚索额图，所以如此，今索额图能救出尔乎？将尔等肮脏无耻之徒之言，断不奏达。等语。……我等又问王、贝勒、公等曰：戴索额图之铁索仅一层，何故？公齐克塔哈言：

今年五月十九日，该管大臣交付时，索额图脖手仅戴一层铁索。公普齐、齐克塔哈解至衙门后，又加脚撩是实。等语。其余答词与齐克塔哈同。臣等复问王、贝勒、公曰：索额图乃大罪人，既戴一层铁索交付尔等，为何不加戴九层铁索，其故何在？王、贝勒、公言称：索额图乃大罪人，该管大臣等将索额图交付我等时，仅戴一层铁索。我等以索额图为大罪人，给索额图加戴脚镣，封锁两端而禁之是实。索额图乃大罪人，我等亦想杀之，何敢徇情放松。等语。

宗人府王、贝勒等言虽如此那般，但依臣允祉、胤禛之意，索额图为首恶，故交付宗人府，加戴九层铁锁，严加查巡。拘禁根度之房，即为皂隶田儿之房屋，如何交付宗人府王、贝勒之处，请旨。"

朱批："既经尔等严查无他故，所奏知道了。"[1]

以上奏折，说明了六个问题。一是远在塞外的康熙帝，亲下密旨，命皇三子、皇四子立即往宗人府视察索额图拘禁情形，担心看守的王公大臣兵役徇情庇护助其逃走。二是两位皇子谨遵密旨，当夜前往，拿下开门人员，"冲入索额图牢房，观之"。三是询问看守的王公，为何不给索额图戴九层铁链？王公回答，五月十九解来时，仅戴一层铁链，我等便加戴脚镣。四是两位皇子奏请将索额图加戴九条铁链。五是索额图"跪泣曰"，"奴才现已老，倘蒙皇上矜悯，免奴才一死"。六是朱批"知道了"，即批准两位皇子将索额图加戴九条铁链的建议。

将犯人加戴九条铁链，是有违刑律的。乾隆《大清会典》卷68载称：

"凡监禁：死囚，禁内监。军流以下，禁外混住。其强盗、十恶、谋故杀，及奉特旨拿问之犯，手、足、颈，各绕三道。窃盗、斗殴、人命，及军流、徒犯之情重者，手、足、颈，各绕一道。情轻各犯，及罪止杖笞，与妇人犯轻重罪者，止绕颈一道。……老幼废疾者，散禁。

贯索，俗名链，共长七尺，重五斤。"

按照《大清会典》的规定，强盗、十恶不赦的犯人、故意杀人犯及特旨拿问之人，才能用三条铁链，翻遍会典、刑律，没有用九条铁链重锁犯人之规定。一条铁链重五斤，九条铁链重45斤，捆在身上，还能动吗？何况还有脚镣手铐，又是老年之人，还能活几天。所以，《清史稿》称索额图"寻死于幽所"，这个"寻死"二字，用得好，可以肯定地说，索额图是被康熙以九条铁链折磨死的。

朱批奏折中还有一处讲到索额图情形，可以做些分析。五月十九日，王大臣交付公普齐、公齐克塔哈押解索额图去宗人府，此时，"索额图脖、手仅戴一层铁索"，押到宗人府后，管宗人府的王、贝勒、公和普齐、齐克塔哈，"公同给索额图加戴脚镣"。后来四十三年正月初八，步军统领密奏说，"齐克塔哈之祖母奉承索额图，称之为叔叔，赖以为生"。议索额图罪时，公普齐严肃，不徇情，而齐克塔哈"反诬普齐胁迫饿禁冻死索额图"。①看来，索额图死得很惨。

例四，刑部尚书齐世武之冤死。齐世武，何许人也？《清史稿》部院大臣年表、疆臣年表载称，齐世武于康熙四十年十月十九日任陕西巡抚，随即调任甘肃巡抚，四十七年迁川陕总督，四十八年调刑部尚书，五十年十月革职。②

齐世武既系巡抚、总督、尚书，乃封疆大吏和部院大臣，是应在《清史列传》《清史稿》中立传之官，可是查遍二书，未找到齐世武之传，难道因为他是贪官、乱臣而被革职问斩之官，才不为之立传吗？查看《清圣祖实录》，果然《清实录》叙述了齐世武贪图富贵，成为太子乱党重要成员，并因收贿而被判绞监候，被康熙帝斥为"犬豕不如""品行龌龊无耻""殊非人类"的小人。按照《清实录》这样的叙述，齐世武确实不应立传。可是，为什么在《康熙朝满文朱批奏折全译》中收录的齐世武的奏折上，康熙帝多次赞称齐世武是满洲外官中唯一的"名望超群，清名无人不知"的"忠直"清官？仔细研究分析《清实录》和朱批奏折后，笔者认为《清实录》的撰写者、总裁和审定者皇帝，又犯了为尊者讳、为亲者讳，而歪曲事实、颠倒是非的老毛病。齐世武不是小人，不是太子乱党成员，而是被康熙错误钦定的太子乱党案中冤死之大臣。

先看看《清实录》是怎样叙述这一乱党大案的。《清圣祖实录》卷240，

① 《康熙全译》第309页。
② 《清史稿》卷197，《疆臣年表一、五》；卷180，《部院大臣年表》。

第15、16、17页载，五十年十月二十七日，康熙在畅春园大西门内箭厅，召集王、贝勒、贝子、公、文武大臣，宣布并亲审太子乱党案。康熙帝说："今国家大臣有为皇太子而援结朋党者"，"此事唯鄂缮知之。遂召出都统鄂缮及尚书耿额、齐世武"。三人否认。上曰："朕闻之久矣，因访询未得其实，故遣人追问都图云，今有人首告，供出尔党，尔据实奏闻，不然将尔族诛，所以都图俱开写陈奏矣。遂出都图所奏折。又将包衣张伯良缚出，今其在副都统内认看，召出副都统悟礼，问张伯良曰，实有此人乎？张伯良奏曰实"。上问都统迓图曰："……有汝乎？"迓图奏曰："无"。上顾鄂缮等曰："朕不得实据，岂肯屈无辜之人。尔等谓朕年高，邀结党与，肆行无忌"。悟礼否认，并说："臣居宅与鄂缮宅近，鄂缮曾具酒食延臣是实，并无与伊等结党之处。"齐世武奏称："不知都图为何仇恨臣。此等之事，臣并不知，唯有鄂缮延臣用饭一次，臣亦延鄂缮用饭一次，若果结党，自当族诛。"上曰："齐世武乃最无用之人，犬豕不如"。鄂缮亦否认。康熙不信诸臣之辩解与否认，下谕判定说："伊等欲因皇太子而结党者何也。皇太子，朕之子，朕父子之间，并无他故，皆伊等在其间生事耳。此辈小人，若不惩治，将为国之乱阶矣。伊等着监禁在宗人府"，"鄂缮、耿额、齐世武、悟礼，着锁拿"。

《清圣祖实录》卷250，第6、7页载，五十一年四月初十，谕九卿审理刑科给事中王懿参、步军统领托和齐之案。四月十三日，宗人府等衙门遵旨将托和齐等结党会饮一案审讯各供具奏。"得旨：此等事俱因允礽所致。……（允礽）行事不仁不孝，难于掩盖，徒以言语货财，买嘱此等贪浊谄媚之人。""托和齐最为下贱，恣意贪婪，事迹彰著。鄂缮无知雅子。……齐世武自幼与光棍结党，好为争端，行事粗鄙昏浊，殊非人类。耿额居心暗昧，临事苛刻。迓图系高丽之贱俘，为安亲王属下辛者库。……托合齐、耿额、齐世武、朝奇等见在别案审拟，即于各案完结。鄂缮着革职拘禁，迓图仍入安亲王属下辛者库"。

通读以上《清实录》的叙述，康熙钦定的太子乱党一案，显然存在五大疑点。一是主要的依据，只是一名案犯即都图的供词，而这供词是在皇上威胁下写出来的。皇上威胁都图说，已有人"供出尔党"，"尔若不据实奏闻，即诛尔族……"在此泰山压顶的巨大压力下，都图才供称有此党，并指出鄂缮等人。这种逼供出来的供词，有多少真实性，能以此定案吗？二是至今为止，没有拿出物证，如像结党之誓词、谋议的内容等等，皆没有，众犯亦完全否认。三是一切全是皇帝钦定。四是联系到四月十三日皇上亲自谕定太子允礽是不仁不孝、网罗党羽之后，不到半年，五十一年十月初一，即亲书谕旨，宣谕再次废黜太子，"将允礽行废黜禁锢"。没有确凿无疑的物证人证及具体事例，这样的定案，难以服人。就连《清史稿》也不得不写道："理密亲王在储位久，未闻显有失德，而终遭废黜"，"谗人罔极，靡所不至，甚矣"。太子乱党一案，就是冤案。五是既系祸国乱党大案，为何不按"谋逆"之十恶不赦来从重处罚。实录所述托合齐、齐世武、耿额按其现在审讯的别案处理。鄂缮这位聚人会饮之重要头目，只是革职拘禁，都统迓图仍入安亲王属下辛者库。都图、皇保、武拜、张伯良"原系辛者库"，着交与内务府总管请旨，其余"发审取供之人"，"俱着革职"。谋逆大罪须依法处斩灭族之犯，竟按革职，复入辛者库处理，显系罪大罚轻，可见，康熙自己也感到是逼供之下迫不得已的"认罪"，缺乏证据，而并未按祸国乱党之"谋逆"来结案。

　　看到此处，也许人们会认为康熙不是固执己见、知错不改的专横君主，未将诸犯弄死。不对，这个案子清楚地显露出康熙是位善弄权术，且有时十分刻薄相当残暴的皇帝。他此时因为已怀疑允礽太子是阴谋不轨、结党祸国的"不仁不孝"之人，要再次废黜，但立案之时，缺少证据。逼供之下，除都图具折诬扳，众臣皆不认罪，坚决否认。无奈之下，只好硬行钦定为聚众结党之大罪，但又不得不未按此罪来处死诸犯。可是，他痛恨齐世武、耿锁、托和齐，不愿让他们活在人间，说不定他们将来会跟着太子作乱，于是，便设法制造别的案子来处死他们。这就是户部书办沈天生的行贿案。

　　《清圣祖实录》卷250，第10页载，四月十二日，"九卿等议户部书办沈天生等串通本部员外郎伊尔赛等，包揽湖滩河朔事例，额外多索银两。沈天生、伊尔赛应依拟绞监候，秋后处决，并此案索贿之原任刑部尚书齐世武，原任步军统领托和齐等，应分别处分。上谕大学士等曰：阅此本，齐世武、托和齐口供并未取入。齐世武品行龌龊无耻，并曾奏云，不与人往来，不取一文，今于湖滩河朔事例一案受贿矣。……着王雅尔江阿、贝子苏努、公景熙、大学士温达、肖永藻会同刑部详审，事已发觉，实供则已，若或巧辩，尔等即行刑讯……"（四月十七日）大学士等遵旨覆奏：臣等再讯沈天生、伊尔赛一案，原任刑部尚书齐世武受贿三千两，原任步军统领托和齐受贿二千四百两，原任兵部尚书耿额受贿一千两，俱取供得实，应照律拟绞监候，秋后处……得旨：齐世武、托合齐、耿额，依拟应绞，着监候秋后处决。

此案颇为奇怪，疑点不少。一系沈天生之罪，为包揽捐纳多索银两，并非大案重案，一般来说，不至于弄到九卿会审。二是为何九卿奏折中未收入齐世武等人的口供。既是行贿，受贿人必有口供，而九卿之奏折亦必将口供记入，哪能遗漏不记，显系齐世武等人否认其事，没有受贿口供。三是康熙已料到齐世武等人不承认受贿，没有受贿的口供，取不来，不然他就不需谕令王、公、大学士会同刑部详审。四是更为关键的是，康熙已将此事定性为齐世武等已收贿银，明确审称，"事已发觉，实供则已，若或巧辩"，"即行刑讯"。刑讯，大刑侍候，犯人不是活活被打死，就是重伤残废，很少有人能在刑讯之下，拒不招供认罪的。何况，这又是皇上已经钦定"受贿"是实的案子，还特派亲王、贝子、公、大学士会同刑部"详审"，齐世武等能挺过去吗？不能，最后三人只有乖乖地招供认罪。五是受贿3000两，在当时贪案频发的形势下，简直是不值一提的小事，即使判了绞监候，也很少执行，往往是关一两年、两三年就释放出狱，不少人还官复原职，甚至不断高升。可是为什么齐世武却很快被弄死了，而且死得很惨。萧奭在其《永宪录》卷2上中记道："（齐）世武，满洲人，以甘肃布政升陕西巡抚。任都统，内拜尚书。圣祖言文臣只有张鹏翮，武臣只有齐世武，谓可托以后事。迨东宫得罪，以铁钉钉其五体于壁而死。"真惨！

仅只给齐世武定上"受贿"3000两之罪，还未了结，半年之后，五十一年九月，康熙又给齐世武定上收受火耗银之罪。《清圣祖实录》卷251，第4页载，刑部、宗人府、吏部等衙门会议钦差大臣左都御史赵申乔审理甘肃官员贪赃枉法案后，奏称："其原任部尚书齐世武，于甘肃巡抚任内，受布政使觉罗伍实火耗银三千六百余两。原任甘肃巡抚鄂奇，于署布政使任内，得火耗银三千三百余两，丁忧布政使阿迷达于任内得火耗银六千七百余两，原任布政使觉罗伍实于任内得火耗银六千七百余两，俱实。查齐世武已于包揽湖滩河朔事例案内拟绞应毋庸议，鄂奇、阿米达、觉罗伍实俱系旗人，应照律革职枷责，准其折赎。……得旨……依议。"

这又是件怪事。当时，收火耗银已是全国各地通行之事，你这位皇上不是也曾宣谕可以收加一之耗银吗！在各省巡抚、总督奏述自己有多少规礼、收了布政使多少火耗银的折子上，你从未予以斥责，从未将其治罪，甚至还因其奏议之事较好，予以奖赞。比如，江西巡抚白潢满奏称，已禁收节礼银五万两，但"巡抚衙门每年布政使有钱粮平头银八千两……当留作养赡之费"。朱批："这折甚是。"①又如浙江巡抚徐元梦奏称，未吃兵丁空额钱粮，酌收司、道、府官员所送节礼银约5000两，再收"布政使所给之火耗银一万两，盐法道指令商人所给之银一万两"，用于犒赏官兵等项费用。朱批："真满洲也，毫无隐瞒之处。"②浙闽总督兴永朝面奏皇上说："若断绝外官火耗，则外任实不能度日。"康熙不仅不斥责这种允许外官收火耗银之奏请，反而点头同意说："然。"显然，康熙之所以这次反常地将收布政使火耗银之官定罪，是为了抹黑齐世武，用以说明齐世武是贪官。

康熙确是玩弄权术之顶尖高手，用受贿、收火耗银这两招，就证明了齐世武乃龌龊无耻之小人，是应予处死的贪官。然而，机关算尽太聪明，你这位聪明绝顶的皇上，怎么就忘了过去高度赞扬齐世武是忠君之清官的朱批呢！齐世武究竟是康熙钦定的贪图富贵、卑鄙无耻的小人及贪官，还是被他冤死的清廉大臣，请看下引朱批奏折，便可不辩自明了。

康熙起初对齐世武并无好感。齐世武于四十年十月当上甘肃巡抚后，对属下官员，参奏甚多。康熙颇为不满，密令川陕总督华显查奏。华显于四十二年七月二十七日上折奏称：

"奉御批……齐世武之事，奏折内为何不写？此人做官何如？心绪何如？甘肃官员尽被参奏离职，其故何在？逐一缮折奏来。此等秘事，尔当亲自写来，字不好不妨，不可令人写。钦此钦遵。"

"查齐世武自接任以来，做官还好。但办理地方大事，钱粮事务，不甚谙练，赋性偏急，不听人言。……凡事皆托本署人及马姓回子打听，故所访查之事，多有不实，又不令两司详查，即行参劾，故谬误多。其中，或者一言答错，即动怒参劾者亦有；或者运米不合其意而参

---

① 《康熙汇编》册8，第12页。

② 《康熙全译》第1074页。

劾之；有者欠米百石，但不劝其完纳，即以不承认为辞参劾者亦有。总督、巡抚参劾地方劣员，乃平常事，齐世武意气用事，为其参劾之官员甚多，故众人怨声载道。①朱批：知道了。"

康熙四十三年十一月十三日，齐世武上折，奏谢皇上赐盛京鱼十尾。朱批："知道了。据前风闻，尔性暴躁，操守虽好，但无恕心等语。朕巡幸西安观之，尔之忠心义志，犹如日被驱使之奴仆，即在目前，并无隐瞒，表里如一，由此愈加稔信。朕思齐世武诳朕，则无一可信者。陕西总督、巡抚、布政使、按察使、提督、总兵官等，居官谁甚优，谁平常，谁甚劣，仅尔所知，亲写奏来。除朕与尔外，勿再令人知道。再者，外人有怨艾京城官员者乎？密之！"②

在齐世武四十五年二月十八日的奏折上，康熙朱笔批示："京城官员之优劣，外地官员知之甚明，着尔亲写奏来。朕稔知尔忠直，故询问之，断不可叫人知道。甚密之。"③

四十五年十月二十五日，齐世武上折，奏报所得银两说："奉御批，除茶马正项税外，应得银两如何。……自办理茶马事务以来，将管茶官照商人旧例馈赠礼物等项，奴才尽行禁革。……惟撒给茶引时，较旧例有所减，除茶商正项税外，奴才仰赖圣主恩赏，每年得银二万余两，奴才因此致富。"④

四十六年十月初四，在齐世武奏报秋粮收成情形的折子上，朱批："这三边周围地方，地富民勤，因连年获粮，且有好巡抚，故朕甚宽慰，唯自始至终勤之勿怠。"⑤

在四十七年山西巡抚噶礼的谢恩奏折上，康熙朱笔批示："内而部院衙门，外而总督、巡抚、提督、总兵等，朕不时打听询问，故大概无不闻者。满洲在外官员中，只有甘肃巡抚齐世武之名望超群，清名无人不知。"⑥

---

①《康熙全译》第293、294页。

②《康熙全译》第356页。

③《康熙全译》第410页。

④《康熙全译》第469页。

⑤《康熙全译》第547页。

⑥《康熙全译》第567页。

在四十七年四月初六的齐世武请安折上，康熙朱笔批示："以尔做官声名好，特委以两省要职（即升齐世武为川陕总督）。"①

步军统领托和齐密报各位尚书情形时，奏称："尚书齐世武，人皆称粗愚有余，不纳钱财，确属事实。现九卿汉大臣、科道官员力强，满洲大臣等多惧而让之，似此之处，齐世武丝毫不惧不让。满洲之中，惟有齐世武一人。"②

请看，康熙亲自朱笔批示说，齐世武"忠直"，是"好巡抚"，"满洲在外官员中，只有甘肃巡抚齐世武之名望超群，清名无人不知"。步军统领托和齐亦赞齐世武居官实属清廉，"声名好"，"不纳钱财"。这些朱批奏折，可以洗清康熙硬行加在齐世武身上的贪婪、无耻的罪名了吧。齐世武地下有知，亦可聊以自慰了。

例五，康熙六十一年国库存银之谜。国库存银，是体现国家财政好坏的重要标志，也是体现国力强弱、国家兴旺的重要标志，历来为朝野十分关注。乾隆四十六年（1781年），阿桂在《论增兵筹饷疏》中说道："臣于乾隆十年在银库郎中任内，曾详悉查核，每年各省所入地丁、关税、盐课、漕项等银，约三千万，灾赈蠲缓，不在此数，此岁入岁出之大略也。又查康熙六十一年，部库所存八百余万两。"③

阿桂可非平常之人。他乃系协办大学士、刑部尚书阿克敦之子，乾隆三年，22岁乡试高中举人，随即历任主事、员外郎、郎中、军机章京；乾隆十年，调户部银库。此后，历任按察使、内阁学士、副都统、工部侍郎、参赞大臣、内大臣、工部尚书、汉军都统、伊犁将军、满洲都统、四川总督、兵部尚书、云贵总督、副将军、礼部尚书、定西将军、户部尚书、协办大学士、吏部尚书、军机大臣领班、首席大学士、封一等公，世袭，并多次担任钦差大臣，审理大案、督修河工。阿桂从政领兵五十余年，文韬武略兼备，特别是还当了三年多户部尚书，对国家财政当然非常了解，所表意见自然具有权威性。因此，自此以后，提到康熙末年国家存银数量，皆以阿桂所说"康熙六十一年，部库所存八百余万两"为准，援引其说。清代著名的史学家魏源在其《圣武记》卷11，《武事余记·兵制兵饷》，也一字不漏地照抄写道："康熙六十

---

① 《康熙全译》第574页。

② 《康熙全译》第1651页。

③ 阿桂：《论增兵筹饷疏》，《清经世文编》卷26。

一年，户部库存八百余万。"今人也沿袭此说。这样一来，便使人难免要产生几点疑问。

其一，康熙六十一年，国库真的只有"八百余万"两银吗？康熙年间，号称盛世，康熙帝多次宣称，库存充盈。四十一年五月十七日，康熙谕："今户部之帑，见存五千万。朕意欲于黄河，自徐州至清口两岸悉筑石堤，度其费不过千万，若获成功，则永远无患。"①同年十一月初八，谕大学士等："比年以来，附近省份，俱屡行宽免，唯云南、贵州、四川、广西等处，未得常邀蠲恤。今户部库帑有四千五百万两，每年并无靡费，国帑大有盈余，朕欲将此四省四十三年钱粮悉行蠲免。"②四十八年十一月十日，谕大学士等："见在户部库银存储五千余万两。时当承平，无军旅之费，又无土木工程，朕每年经费极其节省，此存库银两，并无别用，去年蠲免钱粮至八百余万两，而所存尚多。"③五十四年已经开始用兵准噶尔，十月下谕议处兵粮的大臣们，欲令"三省民人捐马匹"，运粮。"现在户部库银内所存钱粮不下数千万两，即用正项钱粮运来"，"着动户部正项钱粮运来"。④

乾隆四十年军机大臣遵旨查明康熙、雍正至乾隆三十九年户部银库存银数量后，开列清单，载称：康熙三十三年起到五十八年，除四十二年3836万两，四十三年3998万两外，其余四十七、四十八、四十九、五十二、五十三、五十七、五十八年，国库存银都在4000万两以上。其中，五十七年有银4431万两，五十八年4736万两，五十九年有银3931万两，六十年3262万两。⑤为什么只过了一年，六十一年银库存银就陡降至八百万余两？是否阿桂看错了写错了？可是，像他这样文武双全精明过人且当过户部银库的五品官郎中和三年多户部尚书的贤能大臣，又怎会出现这样的谬误，世人为何又以此说为定论？看来这个八百余万两存银的数字是真实的了。

其二，存银剧降的主要因素为何？回顾四十八年，康熙说国库之所以能够存银四五千万两的三个条件，即无大的征战，无土木工程，万岁

---

① 《清圣祖实录》卷208，第7页。

② 《清圣祖实录》卷210，第9页。

③ 《清圣祖实录》卷240，第5页。

④ 《康熙汇编》册6，第196页。

⑤ 中国第一历史档案馆：《康雍乾户部银库历年存银数》，《历史档案》1984年第4期。

用银"极其节省"。联系时局，可以看出，这与当时用兵准噶尔有关。从康熙五十七年准噶尔汗策妄阿拉布坦派兵侵占西藏起，康熙遣军往征。派噶尔弼为定西将军，延信为平逆将军，分统四川、青藏满汉将士2万余人，两路进藏，新疆士卒2.5万人从侧袭击，于五十九年大败准军，进据拉萨。但到第三年，六十一年，因准噶尔汗托哲布尊丹巴代为请罪，大军已经渐次减撤，直到雍正六年，双方虽然是两军对峙，但没有大的军事行动，边境形势缓和。由于用兵，军费开支浩繁，用银太多，致国库存银有所下降，康熙五十八年存银为4736万两，五十九年减少为3931万两，六十年又减少为3262万两。雍正元年是2371万两，雍正二年起，因局面稳定，存银增为3162万两，三年、四年皆为4000万余两。从康熙五十八年到雍正四年户部存银的减增情形可以看出，存银之减少确实和用兵准噶尔有关。

其三，逐准安藏的作用该当如何肯定？康熙的用兵，是因为准军侵占西藏，烧杀掳掠，残害西藏僧民，破坏藏传佛教寺庙，另立达赖，严重威胁西北西南安宁，所以才大军征剿，赶走准军，安定了藏区。如果说因征准，而使国库存银从4700万余两，降到800万两，减少将近4000万两，使财政出现严重危机，这将大大减少逐准安藏的正面作用，恐会影响将来捍卫国土保护边疆安宁的战斗决心和士气。

其四，盛世国力怎样评估。仅仅几万军队的四年备战和半年的交战，就把号称国库充盈存银四五千万两的"康熙盛世"搞成只有八百余万两并且出现了严重财政危机的困窘局面，这个盛世也太空虚了，国力也太脆弱了，哪有资格称什么盛世？可是，总观四十年来农工商业的发展和国库存银长期保持在三四千万、四五千万两的实际情形，怎么也看不出会突然出现国库存银很少，将要陷入财政困难的深渊，国力不会如此脆弱。

正当左思右想，不知如何弄清事实真相之时，朱批奏折提供了新的、正确的存银数量，一下子便解答了之前无法知晓的难题。雍正二年四月十四日，总督户部三库和硕怡亲王允祥奏述盘点户部银库情形："查得六十一年奏销册内实在金二千五百五十四两五钱二分八厘，内亏空四百九十八两五钱……实在银二千七百一十一万九千二百八十六两七钱五分，内亏空银二百五十九万二千九百五十七两六钱三分一厘。"[①]

①《雍正汇编》册2，第790页。

　　原来是阿桂写错了，他没有查看康熙六十一年的奏销册，也没有看到允祥的奏折，又没看到《雍正朝起居注册》和《清世宗实录》记述户部银库存银亏空情形及弥补方法，不知从何处得来的数字，冒出个"康熙六十一年，部库所存八百余万两"的说法，误导世人300年。

　　奏销册所载"实在银"2700万余两，比上年康熙六十年3262万余两减少了500万余两，看来比较符合实际的。因为，第二年，雍正元年存银是2300万两，雍正二年就增至3100万余两，三年、四年又皆为4000万余两。也就是说，当时国家的财政，能够支持用兵征准，再备战征战，户部银库存银也有2000万余两。

第四编 十大弊政

一、裁存留 富朝廷

（一）摄政王未减存留

乾隆《大清会典事例》卷36，《户部》载："州县经征钱粮运解布政司，候部拨，曰起运。""州县经征钱粮扣留本地，支给经费，曰存留。"

存留的数量多少，存留与起运的比例为何，关系到地方的财政、经济、民生和吏治，也对中央财政和国家吏治产生着重大影响。清初摄政王多尔衮、顺治福临、辅政大臣和康熙帝玄烨四个不同人员执政阶段的存留情形，朝廷的政策有无不同，等等重要问题，尚无专文论述。现拟做些探索。

康熙二十三年六月至二十五年二月任江宁巡抚的清官汤斌，论述顺治初存留多与后来起解多的显著变化情形说："顺治初年，钱粮起、存相半"，后因"兵饷急迫，起解数多"。[①]

以汤斌的总括性论述为主，结合《清世祖实录》及三部县志，可以得出两个论点。第一个论点是，多尔衮没有大规模地裁减存留。第二个论点是，少年天子福临，三次裁减存留，但存留银仍达700余万两，超过后来康熙朝至乾隆朝的600余万两。下面分别予以

---

① 乾隆《江南通志》卷68，汤斌：《遵赋难清乞减定赋额并另立赋税重地州县考成则例疏》。

论述。

顺治七年（1650年）以前，《清实录》没有全国人丁、田地、赋银的记载，八年起，才开始记述。八年，田地赋银为2110万两（千百十两均省略，下同）；九年，2126万两；十年，2128万两；十一年，2168万两。①虽然没有顺治元年到七年的赋银数字，但是清廷比较稳定的实际辖区，从顺治四年起，基本上拥有河北、河南、山东、山西、浙江、江苏、安徽、江西、陕西、湖北、湖南、福建、广东、广西等省，个别年月有些变化，四川和广西、湖南曾一度在顺治九年秋至十年夏为南明永历帝之军队夺占。所以，顺治四年至七年的赋银，也会在2100万两左右。

按汤斌"起、存相半"推算，顺治初年全国存留总数大致是1000万两。这与蒋良骐《东华录》卷9所记各省存留原额1069万余两，是相吻合的。这个推算，可以从顺治十一年户部的奏述收入上得到印证。顺治十一年六月二十五日，户部第二次奏上裁减地方开支的建议说："国家所赖者赋税，官兵所倚者俸饷，关系匪轻。今约计北直、山东、山西、河南、浙江、江南、陕西、湖广、江西、福建、广东十一省，原额地丁银三千一百六十四万五千六百六十八两有奇，内除荒亡蠲免银六百三十九万四千两零，地方存留银八百三十七万一千六百九十六两零，起解各部寺银二百零七万六千八十六两零，该臣部项下银一千四百八十万三千八百八十四两零，内拨给十一年分各省镇兵饷银一千一百五十一万八千四百两零，应解臣部银三百三十八万五千三百八十两零，又应找拨陕西、广东、湖广等处兵饷银一百八十万两，又王公文武满汉官兵俸饷银一百九十万一千一百两零，计不敷银四十一万五千六百两零。此外，有盐课关税银共二百七十二万四百两零。又会议裁扣工食等银二十九万九千八百两零。除补前项不敷银数外，止应剩银二百六十万四千六百两零。"②

户部的奏述，十分清楚，至少说明了四个问题。一是此时实收地丁银2525万余两，二是地方存留银8371696两，三系拨给各省镇兵饷银1151万余两，四是加上盐课关税银272万余两及拟裁扣工食银29万余两，

---

①《清世祖实录》卷61，第17页；卷70，第32页；卷79，第23页；卷87，第20页。

②《清世祖实录》卷84，第26、27页。

还有260万两余银。

需要补充指出的是，顺治九年已经作了第一次较大的裁减地方开支，其数应有四五十万两，或八九十万两，加上现在存留银837余万两，则在顺治九年以前，存留银在900余万两。

光绪《东安县志》卷4，《赋役》载，"原额"起运银为6901.8两，原额存留银为6259.3两，存留银仅比起运银少624.5两，为起运原额的90.6%。如果再联系到此前《清实录》没有大规模裁减存留的记载，《东安县志》《婺源县志》《信丰县志》谈到在清朝裁减存留情形时，都未提到顺治七年以前有裁减之事，加上顺治九年以前的地方存留还有900余万两银子，足见多尔衮没有大规模地裁减存留。

（二）顺治帝裁减存留百分之三十

少年天子福临于14岁亲政以后，由于战争频仍，军费激增，入不敷出，财政异常困难，先后在九年、十一年、十三年三次比较大规模地削减存留银两。康熙《东安县志》卷4，《赋役》记载了四十来种工食纸张等项银钱的裁减情形，现选32项，列表如下：

《东安县志》所记工食纸张等项银钱的裁减情形

存留银类别	原额银（两）	顺治朝的裁减
巡抚吏书廪给银	108	十三年裁90两
霸州道快手工食银	86.4	十三年裁14.4两
府尹柴薪银	42	未裁
儒学斋夫工食银	24	十三年全裁
知县俸薪银	63.5	未裁
心红纸张银	20	十三年全裁
油烛银	10	十三年全裁
上司伞扇银	10	十二年裁8两，十三年全裁
修宅家伙银	20	九年全裁
吏书工食银	129.6	九年裁57.6两

存留银类别	原额银（两）	顺治朝的裁减
门子工食银	14.4	九年裁 2.4 两
皂吏工食银	115.2	九年裁 9.2 两，十三年 24 两
马快工食银	144	九年裁 9.6 两
民壮工食银	360	九年裁 60 两，十三年裁 6 两
灯夫工食银	28.8	九年裁 4.8 两
看监禁子工食银	57.6	九年裁 9.6 两
修理监仓银	20	未裁
轿伞扇夫工食银	50.4	九年裁 8.4 两
仓书工食银	12	九年裁 6 两
库子工食银	28.8	九年裁 16.8 两
斗级工食银	28.8	九年裁 16.8 两
铺兵工食银	104	十八年裁 8 两
典史俸薪银	31.5	未裁
书办工食银	7.2	九年裁 1.2 两
门子工食银	7.2	九年裁 1.2 两
皂吏工食银	28.8	九年裁 4.8 两
马夫工食银	7.2	九年裁 1.2 两
生员廪膳银	192	十三年裁 128 两
朔望行香纸烛银	1	九年全裁
乡饮酒礼银	10	十三年裁 5 两
科场器皿银	60.4	未裁

此表所列项目为32项，原额银共1822.8两，经过裁减，共减银580两，还剩1242.8两，减了31.4%。

这是一个县的情况。《清实录》所记的全国地方存留银两的裁减，更带有全局性，现在将顺治九年的记述，摘录如下：

顺治九年四月初六日，户部以钱粮数遵旨会议后，奏称：一、山东登莱巡抚宜裁。一、宣府巡抚宜裁，以总督兼理。一、纳监、纳吏、纳承差事例，宜照前例行……一、各直省应解本色颜粮药材等项，除京中无从备办着仍解本色外，余俱应折银。一、工部钱粮，除紧急营建外，其余不急工程及修理寺庙等项，俱应停罢。一、户礼工部制造等库内监三百九十余员，应留数员，余尽裁革。一、在外当铺，每年定税银五两，其在京当铺，并各铺，宜仍令顺天府查照铺面，酌量征收。一、总督、巡抚家人口粮应裁。一、州县修理察院、铺陈、家伙等项银两应裁。一、各州县修宅家伙银两应裁。一、州县备各上司朔望行得纸烛银两应裁。一、在外各衙门书吏人役，每月给工食银五钱，余应裁。一、各州县民壮五十名，应裁二十名。一、知府并各州县灯夫各四名，同知、通判、推官灯夫各二名，各州县轿夫四名，岁支工食银两应裁。得旨：这不敷钱粮，既经会议妥确，悉如议行。其民壮、灯夫、轿夫，不必裁。"①

　　这次虽然裁减了一些地方上，尤其是州县的开支，如州县修理察院、铺陈、家伙、修宅家伙、备上司行香纸烛银两等，估计可省几万两到十几万两银子，但是同时也开辟了新的财源，像颜料药材的折银，可收不少银子。像当铺，在外当铺"每年定税银五两"。别看这区区五两，各省当铺总加起来，和杂税一起多达数十万两了。②

　　顺治十一年六月，地方存留银为837万两，减去会议议准要扣除的工食银29万两，还剩下808万两。十三年九月二十六日，议政王、贝勒、大臣等遵旨会议后，议准应裁直省每年存留银两如下："一、抚按、道臣巡历操赏花红银六千二百九十二两。一、预备过往各官供给下程柴炭银一十七万一千六十四两。一、督、抚、按巡历造册纸张、扛箱银二万八千九百一十六两。一、衙门桃符门神价值银一千四百二十一两。一、孤贫口粮、柴薪、布匹银八万七千七百六十七两，俱应全裁。其孤贫口粮柴薪布匹于各州县赎谷预备仓粮内支给。一、朝觐造册送册路费银一万七千六百二十两，生员廪膳银一十九万二百二十七两，俱应裁三分之二。一、考校科举修造棚厂工食花红银一十七万六千一百七十五两。一、乡饮酒礼银九千三百两。一、修渡船银四万一千四百一十五两。一、修理察院公馆银一万二千一百五两。一、进表路费银七千二百五十三两。一、渡船水手工食银两万一千七百七十七两。一、巡检司弓兵工食银两四万六千五百七十九两，俱应裁其半。一、督、抚书役工食银俱应照府州县例给发。凡裁银七十五万三千六百三十四两六钱，以济国用。议上，报可。"③

　　总计裁减存留银753634两。据此，全国各省还剩下存留银730万余

---

①《清世祖实录》卷64，第3、4页。

②刘献廷：《广阳杂记》卷2。

③《清世祖实录》卷103，第29、30页。

两。这个数字一直保持到顺治帝福临去世。这在下面论述辅政大臣、康熙帝对存留的裁减，便可清楚了。

（三）辅政大臣裁减存留

顺治十八年（1661年）正月初七，福临逝世，遗诏一等伯、内大臣、议政大臣索尼，二等子、领侍卫内大臣苏克萨哈，一等公、领侍卫内大臣遏必隆，二等公、领侍卫内大臣鳌拜等四人为辅政大臣。直到康熙八年（1669年）五月十六日鳌拜被擒，这八年多时间皆由辅政大臣处理国事，以幼帝名义下诏宣谕执行。

在理财上，辅政大臣在两个方面违反了先皇旨意。一是不顾先皇的严禁加赋，于顺治十八年八月下诏，照明季加派练饷例，每亩加征银子一分，全国共加征570万余两，经左都御史魏裔介力谏，才宣布除十八年已派外，康熙元年不再继续加派。二是在存留上又大作裁减。在前引河北《东安县志》所列的32项中，又增减了6项。

顺治、康熙朝工食等六项银钱的裁减情形：

存留银类别	原额银（两）	顺治朝的裁减	康熙朝的裁减
巡抚吏书廪给银	108	十三年裁90两	元年全裁
府尹柴薪银	42	未裁	七年全裁
吏书工食银	129.6	九年裁57.6两	元年全裁
库书工食银	12	九年裁6两	元年全裁
库子工食银	28.8	九年裁16.8两	元年全裁
生员廪膳银	192	十三年裁128两	二年全裁

婺源县的裁减更为严重，这五项，原额共684两，顺治年间减了80两，康熙七年又减了452两，一共只剩下150两。辅政大臣把存留银减掉了80%。

辅政大臣如此狠减存留，是绝对错误的，因为导致清朝政府入不敷不出的根本原因是军费太多。而军费激增的主要因素是连年征战，八旗兵和绿营士卒几十万长期与南明军队拼死厮杀，顺治十三年已经是岁入1800万余两，岁出2261万两，"出浮于入者四百四十七万"。然而，顺治十六年正月，清军进入昆明，云南平定，十八年擒永历帝，南明亡。康熙三年灭大顺军李自成余部"夔东十三家"，延平郡王郑锦退据台湾，大陆各省全部统一。清廷陆续裁兵，军费显著减少。康熙六年，国库已有存银248万余两，并且自顺治十六年起，每年赋银已达2500万两，盐课270万余两，已经改变了入不敷出的困境。在这样财政越来越好、收入日益增加、国库帑银年年增加的良好条件下，辅政大臣不仅没有增加地方存留钱粮，反而猛砍狠减，到康熙七年全国各省存留银只剩下338万余两，而且这一年又裁掉174万余两，只剩下164万余两，仅为原额的15.8%，真是太不应该了。

（四）康熙减存留

玄烨于康熙八年五月擒治鳌拜，真正亲政以后的一两年里，十六七岁的少君，还没有什么特殊的行为，但对于辅政大臣过分的裁减存留，还是有所改正，谕令恢复一些项目的钱粮开支。可是，不久三藩之乱起，军费陡增，只有另作安排了。

先看看康熙《东安县志》卷4，《赋役》的记述。

顺治、康熙两朝东安县裁减存留比较：

存留银类别	原额银（两）	顺治朝的裁减	康熙朝的裁减
巡顺抚吏书廪给银	108	十三年裁90两	元年全裁
霸州道快手工食银	86.4	十三年裁14.4两	十五年全裁
府尹柴薪银	42	未裁	七年全裁
儒学斋夫工食银	24	十三年全裁	
知县俸薪银	63.5	未裁	十五年全裁
心红纸张银	20	十三年全裁	
油烛银	10	十三年全裁	
上司伞扇银	10	十二年裁 8 两，十三年全裁	
修宅家伙银	20	九年全裁	
吏书工食银	129.6	九年裁57.6两	元年全裁
门子工食银	14.4	九年裁2.4两	十五年全裁
皂吏工食银	115.2	九年裁19.2两，十三年裁24两	十五年全裁

存留银类别	原额银（两）	顺治朝的裁减	康熙朝的裁减
民快工食银	144	九年裁 9.6 两	十五年全裁
民壮工食银	360	九年裁 60 两，十三年裁 6 两	十五年全裁
灯夫工食银	28.8	九年裁 4.8 两	十五年全裁
看监禁子工食银	57.6	九年裁 9.6 两	未裁
修理监仓银	20	未裁	十五年全裁
轿伞扇夫工食银	50.4	九年裁 8.4 两	十五年全裁
库书工食银	12	九年裁 6 两	元年全裁
仓书工食银	12	九年裁 6 两	元年全裁
库子工食银	28.8	九年裁 16.8 两	十五年裁 6 两
斗级工食银	28.8	九年裁 16.8 两	十五年裁 6 两
铺兵工食银	104	十八年裁 8 两	未裁
典史俸薪银	31.5	未裁	十五年全裁
书办工食银	7.2	九年裁 1.2 两	元年全裁
门子工食银	7.2	九年裁 1.2 两	十五年全裁
皂吏工食银	28.8	九年裁 4.8 两	十五年裁 12 两
马夫工食银	7.2	九年裁 1.2 两	十五年全裁
生员廪膳银	192	十三年裁 128 两	二年全裁
朔望行香纸烛银	1	九年全裁	
乡饮酒礼银	10	十三年裁 5 两	十五年全裁
场器皿银	60.4	未裁	十五年全裁

从这份简表可以看出，原额32项的银两共1822.8两，顺治帝裁去580两，辅政大臣再减208两，还有1034.8两，三藩之乱期间（康熙十二年末到二十年），又裁革866.8两，只剩下168两，仅为原额的9.2%了，减得太可怕了。

再看看光绪《婺源县志》卷16，《食货志》的记述：知县俸薪油烛银75.5两，顺治十四年裁10.5两，康熙十四年全裁，二十二年复。

门子工食银14.4两，顺治九年裁2.4两，康熙七年裁6两，十年复，十五年全裁，二十二年复。皂吏工食银115.2两，康熙七年裁72两，十年复，十五年全裁，二十二年复。马快工食银144两，顺治九年裁9.6

两，康熙七年裁134.4两，十年复，十五年全裁，二十二年复。

民壮工食银360两，顺治九年裁60两，康熙七年裁228两，十年复，十五年全裁，二十二年复。轿伞扇夫工食银50.4两，顺治九年裁8.4两，康熙七年裁12.4两，十年复，十五年全裁，二十二年复。

两部县志说明，知县、典史、书吏、门子、民壮、灯夫、轿伞扇夫、马快等官、吏、差的俸银、工食银通通被裁掉，这样一来，如果他们不设法找钱要粮，三五天下来，一个一个就成了饿鬼游魂，哪有知县稳坐大堂审案断案，哪有三班衙役吆吆"威武"，杖打犯人，哪有马快捕头擒捕盗贼，维持治安！何况，尽管此时管囚犯的看监禁子、送公文军讯的铺兵、收赋银的斗级、守库银的库子，有工食银，能够养家糊口，可以履行他们应尽的责任，但是，如果知县、典史、六房书吏都饿死了，或只剩下一丝游气，哪能去管他们呢！那么，就便宜了收银守库的斗级库子了，白花花的几万几十万两银子，黄澄澄的十几万几十万石谷子，能不叫他们动心吗？能不将其搬回家吗？并且，不只是一个县、两个县、几十个县的官吏差役没有俸银工食银，知府、知州、道员、巡抚、总督及其属下官吏，都已停俸了，内外大小臣工均自康熙十四年正月起停俸，直到十八年，还未恢复，岂不是天下大乱了。①

康熙二十年，三藩之乱完全平定，存留银开始增加，恢复了一些项目的费用，但并没有恢复到顺治初年的原额，比顺治十一年的808万两还少一些。

请看康熙《大清会典》卷24，《户部·赋役》对存留、起运银两的记述：

康熙二十四年各省起运、存留比例：起存总额28233137两，起运21933981两，存留银6289156两。

省别	起、存总额（两）	起运（两）	百分比	存留（两）	百分比
直隶	2443608	1881108	76.98	562500	23.02
奉天	13939	4755	34.11	9184	65.89
山东	3191415	2504209	78.47	687206	21.53
山西	3017289	2678779	88.78	338510	11.22
河南	2709157	2268602	83.74	440555	16.26
江苏	3978516	2836593	71.30	1141923	28.70

①《皇清奏议》卷21，金世鉴：《清复官俸以养廉耻疏》。

省别	起、存总额（两）	起运（两）	百分比	存留（两）	百分比
安徽	1689859	1153291	68.25	536568	31.75
江西	1960556	1525638	77.82	434918	22.18
福建	1069853	866448	80.99	203405	19.01
浙江	2920629	2188575	74.94	732054	25.06
湖北	1044827	831754	79.61	213073	20.39
湖南	637994	487419	76.40	150575	23.60
陕西	1575752	1277096	81.05	298656	18.95
甘肃	211092	105969	50.20	105123	49.80
四川	42000	12465	29.68	29535	70.32
广东	1146095	1006377	87.81	139718	12.19
广西	332522	243211	73.14	89311	26.86
云南	174818	——	——	174818	100
贵州	63216	61692	97.59	1524	2.41
合计	28223137	21933981	77.72	6289156	22.28

据乾隆《大清会典则例》卷36，《户部·田赋三》载，乾隆二十四年（1759年），全国各省起运赋银总数为23229439两（2322万余两），存留银为6408612两（640万余两），比康熙二十四年的存留银6289156两（628万余两）只多119546两（11万余两）。可见，康熙二十四年以后，到康熙六十一年，除个别年份多一些，达700万余两外，基本上保持在600万两左右。

（五）大裁存留 祸害无穷

有识之臣对存留银的大幅裁减，十分反对，不断指出这是祸国殃民的弊政。顺治九年（1658年）四月初六，第一次较大规模地议准裁减存留银两。仅仅过了三个多月，七月二十八日户部尚书车克就上疏奏称："起运以供军旅之需，即有不给，尚可拨济于他藩；存留银供本地之用，一或不敷，万难乞贷于别省。且细查存留各款，不及枚举，其万万不容己者，如经制之有俸薪以养廉也，俸无所出，何以惩官之贪？衙役之有工食以劝力也，食无所资，何以禁吏之蠹？礼士藉有月粮，粮裁皆沮气矣。赈贫恃有孤米，米去而孤独尽呼号矣……以及朝觐、表笺、乡饮、科贡诸费，俱所必需，自难节省。其尤有上关国脉、下系民生，不可斯须废缺者，莫如占支银两焉……倘一一减缩，势必欲挪移供应。"[①]

---

① 顺治九年七月二十八日车克题：《为遵旨议奏事》。

车克此疏所说，减存留，必然导致清政府财政困难，没有必需的钱，发不出官俸和衙役工食银，官很难不贪，役难不奸；减了生员月粮，士皆沮丧；赈米一裁，孤寡老幼缺食哭泣；朝觐、表笺、乡饮、科贡等等用费，俱系必需之用，难以节省。硬行裁减，势将迫使官吏挪移钱粮，侵吞公款，祸害地方。

康熙八年，刑部尚书朱之弼以去年户部又请裁减存留，上疏谏阻说："存留各款，原为留备地方公用，裁一分则少一分，地方官事不容已，势不得不派之民间，不肖有司因以为利，是又重增无限之苦累矣。"[①]

"对减存留之弊，说得最具体、最深刻、最详细的，当数清官陆陇其。陆陇其于康熙二十二年至二十九年任直隶灵寿知县，深知民间疾苦和官场旧习，特上《论直隶兴除事宜书》与上司，痛陈减存留之非说："查《赋役全书》，旧额有一项人役，则有一项工食，有一项公务，则有一项钱粮，盖未有用其人而可不予之以食，办其事而可不费一钱者也。用人而不予以食，则必至于卖法办事；而求不费钱，则必至于派民。自兵兴之际，司农告匮，将存留款项尽行裁减，由是州县掣肘，贪墨无忌，私派公行，不可禁止。百弊之源，皆起于此。自康熙二十年以后，再颁恩诏，渐次奉复，海内始有起色。然尚有应复而未复者，敢为宪台陈之。

"如衙役犯赃之律甚严，而书办之工食独不复，不如此辈能枵腹而奉公乎，抑将舞文弄法，以为仰事俯育之资也。给以食，而犯法，虽杀之无憾也，不给以食，使之不得已而犯法，加之以刑，其肯心服乎？此其当复者一也。

"心红纸张、修宅家伙，此州县所必不能免者也，既奉裁革，不知天下有司，皆能捐俸而自备乎，抑或有责之铺户，派之里下者也。有正项开销，虽贪吏无由借端苛派，无正项可动，将借口以责之于民，朝廷之所省有限，而小民之受累无穷。此其当复者二也。

"上司过往，下程中伙杂支供应，此州县所必不能无者也。既奉裁革，不知上官之临州县，皆能自备供应，自发价值乎？抑或有不能不资藉于地方者也，有司之懦者恐触上官之怒，百计逢迎，贤者亦恐失事之体，多方补苴，无米之炊，不知其安从出也。此其当复者三也。

---

①《清史稿》卷263，《朱之弼传》；蒋良骐：《东华录》卷9，引《朱之弼疏》。

"存留尽复，则私派可禁，私派尽禁，则百姓可足。在主持国计者，唯知复一项，则费一项之金钱，不知裁一项，则多一项之掣肘。掣肘之害，层累而下，总皆小民受之，小民疲罢逃亡，其害仍自国家受之。"①

车克、朱之弼、陆陇其等人，都看清了存留大减，必然导致吏治败坏，贪污盛行。是的，存留减了，官俸太低，吏役乏食，衙署必需的公费"用度无出"，势必促使官贪吏奸役凶，挪用、侵占、亏空钱粮，更谈不上兴修水利、赈济灾民、防洪抗灾了。以知县为例，堂堂百里诸侯，一县之长，顺治八年以前，正俸银虽然只有45两，比年领兵饷48两、米24石的八旗护军还少银3两，还没有食米24石（计7200斤米），但他还有薪银36两、心红纸张银30两、修宅什物银20两、迎送上司伞扇银10两，总加起来，一年有银141两，可买米141石（计42300斤米），一家老小，吃穿不愁了。他还有马快、民壮、灯夫、吏书、门子、皂吏等项人员的工食银1000余两，归他支配，经管得法，衙署还是可以正常运转的。顺治年间裁减了580两，也还能够支撑，不必非要贪赃枉法、勒索民财、侵吞公帑。但是，康熙年间又一减再减，二十四年存留银只有628万余两，比起顺治初年1069万余两，少了440万余两，只为当年的59%。一方面收入在减少，另一方面支出却又恶性剧增。以规礼而言，粗略算算，总督、巡抚的四时节礼银各10万两，藩司、臬司六七万两，道员、知府三四万两，按每省平均100个县算，这100县要承担督、抚、司的四时节礼费30万余两，平均每县3000余两，加上管辖本县的道员、知府节礼费，每县又要出几百两。总起来看，仅节礼费每位知县就要支出三四千两，这对于年俸只有45两银子的知县，怎承担得起。

还有其他名目的规礼、上万银两的"羡余"、上司案临、达官贵人过往的供应献银、官兵过境的夫马饮食的供应等等，用费浩繁，银从何出？这就迫使知县重征火耗、滥行科派、逼良为娼、逼官贪婪了。这就是导致吏治必然败坏的一个根源。

知县如此，知府、道员、按察使、布政使、巡抚、总督的处境，也与此相似，可以说是同病相怜。顺治四年，总督一年有正俸银180两，还有薪银120两、蔬菜烛炭银180两、心红纸张银288两、案衣什物银

①《清经世文编》卷28，陆陇其：《论直隶兴除事宜疏》。

60两，合计828两，收入不为不多了，一家老小蛮可以过上无忧无虑的富裕生活。可是顺治九年以后，一减再减，只剩下正俸银180两和薪银120两，平均每月只有25两，堂堂一品大员，辖治两三省军民几百万的"诸侯王"，就这么一点点年俸，怎样过？简直笑死人了。同样，顺治四年，巡抚一年有正俸银155两，还有薪银等项540两，一共695两，此后只剩下正俸银155两和薪银120两，平均每月才23两银子。以此类推，布政使一年正俸155两和薪银80两，按察使130两和薪银80两，道员105两和薪银120两，知府50两和薪银50两。这一点点银子，哪够开支？仅仅劝诫江宁巡抚送权相明珠的礼银，开口就是10万两，督、抚、司、道、府、州、县官员不想方设法筹措银钱，他们怎能混得下去。吏治能不腐败，贪污能不盛行吗？！

（六）议论存留 巧言诡辩

关于裁减存留银、增收盐课关税等事，康熙十七年（1678年）三月十一日，玄烨特地给吏部、户部、兵部降了一道圣谕，说道："朕统御寰区，孜孜图治，期于朝野安恬，民生乐业……不意逆贼吴三桂背恩煽惑，各处用兵，禁旅征剿，供应浩繁。念及百姓困苦，不忍加派科敛，因允诸臣节次条奏，如裁减驿站官俸工食及存留各项钱粮，改折漕白二粮颜料各物，增添盐课盐丁、田房税契、牙行杂税、宦户田地钱粮，奏销浮冒隐漏地亩，严重定例处分，用过军需，未经报部，不准销算。以上新定各例，不无过严，但为筹划军需，早灭逆贼，以安百姓之故，事平之日，自有裁酌。"①

圣谕虽然只有240个字，乍一看来，却似乎是言之成理，持之有据，情词恳切，美景在前，像系仁圣帝君怜爱赤子的恩惠慈谕。但是，若细加推敲，联系当时那一二十年的实际状况，便会有另一种看法了。

其一，颠倒是非，混淆黑白。圣谕说，是由于"念及百姓困苦，不忍加派科敛"，才允准群臣奏请而裁减存留等费。请问，存留裁减之时，官无俸，吏、役无工食银，上司规礼，达官贵人的供应，必需的公用开支，从何而来？还不是重征火耗，加二加三加五六，滥行苛索，这不是对百姓"加派科敛"吗？至于关税倍增，盐课明加暗派，更是赤裸裸的掠夺，怎能还有脸说是恤怜小民，不忍加派。

---

① 《清圣祖实录》卷72，第6页。

其二，自食其言，失信官民。人们常说君无戏言，言出必行。何况此乃皇上谕告吏部、户部、兵部之圣谕，何等威严，何等隆重，所说"事平之日，自有裁酌"，定会不折不扣地执行。然而，事情并非完全这样。三藩之乱平定以后，盐课不减反增，关税亦一加再加，存留之恢复，亦不充分，628万余两的存留银，最多只恢复到辅政大臣执政初期数字，比顺治十一年六月以前的837万余两，还少了25%。皇上圣谕，竟成了饭馆布幌，金口玉牙也变成空口说白话，今后何以取信于民，何以令臣虔信而拼死贯彻执行。

其三，非不能为，实不愿为。也许康熙会辩解说，二十四年之时，财政尚不宽裕，此后一二十年、二三十年，又国用浩繁，所以无力将存留银恢复太多，增加太多。可是，揆诸实情，看看朝廷每年收支情形，看看国库存银数量，便可知晓，存留银要达到800万、900万，是完全办得到的。康熙六年，户部库存银248万余两，到十二年，已经增为2130万余两。三藩之乱起后，十六年降至530万余两。在康熙许愿要在平乱之后减税加存留银的那一年，即十七年，国库存银更减少到333万余两。可是，乱平之后，入大于出，国库存银激增，二十五年为2605万余两，二十六年是2896万余两，三十年到三十三年，皆是3000万余两，三十四年起基本上是4000万余两。顺治十一年存留银为837万余两，当年田赋银是2168万余两，盐课银是218万余两，而康熙二十四年存留银为628万余两时，田赋银是2721万余两，盐课276万余两。直到四十七年，田赋银除一年是2689万余两以外，其余22年每年都是2730万余两以上。可见，从收入之多，国库存银之多，康熙二十四年以后，皆远远超过顺治十一年，可存留却减少了25%。

其四，明知其祸，却仍坚持。其实，不仅陆陇其等人力言减存留之害，就是康熙自己，后来也是十分了解，知道裁存留祸害之巨。他于四十八年十一月初一，谕告大学士等官说："适科臣郝林条奏各省钱粮亏空，郝林但知州县钱粮有亏空之弊，而所以亏空之根源，未之知也。凡言亏空者，或谓官吏侵蚀，或谓馈送上官，此固事所时有，然地方有清正之督抚，而所属官员亏空更多，则又何说。朕听政日久，历事甚多，于各州县亏空根源，知之最悉。从前各省钱粮，除地丁正项外，杂项钱粮不解京者尚多，自三逆变乱以后，军需浩繁，遂将一切有留项款，尽数解部，其留地方者，唯俸工等项必不可省之经费，又经节次裁减，为数甚少。此外，则一丝一粒，无不陆续解送京师，虽有尾欠，部亦必令起解，州县有司无纤毫余剩可以动支，因而有挪移正项之事。此乃亏空之大根源也。"①

裁减存留，是各省府州县亏空钱粮几百万两的"大根源"。说得好，太中肯了。出于决策裁减存留的康熙皇帝之金口，实为不易，这可是他亲口宣谕的，的确值得记录史实的《清圣祖实录》予以记录。

（七）将外省钱粮尽收入户部

康熙四十八年（1709年）一月初十，康熙帝玄烨在谕告大学士们大裁存留是各省、州县钱粮亏空的"大根源"之后，又说："见在户部库银存贮五千万余两，时当承平，无军旅之费，又无土木工程，朕每年经费，极其节省，此存库银两，并无别用。去年蠲免钱粮，至八百万余两，而所存尚多。因思从前恐内帑不足，故将外省钱粮，尽收入户部，以今观之，未为尽善。天下财赋，止有此数，在内既赢，则在外必绌，凡事须预为之备，若各省库中，酌留帑银，似于地方有济。……此亦当于无事之时，从长商榷才也。"②

在此之前三十一年，即康熙十七年三月十一日，玄烨曾谕告吏部、户部、兵部说，因吴三桂叛乱，军需浩繁，故"裁减驿站官俸工食及存留各项钱粮"，"增添盐课、盐丁、田房税契、牙行杂税"，等等。"事平之日，自有裁酌"。③根据这两次圣谕，结合有关史料，可以得出四点见解。

其一，皇上决策，诸事钦定。康熙十三年起的减存留，增盐课、关税等政策，"将外省钱粮尽收入户部"的方针，是康熙帝玄烨亲自决定的。起因是三藩叛乱，目的是筹措军饷，剿灭叛贼，决策的人是皇帝，这一切是清清楚楚的。

其二，两点疑问，未曾说明。疑问之一是，既是为筹军费而增税减支，那么，如果国库存银亿万，财政收入大大超出军费所需，还需不需

---

①《清圣祖实录》卷240，第4页。

②《清圣祖实录》卷240，第5页。

③《清圣祖实录》卷72，第6页。

要停俸减支增税入国库？康熙帝于十七年所说"事平之日，自有裁酌"，真实含义为何？照上文所述，增税、停俸、减存留银等都是应急的无奈之举来看，平乱之后，这些措施政策皆应取消，恢复原来情况。疑问之二是，如果平叛之后，这些政策继续执行，是否意味着早在十七年康熙宣谕之时，就已经将此定为理财的基本方针和重要政策，或者是当时尚无此意，而事平之后，认为有此必要，舍此不可，故继续执行下去。

其三，弊政持续，表明何意。康熙四十八年，执政已达40年的皇帝玄烨，亲自谕定大减存留，乃各省钱粮亏空的"大根源"，命于"无事之时，从长商榷"，可是没有任何结果，存留银照样也就是那么多，盐课、关税都在继续增加。那二三十年的实际状况表明，康熙十三年起为备军需平叛之诸项弊政，继续存在，且变本加厉。户部银库存银不断剧增，从十七年的300万余两，到四十七年已经增加到4700多万两，旧的银库库房已经装不下了，不得不将新增之银另外单独存放。据此，可否认为，采取各措施，将钱粮尽行"收入户部"（包括国库、内库），乃是康熙帝玄烨早在康熙十七年（或几年之后）制定的治国理财之一个主要方针和重要政策。

其四，诸弊之根，众锁之钥。大裁存留，使官无养廉之费，役无糊口之资，地方公务"用度无出"，军需马骡夫役难以备办，从而势必引起名捐俸工，实挪国帑，官贪吏奸，苛索黎民，吏治败坏，亏空国库，诸弊丛生，困难重重。然而，如果皇上能高瞻远瞩，不迷惑于眼前之利，布局于王道之治，下狠心，恢复"顺治初年，钱粮起、存相半"之制，把存留银加到1000万两，就使克服上述诸弊有了经济上的保证，除掉了弊根。再予以整饬吏饴，奖廉惩贪，责令督抚司道府厅州县官员奉公守法，关爱百姓，从而可以解决上述各种困难。这才能为实行所谓的"仁政"，所谓的王道伟业，提供条件。可惜的是，康熙计不出此，在决策上犯了方向性错误，坚持"将外省钱粮尽收入户部"的错误方针，斤斤计较眼前得失，不仅不恢复存留与起运相半的旧制，还力图进一步减少朝廷支出，将不少应由中央财政出钱的开支，转嫁到地方，千方百计扩大国库、内库财源，增加国帑、内帑。于是，兴捐输，捐俸工，送规礼，征火耗等等弊政，自然就相继出现了。

二、捐俸工　地方遭殃

（一）地方公共用费

总督，官阶从一品，辖治两省、三省军民数百万；巡抚官阶从二品，一省之长。督抚均位尊权大、主政一方，号称封疆大吏，古之诸侯王，照说应该是锦衣玉食、妻妾成群、仆婢如云了。然而，总督一年正式的法定收入，只有俸银180两、薪银120两；巡抚还少25两，只有俸银155两、薪银120两，连一名师爷也请不起。钦封的"天下廉吏第一"之两江总督，并一度还兼江苏巡抚、安徽巡抚的于成龙，连家眷都未曾携任同住，"日唯以粗粮疏食自给"，常备豆腐食用，民颂"于豆腐""于青草"。只有这样一点点180两、155两微薄年俸和120两薪银的总督及巡抚，却要承担皇上、宰辅、九卿多方需索，支付省府州县千头万绪的公共用费，备办马驼车船夫役银米的巨量军需，处境之艰辛，实难以用文字形容。

请看一些督抚及地方官员对各种开支的奏述。先讲讲地方公共用费。

作为一省、一府、一州、一县来说，各自有它的不同的关系繁多的开支，可是，盐税、商税皆系朝廷收入，归不同的专门衙署与官员管理，省府州县无权过问，无权征收和支出。它们能取用的就是《赋役全书》《大清会典》所规定的存留银，只有600多万两，正如康熙所谕，"为数甚少"，"此外则一丝一粒，无不陆续解送京师"，"州县有司无纤毫余剩可以动支"。[1]而存留银开支的项目也很少，只有会典规定的"官俸、役食、驿站夫马、祭祀、廪膳、孤贫等项银两"。[2]那么，遇有其他的必要的用费，但不属于规定的存留银项，或存留银已经用完的情形下，怎么办？出路只有一条，一系动用官俸役食银，二是挪用正项钱粮，三是官员自己出银。可是，省府州县官员分别只有正俸180两、155两、105两、80两、45两和薪银120两、70两、48两、36两，杯水车薪不管用，从自己应得规礼之10万、5万、1万、6000两中取出来，大多数官

---

①《清圣祖实录》卷240，第4页。

②光绪《大清会典事例》卷170，《户部、田赋、存留钱粮》。

员又舍不得，此路不通。最后，主要只有从官俸役食或藩库银两来想办法了。

官俸役食银，数量不小。雍正元年（1723年）九月初五，御史蔡仕舢特上奏折说："唯官有俸薪，役有工食，国家所予以有养廉之具，近者各省抚藩俱提解藩库，以充公用，大省银至十余万，小省亦不下数万。"①一年能有几万两银子，可以抵挡好些开支了。用俸工银，基本上成为全国各省应付公共用费的主要方式。

广东省以俸工银来支付各种费用，是从"均平"转化而来。汉军旗人赵弘灿于康熙四十五年十二月就任两广总督，前任是郭世隆，此时的广东巡抚是范时崇。赵弘灿于五十三年正月初十上折，奏述广东公务用费及各衙门公用银钱的来源说："粤东昔年，上自督抚，下至州县，一切费用，皆系派之里民，名曰均平，每年总计约有数十万两之多。前督臣郭世隆、抚臣范时崇公议，尽革均平，而地方公务及各衙门公用有必不可已者，若仍派之于民，则均平之弊，终难尽除。是以各官公议，将灯壮工食捐用，以免民累。此系前任督抚司道各官公议而行，在奴才来任以前之事也。后复因捐助河工及刷印藏经等项公用，无银可支，又将官役俸工捐解两年，此前任督抚批行之案，亦在奴才未任以前之事也。至四十六年九月，原任布政使高必弘因续捐天然坝河工及应办公务，支应不敷，与司道府县公议，请将四十七年夏季起至四十九年春季止，除微员苦役不捐外，其余官役俸工捐充公用。……唯灯壮一项内，以前议定有总督衙门公用银三千两、巡抚衙门公用银四千两，原系为操演官兵犒赏银牌纱缎并心红纸张之用。"②

赵弘灿此奏折，将广东公务用费的来源用途，讲得非常清楚。

又如，贵州，乃一穷省，全省只有民田2万余项，地丁银10万两、粮15万石，康熙二十四年的起运银是6000余两，存留更少，只有1500余两。这样一个穷得不及江浙等省一个县的收入之省，其公共用费，如修城、备荒等事，照样少不了，就只有扣俸工银了。五十七年三月十二日，贵州巡抚黄国材奏："查贵州省城城垣多有坍塌之处，奴才现在率领司道各官，公捐俸工银两，委员修理。"③

---

① 《雍正汇编》册1，第913页。

② 《康熙汇编》册5，第367—371页。

③ 《康熙汇编》册8，第75页。

也是这个贵州巡抚黄国材，应云贵总督蒋陈锡之约，捐俸工，兴水利，除水害。五十七年七月十三日，黄国材奏："查贵州镇远府以下至湖广常德府一带，水路约有一千余里，虽系湖南地方，实为云贵两省商民往来必由之路，其间险滩七十余处，行舟每多覆溺。奴才到任后，即准督臣蒋陈锡咨商，倡议捐修。奴才当与司道等官捐俸工银三千两，凑同督臣蒋陈锡捐银三千两……现在随路开凿纤道，凿平险石，所需银两，如有不足，督臣与奴才陆续捐用。"朱批："知道了。"①

湖广总督满丕奏述捐出俸工，加固加坚湖北湖南所属九个州县之沿江沿湖堤岸，得到康熙的嘉奖，朱笔批示："很好。"满丕于五十五年六月二十八日奏："窃看得，湖广省沿江地方田地，近湖低洼之田，皆赖拦水坝。去岁，因江湖泛溢，湖北所属五州县，湖南所属四县堤被水冲，水漫堤而流，以至田禾被淹。本年五月，雨水过多，且江湖水漫溢，堤被水冲，水漫堤岸而流，湖北属下江夏、汉阳等十二州县，湖南所属华容等七县田禾被淹。查其原因，乃因上述堤岸历年由民力修筑，断难修筑高厚坚固所致。奴才反复深思，倘仍靠民修筑，则于事无益，故请以湖广省官员之俸禄、衙门人等之钱粮捐助，令民修堤。于修堤之民，每日给食米价，视其要地，先修之高厚坚固。如此，则受灾地方民人有得食，且可免水灾之患。"朱批："很好。"②

广西提督张朝午于康熙五十四年五月九日奏：柳州城因"江水暴涨"，"霖雨连绵"，城垣倾塌，工程浩大。巡抚、布政使捐银2000两，本人凑银800两，"司道府厅州县闻之，莫不捐输恐后"，有1000余两，"已于四月二十日兴工修筑"。朱批："知道了。"

山西巡抚噶礼于康熙四十年正月二十八日上折，奏请修葺省城城墙、城楼，修整铁甲、棉甲："窃照去年十二月，奴才已共捐银六千余两，以修葺省城城墙、城楼，整治三营甲胄等因，缮折奏闻，奉训旨：理应具题修葺，唯此银数额甚少，未必全敷。如若不足，反而不好，务应核定。钦此钦遵。奴才跪读之下，诚感圣明洞察，无所不至。奴才甚为愚陋，银两不足之处，确未料到。奴才前欲修建各处倒塌城墙及门楼、角楼共十三大楼损毁之铺板、墙围板等项，以及堆子房，故于原折内未算及早已塌毁之九十一座小木楼及南北关厢之城墙、楼子。今奉训

---

① 《康熙汇编》册8，第236页。

② 《康熙全译》第1120页。

示周详，奴才亲往勘查，一一算定，分别绘制二图册，恭呈御览。堆子房一力仍原奏请修建之式样，除旧有之物，尚有一些可用外，今估算城墙、门楼、角楼、堆子房共实需银八千零六十两，原奏银数确实不足。又小木楼图上，共有楼九十一座，系旧有者，经查早已荡然无存者五十五座，倒塌已不可修葺者三十六座，如若修复，每楼需银五百十两。将应修之城墙、门楼、角楼、南北关厢之城墙、楼子一并估算，需银五万七千一百余两。仍照原样建造小木楼，或只修葺城墙、门楼、堆子房，奴才未敢擅便，伏乞圣主体恤奴才之愚，将照何种力样修建之处，明断指训，奴才将遵奉施行，另本具奏。又甲胄一项，奴才原欲修整马兵一百七十六铁甲。今查得步战兵所需棉甲四百六十九套，此皆原奏所未有者，既应修整，则估算共需银二千四百余两。将该城甲胄所需银两，奴才与司道官员共商后，由各官俸禄、衙役工食银内，按需酌情捐足，不派小民一丝一粒。奴才谨缮折请旨。"朱批："此事暂缓些，俟山西事甚宽松时，自今一年多后再奏来。图纸一并发回。"①

除了以上所说修堤修署、兴水利、筑城垣等不能在存留银内报销以外，还有一些按照规定是可以用"正项钱粮"开支的用费，因其实际用银超过规定的数量，也要地方贴补，也要地方出银。两广总督孔毓珣、广东巡抚年希尧于雍正二年六月七日联合上折，奏述过去需要贴补而扣用俸工银情形说："广东每年实有应办之公务，如办解紫榆、花梨、锡斤、白蜡、广胶各项，除开销正项钱粮七千一百六十五两零、水脚银二百一十四两零外，计应贴补银一万二千九百六十一两零。又办解降香，除开销正项钱粮二百四十两、水脚银七两二钱外，应贴补银六百四十一两。又办解广锅五十口，除正项支销外，应贴补银七百九十两。又办解京铜五十五万四千余百斤，除定价每斤一钱四分五厘，水脚每斤三分外，每年视铜斤之盈缩，定贴补之多寡，虽难逆料，均须贴补，方能竣事。又贴补递京报部文塘兵及堤塘工食银二千二百三十三两零。又修理战船内军器火药及正九两月炮台演放火药先经题明于俸工内动支，每年约一千两。又文武两闱乡试，除定例开销钱粮一千六百两外，共须贴补银三千两。有远年亏空产绝无人无可着追者，部行分年完纳，即应公赔。"②

①《康熙全译》第207、208页。

②《雍正汇编》册3，第137、138页。

请看，紫榆等正项钱粮7165两，水脚214两，共7397两，而贴补银却是12961两，比正项银还多5564两，为正项银的175%。办降香，正项钱粮是247两（含水脚），而贴补银为641两，为正项银的260%。仅有具体数字的贴补银，就多达20625两，至于办京铜55万斤的贴补、分年公赔亏空之银，更是数以万两计。这些过去都是靠督抚公议"每年将知县以上俸工捐出，解司办理"，贴补各种费用。现在奉旨："民壮工食，务必实给"，俸工一概停捐。年希尧感到无法办理，遂奏请将"知县以上俸银及别役工食，仍行捐解司库，每年约有二万五六千两，以为办理通省公务之用"。①

（二）军需报效

遣军出征，粮草、枪炮、弹药、马骡骆驼车船的征集运输等军需，开支巨大，当然应由朝廷调度安排，动支国库。然而，精于理财，能将外省钱粮尽收入户部的英明天子玄烨，也不会忘了给辖治各省亿万军民的督抚提镇提供表忠心尽臣责的绝好机会。他曾颁下"恩诏"："至于接济兵丁，抑或另办用物，以利兵丁之处，着总督、巡抚、提督、总兵官会议具奏。"甘肃巡抚舒图立即上折奏称，"今值西土用兵，仰副圣主矜念兵丁之至意"，②他从所得茶马旧项应得银22000余两中，愿捐银万两。朱批："知道了。"

浙江巡抚徐元梦，乃康熙十二年进士，学识渊博，"以讲学负声誉"，被康熙誉为"不畏人兼学问优者"，长期担任日讲起居注官、侍讲等职，教授诸皇子。曾因故惹恼皇上，帝怒，谕命重杖，并籍其家，但第二天，又叫徐教授皇子。后来，因有人劾其与另一刚正学者互相标榜，刑部拟绞，帝免死罪，但仍重惩，戴枷三月，鞭一百，没入辛者库（即奴仆）。过了几年，康熙知徐忠诚，又命徐教授皇子，并相继升官，五十三年授为浙江巡抚。这样一位忠君但又久侍左右、亲领帝之褒奖和惩治而深谙帝意的巡抚，当然知道用兵之时应做何事。他特上《为奏明捐助军需事》折，奏称："为策妄阿喇布坦之事，需用内库钱粮，故奴才本人与浙江司道府县等员，欲为军需公同稍加捐赠，已自愿捐助

---

① 《雍正汇编》册3，第138页。
② 《康熙全译》第620页。

八万两银，奴才业经具本题闻。此俱系合省官员欢悦捐赠，毫无另向百姓摊派之处。"朱批："知道了。"①

山西巡抚德音奏述新捐运米骆驼700只说："今年运米，携带奴才省份之驼四千七百十六只，奴才现取驼三千五百四十九只，将所余驼经运米大臣等查验另奏外，奴才于本月十二日收竣驼只，十三日启程，前往太原府。再据运米大臣行文内称：今年都统图斯海之队伍内，大半俱直隶之驼，山西之驼唯五百九十八只。再，直隶瘦弱之驼缺，将山西驼换取一百零二只，留于巴里坤之驼内，有山西驼共七百只等因。此七百驼之缺，奴才岂敢动拨主子银饷，共同捐出速购入营喂养。"②

朝廷遣派荆州八旗驻防兵2000名，前往成都驻防，谕令总督会同驻防将军号商议派遣诸事。署湖广总督满丕奏述会同驻防将军商议后，总督等赠给将士银两及买马银两等情形说："今年九月十五日，准兵部咨：遣荆州兵二千，往成都驻防。着奴才前往荆州，会同将军等商办启程事。遵此旨，奴才当即启程，急速前来，九月十九日抵达荆州，会同将军等商议，官员、兵丁、匠人等，均各赐二月钱粮。再，所遣兵丁除原有三马外，留下兵丁办给马二匹。此办之马因不可空缺，每匹马各征银十二两，共银四万八千两，解送将军，火速采购，以补原额等情。奴才蒙圣主鸿恩，有地方之责，岂敢辜负体恤兵丁之至意，故此，火速编制启程等情。奴才等对兵丁，每人分给银十两，共二万两，对官员、匠役等共赐银三千二百六十两，九月二十七日副都统宁古利率官兵启程，赐予兵丁之钱粮、马款及奴才所借库之银，另折具奏外，为此缮折，着奴才标下左营千总祁仁杰、家丁刘二赍捧，谨恭具奏闻。"朱批："此所办启行事甚妥。知道了。"③

四川总督年羹尧于五十八年正月十三日奏述捐造鸟枪等兵械情形说：除上次已经奏过的藤牌外，"臣已捐造鸟枪三千杆、腰刀三千口、长柄片刀五百把、钩镰枪二百杆、短斧一千柄、挡木二百架，火药铅子足用"。④

山东巡抚李树德呈述与司、道、府、学政等官合共捐银4万两，以

①《康熙全译》第1048页。
②《康熙全译》第1514页。
③《康熙全译》第1252页。
④《康熙汇编》册8，第386页。

供购买运米的骆驼之用。李树德奏称："伏思令岁挽运军粮，自必多用驼只，奴才等情愿各捐出驼价，以备购买之用。今奴才情愿捐银一万二千两，提督学政礼科给事中陈沂震愿捐银二千四百两，布政使王用霖捐银六千两。按察使黄柄、督粮道佟世禄、济东道程光珠、登莱青程之纬、济宁道宋基业、盐法道罗珍，各愿捐银二千两。济南府知府张振伟、兖州府知府金一风，各愿捐银一千五百两。东昌府知府杨文乾愿捐银一千二百两。青州府知府陶锦、莱州府知府耿绂祚，各愿捐银一千两。登州府知府李元龙愿捐银八百两。盐运分司张承先愿捐银六百两，共捐四万两之数。"朱批："交户部。"①

军需本应由朝廷支付，但是，现在各省督抚司道府州县等官员，也逃不脱了，必须一次又一次的捐银，然后扣俸工，收规礼，摊派百姓，为户部、为皇上"节省"了几十万两、上百万两银子。

（三）办理"皇差"

各省督抚，大都热衷于表忠心，总盼望能为皇上办差效劳，只要是皇上谕办之事，或者是揣摩到皇上想办之事喜欢之事，便奏请办理。比如，修葺明陵。康熙三十八年（1669年）四月，江宁织造曹寅奉旨，命其"监修明陵"。既然康熙要笼络汉族官民，施恩明太祖朱元璋，修葺其陵，这是圣恩帝谕，照说户部当然要遵谕办理，委官察勘，估计物料工值，造具施工图册，拨付银两，曹寅只是奉旨监修而已，不料，此事却全部落在地方官员身上。曹寅于三十八年五月二十六日奏称：奉旨后，署两江总督陶岱、江宁巡抚宋荦、曹寅，"以及在省大小官员"，一起察勘估料，议定委派江防同知丁易负责管理工程，"公议于官吏俸工银两内，动支修补"。②康熙是分文未花。

四川提督岳升龙，能征善战，军功卓著，甚为皇上赏识，常予褒奖。岳升龙从四十一年起至四十八年，在巡抚贝和诺等人任内向藩库借领帑银39280两，无力偿还。巡抚年羹尧催追，岳升龙只还5000两。年羹尧思考之后，想出还银办法，向帝奏称："各镇协营将弁，因提臣不能完银，除本人坐粮仍留过活外，情愿捐今年秋冬两季、明年春夏两季俸银，代为还补，共银二万四千两。其余银一万两有零，臣率川省文官自

①《康熙汇编》册8，第646页。

②《康熙汇编》册1，第43页。

府道以上，捐俸助还。"康熙喜悦，朱笔批示："照你所奏完结，甚妥。"①闽浙总督满丕曾奏请将自己应得之"节省银"4万两，捐造热河营造工程。康熙朱笔批示：工程已完，"尔或另行奏请，或采买现成米粮，以养浙江百姓"。满丕遂再次奏称：浙江"民食似暂不乏"，"则将奴才所进银四万两，奴才觐见皇上时亲携之去，或交其他营造处，以修建圣主行宫数间，或预备为圣主赏赉之用等处"。②

康熙非常赏识殷泰（又译为尹泰），特擢升其为西宁总兵。在四十四年授尹泰为总兵时，康熙特降圣谕，谕命川陕总督博霁等四人捐银，帮助尹泰。圣谕说："授尹泰为西宁总兵。西宁地方甚为紧要，操练兵丁，以诚示众，不生事端，安辑兵民，乃其任内应效力之所。伊岂可不知此耶？此外，赏赐蒙古等一项甚为紧要。若尔西地悭吝固执，则大失蒙古人心。尹泰由穷兵而升，拿什么用？尔等皆为满洲总督、巡抚、布政使、按察使，岂有没有之理？尔等四人应多捐送去。至于如何捐助之处，着具细折奏来。作为满洲总兵，较之汉总兵稍加高尚，则于全满洲亦荣耀也。将此谕着尹泰尔等四人同看毕，会同具折。为此特谕。"③

博霁等官接旨后，赶忙遵谕捐银，并于四十四年六月十一日上折，奏报办理情形说："奴才即与巡抚鄂海、布政使鄂罗、按察使赫碫同跪恭读之下，伏知赏赐蒙古一项，圣主思之精详，实关国家大业，颁旨训谕甚是。又轸念尹泰由穷兵而升，谕奴才等公同捐送，作为满洲总兵，较之汉总兵稍加高尚，则于全满洲亦荣耀等语。不惟尹泰粉身不能报答，即奴才等亦感激不尽。经奴才等共议，奴才捐银二千两，巡抚鄂海捐二千两，布政使鄂罗捐银二千两，按察使赫碫捐银一千两，共计银七千两，向尹泰宣读皇帝训旨，令其铭记，并将银交与之。于六月初七日起程赴西宁外，将奴才等捐送银额、尹泰谢恩折子，一并谨奏以闻。"朱批："知道了。"④

山西巡抚噶礼，特别热衷于讨帝欢心，多次奏述修葺庙宇为帝祝福和建造、增建御书楼。康熙四十五年正月二十六日，噶礼上折，奏报捐银建斗姆阁等情形说："窃奴才仰荷皇上之恩至深至重，虽舍身效力，

①《康熙汇编》册3，第676页。

②《康熙全译》第1143页。

③《康熙全译》第374、375页。

④《康熙全译》第374、375页。

亦不能报答于万一。去岁，江南扬州府算命人罗光荣赴华山叩祝圣寿无疆，顺便路经太原，对奴才言：欲建斗姆阁，特为皇上行礼，以请祝万寿无疆，但无工料等语。奴才自到山西以来，奴才每月斋戒六日，行礼于斗姆者，亦特恭祝圣寿无疆。况且建造斗姆阁，为皇上请祝者，奴才应行之事，故即喜捐银两，交付罗光荣，令携往扬州，择日建造等因，遣之还。

"再，于去岁三月，奴才亲赴五台山诵经叩祝万寿无疆，观之新建光宗等六寺尚未滑动漆彩画。奴才伏念，此等寺庙，皆为敬祝圣寿无疆而新建之寺庙，故奴才将油画之。查得，射虎川喇嘛丹增永久持斋，行善，虔诚为皇上育经祷祝。今年三月初一日，奴才将亲临五台山菩萨顶及各寺，开始诵经，叩祝万寿无疆毕，即行估算寺庙油画所需颜料类、匠役雇价，奴才简派最谨慎之人，与丹增监督油画之。奴才谨并具折奏闻。"朱批："这是一件好事，但不令官民受点苦才好。"①

四十五年四月初十，噶礼又上两道满文奏折，奏述于五台山铸长明灯、油画，新建各寺庙情形说："奴才伏念，因不能报答皇上殊恩，故于康熙三十九年，铸镀金长明灯二盏于台山菩萨顶、射虎川各供献一盏点燃，以永祝万寿无疆。又买田给之，以为长明灯油价。今奴才照台山镶金灯复恭铸一盏，于今年三月万岁圣诞，贡献于圆通观玉皇上帝阁点燃之，并买田给之，以为常明灯油价。奴才唯祝愿万寿无疆，福与天齐。奴才谨具折奏闻。"朱批："知道了。"

山西巡抚奴才噶礼谨具奏：为奏闻事，"窃奴才仰蒙皇恩至深至重，虽舍身效力，亦不能报答于万一。去年三月，奴才赴五台山诵经祈祷万寿无疆。看得广宗、显通、殊像、七仙、白云等各寺及玉皇庙共六处，尚未油画。奴才付念，该等寺庙，乃皆祈祷万寿无疆处所。奴才曾以应油画等因具折奏明，仰蒙睿鉴。于今年月初一日，奴才亲赴五台山菩萨顶、射虎川各寺庙开始诵经，以敬祝万寿无疆，即以此项工程指示办理，交付可信之人，现将监督油画。再其所需诸项工料，皆奴才出资照时价租买用之。容工竣时，再行具折奏闻。谨奏"。朱批："知道了。"②

噶礼见帝嘉奖他建斗姆阁"是一件好事"，赶忙又奏称要修葺北岳

---

① 《康熙全译》第407页。

② 《康熙全译》第415页。

恒山庙，不料这次却遭到了训诫。噶礼于四十五年七月初二奏："窃奴才仰荷皇恩至深至重，虽舍身效力亦不能报答于万一。顷间奴才赴蔚州察看田禾，事毕回浑源州地方后，奴才即洁身斋戒，携香于六月二十八日晨登北岳恒山，为万寿拈香叩祝。观之殿内未设长明灯，以及正殿等处坍塌，奴才当即承诺拈香叩祝毕，造作镀金长明灯一盏，以供献点燃，又修葺正殿等处，专以永祝万寿无疆，福与天齐。奴才谨具折奏闻毕，再移咨钦天监择选开工吉日，将动土施工。谨奏。"朱批："风闻为蒲州关神庙事，令官员捐输，对此官民怨声载道等语，现将询查此事。今若又大加修葺恒岳庙，则势必让官民资助。此事尔若不多加小心，必将出现为人控告、参劾等事。彼时悔之莫及也。"①

噶礼还曾将康熙巡幸山西时赐给噶礼及大小官员"御书匾额、诗文"勒刻于碑，又专建御书楼。这次又增建一座御书楼，于四十三年四月十八日奏称："钦惟圣主天生聪睿，于万事之余，作赋吟诗，又写楷书、草书，真是辉煌，洵亘古所未有。去冬圣主巡幸山西省时，蒙圣主赐奴才、大小各官御书匾额、诗文，俱感光荣，即获传世之宝而喜悦。奴才将此尽行收集，勒于石，于奴才所建御书楼左右侧又建造御书楼，编排置于山墙下。皇上赐奴才及各官御书宝字两次，其中各种字体俱有，惟御书楷书宝字未有。伏乞将皇上平时所书大小楷书赐奴才数张。奴才得之后，皆勒于石，装订两大法贴，另疏敬呈御览。又刷印颁布，以资官民观瞻万年。又皇上御笔，惟梅玉峰会临摹。……梅玉峰现在京城，奴才不敢擅行咨取，故经奏明，特遣人往取。俟来山西省，尽行临摹皇上所赐宝字后，即行送回京城。谨奏。"朱批："前造御书楼甚为宽大，完全可以容纳，着停止再行增建，即于其中均匀放置则已矣。尔人若来接梅玉峰，则即遣之去。"②

噶礼之阿谀奉承，令人肉麻。不过，他也达到了目的，被皇上赞为有办事之才，还摒弃了言官对噶礼贪婪的参劾，不治反升，荣升两江总督。

（四）孝敬京官

按照官阶品级，总督、巡抚分别与京师六部尚书、侍郎相同，低于内阁大学士。总督、巡抚都是主管一省甚至二三省的诸侯王，位尊权

①《康熙全译》第433页。

②《康熙全译》第313页。

大，威风凛凛，但是，对于京师的大学士、九卿，他们一般都是十分尊重的，甚至是恭敬有加。大多数督抚，都重视与京官的关系，进京时，前往拜访，礼送"土仪"，多是名贵的土特产和黄金白银或高级古玩字画。在省时，也常派属员、亲信家人进京交往馈送。康熙十八年（1678年）七月二十八日，京师大地震。第三天，七月三十日，康熙帝命大学士以下副都御史以上官员集于左翼门，谕因百官失职，小民困苦恼恨，致皇天示警，痛斥祸国殃民六弊。第一弊就是"地方官吏，诌媚上官，苛派百姓，总督、巡抚、司、道又转而馈送在京大臣。以天生有限物力，民间易尽之脂膏，尽归贪吏私囊，小民愁怨之气，上干天和，以致招水旱、日食、星变、地震、泉涸之异"。①

此弊并未因帝之严谕而革除，反而愈演愈烈。大学士明珠"擅政"十年，与尚书余国柱、佛伦结党营私。督抚藩臬员缺，必辗转征贿，"满欲而后止"。大计之时，"外史辇金于明珠门者不绝"②。其家"货贿山积"。据萧奭《永宪录》卷4记载，明珠死后，其子揆叙主家事。揆叙卒，以所有家财800万两献于官府，令九贝子掌之。

赵申乔，康熙九年进士，任河南商丘知县五年，有惠政，以贤能行取，升刑部主事，迁员外郎，四十年，超升浙江布政使。申乔上任，"不挟幕客，治事皆躬亲，例得火耗，悉屏不收"。帝以其清廉、强毅，升巡抚。就是这样一位清廉刚直的巡抚，也因拒送重礼，而遭奉旨祭告南岳之臣诬参。四十七年八月十七日，奉旨祭告南岳的内阁学士宋大业上疏，参劾偏沅巡抚赵申乔"轻亵御书及遏籴苛征等款"。奉旨，"着赵申乔明白回奏"。③

内阁学士，正五品，官品远低于巡抚从二品，但他侍帝左右，御门听政之时，是大学士、学士一起"以折本请旨"。学士常是诏谕敕旨的起草者，多系帝信任之臣，后来晋升至督抚九卿和宰辅者，不在少数，何况这位宋大业是派至地方祭告山灵的钦差大臣，更是威势袭人。所以一听到宋有疏劾赵，便降旨令赵明白回奏。在这种情势的压力下，一般督抚都只有认错请罪，胆大的，也不过是设法辩解，很少敢反击钦差的。可是，宋大业这次却倒霉了，遇到一位坚持己见、敢于揭露钦差丑

① 《清圣祖实录》卷82，第19页。

② 《清史稿》卷269，《明珠传》。

③ 《清圣祖实录》卷233，第24页。

事的刚直巡抚。十月初九，赵申乔遵旨回奏说："缘康熙四十二年，内阁学士宋大业奉赍碑额，两次至楚，多方需索，臣曾借司库俸工银九千两馈伊。此次来楚，以南岳庙工余剩银两，报部充饷，彼不得染指，又仅馈伊银五百两，以此蓄忿，是以捏造轻亵御书等款，将臣参劾。"①最后判定，革宋大业职，赵申乔降五级留任。一次送银9000两，才能过关，可见督抚对京官之畏惧和孝敬。

四十八年正月二十三日，康熙谕告文武百官说："马齐、王鸿绪、李振裕，向在部院，声名俱劣，朕早欲罢之，因念若等效力年久，是以迟至今日。且张鹏翮，乃一清官，朕南巡时，马齐当众前詈之曰杀材。因不馈伊银币，遂尔辱詈，谁不畏死，敢不馈之银币乎？生人杀人，乃朕之权，彼焉得操之，此后尔等，皆当省改。"②

张鹏翮，可非平凡之人，康熙九年进士，历任知府、侍郎、学政、左都御史、刑部尚书、两江总督、河道总督，三十九年被康熙赞为"天下廉吏，无出其右"。马齐时为位列第一的大学士，人称首辅，又是满洲开国功臣之后，权势赫赫，所以他才敢因为河道总督张鹏翮不献银币，而"当众詈之曰杀材"。因此，康熙说："谁不畏死，敢不馈之银币乎？"足见督抚恭献金银与阁臣、九卿之行为，是何等的普遍！

时间相隔不到一年，四十八年九月二十八日，河南巡抚鹿佑陛辞，康熙谕鹿："为督抚者，不畏惧人，奉职循理，本无所难，每因部费繁多，以致不能洁己。"③可见，六部尚书、侍郎、司官权势之大，索贿之多，以致督抚为了过关，不得不恭送金银，数量之大，危害之重，弊之盛行。

涂天相于康熙五十八年当钦差，来到广东，广东送钦使银3000两。④

（五）直隶之例

赵良栋，宁夏人，行伍出身，战功卓著，尤其是在平定"三藩之乱"过程中，屡建奇功，被誉为绿营将领之中第一功臣。且清廉刚直，最早率军攻进昆明后，不取一物，任至云贵总督、勇略将军兼宁夏提

---

① 《清圣祖实录》卷235，第10页。
② 《清圣祖实录》卷236，第14页。
③ 《清圣祖实录》卷239，第5页。
④ 《雍正汇编》册2，第359页。

督，封一等子。康熙帝念其功勋，厚待其子。长子赵弘灿，由荫生升总兵，任至两广总督、兵部尚书。次子赵弘燮，袭一等子，历任知县、同知、道员、按察使、布政使、河南巡抚。从康熙四十四年（1750年）移任直隶巡抚起，整整当了17年直隶巡抚，直到六十一年六月卒于任上。之前，康熙帝于五十四年下谕，嘉奖"弘燮抚直十年，勤劳供职，实心任事，旗、民辑睦，盗案稀少，着加总督衔"。①

就是这位奏称"臣父子兄弟世受隆恩"，"身蒙圣眷"，"愧无寸报"，要"尽犬马之微"的直隶巡抚赵弘燮②，曾多次奏请扣用俸工银捐献军需，买补仓谷，补济藩库，偶尔自己也拿出点银两。

康熙五十三年，皇上发帑，重修隆兴寺，赵弘燮捐银1750两，蒙帝谕令加四级。③

康熙五十四年，永定河南岸长安城等处，石工坍拆，赵弘燮又捐一千两，办料保护。④

奉命军前视师的吏部尚书富宁安，奏准令陕西、甘肃籍的外省督抚提镇各招20至50户往边外垦田，以供兵食，赵弘燮奏捐白银4000两。⑤

天津总兵马建伯奏请设立水师，招募水手，打造海船，奉旨与总督商议。赵弘燮即于五十六年二月二十五日奏称：以抚标各营"部科册费空粮"74份，拨与水师募兵，"打造海船之费，先动盐库银两，臣与镇臣设法捐补还项"。⑥

赵弘燮于五十六年二月二十八日又奏："切臣世受国恩，于每年三月内恭逢皇上万寿圣节，臣俱自备银两，在保定府之玉清观、真定府之隆兴寺延请高真僧道，讽诵真经，以祝圣天子万年纯佑，今特出自备银两千两，请僧道于二处各诵经一月。"⑦

在军需方面，赵弘燮更多次奏请捐购马骡之事，他前后呈上奏折数

①《清史列传》卷12，《赵弘燮》。

②《康熙汇编》册5，第855页；册6，第402页。

③《康熙汇编》册5，第853页。

④《康熙汇编》册6，第510页。

⑤《康熙汇编》册7，第493页。

⑥《康熙汇编》册7，第742页。

⑦《康熙汇编》册7，第758页。

道，讲述请求捐马与办理情形。五十四年初，为准备征剿准噶尔汗策旺阿喇布坦的米粮，议政大臣奏请令"三省民人捐助马匹"。康熙下谕说："现在户部库内所存钱粮不下数千万两，即用正项钱粮运米就近，若令各省捐助，地方偏远，未免迟滞，着动户部正项钱粮运米。"照说有了这样的谕旨，赵弘燮可以不必捐银买马运米了，可是这位巡抚，"世受国恩"，深谙帝意，立即于同年五月十一日上折，奏请捐购马骡运米说："臣身住地方，并无微黄可效，此心时刻难安，今臣现在量力捐购马骡，少为毫末之助。而所属道府等员见臣首创，亦有情愿乐输，以报国恩，多寡听其自捐。"康熙朱笔批示："具题。"显然是允准了。①

过了一个月，即康熙六月十五日，赵弘燮奏述捐购马骡7500匹，扣俸工银捐。他奏称："今臣与道府业已各自捐购马骡共三千匹，尚有不足马骡四千五百匹，若听州县捐输，亦可计日取盈，然臣唯恐扰累闾阎，是以止许道府助捐。兹查不足之数，仅余一半，若仍用帑金采买，不但臣心不安，即阖属大小各官亦无从申其报效之心。臣思直属历来公务，俱赖俸工捐济，即如修理密云城工所需银两，已将五十五六两年俸工请抵。今见在不足马骡及驮鞍口袋苫盖物件等项，臣条遵部文，暂动正项钱粮采买，其用过之银，应请在于五十七八等年俸工银内，照数捐还。"朱批："知道了。"②

7500匹马骡，并且是运军米用的，牲口要好，时间又急迫，一匹马骡要花费一二十两银子，没有10万两，买不到，而且还要买"驮鞍架子、口袋、苫盖油单（防雨用）、绳索等物"，以及草料、夫役，又要花不少钱，赵弘燮还捐"兵丁口粮"，又要银两。这么多钱，这么多马骡、物料、夫役，居然只用了一个多月时间，就办妥了。赵弘燮于七月十八日便奏称：7500匹马骡及油单等物已全部办齐，并已分作三批，"打发起程"。效率够高，难怪皇上夸奖他是"勤军供职，实心任事"，专门赐给他总督职衔。

仅仅过了11天，赵弘燮又于七月二十九日奏称："近阅邸报，内开议政大臣议奏，运送哈密米石，使骆驼运送，不甚费力，冬天容易行

①《康熙汇编》册6，第198页。

②《康熙汇编》册6，第252页。

走。……臣父在日，分授臣骆驼十八只，现已滋生至七十六只，谨挑选堪用骆驼四十只，捐送甘肃巡抚查收。"朱批："知道了。"①

五十六年九月初一，兵部咨文送到保定。咨文称，调保定兵200名，前往西宁驻防，每兵1名，配马5匹。赵弘燮立即凑马1000匹，并于九月初二上奏说："马已凑齐。深知各官兵穷苦，除借支俸饷之外，臣情愿捐给帐房一百顶、罗锅一百口，再捐银一千两，给此二百名官兵，以资长途之用。"朱批："知道了。"②

赵弘燮还扣俸工银买补赈灾用过之米贮库。五十五年八月二十九日和五十八年五月七日，他两次奏称，赈灾用过米78400余石，"原议俟五十五六七年等年俸工补足军需之后，捐买还仓"，现因"为期尚早，没有需用之处，凭何赖籍"，遂"暂借道库银两"75900余两，盐法道库银4万两，已分发"各属买补。所借之银，俟五十八、五十九两年俸工捐解到日还项"。③

赵弘燮还奏请以盐规银2万两，作为巡抚衙门之公费。五十六年正月二十六日，赵弘燮奏：历年赈灾、修理朝鲜馆舍及购买需马骡，"种种难以枚举。悉据巡两道会详，量捐俸工银两，以公济公"，现因"今岁明岁俸工俱有抵项"，奉兵部咨文派出的运米官员之用费，"原应在俸工银两内酌量拨给"，已无银可支，请以直隶长芦盐商每年给予巡抚的盐规银2万两，"自五十六年为始，交存守道库内"，遇有本省公务应用之处应用。朱批："使得。"④

（六）捐俸三害

综上所述，地方公务用费，军需银米马骡车船枪炮，皇差办理，孝敬京官，种种用费，数量很大，本来应由朝廷拨银办理，却全压在一无所有、存留银少、又不能开支此类用费的督抚司道州县官员身上，怎么办？只有捐输了。但是，捐输之害，实难尽述，至少其大害有三。

---

① 《康熙汇编》册6，第402页。

② 《康熙汇编》册7，第1164页。

③ 《康熙汇编》册8，第476页；册7，第392页。

④ 《康熙汇编》册7，第641、642页。

其一，"逼良为娼"，官难清廉，吏难守法。杨宗仁，原系国子监的生员，历任知县、道员、按察使、巡抚，晋湖广总督，为官近三十载，历任各职，熟谙利弊，被帝赞为"廉洁如水，耿介如石"。他于雍正元年（1723年）上折，极言扣捐俸工之害说："照俸工一项，乃朝廷禄养官役之殊恩，岂可任意饬捐，下填贪官欲壑。查湖广州县以上俸工报捐，已经十有余年，总无分厘给发，责成官役枵腹办事，焉能禁其不需索闾阎所有。"①

杨宗仁所说，"官无俸，吏役无工食银"，意思是说不能饿着肚子办差，就没法禁止他们苛索百姓。此论固然不错，但还不够深刻。因为，饿着肚子事小，丢官事大，掉脑袋更是天大灾难。没有俸薪、工银，还可以求告亲友借贷，可是，砸了"皇差"，贻误军机，惹怒钦差，得罪阁臣、九卿，就不只是停俸而已，那可是轻则摘去顶戴，削职罢官，重则绞斩，家人为奴充军了。重压之下，有多少两榜出身的举贡生员，能保持初衷，牢记圣贤教谕，拒贪守廉？吏治怎能清正而不败坏？

其二，摊派百姓，祸害黎民。工部尚书王鸿绪密折奏述杭州民"闹"之事，可以说是一个典型例证。康熙多次巡幸江南，浙江官员为讨君主欢心，建造西湖行宫，各官捐输不等。浙江巡抚王然、布政使黄明于四十六年六月间，"欲派公费，其下属州县拟派每亩加三。时正当亢旱，遂致省城百姓数千人，直到巡抚辕门吵闹，督抚为之出告示安民而止"。"目下加派因旱暂缓，然藩司黄明移用库银甚多，究竟仍要设法加派"。②

其三，亏空国库。所谓捐修俸工，常是先行借支藩库帑银，支付某项费用，然后扣某年俸工银补还藩库。可是，经常有官从藩库借提帑银后，并不归还，日积月累，欠库愈多。山东巡抚李树德于康熙五十八年四月二十四日奏称："山东省历来相沿有流抵一项，盖因州县各官，遇有修建仓廒、衙署、文庙、城垣堤岸等公务，始虽详称愿捐俸工应用，实则挪动正项钱粮。后因俸工无几，不能一时补完，遂致递年渐补，一遇升迁事故，又流交于接任之官，通省合计约共十二万七千两有零，此东省流抵未清之数也。"③

---

①《雍正汇编》册1，第401页。

②《康熙汇编》册1，第724、725页。

③《康熙汇编》册8，第453页。

福建布政使黄叔琬于雍正元年十二月六日奏："臣前折奏因公那（挪）用十万九千两，督抚二臣奏明以俸工赔补。……（此）实系修理战船，津贴运费不敷铜价，整备水师军器火药，供应杭兵来往夫船，修理各处河滩，资助微员回籍，及历年赏给巡辑（缉）山贼官兵饭食，省中应办各项公事夫船脚价等项。总之，闽省公用，皆取给予俸工，彼时俸工尚未解到，遂将正项那用，以致有十万九千之数。"①

原历任左都御史、工部尚书、户部尚书熟谙积弊的王鸿绪，于康熙五十七年间特上密折，参劾山东巡抚李树德与河道总督赵世显朋比为奸，欲籍修筑坝闸扣用俸工之名，开销历年藩库数十万两之亏空，并力言扣捐俸工之弊。王鸿绪奏称："窃见山东省抚臣李树德折，准河臣赵世显咨称，运河粮船沮滞，祈即设法料理等因，抚臣遂议将东省赈济案内存贮米谷六十万四千余石，为开浚河道修筑坝闸之用等因具奏。……今抚臣所请六十万四千余石之米谷，约算帑金将及四十余万，于何用之，人所不解。传闻河臣因去岁回空阻滞，若题参河道，则自己亦当请议处，故咨抚臣，抚臣又因历年存贮亏空已多，遂借闸工为开除，而阻滞之河员反置身局外矣。至抚臣云扣通省知县以上十年俸工抵补，窃思通省各官与河工无涉，何故而扣其十年之俸工。况今天下所谓俸工抵补者，该省布政何曾有丝毫解部，不过纸上空言以欺饰耳。"②

其实，扣捐俸工之弊，既无实效，又苛派黎民，康熙帝玄烨早在康熙二十六年，便已知晓。《康熙起居注》记述二十六年十一月初四君臣议事时，玄烨之上谕，便很清楚地表明了此事："工部题，四川省所运解楠木，文武官员捐助银二万余两，今屡经驳查，俱系虚报数目，并未实收库内，应向原助之人追取。但四川楠木已经免解，其捐助银两免追。上曰：捐助俱属虚名，此原助之人免其追取，部议甚是。且各省捐助银两，名虽急公，不过先报虚数，并无交库，希图议叙。及至实行支用之时，皆苛取民财，以充原数。甚至用少派多，除原数外，仍行侵渔肥己。即此一事，余皆可知。总因沿袭陋弊，视为固然，以致滋累民生，殊非实心急公之谊。着通行严饬。"

玄烨的皇四子、雍亲王胤禛留心政务，注意官场利弊，对俸工捐输之弊，更是胸中了然。登基继位后，立即于雍正元年十月初六谕告总理

①《雍正汇编》册2，第458页。

②《康熙汇编》册8，第1056—1058页。

事务王大臣们说："各处工程，有请俸工银两捐助者，此事断不可行。伊等名为捐助，实则借端勒派，扰累小民。若直省大吏，将己分内所得羡余，捐助完工者，听其捐助。如或不能，着动用正项钱粮。"[①]

总之，康熙帝玄烨为了增加中央财政收入，减少朝廷支出，大裁存留，使地方没有必要的公务费用的银米，俸薪又微薄到了可怜的程度，实际上是逼着督抚以所谓的捐输，来开支公务用费，来捐输军需马骡枪械，来赈灾修堤，替朝廷出钱。出数以百万两计的巨量银两，乍看起来，收效不小，可是却祸国殃民，还害了一批原本有忠君爱民初衷的官员，真是得不偿失，实为一大弊政。

三、捐纳泛滥　敛银万万

（一）《清史稿》论捐纳

捐纳，指的是纳银（米）买官。对于清朝的捐纳，人们一般是依据《清史稿》的论述。《清史稿》卷112，《选举·捐纳》称："清制，入官重正途。自捐例开，官吏乃以资进。其始固以搜罗异途人才，补科目所不及。中叶而后，名器不尊，登进乃滥，仕途因之淆杂矣。捐例不外拯荒、河工、军需三者，曰暂行事例，期满或事竣即停，而现行事例则否。捐途文职小京官至郎中，未入流至道员，武职千、把总至参将。而职官并得捐升，改捐，降捐，捐选补各项班次，分发指省、翎衔、封典、加级、记录。此外降革留任、离任、原衔、原资、原翎得捐复，坐补原缺。试俸、历俸、实授、保举、试用、离任引见、投供、验看、回避得捐免。平民得捐贡监、封典、职衔。大抵贡监、衔封、加级、记录无关铨政者，属现行事例，余属暂行事例。历代捐例，时有变革……凡报捐者曰官生，部予以据，曰执照。贡监并给国子监照……

文官捐始康熙十三年，以用兵三藩，军需孔亟，暂开事例。（十六年谏止）……滇南收复，捐例停。嗣以西安、大同饥，又永定河工，复开事例。"

捐银买官之事，秦汉也曾实行过，但《史记》《汉书》对此并未着重论述。在人们称之为"二十五史"中，只有《清史稿》将它列为专门

---

①《清世宗实录》卷12，第8页。

的一卷，作为"选举志"的八卷之一，予以系统的、比较详细的论述，不少地方颇有可取之处，得到人们的认同，也算是难能可贵的了。但是，此卷也有相当多的欠妥之处。

其一，所云开捐例，"其始固以搜罗异途人才，补科目所不及"，此论有误。捐纳之开，主要是聚敛银米，并非为了求贤，这不仅与当时事实不相吻合，也与其后面所言"用兵三藩，军需孔亟"而"暂开事例"相矛盾。

其二，所谓中叶以后，才"登进乃滥"，仕途因之淆杂，真是这样的吗？难道康熙年间仕途并不淆杂，而是官吏纯清？

其三，开捐之利，所言有三，一为济军需，二为赈灾民，三系兴河工，此论是否妥当？究竟对谁有利？不开捐就不能赈灾治河用兵吗？康熙帝与此有何关系？

其四，所云开捐之弊，是伤名器，累地方，兴言利，是否如此？还有何弊？是利大于弊，还是得不偿失，甚至是祸国殃民？

其五，为什么捐例屡停屡开，并一直延续到清末，盛行两百多年？康熙对此有无责任？

（二）监贡之捐

清朝最早的捐例，是延续明朝的"监捐制"。明景泰年间（1450—1456年），因边境吃紧，"令天下纳马者"入国子监读书，开始了捐粟（马）买监生资格的捐例，这类监生被称为"例监"。最初说是"限千人止，行四年而罢"，可是后来"或遇岁荒，或因边警，或大兴工作，率援往例行之，讫不能止"，"纳草纳马者动以万计，不胜其滥"。①清帝入主中原，起初废除了这项弊政，"革除援纳之例，太学为之一清"。然而顺治六年（1649年）五月二十六日，户部等衙门以"边疆未靖，师旅频兴，一岁所入，不足供一岁之出"为辞，奏准"开监生、吏典、承差等援纳"，"以裕国家经费之用"。②顺治十年规定，"俊秀"（即没有功名的平民）捐米200石，准入监读书，成为国子监太学的监生。

---

① 《清史稿》卷112，《选举法》。

② 叶梦珠：《阅世编》卷2，《学校》。

顺治十二年，御史杨义请开廪生捐贡例说："兵民匮乏，请令各州县廪生捐银准贡，以给满洲兵备鞍马器用，余赈被灾贫民。"①遂允许府学县的廪生、增生交米捐贡，廪生交300石，增生交400石，捐为贡生，称为例贡。顺治十七年，又以抗旱为辞，再开贡例，令士民纳银捐贡。②

此时虽然开了例监、例贡之捐，可是，捐银较多，且时开时停，终顺治朝，纳捐之人不多。康熙三四年间，"纳银入监之例尚停"。其后，"以城工、河工相继，旧例始开"，但纳者犹未众也。

大转变是在康熙十三年（1674年）。十二年十一月二十一日，平西王吴三桂起兵叛清，靖南王耿精忠等立即响应，数月之间，云、贵、川、湘、闽、桂六省皆陷。清廷调兵进剿，为了筹备军费，遂大开捐例。在县学府学方面，议定每名俊秀童生纳银100两或120两，准作生员（秀才），人们称这类生员为"饷生"。于是，"多者县纳至数十名，少者三十名"，相当于当年府县学额定生员数目。

贡生之捐亦大开，由廪捐贡者，纳银300两；由增生捐者，400两；由附生捐者，500两。至于太学的国子监生员，更多更滥，"事例广开，或纳米菽，或纳马草，或纳鸟枪，种种不一，近而本省，远而秦楚，更远而闽越，总归大堂，计其所费，俊秀不过百余金，廪、增、附生，不过几十金耳"。于是，"大学生员增至数十万人，而名在藩籍未咨到监者不与焉"。③

（三）军需之捐

军需之捐，可是清廷自创的，没有明朝旧例可援。如果硬要找个历史依据，那就得算在1500年以前的西汉武帝，东汉桓帝、灵帝身上了。此例太远，不需赘述。

康熙十三年（1674年），为筹军费，大开捐例。北京大学许大龄教授依据缪荃孙的《云自在龛笔记》，对十三年的捐例整理如下：

此次开捐之例，分为军需捐纳与赈济捐纳。军需捐例的规定有四项：一、捐虚衔捐出身。笔贴式等捐银200两给八品顶戴。包衣佐领子弟照例捐银准为监生。二、捐革职起复。因公诖误及江南奏销案内革职的

①②《清史稿》卷122，《选举法》。

③叶梦珠：《阅世编》卷2，《学校》。

官员绅衿，内外四品以下官员及进士、举人、生员，俱准捐复，照原品录用。三、捐中行评博及内阁中书与知县。进士捐1000两以中行评博及内阁中书用，举人捐1000两，贡生 2000两以知县用。四、捐免候选。汉人候选官员，通判、知县、州同、州判、县丞、经历、主簿等分别捐银500两至200两不等，俱准先用，候选州同、州判、经历捐1000两者以知县用，捐1500两者以知县先用。

赈灾捐例也有四项规定：一、外官告病起复捐纳，文职自道员至佐贰，武职自副将至守备，分别捐银4000两至500两不等，准起复。二、捐知县，贡生充教职未考职者捐1000两，官监生捐1200两，监生准贡已考职者1500两，例监未考职者1700两，俱以知县用。三、进士捐500两以内阁中书用。四、廪生捐300两，准作岁贡。①

康熙十五年十月，户科给事中余国柱上疏，奏请于浙江、江西、湖广、山东、河南开捐例，因"一日未罢兵，即一日不可无粮饷"，宜广开捐例，纳米、谷、麦、草束以济军需。户部议准，开江西、湖广、福建三省捐例，规定"现任官捐加级、记录，四品以下降革捐复原职，余分别录用、先用及顶戴荣身"。②

第二年，左都御史宋德宜奏请限期停止开捐说："频年发帑行师，度支不继，皇上俯允廷臣之请，开例捐输，实以酌便济时，天下万世共知为不得已也。计开例三载，所入二百万有余。捐纳最多者，莫如知县，至五百余人。始因缺多易得，踊跃争趋，今见非数年不得选授，亦徘徊观望。宜敕部限期停止，俾输纳唯恐弗及，既有济于军需，亦足征慎重名器之意。"③虽然《清史列传》称"帝纳其言"，似乎宋之所奏已被皇上允准，捐例已经停止了。然而，御史陆祚蕃却在康熙十七年上《请停止捐纳知县疏》说："迩因军兴旁午，需饷浩繁，暂开加纳一途"，但知县关系察吏安民，"请自今以后，将捐纳知县一例明示，一期以今年几月为止。若谓军饷方殷，未可遽议停止，则年来广开事例，在内在外，款项繁多，即闭此一途，亦必由他途而进"。④这样看来，似

① 许大龄：《明清史论集》，第26、27页。转引自朱诚如主编：《清朝通史·康熙朝分卷下》，第202页，紫禁城出版社，2003年。

②《清史列传》卷8，《余国柱传》。

③《清史列传》卷7，《宋德宜传》。

④《皇清奏议》卷20，陆祚蕃：《请停止捐纳知县疏》。

乎宋德宜所奏，并未完全实行。御史蒋伊也于康熙十八年上疏："伏乞皇上立沛纶音，将知县一项，亟行停止，其余事例，不妨暂开，以济军需。"①

尽管言官力言捐纳知县、生员之弊，但捐例却不断延续和扩大，用兵之需，捐；赈灾用银，也捐。康熙十八年九月，江南总督阿席熙等，请广开捐纳事例，赈济饥民。上曰："江南省今岁荒旱异常，饥民待赈，最为急迫，应照该督抚所请速行。"②十月，陕西巡抚杭爱请开捐纳事例，于汉中开，以济军需。帝谕："着作速举行。"③十九年二月，甘肃巡抚巴锡题请捐纳，帝谕："陕西百姓解运钱粮，甚为劳苦，宜在四川捐纳，令九卿会议。"七月规定，旗下官员纳银，可捐复职，捐还级。各部门主事于京师捐纳，但需堂官保举，方许升转。并以平定云贵大兵关系重大，"速令"各官捐马4000匹，送至军前。④九月，贵州巡抚杨雍建以各路兵马云集，贵州产粮不多，奏准在贵州开捐，交纳本色，"在外参政道员，副将以下官员并进士、富民，情愿捐助粮草，分别鼓励"，所捐米数，"照长沙之例，量减十分之二"。此次捐例规定，富民可捐八品、九品顶戴。廪生、增生、青衣生、俊秀可捐为监生、廪生、附生，还可捐为岁贡生。现任官员，捐加级记录。革职离任者，捐官复原职。捐知县者，又可捐先用，捐即用。捐米之数，较过去定例规定之数要少些。比如，查定例，准贡生、监生考职者，纳银1500两，未经考职者，纳银2000两，俱准以知县用。今议，考职者纳米480石，或草33600束，未考职者纳米544石，或草38080束，俱准以知县用。"定例"，加纳知县者，再加银1500两，准其盖行先选。今酌议加纳知县者纳米480石，或草44800束，予先选之中，与长沙等处捐纳者分缺即用。⑤二十年四月十八日，户部议准云南巡抚伊辟请开云南捐纳事例。九月，户部题："大同捐纳事例，原限十二月终停止，今已经收米十万余石，请予宽限，收米至二十万石，即行停止。"康熙谕："先因大同饥荒，

---

① 《清经世文编》卷17，蒋伊：《甄捐纳以恤人材疏》。

② 《康熙起居注》，第437页。

③ 《康熙起居注》，第456、461页。

④ 《康熙起居注》，第496、573、577、579页。

⑤ 朱植仁：《六部则例全书·户部则例》下，《捐叙》，转引自朱诚如主编：《清朝通史康熙朝分卷下》，第205页，紫禁城出版社，2003年。

行捐纳之例，乃一时权宜之计"，着九卿议。另外，康熙十七年正月十三日，河道总督靳辅以河工重大，请开捐纳事例，以助河帑。帝谕王大臣九卿詹事科道会议后，奏请允其所请。康熙降旨："河工大事，当动正项钱粮。"未予允准①。十八年十月，山东巡抚施维翰以赈荒请开捐纳事例，十九年三月署直隶巡抚董秉忠请开捐纳事例，以赈饥民，户部议准不允其请。十九年六月，奉天将军朱安佑请派官役纳银，作为修边经费，户部等议令官员捐纳，康熙帝谕："官役捐纳甚非所宜，边疆关系重大"，"动户部钱粮修理"。②

（四）捐例之争

关于纳银捐官之例，百官之中，有反对者，有奏请者，也有赞同者。大体上，反捐者，言官为主；奏请者，多系督抚；而以户部尚书侍郎为首的九卿，以及大学士，常持赞同之议。

康熙十五年（1676年），左副都御史田六善以河道总督王光裕奏请开捐纳生员，平民俊秀纳银200两，就可成为生员，而上疏力谏说：王之此请，系"因兵饷起见"，但"此事断断不可行"。其危害有五：废经书，不读书，丧廉耻，伤国体，乱天下。③十七年，御史陆祚蕃上《请停止捐纳知县疏》。十八年，御史蒋伊上疏，极言捐纳之非，请将捐纳知县一项，亟行停止。④十九年，给事中孙蕙上疏说：自兵兴以来，广开捐纳之途，目前需饷正殷，一切事例自应照常捐纳外，独有县令一官，则不可不为审择者，更不可"加先用，即用"。⑤

康熙二十年六月，左都御史徐元文上疏，讲了四个问题。一是捐纳官员满三年后，应定去留，应降应革者，督抚题参奏请。二是取消户部新定的"道府以下捐银者，三年后免其题，照常升转"之规定，必须督抚考察"各官治行"，出具该官"称职"的评语，方可升转。三是捐纳岁贡得官者，仍须保举，方与正途一体升转。四是皇上久"欲停罢"捐纳事例，请于滇南收复之日，"即赐旨概缀不行"，不拘前者十二月

---

① 《清圣祖实录》卷71，第8页。

② 《康熙起居注》，第456、460、510、556页。

③ 《皇清奏议》卷20，田六善：《为生员断难捐纳》。

④ 《清经世文编》卷17，蒋伊：《甄捐纳以恤人材疏》；《康熙起居注》，第1107页。

⑤ 《皇清奏议》卷21，孙蕙：《清吏治以重民生疏》。

停止之成命。①

此疏经九卿会议后，议复，大学士、学士于六月二十三日面奏请旨。康熙帝阅后谕称："捐纳一事原非善政，但一时不得已，系九卿屡次会议而行者。今方行捐纳，又将官员定以严例，似欲止其捐纳矣。徐元文系大臣，理应条奏国家大政，自任都御史以来，所奏皆小事而已，其于国家大政未曾建言，看来尚不惬副。"②百官赞颂、自诩为英君明主的玄烨，虽然善于雄辩，但因心有成见，致在这短短一百字的上谕中，出现了四处不该有的谬误。一是既然承认捐纳"原非善政"，就不该以"不得已"三个字，来掩盖、淡化其错，特别是，此一"非善政"之事，乃系特大之弊政。二是此乃你这位天子的乾纲独断而推行之"创制"，哪能以"系九卿屡次会议而行"来推诿。三是指责徐元文"将官员定以严例"，"止其捐纳"。何谓严例？徐元文明明在疏中引用了"康熙十八年定例"，"凡捐纳授官及捐纳复职州县，到任三年后，称职者具题升转，不称职者题参"，以此来要求捐官者，三年之后定去留，来驳斥户部捐银者可免督抚考核称职而升转之错误规定，这有什么错，焉得谓严例？！清朝旧制，"入官重正途"，"由科甲及恩、拔、副、岁、优贡生，荫生出身者为正途"，故徐元文主张，"其由捐纳岁贡得官者，仍须保举，方与正途一体升转"，这又错在何处？四是为了硬要定上徐元文犯了大错的过失，玄烨还歪曲事实，指责徐身为大臣，只奏小事，不言国家大政。姑且不说捐纳本身就是"国家大政"，就说说徐就任左都御史半年来的建言吧：徐于十九年十二月升任左都御史后，立即上疏，讲了两个重大问题。一是妥善处理吴三桂、耿精忠、尚之信、孙延龄"旧隶将弁"，必须将他们解散，"勿仍藩旗名目"。至于"胁从之众"，则"恩许自新"，但不能移调地方，统之别将，摄之归旗，而应"以应补职及入伍者，与绿旗将弁一例录用，余俱分遣为民"。二是滇、粤、闽民久苦于三藩之盐埠、牙行、市舶、藩庄、藩田、渔课、渡税、矿厂等等弊政，荡平之日，"即为蠲除"。请问，此非"国家大政"吗！其实，徐元文奏疏之要害，在于平滇之日，立即停止捐纳弊政，而玄烨之谕则欲延续开捐，这就是双方争执的症结所在。康熙此次对徐元文的无理指责，第一次让文武百官看到了皇上是愿意创

①《清经世文编》卷17，徐元文：《酌议捐纳官员疏》。

②《康熙起居注》第715页。

立捐纳事例的真实想法。

康熙二十年十月十四日，奏报大捷，云南平定，十二月二十日诏告天下，大赦，恩款共45条，宣布"凡因军兴所开各项各省捐纳事业，尽行停止"，"惟向来旧例生俊援纳入监者，照康熙十四年以前纳银入监"。①

尽管这是通行全国的停止"各项各省捐纳事例"的皇帝圣诏，但似乎并未能完全实行，仍有一些地方还在开捐，请看下列三例。其一，康熙二十一年三月十四日，大学士奏称，原任祭酒冯源济捐纳所降职衔。帝谕："此人品行殊为不端，不必准其捐纳。"②其二，二十二年十一月十七日，大学士奏称，广东督粮道蒋伊捐纳加级。帝问："蒋伊系贫寒之士，何能捐纳多金？"大学士奏："捐纳加级，向有定制，蒋伊原照定例捐纳。"帝命察蒋伊为御史时条陈本章来奏。十九日，大学士明珠奏："蒋伊条奏内言，自古无捐纳之例。"明珠批驳其论说："汉、康、宋以来，捐输济国用者亦多，所言实属太过。"帝谕："蒋伊为言官时，指除铨政，则极言捐纳之非。今乃身自为之，殊属不合，这加级不准行。"③其三，二十二年三月二十二日，广西巡抚郝浴以二十一年捐输谷米，于秋收后报部，帝谕："捐输米谷入常平等仓备荒，有裨民生，最为紧要，务令经管各官殚心举行。"④

康熙二十八年十月，直隶荒旱，奏准在直隶开捐监、捐封典、捐纪录、捐加级。不论旗民俊秀子弟捐谷200石或米100石，准做监生，免其入监读书，期满考用。不论旗民文武官员，捐谷200石或米100石，记录一次。捐谷800石或米400石，准加一级。司府首领等官，州县佐贰教职等官，不论已仕未仕，捐谷200石或米100石，照各品级给予封典荣亲。⑤十一月，各省仿效，纷纷以灾情严重，请开捐贡监、虚衔及封典，以备常年仓储。

康熙二十九年一月，征噶尔丹。六月，山西巡抚叶穆济奏准开大同

①《清圣祖实录》卷98，第16页；叶梦珠：《阅世编》卷27；光绪《大清会典事例》卷1111。

②《康熙起居注》第830页。

③《康熙起居注》第1105、1107页。

④《康熙起居注》第973页。

⑤朱植仁：《六部则例全书·户部则例》下，《捐叙》。

捐例。三十年正月，户部以军用浩繁，奏行运输粮草，开大同、张家口军需捐例，官生运送草豆，准作贡监及纪录、加级、复级、封赠，并可捐免保举。"凡内外，保举方以京官正印升用等官，道员捐米一千二百石或豆七百石并草三万一千束，知府捐米一千石或豆六百石并草二万五千束，同知、运同捐米七百石并草一万八千束。"其下直至司府州县佐贰，定例有差，俱"免其保题论俸，照伊应升之缺用。此等候缺并丁忧官员，照见任官捐纳候补之后，免其保举"。^①此即《清史稿》卷110所谓"以宣大运输，许贡监指捐京官正印官者，捐免保举。寻复许道、府以下纳资者，三年后免其具题，一例升转"。

御史陈菁对此例提出修改意见，奏请删除捐免保举的规定，但增加捐纳先用之例。部议不准其议。御史陆陇其上疏，力主停止捐免保举捐银先用的规定。奏疏讲了五个问题。其一，恐因捐纳导致"贤愚错杂，有害百姓，故立保举之法以降弊"，如果保举可以纳银捐免，则保举所重视的"清廉"，亦可捐银买得了。其二，花银捐纳"先用"之人，大抵皆系不纯之人，"多一先用之人，即多一害民之人"。其三，不但目前不可开捐银先用之例，连从前已经纳银而先用之人，亦须"稽核"。其四，一切捐纳之员，到任三年而无保举者，即行开缺，听其休致，庶吏治可清，而民生可安矣。其五，对于各省督抚碍于情面甚至有可能因收受捐纳官员之贿赂，而不认真对其考核，出具评语，言其去留升降之陋习，予以批评说："窃见近日督抚予捐纳之员，有迟之数年，既不保举又不纠劾者。"^②

陆陇其此疏表明，他实际上是反对实行捐纳制度的。但是皇上及若干大臣主张开捐，公开反对，必难见效，故紧紧抓住保举与先用这两个关键条例，痛加驳斥。因为，捐银买官之人，多是平庸懒散、才疏学浅甚至是文理不通之人，连康熙帝也曾斥责"汉军官员起家多由捐纳，从事学问者少"，且谕称"外官庸劣者甚多，皆由荫监生并纳银之人兼授故也"。若是选任官员，他们怎能与两榜出身的进士或学识渊博的举人、贡生相比，严格考核之下，既不能选任官职，又不能让督抚题请保举，三年期限一到，按照陆陇其所奏，"即行开缺，听其休致"。这样一来，这种捐银之人，花了钱，却很难被选任实职，长期候补，即使侥

---

① 朱植仁：《六部则例全书·户部则例》下，《捐叙》。

② 《清经世文编》卷17；陆陇其：《请速停保举永闭先用疏》。

幸被选上，当了知县、知州，但才短识浅，搞不出政绩，三年期满，拿不到督抚的保举，即被开缺休致，他们还有兴趣捐纳银米吗？所以一听陆陇其上疏反对捐免保举，不许纳银先用的消息后，便"犹豫观望"了。

陆陇其此疏奏上后，帝命九卿议奏。九卿不同意陆之意见，奏称：未准陈菁捐银先用之请，而"捐免保举，实无碍正途"，至到任三年无保举者即令休致，亦不妥，俱毋庸议。驳回了陆之所请。帝谕："保举一条，着会同陈菁、陆陇其再行详议。及议之时，九卿与陈菁一致议称，事例已行，不必更张。"陆陇其便独自上疏，坚持己见。九卿与陈菁共同上疏，奏请捐免保举、严惩陆陇其说："迩者军需孔亟，计各项之捐纳人少，而保举之捐纳人多，是以增列此项。陇其不计缓急轻重，浮词粉饰，寸步难行，致捐纳之人犹豫观望，紧要军需因此迟误。务虚名而愦事，莫此为甚。应请革职，发往奉天安插。"[1]

九卿此议，既刻薄，又荒唐。陆陇其只不过是上疏谏阻免保举，不开先用之捐例，并未公开反对捐纳，焉能当作贪酷大罪之臣一样的革职严惩。何况，发往奉天安插是仅次于死刑的充军流徙的重刑，就更为荒唐，更加严酷了。为何九卿会如此奏上这一疯狂的荒唐的议罪？查看九卿名单，原来都左都御史是一向极力奏开捐例，此时又是蒙君宠信，因而势压群僚的汉军旗人于成龙，他哪能容忍陆陇其"词益激切"的力谏。时为兵部侍郎参与九卿会议的李光地，在其《榕村语录续集》卷15，《本朝时事》中，详述此事经过说：

"陆稼书（陆陇其，字稼书）不晓事。当日他上捐纳本，上发九卿议时，已依他永不开。……而稼书毕竟要将以往选过的官，一总限年去之。予时座次与相连，语之云：老先生所云已依行矣，但得永不捐纳，还少甚么已做官人，兵兴时，已借其力，既做官，自有官评，不好的，督抚所司何事，好的存之，也无害。稼书诧云：捐纳的官，也有好的么，老先生不曾做外吏，有所不知，半个好的也无。死力争之。振甲（于成龙，字振甲）大怒入奏。……于振甲遂将稼书问死罪减等为流。"

曾被九卿共同对帝推荐为贤官的顺天府尹卫既齐，巡视畿辅后，奏

---

[1]《清史稿》卷265，《陆陇其传》。

禀皇上说："民心惶惶，恐陇其远谪。"康熙帝遂就九卿所议批示："陆陇其居官未久，懵愦不知事情，妄昧陈奏，理应依议处分，念系言官，着宽免。"[1]

从此，"于振甲一力担当，大行其道，自壬申以迄于今，未已者"。[2]捐例大开，军需，捐；河工，捐；赈灾，捐；积谷贮仓，捐；山东灾荒，实行"养民"，捐；连修造河南开封府城，直隶通州城，也捐，真是泛滥已极。

（五）西安赈灾之捐

西安捐例，有时又写为陕西捐例，是为陕西省西安府、凤翔府所属地方遭灾而举办的。人们常说这是川陕总督佛伦开的捐例，实则此乃误传误信。直到康熙三十一年（1692年）十月初一，佛伦仍是山西巡抚。过了九天，十月初十他才上折奏称，已接上谕命赴陕西升任川陕总督。这个捐例乃是前任督抚奏准于三十一年开的。[3]

在康熙年间各次捐例中，西安捐例显现出五个特点。

其一，捐例多次修改。开捐初期，规定："各部汉军、汉人郎中捐米一千五百石，员外捐米两千石，即令离任，如道府缺出，分缺即用。贡生、监生捐米五百石，以兵马司副指挥用；捐米四百石，以光禄寺典簿用；捐米三百石，以鸿胪寺鸣赞用。贡生、监生捐米三百石，以翰林院孔目用。恩、拔、岁、副并纳贡已未考职贡生教习，捐米一百五十石，以学正、教谕用。现任七品笔贴式捐米二百五十石，以应缺先用。八品笔贴式捐米五百石，准其离任，以知县补用。"[4]此时，银米兼收，米每石折银三两，如"郎中捐道府即用者，捐米准一千一百石，捐银每石银三两，准四千五百两。"[5]

不久，以"旱荒米贵"，督抚题准，"米每石，准捐六斗银，每石准捐一两八钱，三十一年七月十五以前者，俱照此例，名曰减四"。又因捐者人少，增加三款，"大计、军政、京察甄别降调等官，每级捐银

---

① 李光地：《榕村语录续集》卷15，《本朝政事》。

②③《康熙全译》，第31、33页。

④ 朱植仁：《六部则例全书·户部则例》下，《捐叙》。

⑤《康熙汇编》册1，第576—578页。

五百两，住俸、停升等官，每案捐银五百两，老病不真等官，捐银多寡不等，俱准其复用。"①

后来，"因甘霖大沛，收成米贱，其时米价只六七钱，捐米轻，而捐银重"，"于是，督抚又题，改捐米而不必捐银"，"如郎中捐道府即用例，应米一千五百石者，即捐一千五百石，三十一年七月十五以后，俱照比例，名曰实收"。②

最初，是在各州县收捐的。佛伦上任后查出，各州县收捐官员"亏空者甚多"。例如，咸宁县亏空银二万余两，长安县亏空银15万余两，"其余各州县亦有如此亏空者颇多"。遂改令各州县捐纳银两，全部送交藩司银库。三十二年五月，"西安、凤翔所属二十九州县卫，共捐纳银二百七十一万余两，实际送达藩库的只有一百一万余两"，另外支用了一些银米，"尚未送达银一百八万余两"。③四十一年七月初八，陕西巡抚鄂海奏："三十一二年，原捐纳米数共计二百四十一万余石。"三十七年，巡抚贝和诺查出，"欠米八十万余石"。经三十九年的巡抚华显和现任巡抚鄂海严催，共追究完21万余石，尚欠米60万余石。④四十三年，川陕总督华显、陕西巡抚鄂海奏准，此欠米由官生停薪留职为补捐，每石捐银一两四钱。四十四年五月初九，鄂海奏称，亏欠十余年的捐米，已全部收银（米）补捐入库完毕，共收银603890余两、米137600余石。⑤

由于捐米折银价低，官生争报补捐，比十几年前开捐之时的原额多出米63万余石，并且已交米入仓32万余石。朝廷遂准许此63万石米也予以捐纳。

其二，捐米之银折价最低。康熙三十一年开捐时，规定米一石折银三两，后一降再降，减为一石银一两四钱，折价之少，全国第一。西安捐例的原来定额是米241万余石，加上后来溢额的63万石米，总共为300万石，乘以一两四钱，折银420万余两。而山东捐例，一石米折银二

---

① 《康熙汇编》册1，第576、577页。

② 《康熙汇编》册1，第576、577页。

③ 《康熙全译》第36、40、42页。

④ 《康熙全译》第270页。

⑤ 《康熙全译》第368页。

两，300万石米折银600万两，少了180万两。广西捐例，米一石折银二两二钱，300万石米当折银660万两，少收了240万两，国家吃了大亏。

其三，收捐的时间最长。开捐，一般是限期三个月或半年，有困难可奏请延期几个月到一年。而这次西安开捐，却一延再延，不断延期，直到多次降低米价折银，准许别人顶补代捐，才在康熙四十五年收齐捐完。足足捐了15年，时间之长，也是康熙年间捐例之最。

其四，省部之间争论激烈。最初开捐，皆规定捐者赴户部交银纳米，户部给以凭据，捐者到吏部投交，听后分差。可是，地方不愿失掉收捐之利，纷纷奏请在各省交银。为此，省与户部有争论，官员之中也有分歧。这次西安的顶补捐米，是在省里收捐，还是在户部开捐，争议就非常激烈。原先，川陕总督博霁是想在西安收捐的，但康熙却在四十五年六月初八博霁奏请代捐顶补的奏折上，朱笔批示："此事议论纷纷，因在京城经办代捐事，所以无人不知。即使尔等甚为公正，下属官吏皆廉洁，其中图利之处，虽有万张嘴，亦不能解释。……尔有些年纪了，关系晚节名望。"康熙又在博霁另一份奏折上批旨："若令在京城捐纳，则尔等心中亦得安宁。"[1]皇上降旨了，臣仆还有何话可说，博霁赶忙奏称遵旨感谢御批关爱之恩。此事既有皇上圣旨，督抚也称遵命，那么九卿奉旨会议之后，应当是一致恭称遵旨，仅只剩商议京城开捐的具体安排了。不料，会议之时，吏部尚书敦拜、礼部尚书李振裕、工部尚书温达、王鸿绪主张遵旨照河工之例，在部补捐，而户部尚书希福纳却坚决主张在外捐补。王鸿绪调查之后，密折奏称："访得该抚现报已完之三十二万，其中尚有虚捏，若在部捐补，则虚捏之数，各官自要赔补。且包揽陕捐之人，无从射利，所以包揽棍徒在京到处钻营贿嘱。""科道等官，皆包捐人嘱托，且都察院堂官主持，故无敢异议"。[2]最后，康熙谕令在京师收捐，才了结此事。

其五，收银最多。在各省赈灾积谷的捐例中，此次西安捐例，收银多达四五百万两。在当时国库存银3000多万两的情况下，这也是一笔可观的巨款了。

① 《康熙全译》第423、429页。

② 《康熙汇编》册1，第569、577页。

（六）山东储粮之捐

康熙四十五年（1706年）秋季，山东巡抚蒋陈锡奏准捐米贮仓，到五十三年秋季停捐止，在督粮道、济东道、济宁道、东昌府知府、运河同知五个衙门内，共收过官、监生捐纳米1555080石。蒋陈锡奏准拨1109000石米分贮通省卫所备赈，余米446080石存贮于原来募捐的五衙门。①

五十五年十月初二，新任山东巡抚李树德到任。十月二十七日，李树德上折奏称：前任登州总兵时，"时蒙主子面谕，巡抚蒋陈锡办事详细，诸事尔同他商量而行"。"今十月十七日家人捧奴才之请安折回府，蒙御批：朕安。前任抚臣声名甚好，尔留心仿他做去才是"。"奴才跪阅之下，感激主子指授洪恩……今后唯有恪遵圣谕，益加留心，查照前任抚臣之居官行事学习做法，以仰副主子殷殷训诲之至意耳"。②

很可能李树德看到主子康熙爷对蒋陈锡比较赏识，不仅夸奖，还擢升其为云贵总督，所以对这次捐例的实际情形，他在随后的查访中，虽然了解了情况，却在五十六年正月二十五日的奏折，做了如下的叙述："闻得当日升任抚臣蒋陈锡因念东省各州县卫所分贮米数，多者一万余石，少者亦有数千石，道路相跑远近不等，大都不通河道，挽运艰难，以万余石之米，必需车载马驮，雇人担负，而后运至，则脚价之费，其属浩繁。在州县卫所，无项可用，若必勒令各官设法运往，恐借端科派，苦累小民。是以照常平仓米谷折价之例，每谷一石折银三钱，每米一石折银六钱，该州县卫所各按所领米数，向收捐衙门，如数领出价银，各回本处陆续购买贮仓备赈，此亦升任抚臣蒋陈锡恐运米脚价累计官民，故有此权变之举也。"

李树又奏：查得各州县卫所领银后，有的买米贮仓十分之六七，有的颗粒未买，现正勒令各属作速买足。③

李树德此奏，既大赞蒋陈锡爱恤黎民之用心良苦，又含含糊糊地叙述了仓米贮仓的情形，乍一看来，好像是天衣无缝了。可是，仔细推

①《康熙汇编》册7，第634页。

②《康熙汇编》册7，第487页。

③《康熙汇编》册7，第634页。

敲，便能发现，至少有两个疑问。一是按米一石领银六钱计算，1109000石米需银714000两，即州县只领70多万两，那么，蒋陈锡原来收的150多万石米得折价银300万余两，应该还剩下200万余两，这笔巨款又在何处？二是州县领银买米，应该分贮各仓的110万余石米，到底买齐没有？有无亏空？

照说，被誉为洞察秋毫的英明天子康熙皇帝，应该能看出李树德奏折的以上两个破绽并予以追问。但是，不知道是什么原因，他却在奏折上朱笔批示："此议甚妥，具题，是。"[1]

蒋陈锡就这样逃过一劫，继续坐在云贵总督太师椅上发号施令。

过了六年，雍正元年（1723年）正月二十五日，刚上任一个月的山东巡抚黄炳，上了一道1100余字的奏折，才揭穿了蒋陈锡的骗局。黄炳奏："查得东省分贮监谷一案，自康熙四十五年开捐起，至五十三年停捐止，共收谷三百一十一万六千石。于康熙五十年间，经原任巡抚蒋陈锡题请分贮各道府州县衙门备赈，每谷一石折银三钱。彼时各官领银，自行买谷贮仓，其中，将原价发交里民买补者有之。……查开捐之时，所收官生谷石，每谷一石折价一两，以三百一十一万一百六千石谷计之，共折银三百一十一万一百六十两，除分贮各州县共领过银九十三万三千四十八两，尚该余两百一十七万七千一百一十二两，俱为蒋陈锡鲸谷吞蚀，营运回家，人所共指而共目者。……应请圣主乾断，于蒋陈锡家产追出百余万两，解贮司库，拨充兵饷。"[2]

奏上，部议督追。蒋陈锡已于康熙五十九年革职，被谕令自备资斧运米入藏，于六十年卒于途中。雍正帝因蒋陈锡亲弟礼部右侍郎兼内阁学士蒋廷锡奏请，诏减偿其半。[3]

（七）广西积谷之捐

康熙五十三年（1714年）初，广西巡抚陈元龙奏请依照广东开捐监生、贡生、加级事例，在广西开捐，户部复议允其所请。二月二十四日，大学士们拟议准其复议，康熙帝以其中有免保、免考二项，命九卿

①《康熙汇编》册7，第636页。

②《雍正汇编》册1，第23、24页。

③《清史稿》卷276，《蒋陈锡传》。

再议，不久，帝也允准广西、广东捐谷贮仓。①

陈元龙与两广总督赵弘灿议定，委桂林府知府吴元臣、同知黄之孝、通判慕国典在省城桂林府收捐，委梧州府知府李世孝在梧州府收捐，委柳州府知府赵世勋在柳州府收捐，委南宁府知府沈元佐在南宁府收捐，布政使黄国材亦在藩司收捐。从五十三年夏起，至五十五年夏季止，共收捐谷1178250石。此事就算办定。②

这位巡抚陈元龙可非一般官员，他是康熙二十四年那一科的榜眼，又"工书"，考试以后，就被康熙帝看中，命其入值南书房，还曾在御前作书，深被奖许。陈元龙历任侍读学士、詹事，五十年晋吏部侍郎，授广西巡抚。五十七年又升任工部尚书，六十年调任礼部尚书。大概是由于这样的情形，所以广西的捐例无人提起，无人参劾。但是，好运不长，新君雍正帝继位后，讨厌陈元龙，命其守护皇考之景陵。雍正二年（1724年）七月二十五日，刚上任两个多月的广西巡抚李绂请利用捐纳之"监谷"，借给贫民，为牛种饭食之资，开垦荒地，李绂还奏称：广西向来从无亏空，自捐纳开而钱粮耗于谷。从前捐谷，每石收银一两一二钱，"及发"交州县，每石止算三钱，"经历任抚臣渐次买补十之六七"。③

十一月十二日，大学士奏请复议李绂条奏垦荒之请。雍正帝谕称："朕观其意，不过为开销广西昔年捐纳谷石之计。此项捐纳之谷，原系陈元龙、王沛坦经手，其间有名无实、首尾不清之处甚多，朕知之甚悉。此时李绂难于料理，故借开垦之名，以为开销亏欠之地。可着陈元龙、王沛坦前往广西，将此项彻底清楚，倘有不清，着李绂据实参奏。"④

也许李绂知道了帝之谕旨，赶忙于帝谕之后14天，即十一月二十六日，上折奏报捐纳情弊说："臣自到粤后，访闻从前粤西捐纳，每谷一石收银一两一钱，及至发给州县，每石止给银三钱，并建仓诸费亦在其内，其余八钱，系当日任事诸臣私分入己。至访其私分细数，则云总督

---

① 《康熙起居注》第2074页。
② 《雍正汇编》册6，第7页。
③ 《雍正汇编》册3，第267页。
④ 《雍正起居注册》第362页。

一线，巡抚一钱，布政一钱，按察司与道臣共一钱，管捐府厅二钱，部费二钱，其部费系布政司转送，云只有一钱到部。……大约广西捐纳实收银一百三十余万，而朝廷所得，不过零数之三十余万散给州县买谷，其百万两皆当日任事诸臣分归私橐。"①

十二月初六日，李绂的家人捧回帝于十一月十二日斥责李绂借开垦之名为开销亏欠的谕旨。帝又专门朱笔亲书上谕一道说："李绂尔奏开销监谷一本，太看情面了……今既奉旨，则不可丝毫存私也。况陈元龙可恶小人，王沛坦一无可惜，尔可乐得秉公执法，清除尔地亏之事。"李绂立即予十二月十八日奏上《为钦奏上谕事》，力表遵旨秉公查办，断不敢丝毫瞻顾。②

雍正三年二月十六日，李绂奏称，近日查实当日督抚等分银数目，"督抚每石一钱，所得各十一万七千八百余两，惟藩司每石得银三钱五分，所得不下四十万两"。③

原布政使今升任福建巡抚的黄国材对当年捐谷之事，于雍正三年九月初一上奏，在三个问题上进行了辩解。一是自己的布政司衙门，只得了羡余银117825两，且有公事用去；二是管捐四府与督抚司道公议，每谷一石收银一两一钱，各府自存六钱，买谷盖仓；三是通计督抚司道共得羡余银447735两。此情与李绂所参，大相径庭。④

奉旨查问广西捐谷案的云南布政使李卫，于雍正三年五月初六奏述案情说，已查出收捐的原南宁知府的收捐印簿一本，开载价值数目及各官分肥条款甚详，历历有据，骑缝之处皆用南宁府印，现恭呈御览。李卫并痛斥黄国材贪婪奸诡说：黄在此案，"腐蚀独多，以致巨富，现今汉口、广东，俱有当铺及洋行买卖，垄断生息"，除其按议分取之银外，又在扣存部费一钱二分所得之15.9万余两，侵蚀十二三万两。⑤

可能是陈元龙见机行事，从而得到了雍正帝的赏识，于雍正六年正月升为"额外大学士"，第二年又升为文渊阁大学士，兼礼部尚书，直

①《雍正汇编》册4，第93页。

②《雍正汇编》册4，第208页。

③《雍正汇编》册4，第462页。

④《雍正汇编》册6，第6页。

⑤《雍正汇编》册4，第915页。

到十一年，才以年老加太子太傅致仕。原先因捐案，李绂奏，陈元龙分得银十一万有奇，"今仓谷尚有亏空，应令分偿"。及陈元龙升任大学士，帝命免之。[①]

（八）广东备赈之捐

广东巡抚满丕于康熙五十三年（1741年）奏准"积贮最要"，开例捐谷200万石，分贮各府州县，足食备荒。五十四年，已收谷104万石，巡抚杨琳奏请停止。

五十六年三月二十五日，新巡抚法海上折，揭露已升任湖广总督的满丕，在广东巡抚任上擅改捐谷条例贪赃枉法说："满丕昔为巡抚之时，弊端甚大。圣主为民，特降谕旨，于福建、广东、广西等处，开捐纳之例，积贮米粮，以备突遇荒年。……惟下人贪利，辜负圣主之恩，擅改购米捐纳之例，制定捐纳银之例，一两二钱银折为一石米（按，米应为谷），此共计一百二十万两余。满丕将八十万两银，与属下大员分取之，唯将四十万两银交付知县官等购米。知县官员知此种弊端，竟不购米者亦有，购半数亦有。上官自身既徇私舞弊，有无仓米亦不敢查，故此，仓米欠缺者甚多。"[②]

侵吞白银80万两，这算是特大贪案了，照说朝廷应该派钦差大臣来粤严查。可是，几个月以后，法海就被免官，满丕继续当湖广总督，一直当到六十一年十一月才离任。法海这个参劾密折，也就没有下文了。

五十七年五月初七，两广总督杨琳奏称：五十四年三月接任广东巡抚后，布政使王用霖禀称，历任"因公动用积欠流下"及赈灾科场等动用，亏欠库银21万两，欲以粤东题开捐谷内公费抵补。其公费经督抚公议每石收银五钱。杨琳考虑到历任有关官员或死或无力，"追无可追"，国帑终无抵补，故同总督赵弘灿议定，"循照原议，以公完公"。至今为止，共收捐谷104万石，内除官员捐加级记录及官员子弟捐贡生监生，止纳正谷，不缴公费约4万石，此外100万石谷，"该公费银五十万两"。除还清库银21万两外，修高要五县围基及雷州东洋塘共

---

①《清史稿》卷289，《陈元龙传》。

②《康熙全译》第1180、1181页。

银2.6万两，修营房浆船银1.1万两，升任巡抚满丕得银5万两，总督赵弘灿得银5.4万两，布政使王用霖得银2.1万两，将军、副都统、八旗协参领、提督及各道员共得银56000两，杨琳应得银4万两，未领，和余剩银3万两俱在贮司库。现奏请令满丕、王用霖、赵弘灿交出三人所领走的12.5万两银，解赴甘肃军前。至于修围基及库银亏欠，原属地方共用，叩恳皇上宽大弘恩，概与宽免。康熙在杨琳的这道奏折上，朱笔批示："此折大概是，但未经巡抚同议，必有参差不了，须与巡抚商量来奏。"[1]后来，杨琳于第二年五十八年六月二十四日遵旨回奏，将上述情形重复叙述一遍。朱批："知道了。"[2]

从杨琳的奏折及朱批，可以归纳出三点结论。一是公费银太重。督抚议定，捐谷每石收公费银五钱。此次广东捐例，一石谷才折银1.2两，而公费银却为五钱，高达捐谷的40%。如与发与州县买谷之银一石三钱至四钱相比，则公费银与捐谷银之比是1:1或1:0.8。二是公费银就是赃银。50万两公费银是从捐者身上额外搜刮而来，绝大部分被督抚等官分取和补一些官员侵吞的库银，皆非官员们应该得到的正当收入，自然是贪赃枉法而得来的赃银。三是公费银得到了朝廷的承认。公费银是督抚自行议定的加派，本应依法受到惩处，可是康熙的朱批，对总督奏述公费银的来源和处理，不仅没有任何谴责，反而肯定其奏是"事情该当如此"，竟然承认了公费银是正当的，是合法的了，从而为督抚开辟了另一道可靠的、巨大的，实质是赃款却被皇上承认了的合法财源。

（九）京师开捐

康熙五十一年（1712年）初，户部尚书穆和论将喂养马匹捐纳事及湖滩河溯捐纳展限事呈上满文奏折请旨。奉旨：此喂养马匹捐纳事与湖滩河溯捐纳事如何合二为一之处，着九卿议奏。九卿议复，捐纳之人甚众，项目甚多，湖滩河溯例中未载，将凡合陕西等例者，俱准捐纳。此项捐纳限三个月完纳，倘逾三个月期限呈文，则不准捐纳。奉旨：依议。

户部遵照九卿的议准，便在户部开捐收银，从五十一年三月初五

---

①《康熙汇编》册8，第101、102页。

②《康熙汇编》册8，第547页。

起，至六月初五止，在这三个月的限期内，具呈要求捐纳的官生共
16787人，共收银4396597两。户部将此情分别行文各部。随后，吏部将
沈嘉珍等100人或系有干王法、关系人命，或与原底不符，陆续驳回，
不准他们捐纳。沈嘉珍等人呈请照五十年翁篙年不准捐复则将原银给还
之例，恳请给还原捐银。一些未得及在限期内交银之人，呈文户部，
恳求准许他们顶替捐纳，庶几库项不亏欠，又可使他们"均承"皇上鸿
恩。

　　户部尚书穆和伦就此事于五十三年十月十一日连上两道满文奏折，
叙述此情，要求准许他们顶替捐纳，并准许尤汶等人捐复原职、连捐连
升的要求。康熙朱笔批示："尔部满汉大臣、官员应公同汇奏。"①

　　五十四年六月二十四日，户部尚书穆和伦、赵申乔，左侍郎噶敏
图、王原和，右侍郎廖腾奎，五位堂官共上奏折说：被驳回的100人之中，
周溥、刘永二人已经于原班选授，王文明、李佩德三人，奉旨不准捐
纳，李玉堂等十人，交银后于别案革职病故，这15人所交之银19650
两，毋庸发还。沈嘉珍等79人所交之银86691两，虽应发还，但已入
库，不便发给，可照五十一年捐纳贡监、加级、记录、封典、顶戴之
例，允许人们捐纳，待所交之银符合退还沈嘉珍等79人之数，即行停止。
旗下闲散哈欠哈照陕西捐例交银720两，求捐五品顶戴；浑托和下买卖人
西特库、孙国用求照内务府题准其属下买卖人王纲明交银2000两，捐纳
三品顶戴之例，已交银2000两求捐三品顶戴；原运使、知府尤汶交银
3600两，求捐道缺补用；现任运副李继谟交银3042两，求捐同知并捐知
府；现任知县李竹照湖滩河溯例捐升同知并知府，交银4104两，均符合
规定，请皇上允其所求。②

　　京师捐纳，表明了四个问题。一是捐例之多。以往的捐纳，或是户
部定下捐例，或系各该省奏呈捐纳规定，请旨定例，总而言之，只是依
据一个捐例办理。这次京师捐纳，却是九卿奉有将喂马捐纳与湖滩合二
为一之旨，会商后，议准将符合湖滩河溯例与陕西等例者，俱准捐纳。
这样一来，可捐之人，可捐的项目，就很多了，仅只奏疏中所列，便有

①《康熙全译》第980、981页。
②《康熙汇编》册6，第273~282页。

五十年不准捐者给还原银之例，陕例、湖滩河溯例，内务府题准允许买卖人捐三品顶戴之例。可见，这次京师捐纳是敞开中门，愿者请进。二是捐银之多，位居第一。已知银数的西安、广东、广西、福建等省，收到的捐银都没有京师捐例多，联系到康熙十三年至十六年的三年开捐，才收到200多万两捐银，更可见京师捐银439万两数量之大。三是捐者踊跃，人数过万，且有不少具呈申请顶替补捐之人。四是有利可图，回报丰厚。罢了官的原运使、知府尤汶，仅仅捐了白银3600两，就可以官复原品，当上堂堂正四品的道员。姑且不说道员的权势之大，使其能够凭借权势贪赃枉法，捞上几万几十万两，单凭已被皇上承认的规礼，山东的道府衙门每年就有一二万两，连公认的大清官陈瑸，其在任台湾厦门道的四年内，就有应得银3万两。还有捐纳分利，前面提到的广西捐例，共收捐谷1178250石，每石折银一两，共110多万两，督抚等官议定，按察使与道员合分一钱，为11万余两。广西有四位道员，合分5.5万两，每位道员得14050两。这样一算，尤汶从罢官之后分文未进，到捐银3600两复职道员，年进白银数以万两计，可见其捐利之大。又如现任知县李竹，捐升同知并连捐知府，交银41054两。一则知县是正七品，同知是正五品，知府为正四品，从正七品到正四品，要连升六次，才能达到，按照当时一般的论资论辈升迁程序，得花一二十年，也许终生也难实现。再则，经济上合法的收入也很少。知县官阶正七品，年俸只有45两和薪银36两，平均每月只有纹银6两6钱，怎够养家糊口，而知府岁俸是105两和薪银72两，比知县多一倍多，还有，知府有规礼，一般是每年一二万两银子，并且知府还有捐纳等项目上的羡余银。三则，更为重要的是，前途悬殊。康雍年间，知府官阶正四品，与道员品级相同，姑且不论从权势地位上讲，知县与知府无法相比，相见之时，只能作揖下跪，恭称对方是大人，自己则屈称卑职，就是从仕途前景看，双方也是相差悬殊。全国有知县1300多位，绝大多数远离京师，极少能见到皇上，又不能直接上疏，政绩、才干怎能上达朝廷，嘉奖擢升，很难脱颖而出。而知府就不一样了，全国只有知府180多人，每位知府下辖州县十余，士民数十万，辖区好坏，关系到国家安危，政绩、才干、操守，易为督抚部院大臣甚至皇上知晓，从而赞许超升。像江宁知府陈鹏年、施世纶、汉军于成龙，皆以清廉为帝赏识嘉奖，分别擢升至河道总督、漕运总督、左都御史。

（十）利国库　益贪官

四十多年的多次开捐，给朝廷带来巨大收入，单就已知有具体数字的捐例来说，西安收米正额241万余石，溢额63万石，山东收捐谷311万余石，广西收谷117万石，广东收谷104万石，康熙六十一年浙江奏准收100万石，两江总督阿山奏准收捐银200万两，福建收谷126万石，大同收捐银110万余两，甘肃奏准开捐收谷80万石，京师收银439万两，于成龙河工捐例收银200万两。仅上述11次捐例，便收捐银1000万余两、米400万余石、谷730万余石，若折银计算，将近2000万两，还有比这11次更多的、无法计算的捐例（如三藩之乱期间的捐例，五十六年起征准的捐例）。可见，捐纳的收入，数量惊人，这对于国帑银的增加，仓库米谷的充实，赈灾，军需，河工，等等，无疑是大有裨益的。

但是，经济上更大的获益者是收捐的督抚司道府厅州县，是户部的官吏，是大学士、九卿中染指开捐的大臣，还有便是包揽收捐的奸棍。从收捐的地方官员来说，捐谷（米、银）皆有，或者保留一点说，大都有公费银或火耗银。比如，前述广东，督抚议定捐谷每石收公费银5银，共收50万两，总督、巡抚各分银四五万两，布政使、将军、副都统、协领、参领、提督、道员人人有份；福建收捐，除正额价银，还有建仓等杂费，三年之内用于建仓之外，总督还有节省银七万余两。①浙江，"除按例（米）每石折银一两八钱，每百两加征十两外，每石再加征一钱八分六厘七毫，部用六分之外，其余一钱二分留作各衙门用"。②两江，"捐纳之事，总督、巡抚俱有份，一石抽取四分"。③西安，捐纳"每两随带火耗银三分"，而且"向以为例，各省皆有"。④山东收捐银300万余两，只以70万余两交州县买谷贮存，其余200多万两主要由巡抚蒋陈锡侵吞。广西开捐，类似办理，巡抚吞银11万余两，总督、司道府厅官员各吞若干。这种行为，不是个案孤例。他们还大肆侵盗捐纳银

---

①《康熙全译》第1127页。

②《康熙全译》第84页。

③《康熙全译》第1267页。

④《康熙全译》第46页。

米，造成大量亏欠。户部，各省开捐，俱收部费，呈交户部。广西的部费是每石一钱二分，合银15.9万两，浙江的一石六分，也有银数万两，供堂官、司官享用。户部书吏还可以串通本部官员，包揽捐纳，苛索银钱，像书办沈天生等，"串通本部员外郎伊赛尔等，包揽湖滩河朔事例，额外多索银两"。①

正因为捐纳之利太大，所以求捐者趋之若鹜，不仅有钱商绅交银求捐，一些图利之徒也借银申捐，还有一些官宦之家为求家庭发达和扩大的自己的势力，也大把花银，帮族人亲友捐官。山东巡抚李树德就是这样官员。李树德是八旗开国有功之将的后人，其曾祖李如涎在后金军攻下铁岭时被杀；其高祖李思忠于抚顺被俘，降后金后，攻明，入关，以战功，升至浙江提督，官阶从一品，封一等男；祖父李荫祖，自荫生授官，二十六岁即任至兵部尚书、右副都御史、直隶山东河南总督；其叔李锡任河南巡抚；李树德之亲弟李育德任四川按察使。正如李锡奏称："奴才祖、父、伯、兄世受国恩。"②这个凭祖先恩泽当上巡抚的李树德，以其"贪婪不法，苛取民财，亏空国帑之物，帮助亲友捐纳官职"。③雍正二年，犯罪革职的李树德呈上帮助亲友捐官的清单：

"堂叔候选知州李锐，为捐知州，帮银二千两。

堂叔已故湖北襄阳府枣阳县知县李镛，为捐复知县，帮银一千五百两。

堂叔候选知县李镶，为捐知县，帮银二百两。

堂叔李锵，为捐监生，帮银一百两。

族叔现任河南汝宁府信阳州知州李建基，为捐知州，帮银一千五百两。

嫡堂兄现任湖北武昌府通判李达德，为捐通判，帮银一千五百两。

嫡堂弟革职江西抚州府金奚县知县李徧德，为捐知县，帮银一千五百两。

嫡堂弟拣选四川省补用知州李据德，为捐知州，帮银一千七百两。

从堂弟现任江南镇江府同知因进藏议叙今升江西广信府知府李亮德，为捐知府，帮银二千五百两。

从堂弟现任河南河南府陕州知州今调补磁州知州李尚德，为捐知州，帮银二千两。从堂弟现任奉天锦州府宁远州知州李升德，为捐免

---

① 《清圣祖实录》卷250，第5页。
② 《康熙汇编》册7，第449页。
③ 《雍正汇编》册3，第491页。

考，帮银一千五百两。

从堂弟候选知县李立德，为捐知县，帮银二千两。

从堂弟候选知县李泰德，为捐知县，帮银四千两。

从堂弟候选通判李燕德，为捐通判，帮银二千五百两。

从堂弟兴人李莘德，为捐科分，帮银五百两。

族弟候选知县李德沛，为捐知县，帮银一千两。

族弟候选知县李存德，为捐知县，帮银三千两。

族弟现任湖南衡州府蓝山县知县李宗望，为捐免考，帮银七百两。

族弟荫生李林庆，为捐免考，帮银三百两。

以上十九员俱系正黄旗汉军人。

族弟候选知州李宗，为捐知州，帮银五百两。

族弟李宗广，为捐监生，帮银四十两。

族侄李深，为捐监生，帮银六十两。

以上三员俱系山东兖州府沂州民籍。

亲妹夫现任工部员外郎达商，为捐主事先有，帮银二百两。

亲内侄候补笔帖式僧保，为捐先用，帮银二百两。

以上二员俱系正黄旗满洲人。

亲女婿丁忧候补知县靳树玉，为捐知县，帮银一千两。

亲外甥现任浙江宁波府通判靳树椿，为捐知县，帮银五百两。

外甥现任浙江宁波府通判靳树侠，为捐知府，帮银二千两。

亲家之子候选通判祖尚垣，为捐通判，帮银三百两。

以上四员俱系镶黄旗汉军人。

亲侄婿郭允谦，为捐监生，帮银一百两。

亲外甥原任直隶宣化府蔚县知县今回避候补郭允文，为捐知县，帮银五百两。

以上二员俱系镶白旗汉军人。

妻弟丁忧候补知县鲍钧，为捐同知，帮银二千五百两。

妻弟原任广东惠潮道鲍钥，为捐复职，帮银二千两。

以上二员俱系正红旗汉军人。

族侄婿候补笔帖式峻德，为捐先用，帮银二百两。

以上一员系正白旗满洲人。

候选通判钟岱，为捐通判，帮银五百两。

以上一员系镶蓝汉军人。

候选训导武奎，为捐先用，帮银二百两。

以上一员系直隶保定府完县人。

候补道宋映，为捐道员，借银二千五百两。

以上一员系江南苏州府人。

现任湖南永州府同知王柔，为捐同知，借银三千两。

以上一员系山东登州府福山县人。

举人李本云，为捐科分，借银一千两。

以上一员系山东大嵩卫人。

现任江西瑞州府知府刘元琦，为捐知府，借银二千两。

以上一员系山西省人。

候补知府李景春，为捐复，借银一千两。

以上一员系陕西省人。

原任湖南宝庆府新化县知县王锦，为捐复，借银二百两。

以上一员系江南省人。

以上四十一员，计帮助借给捐纳银五万一百两。"　①

　　以上，李树德共帮捐正四品道员2人，正四品知府3人，正五品知州6人，正六品通判4人，正七品知县12人，正五品同知2人，共29位道员、知府、知州、知县、同知、通判。一个巡抚就帮捐了道府州县官29位，这些官，操守能好吗？

　　（十一）圣德大损　圣欲难消

　　康熙年间，除了用兵、赈灾及河工，开捐是朝廷最为重视的大事，皇上批令九卿会议，大学士面奏请旨，万岁朱笔批示。这样隆重严肃的程序，参与议处的官员级别之高权力之大，最后由皇上钦定的国家大事，照说《清实录》应该是每次必录记必详细吧。不料，阅过了300卷的《清圣祖实录》，才发现情形大相径庭，《清圣祖实录》对捐纳采取了特殊的处理方式。

　　一是基本不记。从康熙十三年（1674年）征吴军需开捐起，十六年

---

①《雍正汇编》册3，第491页。

左都御史宋德宜请限期停止捐纳知县，二十年左都御史徐元文请罢捐纳，直到六十一年，没有一次开的捐例在《清圣祖实录》中有记述。

二是选择性的记录。《实录》并非完全不记捐纳之事，而是只选择几条皇上不准开捐或斥责捐纳之弊的记载。如康熙四年，言官奏请"酌定生监准贡条件，令生员、俊秀、富民等，捐米备赈"。得旨："生员等捐助银米，着停止"。[①]十七年，河道总督靳辅奏请"开捐纳事例，以助河帑"，议政王大臣议覆"如所请"，"得旨：治河大事，当动正项钱粮。捐纳事例，候旨行"。[②]十八年，凉州提督孙思克请恢复陕西捐例，遭帝痛斥。[③]三十三年，九卿议请，赈济直隶、河南"暂开捐例，限三个月停止"。得旨："捐纳事例无益，不准行。"[④]二十五年四月二十八日，谕："朕见汉军官员，起家多由捐纳，从事学问者少。"[⑤]

三是关于西安灾荒。陕西西安、凤翔等处歉收灾荒。《清圣祖实录》从三十年十月十六日，康熙谕大学士称，"朕闻陕西西安、凤翔等处年岁不登，民艰粒食，以致流移"，遂遣学士布喀往陕西查访起，到三十三年二月十二日止，密集地连续13次记述皇上指示赈灾，遣官运米赈济，甚至专门派官考察自湖北往西安以船运米，以及惩处赈灾不力的巡抚等官员，其中讲到先后发户部库银100余万两，抢运米20万石等情，充分体现了康熙帝抚恤灾民的皇恩浩荡。[⑥]但是，川陕总督、陕西巡抚三十一年上半年为赈灾奏准的西安开捐，共收捐米241万余石（折银270万余两），这么一件对赈灾起大作用的捐例，实录却只字未记。

四是河工捐例。《清圣祖实录》卷219载，四十四年三月十八日，康熙谕斥河道总督张鹏翮徇庇属员说："顷令河工应追钱粮，着佟世禄、王谦、张弼均赔，部议甚明，尔又奏请欲免其追赔，开捐纳以补原项。"可是，《康熙起居注》却有四处记述：四十五年正月初十日，两

---

① 《清圣祖实录》卷15，第18页。

② 《清圣祖实录》卷71，第9页。

③ 《清圣祖实录》卷84，第9页。

④ 《清圣祖实录》卷114，第1页。

⑤ 《清圣祖实录》卷125，第23页。

⑥ 《清圣祖实录》卷153，第14、18、26页；卷154，第10、11、12、16页；卷155，第3、9页；卷157，第2、3、5、22页；卷158，第11页。

江总督阿山等会题挑河，需银180万余两，九卿议允其请，奉旨再议。[①]
御史吕履恒奏称："河务重大，需饷浩繁，应开捐纳事例。"九卿于正
月十四日上奏，欲允其请。奉旨："捐纳之事，大非善举，断不可
行。""着再议。"[②]过了六天，二十日，康熙谕大学士、九卿："至
于捐纳之事，断不可行，朕为此已屡有谕旨。阿山、张鹏翮奏请行捐纳
者，特为彼亏空钱粮，欲取足于此之意。今伊等（按，从上下文看，此
"伊等"系指九卿和吕履恒劝开捐纳），亦为阿山辈耳。"[③]令再议。
二十三日，九卿遵旨复议请旨。谕："或令交银户部，尚可行耳。"四
月初九，谕："九卿议覆两江总督阿山等所请，照西安顶补捐纳例，准
令顶补。此项捐纳银两若交河上，则事愈繁矣。朕意以为，将此银交户
部为妥。着问九卿之意以为如何。"[④]可见，此次河工开销，最终还是
办成了。

《清圣祖实录》对捐纳之事的这样安排和处理，显然是违背了实录
者"如实记录"之本意。造成这种略而不录，记而不实的根本原因，说
穿了，也很简单，可用八个字来概括，即"为亲者讳，为尊者讳"。因
为，《清圣祖实录》的监修的总裁是马齐、张廷玉、蒋廷锡、朱轼四位
大学士，这部书又是由雍正皇帝胤禛亲自审定的。他们深知，捐纳一事
是先皇一再谕定为"大非善举""原非善政""断不可行"的特大弊
政，当然要为父皇而讳，为先帝而讳。

那么，捐纳又有何弊病？从陆陇其、徐元文等人的奏疏看，他们讲
了五个问题，即：名器不尊；登进乃滥，仕途因之淆杂；铨政壅滞，势
同积薪；吏道实伤，势必剥民脂而长贪冒。概括起来，就是说，捐纳败
坏吏治，敛财虐民。这些评述都很好。大多数纳银求捐者，就是为了升
官发财，他们当官以后，能不贪赃枉法吗？现在列举一些捐银授官、复
职、升官的例证。

原知州钮公琪，"以酷刑致死三命"，革职，捐银后"议准复
用"。[⑤]革职知州谢廷玑，"应追库帑五万两、米一万石，未完"，今止

①《康熙起居注》第1937页。

②《康熙起居注》第1934页。

③《康熙起居注》第1933页。

④《康熙起居注》第19363页。

⑤《康熙汇编》册1，第315、316页。

捐银1200两，"即议以原官补用"。①郎中勒治豫，"以行止不端革职"，捐养民用银1.3万两，"议复原官以应升之缺即用"。②洞庭山富商、郎中席永勋，"以行止不端革职"，今捐养民用银6200两，"议覆原官，以应升之缺即用"。③绛州知州曹廷俞，"贪如虎狼，敲骨吸髓"，将富民之妻，指称私盐，锁禁神庙，"吓诈银两，纵役淫奸，氏不允从，羞愤自缢"④书吏李元伟，"改名纳官"，任山东博兴知县时，加收重耗，民愤沸腾，"侵蚀百姓免灾银，亏空库帑"，一向在山东省为巡抚李树德之鹰犬，诸事沟通，贻害地方。⑤江西安福知县刘学愉，亏空库银7800万余两、仓谷5300余石，反捐升离去。⑥河北清苑县民曾登云，卖与银库员外部索柱家为家人，"将库内正项钱粮侵蚀"，置下土地800余亩，及盐引等产业，家产5万余两，用银3000两给自己捐了同知，其弟捐了知县。⑦候选同知李元龙，捐养民用银6700两，以道员即用，后任山东登州知府，贪赃枉法，发了大财。新君雍正继位后，特下圣旨谕告巡抚黄炳说："李元龙家私数百万，何不于此人身上追出数十万，以养山东饥民，岂不是好事么。"⑧

广开捐例，败坏了吏治，敛银虐民，以及捐银捐米严重亏空，固然危害了国家安宁，但是，笔者认为捐纳泛滥，给清王朝带来的更大祸害，却是"圣德大损"和"圣欲难消"。

历代界定贪官的一个主要标准，是其索贿卖官。贪官，特别是督抚、九卿、大学士之类的大臣高官，他们的赃银之主要途径之一就是卖官鬻爵。顺治元年（1644年）五月初二，摄政王多尔衮率军进入北京，就座于武英殿。六月二十日，他即谕告众官民说："明国之所以倾覆者，皆由内外部院官吏贿赂公行，功过不明，是非不辨，凡用官员，有

---

① ② ③《康熙汇编》册1，第316页。

④《皇清奏议》卷20，魏象枢：《请吏治以彰公道疏》。

⑤《康熙汇编》册5，第367页。

⑥《康熙汇编》册8，第501页。

⑦《康熙汇编》册3，第764页。

⑧《康熙汇编》册1，第315页。《雍正汇编》册1，第24页。

财之人，虽不肖亦得进，无财之人，虽贤才亦不得见用。" [1]过了150年，乾隆后期，第一大贪官大学士和珅当政时期，政局就是"官以赀进，政以贿成"。字的多少，有所不同，但基调是一致的，就是大贪官们卖官太多了，祸害了社稷。明末的高官们及和珅卖了多少官，没有具体数字，但总比康熙卖得少吧。康熙五十一年的京师捐例，交银求捐者，多达16787人。其中，捐顶戴荣身者，很少，绝大多数是捐官（授官、升官、复官），捐监生、贡生，也多是为了进入仕途。40年里的多次开捐，总捐者，当数以十万计，历朝哪一个卖官的大贪官，哪一个皇帝的卖官，赶得上康熙！完全可以断言，康熙帝是1722年以前的两千年里，卖官最多的皇帝。若以卖官来界定贪官而言，康熙是历史上最大的贪官！这对于群臣恭颂为古今唯一的英明天子"圣祖仁皇帝"的"圣德"，是巨大的伤害。所以实录的总裁、审定者才对捐纳像躲瘟疫一样，避之唯恐不及，不愿也不敢接触它，因此在实录里才对捐纳作了如此这样奇怪的、反常的、谬误的处置。

捐纳泛滥，对清王朝的第二个大祸害是"圣欲难消"。康熙十三年开始的平定三藩之乱的捐例，搞了三年多，卖了五百多个知县，以及其他官职和监生，收捐银200多万两。一般认为收银不多，作用有限，诱惑力不强，这就错了，要知道当时是特殊时期、非常时期、危机时刻。为了挡住吴三桂军队所向无敌的攻势，挽救大清王朝，康熙动用了现有的一切财力，十三年国库存银2100多万两，到十六年只剩下530万两，第二年更减少到333万余两。从十四年起，就把大小官员几万人的俸银停发了。此时的200多万两捐银，可救了急，帮了朝廷大忙，起的作用比两三千万两银还大，想必也在康熙心中留下深刻印象。或者可以直率地、不文雅地、粗话直说，对于开捐例，康熙是尝到了甜头，有点瘾了。否则，难以理解，在有识之臣、清廉之臣陆陇其、徐元文、田六善等臣力谏之后，康熙还大开捐例，赈灾，捐；军需，捐；河工，捐；积谷，也捐。特别是康熙五十一年到五十三年开捐，到五十三年结束。这几年，既无大的战争，又无特大灾荒，而且是国库充盈之时，从三十四年起，基本上每年国库存银都在4000万两以上，因为银子太多，老库装不下，新进之银还单独装入新库。这时，山东，号称收捐米150万余石，折银300万余两，可是，实际上州

---

[1] 《清圣祖实录》卷5，第20页。

县只领了买米110万余石之折价银70万余两，余银200多万两为巡抚私吞。广西，号称收到捐谷110万余石，实际上州县只领了买谷110万石之折价银30万余两，其余的100万两银为督抚司道府官员及"部费"分取。广东，号称收到捐谷104万石，实际上州县只领了买谷100万石之折价银40万两，余银80万两被巡抚等官分走。简而言之，山东、广东、广西三省号称收到捐谷500万余石，分贮州县，实际上州县只领了折价银140万余两，而另外的380万两银子被官员拿走了。在这号称"盛世"的年代，国库存银四五千万两的十分富裕的条件下，大清国大皇帝难道拿不出140万余两折谷500万余石的银子来吗！何必要开捐，何必要卖官，要卖几千名官！除了是开捐有瘾，"圣欲"太旺，还能做什么解释。

开捐这个"顽症"，这个怪病，自从康熙帝创立以后，就恶性蔓延，愈演愈烈。雍正帝继位以后，一捐二捐，连续捐。"十全老人"乾隆，征金川，运米，叫"川运"，收了捐银1000多万两。治理河南省的黄河，叫"豫工"，捐银又收了1000多万两。尽管他在83岁之时，下诏宣布，"捐例竟当不必举行"，"我子孙当永以为法。倘有以开捐请者，即为言利之臣，当斥而勿用。"[1]然而，仅仅几年，言犹在耳，其子嘉庆帝即因用兵白莲教，军费上亿，而几次开捐，收了捐银7000多万两。到了晚清，捐例繁多，甚至泛滥，内则京捐局，外则甘捐、皖捐、黔捐，设局遍各行省，侵蚀，勒派，私行减折，诸弊并作。始作俑者康熙帝玄烨，见此滥局，恐也难安于九泉之下。

四、盐课翻番

（一）引课简表

清沿明制，在全国各个产盐区，分为两淮运司、两浙运司、河东运司、长芦运司等运司，设盐政、运使、盐法道、运同、大使等官管理。盐丁在盐场、盐池、盐井干活，生产的盐全由向运司交纳课银领引票到场买盐的商人买走，不许私卖与无引之人，实行官督商销制。现在据《清世祖实录》和《清圣祖实录》，将顺治元年至康熙六十一年（1644—1722年）的行盐引目，所征课银列表于下，万引、万两以下的引数、银数省略不计，然后再依据此表做些分析。

---

[1]《清史稿》卷112，《选举七·捐纳》。

年号	引数	银数
顺治元年	71 万引	15 万两
顺治二年	171 万引	56 万两
顺治三年	332 万引	151 万两
顺治四年	377 万引	176 万两
顺治五年	378 万引	185 万两
顺治六年	379 万引	185 万两
顺治七年	338 万引	177 万两
顺治八年	347 万引	196 万两
顺治九年	374 万引	212 万两
顺治十年	376 万引	212 万两
顺治十一年	398 万引	218 万两
顺治十二年	409 万引	223 万两
顺治十三年	446 万引	239 万两
顺治十四年	475 万引	252 万两
顺治十五年	477 万引	251 万两
顺治十六年	465 万引	266 万两
顺治十七年	410 万引	271 万两
顺治十八年	412 万引	272 万两
康熙元年	420 万引	273 万两
康熙二年	430 万引	274 万两
康熙三年	430 万引	274 万两
康熙四年	432 万引	275 万两
康熙五年	432 万引	275 万两
康熙六年	431 万引	275 万两
康熙七年	433 万引	276 万两
康熙八年	441 万引	277 万两
康熙九年	442 万引	278 万两
康熙十年	444 万引	279 万两
康熙十一年	432 万引	275 万两
康熙十二年	444 万引	279 万两
康熙十三年	406 万引	248 万两

年号	引数	银数
康熙十四年	375 万引	229 万两
康熙十五年	356 万引	225 万两
康熙十六年	359 万引	226 万两
康熙十七年	393 万引	239 万两
康熙十八年	395 万引	239 万两
康熙十九年	398 万引	239 万两
康熙二十年	398 万引	239 万两
康熙二十一年	435 万引	276 万两
康熙二十二年	435 万引	275 万两
康熙二十三年	435 万引	276 万两
康熙二十四年	435 万引	276 万两
康熙二十五年	435 万引	276 万两
康熙二十六年	431 万引	273 万两
康熙二十七年	435 万引	276 万两
康熙二十八年	435 万引	276 万两
康熙二十九年	435 万引	276 万两
康熙三十年	433 万引	269 万两
康熙三十一年	433 万引	269 万两
康熙三十二年	433 万引	269 万两
康熙三十三年	431 万引	269 万两
康熙三十四年	431 万引	269 万两
康熙三十五年	431 万引	269 万两
康熙三十六年	431 万引	269 万两
康熙三十七年	431 万引	269 万两
康熙三十八年	431 万引	269 万两
康熙三十九年	431 万引	269 万两
康熙四十年	431 万引	269 万两
康熙四十一年	431 万引	269 万两
康熙四十二年	431 万引	269 万两
康熙四十三年	431 万引	269 万两
康熙四十四年	431 万引	269 万两
康熙四十五年	431 万引	269 万两

年号	引数	银数
康熙四十六年	432 万引	269 万两
康熙四十七年	432 万引	295 万两
康熙四十八年	482 万引	327 万两
康熙四十九年	491 万引	335 万两
康熙五十年	509 万引	372 万两
康熙五十一年	509 万引	372 万两
康熙五十二年	509 万引	373 万两
康熙五十三年	509 万引	374 万两
康熙五十四年	509 万引	374 万两
康熙五十五年	510 万引	376 万两
康熙五十六年	510 万引	378 万两
康熙五十七年	510 万引	376 万两
康熙五十八年	511 万引	377 万两
康熙五十九年	511 万引	377 万两
康熙六十年	511 万引	377 万两
康熙六十一年	505 万引	404 万两

根据引、课简表，结合有关文献，可以看出四个问题。一是引少人众，应该供不应求。明朝万历年间，全国人口可能有1亿，但是，经过明末清初持续四十多年的征战灾荒，人口大量减少，尤其是号称天府之国人口稠密的四川，"人民死亡殆尽"，曾经是原额钱粮161万两，直到康熙二十七年（1688年），"四川钱粮总计只有四万"。[①]1615年，努尔哈赤定八旗制度时，满洲男丁有6万丁，经过此后几十年的繁殖，又并叶赫，吸收"野人女真"，至少增加了几万丁。可是，到顺治五年（1648年），过了三十多年，八旗满洲只有55300丁，又过了9年，顺治十四年，更减少到49695丁。此时全国人口也恐怕只有七八千万人。直到康熙二十四年，人口才增加到1亿。而盐引的销售量，到顺治十八年削平云南桂王政权全国一统时，大体是420万引，供应全国七八千万人食用。过了六十来年，康熙六十一年时，全国人口已增加到1.5亿，增加了60%，而盐引才发行510万引，只增加90万引，为23%。据此推算，盐引太少，应该是供不应求，应该是畅销无阻了。

二是课银不重，盐价应该便宜。从表上看，每引课银大概是六钱三

①《康熙起居注》第1784页。

分。如以每引征收课银七钱计算，一引盐开始时是规定200斤，后陆续增加到300斤、340斤计算，每斤盐征收的盐税（即课银）为银二厘一毫，一两银折合制钱1000文，二厘一毫银当为2.1文。以全国最大的产盐区两淮运司为例，当地一斤盐只卖制钱2文，最多时是3文，加上课银，每斤盐的成本是制钱五文，应该说是很便宜的了，即使加上运费，运到买盐食用的州县，再加一二文，也不过是7文一斤。这样便宜的盐，应该说是绝大多数人都买得起，从而使盐更容易销售。

三是课银大增。看到盐课的数字，康熙谅必会深有感触。回想过去，顺治年间，入不敷出，国库如洗。顺治八年，少年天子亲政之时，大库所存只有20万两，仅百官年俸就需60万两，而当年的盐课收入却有196万两，足见其起的作用是何等的大。征讨三藩期间，康熙十三年，国库存银由十二年的2135万两下降为530万两，第二年又减少到333万两，而十六年行盐引359万道，征收课银226万两，十七年行盐引393万道，征课银239万两，在十三年至二十年的八年平乱中，共行盐引3000万道，收课银1884万两，超过十三至十六年三年开捐所得200万两的六七倍。可见，盐课银对平乱的贡献之大，这当然会使康熙对盐引的发行和课银的增加，给予极大的关注。

四是三大疑团如何解释。既然引少人众，课银很轻，产盐区盐价低，为何康熙年间会出现引滞、课亏、盐贵的三大怪现象？

（二）课银激增

明朝末年，疯狂加派新饷、辽饷及各种杂项。清帝入主中原后，下诏尽免加派，"俱照前朝会计录原额收"，盐课大大减轻。但是，随着时间的推移，盐的课银也在陆续增加，主要是每引征收的课银（也叫正课）和额外的但又是被朝廷批准的加派（杂课），都在急剧增加。

以全国最大的产盐区和引目、课银最多的两淮运司为例。顺治二年（1645年）定，两淮行纲引1410360引，每引征课银六钱七分五厘四毫，应征课银952557两。到十七年，纲引每引增课银一钱二分一厘，另外又增食盐264098引，每引征课银五钱二分五厘，合计两淮运司共应征课银1261861两。康熙年间每引课银不断增加，又添了不少加派。现举清人的三段叙述，来看其情。汪甡介绍了康熙十八年（1679年）以前的加派：两淮原额纲引1410369引，"继之而增者，有食盐加窝也，宁珠也，新增也，八县食盐也，加斤也，三府复准也"。其中，康熙十四年，巡盐御史戈英自陈一案，审出银35万余两，科臣余国柱奏准改割没为加斤，每引加盐25斤，加课二钱五分。①嘉庆《重修扬州府志》卷21，《盐法志》载："又自康熙二十八年起至五十二年，节次加添河饷、铜斤、织造等银三十万七千六百二十两，每引加盐四十二斤。"两淮盐政谢赐履奏：余国柱所加的二钱五分，使两淮课银增征了40万两，"又康熙三十八、四十五等年加添织造、铜斤、河工等三十万余两"。②

这些加银和增派，都需盐政、督抚、户部等官奏请，再由皇上朱笔批准，才能生效的，也就是皆系康熙的旨意。并且，还要看到，所谓织造、铜斤、河工，更是康熙授意，才加上去的。乍一看来，织造、铜斤、河工，与两淮盐法不会有什么瓜葛，织造是给帝妃做衣，铜斤是户部、工部从外地买铜运到北京铸造铜钱的运费，河工是筑堤建坝、防洪备旱，三者与盐本是风马牛不相及，但有了康熙帝，就把它们紧紧地绑牢在两淮盐法上了。康熙为了解决盐课亏欠甚多，增加课银收入，于四十三年十月十三日，谕派亲信内务府包衣、江宁织造郎中曹寅兼任两淮盐政。曹寅先是奏准，免去江苏藩库每年解交江宁织造、苏州织造每处各10.5万两银的额定经费，而由两淮运司的余银支付。后又奏准，两处织造的买办银2000两、修理机房银1000两、修理船只银2000两、江宁织造所织诰帛线罗及养匠银12620两，通共15620两，自四十七年起，都由两淮余银支付。③曹寅与内兄苏州织造李煦于四十三年奉旨十年之内互兼两淮盐政。两人又于余银内，每年解交铜斤脚费银5万两。李煦又令两淮盐商于瓜州河工捐银24万两。

到了康熙末年，两淮运司究竟征收多少课银？兼任两淮盐政的李煦于五十六年二月二十四日奏称，"今年额征钱粮应一百九十五万两零"。④六十一年十一月，接任湖广总督的杨宗仁于雍正元年（1723年）六月初三奏，淮盐"每一引纳正课一两二钱"。⑤按两淮额引168万余引计算，一引一两二钱正赋，当为201万余两，比顺治二年定的原额952557两，多了一倍多。这是正课，还有杂课呢。五十一年十一月二十二日，兼任盐政李煦奏：两淮"运司衙门征收钱粮二百四十余万两，经管商盐

①《清经世文编》卷50，汪𫐐：《盐额新增述》。
②《雍正汇编》册1，第541页。
③《康熙汇编》册2，第96、97页；册5，第259页。
④《李煦奏折》第216页。
⑤《雍正汇编》册1，第488页。

一百七十余万引"。 ①后来的两淮盐政高斌于雍正十年奏："两淮商人行销引盐，岁办二百五十余万两之正杂课饷银钱粮。" ②两淮运司在增正课派杂课，其他运司也是照样办理。在两广，顺治十一年定，行正盐544541引，征课银16万余两，后将羡余银归入正项，又将茶果银悉以充饷，比旧递增数倍。故兼管盐条的两广总督杨琳于五十七年奏称，两广每年额课45万余两，盐差、运使每年应解铜斤水脚银5000两。过了几年，他又奏称，每年课饷共征银50万两。河东运司，原纳正课银147300余两，康熙末年，每年除正杂课银17万两以外，还征收羡余银17万两或者更多。这笔羡余银包括铜斤水脚银15000两、河工4000两，及盐政、运使等官的规礼。

福建运司，顺治三年因部分州县仍为南明郑经占领，辖地不多，故行正盐仅2万余引，征课银2.8万余两。此后南明亡，全省行盐引数加多，到康熙末年，盐课已达9万余两，并解铜斤河工银12500两。

（三）盐政"余银"十万两

盐政及不设盐政的运司之运使，虽然都是掌管本运司事务的最高长官，每年经管一二百万或数十万两银子，但官俸并不多。运使的全称是都转盐运司运使，官阶从三品，每年领官俸130两。盐政，又叫巡盐御史，由特旨简用或都察院奏差监察御史担任，各带原来的官衔品级。监察御史是从五品，年领官俸80两、薪银48两、禄米12石。这点银米，哪够用！？

清初严禁官员贪赃枉法，不准官员科派属下、侵吞国赋、盗取库银，但随着时间的推移，盐政、运使逐渐有了属于自己的"余银"，或叫"羡余"。这种余银，有三个特点，一是全国各个运司的盐政、运使都有余银，二是余银的数量很大，三是余银得到了皇上的承认和允许。

余银的数量之大，在河东盐政的羡余银上体现得十分清楚。河东运司是个小运司，盐引才三四十万引，在全国十个运司中，排名倒数第二，可是盐引、课银不多，并不等于羡余银很少。雍正元年七月二十二日，川陕总督年羹尧奏：每年河东商人实行引357100余道，在运司库内纳正课银147300余两，而五十六年的盐政张国栋，约收羡余银11万余两。五十七年的盐政舒库，收羡余银9万余两。五十八年的盐政汪国夑，收羡余银10万余两。五十九年的盐政宗燕，约收羡余银8万余两。六十

---

① 《李煦奏折》第131页。

② 《清经世文稿》卷50，高斌：《高力并非困弊事》。

年的盐政朱之理,约收羡余银11万余两。六十一年的盐政殷德纳,约收羡余银13万余两,又令司库给银1万两。①

至于皇上对余银的态度,两淮运司盐政的余银便是一个十分典型的例证。康熙帝对两淮盐政的余银,可以用六个字来概括,即:知情、允许、索要。四十五年十一月十四日,康熙谕告大学士马齐、张玉书、陈廷敬、李光地:"昔之两淮御史但自计其所得规礼,不严催正项钱粮,以致积亏甚多。曹寅、李煦管盐务以来,问彼每年得银二十四万两。若将彼每年所得银内挈取十万两,以补旧欠,数年之间可完其额,而于诸商亦大有利赖矣。尔等与户部会议来奏。"②请看,康熙一是知晓昔之两淮御史有所得规礼。二是并不斥责其收规礼是错误,是罪过,是贪污,实则允许他们收规礼。三是因其所得甚多,新盐政曹寅、李煦每年得银24万两,而要以他们的所得,每年拿出10万两来,以补积欠,以轻减盐商之累,并令大学士会同户部议奏,具体实行。堂堂至高无上富有天下的皇帝,竟要分索盐政的规礼,君臣二人平分规礼,这也是件少有之事吧。

康熙还知道盐政之下的从三品两淮运使,一年应得银7万两。他谕告大学士松柱、肖永藻等:"两淮运使一年应得银七万两,李陈常将此项银蠲免一年,只取银五千两,故商人等无不心服。""李陈常居官甚好,于盐务实能效力。以李陈常为监察御史,着巡视两淮盐课一年。"③康熙既谕称运使一年应得银7万两,又以李陈常将此银蠲免一年,予以赞扬,并升其为两淮盐政,可见他对盐政、运使之余银、规礼,完全是钦定为他们应得之银。

也许由于皇上要从曹寅、李煦每人轮值盐政所得的24万两内拿走10万两,所以从四十三年到五十七年曹寅、李煦及李陈常当两淮盐政期间,两淮盐政一年之内应得的余银都是11万两。

(四)匦费超过正课

作为本运司的最高长官,盐政、运使衙门向盐商征收的额外银两,叫作匦费。两江总督阿山奉旨察访两淮额外摊派的费用及其应革应存情形后,于康熙四十三年(1704年)七月七日,奏上两淮匦费清册:

---

① 《雍正汇编》册1,第691页。
② 《康熙起居注》第2044页。
③ 《康熙起居注》第2109页。

"谨将两淮额外派费应革应存款项，造册进呈御览。除盐院、笔帖式及盐运道规费不开外，计开：一、匣费派银九万余两，其中盐院差满赏银一万六千八百两，应革；盐院别敬银二万一千六百两，应革；馈赠过往官员程费杂用等银三万一千六百余两，应革；周给乏商并河闸、打堤、蓄水、盐船过桥闸拉扯绳子、买看桩木，各人夫工价解饷、奏销盘缠、造过桥旗钉称、祀神各项饭食等费，共银二万两，似应存。二、盐院书差每引带盐七斤，收银四分二厘；淮南地方盐引共一百三十三万三千三百八十七张，计得银五万六千两，应革。三、隔年未过所残引，次年续过，书差每引带盐五斤，收银三分，其余盐引，视其多寡，约计得银五六千两不等，应革。四、书差随费每引收银一分六厘，计得银二万一千三百三十余两，应革。五、书差饭食每引收银八厘，计得银一万六百六十余两，应革。六、书差重收桅封每引银八厘，计得银一万六百六十余两，应革。七、北桥承差指守桥每引收银一厘，计得银一千三十余两，应革。八、隔年残引旧院已收规费，未曾过所，及至新院到任过所，又复派规费一钱几分不等。此系重收，应令前院交与后院，将重收之累，应永禁革。九、盐每引额重二百五十二斤，众商下场买盐，斤两不能划一，各商过所称掣多出盐斤，应汇算割本商余引配合正数，间有以多出盐斤，令商纳介，并发仓堆贮，勒赎变卖情事，以致盐斤多于额引之外，口岸壅滞，难销课绌，商民两困，应严禁。十、新院到任需用，向有力商家预借，每年申出利银三四万两不等，众商苦累。应将预借富商申利之处，永行禁止。"①

以上匣费，除去残引费、称秤多出之盐无法计算外，已经多达24万两。

此数已够惊人，但据曹寅说，还不止这些。曹寅奉旨于四十三年十月十三日到任后，察访到两淮浮费甚多。十一月二十二日，曹寅密折奏称，除去阿山所列费用外，还有四项应予革除：

"一、院费。盐差衙门旧例有寿礼、灯节、代笔、后司、家人等各项浮费共八万六千一百两有零。

二、省费。系江苏督抚司道各衙门规礼共三万四千五百两有零。

三、司费。系运道衙门陋规，新运道李璨系特用之人，能依臣檄

①《康熙全译》第332页。

文，减革书承衙役家人杂费共二万四千六百两有零，尚存一万两有零，养济各项人役。

四、杂费。系两淮杂用交际，在阿山条奏别敬及过往士夫两款之外，共六万二千五百两有零。"[1]

曹寅所奏，共计付费为217700两，数量本已够多的了，但是，显然还有未开之数。仅就江苏督抚司道衙门而言，34500两的规礼，显然太少了。两江总督长鼐于五十六年十一月二十一日奏："两淮丁酉年（五十六年）纲盐应收奴才分内之银二万两、吴存礼分内之银二万两、李成龙分内之银一万两。"[2]李成龙是安徽巡抚。仅总督及江苏巡抚就收了盐规5万两，那么，江苏布政使、按察使，还有道员，又该有多少分内之银？

再看看小盐区云南的情形。云南未设专职的运使，而是由官阶正四品的驿盐道兼运使衔，管理额盐3716万余斤。这样一个相当于两淮十来万引课银才二十多万两的小运司，每年要送云贵总督规礼1.3万两、秤头银4000两，送云南巡抚规礼银5.2万两，管运司的驿盐道有"盐规公费、心红、秤头、节仪、针耗、溢额、平头并新井、沙浦杂项"，共收银64299两，另外还有各种杂项盈余银145990两。以上四项开支，共计28万两，比正课银还多。[3]

两浙盐政谢赐履奏述两浙运司旧有匣费情形说：每年点甲商数人，凡盐备内一切公私之费，皆其经管，大约每年所派不下40万余两。计有：

"督、抚、将军、藩、臬、道、府、厅、县、分司各衙门年规，并盐道引费，共银七万八千零九十两，又盐院衙门并笔帖式公费，共十七万五千两，又水脚银五千六百两。

盐臣本衙门每年经费银一万三千一百二十两。

盐院衙门书役及执事人役工食并各役饭食、给赏巡缉官兵、纸张笔墨等项，共银一万两。

各部并都察院衙门每年奏销考核各饭费银，一万二百六十二两。

盐道衙门各役饭费、纸张、起解残引并杂项等费银一万九千六百三十三两。

①《康熙汇编》册1，第135页。
②《康熙全译》第1267页。
③《康熙汇编》册8，第909页；《雍正汇编》册1，第623页；册1，第442页。

赍奏骒脚路费及奏销并起解各项解费及各衙门寿礼、往来缙绅程仪、挑河筑坝、修理衙门、赈济等项，共银四万四千七百七十六两。

杭嘉绍松四所巡缉私盐官役船只饭食及犒赏官兵等项，每年共银二万二千一百两。

四所两次掣盐官役船只等项，共银五万零二百两。"①

两浙匣费银也比正课银多。

（五）地方官员的陋规

盐，既系人之必需，又因此招致成千上万贪婪官吏的垂涎和攫夺。于雍正二年（1724年）任兵部尚书的卢询，论述官盐价贵之因时，奏称："各衙门额规，千头万绪。盐院、盐道等官，因其本管，额规绝不可缺。而行盐地方，文官自督抚，以至州县杂职，下级胥役，武官自提镇，以至千把总，下级兵丁，莫不皆有额规。而额外交际诛求，又复不可计算，总皆增加于盐价之上。"②

在此之前，康熙九年（1670年），两淮盐政席特纳、徐旭龄便悯商之困，上疏陈述"运盐六大苦"说：

"一曰输纳。商人纳课，例将引数填注限单，谓之皮票，以便商下场也。而运库扣勒皮票，每引科费钱数不等，方得给单，又有胥役使用，谓之照看，商总科敛，谓之公厘，每引正给外费至一二钱，计岁纳数万金。其苦一。

一曰过桥。商盐出场，例将舱口报验，谓之桥掣，以便商放桥也，而关桥扣勒引票，每引科费数分不等，方得掣放。又底盐面盐，则有搜盐之费，多斤少斤，则有买斤之费，每引溢斤外费至七八分，计岁约数万金。其苦二。

一曰过所。商盐呈纲、例必造册摆马，谓之所掣，以便商验斤也，而未经称掣，先有江掣之费、茶果之费，一引各数分不等。又缓掣有费，加窝有费，每引割没外费至一二钱，计岁约数万金。其苦三。

一曰开江。引盐既掣，例必请给水程，每引数分不等，请给桅封，每张数两不等，又报状扑戳，引费钱余，封引解捆，引费数分，每引开行，费至二三钱，计岁约数万金。其苦四。

一曰关津。船盐既行，所过盐道之挂号，营伍之巡缉，关钞之验

①《雍正汇编》册5，第964—966页。

②《清经世文编》卷49，卢询：《商盐加引减价疏》。

料，俱各有费，计岁约数万金。其苦五。

一曰口岸。船盐既已抵岸，而江广进引，则有道费，每引钱余，匣费每引数分，又样盐每包数厘，查批每船数两，为费不等，计岁约数万金。其苦六。此六苦，为商隐痛，请旨严革各项私费名色，立石永禁。"

康熙阅疏后，"温旨褒嘉，勉其称职"，并令以后各任盐差，"毋得因循陋规，朘削商民"，敕部严禁。部遂下令，"勒石立于桥所及经过关津口岸，永行禁止"。几年之内，"商困少苏"。但十三年三藩之乱起，弊端重生。①

按照席特纳、徐旭龄的奏疏，可以估计淮盐运到湖广汉口，沿途被盐官、差役、将领的勒索，每年至少得支付数十万两。五十多年以后，湖广总督杨宗仁对淮盐在盐场卖与商人的价格及沿途所需各费，计算出盐到汉口的价格，这对于淮盐运输途中及到岸的科索情形，也是很能说明问题的例证。杨宗仁历任浙江广东按察使、广东巡抚，留心盐法，六十一年十一月升任湖广总督。雍正元年六月初三，他上《为奏闻盐法利弊事》，详细论述汉口盐价每包只应定银一钱，不能增为一钱二分。他说，二十几年前，"盐规虽无近日增加之多，然亦各有一半"。现细加访闻，"两淮产盐各场，商人收盐，每斤平价二厘，贱则厘半，至贵不出三厘。每一引纳正课一两二钱。先捆大包，盘拨过坝，内河到仪真县，称掣入栈。改做八斤四两小包，拨上长江大船，及湖口、芜湖过关报料，并包索各项杂费完课加增火耗，一切诸务，厘毫丝忽计算，共需本钱七分四厘有零。"杨宗仁又曾于元年二十日奏称："总督衙门盐规渐次加至四万。" ②

现在来算算从两淮盐场运到汉口，被沿途官吏勒索走了多少钱。盐场盐价一厘半到三厘，平均以二厘算。从仪真上大船，经长江，运到汉口，"每引水脚银一两"。加上从盐场到仪真，内河航运，路也不远，每引运费白银一钱足够了。每引按400斤计，分为47小包。场盐价一斤二厘，一包八斤四两，每包价一分七厘。运费一两一钱，每包折银二分三厘四毫。正课一引为一两二钱，每小包折为二分五厘四毫。三项相加，每包为六分五厘八毫。至于途中包索购买、打包、分装等材料人工费，及报关的纸张杂费，一包也摊不上一毫。这样一算，杨宗仁定的每包成本七分四厘，扣除盐价、运费、正课、包索等费，每包还剩下七厘四毫六丝银子，即每引剩下三钱五

①《清经世文编》卷50，金镇：《盐法考》；《清文献通考》卷28，《征榷三》。

②《雍正汇编》册1，第263、487、488页。

分。不要小看这个三钱五分，一引是三钱五分，100万引就是35万两，200万引就是70万两。这几十万两银子就被沿途官吏拿走了。还有，据两淮盐政谢赐履奏，楚省被杨宗仁奏革的陋规银15万两。[1]

（六）纲商富甲天下

康熙帝玄烨在两江总督阿山四十三年五月初七的满文奏折上，朱笔批示："又闻凡过往官员下至笔帖式，当差人等，不论隶属与否，扬州盐商皆给匣银，动辄费银数十万两。因此，两淮盐商大受其害，盐价渐贵，民至商人，皆受其苦等语，监察御史不可怕得罪人而护短坏事。尔乃地方文武大员，力禁积弊，专为商贾兵民谋益，乃尔职责。今审案毕返回时，应赴扬州，逐一问明据奏。"[2]

阿山于五月二十八日知晓圣旨，立即于次日五月二十日奏称："至两淮盛行匣银，商人受累之事，皇帝虽在数千里之外，但圣明洞鉴，近在咫尺。曾奉旨：逐一询明具奏。钦此遵。奴才查得，此等积弊，源远流长，故奴才未能除尽，是为奴才失职之处。今钦遵圣主训谕，查问佟世案，即两淮盐商修建的园林别馆至扬州，明白查问，奏请皇上颁旨严禁，尽绝情弊。"[3]

两个月后，四十三年七月七日，阿山奏上匣费清册，分别应革应存项目。不久奉旨，删去匣费数十万两。

从康熙的朱笔批示可以看出来，他对两淮盐商的利益相当重视，禁止过往官吏索取，联系康熙年间清廷对准商的一些规定和措施，这一点显得更加清楚。其一，清政府授予纲商垄断盐的行销，盐丁生产的盐，只许领有官引的盐商购买，不许私自卖与无引之人。各运司之盐划定特定地区，不许非本运司产的盐进入本司规定的行销省府州县。

其二，盐商拥有窝价。纲商认领的盐引，世代传袭，可以买卖，最初，部定每引给银一两，后来畅销时，价或倍增。两淮运司，正常情形，每引窝价为一引二两至二两五钱，岁行盐引168万引，按一引二两计，窝价当为330万余两，运笔巨款为两淮几百名纲商分取了。长芦运司的窝价比这还贵。盐商张希思，于康熙三十五年出卖引窝42260引，每引窝价四两，卖了16万余两。[4]

---

①《雍正汇编》册1，第278页。

②《康熙全译》第316页。

③《康熙全译》第319页。

④《康熙汇编》册2，第716页。

其三，加课银，即增盐斤。十五年，革割没溢斤、公罪等名目，"于额引摊派，每引加盐25斤，加课银二钱五分"。"自康熙二十八年起至五十二年，节次加派河饷、铜斤、织造等费三十二万七千六百二十两，每引加盐四十斤"。[①]增加课银，似乎盐商有亏，实则不然。一则增织造等费32万余两，每引加盐40斤，比十五年之加课银二钱五分、增盐25斤的规定，给的盐更多，因为十五年每引加二钱五分，加盐25斤，按两淮168万引额引计算，为银42万两。如照此类推，加32万两银，则只能加盐20斤，现是增40斤，多增了一倍。再则这两次加课银74万两，平均每引加课银四钱四分，加了65斤盐。如果是按三引算，应加课银一两三钱二分，加195斤盐，当时正规的规定，每引是200斤，195斤将近一引了，运195斤，如按一引计，它要交每引一二两的正课，要付出一引二两的窝价，两淮运司的几十万两匣费和二三十万两盐政、运使、运同等官的盐规，摊到每引上也得三四钱银子，这三项相加，每引要摊正课、匣费、盐规银约三两六钱。可是，盐商只付出一两三钱二分，就多买到200斤正式被朝廷批准的官引之盐，每引足足少付了二两银，一年下来，两淮纲商这加课银74万、每引课银四钱四分却加盐65斤上，足足可以赚300万两银子。

其四，盐商欠课，常被朝廷允许延期交纳，或由运司代交。延期者，通常都是分为十年代销，即分十年陆续交清。两淮纲商资金雄厚，又年获巨利，一般情况下不会欠课的。之所以常以引滞亏课叫苦，不过是希望可以延期滞销，可以得到减免，或由运司帮赔。康熙帝便曾谕令轮管两淮盐务的曹寅、李煦每年代商赔补23万两盐商欠的课银，连赔五年。[②]

其五，借与纲商内帑。康熙四十二年，康熙南巡时，赏借两淮商人库银一百万两。五十六年四月初十，李煦转呈淮商请求再借120万两，上奏说："窃两淮众商于康熙四十二年蒙我万岁天恩，借给帑银一百万两。据众商口称，自借皇帑之后，靠万岁洪福，生意年年俱好，获利甚多。万岁发的本钱，极其顺利，我们四十二年借的，已完在库，令求代题，再借皇帑一百二十万两，商等认利十二万两，分作十年完纳，我们再领圣主本钱，两淮生意就好到极处了。"[③]

纲商求再借"皇帑"120万两，其利有四。一是借银量大。此时，

---

① 嘉庆《重修扬州府志》卷21，《盐法》；《雍正汇编》册1，第541页。

② 《关于江宁织造曹家档案史料》，第45、83页，中华书局，1975年。

③ 《康熙汇编》册7，第823页。

江西省有田4700多万亩，田赋银117两，比皇帑120万两还少2万多两。纲商拿了这样巨量的银子，不知可以做多少笔大买卖，赚多少暴利？

二是借期很长。盐商的呈文，没有写明是十年到期时一次性的本利还清，还是每年还十分之一的本利。估计应是分期还，不然这样巨量的银子，一次性是交付不了的。联系到内务府买卖人王纲明借内帑买铜的条件，也是分八年还清，每年还一笔，即使是每年分还，十年也太长了。商人可以有很多赚大钱的机会。

三是利息太低，获利太大。12万两的利息是12万两，分作十年，每年还1.2万两，年利是1.2%（这还未算十年之长期利），比官方规定的一两银子月利不得超过三分银的利率，低了近两倍。纲商拿到这笔巨款，去做生意，按常说"十一之利"，一年赚10%的利银，第一年赚12万两，连本带利往下做，到第十年期满时，本利就是280万两。

四是打着天子旗号，招摇撞骗，横行不法。众商呈称，借了皇帑，"靠着万岁洪福，生意年年俱好，获利甚多"。这绝不只是纯粹的恭维之词，皇帑确有雷霆万钧的"天威"，请看长芦盐商张霖之例。康熙四十三年，以长芦盐商张霖为主的八人，"共借帑银七十万两"，"借帑金为名八州县官俱不敢问"，"霸占诸人生意，唯事强梁，闻山海关以内，直到天津，军民人等，颇多衔恨"，"伊等声势浩大，恃有官引为名，遂无有敢稽查之者"。张霖还进入仕途，先任陕西驿传道，再升安徽按察使，又升福建布政使，转任云南布政使。张霖"居家豪纵，伊子举人曾以奸情事伤害多命，革去举人，今已捐复，现在候补中行评博，众论不服。然言官利其平日重贿交结，故无有参之者"。直到四十四年六月，吏部尚书管理直隶巡抚事务李光地上疏，弹劾张霖说："张霖出身商贩，居家不检，网利殃民，纵子为非……假称奉旨，贩卖私盐，得银一百六十一万七千八百两。又纵子张壎、张坦，骄淫不法，肆行无忌。"①康熙批示：张霖着斩监候，家产入官。

正因为康熙给予了纲商众多的优惠条件，纲商，特别是两淮运司的纲商，获取了巨大利益。除了168万引的窝价、340万左右的固定利银外，从行盐中每年又可赚银几百万甚至一两千万两。湖广总督杨宗仁在计算盐价、成本、盈余的奏疏中说："湖广每年额引七十余万"，按汉口定价每包一钱计算，扣除成本每包七分四厘，"每包赚利二分五厘有零"，"该商业已获利六十余万两有零"。再照定例一引额盐205斤，今

① 《清圣祖实录》卷222，第19页；《康熙汇编》册1，第293、294、308、309、398页。

一引过所称制，加至400有余，是70万引官盐，而该商公然夹带不完钱粮之私盐一倍多，连漏课与余利，又得一百六十万两，共算该商行盐一年原有将及230万余两自然之利。"又据商人于四月二十九日在臣衙门呈称，共到船盐五十余万引，已经销完，则约计湖广每年可销引盐三百余十万，除正额七十余万引，则多销二百二十余万。此乃各商之亲供。" [1]

杨宗仁此奏，有一点是不正确的，即所谓一引定例额盐205斤。此乃开始时定的数量，实际上经过几次加盐，此时一引官盐法定的数量已是294斤。还有一点，不太准确，即每引到汉口的真实斤两，不尽相同，但多数引的斤数是超过400斤的。清人有的说："淮南（一道官引）捆至五百余斤，淮北且及倍（即捆至六七百斤）。" [2]姑按每引500斤盐计算，扣除官定的300斤，每引有私盐200斤。

现在以两套方案来计算两淮纲商在湖广行销的利润。其一，按额定湖广行盐70余万官引计。70余万，不好计算，就算作74万引。每引纳正课一两二钱，74万引须纳正课银88万两。加上水脚、改包、包索、杂费，每引为1.8两，共需133万两。这74万官引之中，每引有200多斤带的，实即私盐，这200斤私盐，只支出盐价每斤二文，共400文。74万引只需296000两银子。两项相加，行官引74万引，运到汉口，每包卖价一钱计，可卖444万两，扣去成本163万两，两淮纲商可赚280万两。

另一套方案是计算汉口众商口供"每年可销引盐三百余十万"。这个310万引，汉口商人谈得不明确，若是310万官引，不可能，两淮运司在其行盐湖广、江西、江苏、河南、安徽六省的销额引才168万引，怎能全销于湖广，并且还差100多万引的。如全是无引之私盐，又不大可能，稳妥一点，姑按其年销200万引测算吧。扣除上述74万引官引外，还剩下120余万无引之盐。这批盐，不交正课，不出窝价，不交盐规、匪费，只付出买厂商之盐的盐价、运输费及途中陋规，每引500斤的成本大概是六钱银，120万引为72万两。按每包官定卖价一钱计，每引（为60包）为六两，120万引则为720万两。由于杨宗仁的叙述不够详细，所以上述的测估，也不可能精确，只能了解大概。但毋庸置疑，两淮几百名纲商每年可获利几百万两，应是不争的事实。特别是那六大总商，更是资产几百万，年进巨量银子，富逾王侯，"衣物屋宇，穷极华丽，饮

① 《雍正汇编》册1，第488页。

② 《清经世文编》卷49，包世臣：《淮盐三策》。

食器具，备求工巧"，"金钱珠贝，视为泥沙"，还一个个戴有三品官衔。

（七）盐贵、私盛、引滞、课欠

课银倍增，窝价上扬，盐规，陋规，匪费，纲总摊派，六管齐下，压得官引的盐价一路飙升。康熙末年，两淮官引之盐，运到汉口，每包已经"卖至一钱五分一包"，"穷民嗟怨"。[1]

官盐飞涨，导致无引不买官引的私盐盛行。以淮盐运到汉口，销售湖北、湖南各府州县为例，私盐不交课银、窝价、匪费、盐规、陋规，不受纲总的摊派勒索，只需支出在盐场买盐的钱一斤二三文、运费、沿途照看人夫的工食等，每斤成本不过五六文。官引之盐一斤的成本价，比私盐贵了三四倍，当然私盐就好卖了，就可赚大钱了。于是，"官商夹带之私，官盐船户自带私盐"，"各口岸商捕获之私盐"，漕船回程运载的私盐，"枭徒"贩卖的私盐等，致"私盐盛行"，"沮坏官引"。[2]

清制，各运司的行盐引数，皆有规定，每年必行额盐若干引，少一引，则欠一引的课银，官引之盐行销不畅，盐商欠交的课银日增，致运司的库银亏空严重。江宁织造曹寅奉命兼任两淮盐政，上任一个月后，于四十三年向皇上奏称："访得运司库项钱粮亏空八十余万两。""两淮历年积欠不已，皆由御史怠忽……更有奸商恃怙效尤，预投贷借，酿成此弊。自科臣满普以来，岁欠不过二三十万两，接年御史尚可代征。自御史罗詹一引私行引半，江广盐壅课绌，今年御史噶世图虽减斤割引，不能全十之四。……两淮浮费甚多，比来盐壅商困，朝廷钱粮渐有积欠，若不痛革禁止，则于课饷有碍。"建议裁革"院费""省费""杂费"，共20两。[3]

五十年三月初九，曹寅奏上《钱粮实数单》，计开："一项，乙丑纲未完引课银二十八万余两……票银八十万余两……一项，历纲尾欠银四十四万余两。一项，乏商欠正课银二十余万两。"虽然皇上多次谕令曹寅、李煦催征积欠，补足库银，但商人仍然越欠越多。这一年的六月，李煦奏：两淮运库，"尚有一百三十七万两未完，所以新运道李陈常不肯接受交盘"。[4]其实，曹寅、李煦一向隐瞒商欠真情，以多报少。

---

① 《雍正汇编》册1，第263页。

② 《清经世文编》卷49，包世臣：《淮盐三策》；卢询：《商盐加引减价疏》。

③ 《关于江宁织造曹家档案史料》第25、27页

④ 《关于江宁织造曹家档案史料》第80-83页。

早在四十八年十二月六日，两江总督噶礼便奏称："两淮运使李斯佺亏欠库银二百二十万余两，又预收商贾税银七十万余两，亦亏空之，共计亏欠银三百万两。其中曹寅、李煦侵用者多。"康熙不许噶礼参劾曹寅、李煦亏欠300万之事，并在五十三年八月谕告大学士，"查伊亏欠课银之处，不至300万两，其缺180万余两是真"。①

不只两淮欠课，其他运司也是引壅课绌。两广总督杨琳于雍正元年三月初八奏："两广（运司）盐果原额止一十九万余两，自康熙三十一年设立专差，历年加增至二十九万余两，四十六年将御史、运司等官陋规银十六万两归入正面，共额课四十五万五千余两。……自四十一年起至五十五年，共积欠九十一万余两。"②翰林院编修胡彦颖更指出了课增造成盐贵、私盛、引滞、课亏的关系说："课额既增，官盐日贵，官盐价贵，私贩愈多，盐壅课亏，逋欠日积。"③

这样私盐盛行、官引壅滞、课亏积欠的情形，乍一看来，似乎盐商吃了大亏，要赔钱破产，政府也会收入剧减，国力大损。其实状况完全两样，纲商仍是财源滚滚，大发其财，政府也是盐银日增，年收数百万。两淮运司情形，就是最好例证。

先就两淮纲商而言。第一，官引壅滞的情形，并不如一些淮商、官员所宣称的那样严重。四十三年，曹寅说，运司库银亏空80万余两。按一引征课银一两二钱计，则有70万引的积引。五十年积欠银137万两，则积欠为110万引。五十三是180万余两，折算积欠引150万引。两淮运司额定每年行盐168万引，就从康熙元年算起，到五十三年，应该行盐9000万引，才有70万—150万引没有卖出去，滞销，而8900万引的官引却销完了，可见两淮几百名纲商认领的官引，绝大部分是卖了，是畅销了，不是滞销，他们又能有多大的损失。

第二，滞销之引，朝廷常常允许积欠之引商分期代征，延期纳课，常是十年滞销，几年滞销，有时还令运司代还商欠之银。像五十年的商欠运库137万两，曹寅、李煦议奏："于商人名下催完六十七万两，臣等代商人捐补七十万两。"④

第三，"良商"遭殃，巨贾无损。两淮几百运商中，不少系本少引少无权无势的散商，在纳课、领票、验单、过桥、掣盐等过程中，贿银

①《康熙全译》第657页；《康熙起居注》，第2109页。

②《雍正汇编》册1，第144页。

③《雍正汇编》册3，第23页。

④《关于江宁织造曹家档案史料》第85页。

不多，致遭贪婪官吏勒索、敲诈，费银费时，引壅欠课，而资金雄厚交结官府的总商富商，则"以取倍称之息"。故"奸商之盐日赢，良商之盐日壅"。①良商（即散商）成了私盐、引滞的受害者。

至于运司之运库，朝廷之课银，虽因时有引壅课绌的情形，暂时少收了一点课银。但康熙年间，人口增半，五十多年内地没有大的战争，官引还是畅销的，八九千万引的课银，多达上亿两，获利巨大。何况，那些短暂的80余万、130余万、180余万两的欠课，盐政、运使还能想法催欠弥补，不会带来多大的损失。

综上所述，我们可以分析出三个论点。其一，利国、利官、利商。康熙帝对关系到国计民生的重大问题盐法的管理，在理财上，从短暂的角度看，还是颇有成效。对于国库来说，自顺治十八年到康熙六十一年的康熙帝在位的62年里，按《清圣祖实录》的记载，共行盐27466万引，征课银14553万两（1.4亿多两），确实是天文数字般的巨量银子，当然是利于国库，利于朝廷。

对于运司的高级长官盐政、运使来说，不算奉天，在两淮、两浙、两广、长芦、河东、福建、山东、云南、四川九个运司里，有盐政、运使约11位（两淮、两浙既有盐政又有运使），基本上是一年一换，62年里累计当有盐政、运使600余位，盐政、运使的应得之银，或叫余银，或叫羡余，或叫盐规，一年有银数万两至11万两不等。盐政、运使的规银，基本上可以全部或大部纳入自己的腰包，因为其他打点、公务开支，可以用摊派众盐商的匦费来解决。这就是说，62年里可以有600多位不靠贪污，仅凭应得之银就能发财的、有银数万两、十万两的富翁。那些连任的盐政、运使应该是更大的富翁，像江宁织造曹寅兼任两淮盐政5年，苏州织造李煦兼任两淮盐政8年，每年有应得之银11万两，更应成为罕见的大富翁。还有产盐区及行盐区的总督、巡抚、布政使、按察使，每年坐领盐规几千至4万两，盐政、运使及有关高中级官员从盐法上，获利太多了。

至于两淮运商，绝大多数是财运亨通，"生意年年俱好，获利甚多"，成了几十万甚至上百万的特大富商，好些人还捐了或被皇上赏赐了四品顶戴、三品顶戴，有了道员、布政使、按察使的官衔。

其二，取之无道。政府收取课银，本身无可非议，但一则不应一加二加，正课之外又征杂课，课银过重，如此巨量的课银，是以压低盐丁

---

① 《清经世文编》卷50，金镇：《盐法考》，徐文弼：《缉私盐》。

生产的盐价,剥削盐丁,逼民高价购买食盐,也就是说,从上亿黎民身上剥削而来。再则,更不应该的是,允许盐政、运使、总督、巡抚等官征收所谓应得之银的高额盐规和数以十万两计的匣费,纵容盐商走私漏税,垄断引地,高价卖盐,攫取暴利。

其三,饮鸩止渴。康熙的这套盐法政策,当时虽然还能维持盐业的产销,但继续下去,并且必然会变本加厉,从而导致乾嘉道时期,课银激增(乾隆十八年701万两,道光二十七年750万两),报效疯涨(乾嘉两朝共收淮商报效银达3700万余两),盐规、匣费、陋规和总商的科敛,年达千万两,官引成本高昂(每引6两有余),私盐盛行,官引壅阻,课银巨亏。道光十年,两淮运司仅销52万余引,亏历年课银6300万两,盐法大坏。

五、关税倍增

(一)税关的设立

关税,是清政府四大财政收入之一,年征税银几十万两甚至上百万两,并且增收的潜力很大,一向为朝廷所关注。清沿明制,在明朝旧关基础上任命官员,分管各关。

清朝的税关,时有增减,比较大的重要的税关大体上是户部十四关和工部五关,还有一些小关。最重要的税关是京师崇文门、天津、浒墅、淮安、北新、扬州、凤阳、芜湖、湖口(即九江)、龙江、临清、南新、赣关、太平十四关,以及粤海关、江苏海关、福建海关和浙江海关。

各税关的管理,或由京师各部司官差遣,任各关的监督,一年一换,或命地方总督、巡抚总理,或令将军、织造、盐政兼理。康熙年间,以京差为主,五十年(1716年)一起,才陆续将凤阳、天津、临清、北新、南新等八关交巡抚征收,把淮安关交河道总督兼管。雍正元年(1723年),又将浒墅、扬州、龙江、芜湖、湖口、赣关、太平、粤海关等九关税务交巡抚管理。

在京官办理税务时期,顺治元年(1644年)、二年是由六部汉司官兼差,担任监督。三年改定,除一名汉司官监督外,每关增设满汉监督、汉军监督各一员。八年又改定,每关仍然只设一员监督,添设者,尽行裁革。形式上,名义上,监督是由六部司官或户部司官中金差,没有满汉的限制,但实际上,各税关监督基本上由满洲司官垄断,有时差少数汉军司官,汉人司官任监督者,很少。另外,每关差笔帖式一员。

各关的额定税银，叫额税或正项，数量时有增减，但大致是增加者多，减税者少。顺治二年，定芜湖、扬州、龙江、荆州、清江五处税额，每年共征税129631两。十八年，定张家口年税1万两，杀虎口1.3万两，左翼、右翼各6000两。

康熙八年（1669年），定浒墅关额税银14万两，芜湖关12万两，北新关9万两，九江关9万两，淮安关5万两，太平关3万两，扬州关3万两，赣关3万两，天津关3万两，西新关2万两，淮安仓2万两，临清关2万两，凤阳仓2万两。此13差，税额多，择各部院满汉官差遣。运厅税银6000两，居庸关3000两，徐州仓3000两，德州仓700两，税额少，交地方征收。①三十四年，"定山海关税额，每年二万五千两"。②

税关，既有京师差去的司官担任监督，又有笔帖式陪同，旗下有不少吏役，这些人员，很少有奉公守法、体恤商民的，大多是吸民骨髓的虎豹豺狼。康熙九年，御史徐旭龄便曾上《省官役以清关弊疏》，直指官多、役多、事多。一是监督之祸。"常见官差命下，未出部门，亲友称贺，或馈杯缎，或送马匹，多募随丁，盛治行装，其费已不赀矣。及其在任，过往知交，迎送馈遗，至于差回弥缝要路，酬答亲友，凡此费用，无不取给予一差。"吏役太多，作奸害商，有子供役，而父在外收银，弟供役，而兄在外需索。③

过了十年，十九年给事中许承宣上疏，极言"今日之商贾，不苦于关，而苦于关外之关"，今监督"借查税名色，私用家人及书役，散播各方，重抽税料，处处皆关，则处处皆税矣"。④

税关官吏之贪婪，祸害商民之厉害，史不绝书，愈演愈烈。但水有源，树有根，如果天子有道，理财有方，是可遏制官吏之贪婪凶焰的。可是，号称英明圣贤的康熙帝玄烨，在此事上，未免要让商民失望了。

（二）额税增加

清初确曾禁革明季苛征商民弊政。顺治元年（1644年），豁免明季各项税课亏欠，免各省关津抽税一年，禁革明季加增税额银两，免顺治元年关税，自二年起方照故明原额起税，凡明末一切加增税额尽行取

---

① 《清圣祖实录》卷28，第8页；卷108，第2页。

② 《清圣祖实录》卷168，第12页。

③ 《清经世文编》卷51，徐旭龄：《省官役以清关弊疏》。

④ 《皇清奏议》卷21，许承宣：《请禁额外苛征疏》。

消。此后所定各关税额，银数不多，确实较轻。直到康熙八年（1669年）定浒墅等关税额时，征的税银也不多，不重。

然而，以后岁月，虽然个别关津额税有所减轻，但总的来看，康熙年间的税额，是在不断增加的。

比如，天津关，康熙八年定额税银3万两，而五十六年直隶总督赵弘燮奏称，"天津关一年额定正税银四万四百六十两"。[①]增加了10460两，比原额增加了35%。

扬州关，八年定额税为3万两，三十四年已是49854两，[②]多了19854两，比例高达66%。

淮安关，八年定额税银5万两，淮安仓2万两，共7万两，五十八年，已是"照例征收额税银十九万两"。[③]19万两减7万两为12万两，比八年的额税多了191%。

浒墅关，八年定额税银为14万两，五十九年已是"额解税银十九万两零"，[④]多了5万两，比例为26%。

临清关，八年定额税银2万两，五十三年增为29000余两，[⑤]多了50%。

九江关，八年定额税银9万两，二十年移至湖口，"于旧额外，岁增至一十五万三千八百余两"，[⑥]多了63800两，比例为71%。到雍正二年又增为172282两，比原额多83282两，比例为91.4%。

山海关，三十四年定税额为25000两，康熙末年担任山海关监督的本钖"将所收正项钱粮银三万五千二百四十一两，照数交付户部"，[⑦]多了152241两，比例为61%。

以上7个税关，每关超出原额税银多少不一，最多的超出12万两，比例为191%。最少的为1万两，最低的比例是26%。若将7个关的税银总加起来，则超出的额税银为29万两，比原额多出75.3%的比例。仅仅三四十年的时间，额定税银就增加了75%，比例不为不高了。

①《康熙汇编》册8，第4页。
②嘉庆《扬州府志》卷20，《关税》。
③《清圣祖实录》卷283，第22页。
④《李煦奏折》第273页。
⑤《雍正汇编》册1，第886页。
⑥《雍正全译》第107页。
⑦《雍正全译》第204页。

但是，更重要的，也是更不应该的，更是百分之一百的弊政是，康熙不该创制盈余银、余银（或称羡余）及铜斤银。

（三）余银、盈余、铜斤银后患无穷

余银，顾名思义，为剩余之银，而税关的余银，则是正额税银之外征收的银两。清初，曾有抽税溢额者议叙规定，康熙四年（1665年）取消。后，康熙十三年三藩之乱，需筹措大量军费，十四年题准，各关欠额税不及半分者，降一级留任。照例全完者，记录一次。溢额者，每千两，加一级，至五千两以上者，"以应升缺先用"。十七年定，关税足额者，不准议叙。溢额者，仍议叙。这里所谓溢额之银，就是余银，送交户部。二十五年二月十五日，康熙御乾清门与大学士们议事时，议及湖口关（即九江关）监督张天觉应办铜斤银限满不完，应降一级留任。康熙谕："朕每见汉官得关差，思取利肥家，其意以为，即至去官，亦可在家安享耳。"又，"朕又细访各关，收税重累商人。即如铜斤，部定价值，每斤止六分，而各关采买，一钱六分，若非加派商人，将何银垫补采买"。大学士明珠等奏："诚如圣谕。"康熙谕："增买铜之价，停止议叙之例，命议。"第二天，康熙又谕大学士等："近来各关差官，不恪遵定例，任意征收"，"既已充肥私囊，更图溢额议叙，重困商民，无裨国计"，"所有现行例内收税溢额，即升、加级、记录，应行停止"。[①]

尽管圣谕煌煌，但仍有官差监督希望借溢额讨帝欢心。康熙二十六年的浒墅关监督桑额，就呈报溢额银2万余两。帝以其"私封便民桥，以致扰害商民"，[②]命严加议处。可是，不久，监督们又以资助军需，解交余银，朝廷允收。三十八年，康熙下谕"停罢各关正额外加增盈余银两"说："向因军需繁费，关差官员欲予正额外，以所得盈余，交纳充用。今思各官孰肯自捐私囊，必仍行苛取，商瘠民困，值此之由。着即将加增银两，一概停罢。"[③]

上谕虽然说得明明白白，但监督们可能善于揣摩圣意，深知并非真禁余银，故照样多征商民，呈报余银，解交户部。五十八年二三月间，河道总督汉军旗人赵世显更公然上疏，奏请兼管税务，每年多交余银15万两。三月

---

①《康熙起居注》，第1431、1433页；《清文献通考》卷26，《征榷一》。

②③《清文献通考》卷26，《征榷一》。

二十五日，户部等衙门议覆河道总督赵世显疏称，请管理淮安关税务，"照例征收额税银十九万两零外，节省浮费等项，可余十五万两，交河库，以济工需"。①户部等议准其请，康熙允准。此事表明了三个问题。一系额外余银，欠已存在，故赵世显才敢申请，户部等衙门会议时，才敢议允其请，而皇上确又谕准其奏。二是余银量大，一个淮安关，就可征收额外之税银15万两，照此类推，全国二三十个税关征收的额外余银岂不高达数十万甚至上百万两。三为余银的比例很高，相当于正额银19万两的79％。

所以，雍正二年四月，新君雍正帝谕令户部："将各关续增余银数十万两查明，尽行裁革，通行直省。"②

可见，康熙末年，各关奏交国库的余银，已加增至数十万两了。

盈余银，是各税关进献皇上的内帑，解交户部，转交内库。详见"内帑如山"之税关盈余银。

铜斤，是铜斤水脚银的简称。清朝每年铸钱数十万串，所需之铜约400万斤、铅200万斤。这400万斤左右的铜，主要由户部分派与一些税关采买运京，各关买铜的数量多少不等。起初，户部定价，每斤铜为银六分五厘，太低，各关买铜连带运京的"水脚"（即运费），通常每斤需银一钱五分或一钱八分，税关便借此增收税银。早在康熙二十年，九江关监督以地理条件不好为理由，奏准将九江关迁至湖口时，就有"铜斤水脚银一万余两"。③此后一直延续下去。

康熙二十五年，欲杜绝税关借口部定铜价低而增征税银，将每斤铜定价涨至一钱，但税关买铜实需每斤银一钱五分至一钱六分七厘，继续借口水脚银无出而增收税银。三十九年、四十年，内务府买卖人王纲明等奏准承买各税关采买的358万余斤铜，每斤定价一钱五分，本应领银54万余两，但他们将每斤价银一钱五分中之五分银子，送一分一厘银与14个税关的监督作盘缠银，三分九厘银献与皇上，作节省银，解交内库，他们只领每斤铜之一钱银，约36万两，而水脚银16万两则孝敬皇上与监督了。商人们自己出钱运铜至京。这样一来，原因借口水脚银而由税关私自增征的税银，本来便应该取消了，但各税关仍继续征收，并且

①《清圣祖实录》卷283，第22、23页。

②《雍正汇编》册3，第483页。

③《雍正全译》第107页。

称为常规，也被皇上默许了。铜斤水脚正式作为附加税，作为税的一种名目，合法地存在下去。

例如，康熙五十年十二月浙江巡抚王度昭奏："查南新关每年额税并铜斤水脚银共三万九百余两。……北新关额税并铜斤水脚银共一十二万三千余两。"①

北新关额税银在康熙八年是9万两，现在加上铜斤水脚银为123000余两，则铜斤银为3万余两，相当于额税的33.3%。

值得着重指出的是，这个铜斤银是康熙帝亲自下旨谕令征收的。山东巡抚黄炳于雍正元年八月二十六日奏："窃查临清关税务自康熙五十三年奉圣祖仁皇帝谕旨，交与巡抚征收在案，每年应征正项银二万九千余两，铜斤水脚银七千余两，新增兴庆阁银八千两，杂项并使费共银三千余两，通共计银四万八千余两。今前任抚臣李树德于上年七月起至十一月止，止征银一万二千余两。臣于上年十一月起至本年七月十五日止，止征银一万二千余两。前后共征银二万五千余两，实缺额银二万三千余两。……自五十九年兴庆阁加增银八千两之后，则赔补愈多。"②

黄炳此折，表明了四个问题。一是正项额税银增加，由康熙八年的2万两，加了9000余两，增加的比例高达近一半。二是铜斤银是康熙帝允准征收的，并且成为额银的一个部分，亏了铜斤水脚银等项收入，就是亏了额银，所以黄炳奏称实缺额银2.3万余两。三是康熙五十三年由税关监督收税时，即有了铜斤银，是皇上允准的，五十三年移交巡抚征收时，额税、铜斤银一并移交，照数征收。四是开始增收其他名目的税银，兴庆阁的8000两银是五十九年新增的，杂项费3000余两是五十三年以后新征的，这两项新增名目的税银和铜银，都列入了额银，此后每年都要当作额银来征收，少收了，就是额银亏缺了。

还有更荒谬的，铜斤水脚银，只是承担买铜的14个税关，才能从户部领来（一般是就近在本省藩库领，以后向户部奏销）。那么，那些没有买铜任务的税关，就没有资格领铜斤银，相应的是，它们也没有以铜价不敷为借口而征收铜斤银的附加税了。可是，实情并非如此，未承担过买铜任务的税关，照样在征收铜斤水脚银税，解送户部，并列入本关额征税银，按年上报户部，缺银也要遭受惩治。

①《康熙汇编》册3，第926页。

②《雍正汇编》册1，第886页。

　　署江宁巡抚何天培于雍正元年九月初九奏：江苏海关，"每年额征钱粮二万三千一十六两零，应解交司库"。又"额增盈余银一万五千两，例应解交户部，转交内库"，已解。"又每年应贴铜斤脚费银二千五百两，帮捐翰林院庶吉士银三十两，应于年终报销。"又有余羡银5722两，封贮藩库，"恭请主子批示着落"。①

　　直隶巡抚李维钧于雍正元年十一月初一奏，代理关务的段如蕙呈称，天津关税，康熙六十一年九月二十八日起，至雍正元年九月二十七日止，"应解正额、盈余、铜斤水脚银，共八万二千九百七十两三钱有奇，又各项杂费银五千八百一十八两"，实收之银不够，亏缺23000两。经核实，收过84000两，止亏银4788两。②

　　广东巡抚年希尧于雍正三年二月初三奏：从雍正二年二月至三年正月，"一年已满，共收过洋船及各口税银九万七千二百九十四两零。查粤海关额银并铜斤水脚及加征湖丝，共银四万三千七百八两零。……已贮库，送部。……尚剩羡余银四万七千两，臣现在解部兑收，转解内库"。③

　　署浙江巡抚何天培于雍正二年四月初十奏："所有龙江各关，查每年额征商税银四万六千八百三十八两，赔铜斤水脚银一万七百六十九两零。又归并西新关商税银三万三千六百八十四两，赔铜斤水脚银七千六百九十二两零。"④

　　给事中刘堂于雍正元年四月二十五日奏，康熙二十年监督哈山等，"困逆藩变后军需紧要，奏准将九江关移至湖口，于旧额外岁增至一十五万三千八百余两，又铜斤水脚银一万余两"。⑤

　　福建巡抚毛文铨奏，雍正三年分所收福建海关税额，正课银64549两零，"并铜斤水脚银七千两，庶吉士银五十两"。⑥

　　淮安关河道总督赵世显于康熙五十八年奏准兼管淮安关税务时，"增加铜斤脚价银一万三千三百八十四两"。⑦

---

①《雍正汇编》册1，第919页。
②《雍正汇编》册2，第194页。
③《雍正汇编》册4，第409页。
④《雍正汇编》册2，第771页。
⑤《雍正全译》第107页。
⑥《雍正汇编》册7，第226页。
⑦萧奭：《永宪录》，第150页。

余银、盈余银、铜斤银的征收，违反了父皇世祖福临顺治初年禁革额外加派的正确规定，也可以说是康熙这位自诩孝子的皇帝，背叛了父皇世祖福临制定的德政，开创了他的儿孙继承他的弊政之先例。既然可以在正额之外多收税银，可以增设新的名目征税，还可以名目不交国库而解交内库，那么，除这已增的三种名目税种外，就可以再增四种、八种，倍征、几倍征新税。此后的形势就是这样发展的，从顺治年间和康熙初年的关税百万两，到康熙末已达200万两，乾隆末年更多达800万两了。

六、广设皇庄　占地数百万亩

（一）增置粮庄数百

人们知道，清朝的皇帝拥有大量粮庄、银庄、瓜菜果园，但是究竟有多少？乾隆《大清会典》有盛京、畿辅、山海关外、喜峰口外粮庄的数目，并称庄赋地共有13272顷，赋粮93440石，正确与否？康熙帝玄烨对皇庄采取什么政策，有何影响等问题，还无文专门论述。按照康熙多次讽刺、斥责明朝皇帝敛财收取国库存银装入内库，自诩恤财节用的情形，他应该与皇庄没有什么瓜葛吧。然而，从朱批奏折的一些史料，发现实情远非如此，康熙年间增设的粮庄，几倍于顺治朝。

入关之前，清太祖努尔哈赤、太宗皇太极在辽沈地区设立了一些拖克索，编佥包衣，隶庄耕种，当差纳赋。顺治元年（1644年），清帝入主中原，驱赶百万包衣入关，圈占畿辅官民田地，逼民带地投充，垦拓官荒，掠夺了巨量土地，设立皇庄、王庄、八旗官员庄田，分给旗兵田房。

顺治年间的皇庄，包括粮庄、银庄、棉庄、盐庄、果园、菜园、瓜园、靛庄等，还有牧场，还有打牲人丁、采参人丁、渔户、鹰户等人丁，种类繁多。

《清文献通考》卷5载：

"内务府官庄，顺治元年设立。是时，近畿百姓带地来投，设为纳银庄头。愿领入官地亩者，亦为纳银庄头，给予绳地（每四十二亩为一绳）。其纳蜜、苇、棉、靛等物者附焉。计立庄百三十有二。不立庄者仍其户，计二百八十五户，分隶内务府镶黄、正黄、正白三旗。坐落顺天、保定、河间、永平、天津、正定、宣化等府州县。奉天、山海关、古北口、喜峰口亦令设立。

康熙八年，编各庄头等第，以其田土编为四等。至二十三年题准，每十年编定一次。

二十四年，设立粮庄，每庄各给地千八百亩。旧例，每庄壮丁十名，选一人为庄头，给田一百三十坰（每六亩为一坰），场园马馆另给田四坰，庄丁繁衍，则留于本庄，缺则补足。给牛八头，量给房屋田种口粮器皿，免第一年钱粮。至是，设粮庄，每庄地三百坰，其头等、二等庄头，不准给牛。又山海关内、古北口、喜峰口外粮庄，每一所纳粮百石（合仓石三百六十石），山海关外粮庄，每一所纳百二十石（合仓石四百三十二石）。”

《清文献通考》的以上记载，叙述了皇庄的大致情形，但有两点不准确，有谬误。一系所谓"奉天、山海关、古北口、喜峰口亦令设立"。奉天早就有努尔哈赤、皇太极建立的自己的拖克索。而山海关外的设立，恐非易事。直到顺治十八年五月，奉天府尹张尚贤在叙述关外情形时，还奏称，从山海关至兴京，"东西千余里，荒城废堡，败瓦颓垣，沃土千里，有土无人"。[①]清廷哪有人丁钱粮耕牛去设立皇庄。古北口、喜峰口外情形，也与此类似。

二系多数粮庄是康熙二十四年设立的。早在顺治年间，清廷就曾金派包衣在畿辅设立粮庄，不过数量不多，不甚规范。就连《清文献通考》自己也说"旧例"，每庄壮丁十名，牛八头，地130坰。既云"旧例"，可见之前既已有了，不过到了二十四年，才开始大量设庄，并在田地、牛种、纳赋等方面予以规范。

由于分封皇子，庄地滋生、增设等原因，皇庄的数量时有增减。现根据朱批奏折、实录、通考、会典等文献，对顺治、康熙时期的皇庄大致数量叙述如下。

顺治年间，畿辅有银庄132个，田地1620余顷。带地投充人82名，带地3300顷。蜜户36名，有地289顷，苇户7名，有地149顷，棉靛户62丁，有地34顷，共有地5700余顷，每年纳银33600余两。还有香瓜园头30名，每名领地12顷，西瓜园头4名，每名领地9顷，安肃菜园头4名，每名领地12顷，旱地菜园头35名，每名领地12顷，畦地菜园头24名，每名领畦地180亩，如无畦地，每亩折给旱地6亩。共瓜菜园头97

---

① 《清圣祖实录》卷2，第25页；《皇清奏议》卷16，张尚贤：《谨陈奉天形势疏》。

名，领地1180顷。还有果园136所，旧丁705名，共给养赡家口地271顷。①还有一些粮庄，不多，庄数田地数不详。

盛京，顺治五年有粮庄10个、盐庄5个，顺治八年增加了籍没睿亲王多尔衮10个拖克索、英亲王阿济格4个拖克索，阿济格三子傅勒赫4个拖克索，合计有粮庄拖克索24个，另有棉拖克索，合计有粮庄拖克索24个，另有棉拖克索15个。②盛京还有果园旧丁351名。

广宁，有果园旧丁117名。

康熙年间，在畿辅、盛京、山海关外、古北口外，大量增设粮庄。除了通考所述于二十四年在载辅大设粮庄的记载外，下述三道朱批奏折，也可作为参考。一系保安州之头堡子的头等庄头恒宾奏称，于康熙十九年"自垦"滩地30坰，自建房屋，投充纳银庄头，二十六年"经奏准授任纳粮庄头，到五十四年，被洪水冲没本分田七十五坰，只剩下本分田五十五坰"。还冲没储米260石，粮400石，以及谷场、菜园、牛马厩、猪圈。③

二是五十七年宣化府保安之庄头子弟"额丁华色等十一人叩阍书"称："求垦新平口边外荒田"，"情愿每人寻三百坰，自力拓垦，自耕种年始，每人各交三百石粮，我等自力运至大同府仓"。④内务府奉旨审查后，奏请准其所请，命为庄头，并派官查看还有无宜种之地，有无与额丁华色等同样愿垦之人，亦可命为庄头。这里又多了11名庄头，垦地3300坰（合19800亩）。

三系康熙为了赈灾，谕令直隶巡抚查明关内庄头存粮情形，并粜卖与兵民。直隶巡抚檄令各道各府办理，"各州县俱照庄头之话"呈报称："今年减粮之时，各庄头多有亏空，无米谷存贮。"⑤虽然此折未说明关内皇庄数量，但从其指望各粮庄庄头的存谷减粜赈灾，也可想见粮庄不会少，它已经成为影响关内粮食生产、存贮、售卖的重要因素了。

---

① 光绪《大清会典事例》卷1192-1197。

②《盛京内务府顺治年间档》。

③《康熙全译》第1055页。

④《康熙全译》第1325页。

⑤《康熙汇编》册3，第81页。

康熙年间，还未找到畿辅粮庄数量的材料。光绪《大清会典》卷1196载称，雍正七年议准："关内三百二十二庄内，定为一等五十七庄，二等十六庄，三等三十八庄，四等二百二十一庄。"这条史料，可以作为康熙末年关内粮庄情形的参考。

盛京皇庄，据《清史资料》第五期之《黑图档中有关庄园问题的满文档案文件汇编》载称，康熙四年，盛京就有27个粮庄，根据奏准山海关外庄田"皆额定纳粮一百二十仓石（疑为120石之误）"，盛京皇庄亦"照此纳粮"。六年，"拨给王之四庄"，尚余23庄。七年新编一个粮庄，为24庄。八年九月，将籍没鳌拜、班布尔善的人丁田地新编三个粮庄。二十六年，以"奉天旷土甚多，令府尹广置官庄，多买牛种，酌量发遣之人足应差使外，余尽令其屯种"。①皇庄大量增加。雍正元年七月，盛京内务府总管奏："奴才所管八十九个庄头谷石，康熙三十二年奉旨减粜5899石。"②可见，康熙三十二年，盛京粮庄已增至89个，将近增加了3倍。

山海关外粮庄。雍正元年六月十七日，雍正帝胤禛谕领侍卫内大臣："自山海关，以至广宁，皇庄头三百有奇。"③堂堂勤理国政精明过人的大清皇帝，所谕必有根据，必应准确。然而，也不一定，这次胤禛所谕，就有差错。山海关外皇庄，准确地说，散布在广宁、锦州、易州的山海关外粮庄，没有三百余个，而是两百余个左右。雍正二年，管理山海关外庄屯、渔猎、驿站、大凌河等牧场副都统衔总管多索礼奏："缘不能交纳贡赋，于康熙六十年参奏，革退之庄头朱保、蒋德贵、李五十二、周七十二、马六十一、康三、王草包、杨国英、刘四、鲁宽文，于雍正元年九月份给王之庄头四格、王国平、苏王六、吴进魁外，现有头等庄头五十四名，二等庄头十四名，三等庄头十七名，末等庄头一百零九名，纳粮庄头一名（疑系纳银庄头之误），革退庄头王索柱缺内新补末等庄头一名，共庄头一百九十六名。"④这是管理山海关外庄屯的总管所奏，当然比雍正所谕之"皇庄头三百有奇"更为准确，理应

① 光绪《大清会典事例》卷1093。

② 《雍正汇编》册1，第776页。

③ 《清世宗实录》卷8，第19页。

④ 《雍正全译》第1082、1083页。

以此为据。可见，在康熙六十年，山海关外共有粮庄头210名，于六十年革退11名，雍正元年分与王4名，到雍正二年还剩下粮庄头195名和1名纳银庄头。

口外庄头。口外，指的是古北口、喜峰口外，主要是热河地区，即承德地区。光绪《大清会典事例》卷1196载，雍正七年，"丈量口外庄头等原额地亩并自垦地亩，甚属过多，且不划一，将现在庄头各给地三十九顷。所余之地，其二千九十顷五十二亩，按每庄三十九顷之数，于庄头子弟诚实壮丁内，选五十三人，增设庄五十三所"。同年又奏准，口外138庄，均定为一等。可见，雍正七年以前，口外庄头是85名，即85庄，雍正七年为138庄。

总的来看，康熙末年，畿辅有粮庄300余所，银庄132所，果园250余所，瓜菜园90余园，以及带地投充人、蜜户、苇户、棉靛户，还有灰军、碳军1600余名。盛京有粮庄80余所，果园130余园，棉庄、靛庄、卤庄60所，还有打牲丁数千名。山海关外有粮庄200余所。热河有粮庄138所。打牲乌拉地方有粮庄5所，驻马口外弥陀山有粮庄15所。共计有庄园1600所左右，占地300万亩至500万亩。

此外，皇室还领有辽阔的牧场山场。内务府辖属的畿辅御马草场，锦州大凌河牧场，盛京养息牧群，察哈尔地区的商都达布尔诺尔、达里内爱牧场，场地皆极为宽广。专供皇室摘果、采松、刨参、驯鹿的贡山，散布于奉天、吉林和黑龙江，动辄连绵数十里。

至于粮庄的庄赋地及赋粮，乾隆《大清会典》卷87载称："凡庄赋，共地一万三千二百七十二顷八十亩，赋粮九万三千四百四十石。"13272顷为1327200亩。按清初分与八旗兵士每丁领地30亩计算，相当于44240丁分得的土地，数量之大，够惊人了。然而，根据笔者的收集资料分析计算，得出的论点是，粮庄的赋地远远超过1.3万余顷，可能要翻一番。

就按照《乾隆会典》所记的皇庄数目和等第来算。畿辅有322个庄，分一、二、三、四等，还有半分庄71个，康熙二十年规定，整庄每庄给地18顷，半分庄9顷，应为6435顷，还不包括6个豆粮庄和3个稻田庄。山海关外有粮庄211个。雍正四年定，一等庄给地54顷，二等庄51顷，三等庄45顷，四等庄39顷，应为5282顷。仅畿辅、山海关外、口外三处的粮庄742个，就应该有庄赋地21304顷，比《乾隆会典》所说的13272顷，多出8042顷，高达60%的比例。还有盛京粮庄84个，庄赋地起码也有几千顷，总加起来，康熙年间的粮庄，占有的"庄赋地"至少也有2万余顷。

笔者一再强调的是"庄赋地"，即粮庄在内务府册档上登记的"交赋"之庄地，不包括各庄头私自开垦、霸占民田、逼买民地未曾登记入档册的庄地。这种未入档册的庄地，数量之大，令人难以想象。我们不必列举个别庄头横行乡里霸占民田的个案，看看山海关外粮庄头的庄赋地和私垦地的总结性数字，就明白了。

雍正二年，查处山海关外粮庄头欠交皇粮时，发现庄头隐瞒私垦田地，命庄头呈报交赋地和隐瞒地。众庄头呈称，现有地亩174275垧零，内向"盛京户部档册交纳米豆之田十万五千二百九十七垧，不在交纳米豆档册之田六万八千九百七十八垧"。隐瞒地多达68978垧，为413868亩，占交赋地66%比例。此数量已经够巨大的了。不过，这还非全部。清廷下令清丈，雍正三年查丈完毕，共有庄地274373垧，比庄头自报交赋地105297垧，多出169076垧，为1014456亩（即100万亩），高达160%比例。

山海关外粮庄的庄赋地与众庄头隐瞒的不交赋之庄地情形，可以作为畿辅、盛京、口外的粮庄，以及畿辅银庄、瓜菜果园庄地情形的重要参考。

另外，关于"赋粮"的数字，乾隆《大清会典》卷87的记述，也是错误的。他说：赋粮是93440石，不对。畿辅322庄，一等庄头是57名，每庄纳粮250仓石，应是14250石；二等庄头16名，每庄220石，为3520石；三等庄头38名，每庄190石，为7220石；四等庄头211名，每名120石，是25320石；半庄71个，每庄60石，为4260石，总共是54570石。山海关外粮庄，一等66个，每庄322石，是21252石；二等4个，每庄292石，为1168石，三等20个，每庄262石，为5240石；四等121个，每庄192石，为23232石；共50892石。口外138庄，均为一等，每庄纳粮250石，是34500石。总共四处粮庄共纳粮161900石，比《乾隆会典》所记93440石，多出68460石，多出73%。

其实，康熙年间曾经有过的皇庄，不管是粮庄、银庄、瓜园、菜园、果园，还是牲丁采捕户，都比上述康熙末年的庄园人丁多，因为皇子分封的规定，已经将很多庄园人丁分与了封得爵位的皇子。康熙十四年奏准：分给亲王"山海关内大粮庄十五、银庄二、半庄二、瓜园一、菜园二、关外大粮庄四、盛京大粮庄二"，以及旗下佐领12个，内务府下佐领3个，和牲丁、投充人、炭军、灰军、煤军数百人。三十七年奏准："给郡王关内大粮庄十、银庄二、半庄一、瓜园一、菜园二，关外大粮庄二、盛京大粮庄一"，以及若干佐领、人丁。三十八年奏准，分给贝勒山海关内大粮庄七、银庄二、半庄一、瓜园一、菜园二。关外及盛京大粮庄备若干佐领、人丁。四十九年奏准，分给贝子"山海关内大粮庄六、银庄一、半庄一、瓜园一、菜园二，关外及盛京大粮庄各一，以及若干佐领、人丁"。①

康熙年间，共封亲王6位、郡王2位、贝勒2位，贝子3位。按照分封规定，当分与亲王关内大粮庄90个、银庄12个、关外大粮庄24个、盛京大粮庄12个。分与郡王关内外及盛京粮庄、银庄30个。分与贝勒关内外及盛京粮庄、银庄22个。分与贝子粮庄、银庄27个。总共是粮庄、银庄217个，还不包括大量瓜菜果园人丁。如果把这些都加上，康熙年间曾经有过的粮庄、银庄、瓜菜果园，又要增加几百个，相应的庄地又要增加上百万亩。

（二）三大祸害

康熙帝玄烨增设庄园，增加数倍粮庄，每年内库收进粮食十六七万石，银数万两，以及巨量人参、珍珠、瓜、菜、果、油、猪、鸭、鸡、蛋、草、牛、羊、鹿、鱼、雉、狐、貂，满足了帝、后、妃、嫔、皇子、皇孙、宫女、太监的需要，但是对于作为幅员辽阔、臣民亿万的大清国皇帝而言，他这样做，带来了三大祸害。

其一，夺占民地。随着时间的推移，人口不断增加，现有耕地远远不能满足人口增长的需要，尤其是关内畿辅、山东、山西、河南等省，无地、失地农民更加困窘，迫切需要开垦荒地、佃耕田地。数以万计的穷民，纷纷出关，涌向东北和口外，垦地度日。康熙就曾在巡幸口外时亲眼看到几十万人在口外种地维生。畿辅新建的几百个粮庄，占地百万

① 光绪《大清会典事例》卷1198。

亩。古北口、喜峰口外的粮庄有地几十万亩，还有盛京新建的五六十个粮庄。这三四百万亩土地，如果不是皇庄夺占，按一丁30亩计，可解决几十万丁的耕地需求，可养活几百万人。这上百万亩的土地被康熙增设的皇庄夺走了，君民争地，小民遭殃。

其二，农奴制恶性扩展。辽东与关内广大地区一样，主要是汉民居住，长期实行封建土地所有制和封建租佃制，中小地主，自耕农，半自耕农，不是"雇工人"身份的雇工雇农，在法律上都是民人，是平民，是凡人，不是奴仆，一般情况下，不会被束缚在某人的庄田里从事奴仆性质的劳作。而清太祖努尔哈赤、清太宗皇太极执政时期关外的拖克索，却是采取农奴制的剥削方式和经营方式，庄丁是包衣，是家主的奴仆，世代充当，纳粮当差，遭受家主野蛮奴役，像牛马一样，被鞭打、赠送、遗传和出卖。这样落后的野蛮的剥削方式，遭到沦为包衣庄丁的昔日平民身份的广大汉人拼死反抗，大批逃亡，破坏了辽东地区的经济。清军入关后，摄政王多尔衮强制将辽东这种落后野蛮的农奴制移植入关内，编立大量农奴制的皇庄、王庄、八旗官员拖克索，顽固实行维护这种落后方式的"逃人法"，严惩逃亡的包衣和容留包衣的窝主。顺治帝还设立专门捕捉逃人的督捕衙门。康熙帝亲政后，解释厉行逃人法的原因说，满洲籍家仆滋生，故如此行事。其实，太祖努尔哈赤、太宗皇太极、世祖福临和康熙帝玄烨，就是当时金国、大清国最大的农奴主，占有最多的包衣，拥有最多的农奴制庄园。康熙之所以这样大规模地增设皇庄，不过是效法其祖先的作为而已。可是，这样恶性地扩大农奴制野蛮剥削方式，加深了包衣的灾难，破坏了当地长期实行的土地经营方式和封建租佃制，严重阻碍了经济的发展，哪怕是拥兵百万至高无上的皇帝，也是无法、无力长期维持它的。就在康熙年间，它已经是奄奄一息，迅速衰落了。前面曾经提到，雍正三年，查明山海关外200名左右的皇庄、粮庄庄头，共占有100万余亩土地，可是，其中一半以上的庄地都不是庄头自己驱使包衣耕种，而是已经出租与旗人汉民耕种了。[①]

康熙的逆势而行，违天意，失民心，坏经济，最后只能以失败告终。

其三，庄头横行乡里，无恶不作。庄头本来也是包衣身份，入关初期，大多数庄头系由庄丁中佥充，也几乎是一无所有，牛、种、房、器

---

① 《雍正汇编》册7，第264页

都依赖皇室供给，缺交皇粮，"少一石者，责二鞭，鞭止一百"，庄头的子弟，不许应考。但是，随着时间的推移，大多数庄头，凭借"皇庄头"身份，拉大旗，作虎皮，交结官府，依势横行，敲诈盘剥，盗典庄地，亏欠皇粮，兼并民田，开设当铺矿场，欺行霸市，奴役庄丁和佃农，搜刮了大量银米。特别是畿辅，一些庄头更是无法无天，"半皆强横不法，流毒肆虐"，"人人侧目"，连皇上都多次下谕查办。像滦州庄头李著伯，有"良田三百余顷"，超过额给庄地19顷几十倍，还开当铺12座，一向"倚富肆横"，并打死雇工刘六。①庄头李信（又称欣、牲）、索保住、焦国栋等更是凶横残暴，无恶不作。现将朱批奏折关于他们的材料，分别摘录如下。

例一，李欣父子之罪。直隶巡查道法敏于雍正元年五月十二日奏：

"为钦遵上谕事。窃奴才到任以来，密访得，住房县下村李欣父子天生暴戾恣睢，行止不端，乱行，受其祸害百姓，因惧其威势，慑其巨富凶暴，纵然受何等欺压，亦不敢诉讼议论。此等之人一日不除，地方生民一日不安，故将恶行开列密奏以闻。

一项，李欣父子于房山县聚集数百人，违法独占卖石场，强抢附近百姓马畜拉车，故四五十里路以内居住之人，不敢拴马畜。

一项，房山县所产之矿，原由居于吉二台等处之人开采，李欣强占，不准外人开采。伊家独占后，将百余人编为三班，议妥伊得七成，刨矿人得三成，每日进矿四十人，每人扛出百斤沙子，每百斤沙子可出三十斤铅，可得四五两银不等。除五、六、七月之内不可采以外，总计一年可得四五万两银不等，纳税很少。况且不准周围居住之人贸易，强迫刨矿工人高价购买伊之米布等物。其家人于五、刘二承办刨矿之事，百姓若稍有违抗，即用刑。

一项，李欣强占宛平县良民于文龙儿媳王氏，房山县陈姓铁匠寡妇弟媳三儿为妾。

一项，向百姓高利放债，暂不追还，年久后，本息一并计算，索取百姓之房屋、田地，倘有不能给者，即强买其妻为奴。

一项，于房山县张房等地放印子银，将八两银当十两放出，每月抽一两二钱，十个月内抽完十二两。违例索取重利，坑害百姓。

---

① 《雍正汇编》册2，第324页。

一项，李欣父子恃百万两银之富，毫无法度，恣意而行，所到之处，总带腰刀、鸟枪，并有六七十人跟随，以此观之，即可知此等人之骄纵、肆无忌惮。此等人之威势、凶暴，百姓不敢诉讼，即访查时，亦不敢公正明白相告。此等人之劣行甚多，若不严拿，断不可获。窃查地方上之恶徒光棍，拿获审明后，即务必治罪，缮本具奏，伏乞将李欣父子及为伊等办事之张三瞎子一并拿获，交付巡抚李维钧及奴才，严加审明定罪，将应交钱粮、应入官之项催出，一面将家产查明封存，不使隐藏转移。为此密奏以闻。主子批示到后，奴才谨遵而行。"

朱批："尔所奏二事皆是。会同李维钧公同缮折具奏。钦命交付之折不得泄露，降此旨前皆密，该杀的若察觉，此等诡诈之人一旦隐藏，嗣后尔等查之难矣。"①

例二，焦庄头之罪。直隶巡抚李维钧于雍正元年七月三十日奏：

"宝坻县焦姓庄头兄弟济恶数十年，不在李姓之下。臣等虽早闻，犹未得其实迹。今密访得焦国栋、焦国用、焦国壁、焦国俊、焦国杰、焦四巴喇等，分在城乡，各肆横霸田千余顷，豪仆如云，出入行走骡马成群，店铺当产各处开张，均有家人分管，又有走京及本县探事之总管，以至骄奢淫逸，凶虐无忌，受害人民畏势吞声。

一、焦国栋奸淫家人妻女……

一、活活打死家人刘进生……

一、活活打死家人崔之林之妇，将尸抛在河内……

一、隐瞒壮丁女子柱姐，私霸为妾……

一、焦国壁强奸家人万六之妇，不从，将万六活活打死，伊妻随亦自缢。

一、活活打死壮丁常柱……

一、活活打死壮丁李三……

一、在当铺内，焦国壁带领家人，活活打死伙计孔巢子。……内里喂鸡鹅粮，奉旨五十八年恩赦，国壁指称内里使费打点，口里大粮庄头三百余家，每家派银七十两，共计二万余两。

一、私立集场，坐落本家门口，擅立保长地方。

---

① 《雍正全译》第134页。

一、包揽民人张海宇强奸雇工人张姓之妇不从活活打死，至今悬案未结，国壁得海宇贿赂八百余两⋯⋯

一、包揽胡路里民人王二活活打死雇工人张姓，国壁得王二贿赂数百两。"　①

例三，索保住之罪。直隶巡抚李维钧于雍正元年五月十六日奏：

"宛平县之鹅房庄头索保住并子八哥，侄乌允一，横霸一方，田连阡陌，所招佃户俱系山西并西山里人，一呼千诺，供其驱使，出入骡马成群，路人为之惊观。其侄乌允一凶恶尤甚，酗酒杀人，全无忌惮。本年五月初二日，有李世英活活打死。索保住父子与房山县夏村庄头陆哥，原系至戚，交好更密，互为犄角，朋比作奸。陆哥家富势大，养骡马四五百头匹，以前窝顿响贼，近则各处开矿开窑，以致宣化府城市民罢市。"　②

七、内帑如山

康熙帝自诩"以爱养民生为急"，"必使百姓乐业，家给人足"，自奉节俭，不贪金银，讽刺前明帝君收取国库白银入后宫存藏，好像他真是心中只有国家百姓，时时想使黎民富裕，视金钱如粪土，不屑于谋取私利。人们大多认可其说，予以赞扬。可是，实情与此却是大相径庭。大量史料确凿无疑地证明，康熙帝是多方广辟财源，尽力减少自己支出，巧于盘算，力图使国富、君富、官富的精明天子。

（一）祖遗内帑

康熙帝玄烨出生之时，他的父皇顺治帝福临的广储司银库堆积了上百万两银子。这是玄烨的曾祖父清太祖努尔哈赤、祖父清太宗皇太极遗传下来的。这些银子来之不易，可以说是一夫称帝，万骨朽烂，库银百万，血流成河，每锭元宝不知有多少人家破亲亡。

努尔哈赤本是建州女真支部一个微弱小部酋长之子，没有什么金银珠宝。1583年为报父、祖被杀之仇，他率领20多名诸申、几名包衣，合

---

① 《雍正汇编》册2，第737页。

② 《雍正汇编》册1，第430页。

共30人起兵，从此南征北战四十余年，攻城夺地，掠民为奴，攫取财帛，一跃而为辖地千里并拥有大量金银、奴仆、庄园的金国英明汗王。其子皇太极继位后，连年征战，降顺漠南蒙古，征服朝鲜，"大掠西边"，八次攻明，掳掠了数不清的金银珠宝。仅第六次，崇德三年至四年遣左右两翼军的攻明，右翼奏称："攻克十九城"，俘获人口"二十万四千四百二十有二、金四千三十九两、银九十七万七千四百六两"。左翼军力更强，"夺城三十四座"，俘获人口"二十五万七千百八十"，但未报金银数量，应该不比右翼少。① 第八次，崇德七年至八年，共克城88座，"获黄金万有二千一百五十两，白金二百二十万五千二百七十两有奇、珍珠四千四百四十两"，人口"三十六万九千名口"，牲畜六十余万，"外有发窖所得银两，剖分三分，以一分给赏将士，其众兵私获财物，莫可算数"。②

清国汗、贝勒规定，凡征战所得金银，唯八家分得。这两次所获之银，不算左翼未报之数，有金16289两，银318267两，平均每旗的旗主可分得金2036两、银397834两。皇太极拥有正黄、镶黄、正蓝三个旗，应分金6108两、银1193502两。皇太极又是八旗共主，又可受领八旗献与皇帝的银子。即使不算献银子，仅这两次攻明，皇太极就得了6000多两黄金、120万两白银，起码有两三百万两。这样巨量的金银珠宝，都给了他的儿子福临，并带到北京，成为福临的内帑。顺治元年九月，"已将盛京帑银取至百余万，后又不挽运不绝"。③

明朝皇帝聚敛了巨量金银。明英宗正统元年（1436年）定，岁以金花银百万两解交内承运库，作为御用，嗣后还敕取户部太仓银入内库。到了明神宗时期，这位爱财如命的皇帝，除收取金花银及调太仓银入内库外，还派矿监税使搜刮各地官财民财，只有一年，便奏进内库矿税银400多万两。内库银子多的难以计算。然而，国破库毁，李自成大顺军进据北京，尽取其财，"载发长安"。清帝晚了一步，无缘于明君之内帑。

顺治年间兵火频仍，军费浩繁，户部入不敷出。顺治帝又不准加赋

①《清太宗实录》卷45，第22、23页。

②《清太宗实录》卷64，第24页；卷65，第26页。

③《清世祖实录》卷8，第3页。

禁革火耗私派，还经常动用内帑，支付国用。他于顺治八年正月亲政以后，户部尚书巴哈纳奏称，"今大库所存仅有二十万两"，而百官俸银共需60万两，无法发给。顺治帝立谕："大库之银，已为睿王用尽，今当取内库银按时速给。"①

（二）外库、内库银，皆系"朕之帑金"

顺治元年（1644年）清帝入主中原以后，战火绵延，军费浩繁，入不敷出，国库空虚，朝廷吃够了缺银少银难以应付的苦头，迫切需要聚敛金银，充实国库，增加内帑。但是，康熙帝玄烨，又是自诩宽厚仁爱，不贪钱财，斥责明帝敕取户部库银收入内宫的圣主明君。因此，既不能采取祖先屠民掠财的强盗行径，又不能像明朝昏君那样一纸便条拿走国库帑银，怎么办？怎样才能两全其美，既日进斗金，又不背负坏名，不玷污圣明天子光环？这一看似无法解开的死结，可以困住千万臣民，却难不倒英武天纵的圣祖仁皇帝。这在处理铜铅召买问题时，玄烨的一句圣谕，便显现得十分清楚。

康熙五十四年（1715年），大学士、九卿，特别是户部的堂官满汉尚书，正在为找谁采买铜铅发愁。原先，户部的宝泉局，工部的宝源局，每年铸钱几十万串所需的铜和铅，是令各税关采买铜铅，价银由税银支付，向户部报销，每年要支出50万余两白银。三十九年，内务府买卖人王纲明等奏准，承买铜铅，交纳节省银、盘缠银。五十四年，户部尚书赵申乔以王纲明等欠帑银200万余两，奏准取消商人买铜，恢复税关采办旧制。康熙允准其请，并令从内库拿出内帑200万余两，偿清欠户部的国帑，谕命内务府追讨王纲明等人的欠款。可是，现在赵申乔又主张仍交商人买铜。五十四年七月初九，大学士松柱等以折本请旨，覆请户部所题鼓铸铜斤仍交与商人王纲明等采买之疏。康熙谕称：

"这铜斤事情，系九卿议奏完结之事。商人等所欠银两已经偿完该部，至工部宝源局内所欠铜斤亦已偿完，并无丝毫亏缺之处，彰彰明矣。……应将铜斤交与各关差官员，速行采买。……朕发内帑银还户部库，特欲清理事务之意，非为商而难户部也。……内库银系朕之帑金，

---

① 《清世祖实录》卷55，第4页。

户部库银亦系朕之帑金，总无分别之处。" ①

康熙所谕"内库银系朕之帑金，户部库银亦系朕之帑金，总无分别之处"，就是他聚敛内帑的基本方针。这在内外两库及其上级机关的权限和职责的区别上，可以找到了解此情的线索。

内库就是广储司的库，广储司有六个库，主要是银库，"掌金钱、珠、玉、珊瑚、玛瑙及诸宝石"，其他五库是缎库、皮库、茶库、衣库和瓷库，以储上用。其上级是内务府总管大臣。

外库，是户部的缎匹库、颜料库和银库三个库，主要是银库，其上级是户部。户部尚书的职掌是管理全国的疆土、田地、户口、赋税征收、俸饷发放、仓库出纳、水陆转运（漕运、驿站）等。田赋、盐课、关税、杂税等的征收和支出，是户部最主要的职责。而收来的银子，大部分作为起运钱粮，解交京师户部的银库，存留的钱粮，分贮各省的藩库。

内库银，即广储司的银库银，财源有限，主要靠粮庄、银庄、瓜菜果园交纳的皇粮，一年不过十几万两银子，连皇宫的开支都不够，哪能从这里掏出几十万两甚至上百万两银子。而户部经管的银钱收入和支出，每年都有几千万两，经管的项目又多，从这些项目的收支中，以及搭靠某些项目找个借口增收银米，弄个几万几十万两，那是轻而易举的。所以，康熙既不像明朝昏君笨帝懒王那样，只知索取国库存银，或滥增赋税，直接榨取黎民，又主要从户部这里寻找聚宝盒，找到滚滚而来的多种财源。于是，就出现了节省银、盈余银等名目，康熙的内库存银，很快就堆积如山了。

（三）工程节省银

按清制，帝、后有多方面的开支。其中，内外工程的兴建、维修及所需材料的采购，占有很大的比例，开支银子动辄上万、几万甚至几十万两。而每次每笔开支中，一般都要扣下若干两节省银送交内库。署内务府总管、皇十二子、固山贝子允陶及户部尚书穆和伦，于五十六年十一月二十二日奏销养心殿等工程银两折，便讲述了节省银情形。允陶在《为奏闻用、扣银额事》的奏折中说：

---

① 《康熙起居注》第2184页。

"康熙五十三年三月十四日，武英殿之看守兼牛录章京张常住、兼郎中衔邓广前、商人王秀德、四哥等呈称：为请完官银，将料价退原部事。原内外诸工程处所需颜料等项，本由户部商人承购。康熙三十七年，内务府总管等会同户部议奏内开：颜料等项依廉价交张常住购买，万两减一千四百两，价涨则不增等因具奏，自交我等至五十二年十二月，共节约十三万三千五百九十七两余银，俱交库。捶打飞金由库将备取银，除每年扣除外，仍余尚未扣银五万六千两余。再，奏称备购之四万八千十三两银之颜料，因此数年无大工程而未用，仍存广储司库。奉旨：似徐大焦股节俭，俱查所承办之工程事项，若能交其原取钱粮，则明交钱粮仍照旧例，交各原属处。钦此钦遵。奴才等接受此等颜料，凡用于工程，请主子殊恩，嗣后宽免我等节银，购买颜料等项，奴才等愿仍廉价先交货物，后由库取银。以一万两扣库三千两，将未交银、颜料银，一并六年内完结，购买颜料等项即交原部。如此，不误主子之官事，奴才等亦得全始末，全完亏欠钱粮，世蒙主子世代教养之恩，为此咨呈等因具文具奏。奉旨：好。依。钦此。钦遵在案。故此，康熙五十五年三月十五日至五十六年三月十四日，由该部来文，牛录章京张常住所购用于工程处之熟桐油一千九百三十一斤一两，以其每斤各八分计，银为一百五十四两四钱八分五厘；水胶九百五……

此二处共银三万七千一百四十五两七分一厘四毫五丝五忽八微六纤二沙五尘，此以每万两各扣三千两计，消除扣银一万一千一百四十三两五钱二分一厘四毫三丝六忽七微五纤八沙七尘五渺，实用银二万六千零一两五钱五分一丝九忽一微三沙七尘五渺。谨此奏闻。"[①]

允陶等人的这道奏折表明了六个问题：其一，以前户部商人承办颜料采买之时，没有扣交节省银的制度。因为，如果有此规定，则康熙三十七年改归内务府官员商人承买时，必然要奏明按户部规定或略加修改办理，无此奏述，说明之前无此规定。

其二，三十七年规定节省银为14％，并且"价涨则不增"，节省银的比例是相当高的，何况市场的价格哪有不涨的，如果不是内务府内外工程处的颜料之定价较市场价高，承办人也不会要求抢走这笔生意。

其三，每年仅颜料的节省银就多达上万两，从三十七年到五十二年

①《康熙全译》第1268—1272页。

的十年中，承办人共扣交了节省银13万余两，送进内库。

其四，节省银在涨，而且涨的比例很大，1万两，扣3000两，比过去多扣1600两，一共高达30％。五十五年三月到五十六年二月的一年里，武英殿、养心殿、营造司等各程处用的颜料，共花银37145两，扣交节省银11140两入内库。

其五，每年从内外工程扣交的节省银，数量很大。当时，盛行扣交节省银制度，采买每年铸钱所需的几百万斤铜铅，要交节省银，每年买纸一二百万张，要节省银，采买草豆十几万石，也要节省银。那么，各工程处买颜料就用了3万多两银子，这些工程所需的木石砖瓦纸布等材料，岂不是要再用几万、十几万、几十万两银子吗，从而又可扣取几万十几万两节省银了。

其六，工程银两，包括颜料，既是由户部银库支付，照理说，节省银也就应该送进户库，归户部支配。可是现在它却交进内库了，为皇上增加了一笔不小的收入，开辟了一个重要的财源。

（四）草豆节省银

康熙五十三年（1714年），草豆召买荀茂、田生兰、杨玺等13人向户部呈称："茂等祖父承当召买，急公效力七十余年。康熙四十二年，内府司库曹全情愿将茂等拖欠钱粮认赔之外，又加二节省，承办豆草等因叩告。荷蒙圣主明鉴，怜念茂等世当召买，特颁谕旨，将此项钱粮仍令茂等承办。茂等每年所买草豆，虽照时值，定价银四十五六万余两，内除加二节省交送内库，又加以滞销，并扣领陋规外，茂等一年只领银二十七八万两不等，计办买豆十七万石，草七百万束。"

户部尚书穆和伦、赵申乔及侍郎司官14人联名上奏，转上荀茂等人的呈词，请裁定是由荀茂等13家继续召买，还是交申请顶替荀茂等人的告退召买刘国宇承担。[1]

从荀茂的申请及户部转交其呈词来看，表明了五个问题。

其一，荀茂等13人的祖先，在清帝入主中原时，即已当上了草豆的召买。荀茂说，已效力七十余年。这时是康熙五十三年，倒回去算，加

[1]《康熙汇编》册5，第877、878页。

上顺治朝是18年，刚好71年，即顺治元年的时候，荀茂等13家的祖先已是草豆的召买。

其二，康熙四十二年以前，荀茂等13家的祖先，领银购买草豆后送交库场，并无节省银，节省银是在四十二年才新加的，新定的。

其三，承买草豆，获利不小。荀茂等13家，承买草豆17万石、草700万束，在四十二年以前，无节省银时是领价银四十五六万两。按清会典规定，草一束，折银一分，豆一石，折银一两二钱或一两。官方定价，一般偏高。即使按官定价格来算，草一束，折价一分，700万束，当折银7万两，豆17万石，折17万两，两者相加，为24万两，荀茂等13家，每年可赚20余万两，何况，这个草豆是给马牛羊吃的，不是御用，质量不高，应当比定价草豆价银要少一些，荀茂等家又可从这上面赚钱。这当然会使一些人眼红，前来竞争。并且荀茂等家的祖先也太不像话，占了40年便宜，赚了不少银子，还不按时保质保量地交够草豆，还要拖欠钱粮，致司库曹全愿代完荀茂等家拖欠钱粮，并加二节省，来抢夺承买草豆的肥缺。

其四，加二节省，不是官员私自规定，而是经皇上批准钦定的。荀茂等"蒙圣主隆恩"，"特颁谕旨，将此项钱粮，仍令茂等承办"。这可是件大事。康熙知道荀茂等愿交加二节省银，以及加一滞销和陋规银，才批准令荀茂继续当豆草召买，继续效力，这与一般的官员私自勒索有着重大区别，节省银合法化了，加一滞销合法了，陋规也被皇上默许了。

其五，节省银数量不小，并且也是从户部拨来的。荀茂等领豆草银四十五六万两，按加二计算，节省银为9万余两，从四十二年到五十三年，一共11年，应该共扣交节省银90余万或100万两。户部国库银又有100万两转入皇上的内库了。

（五）铜铅节省银

清政府设户部宝泉局、工部宝源局铸钱，开始时每年铸30卯，每卯12880串，1串为1000文，康熙二十三年（1684年）改为每年铸钱40卯。钱局铸钱的铜铅，很长的时间内，系由税关采买。顺治二年（1645年）定，崇文门等四关，每年每关各支税银1万两，买铜解部，后扩大为户部出银令14个税关买铜。最初买铜价定为每斤银六分五厘，康熙二十五年增为一钱，加上运费，各关定铜价为每斤一钱五分。每年14关，共办铜358万余斤。

康熙三十八年十二月，内务府商人王纲明奏准，接办芜湖、浒墅、北新、淮安、扬州、湖口六关，总共铜2246360斤，每年节省银3万两，交与内库。三十九年三月，内务府商人员外郎张鼎臣、张鼎鼐、张常柱奏准，接办崇文门等八关铜1334500余斤，每年节省银2万余两，交与内库。

江宁织造、郎中曹寅于四十年初奏请完全承办14关的358万斤铜，"恳请主上施恩，借给本银十万两，以便购铜，八年交本银及节省银总共一百万两，每年交内库银十二万五千两"。

张鼎臣等三人也于四十年初奏："查原来各关规定铜价每斤银一钱五分，据我等经营，看得每斤铜需银七分，运费及杂项用费需银三分，合计每斤铜需银一钱。于是，每斤铜余银五分，其中解交我等节省银一分五厘后，仍余银三分五厘。又，原来铜商因有酌量助给各关监督盘缠银之处，我等即由所余之三分五厘内，按照每斤铜需银一分一厘计算，交给关监督。"原先办铜需借银，"所付利息二分四厘"，现请借官银十万两，则"八年终了时"，连同本银节省银，"总共可得银一百二十二万两"。考虑到，"京师两局铸钱，皆靠此十四关铜斤，关系甚大，并非一二人能办之事。奴才等拟请将十四关之铜三百五十八万一千余斤，分为三份，由曹寅、王纲明及我弟兄，各自承办"。"借支之银十万两，亦分三份领取"。

内务府总管玛斯喀、库岱奉旨审查后，于四十年五月二十三日奏呈处理办法说：

"臣等议得：据员外郎张鼎臣等奏称，去年主上施恩，将龙江等八关铜斤，赏给奴才兄弟三人经营。奴才等初次接办铜斤，因不知内情，大概计算，一年共交节省银二万两。今已经营一年，关于铜价及杂用等项，既皆明了，不敢不明白奏陈。若将芜湖等六关算上，共十四关铜斤，借支银十万两承办，则一年可节省银十四万两，八年终了时，连同本银，总共可得银一百二十二万两。奴才等拟请将十四关之铜三百五十八万一千余斤，分为三份，借支银十万两，由曹寅、王纲明及我弟兄各自承办。（内务府总管奏）请分给员外郎张鼎臣、张鼎霈、主事张常柱以湖口、扬州、凤阳仓、崇文门、天津、太平桥六关，共铜一百十五万二千七百余斤；分给商人王纲明、范玉芳、王振绪、翟其高以芜湖、浒墅、北新，此三关共铜一百四十一万六千九百九十余斤；分给郎中曹寅、物林达曹荃以龙江、准安、临清、赣关、南新，此五关共铜一百零一万一千一百八十九斤余。为此谨题请旨。本月二十四日，奉旨：依议。钦此。"①

根据王纲明、张鼎臣、曹寅等人的呈诉，内务府总管的审议、题奏及康熙的朱批，可以看出五个问题。其一，税关的监督心贪胆大，每年欠银一二十万两。按照张鼎臣弟兄的计算和呈奏，一斤铜的买价和运费杂项用费，需银一钱，而税关给予张鼎臣、王纲明的定价却是一钱五分，则商人每斤铜可赚银子五分。别小看了这区区的五分银子，折成制钱只是50文钱，但是数量大，是358万余斤，一算下来，就是18万两。在此之前的十五六年中，14个税关的监督从这采办黄铜5400万余斤上，就拿到了270万余两白银，数量够惊人了，这可是依律应交与皇上的税银库银。

其二，曹寅、张鼎臣三弟兄和王纲明，一个比一个精明贪婪。王纲明在三十八年十二月奏准，接办扬州等六关240万余斤黄铜，每年交节省银3万两，平均每百斤铜交节省银一两二钱五分银子。三个月后，张鼎臣兄弟三十九年三月奏准接办崇文门等8关铜133万余斤，每年交节省银2万两，平均每百斤铜交节省银一两五钱，比王纲明多交20%。

曹寅知道这个行情后，奏请接办14个关的358万余斤铜，每年交节省银12.5万两，平均每百斤铜交节省银三两五钱，比张鼎臣弟兄又多交二两，多了15%比例。如果按8年算，王纲明、张鼎臣交节省银是40万两，而曹寅却是90万两，内务府当然愿意让曹寅承买。张鼎臣、王纲明见势不好，赶快奏称，每年愿交节省银14万两，8年共交112万两，比曹寅又多21万两。最后，内务府同意了张鼎臣、王纲明、曹寅三方共同承买14个关的358万余斤的铜，每年交节省银14万两，8年共

---

① 《关于江宁织造曹家档案史料》，第35、36页。

交112万两。

其三，君臣争利，内库从国库夺银。每年买铜358万余斤的银子，是国库的银子，是户部支付的。买铜过程中所得之羡余银，本来也应交与国库，但被税关监督私吞。现在，内务府奏准，不由税关买，不由户部经管，改归内务府经管，内务府商人及织造郎中承办，从而承办人获利，皇上获利。皇上分文不出（借出之10万两银，有利息的），却每年坐收节省银14万两。直到乾隆三十一年（1766年），也就是六十年以后，云南省的地丁赋银才10万余两，贵州省才12万两，比康熙帝从买铜中获取的节省银还分别少4万两、2万两。

第四，皇上钦定买铜之制改变。每年买铜三四百万斤，不只涉及承买人的利益，更关系到国家钱法大事的安危。铸钱，是历代王朝十分重视的邦国大事，每年必须铸出五六亿文制钱，必须要保证有三四百万斤铜运到京师，一刻也不能耽误。内务府、商人、曹寅，正是看准了这事的利害，才借口税关办铜有延误的情形，而奏请改制，实为牟己私利。皇上则既知晓买铜的重要性，又看到商人、曹寅愿交节省银，因而批准了买铜制的改变。

其五，君、臣、商各获其利。在采买铸钱之铜358万余斤上，皇上每年收入节省银14万两，从康熙四十年到五十四年，张鼎臣、王纲明、曹寅共应交节省银287万余两，送入内库。这287万余两，相当于云南省28年的地丁赋银，贵州省23年的地丁赋银，也将近全国地丁赋银的十分之一，数量够多了。如果加上铸钱每年必须采买的200万斤铅的节省银4万两，这15年应当送入内库的节省银就高达350万两了。不过，商人唯利是图，很少有商人绝对遵守议定条件交清节省银的，尤其是皇上的"买卖人"，更狡猾，更胆大。曹寅是按规定交清了8年的节省银30万余两，而王纲明等六户商人在康熙四十年至五十四年的15年内，应交节省银256万余两，只交了186万余两，欠交70万余两。[①]

皇上赚了大钱，税关监督也获利匪浅。张鼎臣等每年送给监督们铜一斤的盘缠费一分一厘，358万斤铜的盘缠银为4万两，分给14个关的监

---

① 《雍正全译》第1196页。

督，平均每位监督可得银2800两，相当于正俸一二十倍。当然，由于各关承担买铜的数量多少不一，各监督收的盘缠银也就不一样多了。商人之获利，则不必说了，不赚钱，他们能在满了8年的期限后又继续承买吗？

（六）税关盈余银

关税，是清政府的重要财源，并且有很大的增税空间，税银会越来越多，在政府收入中占的比重也会越来越大。既然康熙已经直接插手工程营建维修费用、召买草豆、采购黄铜，收取节省银，送入内库，那么，在各个税关的关税中，他有没有盘算？是否从中拿到银子，增加内帑的数量？按照《清实录》《会典》《清文献通考》等官书的记载，答案是否定的。

这三部官书作了如下这样的记述。

清初设立税关，多沿明制，但禁革明末加增税额。康熙四年（1665年），辅政大臣以幼君名义下谕：嗣后税课俱照定额征收，缺额者依例处分，"永行停止溢额者加级、记录之例"。过了十年，康熙十四年，改了办法，规定溢额者，每溢1000两加一级，溢5000两以上者，"以应升缺先用"。又过了11年，二十五年，谕令停止溢额加级之例，因为溢额议叙，使得有些税关官员任意征税，既充肥私囊，更图溢额议叙，重困商民，无裨国计。①

一些税关官员横征暴敛，苛索商民，奏上盈余，朝廷为了筹措军费，也允许收纳，从而有了正课与额外增溢两种名目。康熙三十八年，玄烨下谕云："向因军需繁广，关差官员欲于正额外，以所得盈余，交纳充用。今思各官孰肯自捐私囊，必仍行苛取，商瘠民困，值此之由，着将加增银两。一概作罢。"②

由于各管监督等官贪婪不法，苛索商民，亏空钱粮，税关亏欠钱粮收不足额的情形十分严重，康熙决定，于五十三年将临清关税务交与巡抚征收，后陆续裁撤监督，把一些税关交与该省巡抚监收。五十五年七月二十五日，大学士等覆请户部所题，为更换浙江海关、赣关、芜湖

---

①②《清文献通考》卷26，《征榷一》。

关、凤阳关等关监督，将各部院保送官员职名开列。康熙谕："看各关监督所欠钱粮甚多。此辈未派之先，人争愿去，及至到任，钱粮即缺。此皆不分好歹，多带人役，苛收钱粮之故。同年杭关有一监督，问巡抚王度昭，钱粮如何不致缺额。王度昭告以钱粮宽征，断不缺额。后如其言行之，是年钱粮果不缺额。即如黑西亨任天津关时，令商人亲面交纳钱粮，即将船验放，是年钱粮清楚完结。若钱粮致于亏欠，即系于事体无能之人。如此类者，即应革退，何惜之有。嗣后钱粮亏欠之处，交与该抚，钱粮不至拖欠，事体易于清结。凤阳关钱粮，着交该抚征收。余缺俟朕派出。"①

在此之前19天，七月初六，大学士覆请北新关、凤阳关监督请展限三个月。康熙谕："展限无益，伊等任满时，交与该抚监收。"②同年，北新关、直隶关、天津关亦交巡抚监收。

随后淮安等五关也交与巡抚监收。雍正元年更把浒墅等九关全交与巡抚。

因为各关监督亏欠钱粮太多，关税征不足额，康熙一再谕令查报亏欠数目，严厉催收。五十五年八月二十七日，户部题准："定例，各关监督，一年限满，更替。迩来捏造钱粮亏空，请展限者甚多，嗣后如有捏称亏空题请者，照溺职例革职。"③第二年，五十六年四月十六日，大学士马齐等遵旨呈奏："各关自四十四年以后历年亏欠钱粮数目，并监督职名。"康熙谕："各关监督等所欠钱粮甚多，……该部严审议奏。"④

从这些记载来看，康熙在关税上是一直采取足国用恤商民的政策，没有考虑从中为自己收取银两，送入内库。事实真是这样吗？不，实情与这些记述是大相径庭的。实录等官书的作者、审定者、撰修者，犯了记述捐纳、规礼等弊政的同样毛病，为尊者讳，为亲者讳。实际上，一方面，康熙知道有余银，数量不少，额定钱粮之所以收不足额，亏空，是关差贪婪之过，所以他要裁掉一些税关的监督，交与该省巡抚监收。

①《康熙起居注》第2299页。

②《康熙起居注》第2295页。

③《清圣祖实录》卷269，第19页。

④《康熙起居注》第2384页

另一方面，也是更重要的原因，他要趁机规定税关要进献盈余银的制度。康熙四十年，康熙帝玄烨从14个税关拿回买铜权，交给自己的商人"内务府买卖人"王纲明及自己的亲信江宁织造曹寅，让他们采买358万余斤铜，得到他们每年孝敬的节省银14万两。到五十四年初，内库共收进王纲明等买铜的节省银287万余两，相当于云南省28年的地丁赋银总和。

康熙五十四年初，户部尚书赵申乔，以承买黄铜的内务府商人王纲明等领了帑银209万余两，未交应交之铜1390万余斤，耽误铸钱，奏请"速将伊等停止，仍交与各关差官员方好"。康熙允准其奏，停止了商人买铜，谕令原先在承担过买铜任务的14个税关采买。但是，这样一来，原先王纲明等每年进献的铜铅节省银18万两，就暂时落空了。这样一笔可靠的巨量进项，焉能让它断绝。这时，6年前一件事情自然就清楚地显示出来。

康熙四十年，曹寅奏请承办龙江、淮安、临清、赣关、南新五关铜斤101万余斤时，申请的期限是八年。四十八年四月初一，曹寅奏称："寅于四十年启奏，原以八年为满，今已八年办完无误。寅承主上鸿恩，自应永远效力，但寅系庸才，钱粮重大，诚恐有误"，"请旨定夺"。奉旨："着议奏。"四月十三日，内务府总管大臣赫奕、署内务府总管尚志杰遵旨议奏，称："查铸钱铜斤及节省银两，关系甚为重大，曹寅既系有家产之人，请将龙江、淮安、临清、赣关、南新五关采购铜斤节省银两之事，自本年五月起，限期八年，仍交曹寅承办。奉旨：曹寅并未贻误。八年完了，今若再交其接办八年，伊能办乎？"六月初四，署理内务府总管关保奏："所谕甚是。今曹寅承办之五关铜斤，三旗商人纷纷具呈，请补曹寅之缺，接办铜斤，并愿照其节省银数节省。……经查具呈之商人，俱无保证，不可交给伊等承办。请将曹寅承办之五关铜斤，仍交各该关监督，按照规定办理。……曹寅一年共交节省银四万二千三百余两，每年已由藩库领取，送交内务府广储司。今既依照曹寅节省银数，由藩司向关监督领取，送交户部，转交广储司"。"奉旨：依议。"①

于是，康熙就趁税关监督亏缺铜斤的机会，将铜交与14个税关所在

---

①《关于江宁织造曹家档案史料》第67—74页。

地之八省巡抚管理，并谕定各税关进献代替节省银的盈余银。这从以下的五个例证看得十分清楚。

例一，苏州织造李煦两次奏请兼任浒墅关监督。李煦于五十九年四月十五日奏称：浒墅关监督莽鹄立将于七月差满，请允许他兼任此职。他保证征足"额解钱粮十九万两"，送交户部。并将"关上羡余"奏报明白，"如少，求赏奴才作当差之用。如多，即当进献，以作公费"。康熙批示，不允其请。李煦又于六十一年三月初八上奏，"伏求主子终始大恩，再赏浒墅关差十年，每年于正额钱粮之外，愿进银五万两，再补还存银三万二千两零，此外如再有多得，亦尽数一并进缴内库"。无朱批。这两道奏折，一则说明浒墅关不仅可以征足额定正税每年19万两，并且还有羡余。二则表明羡余不少，李煦第二次所奏的羡余就有82000两，如再有多余，一并交。三则明确说到，羡余是要进缴内库的。

例二，《康熙全译》第974页载，杭州织造孙文成于五十三年九月十七日奏请兼任浒墅关监督说："地方棍徒倚仗牙人，霸占商船，从禁行河道偷渡，逃避关税"，致监督极受亏损，"所征钱粮多而余者少"。他若兼任，严禁偷渡，一年后，"除正项钱粮及由部派取普虎等代销银三万两外，可节省杭州织造钱粮七万余两"。此外，其余钱粮，候旨到日，遵行。可见，从浒墅关可征到的余银，至少有十万余两。

例三，直隶总督管巡抚事赵弘燮于五十六年十一月十一日的奏折。赵弘燮奏："臣蒙皇上殊恩，将天津关钱粮交臣监收。臣查，天津关一年额定正税银四万四百六十四两，又铜斤水脚银七千六百九十二两零，应共收银四万八千一百五十六两零。臣自去年十一月二十八日委天津道朱纲管理起，至今年十月二十七日止，共收过税银六万七千八百八十两零，内正税银三万七千四百一十七两零，铜斤水脚银七千五十两零，盈余银二万三千四百一十二两零。以一年扣算，应至今年十一月二十七日为满，尚有一个月正税并铜斤水脚及盈余银两未算在内。俟一年监收满日总算，将正税并铜斤水脚银两照额具题解部，其盈余银两，臣另行奏缴内库。"[1] 朱批："知道了。"直隶送11个月收的盈余银是23412两。这11个月的额定正税银是37417两，盈余银要奏缴内库，盈余银相当于正税的73%。比例够高了。可是，为什么盈余银是203万两？是只能收这么多吗？查看下面的另一道奏折，就明白了。

---

①《康熙汇编》册4、第4、5页。

例四，雍正元年十月初四，直隶巡抚李维钧奏："切照天津钞关，每年额定正税及铜斤水脚等银向共四万八千一百五十六两有奇，因从前监督连年缺额，于康熙五十五年奉旨交与巡抚衙门监收，除正额及铜斤水脚外，每年增解盈余银二万四千三五百余两不等。至六十年十一月内，奉旨加增额定盈余银三万五千两。见今每年应缴额税、铜斤水脚、盈余等银共八万三千一百五十六两零。……查额定盈余，岁不足额，前督臣于盐规银内通融帮垫。"①

这道奏折太有说服力了。它不仅明确地说，在五十五年直隶关交与地方巡抚时，"奉旨每年增解盈余银二万四千三五百两不等"，即，是康熙亲自降旨，谕定直隶关每年要征缴"盈余银"2.4万余两。而且，李还再奏称，"六十年十二月内奉旨加增额定盈余银三万五千两，见今每年应征额税、铜斤水脚、盈余等银共八万三千一百五十六两零"。即，从五十五年谕定的盈余银二万四千三五百两不等，到六十年十二月，又奉旨增加了盈余银一万零几百两，共额定盈余银3.5万两，相当于正税40464两的86.5%。

例五，康熙五十八年五月初八，浙江巡抚朱轼关于浙江南新关、北新关盈余银的奏折。朱轼奏："窃南北两关税务，经臣题请，另选监督，部议着杭州同知金上志管理。奉旨依议。钦遵。于五十七年五月十二日交该同知监收，迄今五十八年四月十一日连闰一年限满。据报，南关实缺额二千两。北关除足额并补足南关外，盈余银三万五十四两。……盈余银例应解交内务府，恐内府深严，解员不谙，仰恳皇上将此盈余银两准臣就便交织造郎中孙文成为买丝之用。……是。依议。"②

朱轼此折，不仅报明了北新关的盈余银有30054两，更点明盈余银两例应解交内务府，但为了避免出差错，就便交织造买丝用。可见，这时对于盈余银的征收和交纳，已有"例"了，不是偶尔的暂时的行为，而是普遍的曾行之事，并为此专门有了例，有了规定。并且还有朱批："是。依议。"③皇上亲自批示此事。

以上五例，充分证明，税关从康熙五十五年起，就有了正式的

①《雍正汇编》册2，第66页。

②《雍正汇编》册8，第486—488页。

③《康熙汇编》册8，第488页。

盈余银，这是康熙帝亲自降旨谕令征收的，还在短短的四五年之间又降旨增收盈余银的数量，且规定盈余银例应解交内务府，奏缴内库。

康熙帝玄烨从康熙五十五年（1716年）降旨，谕命税关征收盈余银，奏缴内库后，各关陆续执行，征收盈余银。雍正帝胤禛继位后，照样沿袭此制，起初几年，未作增减。因此，了解康熙五十五年至六十一年各关盈余银情形，也可参考雍正初年各关的奏述。

现将一些税关盈余银情形，分别叙述如下。

直隶，天津关。康熙五十五年十一月至五十六年十月，一共11个月，一年额定正税40464两、铜斤水脚银7050两、盈余银23412两，共计67880两，还有一个月可继续收银，届时，将正税、铜斤水脚银照额解部，盈余银另行奏缴内库。六十年十二月，奉旨增加盈余银，每年交"额定盈余银三万五千两"。六十一年九月二十八日至雍正元年九月二十七日的一年内，"应解正项、盈余、铜斤水脚等银共八万二千九百七十两三钱有奇，又各项杂费银五千八百一十八两"，但只"实收过八万四千两"，亏缺银4788两。[①]

江苏。署江苏巡抚何天培，于雍正元年九月初九、雍正二年十二月二十一日两次上奏，称：海关每年额征钱粮23016两，解交司库。"正额外，增盈余银一万五千两"，解交司库，转交内库。自康熙六十一年七月初一起至雍正元年至六月三十日止，一年届满，征收税银23020余两，已解交报部。"其额增盈余银一万五千两，例应解交户部，转交内库"，已解。另有羡余银5000两，封贮藩库。雍正二年五月二十九日，海关届满一年，"正额之外盈余银一万三千六百二十五两，解交内库"。又羡余银7542两，封贮藩库。[②]

浒墅关。雍正二年十二月初一，浒墅关一年届满零十六日，"共得盈余银十四万二千五百四十九两，解交内库"，相当于额定正税银19万两的75%。[③]

龙江关。雍正二年三月初九日，一年届满，"正额之外盈余银八千一百十六两，解交内库"。又羡余银11584两，封贮藩库。[④]

---

①《雍正汇编》册2，第194页。

②③④《雍正汇编》册4，第231页。

扬州关。雍正二年十二月初一，扬州关一年届满零十六日，正额之外"盈余银一万七千四百六十两，解交内库"。[①]

以上共"解交内库银一十九万六千七百五十两，又封贮藩库银五万三千四百四两。通共盈余、节省银二十五万一百五十四两零"。[②]

江西，九江关。江西巡抚裴度于雍正二年三月二十八日奏称：二月十六日一年期满，共抽税172282两，已按季解交户部外，所得盈余银52646两，起解户部，交送内库。三年二月二十六日，他又奏称，正月十六日一年期满，正额172282两解交户部，所得盈余银67801两，解户部，交送内库。[③]盈余银分别为正税的30%和39%。

广东，粤海关。广东巡抚年希尧于雍正三年二月初三奏：至三年正月止，一年共收过洋船及各口税银97294两。其中，粤海关额银并铜斤水脚及加征湖丝银共43708两，送部。"羡余银四万七千两"，"解部先收，转解内库"。羡余银为额税、铜斤水脚、加征湖丝银43908两的109%。三年九月初九，两广总督孔毓珣淘奏，于五月二十一日至七月二十九日，止经管粤海关税务两个月，共收过正税银7656两、盈余银15200两。盈余银为正税银的198%。[④]

太平关。两广总督孔毓珣于雍正三年九月初九奏，从五月二十一日到七月二十一日，共经管太平关税务两个月，收正税银8779两、盈余银8630两。[⑤]

仅仅以上天津关、北新关、江苏海关、浒墅关、龙江关、扬州关、九江关、粤海关、太平关共八个税关，一年交进内库的盈余银，就多达355080两。清朝比较大的税关有户部崇文门关、淮安关等24关，还有工部芜湖关、南新关等五关。其中，崇文门关、淮安关、户部芜湖关、工部芜湖关、凤阳关、赣关、北新关、浙海关、闽海关、山海关10个税关，都是额税几万两以上的大关，一些关还交十几万至二十几万两的额税。像淮安关，最早额银是119838两，后来增为19万两。康熙五十八年三月，河道总督赵世显奏准兼管税务，

①②《雍正汇编》册4，第231页。

③《雍正汇编》册2，第726页；《雍正汇编》册4，第528页。

④《雍正汇编》册4，第409页；《雍正汇编》册6，第81页。

⑤《雍正汇编》册6，第81页。盈余银为正税银的98%。

每年除"照例征收额税银十九万两外，节省浮费等项，可余十五万两"，①从此，淮安关每年增征15万两节省银。这10个税关的盈余银应该又有一二十万至二三十万两。总加起来，29个税关的盈余银，给它定个60万两以上，不会错吧。这60万两以上的盈余银，通通解交内库了。

（七）年进百万，主要来自国库

康熙的内帑，还有好些财源，比较重要的、收银多的还有四个方面。

其一，皇庄缴纳的"皇粮"。1600所左右的粮庄、银庄、瓜园、菜园、果园、棉庄、靛庄，几千名牲丁，占地四五百万亩，每年纳粮十几万石、银六七万两，以及几千斤人参和数不清的鸡鸭鹅鱼鸟瓜果菜蔬，供皇宫享用。

其二，罪产入库。八旗人员，上至大学士、尚书、侍郎、将军、都统、总督、巡抚，下至中小官将，犯罪斩绞流徙，家产籍没，田地银房店铺，以及曾经是诰命夫人、姨娘、小姐、少爷和奴婢仆人，都要变卖银两，送交内库。这个数量很大。像两江总督长鼐，获罪后，"留有银六十四万九千两、金二千四百两"，"全数交给广储司"。②仓场总督李英贵，亏银39万两，将其家产变卖，交给广储司库。③

其三，效力银。能泰，曾任巡抚，"在巡抚任内，因事拟绞"，应催征银23630两。后在康熙五十年之前，能泰被派往修理地方行宫，"效力"，用过修工银3.5万两。内务府会同刑部奏准，"将能泰免罪，所派之差，照常行走"。④

其四，利息银。借贷内帑，照例交纳利息银。

以上问题，限于篇幅，就不分别列为专节论述了。

至于玄烨究竟每年收进多少内帑？已经聚敛起来的内帑究竟有几百万两？这两个问题，目前还得不出绝对正确、完全肯定的具体答案。以每年收了多少内帑而言，它的具体数字是肯定不了的。因为，税关的盈

①《清圣祖实录》卷28，第22页。

②《雍正全译》第692页。

③《雍正全译》第664-667页。

④《康熙全译》第1518页。

余银，有的税关是尽收尽解，没有定额；有的税关虽然规定了额银，但随着过关交税的商品时有变化，时增时少，盈余也就随之增减。罪产入官，也看本年有多少官员籍没斩绞，财产多少也不相同，解交内库的帑银也就难以肯定数量。

但是，有两点可以肯定。一是年交广储司的内帑，至少在百万两以上。仅天津关等八个税关的盈余银就多达35万余两，还有淮安关等21个税关的盈余银，加上皇庄的"皇粮"、工程、草豆等项的节省银、罪产入库、效力银、利息银等，至少突破百万两。二是内库的存银，至少有几百万两，此论的证据之一是，年进百万两以上的内帑，几十年里，未见有多少开支。证据之二是，请看几次动用内库银的记述：康熙四十二年，拨内库银100万两，借与两淮盐商；五十四年，动用内库银200万余两，交与户部，代商人偿还他们欠户部帑银200万余两；六十年，谕将内库银50万两，发往陕西赈灾。此外，发内帑银10万两，交与提督赵良栋，赏给军民，发内帑"浚治下河"，发内帑6万两造运米车500辆，吴三桂反时，户部尚书米思翰"请以内府所储，分年发给军费"等。[①]这些例子，应该可以表明，内库存银有几百万两。

嘉庆十九年（1814年），因镇压川楚陕白莲教起义用了军费一亿两，财政困难，户部奏称"现在军需善后并河工抚恤各事宜，通盘筹计，约需银一千万"，难以筹措。户部尚书英和奏称"现在内库存银一千二百四十万"，可"少为支用"。[②]内库存银1200万两，数量之大，够惊人了。

这虽然是嘉庆十九年的内库存银数量，但联系到康熙定的聚敛内帑的规定和措施，基本上都遗传下去了，也可将它作为表明康熙年间内帑很多的一个旁证。

现在我们可以总观以上内库所收帑银的财源了。工程的营建、维修费用，是由户部银库拨来的。草豆铜铅的采买，银子也是由户部银库提出来的。税关的盈余银，是税关征收的一个新税种，也可以说是额税的

---

① 《关于江宁织造曹家档案史料》第26页；《康熙全译》第1195—1199页；《清圣祖实录》卷292，第21页。

② 《清经世文编》卷26，英和：《开源节流疏》。

附加税，又是税关人员征收的，照说此银也应该同额税（正税）一起解交户部银库，算是国库之帑银。罪产入官，既然八旗官将是犯了国法，而被问罪斩绞流徙，其财产也应没为国有。皇庄的庄头、庄丁、园丁、牲丁，之所以要交纳"皇粮"十几万石粮食和六七万两银子，主要是因为他们使用了四五百万亩庄地，而这几百万亩庄地，既不是玄烨及其长大成人的20位皇子所亲手开垦，也不是其皇父福临、皇祖父皇太极、皇曾祖父努尔哈赤亲身开垦好后遗传给玄烨的，而是他们凭借皇权圈占官民田地而来，照说其收入也应归为国有，也应交进户部银库。这样一桩一桩分析下来，除了皇帑的利息银可以勉强算作与户部银库没有什么牵连外，其他各种内帑，都与户部银库、都与国库有关，或者说是都来源于户部银库，都应是国库帑银。

而最重要、最关键、最起决定性作用的证据，就是康熙所亲自宣谕的"内库银系朕之帑金，户部库银亦系朕之帑金，总无分别之处"。国家、天下，都是朕的，所谓的户部库银、内库银，自然也都是朕的，没有分别，家天下嘛。

（八）内帑八害

康熙帝玄烨，精心构思，巧妙设计，既未重蹈先祖屠民掠财的强盗行径，又避免了明朝昏君一纸便敕就拿走国库帑银的愚蠢的笨拙之举，却聚敛了堆积如山的内帑，看似智慧绝顶，机关算尽，获利甚大，可是却贻害无穷。看看王纲明等六户商人承买黄铜的案例。

前面提到，王纲明等六户"内务府买卖人"承办每年铸钱所需的358万余斤黄铜，每斤定价一钱五分银子，王纲明等只向户部领一钱银的铜价，余银孝敬皇上作节省银和送给税关监督作盘缠银。从康熙四十年到五十四年的15年里，王纲明等六户"内务府买卖人"应交节省银256万余两，却只交了186万余两，尚欠节省银70万余两，并欠交铜139万余斤，按每斤一钱五分计，欠户部帑银209万余两。户部尚书赵申乔查出王纲明等欠铜情弊，奏请取消王纲明等六户商人办铜，将铜改令各税关采办。康熙批准其奏，并命从内库拿出209万余两帑银，还与户部，结清此案，而内帑209万余两，则责令王纲明等六户商人归还，但扣除其交的节省银186万余两，即只向王纲明等人追征21万余两。王纲明借口还债，初奏准在湖广、山西开铅矿，后又借口开铅未赚到钱，无力还债，又奏准代买江南、湖广、浙江、江西、福建五省营驿应补马匹，每匹马扣三两银还债。后五省情愿每匹马交银三两，给予王纲明，不再找王买马。[①]

王纲明等人承办买铜之案，应该算是康熙年间最大的经济犯罪案。说其是最大之案，根据有三。一是王纲明等六户内务府买卖人，欠交黄铜1390万余斤，这是朝廷铸钱局一年额需铜360万斤的三倍多，即三年多没有铜拿来铸钱，铸钱局如不另外设法紧急购买1390万余斤的铜，就要停炉三年多，就要少铸铜钱将近20亿文（一年是5亿多文），在当时钱少闹钱荒的形势下，那就是天塌下来了的特大灾祸。以前税关办铜时，哪怕只少交几万斤铜，也要革职问罪，何况这是1390万余斤，是三年多铸钱必需之额定铜量。二是亏欠户部巨量帑银。王纲明等领了户部200多万两买铜的银子，而不交铜，就是亏欠户部帑银，这样大的亏欠银两，在康熙年间，也是第一名。三是更严重、更恶劣、更不应该、更是胆大包天的罪过，是王纲明等人竟敢亏欠皇上的节省银70万余两，并且让皇上拿出200多万两内库帑银替他们还户部的债。要知道，欠皇上的钱，那可是天大的罪行。皇庄的粮庄，欠皇粮一石，鞭打庄头二鞭。采参的壮丁，欠一两人参，鞭一十，欠二两人参，鞭一百，枷四十日。王纲明等人胆敢欠交皇上的节省银70万余两，该处以极刑，甚至满门抄斩。

可是，奇怪的是，令人难以想象的是，这种可以算是与十恶相等的不赦大罪，竟然是从轻发落，并且轻得无边。不仅不将王纲明等人押进天牢，择日斩首，不籍没其家产，而且还大大减少其应还之银，一再允许王纲明借口还债而让其开矿买马，拖欠不还。这个案子反映出八个问题。

其一，昏君。这“昏君”二字，不是骂玄烨是个昏君，而是以“昏”字作为动词，是说玄烨昏了头，是作为利令智昏的意思来用。利

①《康熙汇编》册8，第606页；《康熙全译》，第1195—1199页；《雍正汇编》册1，第945页；《康熙起居注》，第2173、2181页；《清圣祖实录》卷264，第1、15页；《清圣祖实录》卷2266，第20页。

令智昏最早出于司马迁的《史记》，因贪其利，而令智昏。常人固然容易见利、思利而令自己的才智被弄昏了，做了不该做的事。可是，玄烨是大清国皇帝，普天之下，莫非王土，天下都是你的，你已富有天下，为何还要为利所蔽，被利所昏！王纲明犯下如此滔天大罪，就应该判令斩立决，籍没家产，妻、子为奴，怎么还能做出免罪无罪并代还其欠户部帑银等极端错误的宣判！这难道不是因为王纲明等为皇上孝敬节省银，为皇上要使内帑堆积如山而效力吗！内帑、节省银，使皇上昏了头，使皇上利令智昏，竟当上了既吃回扣索要节省银又贪利枉法的大贪官角色。

其二，庸臣。"庸臣"二字，与"昏君"含义相同，不是说大学士、户部尚书等人是庸臣，是平庸之臣，而是将"庸"字作为动词来用，是"势令臣庸"的意思，是说在皇帝之谕、皇帝之意旨的巨大无比、不可抗拒的压力之下，使大学士、尚书们的才智通通被排挤掉了，一个一个地被"庸"化了。这里特别要讲讲户部尚书赵申乔，这次铜商欠交1390万余斤铜，折合帑银高达200万余两的特大案子，是户部尚书赵申乔奏揭出来的。赵申乔，两榜出身，历任知县、布政使、巡抚、户部尚书，熟谙刑律，多次查办大案，清廉、刚毅，"人皆畏其直"。他当然知道此案之重大、性质之恶劣，也当然知道应按不赦之大罪来审理，依律重判。可是，这次他在奏揭此案时，只讲了应该停止商人办铜，恢复税关买铜旧制，只字不提应当严审严惩，很明显，他早已分析清楚了皇上的想法和轻判之意旨。其他尚书、大学士也和他一样，没有任何一位部院大臣、内阁大学士奏述处理意见。可见，内帑的威力无比强大，把阁臣、九卿们，一个一个地"庸"化了，使他们才智尽丧，沦为"庸臣"。

其三，枉法。王纲明等欠交铸钱之铜，欠交皇上之节省银，数量巨大，情节恶劣，按律应斩，却被皇上不顾律例，宣谕轻判，置大清律法于不顾，是枉法，是无法，是徇帝之私而枉法。

其四，官贪。王纲明等奏准，从户部给的铜价银中，每斤铜价银中，拿出一分一厘银子，送给税关的监督，作盘缠银，平均一位监督可得银2800两，使监督们一个个成了贪婪之臣。

其五，商奸。王纲明赚了大钱，是位老奸巨猾的大奸商。一是亏欠户部帑银的209万余两，由皇上还了，而皇上却将他们应交的节省银

186万余两，扣抵欠帑，只向他们催征23万余两。二是，按照王纲明等六户商人五十四年的呈请和允诺，欠下的23万余两银，已经交了3万两，只欠20万两。这笔钱，由三项银还。一项是六户商人一年应领购铅之水运银8.8万余两，一项是交出2.8万两，另一项是王纲明一家承备江南等五省营、驿补购马匹之价银内，每马以3两计，估算偿银，一年获银3万两余。以上三项，一年可偿银14.7万两，两年即能还清。白纸黑字，王纲明等6户商人的呈帖，写得清清楚楚。仅一年五省的营、驿补购马匹的价银，一匹3两，一年是3万两，可是，直到雍正元年，八年过去了，马银应得了24万余两，王纲明的欠银还没有还清。此商之奸之贪，官员们之"庸"，真是无人能比。王纲明是无银还债吗？不是。就在赵申乔奏揭六户商人欠铜1390万余斤之前几个月，王纲明还拿银子2000两，在京师户部请捐三品顶戴（相当于一省司法之长官按察使的官品），并在五十四年六月被批准。

其六，亏帑。王纲明等六户商人，15年内欠户部帑银209万余两，拖欠皇上节省银70万两，按照康熙所宣谕外库、内库银两皆"系朕之帑金"，那么，王纲明等人欠交朝廷帑银280万两，欠银够多，胆子够大了。

其七，误事。王纲明等六户商人，拿了209万两户部银子，却欠交1390万余斤铜，将使朝廷铸钱局三年多无铜铸钱，要少铸铜钱20亿文，若不是户部想尽方法凑足铜，炉未停铸，岂不是要闹天大钱荒，误了全国商民大事。

其八，病民。王纲明借口还债，在湖广、江西大开矿山，挖矿找铅，骚扰民间。铜斤节省银后来转化成税关盈余银，每年各税关要增征几十万两盈余银，解交内库，危害商民。

王纲明等人买铜欠铜的案子，反映出来的昏君、庸臣、枉法、官贪、商奸、亏帑、误事、病民的八个问题，也就是八害。或者可以写为：利令君昏，势令臣庸，徇旨枉法，奸商横行，亏空国库，贻误诸事，祸害黎民。税关盈余银等聚敛内帑的项目和措施，也大体存在这些弊病，可以说，这就是内帑八害。

八、督抚规礼 "朕管不得"

（一）总督规礼二十万两

规礼，可以说是古已有之。京师的大学士、六部尚书、侍郎，各省的总督、巡抚、布政使、按察使、道员、知府，各产盐区的盐政、运使，钞关的监督，总而言之，握有一定权力的中高级官员，常要下属送礼献银，下属也常主动给上司交纳银物，于是生日、年节、端午、中秋的四节之节礼，上任、升迁、进京等的贺礼及盘缠，征收赋银、税银、盐课的羡余等，名目繁多，数量很大的规礼，就成了久已有之、历年相沿的惯例了。特别是明朝末年，吏治腐败，贪污盛行，规礼更成为贪官们搜括民财、加耗私派的惯用手段。入清以后，这个陋习继续延续，康熙中年以后，更是恶性膨胀。现在先从总督规礼谈起。

康熙年间，全国有六位总督，它们是两江总督、两广总督、湖广总督、闽浙总督、川陕总督、云贵总督。总督官阶正二品，加兵部尚书衔为从一品，统辖两省或三省军民，综制文武，察举官吏，保卫边疆，是该地区最高长官，一般挂兵部侍郎（或尚书）、都察院副都御史衔。比如，两广总督的正式官称是总督广东广西等处地方军务兼理粮饷兵部右侍郎兼都察院右副都御史。

根据目前已知史料，两江总督傅腊塔是最早奏述督抚规礼情形的大臣。康熙三十一年（1692年）三月初九，傅腊塔在满文密折上奏称："奴才先前生计贫寒，后蒙圣恩，以监察御史前往河东盐差，返回后买房七八十余间，买奴仆百余口以为差役，又买五六十余口汉子田耕种，生活富裕。……唯感圣主无穷之恩，将地方所属官员每年所送四时礼品及盐商、各关恭送银数十万两，皆拒而未收。……奴才赴任，经面奏皇父，将奴才家人真名报部，领取六十兵丁月饷、口米一百二十两，除给二名汉相公雇银外，以此所得钱粮供家人穿戴。……再收取十余司道以上官员吉日所送猪畜米面等食物、大关章京等所馈送之缎钟。蒙圣主之恩，奴才及眷属生活即系如此。"[①]

傅腊塔此奏，说明了五个问题。一是总督每年所收的规礼银高达数

---

①《康熙全译》第26页。

十万两，数量之大，确实惊人，相当于总督年俸180两的两三千倍。二是总督还有家丁60名的月饷、口米120两，一年为1440两。三是傅腊塔在十几年前当了一任河东盐政，一年的收入，便买了田2000亩、奴仆百余、房七八十间，就由从前生计贫寒，一跃变为生活富裕了。盐政的官俸不过百来两，哪能购田置房还买供使役的百余奴仆，这还不是全凭盐政一年所得规礼而买的吗？五是傅腊塔敢于向皇上呈报盐政有丰厚的规礼及总督有数十万两的规礼，说明他知道皇上对规礼的态度。

过了二十多年，两江总督常鼐于五十六年十一月二十一日的满文密折上奏称："今奴才对二省文武官员内之厅州县官员馈赠之礼物，俱未收纳。江苏布政使之秤银四千两，张伯行既然免之，不复收外，司、道、府等大员一年礼物银共四万两，两淮盐政拨银二万两，安徽布政使秤银四千两，江西布政使秤银四千两。再者，捐纳之事，总督、巡抚俱有份，一石抽取四分……一年二三千两不等，合计一年获七万两。"①

常鼐是个贪官，在这里隐瞒了规礼的数量。几年以后的新任总督奏报的规礼项目银数，就戳穿了他的欺君之词。

雍正元年（1728年）四月二十五日，两江总督查弼纳在其满文密折中奏述总督岁收规礼情形说："每年二省布政司秤兑多余之银，粮道、驿盐道、两淮运使等多余之银，两淮盐商所赠礼银，皆送臣衙门，加之各关监督及属下官员馈送之四时礼物，核计岁得共近二十万两。……两淮盐商每岁给臣衙门之礼银二万两、随封银四千两。……江南、江西有关九个，前每岁皆向臣衙门馈送礼物，因淮安、凤阳、龙江、上海、湖口五关归漕粮总督、巡抚兼管，其多余银两由该管巡抚奏缴，故而停送礼物。其余浒墅关每岁送银六千两，扬州关二千两，芜湖关一千六百两，赣关一千二百两。……至两省三布政司，每年每布政司交臣衙门秤兑多余之银各四千两，共计一万二千两，苏松粮道、江西粮道皆各交三千两，江西驿盐道交银二千两，两淮运使交银一千六百两，共计一万三千六百两。此等官吏皆职掌银粮衙门，有多余款项，故除礼物之外，每岁皆给送此项之银，已成惯例。"②

两广总督。广东巡抚法海在五十六年正月二十九日、三月二十五日的两道满文密折中，讲到两广总督所收规礼说："凡晋升总督、巡抚新

①《康熙全译》第1267页。

②《雍正全译》第105、106页。

任，地方官员等均以贺礼赠予银绸，共银二万余两。""广东总督、巡抚所获之份，一份火耗银，一年八千余两。广州等处之税银一年获九千余两。""又总督、巡抚一年四次所获礼物……均足十万两银。"①

闽浙总督。总督满保在五十五年四月初八的满文奏折中说："今查总督衙门进项，在福建省，由布政司每年支付加耗银五千两，再衙役工食三千两，除一千两支给衙役外，仍可节余二千两。""查浙江省，不从布政司动支银两，向例由盐道每年给银一万两。""至于二省文武所赠礼物，奴才概未收纳。"②满保之奏，显系隐瞒，堂堂二品大员两省总督，岂能只有规礼一万余两！那么，两浙运司送的盐规，有多少？浙江海关、北新关、南新关送的规礼，又有多少？特别是两省司道府厅州县一年四节的节礼又有多少？两广之节礼银多达10万两，闽浙两省文武官员能不送？只以"概未收纳"四个字就能掩盖吗！

湖广总督。总督杨宗仁奏，仅盐商送与总督的"盐规"就已增至四万两。后来署总督福敏奏，"向有各衙门盐规银十六万两"。③至于节礼、秤头等，也不会少。

云贵总督。署云贵总督高其倬于六十一年六月二十八日奏，贵州省布政司、按察司、贵东道三处，一年节礼1280余两。"云南一省司道府州县每年节礼通共二万一千四百余两"，"云南布政司地丁等项兑收银二十余万两，每年有奴才衙门平规三千余两"。盐务，"一年亦送奴才规礼一万三千两，又秤头银四千两"。④

川陕总督。总督鄂海于五十三年八月二十一日奏：去年五月接任后，"所辖之道员、知府、州县等官员所送礼物，俱一律严禁"。唯"视西安旧例"，"四季中每季西安布政使送一千两，巩昌布政使送二百四十两，四川布政使送四百两，陕西提督、总兵官……各送二百两，四川提督送二百两，总兵官各送一百二十两。因西安粮道、四川按察使兼理盐务，各送二百四十两。总计算之，一年可得一万六千余两"。⑤

---

① 《康熙全译》第1169、1179页。

② 《康熙全译》第1097页。

③ 《雍正汇编》册1，第262、263页；《清世宗实录》卷54，第27页。

④ 《康熙汇编》册8，第907—901页。

⑤ 《康熙全译》第907页。

这个鄂海，又是一个隐瞒规礼实情的贪官庸官。

（二）巡抚规礼

康熙年间，全国共有18位巡抚。

山东。雍正元年（1723年）十一月二十二日山东巡抚黄炳奏："伏查山东巡抚衙门，旧有各属节寿礼银六万余两，丁地规礼银一万余两，两司库羡余银三万两，驿道、粮道规礼各二千两，盐道暨盐商规礼各三千两，通共计银十一万余两。"①

接替黄炳任山东巡抚的陈世倌，于雍正二年九月初四日的奏折中，也赞同黄炳所述巡抚"旧有"规礼情形说："查向来陋规，臣衙门有十一万余两，悉皆取之于耗羡。"②

江西。巡抚佟国襄于康熙五十二年十二月十二奏："曾将本衙门从前陋规约二万四千两有零不敢隐瞒，据实奏闻。""本年钱粮奉蠲，陋规无出。"③

这个佟巡抚，也太贪太笨了，好些巡抚都奏称有规礼银10万或11万两，江西乃是有田40多万顷、收丁地赋银190万余两、粮80万余石的大省，比广东省还多三分之一，怎么陋规银才2.4万两，并且，此2.4万两乃系耗羡，那么，司道府厅州县官员不送节礼吗？湖口关、赣州关不送税规吗？盐商不送盐规吗？这些明摆着的规礼收入，你都敢隐瞒，皇上能信吗？果然，他假惺惺地表示要捐用明年的耗羡陋规银给皇上修龙虎山庙宇时，康熙冷冰冰地朱笔批示："已有旨，用织造银了，不准。"

没过多久，新巡抚白潢于五十六年十一月十三日奏述巡抚"旧规"说："一、巡抚衙门每年阖属有节礼银约计五万两。……奴才到任后已经禁革。一、巡抚衙门每年粮道有征漕规礼银四千两……不应收取。一、巡抚衙门每年湖口、赣州二关共有规礼银二千四百两……不应收受。一、巡抚衙门每年盐商有盐规银一万两（收后，盐价涨）……可否收受。一、巡抚衙门每年布政使有钱粮平头银八千两……当留作养赡之

---

① 《雍正汇编》册2，第296页。
② 《雍正汇编》册3，第550页。
③ 《康熙汇编》册5，第308页。

费。"①朱批:"这折甚是,尔所议者亦是。准。"朱批:"此项(盐规)该收。"

白潢所奏陋规,虽远比佟巡抚多,但也并不是全无隐瞒。过了七年,巡抚裴率度奏称,节礼之外,还有很多礼银,还有"贺礼、赘礼、署印礼、表礼、水礼,随漕验封帮费,土仪。送礼时,又有随礼、门礼种种陋规","约有七八万两"。"节礼,各就地方之大中小,向来通省分送院、司、道、府衙门,约计每年尚有八万之数。"②

广东。新巡抚法海于五十六年三月二十五日奏:巡抚一年所获之份为火耗银8000余两,广州府等处税银9000余两。另外,盐务之份8000余两,未收。"总督、巡抚一年共获礼物,均足十万两银。"③法海又奏:"凡晋升总督、巡抚新任,地方官员均以加礼,赠予银、绸,共银二万余两",未受。过了几年,署广东巡抚年希尧奏:"巡抚衙门规礼,司道府州县每节送巡抚节礼一万二千余两,一年四节,约计银五万两,未收。"每年只收平规银8000两,广州四府税银7000两。粮道、盐道并无巡抚衙门例规。④

法海所奏一年获礼物足10万两银,比较可信,但二人均对税关的规礼避而不谈。广东的粤海关进出口贸易大发展,太平关也很兴旺,年征关税数十万两,两关的监督能不孝敬巡抚大人吗?广东运司年征额课银50万两,盐官不进盐规,怎能运销。可见,两位巡抚都隐瞒了相当数目的规礼。

云南。康熙五十一年正月二十六日,云南巡抚吴存礼奏:"滇省私派并属官节礼,业经督臣郭世隆革除。""奴才衙门蒙皇上赏给健丁饷银二千四百两,又有布政使每年旧规三千两,并余盐旧规银一万八千余两,奴才又酌量收过上任贺礼三千余两。"⑤五十八年七月初六,巡抚甘国璧奏:"优查滇抚衙门历来旧有粮规银四千两、盐羡银一万八千

---

①《康熙汇编》册8,第9—12页。

②《雍正汇编》册4,第212页。

③《康熙全译》第1179页。

④《雍正汇编》册1,第194页。

⑤《康熙汇编》册3,第965页。

两，以为养廉之资。"节礼已革除。①

这两位巡抚所报巡抚规礼银才二万两，未免太少了，这个隐瞒，让接替甘国壁的新任云南巡抚杨名时来补报吧。杨名时于五十九年十二月上任，雍正元年七月初六奏："到任，所有巡抚衙门相沿规礼银两，如赞礼、贺礼、节礼、寿礼，臣一无收取。其铜厂之息铜、捐纳之羡余及计规、题官陋弊等，俱行严绝。……所有盐规银五万二千两，除臣令盐道衙门存六千两以为恤灶修井之用不缴外，其四万六千两……留为供用之需。又藩司平规银四千两，通省税规银名有七千两……此臣衙门目前所入之数也。"②

杨名时提到的息铜，五十五年就任云南布政使的金世扬说：五十七年总督蒋陈锡称，已奏准将铜息"赏作养廉"。五十七年"所得余息，蒋陈锡、甘国壁各分得银一万两，臣亦分得银六千两，五十八年出铜与分得余息，约略相同"。③

请看，巡抚甘国壁又隐瞒了所得铜之余息银二万两。

贵州。巡抚毛文铨于雍正二年五月二十九日奏："窃奴才衙门自藩司以至州县止，共有节礼银七千两，此项奴才分文不敢收受。又有粮驿道衙门规礼银二千两……亦分文不敢收取。……有藩司平头银二千两，标下亲丁银二千一百余两，贵阳等州县税规三千六百两，又有官租米八百石。以上三项，共银七千七百余两，米八百石。"④

河南。署理河南巡抚稽曾筠于雍正元年三月初四奏："查臣衙门每年司道交送平规银共三万两。又各府州县四节交送规礼，每节一万余两。"⑤

河南巡抚石文焯于雍正元年八月二十七日奏："查巡抚衙门向有府州县节礼……历久相沿，系出自耗羡之内，既非苛派于民，又非始自今日。……每年有四万余两。"⑥

按照这两位巡抚的奏述，河南的巡抚一年才7万两规礼收入，可

①《康熙汇编》册8，第563页。
②《雍正汇编》册1，第623、624页。
③《雍正汇编》册2，第886页。
④《雍正汇编》册3，第116页。
⑤《雍正汇编》册1，第135页。
⑥《雍正汇编》册1，第893页。

是，雍正二年八月接替石文焯的新任巡抚田文镜，却显然不赞同此种表述，他于三年正月二十四日奏称："臣查据河南巡抚任内，一年所有各项陋例不下二十万两。臣复闻舆论，杨宗义（康熙五十七年五月至雍正元年正月任河南巡抚）在任，并非循良清正之员，每岁所入，为数尚多。"①

广西。巡抚高其倬于六十年五月初二奏述巡抚衙门规礼情形说："巡抚衙门规礼事，广西一省正杂等项共征银三十二万六千余两，每一千两平头银二十两，布政司每年得平头银六千五百余两，因钱粮数少，不送巡抚衙门平规，每年只送四节节礼，共银一千六百两。按察司一年节礼共六百两，苍梧道六百两，左江道二百两，右江道二百两，桂林府、平乐府、梧州府、浔州府、南宁府五处一年节礼共二千两。柳州府、太平府、庆远府、思恩府四处一年节礼共八百两。通省州县有送四节三节两节一节不等，亦有不送者，州县一年节礼共六千四百两。通省一共一万二千四百两。此项节礼，奴才不敢收受。端午一节送到，已经发回，嗣后已谕令止送。又有到任礼一分，如一季节礼之数，奴才亦不收发还。又桂林、平乐、梧州、浔州四府每年有落地税规共七千两，奴才恳乞圣恩，留为给赏兵丁养赡家口之用。谨奏请旨。"朱批："是。"②

浙江。浙江巡抚徐元梦在五十四年十一月二十五日奏述一年之内的进项及开支情形说："（前任）因兵丁少，故未吃兵丁空额钱粮，奴才亦丝毫未取（亦未收州县官员财物）。……司、道、府官员节令所送礼品，奴才视居官清廉者，收一次者亦有，收两次者亦有，经核算，有五千两上下。再布政使所给之火耗银一万两，盐法道指令商人所给之银一万两，以上合计二万五千两（用于犒赏等）……目下奴才处仍剩三千两。"朱批："真满洲也，毫无隐瞒之处。所奏知道了。"③

这位徐元梦，虽系朝野公认"讲学负声誉"，且不趋奉权相明珠，清官汤斌也盛赞其学，此奏还被皇上嘉奖为"毫无隐瞒之真满洲"，但其对规礼之呈述，显然也有遗漏之处。仅以盐规而论，雍正三年三月二十九日，浙江巡抚法海奏称："浙省有盐规旧例，督、抚衙门每年二万

① 《雍正汇编》册4，第339页。

② 《康熙汇编》册8，第771—773页。

③ 《康熙全译》第1074页。

五千余两，江苏巡抚、布按两司亦有浙商盐规一万三千余两，本省将军、织造亦有盐规三千余两，盐道分司盐规二万七千余两，按察使司盐规四千余两，杭州在城协将府厅县盐规共五千余两。"①又过了半年，九月二十日，署浙抚傅敏奏，"浙江各衙门盐规银共七万八千九十两"。②请看，法海说：总督、巡抚每年收的盐规银都是一样的多，皆为2.5万两，比徐元梦所奏之一万两，多了一倍半，足见其言之欠真。

甘肃。甘肃是个穷省，只有民田20万余顷，征赋银28万余两，不如江苏、浙江一个大府的收入，但是，甘肃巡抚也有相当多的收入。被皇上多次嘉赞为"满洲在外官员中，只有甘肃巡抚齐世武之名望超群。清名无人不知"的齐世武，于四十五年十月二十五日奏称："奉御批，除茶马正税外，应得银两如何。钦此。奴才仰赖圣主洪恩，自办理茶马事务以来，将管茶宫照商人旧例馈赠礼物等项，奴才尽行禁革。唯取马票时，亦稍循旧例，奴才将匀给营武官及军内头目少许，故皆分享圣主之恩。惟撒给茶引时，较旧例有所减，除茶马正项税外，奴才仰赖圣主恩赏，每年得银二万余两。奴才因此致富。"③

过了三年，甘肃巡抚舒图于四十八年五月初一奏："奴才弗敢扣取属员赖以资生之物，但茶马旧项应得银二万二千余两，以为旧例，未行裁汰。"④

其实，齐世武对自己的规礼收入，也有隐瞒，他收布政司送的火耗银几千两，就未奏报。

（三）司道规礼

司，指的是掌管一省行政、财赋之从二品布政使和管刑名的正三品按察使，又分别简称为藩司、臬司，全国共有19位布政使和18位按察使。道员官阶正四品，是藩司、臬司的辅佐官，全国约有道员九十余人。

浙江省布政使张文灿，于康熙五十六年正月二十一日就任湖北布政使，五十九年四月十八日奉命退休，交印卸事。藩库"缺欠钱粮十四万

---

①《雍正汇编》册4，第684页。

②《雍正汇编》册6，第184页。

③《康熙全译》第469页。

④《康熙全译》第620页。

九千余两，原系历年积欠"。五十七年六月初三，经湖北巡抚张连登查出后，即令张文灿停止管事，命粮道许大定代行藩司职责。湖广总督满丕与湖北巡抚张连登议定，今张文灿赔补大部分，总督、巡抚将两年应得的"平头银"二万余两帮赔。到五十八年，张文灿将应得的两年规礼及变卖家产等，赔补完了15万余两的钱粮。张文灿将自五十六年正月上任到五十七年元月停任的两年应得规礼及变卖物品，家人帮赔等债，开列清单如下：

"一、每年藩司约收各属新旧钱粮七十七万余两，每两二分九厘火耗，二年约略共该火耗银四万四千六百六十余两。

一、支发各杂项银两计增平余银，二年共银五千余两。

一、盐规每年得六千两，二年共得银一万二千两，俱交付粮道许大定收取补库。

一、节礼银每节日银三千五百余两，二年七节日共该银二万四千五百余两，随支二千四百五十两，支给门卫二千四百五十两。

一、库官、库吏每年钱粮外，费用银每千两按五两计，新征旧欠约略七十七万余两，二年共该银七千七百余两。

一、我家人刘三补偿库银一万两。

一、粮道旧衙役库吏徐弘远帮补银三千两。

一、督抚两院将应得钱粮火耗银帮补，二年共计银二万余两。

一、我自行变卖什物补库银一万六千两。

一、张圣弼原任按察使时，已还原借美余银一千两，尚有一千两未还。

一、前任驿道杨绍已还原借美余银一千两。

一、我借都司李愈隆九百两，完补司库，以上合计共完结银十五万六百六十余两。

经粮道许大定出结具报全完，督抚于五十九年正月二十四日，传集在城司道各官，亲赴藩库，逐一秤验，俱系实在，银子皆存。现银并无分毫缺少，当经折奏全完在案。"[1]

张文灿实际任职和收规礼的时间为18个月，一年半，有的项目按两

[1]《康熙全译》第473页。

年算，总计共收规礼（火耗、盐规、杂费）十万两，数量不小，超过正俸两三百倍！

山东布政使张保于雍正四年七月十三日奏述"司库盈余分规旧例相沿"，本人应领之银说：

> "通省州县卫所起运解司钱粮丁地银共二百七十万二千两……每解司钱粮一千两随有解费银十一两、十四两不等，俟解交后，抚、藩二臣均分凑用。又解司钱粮每一千两有运费名色银五六两不等，内除支给解官零星费用，余系抚、藩分规。又解司钱粮每千两有饭银七两，起解京饷时，随解交部，以为部官饷银，若支发本省兵饷及河工等项钱粮不须饭银，所有盈余亦系分规。雍正三年十一月二十二日，奴才到任……至本年六月终止，奴才共应分盈余银（一万五千余两）。"①

张保只计算了上任至奏折时的7个月布政使应得之火耗盈余，就分了1.5万两，如果再加5个月，照此类推，一年应得的火耗盈余便可得到25700余两。其实，张保的奏述，还是有隐瞒的。他的上司山东巡抚陈世倌，于两年前，即雍正二年九月初四便奏称："至耗羡一项，查向来陋规，臣衙门有十一万余两，藩司四万三百两。"②如果加上盐规和临清关税规，当上一年布政使，张保也可能拿到五六万甚至六七万两。

广东布政使图理琛于雍正二年十月十五日奏述藩司的火耗羡余说："广东旧例，由布政司收钱粮时，每两取平头银三分，总督、巡抚、布政使等，各取一分为盘缠。除此又收银三厘为库吏、库丁、衙役等为盘缠。"③广东每年征收田赋银120万余两、粮30万余石，按粮一石折银一两计，共150万余两，每两取一分银子，则总督、巡抚、布政使可各得平头银1.5万余两。

四川布政使罗殷泰于雍正三年十二月十七日奏："四川省解司钱粮每年约二十六万余两，每两旧例收耗银六分，内督抚两院分去银三分二厘，奴才实得银二分八厘，一年共该得火耗银七千余两。内因州县申解

---

① 《雍正汇编》册7，第656、657页。
② 《雍正汇编》册3，第550页。
③ 《雍正全译》第957页。

钱粮，每一两又给布政司吏役纸笔饭钱银共六厘有零。……又通省解司杂税每年约银九千余两，每两有奴才火耗银一钱，奴才一年共得火耗银九百余两。贰共火耗银约共八千两。"①

安徽按察使祖秉圭于雍正四年七月初四奏述"从前"按察使所收规礼说："知府、直隶知州所有规礼并盐规，共九千九百两"，"同知、通判所有规礼一千三百四十两"，"徽属六县规礼一千九百二十两"，"州县规礼内生日礼一分二千九百三十两"。"从前府厅州县各官一年节礼四分，并刑名部费羡余、盐规等项，共有二万八千一百七十余两。"奏请留下8770余两"赏作养廉，奴才一年用度有余，得免家计之累"。②

浙江按察使甘国奎于雍正二年十一月二十四日奏："伏查浙江按察使向有各属四季节礼连随封共银一万七千七百四十两零六钱，盐务规礼连随封共银四千四百两，刑名部费四季共银四千五百三十七两二钱。"③

一共是26677两。

黄炳在康熙末年任直隶按察使时，"向有盐商规礼，六载于兹，共收银三万两"。④

浙江粮道蔡仕舢于雍正二年十一月二十五日奏述本衙门陋规情形说："确查臣衙门出入陋规，从前各州县漕规银六千余两，各帮丁费银五千八百余两……尚有收银耗羡、发银平头、运官公贴之费、属员年节之仪，历任前道率沿旧例。（张楷酌减）各运官每年贴费银共三千余两"，"每年收漕项银46万余两"，每两耗羡银八厘，计银3600余两。又收耗羡银8200余两，备交"漕、督、抚三院节礼"。又"各属节礼，年约银四千余两"。⑤

不算准备交漕督、闽浙总督、浙江巡抚三院的节礼8200余两，仅粮道所得，便有二万余两。

---

①《雍正全译》第1274页。

②《雍正汇编》册7，第580页。

③《雍正汇编》册4，第73页。

④《雍正汇编》册2，第297页。

⑤《雍正汇编》册4，第82页。

陈璸任台湾厦门道四年多，应得公使钱三万两，"悉屏不取"。[①]

（四）规礼的来源与支出

人们都说，规礼银两之来源，系出于火耗银。雍正元年（1723年）八月二十七日，河南巡抚石文焯奏述动用规礼银弥补亏空说："查巡抚衙门向有府州县节礼，……查府州县旧规有上中下之分别，每年约有四万余两，……历久相沿，系出自耗羡之内，既非苛派于民，又非始自今日。"[②]山东巡抚陈世倌也于雍正二年九月初四奏："至耗羡一项，查向来陋规，臣衙门有十一万余两……皆取资其中。"[③]

揆诸史料，规礼银确与耗羡有关，很大一部分银子是来源于耗羡，但并非全取于此，还有其他来源。比如盐规，两淮运司盐商每年固定交送两江总督、江苏巡抚的盐规银都是二万余两。每年湖广总督收盐商的盐规银四万两，此外湖北省巡抚、司、道等衙门每年还有盐规银15万两。又如，各钞关每年都要向总督、巡抚交税规银，像浒墅关、扬州关、芜湖关、赣关，每年送两江总督银一万余两。一些府也要向上司送税规银，广西的桂林等四府每年送广西巡抚"落地税规七千两"。

另外，节礼银，在规礼银中是一个主要项目，但是司道府厅州县官员交送的节礼银，是否全来源于耗羡，也有问题。全省几百名地方官员中，所交的节礼银，很多系他们收的耗羡，但也难保不是贪赃枉法勒索而来的赃款。请看：长芦盐商张霖，历任陕西驿传道、安徽按察使、福建布政使、云南布政使，既收属下节礼，又收耗羡，还借皇上内帑数十万两，行盐牟利，夹带私盐，每年得银一二十万两；山东登州知府李元龙、山西大同知府栾廷芳、太原知府赵凤诏等贪官，赃银数十万两，他们向总督、巡抚交的节礼银，能全是耗羡而不是赃银吗！

之所以巡抚们、官员们将规礼银归之于耗羡，一则是耗羡为规礼银的主要组成部分，再则也可能是因为在康熙中年以后，特别是雍正初的耗羡归公，在人们心目中，耗羡成了地方官员的合法收入，其由此而派生的规礼银似乎也随之合法化了，正当化了，遂以此相称。

①《康熙全译》第1030页；《清圣祖实录》卷282，第3页。

②《雍正汇编》册1，第893页。

③《雍正汇编》册3，第550页。

关于规礼银的用途，绝大多数督抚奏称，主要用于公务，一小部分作为养家之费。个别总督、巡抚全用于公务，本人一文不沾。人们也都认可这种说法。但是，笔者不同意此一论点。笔者认为，大多数督、抚、司、道官员，他们收的规礼，多数归入他们私囊，只有一小部分是用于公务和应酬。因为，在前面《捐俸工地方遭殃》里，很多总督、巡抚都奏称，地方公务，以及军需开支，都是扣俸工，以本省官员吏役俸银工食银捐扣来办理的。这里不妨再重复一下，引述几省之情：

直隶巡抚赵弘燮奏："直属历来公务，俱赖俸工捐助，即如修理密云城工所需银两，已将五十五、五十六两年俸工请抵"，今用兵，所捐马骡，"暂动正项钱粮采买"，于五十七、五十八等年俸工银内照数捐还。①

两广总督孔毓珣、广东巡抚年希尧奏：广东四十二年以前，有"均平名色，以为交接应酬，办理公务"，后五十四年起，督、抚公议，"每年将知县以上俸工捐出解司，办理公务"。②

河南巡抚杨宗义奏：修建派来河南的满洲蒙古兵丁住房2584间，估计约需银八万两，原拟扣捐俸工银两，但"俸工银两经前抚臣李锡题明，于康熙五十四五两年军需案内，扣至康熙六十一年"。③

福建布政使黄叔琬于雍正元年奏："臣前折奏，因公挪用十万九千两，督、抚二臣奏明以俸工赔补。"今查，"实系修理战船，津贴运费，不敷铜价，整备水师军器火药，供应杭兵来往夫船，修理各处河滩，资助微员回籍，及历年赏给巡缉山贼官兵饭食，并省中应办各项公事夫役脚价等项，总之，闽省公用，皆取给予俸工。彼时俸工尚未解到，遂将正项挪用，以致有十万九千之数。现在陆续扣补"。④

扣俸工，办公务，开销各种支出，各省、全国通例，本不必再赘述了，但杨名时的奏折，很有趣，很有说服力，不妨再引录一下。

杨名时，两榜出身，任上颇有惠政，康熙五十九年升任云南巡抚，雍正元年七月初六特上长折，详述用规礼银备办公务、填补亏空、资助亲友等情说：目前有盐规银5.2万两、藩司平规银4000两、通省税规银7000两，留银6000两为盐道衙门用外，现有5万余两规银。其开支情形

①《康熙汇编》册6，第365、380—384页。

②《雍正汇编》册3，第137页。

③《康熙汇编》册8，第180页。

④《雍正汇编》册2，第458页。

是：拨补银厂缺课15550余两，"捐赔前任督、抚运粮倒毙牛马等项银1.5万两"。再"历年供应在藏官兵各项军需赏赉费"，"又臣标赏兵、制买军衣等，及兴修水利，赈恤灾务，资给官员，供给书院生儒，刊刷书籍，科场供应，发给举人盘费，并修理衙署等。再日用交际，请幕宾，散工食，一切公私各用，皆取此规礼银应办。又臣族人亲戚往回给予路费"，"以上诸用，自抵任迄今，共用银一十万两有零，存有底本"。①

杨名时上任三年，每年有规礼银5.5万两，三年共16.5万两，各项开支共13万余两，只剩下3万两，不算多。可是，不要忘了，他所奏述开支军需公务等项银10万两左右，并不是用了他的规礼银，而是动用俸工银。一年之后，云南布政使李卫于雍正二年九月初六日奏称："查今番满兵撤回江浙，提镇出兵，备养马匹，及差遣文武官军前办事，各种盘费，帮贴官兵安家等类，尚未班师，无凭造报。将来奏销案中，除应该开销外，尚有不准开销者，历来此等无着军需，皆用俸工抵补。查前番出兵，虚悬库帑，后经抚臣杨名时题明，节次扣抵，已预算至雍正十三年后，方能全完。"②请看，杨名时所述用他自己的规礼银，开支了10万余两，经过李卫这一奏述，便显然站不住脚了，你将全省的"俸工银"扣了十几年，去应付"虚悬库帑"，还能故作清高，掩饰规礼银已成私财的真情吗？

其实，规礼银不仅被多数督抚收入囊中，化为私财，一些官员还将其用于行贿权要，扶植族人亲友，巩固自己势力。山东巡抚李树德即系一例。李树德从康熙五十五年九月到六十一年十月，当了六年山东巡抚。按收入算，巡抚官俸一年155两，"各府州县四节交送规礼，每节一万余两"。③一年四万余两。李树德除了给41位堂叔、族叔、堂弟、妹夫、内侄、女婿、外甥、妻弟、族侄婿，捐知县、知州、知府、道员、同知等官，给银5万两外，又送给皇上的亲信太监魏珠银2.5万两，领侍卫内大臣、一等公马尔赛9000两，还送给和"帮助借给"内阁学士、都

①《雍正汇编》册1，第624页。

②《雍正汇编》册3，第563页。

③《雍正汇编》册1，第136、893页。

统、副都统、道员、知府、总兵官、副将鄂拓齐、图恩海等17人，一共13万余两。[①]

（五）规礼的性质与危害

规礼银来源于耗羡、盐规、税规等各种额外加派及官员的赃银，有规礼，必有横征暴敛，祸国殃民。清帝入主中原初期，视规礼为必须严厉禁革的弊政，将规礼银定为赃银，把收者定为贪赃。

顺治元年、二年，摄政王多尔衮在自己的谕旨和清帝的诏书中，明确地严厉规定："有司征收钱粮，止取正数，不许分外侵渔秤头火耗，违者治以重罪。官吏犯赃，审实论斩，违禁加耗，即以犯赃论。……抚按旧习，迎送往来，交际馈遗，实为可恨。不许交接馈遗，俸禄之外，便是贪赃。"[②]

对于规礼陋习的祸国殃民，清廉官员是深恶痛绝，严加挞伐。朝野公认的清官陆陇其，在康熙十四、十五年任嘉定知县时，革除火耗陋规，并不馈送（上司）节礼。[③]

自左副都御史升为工部侍郎的田六善于康熙十七年奏称："今日官至督抚，居莫敢谁何之势，自非大贤，鲜不纵恣。道府岁纳规礼，加之以搜括，则道府所辖之民，不啻鬻之于道府矣。"[④]

康熙帝钦封的当今"清官第一"的于成龙，于二十一年升任两江总督后，特发布《兴利除弊条约》，宣告要"尽行痛革"13种"积弊"，着重强调规礼银来源于加征火耗和诉讼的赃私，必须严禁："一、严禁馈送。从来寡所用斯廉所取，未有用之极繁多，而取之能廉洁者也。本部院访得，两江官员专事弥缝，惟尚交际，司道府厅州县生辰、令节、到任、署任、卸事，自下而上，无不递相馈送，视地方大小，区别等差，盈千累百，目为情规，于是官评之贤否，吏治之勤拙，俱不可问。且此等馈送，不出于钱粮之加征火耗，则出于词讼之婪取赃私，以小民之膏血，供多官之结纳，民生何以得遂，物力何以得阜也。本部院下车，清介自持，誓不受属员一毫馈送，尔司、道、府、厅、州、县，务

①《雍正汇编》册3，第491—494页。
②《康熙汇编》册1，第724、725页。
③《康熙汇编》册8，第453页。
④《清史稿》卷268，《田六善传》。

期共相砥砺，痛绝馈送。……倘视为具文，藐玩不遵，本部院访闻得实，白简具在，断无宽贷。"①

他又专门颁布《禁送节礼谕》说："本部院督制两省，与各州县各官势位悬殊，举动攸关，若逢时馈献，希妄通达，本部院安肯收受敲骨吸髓之赃物，而平分男盗女娼之报应也，除檄行藩臬转行饬禁外，合行出示晓谕。"②

刚直清廉的浙江布政使赵申乔于四十一年正月升任浙江巡抚后，特出《严饬官方以肃功令示》，宣布先前出示欲除州县之亏空，必先革藩司之陋规，现更要端本清源，取消巡抚司道对属下的索取，以免层层剥削小民。他说："今日端本清源，则更自巡抚始，巡抚取之于司道，则司道不得不取之于下属。知府取之于州县，则知县自不得不取之于小民，层层盘剥，咎实有归。……倘司道苛求下属，以及知府勒索州县，州县虐诈小民，一经告发，或有访闻，立以白简从事。"③

杨宗仁从康熙三十五年任慈利知县开始，历任蓝山知县、阶州知州、兰州同知、临洮知府、西宁道、浙江广西按察使、广西巡抚、广东巡抚，熟谙民情吏俗官场，于五十八年三月十八日奏述规礼与重耗加派的关系说："如节礼一项，大抵文职出于加派，武职出于空粮，久在主子睿鉴之中。若各节礼不除，州县加派难绝。奴才衙门将州县及司道府各节礼尽行除革，则司道府自减收州县节礼，而州县火耗不过加一，庶足办理公务。"④杨宗仁于六十一年升湖广总督。他于雍正元年四月二十日上折，再奏规礼祸害说：湖广"兵骄民刁之故，非属无因。皆因武弁文员，既多节礼馈送，又有公费频仍。如收受文武规节，州县必于私派横征，将弁亦必虚兵扣冒，兵民挟比逞奸，而文武官弁不敢顾问。所以，奴才尽将节礼陋规一概严行禁革，不许有扣冒空粮，毋令有重耗杂派。"⑤

（六）"外边汉官有一定规礼，朕管不得"

对于规礼弊政的祸国殃民，康熙帝并非不甚知晓，他也曾予以谴责

---

①② 于成龙：《于清端政书》卷7。

③《清经世文编》卷20，赵申乔：《严饬官方以肃功令示》。

④《康熙汇编》册8，第436页。

⑤《雍正汇编》册1，第262页。

和惩治。康熙十八年（1679年）七月二十八日，京师大地震，康熙召集文武百官，训斥"大小臣工所行不公不法"，造成六大弊端，致上天示警，责令各官洗涤肺肠，痛改前非。六弊之首就是"民生困苦已极，大臣长吏之家日益富饶"。"地方官吏，谄媚上官，苛派百姓，总督、巡抚、司道，又转而馈送在京大臣，以天生有限之物力，民间易尽之脂膏，尽归贪吏私囊。"九卿等遵谕议准："在京大臣各官，与督抚司道等，彼此馈送，及差人远赴任所，将大臣各官并不行举首之督抚司道俱革职。若有因事营求，苛派馈送大臣官员者，将馈送、收受之人，俱革职拿问。"①

八月二十六日，山东巡抚施维翰陛见时，康熙说："唯是杂派加征，不一而足，所以小民重困，不克聊生。"施维翰奏："有司加派，皆由上官苛求。"②

康熙二十九年十月，刑部等衙门议覆，福建巡抚张仲举"侵蚀库帑，拟斩监候"。布政使张永茂，"加派火耗，拟绞监候"。"按察使田庆曾等，收受属员节礼，拟杖徒，援赦免罪，仍革职，永不叙用"。康熙批准所议。③

但是，随着时间的推移，康熙对待规礼弊政的态度，发生了很大变化，退缩，容忍，默许，直到实际上的公开承认。这在他的"五允一不管"上，显现得十分清楚。一允，是允许规礼银作为养赡之费。四十五年九月二十六日，四川巡抚年羹尧奏称，极力禁革私派积弊，但四川布政司、按察司衙门每年各送巡抚羡余银4000两，"伏乞圣恩准臣取用，是臣之阖家百口饱暖有资，抚标两营操赏不乏"。康熙朱笔批示："是。知道了。"④

二允，是允许规礼银用于公务。云南巡抚吴存礼奏："滇省私派并属官节礼，业经督臣郭珹革除，奴才通行严禁。但奴才衙门蒙皇上赏给健丁饷银二千四百两，又有布政使每年旧规三千两，并余盐旧规银一万八千余两，奴才又酌量收过上任贺礼共银三千余两。除一年内犒赏省城八营操演官兵，并设义学，教养贫士读书，及奴才家下一切用途。"吴

①《清圣祖实录》卷82，第19页；卷83，第7页。

②《康熙起居注》第426页。

③《清圣祖实录》卷146，第10页。

④《康熙汇编》册3，第88页。

存礼既说了前任总督革除属官节礼，自己也通行严禁，但又说收布政使旧规和余盐旧规银2.1万两，还收"上任贺礼"银，显然是知禁犯禁，理应训斥，可是康熙的朱批却只有例行的三个字"知道了"。默许了。①

三允，是允许规礼银用于弥补亏空。广东康熙五十二年捐纳谷100万石之时，收有公费银50万两，两广总督杨琳奏请，将21万两公费银用于弥补"历年因公动用而积欠之库银"，又用银三万余两"修筑南海、三水、高要、四会、高明王县围基及雷州东洋塘"，并修建营房桨舡，又用银四万余两修造炮台城座，制造炮位火药，请"皇上宽大弘恩，概与宽免"。朱批："事情该当如此。"②

四允，是允许盐政、税关送地方督抚盐规银、税规银。江西巡抚白潢于康熙五十六年十一月十三日奏述巡抚衙门的五项"旧规"说：第一，每年阖属有节礼银约计五万两，已禁革。第二，粮道有征漕规礼银4000两，不应收受。第三，每年湖口、赣州二关有规礼银2400两，不应收受。第四，每年盐商有盐规银10000两，可否收受。康熙在此项朱笔批示："此项该收。"第五，布政使有钱粮平头银8000两，乞留作养赡之费。康熙朱笔批示："这折甚是。尔所议者亦是。准。"③

五允，是允规礼银解交户部或军前。两广总督杨琳奏，捐纳的公费银50万两，除弥补亏空和筑围基、修炮台等费用外，还剩下3万两，加上盐内羡余银7万两，共银10万两，具折奏明后，已解交甘肃军前。朱批："知道了。"④

云南巡抚甘国壁奏："滇抚衙门历来旧有粮规银四千两、盐羡银一万八千两，以为养廉之资。……奴才到任后，革除节礼，所有每年应得旧规，除历年捐补标兵衣甲器械、常操犒赏，并捐建各属义学、育婴堂及捐助军需马匹米石等项外，……今任巡抚，家口众多，一切食用，皆取给予前项银两之内，……但每年摅节用度，共得存剩银三万两。今军兴之际，乞解进，佐军需。"朱批："就近本省用罢。"

一不管，是朱批"管不得"。所谓朱批，是皇上在官员奏述事情奏

---

① 《康熙汇编》册3，第965、966页。

② 《康熙汇编》册8，第358-370页。

③ 《康熙汇编》册8，第8-13页。

④ 《康熙汇编》册8，第562-564页。

折上，用朱笔批示旨意，并非无缘无故地随便写写。可是，奇怪的是，在已知的康熙朝7000余件满汉文朱批奏折中，却发现了一件与官员奏述的事情完全没有任何关系的朱批。康熙五十六年二月二十五日，汉军旗人、直隶总督赵弘燮在《奏谢天恩疏》中，讲述感谢皇上派太医为己治病的事。康熙却在这道只说治病未牵涉任何朝政以及规礼、火耗等任何事情的奏折上，朱笔批示："外边汉官有一定规礼，朕管不得。" ①号称英武天纵、洞察秋毫、精细过人、经常挑出臣僚奏折上错字的康熙皇帝，怎么会犯下这样文不对题的错误？略加思考，便可发现，这不是康熙的失误，而是他在反复思考规礼之事，是他对规礼的政策之公开宣示：有规礼，管不得，不能管。实际上承认了规礼的合法地位。

其实，这个政策，早在十几年前就已经部分实行了。康熙的亲信、江宁织造曹寅，蒙帝特恩，奉旨兼理两淮盐政初，曾想涤清两淮弊政，特上《禁革两淮运司浮费》折，奏请将"省费，系江苏督抚司道各衙门规礼共三万四千五百两有零"革除。康熙在此条边朱笔批示："此一款去不得，必深得罪于督抚。银数无多，何苦积害。" ②所以，康熙中期以后，玄烨经常以应得之银、应用之银来称呼规礼银。康熙五十五年十二月，福建巡抚陈瑸奏请将"捐谷应交巡抚公费银两"，解充军饷。户部复议，请允其奏。康熙不同意，谕称："从前督抚曾奏请将公费银两办饷，朕俱批知道了，并未助饷。……此项银两，系伊等应用之银。" ③过了两年，康熙盛赞陈瑸"操守极清"说："前在台湾道任内，所应得银三万两，俱于修理炮台等公事动用，署总督印务，应得银两，亦未分毫入己。" ④

之所以会有"五允一不管"，可能是因为，康熙认为，在他大裁存留、广兴捐输的方针沉重压力之下，地方财政极其困难，只有这样，才能解决极端棘手但又必须解决的地方财源难题。总督、巡抚虽然位尊权大，但区区275两至300两的俸银薪银，怎能养赡百口之家，筵请幕宾，雇用差役；怎能支付修补甲盔兵器，常操犒赏，兴建义学，捐助军需马

① 《康熙汇编》册7，第793页。

② 《康熙汇编》册1，第135页。

③ 《康熙汇编》册8，第363页；《康熙起居注》，第2337页；《清史列传》卷11，《陈瑸传》。

④ 《清史列传》卷11，《陈瑸传》。

驼米银、修筑炮台船艇等数以十万两银计的庞大开支；怎能馈遗京师阁臣九卿科道和来省及路过的各类钦差大臣与密使；怎能筑堤修坝、防洪抗旱、赈济灾民；怎能弥补库帑仓谷数十万的亏空？不能，绝对不能。巧妇尚难为无米之炊，何况督抚司道当中还有相当多的全凭祖先功劳、坐袭爵职、娇生惯养的"旧家"子孙和捐银买官、腹中空空的草包官员，看来只有饮鸩止渴，收受规礼了。

康熙还想通过规礼让文武大员家道富裕。他在陈瑸陛见之时，特别面谕陈瑸："尔为巡抚，与为司道等官不同，若贪财好利，厚载而归，诚为非道。但应得之物，亦宜取为赏兵之需。身为封疆大吏，而室中萧然，无一物可以与人，亦非大臣所宜。"他又曾面谕阁臣、九卿、詹事、科道："大学士温达家饶，皆由税差致富。" [1] 税差就是各个钞关的监督，由六部及内务府司官兼任，司官官阶五品，年俸80两。这点银子吃穿都不够，哪能发财，之所以他能"由税差致富"，还不是靠税关的陋规规礼。可见，康熙对督抚司官是希望他们能由规礼而致富，而富裕。当然，他也反对官员们"贪财好利，厚载而归"，要他们有所克制。他也对阁臣、九卿、科道等官面谕："做地方官自有余银以养家口，但要知足耳。" [2]

综上所述，康熙对待规礼的政策是，允许规礼存在，宣称规礼银是督抚等官"应得之银"、"应用之银"。规礼银可用于官员养赡之费、致富之资，可用于地方公务、捐输军需和弥补亏空。地方官员可以适度收取规礼银，"但要知足"，不能"贪财好利，厚载而归"。这样一来，长期困扰朝廷的官俸微薄、地方财政极端困窘、无法支付公共用费，捐输军需、弥补亏空和军民不遭受过重盘剥的三大难题，可以迎刃而解了，真是一举三得。然而，客观现实却无情地、不可抗拒地粉碎了康熙帝的幻想。既然皇上允许规礼存在，又未明确规定规礼的名目、数量，贪婪官员就大有乘机凶狠勒索重收礼银的机会了。正如滔天巨浪，猛冲堤坝，口决一尺，瞬开九丈，随即堤崩坝溃，势不可当，规礼遍及全国，赃银数以万两十万两计，其面涉之广，名目之繁，银数之多，前所未有。

规礼之危害，不仅在于礼银太多。全国六位总督，两江总督规礼

①《康熙起居注》，第2135、2233页。

②《康熙起居注》，第2459页。

20万两；两广总督仅一年四次所获礼物"均足十万两银"，还不要说盐规、税规、平头银。全国18位巡抚，山东巡抚规礼银每年共计11万两，广东巡抚只是一年四次之礼物就有10万两。全国还有19位布政使、18位按察使、90余位道员、180余位知府、70余位相当于知府的直隶州知州，又该收取多少规礼银。总算下来，一年足足有几百万两。这对平民百姓会带来多重的负担。

更重要的是，规视致命地败坏了吏治。各省、各府、司道，皆有规礼，无职无规礼，不收规礼就无银送献上司规礼、支付地方公务用费、捐输军需，官位不保，纱帽落地，还能两袖清风，清廉为官，爱民如子吗？那可真是太难太难了。完全可以断定，规礼是败坏吏治、产生贪官的重要根源。

历朝皆有规礼，历朝皆有贪官勒令属员送金献银，除非是傻瓜白痴或根本不理朝政，历朝皇帝也并非不知规礼情弊，也未真正想彻底禁革此一恶习。但是，从自始皇帝嬴政开始（公元前221年），到康熙六十一年（1722年），一千九百余年里，共210余位帝君，其中亲自朱笔批写"外边汉官有一定规礼，朕管不得"，在督抚呈述收受规礼情形的奏折上，或面谕大学士、九卿之时，明确宣称规礼银是官员应得之银、应用之银之帝君，只有清圣祖玄烨一人。就此而言，康熙真可以称得上是"千古一帝"了。

九、火耗年征数百万 "钦定加一"

（一）严禁加耗

州县征收地丁赋银时，人数成千上万，赋银多少不一，成色不均，需要重新加工，将散碎银子或大小不等的元宝融化，铸成一定两数的银锭，加工过程中银子有折耗，需多收一点，才能凑足原数。这多收的银子叫做火耗银，或称耗银、火耗、耗羡、羡余。本来，这个折耗，并不多，不过是几千分之一二，但是州县官员却借口折耗而加重征收，至少是加收百分之几，一般是十分之一，叫加一；十分之二，叫加二，一两正赋银收耗银一钱二钱，重者每两正赋征收耗银三至九钱不等。明朝末年，重耗盛行，加派泛滥，搞得天怒人怨，成为明朝亡国的重大弊政。

清帝入主中原，一再下谕，严厉禁止加派火耗。顺治元年（1644年）七月初九，天津总督骆养性"启请豁免明季加派钱粮，止征正额并火耗"。摄政王多尔衮回复说："官吏犯赃，审实论斩，前谕甚明。所启钱粮征纳，每两火耗三分，正是贪婪积弊，何云旧例。况正赋尚且酌蠲；如违禁加耗，即以犯赃论。"①

从征收火耗银开始，到乾隆年间，两百年里，议论颇多。为了耗羡，雍正、乾隆两位皇帝还曾下旨，谕令九卿、翰林、科、道、督、抚各抒己见，乾隆又"临轩试士"，询问参与会试的几百名贡士，一些熟谙民情律例、饱读诗书的有识之士，也对此事有所评论，然而，没有一人对耗羡银的定性，有多尔衮这样中肯、明白的准确评断及其罪之重。他们均认为耗银之出现，之所以要征收，主要是州县官员为了养赡家口，备办公务，馈遗上司。对耗银的性质，看法有二，一定为私派，另一定为加派。从法律角度说，私派是什么样的性质，他们没有明说，但也未言须以重罪大罪论处，不过是些微过失。至于加派，作为正赋的加征，就更轻了，如朝廷把耗银作为正额赋银之外的加征，作为加赋的一种名目，一种方式，那么，有过、有错，该归朝廷承担，州县官仅是执行而已。然而，多尔衮却一针见血地指出，"加耗"就是"犯赃"。这就是说，耗银就是赃银。联系到上文"官吏犯赃，审实论斩"，那么耗银到了一定数量，"违禁加耗，即以犯赃论"，犯官就要论罪问斩了。

仅仅过了八天，七月十七日，摄政王多尔衮又谕告官吏军民人等：各巡按御史作速上任，"凡境内贪官污吏，加耗受贿等事，朝闻夕奏"。②

两个月后，十月十日，幼帝福临在即位诏书中重申："有司征收钱粮，止取正数，凡分外侵渔秤头火耗，重科加罪，巧取民财者，严加禁约，违者从重参处。"③

又过了半年，顺治二年（1645年）四月十五日，颁于陕西等处恩诏，再次重申："有司征收钱粮，止取正数，不许分外侵渔秤头火耗，违者治以重罪。"④

---

①《清世祖实录》卷6，第6页。

②《清世祖实录》卷6，第10页。

③《清世祖实录》卷9，第17页。

④《清世祖实录》卷15，第21页。

两个月后，六月二十八日，以南京平定颁发的恩诏，又明文规定：地丁钱粮、关税、盐课，"俱照前朝会计录原额征解，官吏加耗重收，或分外科敛者，治以重罪"。①

康熙初年，辅政大臣执政期间也一再谕令禁革火耗，康熙四年（1665年）三月初六，谕户部："设官原以养民，民足然后国裕。近闻守令贪婪者多，征收钱粮，加添火耗，或指公科派，或向行户强取，借端肥己，献媚上官，下至户书、里长等役，恣行妄派，小民困苦，无所伸告。以后著科道等官将此等情弊，不时察访纠参。"②康熙七年六月二十一日，谕户部："向因地方官员，滥征私派，苦累小民。屡经严饬而积习未改，每于正项钱粮外……设立名色。恣意科敛，或入私囊，或贿上官，致小民脂膏竭尽，困苦已极"，③着严饬严处。

（二）火耗难革之因

尽管有一而再、再而三的号称威严无比的多道圣谕，各省的总督、巡抚也据旨颁布一些禁革火耗、加派的告示，但加派火耗，不仅没有销声匿迹，反而变本加厉，迅速蔓延，遍及各府州县，流毒全国。耗银越来越多，加一、加二、加三、加四，加七加八也有，加耗之外，还有各种科派。这是什么原因？湖南巡抚赵申乔在颁发的《禁绝火耗私派以苏民困示》中，对此作了分析：

"凡害民秕政，非止一端，而惟横征私派之弊，其祸尤烈。如收解钱粮，私加羡余火耗，解费杂谣，每浮额数，以致公私一切费用，皆取给予里民。……大抵士人，册身官籍，其荣华享用之志，久已胶锢于胸中……所以幸博一官，靡不身家念重，廉耻心堕。纵有稍自爱者，亦谓地方用度无出，不得不取于民间。……此后若有不肖上司，需索属员贿赂者……立付白简。"④

---

① 《清世祖实录》卷17，第16页。

② 《清世祖实录》卷14，第20页。

③ 《清世祖实录》卷26，第12页。

④ 《清经世文编》卷20，赵申乔：《禁绝火耗私派以苏民困示》。

根据这道告示，可以看出，赵申乔认为，火耗私派的盛行，根源有四，一是知县知州本人操守不佳，二是上司苛索，三是公务开支浩繁，四是用度无出。

赵申乔，两榜出身，当了七年商丘知县，"有惠政"，行取刑部主事，官阶正六品，后又被皇上察其"敬慎"，"超擢浙江布政使"，官阶从二品，上任后，"不挟幕客，治事皆躬亲，例得火耗，系屏不取"，帝以其"分文不取"升为浙江巡抚。这样一位饱读诗书，熟谙民情又有州县任职经验、掌管财赋、精明能干的清廉官员，所论确有见解。他对州县官的评价，一言"大抵士人"久有荣华享用之志，"幸博一官，靡不身家念重，廉耻心堕"，致"私加羡余火耗"，横征暴敛。当时官场习惯确实如此。在此可以补充一下，就是捐纳泛滥，导致很多腹中空空甚至目不识丁的贪婪小人，捐上了知县知州。在康熙十三到十六年的开捐中，捐纳最多的官职就是知县，他们能不私派耗银吗？

至于第二个根源上司苛索，也是中肯之见。朝野公认，"节礼一项，大抵文官出于加派，武职出于空粮，州县之私派，皆由督抚布按科派所致"。仅就已成"额定"之规礼而言，广东省，并非大省，面积18万平方公里，辖六道、九府、80余州县，有民田33万余顷，征赋银120万余两、粮30万余石，两广总督和广东巡抚，"一年四次所获礼物"，"均足十万两银"。新总督、巡抚上任，地方官员又要送银二万余两。另外，总督、巡抚还各有火耗银一年8000余两，税银9000余两。这两位官员一年就有礼银、火耗银21万余两，加上上任礼，共有26万两。广东省有布政使、按察使各一员，六位道员，九位知府，他们也各有自己一年"定额"的规礼银。总加起来摊在33万余顷民田的督抚司道规礼应有40万两，相当于正额田赋的三分之一。即以定额的规礼银摊于田亩，征收火耗，当为加三，一两正赋收火耗银三钱。定额的规礼银只是上司苛索州县官的一个方面，其他各种各样的科派，银数也不少。

三是公务开支浩繁。皇上巡幸，督抚司道知府案临、钦差、外省大官及其官亲的过境，军需草豆米粮的供应，夫役的差遣，河工金夫派料，洪涝灾害饥民赈济，以及修桥补路造船过渡，兴修水利，还有弥补亏空，动辄需银成千上万两，上哪去张罗！

四是用度无出。丁地有赋银，盐有盐课，关有关税，皆归朝廷所有，有关衙署负责管理征收运解，州县没有任何合法收入。官俸极薄，知县一年只有俸银45两，薪银36两，养家糊口，尚且困窘，哪能拨作公用。

在嘉定、灵寿两县先后当过九年知县的清官陆陇其，也直言县上的几项开支，必须支付。一为"书办之工食"，否则，他们不能"枵腹而奉公"，逼不得已而犯法。二为"心红纸张、修宅器具"之银，必备，不然，必"责之铺户，派之里下"，借端苛派县民。三是"上司过往，下程馈送，杂支供应"，"此州县所必不能无者"。①

简而言之，州县必须拥有相当多的收入，有相当多的银子养赡家口，缴纳规礼，办理公务，兴利除弊，维持正常运转，而不苛派平民百姓，此银从何而来？既无其他来源，那就只有加耗私派了。因而耗银一增再增，重之又重，私派也就一发不可收拾了。

（三）"有耗银之实，无加派之名"

康熙对于耗银的了解认识有一个变化的过程，相应采取的政策也有所不同。大体上在亲政之后的二十来年里，他基本上是延续先皇革耗禁令，责令督抚清廉，不许苛求，致使州县加派不重。康熙十八年（1679年）八月二十六日，山东巡抚施维翰陛见时，康熙说："正项钱粮，民力原自易办，如每亩出赋一分，即有增加，亦可勉措。惟是杂派加征，不一而足，所以小民重困，不可聊生。"施维翰奏："上谕及此，真明见万里。有司加派，皆由上官苛求。若督抚洁清，有司安敢私派。"②同年八月二十九日，刑部尚书魏象枢奏："臣在三法司会议，有江南一州一县加收火耗，原参多赃，及审实，州官火耗一千二百余两，县官火耗四百余两，本官巧供不曾入己，臣等即照律定罪。"③从这两份史料可以看出，此时，地方督抚和京师刑部、都察院、大理寺都认为，征收火耗是犯罪，尽管知州、知县供称"不曾入己"，但也犯了罪。不过督抚和三法司对此罪的性质程度还有不同的看法，督抚把收取火耗400至1200两看作是"多赃"而参，呈报朝廷，不过是当作些小过失，轻罪，可以自行处理。而三法司则认为，这不是大罪，不应判重

---

①《清经世文编》卷28，陆陇其：《论直隶兴除事宜书》。

②《康熙起居注》第426页。

③《康熙起居注》第430页。

刑，可以自行裁定，不需奏请圣旨。因为，大罪，须判死刑或徒刑者，必须奏报皇上，请旨定夺。据此看来，此时法司既把征收火耗仍然判定是罪，但已不像顺治年间定的重罪那样审实论斩了。

过了几年，发生了山西巡抚穆尔赛贪污案子。二十四年五月二十八日，御史钱珏奏：“陋弊相沿，厉民困惫者，莫如山西火耗。臣访闻太原府诸州县，每经征钱粮，有司既收入己之耗，而司道府厅又复多方需索，有司不得不加派于民，以致各州县收银，每两有加至三钱四钱不等者。近闻晋抚穆尔赛曾经刊示，传谕禁止，是知火耗之重而申饬也。”

康熙问钱珏：“何以知之？”钱珏奏：“臣访问最确。上年抚臣穆尔赛知有风声，虽曾出示申禁，然并未参处一人，于此可知其巧为掩饰，阳禁阴行。”奏毕出。康熙问大学士：“钱珏奏山西火耗甚重，山西巡抚居官若何？”明珠奏：“未闻有人称其善哉。”康熙说：“闻山西巡抚居官无善状，火耗情弊事在巡抚、布政使。”下旨：“九卿、詹事、科道，会同严加确议具奏。”①

八月十一日，九卿等议覆御史钱珏疏参山西巡抚穆尔赛，属官多收火耗，不能察核，应降三级调用。得旨：“穆尔赛居官何如，着大学士、九卿从公详议，将众论写明具奏。”不久，大学士、九卿回奏：“山西巡抚穆尔赛为人朴实，不生事。”得旨：“着原参之人，指实陈奏。”康熙并说：“穆尔赛品行最贪，山西布政司、按察司声名亦不佳。”②

九月初八，御史钱珏遵旨将山西巡抚穆尔赛劣迹逐一指实陈奏：山西巡抚穆尔赛，“多加文水等县火耗，嫁女时索属官礼物。革职通判张谦交结该抚家人，妄诈属官财贿，布政使郭鼎收兑多征银两。”钱珏并奏：“穆尔赛虽经臣指参，但彼势力最大，乞将其离任审理。”二十一日，康熙谕大学士等，钱珏题参穆尔赛“加征火耗甚重一案”，内阁、九卿等官员，竟以“穆尔赛为人朴实，不生事端奏闻，如此徇庇具议，嗣后九卿诸臣何以倚任，事务何以得理”，严加斥责。随后，于十一月初二定案：穆尔赛绞监候。另外诸大臣未将穆尔赛劣迹据实陈奏，满大学士勒德洪削去太子太傅，降一级留任，九卿科尔坤等，降三级留任。布政使郭鼎，按察使库尔康，知府李矶，知县毛文钦、宋思险“俱拟绞

---

①《清世祖实录》卷121，第9、27页。

②《清世祖实录》卷121，第9、27页。

监候，秋后处决"。①

穆尔赛案子，表明了四个问题。一是，火耗泛滥，耗银竟达加三加四，小民怎能承担。山西并非富饶之地，康熙所说"特一小省"，但正赋银却比山东等省还重。山西民田为50万余顷，却征赋银300万两，每顷征银五两六钱六分；而山东民田90万余顷，赋银230万两，每顷为二两五钱；江西民田40万余两，赋银190万两，每顷为四两七钱；湖北民田50万余顷，赋银110万两，每顷二两二钱河南民田30万余顷，赋银330万两，每顷四两七钱；广东民田30万余顷，赋银120万两，每顷四两。现在火耗又是加三加四，加三为耗银90万两，加四为耗银120万两，正、耗相压，民何以堪？山西加耗如此厉害，其他省份又是何等情形？

二是地方督抚、京师内阁大学士、九卿，对于州县收取火耗，"司道府厅又复多方苛索，有司不得不加派于民"，"以致各州县收银，每两有加至三钱四钱不等者"之积弊，久已司空见惯，并不把它当作必须革除（且不易不能革除）的大弊，因而仅按失察一般案子的轻微过失议处巡抚，只拟议降三级调用，且还奏称巡抚"朴实"，不生事，予以徇庇。

三是一些言官仍然坚持要革除加耗恶习。御史钱珏冒险直谏，左都御史陈廷敬乘机奏准，今后"督抚保举荐举府州县官，须令第一条实填无加派火耗字样"。②

四是此时康熙还在严禁重耗，责令严查严审严惩有关官员，痛斥徇庇、推诿、失职的大学士与九卿。最后查明真相，处死贪婪巡抚穆尔赛及藩司臬司、府州县官，处罚九卿，并且在二十九年十月批准将加派火耗的福建布政使张永茂处以绞监候。

然而产生火耗及无法禁止的根源还在，加派火耗继续泛滥，并且耗银愈益加重，根本就禁不了。康熙也对火耗私派之情逐渐更加了解，认识更加深刻，采取的政策也就逐渐改变。一方面，他还在陆续下谕，指责一些地方火耗过重，民难承担；另一方面，也在考虑减耗之策。康熙二十六年五月，贵州巡抚马世济陛辞请示。康熙谕："今天下虽甚承

①《清世祖实录》卷122，第5-11、19页；卷123，第5页；《康熙起居注》第1388、1393页。

②《清圣祖实录》卷122，第17页

平，而百姓甚苦，贵州残破地方，甚苦尤甚，不但火耗多派于民，一应供应，动辄取之于民，其何堪受此重困乎。"①二十七年五月，谕陛辞之江苏巡抚洪之杰："江南所取火耗，闻虽不重，尔须洗心涤虑，一除积弊。"②三十六年五月十九日，谕吏部等衙门：山陕"各府州县官员借端私征，重收火耗，总督、巡抚、布政使等官，又不仰体朝廷恤民旨意，纠察贪污，禁革加派，反多赡徇曲庇"，著议奏。九卿、詹事、科道等议奏："请敕下山陕督抚，务期洗心涤虑，正己率属，严饬所属官员屏绝苞苴，严禁私征重耗，否则从重治罪。"三十九年十月十日，谕陛辞之河南巡抚徐潮："闻河南火耗甚重，尔去当严行禁止。"徐潮奏："臣闻河南有几州县火耗最重，此外还有私派，臣当严行禁革。"③

与此同时，一些督抚也在寻找处理火耗的办法，康熙也在思考新策。康熙二十六年三月初四，山东巡抚钱珏陛辞时奏："臣知泾阳县时，曾有火耗数厘。即于成龙巡抚直隶，亦许州县官加火耗一分，臣欲引以为例，过一分者，即行参奏。"④钱珏是在康熙十六年以举人授陕西泾阳县知县，至二十年行取御史。钱珏此处所说的于成龙是汉人巡抚于成龙，还是二十五年至二十九年七月的汉军旗人巡抚于成龙，没有说清楚，但两人皆是皇上钦定的清官。值得注意的是，钱珏是因揭发巡抚庇护州县加三加四征收火耗，而蒙皇上赏识擢升巡抚的，他能面奏自己当知县时，每两赋银收过几厘耗银，清官巡抚于成龙也许州县官每两赋银"加火耗一分"，并以此为例，可收耗银，但每两正赋所收耗银不许过银子一分。可见，他认为，皇上不是完全禁止收耗银，而是不许多收重收，收几厘银，不过一分银，皇上是允许的，至少是默许的。果然，康熙听后，未说不准、不应该之类的话。那么，据此而论，是否可以说，此时的康熙，已不是完全禁止收耗银，而是不许多收，不许重收，加三加四，不行，收几厘，收一分，是可以的，至少他是默许的。

康熙二十八年九月十二日，浙闽总督兴永朝陛辞时，康熙问："湖南所收火耗何如？"兴永朝奏："臣严禁裁革，已减七八分矣。臣焉敢

①《清圣祖实录》卷130，第8页。
②《清圣祖实录》卷135，第19页。
③《清圣祖实录》卷201，第24页。
④《康熙起居注》第1601页。

欺皇上。若断绝外官火耗，则外任实不能度日。"康熙说："然。"①不能完全取消，全革，则地方官员"不能度日"，因此，只能采取轻耗政策，火耗银可收，但只轻收不能重收，收一分银子，或七八分银子，还可以；加三加四，不行。

从顺治元年摄政王多尔衮严斥天津总督骆养性所奏的"止征正额并火耗"，宣布"违禁加耗，即以犯赃论"，即根除火耗，全禁火耗，改变为每正赋一两，可收银几厘，一分，七八分，可收千分之几、百分之几的耗银，乍一看来，增加得不多，一两正赋摊在地方，大致是20～50亩的田，增收几厘，一分，几分银子，每亩摊一厘还不到，好像不多，不严重。可是，就赋税政策而言，变化就大了，就从朝廷只征正赋、永不加赋的利民之惠政，滑落到加赋的弊政了。而且，口子一开，今天每两正赋只增收几厘银，一分银，明天后天就可增收一钱银几钱银，形势正是向此发展的。

仅仅过了十来年，康熙四十二年十二月十九日，康熙谕大学士等："又闻各省火耗，俱是加一，钱粮最少者，唯有甘肃，通计正额共二十八万有奇，加耗亦止二万八千，州县官钱粮既少，加耗无几，不敷用者，宜或有之。其余赋额皆多，如一州县正额有二三万，加耗即至二三千，宜敷用矣，而州县官仍有以艰难告者，其故安在。朕随地咨访，督抚虽有不受遗者，然馈藩臬者若干，道府者若干，岂可尽云廉吏乎！"②

这次训谕，十分重要，表明了三个问题：一为知情。康熙对火耗之事，此时已经非常了解，知道今天的火耗，已经从过去号称禁绝、没有，或一两正赋收银几厘、一分，形成了加耗的通例。二为不治。康熙并未对先皇时期定为赃银、定为弊政的加一耗银予以严厉斥责，惩处地方督抚司道州县官员，并未宣谕禁革取缔，或勒令减至一分数厘，说了，就算了。三系定例。从此时起，康熙对火耗的政策，算是定性了，即火耗可以收取，数量以加一为原则。

此论有六例为证。一证为此时知悉加一之情，但不追究，不禁革，不惩罚地方官员。二例为五十一年川陕总督殷泰发布总督告示，"令州县征收银粮，每两加一火耗"，刑部等衙门会议后，拟议将殷泰"照律革职"。康熙谕：殷泰"居官之优"，通省无不尽知，"从宽

---

①《康熙起居注》第1899页。

②《清圣祖实录》卷214，第18、19页。

免革职"。①

例三，康熙五十一年六月广西巡抚陈元龙奏：私派当严行尽绝，而火耗不能尽革，广西火耗是加一，"民间亦情愿相安"。康熙阅后，朱批："知道了。"②即默许了。过了五年，于康熙五十六年三月十九日，陈元龙奉命署理两广总督后奏报两省情形时说："广西地瘠官贫，而州县征粮加耗，实止加一，以资下吏养廉。"③朱批仍是"知道了"。

例四，康熙五十八年三月二十八日，广东巡抚杨宗仁奏："州县征收钱粮，离省稍远者，俱有杂派，而近省州县，无杂派，则火耗重。奴才即遵谕旨，通行禁革。如节礼一项，大抵文职出于加派，武职出于空粮，久在主子睿鉴之中。若各节礼不除，州县加派难绝，奴才衙门将州县及司道府各节礼尽行革除，则司道府自减州县节礼，而州县火耗不过加一，庶足办理公务。"朱批："若如所奏，能始终一样，则广东百姓得其生矣。"

例五，五十八年四月二十四日，山东巡抚李树德奏述弥补藩库历年相沿之流抵，亏空库银12万余两的办法说：山东省丁地钱粮共征收地丁银333万余两，"州县征收钱粮，向有耗羡，分别绅衿民户，多寡不等，每两约计一钱三分，相沿年久，在州县官则以此为养廉，在士民亦相安而输纳"。欲令州县各官于"所得一钱三分之耗羡内，捐出一分三厘，解司存贮，合计每年约有银四万余两"，以此弥补亏空。朱批"具题"，即同意此法。④

最有力的例证是康熙六十一年陕西巡抚奏请加火耗弥补亏空之事。八月初五，陕西巡抚噶什图奏请以加二征收的耗银弥补亏空，康熙阅后大怒，亲笔书写长达240余字的朱批，痛斥"尔等二巡抚昏愦受骗，布政使胆大，理应斩之"，不允其请。九月初六，康熙又谕告大学士、尚书、侍郎、学士等官说："据陕西巡抚噶什图奏称，陕西亏空甚多，若止于参革官员名下追补，究竟不能速完。查秦省州县火耗，每两有加至二三钱者，有加四五钱者，臣与督臣商议，量留本官用度外，其余俱补合省亏空，如此亏空即可全完等语。朕谓此事大有关系，断不可行。定例，私派之罪甚重。火耗一项，加一火耗，似尚可宽容。陈璸奏云：此乃圣恩宽大，但不可明谕，许其加派。朕思其言，深为有理。今陕西三

<hr>

① 《清圣祖实录》卷251，第4页。

② 《康熙汇编》册7，第789页。

③ 《康熙汇编》册8，第435、436、438页。

④ 《康熙汇编》册8，第454、456页。

处亏空太多，不得已而为此举，彼虽密奏，朕若批发，竟视为奏准之事，加派之名，朕岂受乎，特谕尔等满汉诸臣共知之。"①

过了十天，九月十二日，康熙又谕扈从大臣："总督年羹尧等将亏空钱粮各官题参革职，其亏空钱粮，至今不能赔补，今又因办理军需，陕西巡抚噶什图、总督年羹尧，会商将民间火耗加征垫补等情题请，第民间火耗，只可议减，岂可加增？朕在位六十一年，从未加征民间火耗，今安可照伊等所题加增乎！"②

过了十九天，十月初二，康熙又谕领侍卫大臣、侍卫、八旗都统、前锋统领、护军统领、副都统、参领、大学士、学士、九卿、詹事、科、道、直隶巡抚、守道等官："去年陕西督抚题参亏空各官，奏请将此亏空银两追出，以充兵饷。后追比不得，伊等无可奈何，巡抚噶什图密奏，欲加通省火耗，以完亏空。此折，朕若批发，便谓朕令加征，若不批发，又谓此事已曾奏明，竟自私派。定例，私派之罪甚重。火耗一项，特以州县供应甚多，故予正项之外，略加些微，以助常俸所不足，原属私事，然若如其所请，听其加添，则必致与正项一例催征，将肆无忌惮矣，所以将噶什图奏折申饬批发。"③

以上所引史料，证明了两个重大问题。一是康熙以加一为收取耗银的原则。陈瑸奉旨于五十四年十二月初从湖南巡抚任上来京觐见，当时，康熙"谕陈瑸云，加一火耗，似尚可宽容"。这最有力地证明了，康熙定下了耗银可收，但以加一为准的政策。这是康熙五十四年之事，而到六十一年康熙再重提此事，足见这就是他在康熙四十多年以来执行的对待火耗的政策。

二是清楚地反映了康熙力求成为尽善尽美的"古今一圣"心态，绝不背负"加派之名"。当他告诉陈瑸"加一火耗尚可宽容"时，陈瑸回奏："此乃圣恩宽大，但不可明谕，许其加添。"康熙"思其言，深为有理"，所以，他可以允许收耗银，但要少收，加一为准，且绝不公开批示允许加耗，并凡遇奏请要求批准加耗之折，必予痛斥。因此，才在不到一个月的时间，三次谕告大学士等官，斥责陕抚的谬误，严肃宣示："民间火耗，只可议减，岂可加增，朕在位六十一年，从未加征民

①《清圣祖实录》卷298，第3页。
②《清圣祖实录》卷299，第6页。
③《清圣祖实录》卷299，第10页。

间火耗，……加派之名，朕岂受乎！" [①]

有耗银之实，无加派之名，这就是康熙帝执政中后期的耗银政策。

（四）耗重民苦

康熙皇帝原想通过施行"实为加一，又无其名"的耗银政策，既给予了地方官员养廉之资和公务之费，又不致过重增加小民负担，还节省了朝廷需增400万两存留银，且不背上加赋、加派的恶名，省国帑，裕官囊，盈县库，还不病民，无损圣德，一举五得，确可算是解难妙计、安邦良策。然而，实践证明，这完全是书斋冥思、闭门造车、脱离现实的幻想，是康熙的一厢情愿，最后，这个美梦必然粉碎。

的确，火耗加一，既可收取三四百万两银子，对百姓的负担也增加不太多。康熙四十九年起，全国额定地丁赋银都在2900万余两以上和粮640万余石。火耗加一，可收耗银300万余两，完全可以保证在吏治良好的条件下督、抚、司、道、府、厅、州、县官员有足够的养廉之银和地方公务开支。而从康熙五十五年起，全国民田有690至720万余顷，按700万顷即7亿亩田计算，除以3000万两正赋银，平均每亩纳正赋银四分二厘八毫六丝。如按正常年景正常市价折算，一石米，价银一两，每亩应纳银折为米算为四升二合八勺六撮。一顷（100亩）纳银四两二钱八分六厘，折米四石二斗八升六合。一石米为400斤，即一亩纳米17斤，一顷田（100亩）纳米1700斤。再按亩产米一石，顷产100石米计算，每亩纳赋占收入之比例为17：400=4.2%，按亩产米五斗计，纳赋率为8.4%。

一亩田纳正赋，只占一亩田产量的4.2%～8.4%，应该说正赋的征收是不高的，或者准确点说，赋银是相当轻的。在这样轻的赋银条件下，火耗加一，耗银也不高，平均每亩交耗银折米一斤八两，100亩交170斤米，即四斗米。这种负担，田地业主是能承担的，不算重的。

然而，这一切计算，都是在皇上英明宽厚、轻徭薄赋、吏治清明条件下计算的，可是，现实却没有这样的条件。从前面若干章节所述内容看，裁存留、扣俸工、捐纳泛滥、盐课翻番、关税倍增，内库从存银无几变为内帑如山，国库也从空虚变为充盈，存银几千万两，督抚规礼银

①《清圣祖实录》卷199，第3、6页。

数以万两十万两计，还有地方公务开支，成千上万两，军需报效等下来，这皇上的钦定"火耗加一"，哪能支撑。没法，就改为有法吧，于是耗银不是加一，而是见风涨，加二、加三、加四、加五，再加上各种私派，简直就乱套了。这不是作者的无稽推测，而是现实情景。请看一些省的火耗银情形。

广东省。进士田从典于康熙三十四年就任广东英德知县，此时，"陋例，两加至八九钱，名曰均平。从典尽革之"。 ①然而，均平，乃全省通例，区区一县，哪能革绝。三十九年，刚直清官彭鹏就任广东巡抚。此前，"粤东各州县征收钱粮，从前科派，名曰均平，每年约有数十万两，以供地方公务费用，其来久矣"。广东省人多田少，只有民田30万余顷，均平银却多达数十万两，每顷平均要摊银一两多。彭鹏因"均平累民，特行禁革，止留加一火耗，为州县养廉。其地方公务，如治缮城垣，修补营房仓库，及经制额外之哨船等，有必不可已者，仍累于民"。 ②广东地丁正赋银是120万余两，火耗加一，应为12万余两，这是全省官员的养廉之费，而地方公务所需之银，仍是另外摊派于民。另一位贤能之臣郭世隆于康熙四十四年署理广东巡抚，将摊派之事予以革除，"于各县养廉一分火耗，再加一分，俾州县各办一邑之公事，而事大贵重关系通省者，则公捐俸工应用，不累民间，较之私派均平，业已减少数倍"。 ③但私派仍存，火耗也重。五十五年三月，巡抚法海奏称："广东大小官员，惟晓征银，正事效力甚微，故此，广东所征火耗银，较他省高五六倍。另摊派之项亦多。" ④这一个月，署两广总督陈元龙也奏称："广东州县，火耗加二加三不等，私派亦不能尽革。" ⑤加二耗银为24万余两，加三是36万两，再加地方公务军需报效，常捐一二年、三四年全省俸工，一年的俸工银按10万两计，加上耗银，当为40万余两，数量够多了。

山东省。康熙五十八年，山东巡抚李树德奏，征收钱粮，耗羡为一两正赋收耗银一钱三分，显与实情不符。雍正元年（1723年），巡抚黄

---

① 《清史稿》卷289，《田从典传》。

②③ 《康熙汇编》册4，第290页。

④ 《康熙全译》第1179页。

⑤ 《康熙汇编》册7，第789页。

炳奏：山东省的耗银，以前加二五加三，至征收漕粮，从前俱系加七加八。第二年，浙江布政使佟吉图奏："前任东藩，实查通省正项三百余万，火耗名为加二，东三府实则加三，其不肖之员，间有加四者。"佟吉图上任后，通令各府，"取耗不得至加二。即以加二计之，约有六十余万两，内除官吏养廉之外，而于地方一切公务，完办有余"。[①]按照佟吉图所说，山东这个有民田90万余顷、赋银320万余两、人丁200万余口的大省，有耗银60万余两，就可解决官员养廉、吏役工食和地方公务用费了。

湖北省。康熙四十八年五月二十八日，湖北巡抚陈铣奏："火耗加派，屡奉严纶，府州县官自宜洗心涤虑，以报天恩。乃臣访闻，有不肖州县，钱粮多用大等秤收，有一两止秤七钱及七钱以上不等者。""又湖广条银，俱照米准银，州县于正项之外，有每石私加三四钱至一两不等者。"[②]

乡试解元、进士，历任湖北潜江知县、陕西学政、刑部郎中、奉天府尹、通政使、浙江巡抚、左都御史的朱轼，熟谙民情吏习官弊，于雍正元年正月初八奏称："有司累民，无过重耗加派。臣查湖北八府，历年指铜斤、马价为名，每两加耗四五钱不等。康熙六十一年六月内，督抚至城隍庙，起誓减耗，然犹收加二以外。山东因补藩库亏空，每两加二三钱不等。此二省火耗，阖属无一轻者，他省轻重不等，臣不能悉知。至额外加派，各省小州县，间有以草豆、积谷短价勒买者甚多。"[③]湖北省，乃产粮之地，当时号称"湖广熟，天下足"。全省有民田56万余顷，征赋银110万余两，粮28万余石，平均每顷征正赋银二两二钱，每亩摊二分二厘，而耗银却加四加五，每两正赋加耗银四至五钱不等，总起来，全省每年征收的耗银多达44至55万两，为正赋银的40%～50%。

陕西省。巡抚噶什图于康熙六十一年八月奏称，"秦省火耗，每两有加二三钱者，有加四五钱者"。[④]

江西省。康熙五十六年白潢任江西巡抚后，"革诸州县漕节陋例，

①《康熙汇编》册3，第519页。
②《康熙汇编》册2，第462页。
③《雍正汇编》册1，第5页。
④《清圣祖实录》卷299，第3页。

并令火耗限加一，旧加至三四者，悉罢除之，不率者奏饬"。①

山西省。巡抚德音于康熙六十一年二月奏："若钱粮多之州县，每两征一钱五分至六七分不等，钱粮少之州县，每两征一钱八九分至二钱二三分不等。全省每年征耗银五十一万九千四百余两。"②山西省赋银为300万余两，收耗银51万，则每两正赋银收耗银一钱七分，即加耗一七。此数不对，有隐瞒。九个月后，新巡抚诺崛于十一月奏："山西火耗银征收向来甚重，一两正项钱粮加征三钱四钱以至四钱五六分不等。"③雍正三年（1725年）二月，山西布政使高成龄也奏称："伏查晋省州县征收钱粮，向来火耗甚重，每正项一两，竟加耗三四钱及四钱五六分不等。"④加三，耗银为90万余两；加四，系120万余两。山西民田50万余顷，征赋银300万两，平均每顷征赋银五两八钱，比山东省每顷征正赋银二两五钱，足足多了三两三钱，多达65%，正赋银已经够重的了，再加上加三的耗银90万余两或加四的耗银120万两，正赋、耗银一年400万余两，这个地盘不大的穷省，百姓怎能不饥寒交迫、外逃谋生、乞讨过活。

四川省。康熙五十年五月，给事中冷宗显奏："蜀省州县一切供应，皆取给予里民。"雍正四年，川陕总督岳钟琪奏："将通省耗羡定为加三，革去里民供应陋规。从前贪吏有加至五六者。"⑤

（五）"从来之积弊"——雍正帝评皇考之耗银政策

雍正元年（1723年）正月初一，雍正帝颁下上谕十一道，严斥督抚提镇司道府州县官员恣意拘私，不能竭忠尽职，并着重讲到火耗说："今钱粮火耗，日渐加增，重者每两加至四五钱，民脂民膏，朘削何堪！"雍正二年七月初六，谕定火耗归公时又说："历来火耗，皆州县经收，而加派横征，侵蚀国帑，亏空之数，不下数百余万。原其所由，州县征收火耗，分送上司，各上司日用之资，皆取给予州县，以致耗羡

---

①《清史稿》卷289，《白潢传》。

②《康熙全译》，第1495页。

③《雍正全译》，第468页。

④《雍正汇编》册4，第434页。

⑤《清圣祖实录》卷246，第2页；萧奭：《永宪录续编》

之外，种种馈送名色繁多，故州县有所借口而肆其贪婪，上司有所瞻徇而曲为容隐，此从来之积弊，所当消除者也。"①

以上谕旨，是雍正帝对康熙中年以后的火耗情形做出的基本总结，主要是表述了四个结论。一系虐民。火耗增至重者每两加至四五钱，腌削民脂。当时的地丁正额，赋银是2900万余两，赋粮将近700万石，按一石额粮折银一两算，银粮正额合计为3600万余两。火耗银加二，每年为720万两；加三，为1000万两。这样天文数字的巨量耗银，压在小民身上，民何以堪。二为亏库。火耗加派横征，侵蚀国帑，亏空之数，不下数百余万。三为官贪。州县官员籍收火耗而肆其贪婪，全国1400余名知县知州，人人都成了贪官。而其上司，由于收受规礼（一些必要的公务用费要靠规礼银），容易不清不白，除了少数督抚司道，如于成龙、汤斌、张伯行、陈瑸能做到保持清操、一尘不染外，很少能有不徇庇贪婪的知县知州，大都难逃贪官之名。在康熙年间的十位总督、上百位巡抚、几百员司道中，能有多少官员敢于声称完全将规礼用于必需的公务开支，而自己则分文不取，不徇庇贪官，并得到朝野赞同？难，太难了。火耗难道不是滋生贪婪、逼良为娼、逼官去贪的毒药吗！四为火耗的泛滥和加重，成为吸民骨髓、败坏吏治、侵蚀国库的"所当剔除"之"从来之积弊"。康熙帝苦心构想、竭力巧辩的火耗政策，就这样被自己诩为孝顺先皇、崇敬皇考的大孝子雍正帝定为祸国殃民的"积弊"！玄烨地下有知，对皇四子以上谕旨，不知有何感想，恐怕是既愤怒又羞愧，还不甘心吧。

应当说，雍正帝对火耗政策的评价和总结是正确的、中肯的。但是，还应当补充一个重要结论，那就是民怨沸腾，民变时起。虽然此时大陆还未激出大起义，但不同形式的反抗已经开始出现。

例之一：康熙四十六年，浙江巡抚、布政使要加派火耗"下属州县拟派每亩加三"，以弥补修造行宫时挪用的库银，"遂致省城百姓数千人直到巡抚辕门吵闹，督抚为之出示安民而止"。②

例之二：康熙四十八年，四川遵义府的千余百姓逃入贵州，哭诉官府虐民加派。贵州巡抚刘荫枢向帝奏诉其情说："臣属北境，与四川遵

①《清世宗实录》卷3，第14页；卷22，第3页。
②《康熙汇编》册1，第724页。

义府接壤。本年十一月初旬，据臣属防守武弁具报，有遵义府民千余人，过河入黔，既为彼省汛弁赶回。……十一月三十日，忽有老幼百五十人，到臣衙门投诉一纸，臣接阅之后，即传齐司道府县各官询问口供。据称，知府知县朋比虐民，加派过重，征比过严，年久难堪，远来逃生。臣再三劝慰，使各回安业，乃号泣动天，万不肯归。……四川之民，哀鸿远号，投诉无地。"

朱批："知道了。朕亦细访。诉词发回。"①

刘荫枢所奏，川民因加派过重，远来逃生，劝其返蜀，乃号泣动天，万不肯归，哀鸿远号，投诉无地，读后确实令人感同身受，悲伤流泪。

例之三：河南巡抚李锡于康熙五十年传全省八府知府面谕："河南府属十四处，每地一亩，派银四厘。"李锡又发河南瘦马291匹，每匹交银12两。宜阳知县张育徽加征火耗虐民，阌乡县知县白澄"预征钱粮"。县民亢埏等聚众反抗，围攻县城，劫走署任知县，康熙立遣刑部尚书张廷枢为钦差大臣，前往统兵征剿。七月二十七日，康熙谕告大学士等变起之因说："此盗案根源，因宜阳县丁忧知县指称军需科派，预征明岁钱粮，又以道官瘦马分给勒养情由滋变。亢埏等将知县拿去。""闻贼亢埏等言皇上因李锡届官甚劣，已取进京，若李锡伏诛，我等情愿引颈受刑。"不久亢埏等败死，李锡革职论斩，张育徽、白澄绞监候。②

十、"名粮"与"公费名粮"

名粮一词，常在清朝官方书籍册档和私人著作中出现，它是"空粮"合法化后的称呼。空粮，指的是绿营将领虚名冒领兵士饷银的行为。将官向上呈报兵士数量，相应领取兵士饷银，但这些兵丁，是册上有名有饷而军中无兵，所以这些兵士的饷银就叫作"空粮"。空粮本来

①《康熙汇编》册2，第710页。

②《清圣祖实录》卷273，第12、13、14、22页；卷274，第11、17、18页；卷238，第23—26页；《康熙起居注》第2417—2420页；《康熙汇编》册7，第1176页；册8，第73页；《清史稿》卷264，《张廷枢传》。

是非法的，是被严格禁止和取缔的，但是经过皇帝批示，允许将领可以领取若干名兵士的"空粮"，这若干名兵的饷银，就从"空粮"的性质合法地转化为"名粮"，于是"名粮"一词就出现了。

将领领取"名粮"，吃"空缺"，是历代王朝的通病。入关前，八旗军兵将皆分有田地，维持生活，没有饷银，兼之多次征战，抢掠钱财，可以"无饷而富"。入主中原以后，新建的60万名左右绿营军，将有俸，兵有饷。马兵一名，每月给饷银2两，步兵月给饷银1两5钱，守兵1两。马兵、步兵、守兵皆是每月给米3斗。马有马干，支领豆料草束。绿营将领吃空缺的情形非常普遍。顺治十六年（1659年）八月二十二日，户部林起龙左侍郎遍特上《更定绿旗兵制》长疏，痛指绿营四无实弊病说：

"侍郎林起龙条奏，更定绿旗兵制，臣闻国家之治乱，视兵马之强弱，国家之贫富，视兵马之多少，其强弱多少之分，在于有制与无制而已。有制之师，兵马精强器械坚利，号令严明可以战，可以守，兵虽少也，一以当十，饷愈省，兵愈强，而国富。无制之师，兵马疲弱，器械钝敝，号令生疏，不可战，不可守，兵虽多也，万不敌千，饷愈费，兵愈弱，而国贫，此历来用兵不易之大端也。今天下绿旗营兵，几六十万，每岁费月粮二百余万石，饷银一千余万两，然而地方有事，即请满洲大兵，是六十万之多，曾不足当数万之用，其故何也，臣请一一陈之。如一将官赴任，召募家丁，随营开粮，军牢、伴当、吹手、轿夫、皆充兵数，甚有地方铺户，令子侄充兵，以免差徭，其月饷则归之本管，此兵丁无实之情形也。马兵关支草料，多有扣克短少，至驿处缺马，亦借营兵应付，是以马皆骨立，鞭策不前，此马匹无实之情形也。器械如弓箭刀枪、盔甲、火器等项，俱钝敝朽坏，唯有三眼枪，每兵关领一杆，又火门堵塞，虽设无用，至于帐房窝铺，雨衣弓箭等从未见备，此器械无实之情形也。"

康熙年间，将领吃空缺的弊病更加严重，屡禁不止。康熙十年（1671年）七月初八，京口将军李显贵"侵扣兵饷"，斩监候。[①]十七年七月二十二日，福建巡抚姚启圣奏称，镇将各官以兵丁充当伴当等役，至兵减少，帝谕各省严查禁革。《清圣祖实录》卷74，第13页载，福建总督姚启圣疏言："设兵捍守，本期有裨实用。标镇将各官

---

① 《清圣祖实录》卷36，第10页。

多以食饷兵丁，充伴当书记军牢等役，至临阵十不得七。臣标亦有军牢等役，俱经全革，另募入伍，以足兵额。"上谕兵部："总督姚启圣，革退伊标军牢等役另募入伍有裨剿御，可嘉。直隶各省绿旗兵丁经制额数，专为防守汛地，征剿贼寇而设，该管各官，自宜实足兵数，以资战守。督抚提镇等经制兵内，如有充伴当书记军牢，以及马夫水夫等役，悉行裁汰，务足兵额。倘仍不改陋习，因循踵行，该督等纠劾，徒重治罪。若督抚徇庇不纠或为科道指参，或被旁人首发治以徇庇之罪，决不轻贷。其通行晓谕。"

康熙二十七年十月二十八日，以湖北裁兵，引起兵变鼓噪，康熙谕兵部尚书纪尔他布等："朕闻绿旗兵饷兵丁照数得者甚少，皆由不肖武弁，扣克黄绿，馈送兵部。夫兵所恃者饷耳，若果全得，自然精强，今在外各弁，或将饷银私侵入己，又馈遗兵部，是以兵不聊生，以致鼓噪。而总兵副将等官，亦不能弹压，仓皇失措，唯有在通衢叩求而已。此等兵将来如何可用。凡事当穷根本，此事根本，全在兵部尔等应通行严饬。"①

将官吃空缺之弊屡禁不止，原因有三。一是官俸微薄，二是没有办公经费，三是将官贪婪。

清沿明制，官俸很少。堂堂官阶从一品的提督，总管一个省的征剿招抚安定，统兵数万，除总督的督标、巡抚的抚标、河标、漕标兵士外，绿营50余万兵士分别由18位提督统辖，这样一位一品大员，一年只有俸银81两6钱、薪银144两、蔬菜烛炭银180两、心红纸张银200两，总共是605两6钱9分3厘，平均一个月只有50两4钱7分4厘银，怎够全家开销。总兵官阶正二品，辖兵五六千、七八千，一年只有俸银67两5钱7分5厘、薪银144两、蔬菜烛炭银140两、心红纸张银160两，合共是511两5钱7分3厘，平均一个月有银42两6钱3分1厘。官阶从六品的千总，比百里诸侯知县的七品官阶还高，一年只有俸银14银9钱6分4厘、薪银33两3分5厘，平均一个月只有银4两。把总更少，一年有银36两，平均一个月只有银子3两。现将提督、总兵、副将、参将、游击、都司、守备、千总、把总一年俸薪等银数目列表于下。

---

①《清圣祖实录》卷137，第21、22页。

绿营官员岁支薪等银数表

官阶	品级	俸银（两）	薪银（两）	蔬菜烛炭银（两）	心红纸张银（两）	共计（两）
提督	从一品	81.693	144	180	200	605.693
总兵官	正二品	67.575	144	140	160	511.575
副将	从二品	53.457	144	72	108	377.457
参将	正三品	39.339	120	48	36	243.339
游击	从三品	39.339	120	36	36	231.339
都司	正四品	27.393	72	18	24	141.393
守备	正五品	18.705	48	12	12	90.705
千总	从六品	14.946	33.035	—	—	47.999
把总	正七品	12.471	23.529	—	—	36.000

将弁俸薪银太少了。

二是绿营没有办公经费，衙署营房的修缮，军装，兵器的添置缝补，领饷，报销的差旅费，上司的勒索，等等用费，没有着落，只有吃空缺，用"名粮"来开支。《康熙起居注》第2312页载录了康熙五十五年九月二十日君、臣的一段对答，清楚地说明了，兵部敲诈勒索各省绿营没有办公经费，并且兵部勒索各省绿营官兵交纳"部费"。

上命兵部侍郎查弼纳近前，问曰：尔任侍郎几月矣？兵部弊端皆知之否？查弼纳奏曰：臣自四月十一日升任侍郎，十四日随圣驾出围，今阅五月。部中弊端尚未能知。上曰：尔部弊端甚多，总督满保为兵马档册重复缘由条奏，朕已交与九卿。各省提督、总兵官以下，千、把总以上，皆有空粮。一年之内，将营兵马匹，四季造册报部。报部时，定有部费。武官并无书办，皆雇人造册，因乏费雇人，但取兵丁空粮予之。此册报部，唯利于部中书办耳。档册作四季报部，徒劳驿站，甚属无益。一年止报一次可也，何必四次？此事总督满保隐忍，不敢具奏。朕催至数次，方行奏闻。又问总兵官马见伯、保住等，亦奏称因部费有空粮是实。朕亦皆知出。尚书孙徵灏在时，将部中此等弊端多为厘剔，可惜之故。今用尔为兵部侍郎，此空粮之弊，甚属紧要，尔当留心，照尚书孙徵灏行之。[1]

不仅提督扣有一百五十分"公费空粮"，各总兵亦有"空费空

---

① 《康熙汇编》第2312页。

② 《康熙汇编》册8，第2318、2320页。

粮"。康熙五十二年十月初八日，甘肃提督江琦奏：

"查甘肃历来提督俱留有公费空粮，以为交际近旁，台吉犒赏番彝并营中补修旗械操演火药一切之用，但其多寡不等，至殷泰为提督时刻意减省，止存有一百五十分，奴才所属凉州、宁夏、西宁、肃州四镇总兵，亦各量其所费繁简，留有公费空粮不等。"②

促使将领吃空缺领"空粮"的最重要的因素，是将官的贪婪。千百年来，流行着"升官发财"说法。想当官的一个主要目的就是要发财，不管是总督、巡抚、道员、知府、知县之类的文官，还是提督、总兵、副将等武将，发财的主要手段大致相同，都不外是侵吞国帑，索要贿银，盘剥兵民，而提督、总兵、副将常用的手段就是吃空粮。别看兵士的饷银很少，每月不过是白银2两、1两5钱和1两，可是积少成多，100名兵士的"空粮"银子就相当多了。

虽然早在顺治十六年（1659年）林起龙就指出将官吃"空粮"之弊，但迄今为止，具体记述最早将官"虚冒名粮"之弊的确凿史料，只有两条。一是康熙五十八年二月十二日江南提督赵珀奏称，前提督张云翼有"随丁"兵饷。张云翼之父张勇，位列平定三藩之乱时战功赫赫的"河西四将"之首，官至甘肃提督、靖逆将军，因功封一等靖逆候。康熙二十三年去世。张云翼于康熙二十五年袭一等侯爵，不久便至江南提督，康熙四十八年去世。据此可知，张云翼在康熙三十来年任江南提督时，已吃"随丁"兵饷。①二是甘肃提督师懿德于康熙五十三年十一月初九，奏自己有前任孙思克、殷泰、江琦历传公费名粮"和殷泰题选亲丁八十分（名粮）"。孙思克也是"河西四将之一"，康熙十五年任凉州总兵，二十三年升甘肃提督，三十九年去世，殷泰于康熙四十六年任甘肃提督，可见康熙二十三年到三十九年之间，甘肃提督已有"亲丁"名粮和"公费名粮"。②

康熙年间绿营"空粮"情形，显示了八个特点。

第一，将领皆有"空粮"。康熙四十八年十月二十八日，广东副都统何天培入京觐见，帝问："尔在广东年久，绿旗各营兵粮有冒支者

① 《康熙汇编》册8，第413页。

② 《康熙汇编》册5，第846页

③ 《清圣祖实录》卷239，第15页。

否？”何天培奏：“总兵名下有空粮百名，余营各官俱有额规，无敢冒支者。”③康熙五十年十月二十日福建陆路提督杨琳奏，前任提督蓝理，“食提标粮五百分”，其中，“其家人长随百有余人，亲戚乡党充食而差操者亦有百人，实在空粮三百分”。另外，各镇（总兵）、各协（副将）、各营（参将，游击）亦有“空粮”，各将每年送提督“四次节礼银”，“共银六千三百两”，系从各将“空粮”银中支出。①这位蓝理，骁勇善战，统一台湾时，遭敌方炮击，“腹破肠流”，掏肠纳入腹中，大呼再战，人称破肚将军。可惜的是，他早年因“虚兵冒饷”曾被判处革参将职，“杖徒”；康熙四十五年升任福建陆路提督时，又吃“空粮”。康熙五十一年五月初一，河南南阳总兵杨铸奏，所辖七营官兵，“每营向有空粮五十名，共三百五十名”。前任总兵每营据计二十名，尚存三十名，共存二百一十名（空粮）。②康熙五十一年六月十二日，贵州提督王文雄奏：提督衙门向有空粮若干分，今由家人、长随中选60名顶补，其余空粮悉行招募补足。“至总兵，议留亲丁名粮四十分，副将二十分，参将十六分，游击十五分，都司、守备十分，千总六分，把总五分，俱必实在亲丁，入伍一例差操。余皆尽行召补足额。”各营从此，“皆无空粮”。③王文雄此奏，纯系官样文章，虚报兵情，在此空粮盛行，提督、总兵动辄支领几百分“空粮”之时，王文雄只给提督、总兵等将留下区区十几名、二三十名、六十名“亲丁名粮”，而且皆要顶补足额，简直是天方夜谭，完全是欺骗天子的骗人鬼话。

康熙五十二年二月十二日，广西提督张朝年奏，“奴才衙门向有空粮二百五十名。”今裁减空粮一百名，“再将各项跟役裁减一百名”，又将“自副将以下、守备以上，各减役从，以实塘汛险要之地，一月以来，共添出兵丁一千七百八十员。盖武员从役，无非食粮之兵，随身多一人，汛地即少一兵”。④

例证很多，不再赘引，完全可以肯定地说，康熙三十年以后，全国各省绿营将领，人人皆有“空粮”。

第二，皇上钦定，“空粮”合法化为“名粮”。早年，将领谎报兵数、冒领兵饷是非法的，吃空缺、领“空粮”是犯罪，须遭惩治。康熙

①《康熙汇编》册3，第886页。

②《康熙汇编》册4，第145页。

③《康熙汇编》册4，第241、242页。

④《康熙汇编》册4，第696页

十年七月，京口将军李显贵便因"侵克兵饷"，被革职，斩监候。但是，"空粮"不仅继续存在，而且数量日益增多。康熙五十一年六月二十八日，广西巡抚陈元龙便曾奏称空粮不能尽革。"一、广西各营空粮甚少，不能尽核除也。武官既无火耗，不得不藉一二名之空粮，以为养赡，且其所为空粮者，原非竟无其人也。如弓箭匠、铁匠、皮匠、成衣匠，以及营中书办，并武官一二家仆，皆属吃粮，若按籍呼名，实有其人，但其武艺不可言兵耳。此等匠役亦行伍中必不可少者，而盔甲器械帐房之类，年年必要增修，在穷弁即有一二空粮，非皆入己，但当禁其虚靡太过。而现在之兵，务当勤加操练，弓马火器期于精熟，进止队伍期于严整，纵不能一可当百，必使一兵有一兵之用，如此即稍有一二名之空粮，亦无大碍，皆出皇上优恤武臣之洪恩也。"①

康熙业已勤理朝政二十多年，当然也知道武官俸少，军营没有办公经费，要完全革除空粮，必须增加俸银，给足办公用费，起码得花一二百万两银子。康熙二十年平定三藩之乱以后，国家财政入多于出，国库存银迅速增多，一两百万两银子，拿得出来，可是舍不得。何况绿营兵只是辅助性军队，大的战争仍靠八旗军。一省之内，绿营兵少几百名，或一两千名、两三千名，无足轻重，不会致命地影响省府州县安危。所以康熙明确规定各省总督、巡抚、提督、总兵、副将、参将、游击、都司、守备、千总、把总领取"亲丁名粮"（也叫"随兵"饷银）若干名。康熙五十年四月初八，闽浙总督满保奏："随兵钱粮事，查定例随兵，总兵为六十名，副将为三十名，参将为二十名，游击为十五名，都司为十名，守备为八名，千总为五名，把总为四名。"②康熙五十三年十一月初六京口将军何天培奏：京口将军有"随丁名粮一百分，副都统随丁名粮二十四分，副将随丁名粮二十分，游击随丁名粮十二分，守备随丁名粮八分，千总随丁名粮三分，把总随丁名粮二分。"③甘肃提督有"亲丁八十分"。四川省提督"例有亲丁坐粮八十名、坐马二十匹"。甘肃提督有"亲丁八十名"。贵州提督有名粮60分，总兵40分，副将20分，参将16分，游击15分，都司、守备10分，千总6分，把总5分。④

①《康熙汇编》册4，第305页。
②《康熙全译》第1098页。
③《康熙汇编》册5，第842页。
④《康熙汇编》册4，第242页；册5，842页；册8，第77页、330页。

第三，在一般场合下，对将领支取超过定例亲丁名粮数目的奏折上，或者是不做朱笔批示，或者批"知道了"。像前面提到的福建杨琳、南阳总兵杨铸、贵州提督王文雄和广西巡抚陈元龙的奏折上，帝之批示皆是"知道了"。

第四，在一些奏折上，康熙做了允许"公费名粮"的朱笔批示。康熙五十三年十一月初九，甘肃提督师懿德奏述提督亲丁及公费名粮情形，请帝批示是否照前例领取："奴自抵任后，清查兵数，乃有殷泰题定亲丁八十分，遵守养家，仅可度用外。有前任孙思克、殷泰、江琦历传公费名粮，奴见有三百分之数查问营将何项支用，据称每常差人口外食用盘费，并哈密回子、口外各贝勒王子差来赏兵宴赏缎定梭布，五营修补甲械旗帜，按季操演火器所费火药铅子，以及犒赏官兵，均在此项，并无浮溢，亦系始初经费之数也。今奴才到任后，敢不按实奏请主子圣裁，应否照前，伏乞主子朱批，以便遵行。"

朱批："此向自然照前例方是。"[1]

康熙的朱批，表明了三个问题。一是前任提督殷泰所定的提督有亲丁80名的兵饷，用以"养家"，并且是殷泰用题本奏请，经过朝廷批准而定下来的。二是知道提督衙门有自康熙二十三年至三十九年任提督的孙思克将军定下的"始初经费之数"的"公费名粮"三百分，历传至今，康熙对此并无任何斥责之谕。三是将上述亲丁名粮、公费名粮定性为"前例"，批令现任提督按照前例执行，提督有80名"亲丁"名例的饷银用以养家，不管他有无亲丁，有无80名亲丁，每月都可以领80名兵士的饷银。提督衙门有300名"公费名粮"的饷银，至于是否办了提督所说的那些事，就不管了，不审核了，反正是提督衙门每月可以领300兵士的"公费名粮"饷银了。简而言之，康熙的批示，使甘肃提督的亲丁名粮八十分和提督衙署的"公费名粮"三百分，合法化了，并且对康熙二十余年提督孙思克题准的亲丁名粮八十分，再次予以确认。

第五，康熙也不同意"空粮"太多。康熙五十八年二月十二日，江南提督赵珀奏述历任前督坐粮、马粮、步粮情形，请求皇上批示，规定分数："今查得前提督张云翼有一千余名，嗣后提督师懿德、穆廷栻、

① 《康熙汇编》册5，第846、847页。

杜呈泗等俱于标下五营城守一营共有随丁马粮一百八十名、步粮一百八十名，并亲标金山、刘河、川沙三营各有随丁步粮三十名。南汇、青村、柘林三营各有随丁步粮十名，共计四百八十名，每月饷银九百七十两有零。又节礼每节一千二百两有零，此系营伍相沿。前任各提督如此，奴才蒙主子洪恩豢养，理应将名粮即自行减除奏闻，但有下情又不得不直陈，上渎主听。奴才在京在任两处家口及奴才孀嫂，奴才之弟共计家口甚众，并营务应行捐办等项，自蒙主子洞鉴，今恳求天恩垂夺实数赏收。总之奴才不但不敢丝毫外取，亦不肯违背本心，更萌妄念奴才犬马私衷不敢欺瞒，执实奏明，跪讨主子圣训，统候主子恩旨，俾奴才嗣后得以钦遵施行，为此具折。

康熙在奏折上朱笔批示："每月饷银收七百，也就足用了。其外，节礼可以不收更好。"[1]

赵珀此奏，表明将领们尤其是官阶从一品的提督大员，占领的"空粮"太多了。提督的提标是5个营，有兵额392名，城守一营有兵额766名，亲标的金山、刘河、川沙三营有兵额2507名，南汇、青村、柘林三营有兵额823名，一共有兵额8008名。[2]康熙二十余年至四十余年时提督张云翼，居然占有"一千余名"空粮。这个"一千余名"，姑按最低数额1200名计算，所吃兵丁的空粮占所辖兵额15%，比例何等的高。如果再加上其所辖的副将（官阶从二品）1员、参将1员（官阶正三品）、游击5员及守备、都司、千总、把总几十员，他们也占有"空粮"。这样一来，册上有兵8008名，营中恐怕只剩下6000余名了，一有战事，一有乱事，怎能平定叛乱，大清国财赋重地江苏就动荡不安了。就以赵珀所奏已经减少过半的"空粮"而论，也有马粮180名、步粮300名，每月饷银970两，一年就是11640两，再加上节礼每节1200两，四个节为4800两，两项相加，为16440两，超过朝廷规定提督一年支领俸银、薪银、蔬菜、烛炭银、心红纸张银605两二十几倍。按照当时物价，这16440两银可买米657万斤、或者可买田4000亩，每亩年收租米按低数算250斤，一年可收租米100万斤、真是当官必发财，当大

---

① 《康熙汇编》册8，第413、414页。

② 本书兵额系据乾隆《大清会典则例》卷111、112所记而编。

官必发大财。

赵珀当然舍不得这份大财，想据为己有。但这个贪官也有心眼，害怕将来被定上贪婪之罪，革职下狱，所以耍个小聪明，诉说家口多，公费开支多，请皇上定个数额。本想皇上大方，一向优待百官，尤其是优待武将，朱笔一批，继承前例，就可安心领取每年16440两的大财了。不料，皇上固然很大方，可也觉得这个数额太大了。于是朱批"随丁名粮饷银每月收700两，节礼最好不收"。每月700两饷银，一年就是8400两，已经是够多了，已经保证提督可以当上特大富翁了。并且也仅仅比16440两少了一半而已，打个5折，已经是占了马粮步粮350名饷银了。照说赵珀应该满足了，安分守己地领这8000两银吧，不料这个贪官心太狠，还要多贪，终于坠入法网。

第六，谕令将领各按定例支领"名粮"饷银。尽管早年朝廷曾经定例，将领各按官职领取"亲丁名粮"，但从康熙三十年以来，遵例者少，超例者多，甚至超过定例几倍十几倍，还要收受节礼，还要侵吞公费名粮，严重损害了军力。康熙五十七年十一月二十四日，康熙谕大学士等官："且各省兵丁，空粮甚多。康熙五十二年，大赏天下兵丁时，曾谕散赏诸臣逐一按名散给。其遣往诸臣，因不认识兵丁，不能清查顶冒，以致所有空粮隐匿尚多。不仅远省为然，即直隶近处，空粮亦不胜数。豢养兵丁，特为备用而设。平时将空缺之兵不行补足，不行训练，临时欲用，纵有募补之兵累万，亦何济乎？此事朕甚虑之。前岁朕闻往吕宋、噶啰吧众，此系外洋，于内地毫无关涉。而朕留心访询者，并无他故，不过欲知地方情形，人数多寡，以便整理耳。且各省文官私派加耗，武官空粮等事，朕颇得闻知，则人皆畏惧，可以悛改，于事大有裨益。此等有关地方事务，及官员贤否，诸臣何尝不知，即邻省大吏亦未尝不知，或系师生亲友，或系同年，或因子弟亲戚在伊省居官，故彼此相隐，不以上闻，何以防微杜渐。嗣后九卿大臣科道官员，凡有关地方事务及官员贤否，有闻即缮折具奏，若所闻未确，不妨即以所闻未确之处，一拜声明。可传谕九卿。"[1]

虽然皇上多次谆谆教导，但对于天子圣谕，将领们却听之渺渺，照旧我行我素，违例增收"空粮"饷银，康熙不得不派遣钦差大臣宣布定

---

[1]《清圣祖实录》卷282，第6、7页。

例。康熙六十年八月初一，江南提督高其位奏："窃照督、抚、提、镇所带家人亲丁，原有食粮之例。"到任以后，"始据标下六营官弁呈送兵粮一百八拾分、坐粮一百二十分，云系历来提营所带家人亲丁所食。此外尚有公费守粮二百四十分，云系修造盔甲旗帜巡船炮位、春秋二季操演赏兵各项支销"。"前项兵粮，奴才正在具折奏闻，本年七月二十九日，接准钦差部堂张鹏翮札付，内开除提督随丁粮八十名照例留出外，其余空粮，该提督查明，作速招募补伍，务全足额。"这位部堂，正是皇上派来江南，查办前任提督赵珀克扣兵饷的钦差大臣，其札付所说，当然是传达圣旨或者是依据圣旨而写，所以其行文是上对下的命令式的文书格式，和吏部尚书与提督均是官阶从一品的平等地位应用平等方式的文书不一样。所以高其位连忙向皇上奏称，"奴才随将亲丁粮一百八十名内，止留八十名，其余一百名及坐粮一百二十名，概发六营召募补伍"。①

第七，在少数场合下，惩办克扣兵饷太多的将领。康熙六十一年二月二十九日，兵部等衙门议拟处罚赵珀等官。《清圣祖实录》卷296，第19、20页记录了兵部等衙门的议拟及圣旨的批示："兵部等衙门议复差往江南吏部尚书张鹏翮等，察审松江提督赵珀自到任后，将应给兵丁粮米，不行速发。又坐扣空粮九百十名。通共侵蚀银三万四千六百九十二两、米六千九百余石，收各营规礼一万九千四百余两。应将赵珀革职，解部枷号鞭责。所坐空粮银两，并所收规礼银两，交该旗勒限一年追完。再原任提督今升鉴仪使师懿德，坐扣空粮银两，共三万三千四百七十二两零、米四千五百三十一石二斗。应将师懿德革职，徒五年，至配所杖一百。所坐空粮银两，限一年追交该部。布政使李世仁，将饷银不按月给发。又将藩库银私借赵珀，应将李世仁降三级调用。查有加级，应抵销。得旨：赵珀、师懿德，俱着革职，从宽免罪。李世仁，着销去加三级，抵降三级，免调用。余依议。"

克扣兵饷银几万两，本应处以死罪，斩首示众，兵部等衙门只议拟革职枷号流徒，追缴空粮银两，已是相当轻了，不料皇上更是宽大无边，只令革职，枷号鞭责流徒免了，连空粮银也免了，不追缴了。

正是由于皇上舍不得拿出一二百万两银子，增加官俸，给以一定数

_____
①《康熙汇编》册8，第834、835页。

量的办公经费，而创立"亲丁名粮"（或"随丁名粮"），"公费名粮"制度，承认了将领吃空缺的恶习，使"空粮"合法化，放纵了武将贪婪，使"空粮"屡禁不止，恶性膨胀，致使将官无官不贪，人人皆有空粮，并且数量巨大，年扣兵饷银两上百万。

第八，危害严重，自吞恶果。"空粮"泛滥，削弱了军力，江南提督高其位奏称，属官呈送历任提督有亲丁"兵粮"，"公费兵粮"五百四十分，"不敢接受"的原因是，"奴才素闻江南营伍虚冒甚多，克扣不少。昨自安庆府属望江县入境，所过地方，细心查阅，营伍不成营伍，汛不成塘汛，总由虚冒扣克，积致废弛不堪。是以奴才在途接印任事之始，行文申饬各营，凡遇生辰令节，陋规节礼，一概不许馈送"。提督有空粮五百四十分，每月该冒领饷银101万两，一年就是13万两，再加上节礼几千两、上万两，数量巨大了。还有总兵、副将、参将、游击、守备、都司、千总、把总上百员，他们又要克扣多少万两饷银，这个江南提督衙署所辖册上写的8000余名兵士，还能成为一支像样的军队吗，还有战斗力吗，结果就是如高其位所奏的"营伍不成营伍，塘汛不成塘汛"。所以康熙帝谕告大学士等官，"此事朕甚虑之"。

同时兵变、兵噪也陆续发生。康熙二十七年五月湖广总督标兵夏包子等，因将官"将饷银私侵入己，又馈遗兵部，是以兵不聊生"，借口裁兵，"鼓噪"起兵，众达数万，夺据武昌府、汉阳府至贵州府一带。湖北巡抚柯永升"投井身故"，署理湖北布政使的叶映榴自刎，荆州将军噶尔汉、襄阳总兵官许盛畏惧夏包子人多势众，不敢进攻，逃走，历时三个月，才算平定下去。[①]

---

① 《清圣祖实录》卷135，第22、23、24页；卷136，第3、12、13、14、15、18、19页。

结语：“康熙盛世” 杰出帝君

康熙帝玄烨，有35位皇子，其中15位皇子未满13岁即已去世，到康熙六十一年（1722年）时，健在的皇子有20位。

康熙十四年（1675年），年轻皇帝玄烨册立方满周岁的皇二子允礽为皇太子。康熙四十七年九月，玄烨一废太子，四十八年正月复立允礽为太子，五十一年十月再废允礽，从此不立太子。诸皇子窥视储位，内斗激烈。康熙六十一年十一月初七，玄烨去世，享年69岁，遗诏令皇四子胤禛继承帝位；十四日恭上尊谥，谥号为合天弘运文武睿哲恭俭宽裕孝敬信功德大成仁皇帝，庙号圣祖。雍正元年（1723年）九月初一，葬于河北遵化景陵。

康熙皇帝创立了“康熙盛世”。

清朝有无盛世，康雍乾时期是否出现过盛世，有没有“康乾盛世”？这些问题，清史学界存在不同的意见，分歧很大。我认为，纵观秦汉以来的中国历史，在清代，确实出现过“康熙盛世”和“康乾盛世”。研究清楚“康熙盛世”，不仅对“康乾盛世”、甚至对汉唐盛世，都有很好的参考价值。西汉“文景之治”和武帝时期之盛，唐朝的“贞观之治”和开元、天宝之繁华，也就是人们所说的“汉唐盛世”。究竟有哪些标志性的事例，盛世之下有无弊政，国家、帝君、文武大臣、黎民，四者之处境如何，盛世对谁更为有利，盛世的基本特点应当怎样表述等重要问题，皆因遗留下来的汉唐时期的资料太少，难以做出详细的、具体的、科学的分析和结论。了解了“康熙盛世”，对“汉唐盛世”“康乾盛世”的研究，一定会有所帮助。

（一）六项标志

总观清代历史，能够表明康熙年间出现过“康熙盛世”的依据，有六项标志。

其一，地广国强。当时的大清国，武功赫赫，军威无敌，领土不许侵犯，安全不允威胁，内政不得干涉，庄严不容冒犯。疆域辽阔，版图多达1100万余平方公里，国土之广，位居世界第一。康熙帝玄烨被外国人尊称为天朝大皇帝。

其二，百业兴旺。耕地面积多达700万余顷，农、工、商业比较发达，城市比较繁荣，物产比较丰富，人口也有较大的增长，比顺治年间增加了百分之六七十。

其三，国库充盈。顺治末年，岁缺饷银400万余两，国库空空如洗。康熙六年（1667年）总算有了结余，国库存银240万余两，十二年为2135万两，三十年为3184万两。三十三年起到五十八年的26年里，除两年是3836万和3998万两以外，其余年份每年国库存银都是4000万余两，其中四十八年达到5000万余两。国库存银之多，空前未有，也是当时世界之最。[①]

其四，文化发达。学校遍布全国各省、府、州、县、卫。书院林立，新建书院530余所，修复和重建前代书院240余所，加上顺治年间新建和修复的100余所，总数将近1000所。较诸历代前朝，北宋有书院70多所，南宋为400多所，明代最多，也不过500余所，康熙年间书院之多，前所未有。并且不少书院的院长和主讲者，还是一代宗帅、文坛泰斗和知名学者，像黄宗羲讲学于海昌，孙奇逢讲学于内黄，李晟主东林书院，颜元讲于漳南书院，李来泰讲学嵩阳等。理学名臣、从祀文庙者、清官、江苏巡抚汤斌和张伯行，皆曾亲临东林书院讲学。这对振兴文化、培育人才，起了积极作用。康熙还选任博学鸿儒撰稿，委派学富五车的状元、榜眼、探花、翰林出身的大学士，翰林院掌院学士，如徐元文、叶方蔼、张玉书、陈廷敬等得力大臣为总裁，编纂了一批颇有价值的书籍。比如：

《康熙字典》：收字47043字，字数之多，超过以前编成的任何字书。《康熙字典》在辨形、释义、注音、引例等方面，也比过去的字典更为细密、完备和确切。

《清文鉴》：21卷，满文字书，保持了官方通行的书面用语的规范与纯正，便利了满文的流通与应用。

---

① 中国第一历史档案馆：《康雍乾户部银库历史年存银数》，《历史档案》1984年，第4期。

《佩文韵府》：440卷，是专门汇辑诗辞歌赋中辞藻典故的类书。

《子史精华》：160卷，是将子部、史部古籍中可以"资考证，广学词"的有关资料汇集而编成的一部类书。

《全唐诗》：900卷，是唐诗的总集，收诗48900余首，作者2200余人。康熙自夸此书将"唐三百年诗人之菁华，咸采撷荟萃于一编之内，亦可云大备矣"。

《明史》：从康熙二十一年，以王熙等大学士、翰林院学士为总裁、监修总裁官起，到六十一年完成全稿，共310卷，后经雍正、乾隆略加润色，编成332卷，人们公认此书乃五代以来所修各史中最好的一部。

《古今图书集成》：10000卷，主要是文史大家陈梦雷所编，经大学士蒋廷锡等人奉雍正帝旨意，对其中类目名称和卷数作了一些改动，将作者之名改为蒋廷锡等"奉敕撰述"。这部类书总计约1.6亿字，仅次于《永乐大典》，对古典文献进行了一次分门别类的全面清理和总结。

其五，清官辈出。官员的操守，吏治的清浊，是关系到国计民生的大事。入关初期，摄政王多尔衮曾痛斥"明朝之破坏，俱由贪黩成风"，"明国之亡，皆由内外部院官吏贿赂公行"。[1]清朝有识之臣，亦多主张"天下治乱，视百姓之安危，百姓之安危，系守令之贤否"，"欲百姓之安，而其要莫先于慎择督抚。督抚者，守令之倡也，督抚不扰守令，守令不扰小民，而天下之民莫不安矣"，"民生安危视吏治，吏治贪廉视督抚"。[2]所以，康熙对官员的要求是"清、慎、勤"，将"清"列为第一位，不止一次谕称"做官之要，莫过公正清廉"，"地方大吏，以操守为要"。他曾于十六年夏天，"以御笔格物二大字，清慎勤三大字石刻"。[3]赐日讲官陈廷敬、叶方蔼、张英。因此，他不断奖赞清官，擢用廉吏，保护清官，宣称不保全清官，则"清官何所倚恃以自安乎"。[4]

---

① 《清圣祖实录》卷5，第10、20页。

② 《清圣祖实录》卷30，第17页；《清经世文编》卷19，林起龙：《严饬官箴疏》，曹一士：《请分别贤能疏》。

③ 王士禛：《池北偶谈》卷3，《赐御笔》。

④ 《清圣祖实录》卷251，第17页。

在皇上提倡、嘉奖、擢升的鼓励与影响下，不少官员严以自律，康熙年间，清官辈出。除了前面提到的于成龙、汤斌、陈瑸、彭鹏、张伯行等清官以外，直隶巡抚格尔古德，严惩豪横不法之王公大臣庄头，为民除害，为官"清介"，"布衣蔬食，却馈遗，纤毫不以自污"，名列"廷臣公举清廉官"之首。浙江巡抚赵士麟，革除驻防旗兵放贷祸民之"印子钱"，严惩豪右衙蠹，疏浚省城河道，"禁革规费，积弊一清"。浙江布政使石琳，"裁革陋规，禁加耗尤严"，奏减民田重赋。河南巡抚徐溯，严令"火耗无过一分，州县私派，悉皆禁革"。靖海侯施琅之子施世纶，历任知州、知府、道员、布政使、府尹、侍郎、仓场总督、云南巡抚、漕运总督，"清廉公直"，革徭费，"抑豪猾，禁戢胥吏，所至有惠政，民号曰青天"。两江总督傅腊塔，"清弊政，斥贪墨"，减房税，蠲荒田，被皇上赞为"两江总督居官善者，于成龙而后，惟傅腊塔"。此时，贵州巡抚刘荫枢、山东布政使卫既齐等官，亦皆清廉贤能。[①]《清史稿》在叙述了这些贤臣事迹之后，写了两段结论性的评语。一为："康熙中叶后，天下乂安，封疆大吏多尚贤能，奉职循理。"另一为："康熙间吏治清明，廉吏接踵而起，圣祖所以保全诸臣，其效大矣。"[②]

其六，木兰秋狝和避暑山庄。"木兰"二字是满语音译，意思为"哨鹿"，即行围猎捕鹿羊等兽，此乃满洲祖先酷爱的活动。"三藩之乱"初期，满兵不仅在数量上难敷平叛之用，质量上也令人太不满意。由于开国诸将大都去世，顺治十七年（1660年）至康熙十二年（1673年）没有大的战争，军队缺少训练，顺承郡王勒尔锦等王、贝勒又怯战惧敌，因此八旗军战斗力严重下降，不断战败。吴三桂军战将高大节仅领兵4000名，就屡败简亲王喇布统领的数万满汉官兵。有一次，高大节只率百骑，便大败喇布大军于大觉寺，再败其于螺子山，主帅喇布和曾经身经百战的将军希尔根"皆仓促弃营走"。都统珠满失岳州，贝子准塔丢镇荆山，前锋统领伊勒都齐弃太平街而逃，镇南将军觉罗舒恕一败再败。康熙调派数路大军围攻至关重要的岳州，可是将帅们却"屯兵岳

---

①《清史稿》卷266，《叶方霭传》，卷263，《赵申乔传》，卷275，《格尔古德、赵士麟、傅腊塔传》，卷276，《石琳传、徐潮传》，卷277，《陈鹏年传》。

②《清史稿》卷276、277，《论》。

州城下，八年不战，诸将皆闭营垒，拥诸妇女逸乐而已"。[1]

康熙深感满兵疲弱，贻误用兵，决定整饬戎伍，加强训练。同时，也为了增强满蒙联盟，遂根据太祖、太宗多次行围练兵之祖制，创立了木兰秋狝制度。

康熙十六年（1677年）九月，玄烨巡视近边，科尔沁、喀喇沁、敖汉、翁牛特、巴林、奈曼等部蒙古王公来朝行在，喀喇沁多罗杜楞郡王扎什等还奉谕率兵丁1500名做向导。二十年四月，他再巡边外，带领满汉大臣八旗劲旅，会合漠南蒙古各部王公及喀喇沁部的3000名蒙古骑兵，一边射猎习武，一边勘测围场。喀喇沁、翁牛特等部"敬献牧场，肇开灵圃，岁行秋狝"。于是，在内蒙古昭乌达盟、卓索图盟、锡林郭勒盟和察哈尔蒙古东四旗接壤地区建立了木兰围场，东西相距300里，南北直径近300里，周长1000余里，总面积1万余平方公里。围场四周，在各隘口以木栅或柳条边为界，设立了40座巡逻的卡伦，场内划分了67个小型围场。康熙二十年（1681年），以阿鲁科尔沁部多罗郡王色楞额驸、固山额验巴特玛等人管理围场，康熙四十五年（1706年），始设围场总管。

康熙二十一年（1682年）二月，康熙以平定了"三藩之乱"，往盛京祭告祖陵，带领八旗王公大臣兵丁出关，沿途多次行围，亲自射死老虎四十余只。有时，一日之中连毙5虎。十二月，他下谕确定秋狝之制，规定一年派京师八旗兵士12000名，分为三班，每次行猎，拨兵4000名，于四月、十月、十二月令其前往行猎。部院衙门官员不谙骑射者甚多，亦着一并派出，令其娴习骑射。后来改为不分班，万余兵丁皆一同护驾行围。蒙古各部都参加，蒙古喀喇沁、科尔沁、翁牛特、巴林、敖汉等部每年派1002名骑兵和百名向导，及随围枪手、打虎枪手、长枪手约300人随同行围。

围猎是相当严格的军事训练，从行军、出哨、布围、合围、射猎到罢围，以及驻跸安营等，都有严格规定，违者治罪。康熙后来每次都带领皇子皇孙出巡行围。活动十分紧张，也很劳苦，"往来沙塞，风尘有所不避，饮食或致不时"，"搏犀兕以作气，冒风雪以习劳"，从早到晚，都

---

① 昭梿：《啸亭杂录》卷10，《布衣道人》；魏源：《圣武记》卷2，《国朝勘定三藩记》。

在马上度过。①

另外，康熙也多次在京举行大阅，操练军队。由于康熙对整饬戎行的重视，勤操练，严赏罚，使八旗军的战斗力有了很大的提高，得以肩负大征重任。后来他于康熙六十一年九月总结训练之利说："从前曾有以朕每年出口行围劳苦军士条奏者，不知国家承平虽久，岂可遂忘武备"，三征准部及进军西藏的胜利，"皆因朕平时不忘武备、勤于训练之所致也。若听信从前条奏之言，惮于劳苦，不加训练，又何能远至万里之外而灭贼立功乎"。②

从北京到木兰围场，需千里行军，上万人员的沿途食宿、供应安排相当困难，早期又限于财政不甚宽裕，故一般是安营扎寨，住帐篷，既费时费力，又不方便，不舒适，不安全。从康熙三十三年起，国库充盈，每年都有大量结余，国库存银基本上在4000万两以上，于是便大修行宫。从四十一年起到六十年，相继在古北口外到围场之间修了17座行宫，大约是30里有一座行宫，"仓廪府库，莫不备焉"。康熙四十二年，康熙来到热河下营（即今承德地区），看到此处既"山川多雄奇"，又"多幽曲"，且"去京师至近，奏章可朝发夕至，综理万机，与宫中无异"。因此，决定在此修建行宫。康熙亲自勘测、设计和指挥，调来大批民工，进展很快。康熙五十年，宫殿区建成，康熙亲书宫名为"避暑山庄"，并题额山庄之36景，景名皆四字，命内阁学士沈喻绘画，康熙赋诗入画，定名为《避暑山庄图咏》。

避暑山庄三十六景（康熙）

烟波致爽（1）	北枕双峰（10）	暖流暄波（19）	云容水态（28）
芝径云堤（2）	西岭晨霞（11）	泉源石壁（20）	澄泉绕石（29）
无暑清凉（3）	锤峰落照（12）	青枫绿屿（21）	澄波叠翠（30）
延薰山馆（4）	南山积雪（13）	莺啭乔木（22）	石矶观鱼（31）
水芳岩秀（5）	梨花伴月（14）	香远益清（23）	镜水云岑（32）
万壑松风（6）	曲水荷香（15）	金莲映日（24）	双湖夹镜（33）
松鹤清樾（7）	风泉清听（16）	远近泉声（25）	长虹饮练（34）
云山胜地（8）	濠濮间想（17）	云帆月舫（26）	莆田丛樾（35）
四面云山（9）	天宇咸畅（18）	芳渚临流（27）	水流云在（36）

①《清圣祖实录》卷106，第13页；昭梿：《啸亭杂录》卷7，《木兰行围制度》。

②《清圣祖实录》卷297，第2页。

此后，又继续修建东湖区亭榭、山馆和宫墙。康熙五十二年，康熙帝六十大寿，应祝寿的蒙古王公的要求，修建了溥仁寺和溥善寺。

20年以后，康熙的皇孙乾隆帝弘历，从乾隆六年（1741年）起到五十七年（1792年），大规模地扩建避暑山庄，增建大量亭台楼阁，又选了丽正门、万树园等36景，合为72景。

避暑山庄三十六景（乾隆）

丽正门（37）	畅远台（46）	濒香沜（55）	凌太虚（64）
勤政殿（38）	静好堂（47）	万树园（56）	千尺雪（65）
松鹤斋（39）	冷香亭（48）	试马埭（57）	宁静斋（66）
如意湖（40）	采菱渡（49）	嘉树轩（58）	玉琴轩（67）
青雀舫（41）	观莲所（50）	乐成阁（59）	临芳墅（68）
绮望楼（42）	清晖亭（51）	宿云檐（60）	知鱼矶（69）
驯鹿坡（43）	般若相（52）	澄观斋（61）	涌翠岩（70）
水心榭（44）	沧浪屿（53）	翠云岩（62）	素尚斋（71）
颐志堂（45）	一片云（54）	卷画窗（63）	永恬居（72）

乾隆又新修了普宁寺、普佑寺、安远庙、普乐寺、普陀宗乘之庙（俗称小布达拉宫）、广安寺、殊相寺、罗汉堂、须弥福寿之庙（俗称班禅行宫）、广缘寺，连康熙时修的溥仁寺、溥善寺，合共12座大寺庙，人们一般称为"外八庙"。

康熙帝玄烨、乾隆帝弘历祖孙二君，在避暑山庄休闲避暑，处理政务，批阅章奏，接见群臣，款待蒙古王公、西藏活佛和外国使臣，避暑山庄不仅是帝王度假胜地，也是全国第二政治中心，还是怀柔蒙古的绝佳之地。这个占地560万平方米的避暑山庄，是中国北方最富有艺术特色的皇家园林，面积之大，山湖地势变化之特殊，植物品种之丰富，构成的园林风景之奇特，不愧是中国古典园林的一颗瑰丽明珠。它与外八庙一起，经联合国教科文组织世界遗产委员会评审通过，已被列入《世界自然与文化遗产目录》。

（二）十大弊政的出现

康熙帝玄烨于康熙八年（1660年）五月亲政以后，国家财政相当困难，并且随着时间的推移，还会越加困难，入不敷出，且必须支出的银子在不断地增加，而正常的、正规的、合法的、额定的收入之银子，相对来说，却增加有限，所以入不敷出的趋势无法扭转，无法遏制，结果必然是财政越来越困难。

国家的财政支出，大体上主要是五个方面，即军费、行政费、皇帝开支、河工、赈灾免赋。

军费开支最大，遍布各省的绿营兵，顺治十六年（1659年）近60万名，一年兵饷为1000万余两、粮200万余石。[①]康熙十三年至二十年的平定三藩之乱 期间，满汉大军40余万征战各地，又增加不少军费。尤其是八旗军的兵饷，增银巨万。顺治年间，满洲八旗只有5万丁左右，到康熙六十年（1720年）增为15万余丁，蒙古八旗也由2.8万余丁增至6.1万丁。汉军八旗人丁也在增加。[②]因此，顺治年间，八旗军只能在畿辅、盛京、江宁、太原、西安、杭州、德州驻防。康熙时增设宁夏、福州、广州、荆州、山西右卫、开封、成都、吉林、黑龙江等地驻防，原来的江宁等驻防，也增加了士卒，总计八旗驻防军约增加1倍以上。兵饷以及相应的战马、军器、兵服、帐篷等类的开支，需增银几百万两。康熙三十年左右，八旗军和绿营军的饷银多达1899万余两，约占当年总支出的65%，比顺治十六年增加了几百万两。[③]第二项大的开支是行政费用，行政费用又分为中央和地方各省两大系列。当时全国有直隶、山东、湖北、湖南、四川、广东、广西、贵州、云南、甘肃、陕西共18省，还有奉天府尹管辖辽宁地区，吉林将军、黑龙江将军分辖两地军民。全国有1700余府厅州县。地方行政费用有两大关，一是"俸工"，二是公务。俸工是官俸和吏役工食银。全国有总督8位，巡抚17位（直隶设总督，不设巡抚），布政使19位，按察使18位，道员八九十位，知府170余位，知州200余位，知县1300余位，另外还有同知、州同、州判、县丞、主簿三四千位。官有俸银，顺治初年，总督一年有俸银、薪银、蔬菜银、心红纸张银等共828两，巡抚有695两，布政使599两，知府297两，知县141两；顺治末年大减，总督、巡抚、布政使

① 《清世祖实录》卷129，第24—28页。

② 中国第一历史档案馆：《清初编审八旗男丁满文档案选译》，《历史档案》1988年第4期。

③ 刘献廷：《广阳杂记》卷21。

分别减为180、155两，知府105两，知县45两，哪够养家糊口？！

只有总督、巡抚、知府、知县这四五千位官员，是没法管辖中原地区几百万平方公里的地方，还需要数十万名甚至上百万名书吏、皂吏、马快、民壮、灯夫、轿夫、禁军、斗级、库子、辅兵，他们每人都有工食银。

官之俸银和吏役之工食银，一年下来，也得一两百万两。

地方的"公务费用"也不少。城垣、衙署的维修和新建，桥梁、道路河道的修补浚治，兵丁盔甲、兵器、旗帜、马匹的修补添换，上司及外地的达官贵人的光临、路过之供应，京官之孝敬，皇差之办理，军需之捐输，灾民之赈济，孤寡老残之生计，又得花掉数以十万计甚至以百万两计的银子。中央各部院的"俸工"及公务费，也在百万两以上。

河工的修建，每年得一两百万到两三百万两。

皇帝的开支也很大。主要供皇帝之用的额定经费，一年少则几十万两，多则上百万两。皇帝之内帑，也在不断增多，康熙中年以后，每年内帑之收入，至少有几十万两，基本上来源于户部之银库。

赈灾、免赋之银，平均下来，每年也有一两百万两。

钱，钱，钱！到处都在要钱，并且越要越多。哪去找钱呢？老办法，开源节流嘛。朝廷主要的财政收入有四大类，即田赋丁银、盐课、关税、杂税。清帝入主中原之后，记取前明增赋加派弊政害民和贪官污吏贪赃枉法，致军民厌恶、反抗而亡国的教训，顺治年间定下了永不加赋、严禁加派的方针。田赋丁银的征收，是载在会典、赋役全书，有明文规定的，一亩田，一亩地，按地之肥瘠良劣，分别定下不同的征赋标准，不能随意多征，不能加赋。田赋银之增加，只有耕垦的新地多了，赋银的总数才能增加。丁数多了，人口繁殖多了，丁银的总数才能多，这就太慢了。从顺治十八年到雍正二年，整整过了63年，册载民田才683万顷，才增加田146万顷，增田赋银68万两。从顺治十八年到康熙五十年，册载男丁增加了549万丁，应增丁银84万余两。两者相加，过了五六十多年，这种正规的、合法的、自然的、额定的田赋银和丁银，才增加了150万余两，太少，太慢，无济于事。

康熙是要做圣主明君的，当然不能违犯父皇之永不加赋的德政，可是，又必须增银，增收巨量银子，于是便从父皇执政时期应付财政困难的办法和自己在三藩之乱时期采取的非常措施中，寻找增收减支的途径。史称，顺治十三年（1656年）以后，军费大增，年缺饷额400余万，"而世祖终不稍加一赋，惟躬节俭，汰冗员、冗费"。[①]顺治之汰冗员、冗费，主要就是取消地方官员之薪银、蔬菜烛碳银、心红纸张银等项补贴银、办公用费银，只给俸银，减少甚至取消吏役的工食银，同时减少地方的存留银。顺治初年，各省的存留银为1069万两，供地方俸工等费用的开支，到顺治十三年，只剩下753万余两，减少了316万余两。换句话说，这减少的存留银，为中央财政增加了316万两的收入。三藩之乱期间，又大减存留银，只剩下338万余两，给中央财政增加了415万余两银的收入。康熙于十七年三月十一日下谕，概述因用兵而采取了"裁减驿站官俸工食及存留各项钱粮，改拆漕白二粮颜料各物，增添盐课、盐丁、田房税契、牙行杂税、宦户田地钱粮"，平乱之后，"自有裁酌"。[②]本来，这些措施皆属弊政，康熙也明白宣告平乱之后，要裁酌（即要取消），可是为了国库充盈，内帑大增，官员富裕，康熙便自食其言，基本上延续了这些弊政，想方设法弄钱，但又不公然违犯父皇"永不加赋"方针，于是便出现了裁存留、捐俸工、开捐纳、加盐课、增关税、广设皇庄、增内帑、收规礼、征火耗、钱粮亏空等十大弊政。

（三）盛世的基本特点：邦强国富、君富官富、小民勉可"安生"

康熙二十年（1681年）平定三藩之乱以后，到康熙六十一年（1722年），这个时期的大清国，出现了"康熙盛世"。它的基本情形和基本特点，可以用14个字来概括，即邦强国富、君富官富、小民勉可"安生"。

康熙帝玄烨，灭三藩，收台湾，两下雅克萨，三征噶尔丹，驱逐策零敦多布，安定西藏，漠北、漠西、青海蒙古归顺，军威无敌，疆域辽阔，国库充盈，经济发展，文化发达，清官辈出，出现了几百年未曾有过的邦国富强的大好局面。

---

① 魏源：《圣武记》卷11，《附录》。

②《清圣祖实录》卷72，第8页。

康熙帝本人的内库，也是财源滚滚，节省银、盈余银、皇庄赋银，大量涌入内库，以致内帑如山，成为全国最大的富翁。

文武大臣，多系"从穷苦中来，今已富贵"。①各省的总督、巡抚、布政使、道员、知府，产盐区的盐政、运使，都有皇上承认、可以归己的"应得之银"——规礼银。督、抚、盐政、运使的规礼银，每年至少有几万两，甚至一二十万两（良田一亩，价银才5两），藩、臬、道、府的规礼银也是数以万两计。不需另外贪污，只是这被皇上认可、钦许归己之"应得之银"——规礼银，他们就可"富贵"了。

至于上亿小民，一般来说，大多数人的日子还过得去，还可以像皇上所说的那样能够"安生"。虽然有征火耗等十大弊政，加重了黎民负担，但同时还有免赋赈灾、兴修河工和清官辈出的德政，所起的作用还很大，成效显著。小民勉可"安生"，体现在以下三个方面。

其一，地丁征收留有余地，还未竭泽而渔。清代以前的明洪武二十四年（1391年），全国征赋的民田已是700万顷，而现在才690万顷，可是此时的辖地比明朝多了辽宁部分地区、吉林、黑龙江、新疆的哈密以内和山西、河北的口外蒙古地区，实际的耕田数比明洪武时多了很多，但册载的征赋之民田却少了好些。也就是说，此时有相当数量的民田没有征赋。人丁的丁银，也与此类似。康熙五十一年二月二十九日，康熙谕大学士九卿："朕览各省督抚奏编审人丁数目，并未将加增之数尽行开报。""朕凡巡幸地方所至，询问一户或有五六丁，止一人交纳钱粮，或有九丁十丁，亦止二三人交纳钱粮。诘以余丁何事，咸云蒙皇上鸿恩，并无差徭，共享安乐，优游闲居而已。此朕访闻甚晰者。"②五六丁，止一人纳钱粮；九十丁，止二三人交丁银。康熙虽知男丁未报遗漏者多，但并不下旨清查，反而于此时宣布，今后滋生人丁，永不征赋。

其二，关税、盐课、杂税，有增加，但也留有余地。关税虽已倍增，达200万两，但比几十年后的乾隆年间800万两，还不算太重。盐课也是这样，翻了一番，每年300万两，乾隆时则多达700万余两。

其三，康熙虽曾多次谕称，可收火耗，"又闻各省火耗，俱是加一"，"加一火耗，似尚可宽容"，征收耗银已经皇上认可、同意而盛

① 萧奭：《永宪录》卷1，第5页。
②《清圣祖实录》卷249，第15页。

行于全国，但一则大多数省府州县耗银是"加一"以下，再则督、抚、司、道拥有"合法"的规礼银，可以养家、致富，支付必需的开支，多数官员尚不贪婪，因而耗外有耗、另加盘剥的恶习尚不普遍。在这样的条件下，"加一火耗"，加在业主身上的负担，每亩田只多征5毫银，即只征铜钱半文，负担不算太重。

简而言之，康熙二十年以后的四十年里，可以说是德政与弊政同存，德政之作用还很大，成效仍很显著，弊政之恶劣还未到达杀鸡取卵、丧心病狂的程度，两相比较，前者仍占上风。因此，"小民"的多数还能"勉可安生"，"康熙盛世"也才能出现。

总观康熙帝一生，他是入关以后清朝的第二位皇帝，也是中国历史上在位最久的皇帝。他虽然也做了一些错事，施行了一些弊政，但他雄才大略，励精图治，勇于进取，勤理国务，屡蠲田赋，大兴河工，扶植清官，擢用能臣猛将，在文治武功两方面都取得了重大成就。康熙中后期，社会经济全面恢复，并且有了很大的发展，百业兴旺，城市比较繁荣，物资比较丰富，中原和边疆地区的农业、手工业、商业都较前大有增长，封建经济比较繁荣，国库充盈，文化发达。特别是，他勇捍邦国，不畏强敌，不惧艰险，统帅三军，南征北战，武功赫赫，平"三逆"，收台湾，全国统一；两下雅克萨，击退沙俄殖民军入侵，签订《尼布楚条约》，划定了东段边界，收复了相当广阔的被沙俄侵占的领土；三征噶尔丹，驱逐入藏侵略的策妄阿拉布坦军队，统一了漠北、青海、蒙古，安定了西藏，开疆拓地，大清的疆域无比辽阔，东起库页岛，西跨葱岭，迄巴尔喀什湖，北连西伯利亚，南达南沙群岛，领地多达1100万余平方公里，国土之广，世界第一。出现了"康熙盛世"，强大的中国屹立于世界东方。康熙对增强国家的统一和促进中华民族的发展，建树了丰功伟绩，是中国历史上罕见的、贡献很大的杰出帝君。